OSHO

VERLAG

GOLDENE AUGENBLICKE

DIE REBELLISCHE KINDHEIT
EINES GROSSEN ERLEUCHTETEN

Wir danken Ma Prem Anna,
die die Veröffentlichung dieses Buches ermöglicht hat.

Titel der Originalausgabe:
Glimpses of a Golden Childhood
The Rebellious Childhood of a Great Enlightened One

2. Auflage 1995
(1. Auflage, Goldmann Verlag 1985)

Übersetzung: Sw. Prem Nirvano, Ma Prem Raje; Anhang: Ma Anand Devika
Titel: Sw. Anurag Sumukha
Foto u. Illustration: © Osho International Foundation, Zürich
Druck: Wiener Verlagshaus, Wien
Printed in Austria

Vorwort

Das Buch, das du, lieber Leser, in Händen hältst, ist ein einmalig wahres Märchen. Es ist ein Märchen der Wahrheit: *Es war einmal* in der Stadt Rajneeshpuram, Oregon. Inmitten des Wahnsinns, den wir Amerika nennen, suchte der lebende Meister Osho seinen Zahnarzt auf. Das ist an sich nicht weiter einmalig. Selbst die Erleuchteten haben Zähne. Einmalig daran ist nur, daß der Meister diese anscheinend gewöhnliche Angelegenheit in ein Ereignis umwandelte, in einen weiteren Vorwand, sein Dasein mit uns zu teilen. Was zahnärztlich zu tun war, war Routine und recht schnell erledigt. Und gegen Ende sagte Osho ein paar ruhige Worte, so als spräche er zu sich selbst. Devageet schrieb sie nieder.

Devageet hatte keine Ahnung, was er tat. Wie sollte er auch wissen, daß diese wenigen Worte die ersten Funken zu einem großen Feuer waren? Aber der Meister wußte es. Er hatte die Worte aufschreiben lassen, und noch am gleichen Morgen berief er ein Meeting ein.

Vier nahmen an dem geheimnisvollen Meeting teil: Devageet, der Zahnarzt; Devaraj, Oshos Leibarzt; Ashu, die zahnärztliche Assistentin, und Vivek, Oshos Haushälterin.

Zum festgesetzten Zeitpunkt wurden sie in Oshos Zimmer geführt, und diejenigen, die bisher nie dort gewesen waren, bekamen einen kleinen Schock. Statt des Luxus, in dem der Meister nach Kunde der Medien schwelgte, fanden sie ihn in einem nahezu leeren, mit Linoleum-Fliesen ausgelegten Zimmer. Kein Marmor, keine Goldarmaturen, kein Raumschmuck. Bis auf den Sessel und drei Plastikeimer war das Zimmer leer.

Der Regen von Oregon, der das umliegende Land jeden Winter in ein sumpfiges Schlammtal verwandelte, hatte seinen Weg durch das Dach gefunden, und diese drei Supermarkteimer waren strategisch so verteilt, daß sie das Wasser auffingen, das ständig von der Zimmerdecke des Fertighauses träufelte.

Osho war natürlich völlig entspannt und lud seine Gäste unter der Begleitmusik der Regentropfen ein, Platz zu nehmen. Er eröffnete ihnen, daß die Worte, die er bei künftigen Zahnarztsitzungen sprechen werde, aufgeschrieben und zu Büchern gemacht werden sollten. Devageet sollte mitschreiben. Devaraj sollte die Aufzeichnungen bearbeiten. Ashu sollte assistieren und tippen. Und Vivek sollte schöne neue Photos für das Buch machen.

Von allen aufgezeichneten Worten Oshos sollte sich die kleine Reihe mit Plaudereien auf dem Zahnarztsessel – insgesamt entstanden so drei Bücher – als bei weitem das Intimste erweisen, was Osho je von sich gegeben hat. Es war eine besondere Art von Kommunion. Gerade das gibt den Worten ihr besonderes Flair.

Es wird berichtet, der geschätzte Schreiber habe anfangs gewisse Schwierigkeiten mit dem Hören gehabt. Oshos Worte waren fast geflüstert – einen winzigen Schritt nur vom Schweigen entfernt. Sie schienen von weither zu kommen, so als riefe er von großer Höhe auf die Erde herunter. Und doch haben diese sanften Worte all die Stärke, all die Erweckungskraft eines großartigen Löwengebrülls in Freiheit.

In den ersten Sitzungen sprach Osho nur von diesem und jenem, und es entstand ein wunderschönes Gewebe aus Worten und Stille, spielerisch, voller liebevoller Neckerei und Witz. Dann begann eine zweite Folge von Sitzungen, in denen er tief zu der Quelle des uralten tibetischen Mantras Om Mani Padme Hum zurückging. Auch hier nimmt Osho dem sonst so erhaben behandelten Themas allen Ernst und würzt seine Kommentare mit sprühender Energie, Leichtigkeit und viel Lachen. Diese ersten beiden Folgen wurden zu einem einzigen Buch zusammengefaßt unter dem Titel *Notes of a Madman* – Anmerkungen eines Verrückten.

Osho hat im Laufe seines Lebens eine unvorstellbare Menge an Büchern gelesen, und in der dritten Folge sprach er über seine Lieblinge aus seiner Bibliothek. Diese Folge heißt einfach *Books I have loved* – Bücher, die ich liebe: Eine Einladung, diese Bücher ebenfalls zu goutieren, sich von ihrer Poesie und Schönheit inspirieren und nähren zu lassen.

Die vierte Folge nannte er *Glimpses of a Golden Childhood* – Goldene Augenblicke. Plötzlich hatte Osho angefangen, von seinen frühen Jahren zu sprechen – das hatte er bisher kaum getan. Jetzt begann er, seinen Jüngern und der Welt ein seltenes und wundersames Geschenk zu enthüllen. Er sprach von den Zeiten, in denen seine Buddhaschaft noch in der Knospe war.

Osho ist der endgültige Nonkonformist. Er beugt sich keinem Credo, keiner Doktrin. So ist er als erwachsener Mann, so ist er als Kind.

Er hinterfragte alles und jedes: das Feuer der Rebellion gegen die saftlosen Traditionen, die ausgetrockneten Religionen und Werte, war bereits hell entflammt. Er hatte nie Angst vor Konsequenzen. Er ging seinen eigenen beschwingten Weg, furchtlos gegen jede Gefahr, sich in die tiefsten, gefährlichsten Flüsse stürzend, allein auf sich gestellt noch in der schwärzesten Nacht.

Selbst seine Eltern, seine Lehrer konnten nicht umhin, diesen unberechenbaren Schwerenöter von einem Jungen zu achten. Es wird berichtet, daß während die anderen Kinder zum Spielen nach draußen gingen, Osho seinen Spielplatz fand, indem er im wahrsten Sinne nach innen ging.

Osho hat nie einen Meister gehabt, doch begegnete er manch

einer großen Seele, die schon damals erkannte, wen sie in diesem Jungen vor sich hatte. Sie sahen sein Potential, das Samenkorn, das zur Blüte drängte. Dieses Buch ist voller Geschichten von Begegnungen mit solchen Menschen, von ihrer Liebe und tiefem Respekt für Osho und von seiner Liebe, seinem Respekt für sie.

Obwohl es in diesem Buch um Oshos frühe Jahre geht, ist es doch in keiner Weise eine konventionelle Autobiographie. Osho ist nicht nur *auf*gewachsen, er ist *aufwärts* gewachsen – immer höher hinaus. Wenn er von seiner Kindheit spricht, gibt er uns keinen persönlichen Geschichtsunterricht. Er hat keine Masken, keine Persona, weder brüstet er sich mit Heldentaten, noch bekennt oder bereut er. Die Geschichten, die er erzählt, sind nicht in chronologischer Folge – sie sind ein Strom reiner, spontaner Bewußtheit, direkt aus dem zeitlosen Ozean. Man kann das Leben eines Meisters nicht auf den Rahmen der Zeit spannen.

Wenn Osho eine Geschichte erzählt, dann nicht aus Nostalgie. Wenn er mit solcher Liebe von seinen Eltern, seinen Großeltern, von jenen verrückten Typen spricht, die ihm unterwegs begegneten, dann erweckt er sie zu unerhörter Lebendigkeit, voller Lachen und Energie. Alles wird zum lebendigen Hier und Jetzt. Du kannst dabeisein, teilhaben.

Manchmal fällt es schwer, sich dies zu vergegenwärtigen, aber alles, was Osho tut, das tut er uns zuliebe. Er hat seine größtmögliche Erfüllung längst erreicht, hat längst zu jenem tiefsten Reich der Ruhe gefunden. Was ihn angeht, gibt es keinen Grund, warum er sprechen sollte. Es geschieht allein unseretwegen.

Dieses Buch, diese Einblicke in seine wahrhaft goldene Kindheit, ist also auch nur eine weitere Einladung, eine weitere kleine Ermutigung für uns, jenes Reich zu finden, wo wir blühen können. Die reine Liebe auf diesen Seiten soll uns einfach nur einen Geschmack, einen Duft von diesem Wunder, diesem Mysterium geben, das da Erleuchtung genannt wird.

Dies ist die zweite Ausgabe des Buches. Diese Ausgabe ist reicher. Seit 1981, als das ursprüngliche Buch entstand, hat

Osho viele Male von seiner Kindheit gesprochen. Diese Geschichten und Anekdoten sind jetzt in einem Anhang dem Buch hinzugefügt worden – etwas zusätzliche Würze zu diesem auch so schon exquisisten Festbankett.

Sollte der Leser in diesem Anhang gewisse Veränderungen im Stil feststellen, so liegt dies daran, daß Osho im ursprünglichen Text einfach nur seine Kindheit erzählte. In diesen zusätzlichen Passagen, hauptsächlich aus Diskursen, verdeutlicht er mithilfe konkreter Anekdoten aus seiner Kindheit bestimmte Erkenntnisse.

Vieles ist in den letzten paar Jahren mit Osho und seinen Leuten passiert. Es war nicht immer leicht. Er hatte nie gesagt, es würde leicht werden. Er ist in Ketten gelegt, eingesperrt, vergiftet worden. Dieser wunderschöne Mensch ist von einer unbewußten Welt wie ein Verbrecher behandelt worden. Seine Gesundheit wurde ruiniert. Nach seiner Vergiftung und seiner Ausweisung aus Amerika schaffte Osho es noch vier Jahre lang, seinen Körper zusammenzuhalten, um die Arbeit an seinen Leuten fortsetzen zu können. Er verließ seinen Körper im Januar 1990 in Poona, Indien. Dort blüht und gedeiht die Kommune, die um ihn herum herangewachsen war, von Jahr zu Jahr weiter.

Vieles ist passiert, und dennoch ist nichts passiert, weil es immer weiter passiert, von einem kostbaren Moment zum nächsten.

Osho sagt in diesem Buch: »Viele Male wundere ich mich darüber, wie der Körper alt geworden ist. Aber was mich betrifft, fühle ich weder das Alter noch das Älterwerden. Nicht einen einzigen Augenblick habe ich mich anders gefühlt. Ich bin derselbe – so vieles ist passiert, aber alles nur an der Peripherie. Und so kann ich euch erzählen, was alles passiert ist. Aber ihr dürft nie vergessen: Mit mir ist nichts passiert. Ich bin genauso unschuldig und unwissend, wie ich es vor meiner Geburt war.«

Und nur wenige Monate bevor er seinen Körper verließ, diktierte er folgende Inschrift für die Stätte, wo seine Asche aufbewahrt wird:

OSHO
NEVER BORN – NEVER DIED
ONLY VISITED THIS
PLANET EARTH BETWEEN
DECEMBER 11, 1931 – JANUARY 19, 1990

(Osho: Nie geboren – nie gestorben/ hat lediglich diesen/ Planeten Erde besucht zwischen/ dem 11. Dezember 1931 und dem 19. Januar 1990)

Wenn du, lieber Leser, dieses Buch in der Erwartung aufschlägst, Logik darin zu finden, wirst du keine finden. Meister sind keine logischen Menschen. Was du finden wirst, ist Leben in all seiner Verrücktheit, all seiner Liebe, all seinem Lachen!

Wenn du dieses Buch mit offenem Herzen lesen kannst, wenn du auch nur für einige Augenblicke deinen ernsten ›Erwachsenen‹ vor die Tür setzen kannst, blitzen dir vielleicht ein paar Ahnungen von deinem eigenen inneren Kind auf. Und dann fängst du vielleicht auch an, in dir zu spielen.

Swami Deva Abhivandan

1

Es ist ein schöner Morgen. Wieder und wieder geht die Sonne auf, und immer ist sie neu. Sie wird nie alt. Die Wissenschaftler sagen, sie sei Millionen Jahre alt – Unsinn! Jeden Tag sehe ich sie: sie ist immer neu. Nichts ist alt. Aber Wissenschaftler sind Totengräber. Darum sage ich, sie sehen so todernst aus. An diesem Morgen wieder das Wunder der Existenz! Jeden Augenblick ereignet es sich, aber nur sehr wenige, sehr sehr wenige, schauen dem Wunder je ins Auge...

Der Ausdruck »ins Auge schauen« ist wirklich schön. Dem Augenblick ins Auge zu schauen, so wie er ist, ihn so zu sehen, wie er ist, ohne etwas hinzuzufügen, ohne etwas wegzunehmen, ohne jede Korrektur – ihn einfach zu sehen, wie er ist: wie ein Spiegel... Ein Spiegel korrigiert nicht, Gott sei Dank! Sonst würde kein Gesicht der Welt seinen Ansprüchen genügen können, nicht einmal das Gesicht Kleopatras. Kein einziges Gesicht könnte einem Spiegel genügen, einfach weil er dich zerstören würde, wenn er anfinge, dich zurechtzustutzen, dich zu korrigieren, dir etwas hinzuzufügen. Aber kein Spiegel ist zerstörerisch. Wie schön ist selbst der häßlichste Spiegel, weil er nichts zerstört. Er spiegelt nur.

Bevor ich eben in eure Arche Noah kam, stand ich da und schaute auf den Sonnenaufgang... so schön – jedenfalls heute. Und wer denkt an morgen? Das Morgen kommt nie. Jesus sagt: »Denkt nicht an morgen«.

Heute ist der Morgen so schön, daß ich einen Augenblick an die unbeschreibliche Schönheit des Sonnenaufgangs im Himalaja erinnert wurde. Dort, wenn rings um dich nur Schnee ist, und die Bäume aussehen wie Bräute, als wenn sie zu weißen Blüten aus Schnee erblüht wären... Dort sind einem die sogenannten Großen dieser Welt völlig egal, die Kanzler und Präsidenten, die Könige und Königinnen. Ja, Könige und Königinnen wird es einmal nur noch im Kartenspiel geben, und da gehören sie auch hin. Und die Präsidenten und Kanzler werden die Stelle der Joker einnehmen. Das paßt zu ihnen.

Diese Gebirgsbäume mit ihren weißen Blüten aus Schnee... Und immer wenn ich den Schnee von ihren Blättern fallen sah, mußte ich an einen Baum aus meiner Kindheit denken. So einen Baum kann es nur hier in Indien geben. Er heißt *madhu malti* – *madhu* bedeutet »süß«, *malti* bedeutet »Königin«. Mir ist noch nie ein Duft begegnet, der schöner und eindringlicher wäre – und wie ihr wißt, bin ich allergisch gegen Düfte, also weiß ich das sofort. Ich bin sehr empfindlich gegen Gerüche. Der *madhu malti* ist der schönste Baum, den man sich vorstellen kann. Gott muß ihn am siebten Tag erschaffen haben; erleichtert von all der Last und Hast der Welt, mit allem fertig, sogar mit Mann und Frau, muß Gott den *madhu malti* erschaffen haben – an seinem freien Tag, seinem Urlaubstag, einem Sonntag... Aus purer Gewohnheit, immerzu etwas erschaffen zu müssen! Alte Gewohnheiten wird man nicht so leicht los.

Der *madhu malti* blüht mit Tausenden von Blüten auf einen Schlag. Nicht erst hier und da eine Blüte, nein, das ist nicht die Art des *madhu malti* – und auch nicht meine Art. Der *madhu malti* blüht mit einem Reichtum, mit Luxus, mit Überfluß – Tausende von Blüten, so viele, daß man die Blätter nicht mehr sehen kann. Der ganze Baum ist überzogen von weißen Blüten. Schneebedeckte Bäume haben mich schon immer an den *madhu malti* erinnert. Natürlich ist kein Duft da; und es ist gut für mich, daß

Schnee keinen Duft hat. Es ist schade, daß ich die Blüten des *madhu malti* nie wieder in Händen halten werde. Ihr Parfum ist so stark, daß es sich kilometerweit verströmt – und wohlgemerkt, ich übertreibe nicht. Ein einziger *madhu-malti*-Baum vermag die ganze Nachbarschaft mit seinem unbeschreiblichen Duft zu erfüllen.

Ich liebe den Himalaja. Ich wollte dort sterben. Es ist der schönste Ort zum Sterben – natürlich auch zum Leben, aber was das Sterben angeht, ist es *der* Ort überhaupt. Dort starb Laotse. In den Tälern des Himalaja starb Buddha, starb Jesus, starb Moses. Kein anderes Gebirge kann Anspruch erheben auf einen Moses, einen Jesus, einen Laotse, Buddha, Bodhidharma, Milarepa, Marpa, Tilopa, Naropa und Tausende andere.

Die Schweiz ist schön, aber nichts verglichen mit dem Himalaja. Es ist bequem, in der Schweiz zu leben, mit all ihren modernen Einrichtungen. Im Himalaja ist es sehr unbequem. Auch heute gibt es dort noch keine Technik – keine Straßen, keinen Strom, keine Flugzeuge, keine Eisenbahnen, einfach nichts. Aber nur so gibt es Unberührtheit. Man wird in eine andere Zeit versetzt, in ein anderes Sein, in einen anderen Raum.

Ich wollte dort sterben; und heute morgen, wie ich so dastand und den Sonnenaufgang betrachtete, fühlte ich mich erleichtert. Ich wußte: wenn ich hier sterbe, besonders an einem Tag so schön wie heute, dann ist es gut. Und ich werde mir einen Tag zum Sterben aussuchen, an dem ich fühle, daß ich zum Himalaja gehöre. Der Tod ist für mich nicht einfach nur ein Ende, ein Schlußpunkt. Nein, für mich ist der Tod ein Fest.

Als ich an den Schnee dachte, der von den Bäumen rieselt, so wie Blütenblätter vom *madhu malti* fallen, da fiel mir blitzartig ein Haiku ein...

Die Wildgänse
haben nicht die Absicht,
sich im Wasser zu spiegeln.
Das Wasser
hat nicht die Absicht,
ihr Bild widerzuspiegeln.

Ah, wie schön! Die Wildgänse, die gar nicht die Absicht haben, sich zu spiegeln, und das Wasser, das auch gar nicht die Absicht hat, ihr Bild widerzuspiegeln – und doch ist die Spiegelung da! Das ist das Schöne. Niemand hat es gewollt, und doch ist es da. Genau das nenne ich Kommunion. Ich habe »Kommunikation« immer schon gehaßt. Mir ist »Kommunikation« zuwider. Man kann sie zwischen Ehefrau und Ehemann beobachten, zwischen Boß und Untergebenem, und so weiter und so weiter. Aber in Wirklichkeit passiert sie nie. Mein Wort ist »Kommunion«.

Ich sehe die Buddhahalle mit all meinen Leuten... nur einen Augenblick, wie einen Blitz: lauter Augenblicke der Kommunion. Es ist nicht einfach nur eine Versammlung. Es ist keine Kirche. Die Leute kommen nicht aus Förmlichkeit hin. Die Leute kommen zu *mir,* nicht *hin.* Immer wo ein Meister und ein Jünger sind – und sei es nur ein einziger Jünger –, geschieht Kommunion.

Sie geschieht jetzt im Augenblick, und ihr seid nur vier. Vielleicht verrechne ich mich auch mit meinen geschlossenen Augen, und dann ist es auch gut. Nur so kann man in der Welt des Unberechenbaren verweilen... und das auch noch steuerfrei! Wenn man erst mal Rechnen gelernt hat, dann sind als nächstes die Steuern dran. Ich bin unberechenbar; niemand hat je Steuern von mir bekommen.

Ich war einmal Universitätsprofessor. Als man mir mein Gehalt erhöhen wollte, sagte ich nein. Der Rektor konnte es nicht glauben. Er fragte: »Wieso nicht?« Ich sagte: »Wenn ich mehr bekäme als jetzt, müßte ich Steuern zahlen, und ich hasse Steuern. Lieber bleibe ich bei dem Gehalt, das ich jetzt bekomme, statt mehr zu haben und vom Finanzamt belästigt zu werden.« Ich habe nie die obere Grenze der Steuerfreiheit überschritten. Ich habe noch nie Einkommenssteuer bezahlt. Es ist ja auch gar kein Einkommen da. Ich habe der Welt immer nur gegeben, ich habe der Welt nie etwas genommen. Es kommt etwas dabei raus, nicht rein! Ich habe aus meinem Herzen und meinem ganzen Sein heraus gegeben.

Es ist gut, daß Blumen steuerfrei sein dürfen, denn sonst würden sie zu blühen aufhören. Es ist gut, daß der Schnee steuerfrei fallen darf, sonst würde es nicht schneien, glaubt es mir.

Ich muß euch sagen, daß nach der russischen Revolution etwas mit dem russischen Genius passiert ist. Leo Tolstoj, Fjodor Dostojewski, Turgenjew, Maxim Gorki – wo sind sie hin? Trotzdem ist heute in Rußland der Schriftsteller, der Romancier, der Künstler die höchstdotierte und angesehenste Persönlichkeit. Was ist also passiert? Warum bringen sie keine Bücher mehr hervor wie »Die Brüder Karamasow«, »Anna Karenina«, »Väter und Söhne«, »Die Mutter« oder »Aufzeichnungen aus dem Untergrund«? Warum? Ich möchte tausendmal fragen: warum? Was ist aus dem russischen Genius des Romans geworden? Ich glaube nicht, daß sich irgendein anderes Land mit Rußland messen könnte. Wenn man nur zehn Romane von Weltrang aufzählen dürfte, müßte man unbedingt fünf russische Romane nennen, und danach blieben nur noch fünf für die ganze übrige Welt. Was ist aus diesem großen Genius geworden? Er ist gestorben! Denn Blumen kann man nicht herumkommandieren. Für sie gibt es keine Zehn Gebote. Blumen blühen – man kann ihnen nicht befehlen zu blühen. Der Schnee fällt – man kann kein Gebot aufstellen, man kann ihm keinen Termin setzen, das ist unmöglich. Und so ist es mit den Buddhas. Sie sagen, was sie sagen wollen und wann sie es sagen wollen. Sie werden reden – und sei es auch nur zu einem einzigen Menschen – über Dinge, die die ganze Welt gern hören würde.

Jetzt seid ihr hier, vielleicht nur vier. Ich sage »vielleicht«, weil ich schwach im Rechnen bin. Und dann noch mit geschlossenen Augen... ihr versteht. Und mit Tränen in den Augen – nicht, weil nur vier anwesend sind, sondern weil dieser Morgen, dieser Sonnenaufgang so schön ist.

Gott sei Dank. Er denkt an mich; obwohl es ihn nicht gibt, denkt er an mich! Ich leugne ihn, und trotzdem denkt er an mich. Toller Gott! Es scheint, die Existenz kümmert sich. Aber ihr kennt nicht die Wege der Existenz, sie sind unvorhersagbar. Ich habe immer das Unvorhersagbare geliebt. Meine Tränen gelten dem Sonnenaufgang. Die Existenz hat sich um mich gekümmert.

Ich hatte weder gefragt, noch hat sie geantwortet.
Und dennoch hat sie sich gekümmert.

Die Wildgänse haben nicht die Absicht, sich im Wasser zu spiegeln. Das Wasser hat nicht die Absicht, ihr Bild widerzuspiegeln.

Genauso ist es mit meinem Reden. Ich weiß nicht, was der nächste Satz sein wird, oder ob es ihn überhaupt geben wird. Es nicht vorher zu wissen, ist schön.

Ich fühle mich wieder an das kleine Dorf erinnert, wo ich geboren bin. Warum die Existenz ausgerechnet auf dieses kleine Dorf gekommen ist, bleibt unerklärlich. Es ist, wie es sein sollte. Es war ein schönes Dorf. Ich bin weit und breit herumgereist, aber mir ist nie wieder dieselbe Schönheit begegnet. Man kommt nie wieder aufs gleiche zurück. Alles kommt und geht, aber es ist nie das gleiche.

Ich sehe das stille, kleine Dorf vor mir. Nur ein paar Hütten an einem kleinen See und ein paar hohe Bäume, wo ich immer spielte. Es gab keine Schule in diesem Dorf. Das ist nicht weiter wichtig, denn fast neun Jahre lang wuchs ich völlig wild auf, und das sind die prägenden Jahre. Danach ist man, selbst wenn man es wollte, nicht mehr formbar. Ich bin also sozusagen noch heute ungebildet – trotz meiner vielen akademischen Titel. Jeder Ungebildete hätte die auch geschafft. Und nicht irgendwelche Titel, sondern den *Master of Arts* erster Klasse! Aber selbst den kriegt jeder Trottel. Jedes Jahr kriegen ihn so viele Trottel, daß er völlig bedeutungslos ist. Bedeutung hat lediglich, daß ich in meinen frühen Jahren wild aufwuchs. Es gab keine Schule, keine Straße, keine Eisenbahn, keine Post. Welch ein Segen! Dieses kleine Dorf war eine eigene Welt. Selbst in Zeiten, in denen ich dem Dorf fern war, blieb ich in dieser Welt – ungezähmt.

Ich habe Ruskins berühmtes Buch *Unto this last...* – »Bis auf den heutigen Tag...« – gelesen und beim Lesen an dieses Dorf denken müssen. *Unto this last...* – bis auf den heutigen Tag ist sich das Dorf immer gleich geblieben. Keine Straße führt hin, keine Eisenbahn fährt vorbei, nicht einmal heute, nach fast fünfzig Jahren! Keine Post, keine Polizeiwache, kein Arzt – ja, in diesem Dorf wird erst gar keiner krank, so sauber, so unvergiftet ist es. Ich habe in diesem Dorf Leute gekannt, die noch nie eine Eisenbahn gesehen haben, die sich fragen, wie sie wohl aussieht, die nicht einmal einen Bus oder ein Auto gesehen haben! Sie sind nie aus dem Dorf herausgekommen; so still, so selig leben sie…

Mein Geburtsort Kutchwada war ein Dorf ohne Bahn und ohne Post. Es hatte kleine Berge, eher Hügel, aber einen schönen Teich und ein paar Hütten, einfache Strohhütten. Das einzige richtige Haus war das, in dem ich zur Welt kam, und selbst das konnte als Haus nicht viel Staat machen – es war bloß ein kleines Häuschen. Ich sehe es jetzt vor mir und kann jede Einzelheit davon beschreiben. Aber mehr noch als das Haus oder das Dorf sind mir die Leute in Erinnerung. Mir sind Millionen Menschen begegnet, aber die Leute aus diesem Dorf waren unschuldiger als sie alle, weil sie sehr einfach waren. Sie wußten nichts von der Welt; nicht eine einzige Zeitung war je ins Dorf gedrungen. Ihr könnt nun verstehen, warum es keine Schule gab, nicht einmal eine Grundschule… Welch ein Segen! Kein modernes Kind kennt diesen Luxus! All diese Jahre wuchs ich wild auf, und es waren die allerschönsten Jahre.

Ich muß allerdings zugeben, daß ich einen Privatlehrer hatte. Dieser erste Lehrer war selber ungebildet. Er unterrichtete mich nicht, sondern versuchte zu lernen, indem er mich lehrte. Vielleicht hatte er das schöne Sprichwort gehört: »Die beste Methode zu lernen ist, zu lehren.« Aber er war ein lieber, guter Mann, kein so gemeiner Schullehrer. Um Schullehrer zu sein, muß man gemein sein, das gehört zu diesem Geschäft dazu. Er war lieb, weich wie Butter. Laßt es mich beichten: Ich habe ihn manchmal geschlagen! Aber er wollte nie zurückschlagen; er lachte immer nur und sagte: »Du bist ein Kind, du kannst mich ruhig schlagen. Ich bin ein alter Mann, ich kann dich nicht zurückschlagen. Wenn du alt bist, wirst du es verstehen.« So sagte er immer zu mir… und ja, ich verstehe es. Er war ein lieber Dorfmensch, mit tiefem Verständnis. Manchmal verstehen Dorfmenschen Dinge, die zivilisierte Menschen nicht verstehen.

Hierzu fällt mir ein…

Eine schöne Frau kommt an den Strand. Da sie niemanden in der Nähe sieht, zieht sie sich aus. Gerade als sie ins Meer steigen will, hält ein alter Mann sie an und sagt: »Meine Dame, ich bin der Dorfpolizist. An diesem Strand ist das Schwimmen verboten.«

Die Frau fragt verwundert: »Aber warum haben Sie mir das nicht gesagt, bevor ich mich ausgezogen habe?« Der alte Mann lacht und lacht, bis ihm die Tränen kommen, und er sagt: »Ausziehn ist ja nicht verboten, also hab ich hinter einem Baum gewartet.«

Ein richtig schöner Dorfmensch. Genau solche Menschen wohnten in dem Dorf – einfache Leute. Es war umgeben von kleinen Hügeln, und es gab einen kleinen Teich. Keiner außer Basho könnte diesen Teich beschreiben. Aber auch er beschreibt den Teich gar nicht, sondern sagt nur:

Der alte Teich
Frosch springt rein
Plop!

Ist das eine Beschreibung? Der Teich wird nur erwähnt, der Frosch genauso – weder der Teich noch der Frosch werden irgendwie beschrieben... und – plop!

Das Dorf hatte einen alten, uralten Teich, und uralte Bäume umstanden ihn; sie mußten wohl Jahrhunderte alt sein, und ringsherum lauter schöne Steine. Und natürlich sprangen die Frösche. Tagein, tagaus konnte man ihr »Plop« hören, immer wieder. Das Geräusch der springenden Frösche unterstrich eigentlich nur die Stille, die weit und breit herrschte. Dieser Ton machte die Stille reicher, bedeutsamer. Das ist das Schöne an Basho. Er konnte Dinge beschreiben, ohne sie tatsächlich zu beschreiben. Er konnte etwas sagen, ohne auch nur ein Wort zu erwähnen – »Plop!« Ist das etwa ein Wort? Kein Wort könnte dem Ton gerecht werden, den ein Frosch macht, wenn er in einen Teich springt. Aber Basho wurde ihm gerecht.

Ich bin kein Basho, und dieses Dorf hätte einen Basho verdient. Vielleicht hätte er schöne Skizzen, Bilder und Haikus gemacht... Ich habe gar nichts mit diesem Dorf gemacht – ihr werdet euch fragen, warum. Nicht einmal besucht habe ich es je wieder. Einmal ist genug. Ich gehe nie zweimal an einen Ort. Die Zahl zwei existiert für mich nicht. Ich habe schon viele Dörfer, viele Städte auf Nimmerwiedersehen verlassen. Einmal fortgegangen – für immer fortgegangen. Das ist meine Art. Also bin ich auch nie wieder in dieses Dorf zurückgekehrt. Die Leute dort haben Botschaften an mich geschickt, wenigstens noch einmal hinzukommen. Ich ließ ihnen ausrichten: »Ich war schon einmal da; zweimal ist nicht meine Art.«

Aber die Stille dieses alten Teiches begleitet mich... Wieder muß ich an den Himalaja denken, den Schnee – so schön, so rein, so unschuldig. Man kann ihn nur durch die Augen eines Bodhidharma, eines Jesus oder eines Basho sehen. Anders läßt sich der Schnee ganz einfach nicht beschreiben. Nur die Augen der Buddhas spiegeln ihn wider. Idioten können ihn niedertreten, können Schneebälle daraus machen, aber nur die Augen der Buddhas können ihn widerspiegeln, obwohl...

Die Wildgänse
haben nicht die Absicht,
sich im Wasser zu spiegeln.
Das Wasser
hat nicht die Absicht,
ihr Bild widerzuspiegeln.

...Und dennoch kommt das Bild zustande.

Weder haben Buddhas die Absicht, die Schönheit der Welt widerzuspiegeln, noch hat die Welt die geringste Absicht, von den Buddhas gespiegelt zu werden. Aber gespiegelt wird sie. Niemand will es, und doch geschieht es. Und wenn es geschieht, ist es schön. Wenn es *getan* wird, ist es banal. Wenn es getan wird, bist du ein Techniker. Wenn es geschieht, bist du ein Meister.

Kommunikation gehört zur Welt des Technikers – Kommunion ist der Duft der Welt des Meisters.

Was hier geschieht, ist Kommunion. Ich rede über nichts im besonderen...

Die Wildgänse und das Wasser....

2

Ich hatte soeben ein goldenes Erlebnis – wie es sich anfühlt, wenn ein Jünger voller Liebe den Körper seines Meisters bearbeitet. Ich bin davon noch ganz außer Atem. Und außerdem erinnert es mich an meine goldene Kindheit.

Alle reden von ihrer goldenen Kindheit, aber nur selten, ganz selten stimmt es wirklich. Meist ist es eine Lüge. Aber wenn so viele Leute die gleiche Lüge erzählen, kommt niemand dahinter. Sogar die Dichter säuseln ständig von ihrer goldenen Kindheit... Wordsworth zum Beispiel – da macht er seinem Namen »Worteswert« keine Ehre – aber davon abgesehen ist er kein schlechter Kerl. – Aber eine goldene Kindheit ist extrem selten, aus dem einfachen Grund: Wo findet man sowas?

Erstens muß man sich seine Geburt aussuchen. Das ist fast unmöglich. Nur wenn man im Zustand der Meditation gestorben ist, kann man sich seine Geburt aussuchen. Diese Möglichkeit steht nur dem Meditierer offen. Er stirbt bewußt und erwirbt sich damit das Recht, bewußt geboren zu werden.

Ich bin bewußt gestorben – genaugenommen nicht gestorben, sondern umgebracht worden. Ich wäre drei Tage später sowieso gestorben, aber sie konnten es nicht abwarten, nicht einmal drei Tage. Die Leute haben es immer so eilig! Ihr werdet staunen zu hören, daß der Mann, der mich tötete, heute mein Sannyasin ist. Er kam, um mich erneut zu töten, nicht, um Sannyas zu nehmen. Aber wenn er bei seinen Tricks bleibt, dann bleibe ich bei meinen! Er hat es mir später selbst gebeichtet, nachdem er schon sieben Jahre lang Sannyasin war.

Er sagt: »Osho, jetzt kann ich es dir ohne Angst beichten. Damals in Ahmedabad kam ich zu dir, um dich zu töten.«

Ich sagte: »Mein Gott – nochmal?«

Er sagte: »Was meinst du mit noch mal?«

Ich sagte: »Das ist eine andere Geschichte. Sprich weiter.«

Er sagte: »In Ahmedabad vor sieben Jahren kam ich mit einem Revolver zu deiner Veranstaltung. Die Halle war so voll, daß die Organisatoren die Leute sogar auf dem Podium sitzen ließen.«

Und so durfte dieser Mann neben mir sitzen – mit einem Revolver, um mich zu töten. Was für eine Gelegenheit! Ich sagte: »Warum hast du dir diese Gelegenheit entgehen lassen?«

Er sagte: »Ich hatte dich vorher nie reden hören, ich kannte dich nur vom Hörensagen. Als ich dich dann hörte, dachte ich: lieber Selbstmord, als dich töten. Darum wurde ich Sannyasin – das war mein Selbstmord.«

Vor siebenhundert Jahren hatte dieser Mann mich tatsächlich getötet; er vergiftete mich. Auch damals war er mein Jünger. Aber wo ein Jesus ist, ist auch meist ein Judas. Ich starb bewußt; somit hatte ich die große Chance, bewußt geboren zu werden. Ich suchte mir meine Mutter und meinen Vater aus.

Tausende Dummköpfe rund um die Welt und rund um die Uhr machen ständig Liebe miteinander. Millionen ungeborener Seelen warten nur darauf, in einen x-beliebigen Schoß einzutreten. Ich wartete siebenhundert Jahre lang auf den richtigen Augenblick, und ich danke der Existenz, daß ich ihn fand. Siebenhundert Jahre sind gar nichts im Vergleich zu den Jahrmillionen, die man vor sich hat. Nur siebenhundert Jahre... ja, ich sage *nur!*

Und ich wählte ein sehr armes Paar, aber eines, das tief miteinander verbunden war. Ich glaube nicht, daß mein Vater je eine andere Frau mit der gleichen Liebe angesehen hat, die er für meine Mutter empfand. Es ist auch ganz undenkbar – selbst für mich, der sich alles mögliche denken kann –, daß meine Mutter auch nur im Traum einen anderen Mann gehabt hätte. Unmöglich, ich kenne sie beide. Sie waren einander so nah, so vertraut, so erfüllt, wie arm sie auch waren. Arm und doch reich. Sie waren reich in ihrer Armut wegen ihrer Vertrautheit – reich, weil sie einander liebten.

Ich hatte das Glück, niemals meine Mutter mit meinem Vater streiten zu sehen. Ich sage »Glück«, weil es sehr schwierig ist, Eheleute zu finden, die sich nicht streiten. Wo sie die Zeit für die Liebe hernehmen, weiß Gott allein, oder vielleicht weiß er's auch nicht; schließlich muß er sich um seine eigene Frau kümmern... vor allem der Hindu-Gott. Der christliche Gott ist da besser dran: Er ist überhaupt nicht verheiratet. Er hat nicht einmal eine Frau, geschweige denn eine Ehefrau; denn eine Frau ist gefährlicher als eine Ehefrau. Eine Ehefrau kann man ertragen, aber eine Frau...? Da bist du wieder der Dumme. Eine Frau kannst du nicht ertragen, denn die ist »attraktiv«. Eine Ehefrau ist »destruktiv.«

Seht euch nur mein Englisch an! Setzt es in Anführungsstriche, damit mich keiner mißversteht – obzwar, egal was ihr tut, jeder wird mich dennoch mißverstehen. Aber versucht es, setzt es in Anführungsstriche: Eine Ehefrau ist »destruktiv«, und eine Frau ist »attraktiv«.

Ich habe meinen Vater und meine Mutter niemals streiten sehen, nicht einmal nörgeln. Die Leute reden immer von Wundern. Ich bin Zeuge eines Wunders: Meine Mutter hat nie an meinem Vater herumgenörgelt! Es ist deshalb ein Wunder, weil die Frau jahrhundertelang so sehr vom Mann herumkommandiert worden ist, daß sie Untergrundtaktiken gelernt hat – sie nörgelt. Nörgeln ist getarnte Gewalt, maskierte Gewalt. Ich habe meine Mutter und meinen Vater nie im Streit gesehen.

Ich machte mir Sorgen um meine Mutter, als mein Vater starb. Ich glaubte einfach nicht, daß sie es überleben könnte. Sie hatten sich so tief geliebt, sie waren fast eins geworden. Sie überlebte nur, weil sie mich ebenfalls liebt.

Ich habe mir ständig Sorgen um sie gemacht. Ich wollte sie in meiner Nähe haben, einfach damit sie in äußerster Erfüllung sterben kann. Jetzt weiß ich: Ich habe sie gesehen, habe in sie hineingesehen, und ich kann es euch sagen – und durch euch wird es eines Tages die Welt erfahren: Sie ist erleuchtet worden. Ich war ihre letzte Bindung – jetzt ist nichts mehr übrig, was sie noch binden kann. Sie ist eine erleuchtete Frau – ungebildet, schlicht, ohne überhaupt zu wissen, was Erleuchtung ist. Das ist das Schöne! Man kann erleuchtet sein, ohne zu wissen, was Erleuchtung ist, und umgekehrt: Man kann alles über Erleuchtung wissen und unerleuchtet bleiben.

Ich wählte dieses Paar – schlichte Dorfmenschen. Ich hätte einen König und eine Königin wählen können. Ich hatte es in der Hand. Alle möglichen Schöße standen mir zur Wahl, aber ich bin ein Mann von sehr einfachem Geschmack: immer nur mit dem Besten zufrieden. Dieses Paar war arm, sehr arm. Es wird euch unbegreiflich sein, aber mein Vater hatte nur siebenhundert Rupien, das sind siebzig Dollar. Das war alles, was er besaß. Dennoch wählte ich ihn mir zum Vater. Er hatte einen Reichtum, der nicht mit Augen zu sehen ist, eine Königlichkeit, die unsichtbar ist.

Viele von euch haben ihn gesehen, und ihr müßt die Schönheit dieses Mannes gefühlt haben. Er war einfach, sehr einfach, man könnte ihn sogar schlichtweg einen Dörfler nennen, aber unermeßlich reich – nicht im weltlichen Sinne, sondern im überweltlichen Sinne, falls es so etwas gibt...

Siebzig Dollar, das war sein ganzes Vermögen. Ich hätte nie davon erfahren, wenn nicht sein Geschäft später bankrott gemacht hätte.Und er war so froh darüber! Ich fragte ihn: »Dada«, – so nannte ich ihn; *dada* bedeutet »Vater« – »Dada, bald wirst du bankrott sein, und doch bist du fröhlich. Was ist los – sind die Gerüchte falsch?«

Er sagte: »Nein, die Gerüchte stimmen durchaus. Der Bankrott ist unabwendbar. Aber ich freue mich, weil ich siebenhundert Rupien beiseitegelegt habe. Mit genau so viel habe ich angefangen; und ich werde dir die Stelle zeigen.«

Dann zeigte er mir die Stelle, wo er die siebenhundert Rupien versteckt hatte, und sagte: »Mach dir keine Sorgen, ich hab mit nur siebenhundert Rupien angefangen. Sonst gehört uns nichts –

laß es zur Hölle gehn. Was uns gehört, ist hier versteckt, an dieser Stelle, und ich habe sie dir gezeigt. Du bist mein ältester Sohn, merk dir die Stelle.«

Soviel weiß ich... ich habe die Stelle keinem Menschen gegenüber erwähnt und werde es auch nie tun. Denn wenn er auch so großzügig war, mir sein Geheimnis zu verraten, so bin ich weder sein Sohn, noch ist er mein Vater. Er ist er, und ich bin ich. »Vater und Sohn« ist eine reine Formsache.

Diese siebenhundert Rupien liegen immer noch irgendwo unter der Erde versteckt und sie werden auch dort bleiben, es sei denn, jemand findet sie zufällig. Ich sagte ihm: »Du hast mir zwar die Stelle gezeigt, aber ich habe sie nicht gesehen.«

Er sagte: »Wie meinst du das?« – Ich sagte: »Ganz einfach. Ich sehe sie nicht, und ich will sie nicht sehen. Ich trete kein Erbe an, weder groß noch klein, weder reich noch arm.«

Aber er seinerseits war ein liebender Vater. Ich meinerseits bin kein liebender Sohn – tut mir leid. Er war ein liebender Vater. Als ich meine Universitätsstelle aufgab, war niemand besorgt außer ihm. Keiner meiner Freunde war besorgt. Was ging es sie an? Im Gegenteil,viele meiner Freunde waren froh, daß ich den Stuhl geräumt hatte; jetzt konnten sie ihn haben. Sie rissen sich darum. Nur mein Vater war besorgt. Ich sagte zu ihm: »Du brauchst dir wirklich keine Sorgen zu machen.«

Aber es half wenig, daß ich das sagte. Er kaufte ein großes Grundstück, ohne mir ein Wort davon zu sagen, denn er wußte sehr wohl, wenn er es mir gesagt hätte, dann hätte ich ihm eins aufs Dach gegeben. Er baute mir ein schönes kleines Haus, genau nach meinem Geschmack. Ihr werdet euch wundern: Es war sogar klimatisiert, mit allen modernen Schikanen.

Es lag in der Nähe meines Dorfes, mit einem Garten am Flußufer, mit Stufen hinunter, damit ich schwimmen gehen konnte... mit alten, uralten Bäumen und absoluter Stille ringsum, meilenweit keine Menschenseele. Aber mir sagte er kein Wort davon. Es ist gut, daß mein armer Vater tot ist, sonst hätte ich ihm die Hölle heißgemacht. Aber solche Liebe und solches Mitgefühl hatte er – für so einen Zigeuner von Sohn!

Ich bin ein Zigeuner. Ich habe nie etwas für meine Familie

getan. Sie schulden mir nichts. Sie haben alles für mich getan. Ich hatte dieses Paar nicht ohne guten Grund gewählt... wegen ihrer Liebe, ihrer tiefen Vertrautheit, ihrem Beinahe-Einssein. Und so trat ich denn nach siebenhundert Jahren wieder in den Körper ein.

Meine Kindheit war golden. Noch einmal – das ist kein Klischee. Alle bezeichnen ihre Kindheit als golden, aber es stimmt nicht. Die Leute halten nur deshalb ihre Kindheit für golden, weil ihre Jugend verkorkst ist. Ihr Alter später ist dann sogar noch verkorkster. Natürlich wird die Kindheit dann »golden«. Meine Kindheit war nicht in diesem Sinne golden. Meine Jugend war diamanten, und falls ich ein alter Mann werden sollte, dann wird das Alter Platin sein. Aber meine Kindheit war ganz bestimmt golden – nicht als Symbol, sondern absolut golden; nicht poetisch, sondern buchstäblich, faktisch.

Die meiste Zeit meiner frühesten Jahre lebte ich bei den Eltern meiner Mutter. Diese Jahre sind mir unvergeßlich. Selbst wenn ich in Dantes Paradies kommen sollte, werde ich mich noch an diese Jahre erinnern.

Ein kleines Dorf, arme Leute, aber mein Großvater – ich meine den Vater meiner Mutter – war ein großzügiger Mann. Er war arm, aber reich in seiner Großzügigkeit. Was er hatte, das gab er weg, an alle und jeden. Die Kunst des Gebens habe ich von ihm gelernt; das muß ich zugeben. Ich habe ihn niemals nein zu einem Bettler oder sonstwem sagen sehen.

Ich nannte den Vater meiner Mutter *Nana;* so nennt man in Indien den Vater der Mutter. Die Mutter meiner Mutter heißt *Nani.*

Ich fragte meinen Großvater oft: »Nana, wo hast du eine so schöne Frau her?«

Meine Großmutter sah mehr griechisch als indisch aus. Wenn ich Mukta lachen sehe, muß ich an sie denken. Vielleicht habe ich deshalb ein so weiches Herz für Mukta. Ich kann ihr einfach nichts abschlagen. Selbst wenn das, was sie will, nicht richtig ist – ich sage trotzdem: »Okay«. Sobald ich sie sehe, denke ich sofort an meine Nani. Vielleicht hatte sie auch etwas griechisches Blut in sich; keine Rasse kann Reinheit beanspruchen. Vor allem die Inder sollten sich nicht auf reines Blut berufen – die Hunnen, die Moguln, die Griechen und viele andere haben Indien überfallen, erobert und beherrscht. Sie haben sich ins indische Blut gemischt, und bei meiner Großmutter war das so offensichtlich! Ihre Gesichtszüge waren nicht indisch; sie sah griechisch aus.

Und sie war eine starke Frau, sehr stark. Mein Nana starb, als er nicht mehr als fünfzig war. Meine Großmutter lebte bis achtzig, und sie war völlig gesund. Selbst dann dachte keiner, daß sie sterben könnte. Eines hatte ich ihr versprochen: Ich würde sie besuchen kommen, wenn sie stürbe, und das würde mein letzter Besuch bei der Familie sein. Sie starb 1970. Ich mußte mein Versprechen einlösen.

In meinen ersten Jahren war meine Nani für mich meine Mutter. Das sind die Jahre, in denen man sich entwickelt. Ihr werdet euch wundern, wenn ich euch sage, daß ich noch eine andere Frau als Mutter angesehen habe, doch darüber später. In diesem Kreis ist meine Nani an der Reihe. Meine eigene Mutter kam erst später. Da war ich schon herangewachsen, hatte bereits meinen persönlichen Stil, und dabei hatte mir meine Großmutter ungeheuer geholfen. Mein Großvater liebte mich, aber er konnte mir nicht viel helfen. Er war sehr liebevoll, aber um zu helfen, dazu gehört mehr, eine gewisse Stärke. Er hatte immer Angst vor meiner Großmutter. In gewisser Hinsicht stand er unter ihrem Pantoffel. Was wahr ist, ist nun mal eben wahr. Er liebte mich und er half mir, aber was kann ich dafür, wenn er unterm Pantoffel stand? Schließlich tun das neunundneunzigkommaneun Prozent aller Ehemänner, also ist es okay.

Ich erinnere mich an einen Vorfall, den ich bisher noch nie erzählt habe. Es war eine dunkle Nacht, und es regnete. Da kam ein Dieb in unser Haus. Natürlich hatte mein Großvater Angst. Jeder konnte sehen, daß er Angst hatte, aber er tat so, als hätte er keine, er gab sich alle Mühe. Der Dieb versteckte sich in einem Winkel unseres kleinen Hauses, hinter ein paar Zuckersäcken.

Mein Großvater war ein eingefleischter *pan*-Kauer. *Pan* ist das Blatt der Betelnuß. So wie andere Leute Kettenraucher sind, war er ein *pan*-Kettenkauer. Ständig rollte er sich *pan* und kaute den ganzen Tag lang darauf herum. Nun fing er an, *pan* zu kauen und spuckte den Saft auf den armen Dieb, der sich in der Ecke versteckte.

Ich sah diesem häßlichen Schauspiel zu und sagte zu meiner Großmutter, bei der ich immer schlief: »Das geht doch nicht. Auch wenn er ein Dieb ist, sollten wir uns anständig benehmen. Aber spucken? Entweder kämpfen oder mit dem Spucken aufhören!«

Meine Großmutter sagte: »Was möchtest du tun?«

Ich sagte: »Hingehen, dem Dieb eine runterhauen und ihn rauswerfen.« Ich war höchstens neun.

Meine Großmutter lachte und sagte: »Gut, ich komme mit. Vielleicht brauchst du meine Hilfe.« Sie war eine hochgewachsene Frau. Meine Mutter ist ihr kein bißchen ähnlich, weder an körperlicher Schönheit, noch an spiritueller Kühnheit. Meine Mutter ist eine einfache Frau. Meine Großmutter war sehr unternehmungslustig. Sie kam mit.

Ich war schockiert! Ich traute meinen Augen nicht: Der Dieb war ein Mann, der immer zu uns kam, um mich zu unterrichten – es war mein Lehrer! Ich schlug wirklich feste zu, zumal er mein Lehrer war. Ich sagte zu ihm: »Wenn du nur ein Dieb wärst, könnte ich dir noch verzeihen, aber du hast mich große Dinge gelehrt, und nachts machst du sowas! Jetzt lauf weg, so schnell du kannst, bevor meine Großmutter dich zu fassen kriegt, sonst zerdrückt sie dich noch.«

Sie war eine massive Frau, groß, stark und schön. Mein Großvater war klein und unscheinbar, aber sie paßten gut zusammen. Er kämpfte nie mit ihr – er konnte nicht –, also gab es da gar kein Problem.

Ich kann mich gut an diesen Lehrer, den Dorf-Pandit, erinnern, der mir gelegentlich Unterricht gab. Er war der Priester des Dorftempels.

Er sagte: »Was ist mit meinen Sachen? Dein Großvater hat mich von oben bis unten vollgespuckt. Er hat meine Kleider ruiniert.«

Meine Großmutter lachte und sagte: »Komm morgen, dann werde ich dir ein paar neue Sachen geben.« Und tatsächlich gab sie ihm ein paar neue Kleidungsstücke. Er kam zwar nicht, er wagte es nicht, aber sie ging zum Haus des Diebes und nahm mich mit. Sie gab ihm die neuen Kleider mit den Worten: »Schrecklich, wie mein Mann deine Kleider zugerichtet hat! Das finde ich nicht gut. Wenn du etwas zum Anziehen brauchst, kannst du immer zu mir kommen.«

Dieser Lehrer hat sich nie wieder blicken lassen, um mich zu unterrichten. Nicht, weil man es ihm verboten hätte – er traute sich nicht. Er hörte nicht nur auf, mich zu unterrichten; selbst in der Straße, wo wir wohnten, ließ er sich nie mehr blicken. Er machte einfach immer einen Bogen um unser Haus. Aber dafür besuchte ich ihn nun extra jeden Tag, nur um vor seinem Hause auszuspucken. Damit er nicht vergaß... Ich rief dann immer ins Haus: »Hast du die Nacht vergessen? Und du hast mir immer gesagt, ich soll wahr, ehrlich und aufrichtig sein und lauter solchen Quatsch!« Noch heute sehe ich ihn vor mir: die Augen niedergeschlagen, unfähig, mir zu antworten.

Mein Großvater wollte, daß die größten Astrologen Indiens mir mein Geburtshoroskop erstellen sollten. Obwohl er nicht sehr reich war – nicht einmal reich, geschweige denn *sehr* reich, nur eben der Reichste im Dorf –, wollte er jeden Preis für mein Geburtshoroskop zahlen. Er machte die lange Reise nach Varanasi und suchte die berühmten Männer auf. Nachdem er die Daten und Notizen, die mein Großvater mitgebracht hatte, studiert hatte, sagte der bedeutendste von allen Astrologen: »Es tut mir leid, aber ich kann sein Geburtshoroskop erst in sieben Jahren machen. Falls das Kind überlebt, mache ich sein Horoskop umsonst. Aber ich glaube nicht, daß er überleben wird. Falls er es doch tut, wird es ein Wunder sein, denn dann besteht die Möglichkeit, daß er ein Buddha wird.«

Mein Großvater kam weinend nach Hause. Ich hatte noch nie Tränen in seinen Augen gesehen. Ich fragte: »Was ist passiert?«

Er sagte: »Ich muß warten, bis du sieben bist. Wer weiß, ob ich das noch erleben werde. Wer weiß, ob der Astrologe selber es noch erleben wird, denn er ist schon sehr alt. Und ich mache mir auch ein bißchen Sorgen um dich.«

Ich sagte: »Was für Sorgen denn?«

Er sagte: »Ich sorge mich nicht, daß du vielleicht stirbst, aber ich sorge mich, daß du vielleicht ein Buddha wirst.«

Ich lachte, und unter Tränen fing auch er an zu lachen. Dann gab er selbst zu: »Komisch, daß ich mir solche Sorgen gemacht habe. Was ist denn verkehrt daran, ein Buddha zu sein?« Als mein Vater erfuhr, was die Astrologen zu meinem Großvater gesagt hatten, brachte er mich selbst nach Varanasi – doch mehr darüber später.

Als ich sieben war, kam ein Astrologe in das Dorf meines Großvaters und suchte nach mir. Als ein schönes Pferd vor unserem Hause hielt, stürzten wir alle nach draußen. Das Pferd sah so königlich aus... Und der Reiter war kein anderer als einer dieser berühmten Astrologen, die ich kennengelernt hatte.

Er sagte zu mir: »So, du lebst also noch! Ich habe dein Geburtshoroskop gemacht. Ich machte mir schon Sorgen, weil Leute wie du nicht lange leben.« Mein Großvater verkaufte sämtlichen Schmuck im Hause, nur um ein großes Fest für alle Nachbardörfer zu geben, zur Feier, daß ich ein Buddha werden sollte. Aber ich glaube nicht, daß er den Sinn des Wortes *buddha* überhaupt verstand.

Er war ein Dschaina und hatte es wohl noch nie gehört. Aber er war glücklich, immens glücklich... Er tanzte, weil ich ein Buddha werden sollte. In dem Augenblick konnte ich nicht begreifen, wie ihn allein schon das Wort *buddha* so glücklich machen konnte. Als alle fort waren, fragte ich ihn: »Was heißt denn *buddha?«* Er sagte: »Ich weiß es nicht, aber es klingt so gut. Außerdem bin ich ein Dschaina. Wir wollen einen Buddhisten fragen.«

In dem kleinen Dorf gab es keine Buddhisten, aber er sagte: »Wenn einmal ein buddhistischer *bhikku,* ein Wandermönch, vorbeikommt, werden wir erfahren, was es heißt.« Aber er war überglücklich, nur weil der Astrologe gesagt hatte, daß ich ein Buddha werden sollte. Später sagte er zu mir: »Ich vermute, *buddha* bedeutet, daß einer sehr intelligent ist.« *Buddhi* auf Hindi heißt »Intelligenz«. Also dachte er, *buddha* hieße: »der Intelligente«. Er war nicht weit vom Schuß. Er hat es fast richtig erraten. Schade, daß er nicht mehr lebt, sonst hätte er gesehen, was es bedeutet, ein Buddha zu sein – nicht im Sinn des Wörterbuches, sondern in der Begegnung mit einem lebenden Erwachten. Und ich kann ihn tanzen sehen beim Anblick seines Enkels, der ein

Buddha geworden ist. Das hätte genügt, um ihn erleuchtet zu machen! Aber er starb. Sein Tod war eine meiner wichtigsten Erfahrungen. Darüber später.

Ist noch Zeit?

»Es ist acht Uhr dreißig, Osho.«

Gut, nur fünf Minuten für mich...

Es ist Zeit aufzuhören, aber es war schön. Und ich bin dankbar. Danke.

3

Wieder und wieder das Wunder des Morgens... die Sonne, die Bäume. Die Welt ist wie eine Eisblume: Nimm sie in die Hand, und sie schmilzt im Nu. Nichts bleibt übrig, nur eine nasse Hand. Aber wenn du schaust, nur schaust, dann ist eine Eisblume so schön wie jede andere Blume auf der Welt. Und dieses Wunder ereignet sich jeden Morgen, jeden Nachmittag, jeden Abend, jede Nacht. Vierundzwanzig Stunden, tagein, tagaus... das Wunder! Und die Leute gehen in die Tempel, Kirchen, Moscheen und Synagogen, um Gott anzubeten. Die Welt muß voller Narren sein – Verzeihung, nicht Narren, sondern Idioten, unheilbar Zurückgebliebene! Muß man denn in den Tempel gehen, um nach Gott zu suchen? Ist er nicht hier und jetzt?

Die bloße Vorstellung des Suchens ist idiotisch. Man sucht nach dem, was weit weg ist, und Gott ist so nah, näher als dein eigener Herzschlag. Wenn ich das Wunder jeden Augenblick sehe, staune ich, wie es möglich ist. So viel Kreativität! Das ist nur möglich, weil es keinen Schöpfer gibt. Gäbe es einen Schöpfer, dann hättet ihr jeden Montag denselben Montag, denn der Schöpfer schuf die

Welt in sechs Tagen und war dann mit ihr fertig. Es gibt keinen Schöpfer, sondern nur schöpferische Energie: Energie in millionenfachen Formen, miteinander verschmelzend und sich vermischend, sich zeigend und verschwindend, sich sammelnd und auseinanderstrebend.

Genau darum sage ich, daß der Priester von der Wahrheit am weitesten entfernt ist und der Dichter ihr am nächsten kommt. Freilich hat auch der Dichter sie noch nicht erreicht. Nur der Mystiker erreicht sie... »Erreichen« ist nicht das richtige Wort. Er *wird* sie, oder besser, er entdeckt, daß er sie schon immer gewesen ist.

Die Leute fragen mich: »Glaubst du an Astrologie, an Religion, an dieses und jenes?« Ich glaube an gar nichts, denn ich *weiß*.

Das erinnert mich an die Geschichte, die ich euch gestern erzählte... Der alte Astrologe war gekommen. Mein Großvater traute seinen Augen nicht. Der Astrologe war so berühmt, daß selbst Könige überrascht gewesen wären, wenn er sie in ihrem Palast besucht hätte. Und er kam zum Haus meines alten Großvaters. Man muß es wohl oder übel ein »Haus« nennen, aber viel war es nicht, nur aus Lehmwänden gemacht, nicht mal ein eigenes Badezimmer. Er kam uns besuchen, und ich freundete mich sofort mit dem Alten an.

Ich sah ihm in die Augen, und obwohl ich erst sieben war und kein einziges Wort lesen konnte... aber seine Augen konnte ich lesen, dazu war euer ABC nicht nötig.

Ich sagte zu dem Astrologen: »Seltsam, daß du so weit gereist bist, nur um mein Horoskop zu machen!« Varanasi war damals, und ist es heute noch, weitab von dem kleinen Dorf.

Der alte Mann sagte: »Ich habe es versprochen, und ein Versprechen muß man halten.«

Die Art, wie er sagte: »Ein Versprechen muß man halten«, ging mir durch und durch. Vor mir stand ein lebendiger Mann!

Ich sagte zu ihm: »Wenn du hergekommen bist, um dein Versprechen zu halten, dann kann ich deine Zukunft voraussagen.«

Er sagte: »Was! Du kannst meine Zukunft voraussagen?«

Ich sagte: »Ja. Ein Buddha wirst du freilich nicht werden, aber du wirst ein *bhikku* werden, ein Sannyasin.« Das ist der Name für einen buddhistischen Sannyasin.

Er lachte und sagte: »Unmöglich!«

Ich sagte: »Wollen wir wetten?«

Er fragte mich: »Na gut, um was?«

Ich sagte: »Das ist egal. Du kannst um so viel wetten, wie du willst, denn wenn ich gewinne, gewinne ich. Wenn ich verliere, verliere ich nichts, weil ich nichts habe. Du wettest mit einem siebenjährigen Kind, siehst du das nicht? Ich habe ja nichts.«

Ob ihr es glaubt oder nicht, ich stand nackt vor ihm. In diesem armen Dorf war es nicht verboten – jedenfalls siebenjährigen Kindern nicht –, nackt herumzulaufen. Es war kein englisches Dorf! Ich sehe mich noch nackt dort vor dem Astrologen stehen. Das ganze Dorf war um uns versammelt, und alle hörten mit, was sich zwischen mir und ihm abspielte.

Der alte Mann sagte: »Gut, wenn ich ein Sannyasin, ein *bhikku* werde«, und er zeigte seine goldende, mit Diamanten besetzte Taschenuhr, »dann werde ich dir das hier geben. Und was ist mit dir, wenn du verlierst?«

Ich sagte: »Ich werde einfach verlieren. Ich habe nichts, keine goldene Armbanduhr, die ich dir geben könnte. Ich werde dir nur danken.« – Er lachte und nahm Abschied.

Ich halte nichts von Astrologie. Neunundneunzigkommaneun Prozent davon ist Unfug, aber nullkommaein Prozent ist reine Wahrheit. Ein Mann von Erkenntnis, Intuition und Reinheit kann zweifellos in die Zukunft schauen, denn die Zukunft ist keineswegs nicht-existent, sie entzieht sich nur unserem Blick. Vielleicht ist es nur ein dünner Schleier von Gedanken, der Gegenwart und Zukunft trennt.

In Indien bedeckt die Braut ihr Gesicht mit einem *ghoonghat.* Es ist etwas schwierig, dieses Wort zu übersetzen. Es ist so etwas wie eine Maske. Sie zieht sich den Sari über das Gesicht. Genau in dieser Weise ist die Zukunft vor uns verborgen: nur durch einen *ghoonghat,* einen dünnen Schleier. Ich glaube nicht an Astrologie, nicht an die neunundneunzigkommaneun Prozent. An das restliche nullkommaein Prozent brauche ich nicht zu glauben; es ist wahr – ich habe es am Werk gesehen.

Dieser Alte war der erste Beweis. Aber es ist seltsam: Meine Zukunft konnte er sehen, natürlich nur verschwommen, mit vielerlei Möglichkeiten, doch seine eigene konnte er nicht sehen. Nicht nur das, er war sogar bereit, gegen mich zu wetten, als ich sagte, daß er ein *bikkhu* werden würde.

Ich war vierzehn, als ich wieder in die Gegend von Varanasi kam, mit dem Vater meines Vaters, der eine Geschäftsreise machte. Ich hatte dickköpfig darauf bestanden, mit ihm zu fahren. Auf der Straße zwischen Varanasi und Sarnath hielt ich einen alten *bikkhu* an und sagte: »Alter, erinnerst du dich an mich?«

Er sagte: »Ich habe dich noch nie gesehen – warum sollte ich mich an dich erinnern?«

Ich sagte: »Du vielleicht nicht. Aber ich muß mich an *dich* erinnern. Wo ist die Uhr, die goldene Uhr mit den Diamanten? Ich bin das Kind, mit dem du gewettet hast. Jetzt ist die Zeit gekommen, dich zu fragen. Ich hatte dir prophezeit, daß du ein *bhikku* werden würdest, und jetzt bist du einer. Gib mir die Uhr.«

Da lachte er und holte die schöne alte Uhr aus der Tasche, gab sie mir mit Tränen in den Augen und – könnt ihr es glauben – er berührte meine Füße... Ich sagte: »Nein, nein! Du bist ein *bhikku,* ein Sannyasin, du darfst doch meine Füße nicht berühren!« Er sagte: »Laß nur – du hast dich als größerer Astrologe entpuppt als ich. Laß mich deine Füße berühren.«

Ich gab diese Uhr meiner allerersten Sannyasin. Der Name meiner ersten Sannyasin ist Ma Anand Madhu – eine Frau, versteht sich, denn so wollte ich es. Niemand hat Frauen in Sannyas eingeweiht wie ich. Nicht nur das: Ich wollte, daß mein erster Sannyasin eine Frau sei, nur um alles wieder ins Gleichgewicht und in Ordnung zu bringen.

Buddha zögerte lange damit, Frauen in Sannyas einzuweihen – sogar Buddha...! Das ist das einzige an seinem Leben, was mir wehtut wie ein Dorn, sonst nichts. Buddha zögernd? Warum? Er befürchtete, daß weibliche Sannyasins seine Anhänger ablenken würden. Was für ein Unsinn! Ein Buddha, und Angst vor dem, was Sache ist? Sollen sich die Narren doch ablenken lassen, wenn sie das wollen!

Und Mahavira hat gesagt, kein Mensch, der in einem weiblichen Körper ist, könne das *nirvana,* die letzte Befreiung, erreichen. Ich muß für all diese Männer Buße tun. Mohammed hat nie eine Frau die Moschee betreten lassen. Noch heute darf keine Frau eine Moschee betreten. Selbst in der Synagoge sitzen die Frauen auf der Galerie und nicht bei den Männern.

Indira Gandhi erzählte mir einmal, daß sie bei ihrem Staatsbesuch in Israel nach Jerusalem kam und es einfach nicht glauben konnte, daß die israelische Premierministerin mit ihr zusammen auf dem Balkon sitzen mußte, während alle Männer unten im Erdgeschoß saßen. Sie hatte nicht gewußt, daß sogar die Premierministerin als Frau die eigentliche Synagoge nicht betreten durfte. Sie durften lediglich Zuschauer auf dem Balkon sein. Wie unwürdig – es ist eine Beleidigung.

Ich muß mich entschuldigen für Mohammed, für Moses, für Mahavir, für Buddha – und für Jesus genauso, denn er hat keine einzige Frau zu einem seiner zwölf Apostel auserkoren. Aber als er am Kreuz starb, war von diesen zwölf Narren nichts zu sehen. Nur drei Frauen blieben – Magdalena, Maria und Magdalenas Schwester –, aber nicht einmal diese drei Frauen hatte Jesus gewählt. Sie waren nicht unter den wenigen Auserwählten. Die wenigen Auserwählten hatten sich aus dem Staub gemacht. Grandios! Sie versuchten, ihre eigene Haut zu retten. In der Stunde der Gefahr kamen nur Frauen.

Ich muß mich bei der Zukunft für all diese Leute entschuldigen. Und meine erste Entschuldigung bestand darin, daß ich einer Frau Sannyas gab. Es wird euch amüsieren, die ganze Geschichte zu hören...

Der Mann von Anand Madhu wollte selbstverständlich als erster eingeweiht werden. Es war im Himalaja, als ich in Manali ein Meditationscamp abhielt. Ich schlug es dem Ehemann mit den Worten aus: »Du kannst erst als zweiter drankommen, nicht als erster.« Er war so erbost, daß er im selben Augenblick das Camp verließ. Nicht nur das, er wurde mein Gegner und schloß sich Morarji Desai an. Später, als Morarji Desai Premierminister war, unternahm dieser Mann alles mögliche, um ihn dazu zu bewegen, mich ins Gefängnis zu stecken. Natürlich fehlt Morarji Desai zu sowas der Mut – den kann man auch nicht haben, wenn man seinen eigenen Urin trinkt! Er ist ein absoluter Narr... Nochmal Verzeihung! ...ein absoluter Idiot. »Narr« behalte ich mir für Geet Bharti vor.

Anand Madhu ist immer noch Sannyasin. Sie lebt im Himalaja, schweigend, ohne zu sprechen. Seit damals habe ich mich immer bemüht, die Frauen soweit wie möglich in den Vordergrund zu stellen. Manchmal mag ich den Männern gegenüber sogar unfair erscheinen. Ich bin es nicht, ich bringe nur die Sache wieder in Ordnung. Nach all den Jahrhunderten, die die Frau von den Männern ausgebeutet wurde, ist das keine leichte Aufgabe.

Die erste Frau, die ich geliebt habe, war meine Schwiegermutter. Ihr werdet euch fragen – bin ich verheiratet? Nein, ich bin nicht verheiratet. Diese Frau war Gudias Mutter. Aber ich nannte sie immer meine »Schwiegermutter«, einfach im Scherz. Plötzlich fällt mir das wieder ein, nach so vielen Jahren. Ich nannte sie immer »Schwiegermutter«, weil ich ihre Tochter liebte. Das war in Gudias letztem Leben. Auch diese Frau war ungeheuer stark, genau wie meine Großmutter.

Meine »Schwiegermutter« war eine außergewöhnliche Frau, vor allem für Indien. Sie verließ ihren Mann und ging nach Pakistan, heiratete einen Moslem, obwohl sie Brahmanin war. Sie wußte zu wagen. Ich halte immer viel von Wagemut, denn je mehr du wagst, desto näher kommst du nach Hause. Nur die Tollkühnen werden je Buddhas, merkt euch das! Die Kalkulierenden können ein dickes Bankkonto haben, aber sie können keine Buddhas werden.

Ich bin ihm dankbar, dem Mann, der mir meine Zukunft offenbarte, als ich sieben war. Was für ein Mann! Gewartet zu haben, bis ich sieben war – was für eine Geduld! Und nicht nur das – er kam aus dem weit entfernten Varanasi in mein Dorf. Es gab keine Straßen, keine Züge, er mußte eine weite Strecke zu Pferde zurücklegen. Und als ich ihn auf der Straße nach Sarnath traf und zu ihm sagte, daß ich die Wette gewonnen hätte, da gab er mir sofort seine Uhr und sagte: »Ich würde dir die ganze Welt schenken, aber ich habe nichts als dies. Eigentlich dürfte ich nicht einmal diese Uhr bei mir haben, aber ich habe sie nur deinetwegen all die Jahre behalten, weil ich wußte, daß du irgendwann kommen mußtest. Und als ich ein *bhikku* wurde, stand mir nicht Buddha vor Augen, sondern du – ein nackter, siebenjähriger Junge, der die Zukunft eines der größten Astrologen des Landes vorhersagte. Wie hast du das fertiggebracht?«

Ich sagte: »Das weiß ich nicht. Ich habe dir in die Augen gesehen und konnte erkennen, daß nichts dich befriedigen würde, was diese Welt dir geben kann. Ich sah die göttliche Unzufriedenheit. Ein Mensch wird erst Sannyasin, wenn er die göttliche Unzufriedenheit spürt.«

Ich weiß nicht, ob der alte Mann noch am Leben ist. Es kann nicht sein, denn sonst hätte er nach mir gesucht und mich gefunden.

Aber dieser Augenblick war der größte im Leben des Dorfes. Bis heute spricht man dort noch von diesem Fest. Erst kürzlich kam jemand aus dem Dorf hierher und sagte: »Wir reden immer noch von dem Fest, das dein Großvater für unser Dorf gegeben hat. Nie zuvor und nie danach hat es so etwas bei uns gegeben.«

Es freute mich, daß es so vielen Leuten Spaß machte. Das weiße Pferd hatte es mir angetan. Gudia hätte dieses Pferd geliebt. Sie hat mir immer die Pferde gezeigt, wenn wir auf der Straße an ihnen vorbeikamen. »Sieh mal«, sagte sie dann immer, »was für schöne Pferde!«

Ich habe viele Pferde gesehen, aber nie ein solches Pferd, wie der alte Astrologe eins hatte. Ich habe die schönsten Pferde gesehen, aber für mich ist nach wie vor sein Pferd das schönste. Vielleicht lag es an meiner Kindheit. Vielleicht hatte ich keine Vergleichsmöglichkeit, aber glaubt mir, ob ich nun ein Kind war oder nicht – das Pferd *war* schön. Es war unglaublich stark... es muß acht PS gehabt haben!

Es waren goldene Tage. Alles, was in diesen Jahren passiert ist, kann ich wieder sehen wie in einem Film, der vor mir abläuft. Es ist nicht zu glauben, daß ich mich je wieder dafür interessieren sollte.

Nein... Yashu Bharti sieht auf ihre Uhr. Es ist zu früh, um auf die Uhr zu sehen. Sei nicht so ein Canada Dry – entspann dich, sei nicht so trocken! Der Zeitpunkt, zu dem du auf die Uhr gesehen hast... Du hast keine Ahnung, was du damit unterbrochen hast. Es ist nicht nur ein Plop!

Was sagte ich gerade... das waren goldene Tage. Alles was in diesen neun Jahren passiert ist, sehe ich wieder wie einen Film vor mir ablaufen. Gut, der Film ist wieder da, trotz Yashu Bharti und ihrer Uhr. Ja, es war eine goldene Zeit. Sogar mehr als golden, denn mein Großvater liebte nicht nur mich, sondern alles, was ich tat. Und was immer ich tat, war ein Ärgernis. Ich war ein einziges Ärgernis. Den ganzen Tag lang mußte er sich Beschwerden über mich anhören und darauf war er auch noch stolz. Das ist das Wunderbare und Schöne an diesem Mann. Er hat mich nie bestraft, hat mir nie mit einem einzigen Wort gesagt: »Mach dies!« oder: »Laß das!« Er ließ einfach alles zu, erlaubte mir absolut, ich selbst zu sein.

Auf diese Art bekam ich – ohne die leiseste Ahnung – meinen ersten Geschmack von Tao. Laotse sagt: »Tao ist der Weg des Wasserlaufs.« Wasser fließt einfach abwärts, wo immer es die Erde zuläßt. Und genauso waren meine frühen Jahre – man ließ mich gewähren. Ich glaube, jedes Kind braucht solche Jahre. Wenn wir jedem Kind auf der Welt solche Jahre schenken würden, könnten wir eine goldene Welt schaffen.

Die Tage damals waren voll, übervoll! So viele Ereignisse; so viele Vorfälle, die ich noch keinem erzählt habe... Ich schwamm oft im See. Natürlich hatte mein Großvater Angst. Er setzte einen Fremden in ein Boot, der auf mich aufpassen mußte. In so einem primitiven Dorf könnt ihr euch nicht ausmalen, was das hieß – ein »Boot«. Man nennt es *dongi* – es ist nichts weiter als ein ausgehöhlter Baumstamm. Es ist kein gewöhnliches Boot, es ist rund, und das ist das Gefährliche. Wenn du kein Experte bist, kannst du es nicht rudern. Es kann jederzeit zur Seite rollen. Das kleinste Ungleichgewicht, und du bist weg für immer. Es ist sehr gefährlich. Das *dongi*-Rudern lehrte mich, was Gleichgewicht ist. Nichts könnte hilfreicher sein. Ich lernte den »Mittelweg«, denn da mußt du dich ganz genau in der Mitte halten. Ein bißchen mehr zur einen Seite, und du bist weg, zur andern Seite, und du bist weg. Du darfst nicht mal atmen, du mußt absolut stillhalten, nur dann kannst du das *dongi* rudern.

Der Mann, der als Bewacher für mich eingesetzt wurde, um mich zu schützen... ich habe ihn einen Fremden genannt.

Warum? Weil sein Name *Bhoora* war, was soviel heißt wie: »weißer Mann«. Er war der einzige Weiße in unserem Dorf. Er war kein Europäer; es war einfach Zufall, daß er nicht wie ein Inder aussah. Er sah mehr wie ein Europäer aus, obwohl er keiner war. Seine Mutter hatte wohl in einem britischen Armeelager gearbeitet und war dort schwanger geworden. Aus diesem Grund kannte niemand seinen Namen. Jeder nannte ihn Bhoora. Bhoora bedeutet: »der Weiße«. Es ist kein Name, wurde aber sein Name. Er war ein Mann von eindrucksvollem Aussehen. Er war in meiner frühesten Kindheit zu meinem Großvater gekommen, um für ihn zu arbeiten. Und obwohl er ein Diener war, wurde er wie jemand aus der Familie behandelt.

Ich habe ihn auch noch aus einem anderen Grund einen Fremden genannt, denn obwohl ich viele Menschen auf der Welt kennengelernt habe, trifft man selten auf einen Menschen wie Bhoora. Er war ein Mann, dem man vertrauen konnte. Man konnte ihm alles sagen, und er behielt das Geheimnis für immer. Dieser Umstand wurde meiner Familie erst bewußt, als mein Großvater starb.

Mein Großvater hatte Bhoora alle Schlüssel und alle Angelegenheiten von Haus und Land anvertraut. Bald nach unserer Ankunft in Gadawara fragte meine Familie diesen ergebensten Diener meines Großvaters: »Wo sind die Schlüssel?« Bhoora antwortete: »Mein Herr hat mir gesagt: ›Zeig die Schlüssel keinem Menschen außer mir.‹ Verzeiht, aber solange er sie nicht selbst von mir fordert, kann ich euch die Schlüssel nicht geben.« Und er gab ihnen die Schlüssel nie. Also wissen wir nicht, was diese Schlüssel verbargen.

Viele Jahre später, als ich wieder in Bombay wohnte, kam Bhooras Sohn zu mir und gab mir die Schlüssel und sagte: »Wir haben gewartet und gewartet, daß ihr kommt, aber niemand ist gekommen. Wir haben uns um das Land gekümmert, für die Ernten gesorgt und das ganze Geld zur Seite gelegt.« Ich gab ihm die Schlüssel zurück und sagte zu ihm: »Alles gehört jetzt dir – das Haus, die Ernten und das Geld gehören dir, sie sind dein. Es tut mir leid, daß ich nicht eher davon wußte, aber keiner von uns wollte zurückkehren und den Schmerz fühlen.«

Was für ein Mann! Aber solche Menschen hat es früher auf der Erde gegeben. Sie werden langsam immer weniger, und statt solcher Menschen findet man alle möglichen cleveren Köpfe, die ihren Platz einnehmen. Solche Menschen sind das eigentliche Salz der Erde. Ich nenne Bhoora einen Fremden, denn es *ist* fremd, in einer cleveren Welt ein einfacher Mensch zu sein. Damit ist man ein Fremder, nicht von dieser Welt.

Mein Großvater besaß so viel Land, wie man sich nur wünschen konnte, denn in jener Provinz Indiens gab es in jenen Tagen Land absolut umsonst. Man brauchte nur zum Regierungsamt in der Hauptstadt zu gehen und um das Land zu bitten. Das genügte – es wurde einem geschenkt. Wir hatten sechshundert Hektar Ernteland, das Bhoora bestellte. Als mein Großvater krank wurde, hatte Bhoora gesagt, daß er ohne ihn niemals weiterleben könnte. So nah waren sie sich gekommen. Als mein Großvater im Sterben lag, brachten wir ihn von Kutchwada nach Gadawara, weil es in Kutchwada keine Einrichtungen gab, um Kranke zu versorgen. Das Haus meines Großvaters war das einzige Haus im Dorf.

Als wir Kutchwada verließen, hatte Bhoora die Schlüssel seinen Söhnen gegeben. Auf dem Weg nach Gadawara starb mein Großvater, und durch diesen Schock wachte Bhoora am nächsten Morgen nicht mehr aus seinem Schlaf auf. Er starb in der Nacht. Meine Großmutter, mein Vater und meine Mutter wollten nicht mehr nach Kutchwada zurückkehren, weil uns das zu viel Schmerz bereitet hätte, denn mein Großvater war ein so schöner Mensch gewesen.

Bhooras Sohn ist ungefähr so alt wie ich. Es ist erst ein paar Jahre her, daß mein Bruder Nikalanka und Chaitanya Bharti wieder hingefahren sind, um Fotos von dem Haus und dem Teich zu machen. Das Haus, in dem ich geboren bin... dafür verlangen sie jetzt eine Million Rupien, weil sie wissen, daß vielleicht einer meiner Jünger es zu kaufen bereit wäre. Eine Million! Das sind einhunderttausend Dollar. Und wißt ihr? Zu der Zeit, als mein Großvater starb, war es dreißig Rupien wert. Und selbst das war noch zuviel. Wir hätten sehr gestaunt, wenn sich irgend jemand bereitgefunden hätte, uns auch nur so viel zu geben.

Unsere Gegend war sehr zurück. Aber gerade weil sie so

zurück war, hatte sie etwas, das den Menschen heute überall sonst fehlt. Der Mensch muß auch ein wenig primitiv sein können, wenigstens dann und wann. Ein Wald... ein Dschungel, oder besser noch... ein Ozean... ein Himmel voller Sterne.

Der Mensch sollte sich nicht nur mit seinem Bankkonto abgeben. Das ist das denkbar Häßlichste. Das bedeutet: der Mann ist tot! Beerdigt ihn! Feiert! Verbrennt ihn! Tanzt um seinen Scheiterhaufen! Das Bankkonto ist nicht der Mann. Der Mensch, um Mensch zu sein, muß so natürlich sein wie die Berge, Flüsse, Felsen, Blumen...

Mein Großvater half mir nicht nur zu verstehen, was Unschuld ist – mit anderen Worten, was Leben ist –, sondern er half mir auch zu verstehen, was Tod ist. Er starb in meinem Schoß... doch davon irgendwann später.

4

Ich hatte euch von dem Moment erzählt, wo ich den Astrologen traf, der nun ein Sannyasin geworden war... Ich war damals ungefähr vierzehn und auf Reisen mit meinem anderen Großvater, also dem Vater meines Vaters. Mein wirklicher Großvater war nicht mehr. Er starb, als ich erst sieben war. Der alte *bhikku,* der Ex-Astrologe, fragte mich: »Ich bin von Beruf Astrologe und deute als Hobby so manche Dinge – die Linien der Hand, der Stirn, der Füße und so weiter. Wie hast du es fertiggebracht, mir auf den Kopf zuzusagen, daß ich einmal Sannyasin werden würde? Ich hatte nie daran gedacht. Erst du hast den Samen in mich gelegt, und seitdem habe ich nur noch an Sannyas gedacht und nichts anderes. Wie hast du das nur gemanagt?«

Ich zuckte die Achseln. Selbst heute, wenn mich jemand fragt, wie ich etwas »manage«, kann ich nur eines tun: die Achseln zukken, denn ich »manage« überhaupt nichts – ich lasse die Dinge einfach geschehen. Man braucht lediglich die Kunst zu erlernen, den Dingen um eine Nase voraus zu sein, so daß alle meinen, daß du sie managst. Im übrigen gibt es kein Management, vor allem in der Welt, um die es mir zu tun ist.

Ich sagte zu dem Alten: »Ich hab dir nur in die Augen geschaut und sah eine solche Reinheit, daß ich nicht glauben konnte, daß du noch gar kein Sannyasin warst. Du hättest schon einer sein sollen. Es war schon zu spät.«

In gewissem Sinne ist Sannyas immer zu spät, und in einem anderen Sinne immer zu früh... und beides stimmt.

Jetzt war es an dem Alten, die Achseln zu zucken. Er sagte: »Du verblüffst mich. Wie konnten meine Augen dir darüber Aufschluß geben?«

Ich sagte: »Wenn die Augen nicht Aufschluß geben können, dann wird jede Astrologie unmöglich.«

Das Wort »Astrologie« hat natürlich nichts mit den Augen zu tun, sondern es hat mit den Sternen zu tun. Aber kann ein Blinder die Sterne sehen? Du brauchst Augen, um die Sterne zu sehen.

Ich sagte zu dem alten Mann: »Die Astrologie ist nicht die Wissenschaft von den Sternen, sondern die Wissenschaft vom Sehen: die Sterne auch bei Tag zu sehen, im vollen Tageslicht.«

Ab und zu kommt es vor... wenn der Meister dem Jünger eins aufs Haupt gibt... Gerade heute morgen – Yashu Bharti, weißt du noch, wie du auf die Uhr gesehen hast und ich dir mit einer Flasche Canada-Dry-Soda aufs Haupt geschlagen habe? Erinnerst du dich jetzt? In dem Moment hast du's verpaßt. Genau das heißt es, sich in Astrologie auszukennen. Heute morgen bekam sie eine kleine Kostprobe davon – ich glaube, sie wird nie wieder auf ihre Uhr schauen.

Aber bitte, schau immer wieder drauf, damit ich dir immer wieder aufs Haupt schlagen kann. Das war erst der Anfang. Wie sonst willst du je »einfreaken«? Verzeih mir, aber hindere mich nicht, jederzeit zuzuschlagen. Ich bin stets bereit, dich um Verzeihung zu bitten, aber ich kann dir nie versprechen, nie wieder zuzuschlagen. Der erste ist nämlich nur die Vorbereitung für den zweiten, tiefergehenden Schlag.

Wir sind eine komische Gesellschaft! Ich bin ein alter Jude. Es gibt ein Sprichwort, das heißt: »Einmal ein Jude – immer ein Jude.« Ich war einmal ein Jude, und ich weiß um die Wahrheit dieses Sprichwortes. Ich bin immer noch ein Jude. Und rechts von mir sitzt ein hundertprozentiger Jude, Geet Bharti. Und dort neben mir, zu meinen Füßen, sitzt Raj Bharti, der teilweise Jude ist – ihr könnt es an seiner Nase sehen. Wo sonst hat er eine so schöne Nase her?

Und Gudia – ist sie noch hier? – auch sie ist keine Engländerin. Sie war auch schon mal eine Jüdin. Zum ersten Mal verkünde ich euch, daß sie niemand anders ist als Magdalena! Sie liebte Jesus, aber sie hat ihre Chance mit ihm verpaßt. Er wurde so früh gekreuzigt, und eine Frau braucht Zeit – und Geduld. Und er war erst dreiunddreißig. In dem Alter spielt man Fußball, oder wenn man sich dafür zu erwachsen hält, sieht man sich eben ein Match an.

Jesus starb zu früh. Die Menschen waren zu ungrausam... ich meine, zu grausam zu ihm. Ich wollte, sie wären ungrausam *gewesen* – daher kam mir das Wort. Gudia, diesmal entkommst du nicht! Egal, was du tust und wie sehr du auch davonlaufen möchtest... Ich bin kein Jesus, der leicht mit dreiunddreißig zu kreuzigen war. Und ich kann sehr geduldig sein, sogar mit einer Frau, was schwer ist... soviel weiß ich – schwer, mitunter sehr, sehr schwer. Eine Frau kann einem wirklich im Genick sitzen. Ich habe nie Genickschmerzen gehabt, Gott sei Dank! Aber ich kenne den Schmerz im Rücken. Wenn es im Rücken so schrecklich sein kann, wieviel mehr erst im Genick! Das Genick ist eigentlich die Spitze des Rückens. Aber ob du mir nun im Genick oder im Rücken sitzt, bei mir kannst du diesmal deine Chance nicht verpassen. Wenn du sie diesmal verpaßt, wird es unmöglich sein, noch einmal einen Mann wie mich zu finden.

Ein Jesus ist sehr leicht wieder zu finden. Alle Nasen lang werden Leute erleuchtet. Aber einen Mann wie mich zu finden, der auf Tausenden von Wegen gewandelt ist, in Tausenden von Leben, und der den Duft von Millionen Blüten gesammelt hat wie eine Honigbiene, das ist nicht so leicht.

Wenn man mich verpaßt, ist es vielleicht für immer. Aber ich werde dafür sorgen, daß es keinem meiner Leute passiert. Ich kenne alle Mittel, um ihre Panzerungen, Vertracktheiten und Tricks zu durchbrechen. Und mir geht es nicht um die Welt im großen. Mir geht es nur um meine Leute, diejenigen, die wirklich auf der Suche sind nach sich selbst.

Gerade heute erhielt ich eine Übersetzung von einem neuen Buch, das in Deutschland herauskommt. Ich kann kein Deutsch und so mußte ich mir den Teil, der mich betraf, übersetzen lassen. Ich habe noch über keinen Witz so viel gelacht, dabei ist es gar kein Witz, sondern ein überaus ernsthaftes Buch.

Der Autor hat allein fünfundfünfzig Seiten darauf verwendet, zu beweisen, daß ich nur illuminiert und nicht erleuchtet bin. Toll! Einfach grandios! – Nur illuminiert, aber nicht erleuchtet! Und hört und staunt: Erst vor ein paar Tagen bekam ich ein anderes Buch, von einem Idioten der gleichen Kategorie, einem holländischen Professor. Die Holländer unterscheiden sich nicht so sehr von den Deutschen, sie gehören zur gleichen Kategorie.

Nebenbei bemerkt muß ich euch erzählen, daß Gurdjieff jeden Menschen nach einem bestimmten Schema einordnete. Er hatte mehrere Kategorien für Idioten. Nun, dieser Deutsche und dieser holländische Typ, dessen Namen ich zum Glück vergessen habe, die gehören beide in die erste Kategorie von Narren. Nein, nicht Narren, das bleibt meinem jüdischen Jünger Geet Bharti vorbehalten: Idioten. Der holländische Idiot bewies in einer langen Dissertation – oder versuchte zu beweisen –, daß ich nur erleuchtet, aber nicht illuminiert sei. Nun, diese beiden Idioten sollten sich zusammentun und einen Ringkampf austragen und sich mit ihren Argumenten und Büchern klopfen.

Was mich betrifft, so laßt mich ein für allemal der Welt erklären: Ich bin weder illuminiert noch erleuchtet. Ich bin nur ein ganz gewöhnlicher, ganz einfacher Mensch mit keinerlei Attributen und keinerlei Titeln. Ich habe alle meine Zeugnisse verbrannt.

Idioten stellen immer dieselbe Frage – ohne Unterschied. Es ist ein Wunder: Alle Dinge sind unterschiedlich in Indien, England, Kanada, Amerika, Deutschland – nur nicht der Idiot. Idioten sind universell, überall gleich. Koste sie, wo du willst, es ist immer das gleiche. Vielleicht hätte Buddha mir zugestimmt; schließlich hat er gesagt: »Koste den Buddha, wo immer du willst, und er ist genau wie das Meer: Gleich, wo du davon kostest, es schmeckt immer salzig.« Und so wie die Buddhas gleich schmecken, vielleicht schmecken die *buddhus* – das indische Wort für Idioten – ebenfalls alle gleich. Es ist gut, aber nur in den indischen Sprachen so, daß *buddha* und *buddhu* aus der gleichen Wurzel stammen, fast das gleiche Wort sind.

Es ist mir völlig egal, ob ihr mich für erleuchtet haltet oder nicht. Was ist daran gelegen? Aber diesem Mann ist so viel daran gelegen, daß er in seinem Büchlein fünfzig Seiten allein dieser Frage widmet, ob ich erleuchtet bin oder nicht. Das beweist mit Sicherheit eines: daß er ein Idiot erster Klasse ist. Ich bin einfach ich. Warum sollte ich erleuchtet oder illuminiert sein? Und welche Gelehrtheit! Ist Illumination etwas anderes als Erleuchtung? Vielleicht bist du erleuchtet, wenn die Glühbirne brennt, und nur illuminiert, wenn nur eine Kerze brennt?

Ich weiß nicht, was der Unterschied ist. Ich bin keines von beiden. Ich bin selbst Licht, weder erleuchtet noch illuminiert. Ich habe diese Wörter weit, weit hinter mir gelassen. Ich kann sie sehen wie Staub, der sich noch nicht gelegt hat, weit hinten auf dem Weg, den ich nie wieder entlanggehen werde... nichts als Fußspuren im Sand.

Diese sogenannten Professoren, Philosophen, Psychologen – warum machen sie sich so viel Kopfzerbrechen um einen armen Mann wie mich, der sich gar nicht mit ihnen befaßt?

Ich lebe mein Leben, und es ist meine Freiheit, es so zu leben, wie ich es leben möchte. Warum sollten sie ihre Zeit mit mir verschwenden? Meine Güte, diese fünfzig Seiten hätten besser *gelebt* werden sollen! Wie viele Stunden und Nächte muß dieser arme Professor verplempert haben? Er hätte inzwischen illuminiert werden können, oder zumindest erleuchtet. Und der Holländer wäre inzwischen erleuchtet worden, wenn nicht illuminiert. Beide hätten erkennen können: Wer bin ich? Dann herrscht nur Stille...

> Da kommen keine Worte,
> aber vielleicht ein Lied
> oder ein Tanz,
> oder man macht sich einfach eine Tasse Tee
> und schlürft sie schweigend...

Das Aroma des Tees ist weit wichtiger als alle Philosophie.

Merk dir's, Yashu Bharti. Darum sage ich, daß aus Kanada nur eines kommt, was erwähnenswert ist: Canada Dry, das Sodawasser. Es ist wirklich herrlich – ich liebe es. Von allen Sodas der Welt ist es das beste. Jetzt lachst du. Du darfst auf die Uhr sehen. Du brauchst sie nicht unterm Ärmel zu verstecken oder sie vorher abzunehmen, um ja nicht zufällig draufzuschauen. Es ist mir völlig egal, wie spät es ist. Selbst wenn ich frage, will ich es gar nicht wirklich wissen; es ist nur, um euch zu beruhigen. Sonst mache ich nämlich einfach immer weiter auf meine Art. Ich bin kein Zeit-Mensch. Seht, wie lange ich dazu gebraucht habe, nur um den verlorenen Faden wieder aufzunehmen.

Der Vater meiner Mutter wurde plötzlich krank. Es war für ihn noch gar nicht an der Zeit zu sterben. Er war nicht mehr als fünfzig, oder sogar weniger, vielleicht sogar jünger als ich heute. Meine Großmutter war gerade fünfzig – genau auf dem Höhepunkt ihrer Jugend und Schönheit. Ihr werdet staunen, wenn ich euch sage, daß sie in Khajuraho geboren wurde, der Hochburg, der allerältesten Hochburg der Tantrikas. Sie sagte mir immer: »Wenn du ein bißchen älter bist, vergiß ja nicht, Khajuraho zu besuchen.« Ich glaube nicht, daß andere Eltern ihrem Kind einen solchen Rat geben würden. Aber meine Großmutter war einfach einmalig – mich zu drängen, Khajuraho zu besuchen!

Khajuraho besteht aus Tausenden von wunderschönen Skulpturen – alle nackt und kopulierend. Es gibt dort Hunderte von Tempeln. Viele sind nur Ruinen, aber ein paar haben überdauert, vielleicht weil sie vergessen wurden. Mahatma Gandhi wollte diese paar Tempel mit Erde zudecken lassen, weil diese Statuen, diese Skulpturen so verführerisch sind. Trotzdem verführte meine Großmutter mich, Khajuraho zu besuchen! So eine Großmutter zu haben! Sie selbst war so schön wie eine Statue, sehr griechisch in jeder Hinsicht.

Als Muktas Tochter Seema zu mir kam, konnte ich es einen Moment lang nicht glauben, denn meine Großmutter hatte genau dasselbe Gesicht, denselben Teint. Seema sieht nicht europäisch aus; sie ist dunkler, und ihr Gesicht und ihre Figur sind genau die meiner Großmutter. Schade, dachte ich, daß meine Großmutter tot ist, sonst hätte ich sie gerne Seema einmal gezeigt. Und wißt ihr, sogar mit achtzig war sie immer noch schön, was eigentlich völlig unmöglich ist.

Als meine Großmutter starb, eilte ich aus Bombay herbei, um sie zu sehen. Sogar im Tod war sie schön... Ich konnte nicht glauben, daß sie tot war. Und plötzlich wurden alle Statuen von Khajuraho für mich lebendig. In ihrem toten Körper sah ich die ganze Philosophie von Khajuraho. Nachdem ich sie gesehen hatte, war es für mich das erste, wieder nach Khajuraho zu fahren. Das war die einzig mögliche Art, ihrer zu gedenken. Jetzt war Khajuraho sogar noch schöner als zuvor, denn wohin ich auch sah, ich sah überall sie, in jeder Statue.

Khajuraho ist unvergleichlich. Es gibt Tausende von Tempeln auf der Welt, aber nichts, was sich mit Khajuraho vergleichen ließe. Ich versuche, in diesem Aschram hier ein lebendiges Khajuraho zu schaffen. Keine Steinstatuen, sondern wirkliche Menschen, die zu lieben fähig sind, die wirklich lebendig sind – so lebendig, daß sie ansteckend wirken, daß schon bei ihrer bloßen Berührung ein Strom, ein elektrischer Schlag zu spüren ist.

Meine Großmutter hat mir viele Dinge gegeben. Zum wichtigsten gehörte, daß sie darauf beharrte, mich nach Khajuraho zu schicken. In jenen Tagen war Khajuraho absolut unbekannt. Aber sie bestand so sehr darauf, daß ich hinmußte. Sie war hartnäckig. Vielleicht habe ich diese Qualität, oder nennt es meinetwegen Dis-Qualität, von ihr.

Die letzten zwanzig Jahre ihres Lebens war ich ständig in ganz Indien unterwegs. Jedesmal wenn ich durch das Dorf kam, sagte sie zu mir: »Hör zu: Steig nie in einen Zug ein, der schon angefahren ist, und steig nie aus dem Zug aus, bevor er angehalten hat. Zweitens, streite dich während der Fahrt nie mit jemandem im Abteil. Drittens, denk immer daran, daß ich noch lebe und darauf warte, daß du nach Hause kommst. Warum wanderst du im ganzen Land herum, während ich hier warte, um für dich zu sorgen? Du brauchst jemanden, der sich um dich kümmert, und niemand kann sich besser um dich kümmern als ich.«

Zwanzig Jahre lang mußte ich mir ständig diese Ratschläge anhören. Jetzt kann ich ihr sagen: »Mach dir keine Sorgen, wenigstens nicht drüben in der anderen Welt. Erstens reise ich nicht mehr mit dem Zug; ja, ich reise überhaupt nicht mehr. Kein Gedanke also daran, daß ich aus einem fahrenden Zug aussteigen könnte. Zweitens kümmert sich Gudia um mich – so schön, wie du es dir nur gewünscht hättest. Drittens denke daran, auf mich zu warten, wie du zu deinen Lebzeiten auf mich gewartet hast. Bald komme ich, komme ich nach Hause.«

Als ich das erste Mal Khajuraho besuchte, fuhr ich nur hin, weil meine Großmutter mir deswegen ständig in den Ohren lag. Aber seitdem bin ich hundertmal dort gewesen. Es gibt keinen anderen Ort auf der Welt, wo ich so oft gewesen bin. Der Grund ist einfach: Man kann dieses Erlebnis nicht erschöpfen. Es ist unerschöpflich. Je mehr man sich hineinvertieft, desto tiefer möchte man gehen. Jedes Detail der Tempel von Khajuraho ist ein Mysterium. Hunderte von Jahren und Tausende von Künstler müssen nötig gewesen sein, um jeden einzelnen Tempel zu vollenden. Und mir ist außer Khajuraho noch nichts untergekommen, das man vollendet nennen könnte – nicht einmal der Taj Mahal. Der Tadj Mahal hat seine Makel, aber Khajuraho hat keine. Außerdem ist der Tadj Mahal lediglich schöne Architektur. Khajuraho ist die gesamte Philosophie und Psychologie des Neuen Menschen.

Kaum sah ich diese Nackten – tut mir leid, ich kann nicht »Unbekleideten« sagen. »Unbekleidet« ist pornographisch; »nackt« ist ein völlig anderes Phänomen. Im Wörterbuch mögen sie dasselbe bedeuten, aber das Wörterbuch ist nicht alles. Die Existenz ist sehr viel differenzierter. Die Statuen sind nackt, aber nicht unbekleidet. Aber diese nackten Schönheiten... Es mag sein, daß der Mensch einmal dahin gelangt. Es ist ein Traum; Khajuraho ist ein Traum. Und Mahatma Gandhi wollte ihn unter der Erde begraben sehen, auf daß niemand von den schönen Statuen verführt werde! Wir verdanken es Rabindranath Tagore, daß er Mahatma Gandhi davon abhielt, so eine Schandtat zu begehen. Er sagte: »Laß die Tempel, wie sie sind...« Er war ein Dichter und konnte ihr Geheimnis verstehen.

Ich bin so oft in Khajuraho gewesen, daß ich das Zählen aufgegeben habe. In jeder freien Minute fuhr ich mal eben schnell nach Khajuraho. Wenn ich sonst nirgends aufzutreiben war, sagte meine Familie immer schon automatisch, ich müsse in Khajuraho sein, man solle dort nach mir suchen. Und sie hatten jedesmal recht. Ich mußte die Tempelwächter bestechen, den Leuten zu sagen, ich sei nicht da, obwohl ich da war. Ich will es beichten: es ist der einzige Fall, daß ich jemals jemanden bestochen habe. Aber es hat sich gelohnt, und ich bereue es nicht. Es tut mir kein bißchen leid.

Ihr werdet staunen – ihr wißt, wie gefährlich ich bin –, denn der Wächter, den ich bestach, wurde mein Sannyasin. Wer hat also wen bestochen? Erst bestach ich ihn, damit er sagte, ich sei nicht da, und dann begann er sich langsam immer mehr für mich zu interessieren. Er hat mir alle Bestechungsgelder, die ich ihm gegeben hatte, zurückerstattet. Er ist vielleicht der einzige Mensch auf der Welt, der je alle Schmiergelder, die er erhielt, zurückgegeben hat. Nachdem er Sannyasin geworden war, konnte er sie einfach nicht mehr behalten.

Khajuraho – der Name allein schlägt Glocken der Freude in mir an, als wäre er vom Himmel auf die Erde gekommen. Khajuraho in einer Vollmondnacht gesehen zu haben, heißt, alles gesehen zu haben, was sich zu sehen lohnt. Meine Großmutter wurde dort geboren. Kein Wunder, daß sie eine schöne Frau war, mutig und gefährlich dazu. Schönheit ist immer so: mutig und gefährlich. Sie riskierte. Meine Mutter ist nicht wie sie, und das finde ich schade. Ihr könnt in meiner Mutter keinen Anhaltspunkt für meine Großmutter finden. Nani war eine so mutige Frau! Sie machte mir Mut, alles zu riskieren – und ich meine *alles*.

Wenn ich Wein trinken wollte, besorgte sie mir welchen. Sie sagte immer: »Solange du nicht total trinkst, kannst du es nicht loswerden.« Und ich weiß, daß das der einzige Weg ist, um überhaupt etwas loszuwerden. Was immer ich wollte, sie arrangierte es. Mein Großvater, ihr Mann, hatte immer Angst; er war genau wie alle anderen Ehemänner der Welt – eine Maus. Eine schöne Maus, ein netter Kerl, aber nichts im Vergleich zu ihr. Als er in meinem Schoß starb, weinte sie nicht einmal.

Ich fragte sie: »Er ist tot. Du hast ihn geliebt. Wieso weinst du nicht?«

Sie sagte: »Deinetwegen. Ich möchte nicht vor einem Kind

weinen.« – Was für eine Frau! – »Und ich möchte dich nicht trösten. Wenn ich selbst zu weinen anfange, dann wirst du natürlich auch weinen, und wer tröstet dann wen?«

Ich muß euch die Situation beschreiben... Wir saßen in einem Ochsenkarren und fuhren vom Dorf meines Großvaters in das meines Vaters, weil dort das einzige Krankenhaus war. Mein Großvater war schwerkrank. Nicht nur krank, sondern auch bewußtlos, beinahe im Koma. Sie und ich waren die einzigen anderen Leute im Wagen. Ich kann verstehen, wie sie mit mir fühlte. Sie weinte nicht einmal über den Tod ihres geliebten Mannes! – Nur meinetwegen, denn ich war als einziger da, und sonst gab es niemand, der mich hätte trösten können.

Ich sagte: »Mach dir keine Sorgen. Wenn du ohne Tränen bleiben kannst, kann ich auch ohne Tränen bleiben.« Und ob ihr es glaubt oder nicht – ein Kind von sieben Jahren blieb ohne Tränen. Sogar sie war erstaunt. Sie sagte: »Du weinst ja gar nicht.«

Ich sagte: »Ich möchte dich nicht trösten.«

Wir waren eine merkwürdige Menschengruppe in diesem Ochsenkarren. Bhoora, von dem ich heute morgen sprach, lenkte den Wagen. Er wußte, daß sein Herr tot war, aber selbst dann wollte er nicht ins Innere des Wagens schauen, weil er nur ein Diener war und es ihm nicht zustand, sich in Privatsachen zu mischen. Genau das sagte er zu mir: »Der Tod ist eine Privatsache; wie kann ich da zuschauen? Ich habe vom Kutschbock aus alles gehört. Ich wollte weinen, ich habe ihn so sehr geliebt. Ich fühle mich wie ein Waisenkind – aber ich konnte nicht hinter mich in den Wagen schauen; das hätte er mir nie verziehen.«

Eine merkwürdige Gesellschaft... und Nana war in meinem Schoß. Ich war ein siebenjähriges Kind mit dem Tod... nicht nur für ein paar Sekunden, sondern ununterbrochen, vierundzwanzig Stunden lang. Es gab keine Straße, und es war beschwerlich, zur Ortschaft meines Vaters zu gelangen. Wir kamen nur ganz langsam voran. Wir waren vierundzwanzig Stunden lang mit der Leiche zusammen. Ich durfte nicht weinen, weil ich meine Großmutter nicht beunruhigen wollte. Sie durfte nicht weinen, weil sie den kleinen Siebenjährigen, der ich war, nicht beunruhigen wollte. Sie war wirklich eine Frau von Stahl.

Als wir in der kleinen Stadt ankamen, holte mein Vater den Arzt, und stellt euch vor: Meine Großmutter lachte. Sie sagte: »Ihr gebildeten Leute seid alle dumm. Er ist tot! Da braucht man keinen Arzt zu holen. Bitte verbrennt ihn, und zwar so schnell wie möglich!« Alle waren schockiert über diese Worte, außer mir, denn ich kannte sie. Sie wünschte, der Körper möge sich in die Elemente auflösen. Es war an der Zeit, es war schon spät... ihr werdet verstehen. Sie sagte: »Und ich gehe nicht in das Dorf zurück.«

Als sie sagte, daß sie nicht in ihr Dorf zurückgehen und dort wohnen wollte, hieß das natürlich, daß ich sie dort nicht mehr besuchen konnte. Aber sie hat dann auch nie bei der Familie meines Vaters gewohnt. Sie war anders. Als ich dann auch im Dorf meines Vaters wohnte, ging ich ganz mathematisch vor: den ganzen Tag verbrachte ich bei der Familie meines Vaters, und die ganze Nacht bei meiner Großmutter. Sie lebte damals allein in einem sehr schönen Bungalow. Es war nur ein kleines Haus, aber wirklich schön.

Meine Mutter fragte mich immer: »Warum bleibst du nachts nie zu Hause?« Ich sagte: »Das geht nicht. Ich muß zu meiner Großmutter, vor allem nachts, wo sie sich doch ohne meinen Nana so allein fühlt. Tagsüber geht es ihr gut, da ist sie beschäftigt, und es sind lauter Leute um sie, aber nachts allein in ihrem Zimmer fängt sie vielleicht zu weinen an, wenn ich nicht da bin. Ich muß bei ihr sein!« Ich blieb immer bei ihr, Nacht für Nacht, ohne Ausnahme.

Tagsüber war ich in der Schule, nur morgens und nachmittags verbrachte ich ein paar Stunden bei meiner Familie – meiner Mutter, meinem Vater, meinen Onkeln. Es war eine große Familie, und sie blieb mir fremd, sie wurde nie ein Stück von mir.

Meine Großmutter war meine Familie, und sie verstand mich, weil sie mich von meiner frühesten Kindheit an aufwachsen gesehen hatte. Sie wußte so viel von mir wie sonst keiner, denn sie erlaubte mir alles – einfach alles.

In Indien, zur Zeit des Neujahrsfestes, ist den Leuten das Glücksspiel erlaubt. Es ist ein merkwürdiges Ritual. Drei Tage lang ist das Spielen legal; danach kann man verhaftet und bestraft werden.

Ich sagte zu meiner Großmutter: »Ich will spielen«.

Sie fragte mich: »Wieviel Geld willst du?«

Selbst ich traute meinen Ohren nicht. Ich dachte, sie würde sagen: »Spielen – nein!« Stattdessen sagte sie: »Du willst also spielen?« Sie gab mir prompt einen Hundert-Rupien-Schein und sagte, ich sollte gehen und mein Glück versuchen, wo ich wollte, weil man nur durch Erfahrung lernt.

Auf diese Art hat sie mir ungeheuer geholfen. Einmal wollte ich zu einer Prostituierten gehen. Ich war erst fünfzehn und hatte gehört, daß eine Prostituierte ins Dorf gekommen sei. Meine Großmutter fragte mich: »Weißt du überhaupt, was eine Prostituierte ist?«

Ich sagte: »Nicht genau.« Da sagte sie: »Dann mußt du hingehen und es dir ansehen. Aber sieh ihr erst mal beim Tanzen und Singen zu.«

In Indien singen und tanzen die Prostituierten zuerst, aber dieses Singen und Tanzen war so drittklassig, und die Frau war so häßlich, daß ich mich übergab! Ich ging mittendrin wieder nach Hause, noch bevor sie mit Tanzen und Singen fertig war und die eigentliche Prostitution losging. Meine Nani fragte: »Warum bist du so früh zurückgekommen?«

Ich antwortete: »Es war zum Kotzen.«

Erst später, als ich Jean-Paul Sartres Buch »Der Ekel« las, begriff ich, was an jenem Abend mit mir los war. Aber meine Großmutter ließ mich sogar zu einer Prostituierten gehen! Und ich kann mich nicht erinnern, daß sie mir je etwas verboten hätte. Ich wollte rauchen. Sie sagte: »Merk dir eines: Rauchen ist in Ordnung, aber rauche nur im Haus.«

Ich fragte: »Warum?«

Sie sagte: »Andere könnten sich beschweren, also rauch lieber nur im Haus. Ich besorg dir die Zigaretten.« Sie versorgte mich so lange mit Zigaretten, bis ich sagte: »Es reicht! Jetzt brauche ich keine mehr.«

Meine Nani war zu allem bereit, was mir helfen konnte, mich selbst zu erfahren. Um zu erkennen, muß man es selbst erleben und darf es nicht nur gesagt bekommen. Das ist der Punkt, wo einem die Eltern allmählich zum Halse heraushängen; sie *sagen* es einem ständig. Ein Kind ist eine Wiedergeburt Gottes. Man sollte es achten und man sollte ihm jede Gelegenheit geben, zu wachsen und zu *sein* – und zwar nicht, wie man es gern hätte, sondern wie es seiner eigenen Anlage entspricht.

Falls meine Zeit um ist, dann gut; falls meine Zeit noch nicht um ist, dann um so besser. Jetzt liegt es an dir, wie lange du es noch hinziehst. Du bist nicht der einzige Jude, vergiß das nicht. Du bist nur ein Jude von Geburt, ich bin geistig ein Jude. Du hast freie Hand.

5

Ich sprach vom Tod meines Nana, meines Großvaters. Eben fiel mir ein, daß er nie zum Zahnarzt mußte. Glücklicher Mann! Als er starb, fehlte ihm kein einziger Zahn. Und sieh mich an: Als du meine Zähne überprüft hast, habe ich gehört, wie du sagtest, daß einer fehlt. Vielleicht bin ich deswegen so hart: einunddreißig Zähne statt zweiunddreißig! Vielleicht schlage ich deswegen so gnadenlos zu. Kein Wunder, wenn schon ein Zahn fehlt – was bleibt mir denn übrig, als gnadenlos hierhin und dorthin zu schlagen, auf alles, was mir vor die Finger kommt?

So war ich damals schon, in jenen frühen Jahren, die ich bei meinem Großvater verbrachte, und trotzdem war ich absolut sicher vor Strafe. Er sagte nie: »Tu dies« oder: »Tu das nicht.« Im Gegenteil, er stellte seinen ergebensten Diener Bhoora in meinen Dienst, um mich zu beschützen. Bhoora hatte immer ein sehr primitives Gewehr dabei und folgte mir in einer gewissen Entfernung. Aber das genügte, um den Dorfbewohnern Angst zu machen. Das genügte, um mich tun zu lassen, was ich nur wollte, alles, was man sich nur ausdenken kann... Zum Beispiel rücklings auf einem Büffel zu reiten, und Bhoora mir nach! Es war erst später, im Museum der Universität, daß ich die Statue von Laotse sah, wie er rücklings auf einem Büffel sitzt. Ich lachte so laut, daß der Museumsdirektor angerannt kam und fragte: »Ist was passiert?« Weil ich mir den Bauch hielt und auf dem Boden saß, fragte er: »Fehlt Ihnen was?«

Ich sagte: »Nein, lassen Sie mich in Ruhe, sonst bringen Sie mich nur noch mehr zum Lachen, und dann muß ich weinen! Gehen Sie nur, es fehlt mir nichts, mir fiel bloß meine Kindheit wieder ein. Genau wie der hier bin ich auch auf einem Büffel geritten!«

In meinem Dorf und auch sonstwo in ganz Indien reitet kein Mensch auf einem Büffel. Die Chinesen sind sonderbare Leute, und dieser Laotse war der Sonderbarste von allen. Aber Gott weiß, und Gott allein weiß, wie ich auf die Idee gekommen bin – ich weiß es nicht mal selbst –, mich mitten auf dem Markt rücklings auf einen Büffel zu setzen. Ich vermute, es lag daran, daß ich schon immer für alles Absurde zu haben war.

Jene frühen Jahre – könnte ich sie noch einmal geschenkt bekommen, ich würde gern noch einmal geboren werden. Aber ihr wißt so gut wie ich: Nichts läßt sich wiederholen. Nur darum kann ich sagen, daß ich bereit wäre, noch einmal geboren zu werden – wer will das sonst schon? Auch wenn jene Tage voller Schönheit waren…

Ich wurde unter einem falschen Stern geboren. Schade, daß ich den großen Astrologen zu fragen vergaß, warum ich ein solcher Tunichtgut war. Aber ich kann ohne das nicht leben, es ist meine Nahrung. Ich kann den alten Mann, meinen Großvater, verstehen, und die Scherereien, die er wegen meiner Missetaten hatte. Den ganzen Tag lang saß er auf seinem *gaddi* – so nennt man in Indien den Sessel eines Reichen – und hörte weniger seinen Kunden zu als den Leuten, die sich beschweren kamen. Aber er pflegte ihnen zu sagen: »Ich bin bereit, für jeden Schaden aufzukommen, den er angerichtet hat, aber wohlgemerkt, bestrafen werde ich ihn nicht.«

Vielleicht war es gerade diese Geduld mit mir, diesem schlimmen Bengel… Ich selbst könnte es nicht aushalten, wenn mir jemand so ein Kind geben würde, und auf Jahre… mein Gott!

Schon nach ein paar Minuten würde ich das Kind auf Nimmerwiedersehn zur Tür hinauswerfen. Vielleicht haben jene Jahre an meinem Großvater Wunder gewirkt. Seine ungeheure Geduld machte sich bezahlt. Er wurde immer stiller. Ich konnte sehen, wie es mit jedem Tag wuchs.

Ab und zu sagte ich zu ihm: »Nana, du kannst mich ruhig bestrafen, du brauchst nicht so tolerant zu sein.« Und könnt ihr es glauben? Dann weinte er! Tränen stiegen ihm in die Augen, und er sagte: »Dich bestrafen? Das kann ich nicht. Ich kann mich selbst bestrafen, aber nicht dich.«

Nie habe ich in seinen Augen auch nur für einen Moment einen Schatten von Wut über mich gesehen. Und glaubt mir, ich tat alles, was tausend Kinder könnten. Vom frühen Morgen, vor dem Frühstück, bis spät in die Nacht heckte ich meine Streiche aus. Manchmal kam ich so spät heim, um drei Uhr früh! Aber was für ein Mann er war! Nie sagte er: »Du kommst zu spät, kein Kind kommt um diese Zeit nach Hause!« Nein, nicht ein einziges Mal. Im Gegenteil, er vermied es dann, vor meinen Augen einen Blick auf die Wanduhr zu werfen.

Auf diese Art lernte ich, was Religiosität ist. Er nahm mich nie mit in den Tempel, in den er immer ging. Ich ging auch immer zu diesem Tempel, aber nur, wenn er geschlossen war, um nämlich Kristalle zu stehlen, denn es gab in diesem Tempel lauter Kronleuchter mit schönen Kristallen. Ich glaube, nach und nach habe ich sie fast alle gestohlen. Als mein Großvater davon erfuhr, sagte er: »Na und? Ich habe die Kronleuchter gestiftet, also kann ich auch neue stiften. Er stiehlt nicht. Es ist das Eigentum seines Nana. Ich habe diesen Tempel errichten lassen.« Der Priester gab es auf, sich zu beschweren. Was hatte es für einen Zweck? Er war für Nana nur ein Diener.

Nana pflegte allmorgendlich in den Tempel zu gehen, aber er sagte nie: »Komm mit!« Er hat mich nie indoktriniert. Das ist das Größte: nicht zu indoktrinieren. Es ist so menschlich, ein hilfloses Kind zu zwingen, deinen eigenen Überzeugungen zu folgen. Er aber blieb frei von dieser Versuchung. Ja, ich nenne es die größte Versuchung überhaupt. Sobald ihr wißt, daß jemand auch nur im geringsten von euch abhängig ist, fangt ihr an, ihn zu indoktrinieren. Nicht ein einziges Mal hat er zu mir gesagt: »Du bist ein Dschaina.«

Ich erinnere mich sehr genau. Damals fand gerade die Volkszählung statt. Der Beamte mußte zu uns ins Haus kommen. Er erkundigte sich nach allem möglichen. Man wollte die Religion meines Großvaters wissen. Er sagte: »Dschainismus.« Dann wollten sie die Religion meiner Großmutter wissen. Mein Nana sagte: »Frag sie doch selbst. Religion ist Privatsache. Ich selbst habe sie nie gefragt.« Was für ein Mann!

Meine Großmutter antwortete: »Ich glaube an überhaupt keine Religion. Alle Religionen kommen mir kindisch vor.« Der Beamte war schockiert. Sogar ich war verblüfft. Sie glaubt an überhaupt keine Religion! In Indien eine Frau zu finden, die an gar keine Religion glaubt, ist ein Ding der Unmöglichkeit. Aber sie wurde in Khajuraho geboren, vielleicht in eine Familie von Tantrikas, die nie an irgendeine Religion geglaubt haben. Sie haben Meditation praktiziert, aber sie haben nie an eine Religion geglaubt.

Für westliche Ohren klingt das sehr unlogisch: Meditation ohne Religion? In Wirklichkeit kann man nämlich gar nicht meditieren, wenn man an eine Religion glaubt. Religion ist ein Störfaktor, wenn du meditierst. Meditation braucht keinen Gott, keinen Himmel, keine Hölle, keine Angst vor Strafe und keine Verheißung himmlischer Freuden. Meditation hat nichts mit irgendeiner Vorstellung zu tun; Meditation ist jenseits davon, während Religion sich nur innerhalb der Grenzen der Vorstellung bewegt.

Ich weiß, Nani ging nie in den Tempel. Aber sie brachte mir ein Mantra bei, das ich nun zum ersten Mal verraten will. Es ist ein Dschaina-Mantra, hat aber gar nichts mit den Dschainas an sich zu tun. Es ist purer Zufall, daß es mit dem Dschainismus assoziiert wird.

Namo arihantanam namo namo
Namo siddhanam namo namo
Namo uvajhayanam namo namo
Namo loye savva sahunam namo namo
Aeso panch nammokaro
Om, shanti, shanti, shanti....

Das Mantra ist so wunderschön! Es wird schwierig werden, es zu übersetzen, aber ich will mein Bestes versuchen… oder mein Schlechtestes. Hört euch erst das Mantra in seiner ursprünglichen Schönheit an:

Namo arihantanam namo namo
Namo siddhanam namo namo
Namo uvajhayanam namo namo
Namo loye savva sahunam namo namo
Aeso panch nammokaro
Savva pava panasano
Mangalam cha savvesim behenam havaimangalam
Arihante sharanam pavyjyanni
Siddhe sharanam pavyhyani
Sahu sharanam pauhyanni
Namo arihantanam namo namo
Namo siddhanam namo namo
Namo uvajhayanam namo namo
Om, shanti, shanti, shanti…

Und jetzt mein Übersetzungsversuch:

»Ich gehe zu Füßen der…, ich verbeuge mich vor den *arihantas.*« *Arihanta* ist im Dschainismus das, was im Buddhismus ein *Bodhisattva* ist: »Einer, der das Höchste erlangt hat, aber sich nicht um andere kümmert.« Er ist daheim angekommen und hat der Welt den Rücken zugekehrt. Er begründet keine Religion. Er predigt nicht einmal, er offenbart sich erst gar nicht. Ihm gebührt freilich der erste Gruß. Das erste Gedenken gilt allen, die erkannt haben, aber still geblieben sind. Die erste Ehrung gilt nicht den Worten, sondern dem Schweigen, nicht dem Dienst an den andern, sondern der bloßen Verwirklichung des eigenen Selbst. Es spielt keine Rolle, ob man andern dient oder nicht. Das ist das zweite, nicht das erste. Das erste ist, daß man sich selbst erkannt hat. Und es ist so schwer in dieser Welt, das eigene Selbst zu erkennen!

Erst heute morgen habe ich Gudia einen Autoaufkleber aus Kalifornien gegeben, auf dem steht: »Achtung! Ich bremse bei

Halluzinationen!« Das sollte auf jedem Auto stehen, nicht nur auf jedem Auto, sondern auch auf jedem Hintern!

Die Menschen leben in Halluzinationen. So ist ihr ganzes Leben – eine Halluzination. Sie bremsen vor Geistern, die es gar nicht gibt. Vielleicht einem heiligen Geist? Aber was macht es schon, ob ein Geist heilig oder unheilig ist? Wichtig ist nur eines: daß es ihn nicht gibt.

Und was für eine Dummheit! Was für ein Gipfel an Dummheit, einen heiligen Geist in die christliche Dreifaltigkeit zu stecken: Gott, Sohn und Heiliger Geist. Nur um einen Bogen um die Frau zu machen, tun sie einfach einen Heiligen Geist hin. Wie unheilig!

Seht ihr den Trick? Sie konnten die Mutter nicht mit hineinnehmen! Sie haben die Mutter einfach ausgepinselt und dafür »Heiliger Geist« hineingeschrieben. Dieser Heilige Geist hat das gesamte Christentum zunichte gemacht, weil es sich damit von Anfang an, vom allerersten Grundstein an, auf Lügen stützt – auf Halluzinationen.

Den Kaliforniern kann man noch verzeihen, das sind alles Kalipornier, aber den Christen kann man nicht verzeihen, daß sie diesen miesen Typ, den Heiligen Geist, in die Dreifaltigkeit hineingeholt haben. Und dieser Heilige Geist beging den unheiligen Akt, die arme Maria zu schwängern! Was meint ihr denn, wer hat die arme Zimmermannsfrau Maria geschwängert? Na, der Heilige Geist! Toll! Tolle Heiligkeit! Was ist dann eigentlich Unheiligkeit?

Eins steht fest: daß die Christenheit versucht hat, der Frau völlig aus dem Weg zu gehen, sie völlig auszuradieren. Sie erfinden sogar eine Familie! Wenn ein Kind so eine Familie malen würde, aus einem Vater, einem Sohn und einem Heiligem Geist, würdet ihr sagen: »Was soll der Quatsch? Wo ist die Mutter?« Ohne eine Mutter, wie kann es einen Vater geben? Ohne eine Mutter, wie kann es einen Sohn geben? Selbst ein Kind würde eure Logik verstehen, aber nicht ein christlicher Theologe! Er ist nicht nur ein Kind, sondern ein retardiertes Kind. Etwas stimmt nicht mit seinem Gehirn. Besonders die linke Seite seines Gehirns ist entweder leer oder voller Schrott – voller theologischem Schrott vielleicht, voll mit der Bibel – kurz, mit Heiligem Geist.

Ich hab was gegen diesen Burschen. Laßt es mich mit aller

Deutlichkeit sagen: Sollte ich ihm begegnen... Ich bin zwar ein gewaltloser Mensch, aber sollte ich diesem Burschen von Heiligem Geist begegnen, bringe ich ihn um. Ich werde zu mir sagen: »Zum Teufel mit aller Gewaltlosigkeit, jedenfalls im Moment: Bring diesen Burschen um! Danach werden wir weitersehen, danach können wir wieder gewaltlos sein.«

Ich würde ihn durch eine Frau ersetzen. Im Handumdrehen würde das Christentum zur Vernunft kommen.

Auf einem anderen kalifornischen Autoaufkleber, den ich Gudia zur Aufbewahrung gab, steht drauf: »Der beste Mann für den Job ist vermutlich eine Frau.«

Nicht vermutlich, sondern ganz bestimmt ist eine Frau für diesen Job bestens geeignet, den dritten im heiligen Bunde zu machen. Ohne Frau ist die Sache öd und leer: Vater, Sohn und Heiliger Geist!

Die Dschainas nennen denjenigen einen *arihanta,* der bei sich selbst angekommen ist und der so versunken, so trunken von der Glückseligkeit seiner Erkenntnis ist, daß er die ganze Welt darüber vergessen hat. Das Wort *arihanta* bedeutet wörtlich: »einer, der den Feind getötet hat« – und der Feind ist das Ego.

Der erste Teil des Mantras bedeutet: »Ich berühre die Füße dessen, der bei sich selbst angekommen ist.«

Der zweite Teil lautet: *Namo siddhanam namo namo.* Dieses Mantra ist in Prakrit, nicht in Sanskrit verfaßt. Prakrit ist die Sprache der Dschainas. Es ist älter als Sanskrit. Das Wort *sanskrit* selbst bedeutet »verfeinert«. An dem Wort »verfeinert« kann man erkennen, daß es etwas Früheres gegeben haben muß, denn was will man sonst verfeinern? *Prakrit* bedeutet: »unverfeinert, natürlich, roh«, und die Dschainas irren nicht, wenn sie sagen, daß ihre Sprache die älteste auf der Welt ist. Ihre Religion ist ebenfalls die älteste.

Eine Heilige Schrift der Hindus, die *Rig Veda,* erwähnt Adinatha, den ersten Meister der Dschainas. Das weist mit Sicherheit auf eine Zeit lange vor der *Rig Veda* hin. Die *Rig Veda* ist das älteste Buch der Welt und spricht mit einer solchen Verehrung von Adinatha, dem Dschaina-*tirthankara,* daß eines feststeht: Er war kein Zeitgenosse der Leute, die die *Rig Veda* verfaßten.

Es ist sehr schwer, einen zeitgenössischen Meister anzuerkennen. Sein Schicksal ist es, verurteilt zu werden, verurteilt aus allen Ecken, auf jede erdenkliche Art. Er wird nicht verehrt, er ist keine ehrbare Person. Es dauert Zeit, Jahrtausende, bis die Menschen ihm verzeihen. Erst wenn sie wieder frei sind von der Schuld, ihn einst verurteilt zu haben, beginnen sie ihn zu verehren, ihn anzubeten.

Das Mantra ist in Prakrit, roh und unverfeinert. Die zweite Zeile lautet: *Namo siddhanam namo namo* – »Ich berühre die Füße dessen, der sein Sein geworden ist.« Also, was ist der Unterschied zwischen der ersten und der zweiten Zeile?

Der *arihanta* schaut nie zurück, kümmert sich um keinerlei Dienen, christliches oder sonstiges. Der *siddha* streckt ab und zu der ertrinkenden Menschheit seine Hand entgegen, aber nur ab und zu, nicht immer. Es ist keine Notwendigkeit, es muß nicht sein. Er hat die Wahl, er kann es tun oder sein lassen.

Daher das dritte: *Namo uvajhayanam namo namo* – »Ich berühre die Füße der Meister, der *uvajhaya.«* Sie haben dasselbe erlangt, aber sie sind der Welt zugekehrt, sie dienen der Welt. Sie sind in der Welt, doch nicht Teil von ihr... aber noch *in* ihr.

Das vierte: *Namo loye savva sahunam namo namo* – »Ich berühre die Füße der Lehrer.« Ihr kennt den subtilen Unterschied zwischen einem Meister und einem Lehrer. Der Meister hat erkannt und teilt das Erkannte mit. Der Lehrer hat es von einem, der erkannt hat, und gibt es unversehrt an die Welt weiter, aber er hat selbst nicht erkannt.

Die Verfasser dieses Mantras sind wirklich großartig. Sie berühren sogar die Füße derer, die nicht erkannt haben, die aber immerhin die Botschaft der Meister an die Massen weitergeben.

Nummer fünf ist einer der bedeutsamsten Sätze, die mir in meinem ganzen Leben begegnet sind. Es ist seltsam, daß ich ihn von meiner Großmutter mitbekam, als ich noch ein kleines Kind war. Wenn ich ihn euch erkläre, werdet auch ihr seine Schönheit erkennen. Nur sie konnte ihn mir mitgeben. Ich kenne niemanden sonst, der den Mut gehabt hätte, sich zu diesem Satz wirklich zu bekennen, obgleich alle Dschainas ihn in ihren Tempeln nachbeten. Aber Nachbeten ist das eine, ihn jemandem mit auf den

Weg zu geben, den du liebst, ist etwas völlig anderes.

»Ich berühre die Füße all derer, die sich selbst erkannt haben...« – Ohne jede Unterscheidung, ob sie Hindus, Dschainas, Buddhisten, Christen oder Moslems sind. Das Mantra sagt: »Ich berühre die Füße all derer, die sich selbst erkannt haben.« Dies ist das einzige Mantra, soviel ich weiß, das absolut nicht sektiererisch ist.

Die anderen vier Teile unterscheiden sich nicht von dem fünften und sind alle in ihm enthalten. Er dagegen hat eine Weite, die den anderen fehlt. Die fünfte Zeile müßte als Inschrift auf allen Tempeln, allen Kirchen stehen, ohne Rücksicht darauf, wem sie gehören. Denn da steht: »Ich berühre die Füße all derer, die es erkannt haben.« Da steht nicht: »...die Gott erkannt haben.« Sogar das »Es« kann wegfallen. Ich füge das »Es« nur in die Übersetzung ein. Das Original sagt einfach: »...berühre die Füße derer, die erkannt haben« – kein »Es«. Ich füge das »Es« nur ein, um euren Sprachregeln gerecht zu werden. Sonst wird bestimmt jemand fragen: »Erkannt? Was denn erkannt? Was ist der Gegenstand der Erkenntnis?« Erkenntnis hat keinen Gegenstand. Es gibt nichts zu erkennen, nur den Erkennenden.

Dieses Mantra war das einzig Religiöse, falls man es religiös nennen kann, das mir meine Großmutter mitgab. Und selbst das, wohlgemerkt, nicht mein Großvater, sondern meine Großmutter. Denn eines Nachts fragte ich sie. Eines Nachts sagte sie: »Es scheint, du bist wach. Kannst du nicht schlafen? Heckst du schon deine Streiche für morgen aus?«

Ich sagte: »Nein, aber mich beschäftigt eine Frage. Jeder hat eine Religion. Und wenn die Leute mich fragen: ›Zu welcher Religion gehörst du?‹, zucke ich mit den Achseln. Aber Achselzucken ist schließlich keine Religion, also möchte ich dich fragen – was sollte ich sagen?«

Sie sagte: »Ich gehöre selbst zu keiner Religion, aber ich liebe dieses Mantra. Und das ist alles, was ich dir geben kann – nicht, weil es zur Tradition der Dschainas gehört, sondern nur, weil ich seine Schönheit erfahren habe. Ich habe es mir millionenfach wiederholt und jedesmal ungeheuren Frieden gefunden, einfach bei dem Gefühl, die Füße all derer zu berühren, die erkannt haben.

Ich kann dir dieses Mantra geben; mehr als das ist mir nicht möglich.«

Heute kann ich sagen, daß diese Frau wirklich groß war, denn in puncto Religion lügen alle. Christen, Juden, Mohammedaner, Dschainas – sie alle lügen. Sie alle reden von Gott, Himmel und Hölle, Engeln und allem möglichen Unsinn, ohne die geringste Ahnung zu haben. Sie war groß, nicht weil sie wußte, sondern weil sie unfähig war, ein Kind zu belügen. Niemand sollte lügen. Einem Kind gegenüber ist es jedenfalls unverzeihlich.

Die Kinder sind jahrhundertelang ausgebeutet worden, einfach weil sie bereitwillig vertrauen. Du kannst sie ganz leicht belügen, und dennoch werden sie dir vertrauen. Wenn du ein Vater, eine Mutter bist, werden sie denken, du kannst gar nicht anders, als wahr sein. Das ist der Grund dafür, daß die ganze Menschheit in Korruption lebt, in einem dicken, glitschigen Schlamm – ein dikker Morast von Lügen, die seit Jahrhunderten den Kindern erzählt werden.

Wenn wir nur eines tun können, eine ganz einfache Sache: die Kinder nicht zu belügen und ihnen freimütig unsere Unwissenheit einzugestehen, dann werden wir religiös sein und wir werden sie auf den Weg der Religion bringen. Kinder sind reine Unschuld. Vererbt ihnen nicht euer sogenanntes Wissen. Aber ihr selbst müßt erst unschuldig sein, ohne Lüge, wahrhaftig, auch wenn euer Ego dabei in die Brüche geht – und es wird zerbrechen. Es muß zwangsläufig in die Brüche gehen.

Mein Großvater hat nie von mir verlangt, zum Tempel zu gehen, ihm zu folgen. Ich bin ihm oft gefolgt, aber er sagte immer: »Geh weg. Wenn du in den Tempel gehen willst, geh allein. Lauf nicht hinter mir her.«

Er war kein harter Mann, aber in diesem Punkt war er absolut unnachgiebig. Ich bat ihn immer wieder: »Kannst du mir nicht etwas von deiner Erfahrung mitteilen?« Und jedesmal wich er dann aus.

Als er sterbend in meinem Schoß lag, in dem Ochsenkarren, schlug er die Augen auf und sagte: »Wie spät ist es?«

Ich sagte: »Es muß fast neun Uhr sein.«

Einen Moment blieb er still und dann sagte er:

»Namo arihantanam namo namo
Namo siddhanam namo namo
Namo uvajhayanam namo namo
Namo loye savva sahunam namo namo
Om, shanti, shanti, shanti…«

Was bedeutet das? Es bedeutet »Om« – den Ton der absoluten Tonlosigkeit. Und er verschwand wie ein Tautropfen in den ersten Strahlen der Sonne.

Ich gehe jetzt da hinein… da ist nur Friede, Friede, Friede…

Namo arihantanam namo namo…
Ich gehe zu Füßen derer, die erkannt haben.
Ich gehe zu Füßen derer, die angekommen sind.
Ich gehe zu Füßen aller, die Meister sind.
Ich gehe zu Füßen aller Lehrer.
Ich gehe zu Füßen aller, die je erkannt haben,
Bedingungslos.
Om, shanti, shanti, shanti.

6

Okay.

Mein »Okay« ist ein bißchen traurig, weil Yashu Bharti traurig ist, und die Besatzung dieser »Arche Noah« ist so klein, daß es schon genügt, wenn eine einzige Person traurig ist, um die ganze Atmosphäre zu verändern. Sie ist traurig, weil ihr Liebster weg ist und vielleicht nicht wiederkommt.

Erinnert ihr euch, vor ein paar Tagen hab ich sie gefragt: »Wo ist dein Liebster, Yashu Bharti?« Und wie freudig sie sagte: »Bald wird er da sein.«

Sie hat sich damals wohl nichts weiter dabei gedacht, als ich sie fragte. Ich frage nie jemanden etwas ohne Absicht. Es mag euch in dem Moment nicht offensichtlich sein, aber es ist immer eine da. Hinter all meinen Absurditäten steckt ein Grund. Durch all meine Verrücktheit zieht sich ein Faden höchster Vernunft.

Ich hatte sie gefragt, weil ich wußte, daß sie bald traurig sein würde. Sei nicht traurig, mach dir keine Gedanken. Ich kenne deinen Liebsten besser als du.

Er wird es hinkriegen. Ich werd es hinkriegen. Aber in dieser kleinen Arche Noah sei nicht traurig! Ah, du lachst! Das ist gut.

Und eine kleine Trennung vom Liebsten ist immer gut. Davon wirst du und wird deine Sehnsucht tiefer. Das läßt dich die Dummheiten, die Konflikte vergessen, die passiert sind. Plötzlich erinnerst du dich nur noch an das Schöne. Kleine Trennungen bringen neue Flitterwochen. Warte also auf die Flitterwochen. Meine Leute finden immer einen Weg zu mir, um an meiner Seite zu sein. Sie *wollen* es. Er wird einen Weg zu mir finden.

Aber leider erinnert mich das Wort »traurig« wieder an diesen Deutschen... mein Gott! Ich wollte nie im Leben wieder von ihm reden, und da ist er nun! Nur wegen deiner Traurigkeit... Siehst du, was du angerichtet hast! Sei also nie traurig, sonst können solche Leute sich einschleichen.

Ich wollte in seinem Buch herausfinden, was er denn eigentlich an mir verkehrt findet, um behaupten zu können, daß ich nicht erleuchtet sei. Nicht, daß ich es wäre – nur, warum meint er, daß ich es nicht bin, daß ich nur illuminiert bin? Aus Neugier wollte ich herausfinden, wie er zu diesem Schluß kam. Was ich fand, ist wirklich zum Lachen. Sein Beweis, daß ich nur illuminiert bin, ist dies: Gewiß sei alles, was ich sage, von ungeheurer Bedeutung für die ganze Menschheit, aber ich sei nicht erleuchtet wegen »der Art, wie ich es sage.«

Da mußte ich wirklich lachen. Ich lache selten und wenn, dann nur in meinem Badezimmer – nur der Spiegel weiß es. Die Schönheit des Spiegels ist, daß er nichts im Gedächtnis behält. Ich lachte, weil der Mann den Eindruck erweckte, als habe er schon viele Erleuchtete näher gekannt und fände nun, daß ich alles ganz anders sage als sie. Ich möchte auf ihn einen amerikanischen Ausdruck anwenden: Dieser »Hurensohn« leidet einfach an intellektueller Verstopfung. Sein Stuhlgang muß wieder in Gang kommen; ich empfehle Backpflaumen.

Ich sage es mit aller Autorität, natürlich meiner eigenen Autorität, daß Bodhidharma, hätte er diesen Ausdruck gekannt, zu Kaiser Wu von China gesagt hätte: »Du Hurensohn! Fahr zur Hölle und laß mich in Frieden!« Aber damals gab es diesen amerikanischen Ausdruck noch nicht.

Nicht, daß es Amerika noch nicht gegeben hätte – auch das ist so ein europäischer Mythos. Amerika wurde von Kolumbus entdeckt? So ein Quatsch! Es ist viele Male entdeckt, aber immer verschwiegen worden.

Darf ich euch daran erinnern, daß »Mexiko« von dem Sanskrit-Wort *makshika* kommt und daß es in Mexiko Tausende von Beweisen dafür gibt, daß dort schon lange vor Jesus Christus, geschweige denn Christoph Kolumbus, der Hinduismus existiert hat! Tatsächlich gehörte Amerika, vor allem Südamerika, zu einem riesigen Kontinent, der auch Afrika einschloß. Indien lag genau im Zentrum, Afrika darunter, Amerika darüber. Sie waren nur durch einen sehr flachen Ozean voneinander getrennt – man konnte ihn zu Fuß durchwaten! In alten indischen Schriften wird davon gesprochen. Es heißt dort, daß die Leute oft zu Fuß von Asien nach Amerika gingen. Sogar Ehen fanden statt. Arjuna, der berühmte Krieger aus dem indischen Epos *Mahabharata* und Krishnas berühmter Jünger, heiratete ein mexikanisches Mädchen. Natürlich nannten sie Mexiko *Makshika,* aber die Beschreibung trifft genau auf Mexiko zu.

In Mexiko gibt es Statuen von Ganesh, dem indischen Elefantengott. Eine Statue des Elefantengottes wäre unmöglich in England zu finden! Sie ist unmöglich woanders als in einem Land zu finden, das in Berührung mit dem Hinduismus war. In Bali, ja. Oder in Sumatra und Mexiko, aber nirgends, wo nicht der Hinduismus hingekommen ist. In einigen mexikanischen Tempeln finden sich sogar alte Sanskrit-Inschriften. Doch dies nur nebenbei... Wenn ihr mehr wissen wollt, müßt ihr euch in das Lebenswerk des Mönches Bhikku Chamanlal vertiefen, in sein Buch »Hindu-Amerika«. Es ist seltsam, daß niemand seinem Werk Beachtung schenkt. Christen können das natürlich nicht, aber die Gelehrtenwelt sollte vorurteilslos sein.

Dieser Deutsche und sein Kollege, der holländische Psychologe, die geschrieben haben, daß ich erleuchtet, aber nicht illuminiert, beziehungsweise illuminiert, aber nicht erleuchtet bin, sollten sich treffen und die Sache austragen und zu einem Ergebnis kommen und es mich wissen lassen... denn ich bin weder das eine noch das andere. Wie wichtig ihnen Wörter sind! »Illumination« oder »Erleuchtung«? Außerdem benutzen alle beide dieselben Gründe, um zu völlig entgegengesetzten Schlüssen zu kommen.

Der Holländer schrieb sein Buch etwas früher als der Deutsche. Der hat das Thema offenbar dem Holländer abgeguckt. Aber das ist typisch für Professoren. Sie stehlen sich gegenseitig immer dieselben Argumente, ganz genau das gleiche Argument: daß ich nicht rede wie ein Erleuchteter beziehungsweise wie ein Illuminierter.

Aber was bilden sie sich ein, darüber zu befinden, wie ein Erleuchteter oder ein Illuminierter reden sollte? Haben sie etwa Bodhidharma gekannt? Haben sie sein Bild gesehen? Sie würden sofort zu dem Schluß kommen, daß ein Erleuchteter oder Illuminierter nicht so aussehen kann. Er sieht wüst aus! Er hat die Augen eines Löwen in der Wildnis, und anschauen tut er dich so, als wollte er aus dem Bild herausspringen und dich auf der Stelle umbringen. Und genau so war er auch! Aber vergeßt Bodhidharma, denn inzwischen sind vierzehn Jahrhunderte vergangen.

Ich kannte Bodhidharma persönlich. Ich bin mindestens drei Monate mit dem Mann herumgezogen. Er liebte mich genauso, wie ich ihn liebte. Ihr werdet wissen wollen, wieso er mich liebte. Er liebte mich, weil ich ihm nie eine Frage stellte. Er sagte zu mir: »Du bist der erste, den ich kenne, der keine Frage stellt – und mir werden all die Fragen nur langweilig. Du bist der einzige, der mich nicht langweilt.«

Ich sagte: »Das hat seinen Grund.«

Er sagte: »Und der wäre?«

Ich sagte: »Ich antworte nur. Ich frage nie. Wenn du eine Frage hast, kannst du mich fragen. Wenn du keine Frage hast, dann halt den Mund.«

Wir lachten beide, weil wir derselben Kategorie von Verrücktheit angehörten. Er bat mich, die Reise mit ihm fortzusetzen, aber ich sagte: »Tut mir leid, ich muß meinen eigenen Weg gehen, und hier trennen sich unsere Wege.«

Er konnte es nicht glauben. Er hatte noch nie jemanden eingeladen. Er war es gewesen, der sogar den Kaiser Wu wie einen Bettler abgewiesen hatte, den größten Kaiser jener Tage mit dem größten Reich. Bodhidharma traute seinen Augen nicht, daß ich ihn abweisen konnte.

Ich sagte: »Jetzt weißt du, wie es sich anfühlt, abgewiesen zu werden. Ich wollte dir einen Geschmack davon geben. Tschüß!«

Aber das ist vierzehn Jahrhunderte her.

Ich könnte den Deutschen an ein paar spätere Exemplare erinnern... an Gurdjieff etwa, der noch vor wenigen Jahren am Leben war. Er hätte Gurdjieff sehen sollen, und dann hätte er gewußt, wie ein Erleuchteter oder Illuminierter handelt und redet. Es gab kein Wort, das Gurdjieff nicht in den Mund genommen hätte – und natürlich stehen diese Wörter nicht in seinen Büchern drin, weil sie sonst niemand veröffentlicht hätte.

Oder falls er sich nur für die indische Erleuchtung interessiert, und auf die scheinen diese Idioten ja fixiert zu sein, denn was hat das, davon abgesehen, schon mit Indien zu tun? Erleuchtung hat es überall gegeben. Falls er also nur an der indischen Erleuchtung interessiert sein sollte, dann ist uns Ramakrishna nicht sehr weit. Seine Worte wurden nie richtig wiedergegeben, weil er ein Dorfmensch war und in der Sprache der Dorfmenschen redete. Alle Wörter, von denen die Leute glauben, daß sie sich für einen erleuchteten Menschen nicht schicken, sind der Zensur zum Opfer gefallen. Ich habe Bengalen durchwandert und Leute, die noch leben, gefragt, wie Ramakrishna geredet hat. Sie alle sagten, er war schrecklich. Er redete, wie ein Mann reden sollte: stark, ohne Angst, drastisch.

Ich habe immer geredet, wie es mir gefällt. Ich bin niemandem untertan. Und es ist mir egal, was diese Idioten über mich denken. Das ist ihre Sache: Sie können denken, daß ich erleuchtet bin; sie können denken, daß ich illuminiert bin; sie können denken, daß ich keine Ahnung habe; sie können denken, was sie wollen – es sind ihre eigenen Hirngespinste. Sollen sie schreiben. Es gibt Papier, es gibt Tinte. Was geht es mich an?

Nebenbei bemerkt, Yashu Bharti: Durch deine Traurigkeit hast du diesen Idioten eingeschmuggelt. Sei nie wieder traurig, denn sonst komm ich dir mit diesem Idioten, und du weißt, ich kann dir mit allem kommen, egal woher, sogar aus dem Nichts.

So, jetzt aber Schluß mit diesem Deutschen und der Traurigkeit, ja? Kichere wenigstens... so ist's recht! Ja, ich verstehe sehr wohl. Wenn du in deiner Traurigkeit lachst, nimmt sie schon eine andere Farbe an. Aber es ist natürlich. Meine Sannyasins müssen lernen, ein wenig über der Natur zu stehen. Sie müssen Dinge lernen, auf die in der normalen Welt niemand Wert legt. Die Trennung hat ihre eigene Schönheit, genau wie die Begegnung. Ich finde an der Trennung nichts verkehrt. Die Trennung hat ihre eigene Poesie. Man muß ihre Sprache lernen und man muß sie in ihrer ganzen Tiefe leben. Dann steigt sogar aus der Traurigkeit eine neue Freude auf... was fast unmöglich erscheint, aber so ist es. Ich habe es erfahren. Genau davon habe ich heute morgen gesprochen.

Ich sprach vom Tod meines Nana.

Es war eine endgültige Trennung. Wir werden uns nie wiedersehen. Es war eine Schönheit darin, und er machte sie noch schöner, indem er das Mantra sprach. Er gab der Trennung mehr Andacht... mehr Duft. Er war alt und lag im Sterben, vielleicht aufgrund eines schweren Herzanfalls. Wir wußten nicht, was es war, denn das Dorf hatte keinen Arzt, nicht einmal einen Apotheker, keine Medikamente. Also kannten wir die Ursache seines Todes nicht, aber ich glaube, es war ein schwerer Herzanfall.

Ich fragte in sein Ohr: »Nana, hast du mir etwas zu sagen, bevor du weggehst? Ein letztes Wort? Oder möchtest du mir etwas geben, was mich immer an dich erinnert?«

Er nahm seinen Ring ab und legte ihn in meine Hand. Diesen Ring hat jetzt ein Sannyasin. Ich habe ihn jemandem geschenkt. Aber dieser Ring war immer sehr geheimnisvoll gewesen. Sein Leben lang ließ er niemanden sehen, was darin war, sah aber selbst immer wieder hinein. Der Ring hatte an den Seiten zwei kleine Gucklöcher aus Glas, durch die man hineinschauen konnte. Obendrauf saß ein Diamant, und zu beiden Seiten waren die Glasfenster.

Er hatte nie jemanden sehen lassen, was es war, das er immer durch das Guckloch betrachtete. Innen war eine Statue von Mahavira, dem *tirthankara* der Dschainas, ein wirklich schönes Bild, winzig klein. Es muß ein kleines Foto einer Mahavira-Statue gewesen sein, und die Gucklöcher waren Lupen. Sie vergrößerten es, so daß es riesig wirkte. Für mich war es wertlos, denn wie sehr ich mich auch bemüht habe, ich habe Mahavira nie so sehr lieben können, wie ich Buddha liebe, obwohl sie Zeitgenossen waren.

Irgendwas fehlt mir bei Mahavira, und weil es fehlt, kann mein Herz nicht für ihn schlagen. Er sieht aus wie ein Denkmal. Buddha sieht lebendiger aus, wenn er auch an meine Vorstellung von Lebendigkeit nicht heranreicht. Darum möchte ich, daß er auch ein Sorbas wird. Falls wir uns einmal im Jenseits begegnen, werden die Fetzen fliegen. Er wird mich anbrüllen: »Du wolltest einen Sorbas aus mir machen!«

Aber ihr wißt ja, ich kann noch viel besser brüllen. Mich kriegt er nicht mundtot. Ich werde mich schon durchsetzen. Wenn er kein Sorbas werden will, ist das sein Problem, aber dann hat seine Welt ausgedient, dann hat er keine Zukunft. Wenn er eine Zukunft haben will, muß er auf mich hören. Er muß ein Sorbas werden. Weder kann Sorbas allein existieren – er endet in Hiroshima –, noch kann Buddha allein existieren. In Zukunft können sie unmöglich getrennt existieren.

Die zukünftige Psychologie des Menschen muß eine Brücke sein zwischen Materie und Geist, zwischen Ost und West. Eines Tages wird die Welt dankbar sein, daß meine Botschaft jetzt in den Westen kommt. Früher gingen alle Sucher immer nach Osten. Diesmal ist die Botschaft eines lebenden Buddhas in den Westen gekommen.

Der Westen vermag einen Buddha nicht zu erkennen. Er hat nie gewußt, was ein Buddha ist. Er hat nur partielle Buddhas gekannt – einen Jesus, einen Pythagoras, einen Diogenes. Er hat nie einen totalen Buddha gekannt.

Kein Wunder, daß sie sich meinetwegen streiten. Wißt ihr, was die indischen Zeitungen gerade berichten? Sie bringen eine Story, daß ich von Gegnern entführt werden könnte und mein Leben in Gefahr sei.

Ich bin jetzt hier, aber im Grunde bin ich ihnen völlig egal. Dieses Land ist morsch. Indien ist seit fast zweitausend Jahren vermodert – es stinkt! Nichts stinkt so sehr wie die indische Spiritualität. Es ist eine Leiche, eine uralte Leiche, zweitausend Jahre alt!

Auf was für Geschichten die Leute kommen! Daß ich vielleicht entführt werde und mein Leben in Gefahr ist! Dabei ist mein Leben seit fünfundzwanzig Jahren ständig in Gefahr! Es ist ein Wunder, daß ich überhaupt noch lebe. Und jetzt wollen sie mich beschützen! Es gibt sonderbare Leute überall auf der Welt, aber die Zukunft des Menschen gehört nicht diesen sonderbaren Leuten, sondern einer völlig neuen Gattung Mensch, und diese neue Gattung habe ich *»Zorba the Buddha«* genannt.

Ich erzählte euch, daß mein Großvater, ehe er starb, mir seinen liebsten Besitz gab – eine Statue von Mahavira, unter einem Diamanten in einem Ring versteckt. Mit Tränen in den Augen sagte er: »Ich kann dir nichts anderes geben, denn alles, was ich habe, wird auch dir genommen werden, so wie es mir genommen wurde. Ich kann dir nur eines geben: meine Liebe zu dem Einen, der sich selbst erkannt hat.«

Ich habe zwar seinen Ring nicht behalten, aber ich habe seine Sehnsucht erfüllt. Ich habe das Eine erkannt, und ich habe es in mir selbst erkannt. Was hat es in einem Ring zu suchen? Aber der arme alte Mann – er liebte seinen Meister Mahavira und er gab mir seine Liebe. Ich achte seine Liebe zu seinem Meister und zu mir. Die letzten Worte auf seinen Lippen waren: »Mach dir keine Sorgen, denn ich sterbe nicht.«

Wir alle warteten, ob er noch etwas sagen würde, aber das war alles. Seine Augen schlossen sich, und er war gegangen.

Ich erinnere mich an diese Stille. Der Ochsenkarren fuhr gerade durch ein Flußbett. Ich erinnere mich genau an jede Einzelheit. Ich schwieg, weil ich meine Großmutter nicht stören wollte. Sie sagte kein Wort. Ein paar Augenblicke verstrichen, dann wurde ich ein wenig besorgt um sie und sagte: »Sag doch was. Sei nicht so still. Es ist nicht ja auszuhalten.«

Und könnt ihr es glauben, sie sang ein Lied! So lernte ich, daß der Tod zu feiern ist. Sie sang dasselbe Lied, das sie gesungen hatte, als sie in meinen Großvater frisch verliebt war. Auch das verdient Beachtung: daß sie vor neunzig Jahren, und noch dazu in Indien, den Mut gehabt hatte, sich zu verlieben. Bis zum vierund zwanzigsten Lebensjahr blieb sie unverheiratet. Das war sehr selten. Ich fragte sie einmal, warum sie so lange unverheiratet geblieben war. Sie war eine so schöne Frau. Ich sagte im Scherz zu ihr, daß sich selbst der König von Chhatterpur, dem Staat, in dem Khajuraho liegt, in sie hätte verlieben können.

Sie sagte: »Komisch, daß du das sagst, denn es war tatsächlich so! Ich habe ihn abgewiesen, und nicht nur ihn, sondern viele andere auch.« In jenen Tagen wurden die Mädchen in Indien mit sieben oder höchstens neun Jahren verheiratet. Aus purer Angst vor der Liebe... sonst könnten sie sich verlieben, wenn sie älter sind. Aber der Vater meiner Großmutter war ein Dichter. Seine Lieder werden noch heute in Khajuraho und den umliegenden Dörfern gesungen. Er bestand darauf, daß er sie ohne ihre Einwilligung mit keinem verheiraten würde. Wie es der Zufall wollte, verliebte sie sich in meinen Großvater.

Ich fragte sie: »Das ist noch komischer. Den König von Chhatterpur hast du abgewiesen und trotzdem hast du dich in diesen armen Mann verliebt? Warum? Er sah bestimmt nicht besonders gut aus und auch sonst war er in keiner Hinsicht außergewöhnlich. Wieso hast du dich in ihn verliebt?«

Sie sagte: »Du stellst die Frage falsch. Verlieben kennt kein ›Warum‹. Ich hab ihn nur gesehen, und das war's. Ich sah seine Augen, und in mir stieg ein Vertrauen auf, das nie geschwankt hat.«

Ich hatte auch meinen Großvater gefragt: »Nani sagt, sie hat sich in dich verliebt. Was sie betrifft, ist das ja in Ordnung, aber warum hast du es zu dieser Heirat kommen lassen?«

Er sagte: »Ich bin zwar kein Dichter oder Denker, aber ich kann Schönheit erkennen, wenn ich sie sehe.«

Ich habe nie eine schönere Frau gesehen als meine Nani. Ich war selbst in sie verliebt und habe sie ihr ganzes Leben lang geliebt. Als sie mit achtzig starb, eilte ich heim und fand sie tot daliegen. Alle hatten nur auf mich gewartet, weil sie ihnen aufgetragen hatte, ihren Leichnam nicht eher auf den Scheiterhaufen zu legen, als bis ich eingetroffen sei. Es war ihr Wunsch, daß ich ihren Scheiterhaufen entzünden sollte, also warteten alle auf mich. Ich ging hinein, enthüllte ihr Gesicht... sie war immer noch schön! Ja sogar schöner als je zuvor, denn alles war ruhig. Selbst die Unruhe ihres Atmens, die Unruhe des Lebens war nicht mehr da. Sie war nur noch eine Anwesenheit.

Ihren Körper den Flammen zu übergeben, war die schwierigste Aufgabe, die ich in meinem ganzen Leben zu erfüllen hatte. Es war, als müßte ich eines der schönsten Gemälde von Leonardo da

Vinci oder Vincent van Gogh anzünden. Natürlich war sie für mich wertvoller als die Mona Lisa, schöner für mich als Kleopatra. Das ist keine Übertreibung.

Alles was in meinen Augen schön ist, kommt irgendwie durch sie. Sie half mir auf jede erdenkliche Weise, so zu sein, wie ich bin. Ohne sie wäre ich vielleicht Ladenbesitzer oder Arzt oder Ingenieur geworden, denn nach meinem Oberschulabschluß war mein Vater so arm, daß es ihm schwer wurde, mich auf die Universität zu schicken. Aber er war sogar bereit, Geld zu leihen, um es zu ermöglichen. Er bestand absolut darauf, daß ich zur Universität gehen sollte. Ich war einverstanden; aber nicht, auf das medizinische College zu gehen, und auch nicht einverstanden, auf die Ingenieurschule zu gehen. Ich weigerte mich rundheraus, Arzt oder Ingenieur zu werden. Ich sagte zu ihm: »Wenn du die Wahrheit wissen willst: Ich will ein Sannyasin werden, ein Landstreicher.«

Er sagte: »Was? Ein Landstreicher?«

Ich sagte: »Ja. Ich will auf die Universität, um Philosophie zu studieren, damit ich ein philosophischer Landstreicher sein kann.«

Er weigerte sich und sagte: »In diesem Fall werde ich kein Geld borgen und all die Mühen auf mich nehmen.«

Meine Großmutter sagte: »Mach dir keine Sorgen, Sohn. Geh du nur und tu, was immer du tun möchtest. Ich lebe noch, und ich werde alles verkaufen, was ich habe, um dir zu helfen, du selbst zu sein. Ich werde nicht fragen, wohin du gehen und was du studieren willst.«

Sie hat es nie getan. Und sie schickte mir unentwegt Geld, sogar noch, als ich Professor wurde. Ich mußte ihr sagen, daß ich jetzt selbst Geld verdiente und besser *ihr* Geld schicken sollte.

Sie sagte: »Keine Sorge. Ich brauche dieses Geld nicht, und du hast sicher gute Verwendung dafür.«

Die Leute staunten immer, woher ich das ganze Geld zum Bücherkaufen hatte, denn ich besaß Tausende von Büchern. Selbst als ich noch ein Gymnasialschüler war, gab es bei mir zu Hause Tausende von Büchern. Mein ganzes Haus war voll mit Büchern, und jeder wunderte sich, woher ich das viele Geld hatte.

Meine Großmutter hatte zu mir gesagt: »Verrate ja keinem, daß du Geld von mir bekommst, denn wenn das dein Vater und deine Mutter erfahren, werden sie anfangen, mich um Geld zu bitten, und ich werde es ihnen kaum abschlagen können.«

Sie gab mir weiterhin Geld. Ihr werdet euch wundern, daß sie mir sogar noch in dem Monat, als sie starb, das übliche Geld geschickt hatte. Am Morgen des Tages, an dem sie starb, hatte sie den Scheck unterschrieben. Und noch mehr werdet ihr euch wundern, wenn ich euch sage, daß es das letzte Geld war, das sie auf der Bank hatte. Vielleicht wußte sie insgeheim, daß es kein Morgen mehr geben würde.

Ich bin auf vielfältige Weise vom Glück gesegnet, aber der größte Segen waren meine Großeltern mütterlicherseits... und diese frühen goldenen Jahre.

7

Geet Bharti, wenn du manchmal »Okay« zu Yashu Bharti sagst, mißverstehe ich das! Ich meine dann, das Okay gilt mir. Das bringt sie zum Lachen. Aber dennoch sage ich: In meinem tiefsten Innern ist nichts als Lachen. Du kannst meinen Körper anästhesieren, alles, aber nicht mich. Das entzieht sich dir.

Mit dir ist es genau dasselbe. Dein innerster Kern entzieht sich allen Chemikalien und aller Chemie. Jetzt kann ich Geet Bharti kichern hören. Es ist gut, einen Mann kichern zu hören. Männer kichern fast nie. Kichern ist zur reinen Frauensache geworden. Männer lachen entweder oder sie lachen nicht, aber kichern tun sie nie. Kichern liegt genau in der Mitte. Es ist die goldene Mitte. Es ist Tao. Lachen kann gewalttätig sein. Nicht zu lachen ist dumm, aber Kichern ist gut.

Siehst du, wie ich sogar über das Kichern Bedeutsames sagen kann: »Kichern ist gut.« Mach dir keine Sorgen, auch wenn ich etwas Richtiges sage – es ist eine alte Gewohnheit. Ich kann sogar im Schlaf reden; es fällt mir also nicht schwer, im jetzigen Zustand zu reden.

Gudia weiß, daß ich im Schlaf reden kann, aber sie weiß nicht, zu wem ich rede. Das weiß nur ich. Arme Gudia! Ich rede zu ihr, und sie denkt darüber nach und macht sich Sorgen, warum ich rede und zu wem. Schade, daß sie sich nicht bewußt ist, daß ich genau auf diese Weise zu ihr spreche. Schlaf ist ein natürliches Anästhetikum. Das Leben ist so hart, daß es jede Nacht wenigstens ein paar Stunden lang untertauchen muß. Und sie fragt sich, ob ich wirklich schlafe. Ich kann verstehen, warum sie sich das fragt.

Seit mehr als einem Vierteljahrhundert habe ich nicht geschlafen. Raj Bharti, mach dir keine Sorgen. Was den gewöhnlichen Schlaf betrifft, da schlafe ich mehr als jeder andere Mensch auf der Welt: drei Stunden am Tag und sieben, acht, neun Stunden nachts, soviel man sich nur leisten kann. Alles in allem, summa summarum, schlafe ich zwölf Stunden pro Tag, aber darunter bin ich wach. Ich sehe mich selbst im Schlaf, und manchmal ist es so einsam nachts, daß ich anfange, zu Gudia zu reden. Aber sie hat jede Menge Schwierigkeiten damit. Erstens rede ich, wenn ich im Schlaf rede, auf Hindi. Ich kann im Schlaf nicht Englisch reden.

Ich werde es auch nie, obwohl ich es könnte, wenn ich wollte. Manchmal habe ich es versucht, und es ging, aber die Freude fehlte.

Ihr werdet bemerkt haben, daß ich mir jeden Tag ein Lied von Noorjahan anhöre, der berühmten Urdu-Sängerin. Ich höre sie jeden Tag, bevor ich hereinkomme, wieder und wieder.

Es könnte sogar *dich* zum Wahnsinn treiben, Gheet Bharti. Was weißt du schon vom Bohren? Ich weiß, was Bohren bedeutet. Jeden Tag bohre ich dieses Lied in Gudia hinein. Sie muß es sich anhören, sie kann gar nicht anders. Wenn meine Arbeit vorbei ist, spiele ich wieder das gleiche Lied. Ich liebe meine eigene Sprache... Nicht, daß es meine Sprache wäre, aber sie ist so schön, daß ich sie gelernt hätte, selbst wenn sie nicht meine wäre.

Das Lied, das sie jeden Tag hört und das sie sich immer wieder wird anhören müssen, geht so: »Ob du dich erinnerst oder nicht, einmal herrschte Vertrauen zwischen uns. Früher hast du immer zu mir gesagt: ›Du bist die schönste Frau auf der Welt.‹ Heute weiß ich nicht, ob du mich überhaupt erkennen würdest. Vielleicht entsinnst du dich nicht, aber ich entsinne mich noch. Ich kann dieses Vertrauen nicht vergessen und die Worte, die du zu mir gesprochen hast. Du sagtest immer, deine Liebe sei makellos. Erinnerst du dich noch? Vielleicht nicht, ich aber wohl – nicht an alles natürlich. Die Zeit hat viel zunichte gemacht.«

»Ich bin ein verwahrloster Palast, aber wenn du hinschaust, genau hinschaust, bin ich noch immer die gleiche. Ich erinnere mich noch an das Vertrauen und an deine Worte. Dieses Vertrauen, das einst zwischen uns herrschte – ist es dir überhaupt noch in Erinnerung? Was dich betrifft, so weiß ich's nicht, aber ich erinnere mich noch.«

Warum spiele ich immer wieder das Lied von Noorjahan? Es ist eine Art Bohren. Kein Bohren in den Zähnen, obwohl, wenn man nur lange genug weiterbohrt, geht es dir schließlich auch an die Zähne. Nein, ich bohre die Schönheit einer Sprache in Gudia hinein. Ich weiß, es ist schwer für sie, das zu verstehen oder zu schätzen.

Wenn ich zu Gudia im Schlaf rede, rede ich wieder auf Hindi, weil ich weiß, daß ihr Unbewußtes noch gar nicht englisch ist. Sie war nur ein paar Jahre in England. Davor war sie in Indien, und jetzt ist sie wieder in Indien. Ich habe versucht, alles auszulöschen, was dazwischen liegt. Davon später, wenn es an der Zeit ist...

Heute wollte ich etwas über den Dschainismus sagen. Seht euch den Wahnsinn dieses Mannes an! Ja, ich kann von einem Gipfel zum andern springen, ohne jede Brücke dazwischen. Aber ihr müßt mit dem Wahnsinnigen auskommen. Ihr habt euch verliebt. Es ist eure Verantwortung, ich bin dafür nicht verantwortlich.

Der Dschainismus ist die asketischste Religion der Welt. Oder anders gesagt, die masochistischste und sadistischste. Die Dschaina-Mönche quälen sich so sehr, daß man sich fragt, ob sie den Verstand verloren haben. Keineswegs. Sie sind Geschäftsleute, und die Gefolgschaft der Dschaina-Mönche besteht nur aus Geschäftsleuten. Es ist seltsam – die gesamte Dschaina-Gemeinde besteht nur aus Geschäftsleuten – aber auch wiederum nicht so seltsam, denn ihre ganze Religion ist im Grunde auf den Profit im Jenseits ausgerichtet. Der Dschaina quält sich, um im

Jenseits etwas zu bekommen, von dem er weiß, daß er es im Diesseits nicht bekommen kann.

Ich muß ungefähr vier oder fünf Jahre alt gewesen sein, als ich meinen ersten nackten Dschaina-Mönch sah, der ins Haus meiner Großmutter eingeladen worden war. Ich konnte mich nicht halten vor Lachen. Mein Großvater sagte: »Sei still! Ich weiß, du willst Ärger machen! Ich kann es dir verzeihen, wenn du den Nachbarn auf die Nerven gehst, aber ich werde es dir nie verzeihen, wenn du versuchst, meinen Guru zu ärgern. Er ist mein Meister. Er hat mich in die inneren Geheimnisse der Religion eingeweiht.«

Ich sagte: »Mich interessieren die inneren Geheimnisse der Religion nicht. Was mich interessiert, sind die äußeren Geheimnisse, die er so offen zur Schau stellt. Warum ist er nackt? Kann er nicht wenigstens eine kurze Hose anziehen?«

Sogar mein Großvater mußte lachen. Er sagte: »Das verstehst du nicht.«

Ich sagte: »Gut, dann werde ich ihn selbst fragen.« Dann fragte ich meine Großmutter: »Darf ich diesem armen Irren, der sich nackt vor die Damen und Herren hinstellt, ein paar Fragen stellen?«

Meine Großmutter lachte und sagte: »Nur zu, und gib nichts drauf, was dein Großvater sagt. Ich erlaube es dir. Wenn er etwas sagt, zeig einfach auf mich, und ich werde ihn zurechtweisen.«

Sie war wirklich eine großartige Frau, mutig und bereit, unbegrenzte Freiheit zu gewähren. Sie hat mich nicht einmal gefragt, was ich überhaupt fragen wolle. Sie sagte einfach: »Nur zu...«

Alle Leute im Dorf hatten sich zum *darshana* des Dschaina-Mönchs versammelt. Mitten in der sogenannten Predigt stand ich auf. Das war vor vierzig Jahren oder so, und seitdem habe ich ununterbrochen gegen diese Idioten gekämpft. An dem Tag begann ein Krieg, der erst enden wird, wenn ich nicht mehr bin. Vielleicht endet er nicht einmal dann. Vielleicht setzen meine Leute ihn fort.

Ich stellte einfache Fragen, und er konnte sie nicht beantworten. Ich wunderte mich. Mein Großvater schämte sich. Meine Großmutter klopfte mir auf die Schulter und sagte: »Toll! Du hast es geschafft. Ich wußte, du kannst es.«

Was hatte ich gefragt? – Einfach ganz simple Dinge. Ich hatte gefragt: »Warum willst du nicht noch einmal geboren werden?« Das ist im Dschainismus eine ganz einfache Frage, weil der Dschainismus nichts weiter ist, als die Bemühung, nicht noch einmal geboren zu werden. Er ist eine einzige Wissenschaft von der Verhütung der Wiedergeburt. Also stellte ich ihm die Gretchenfrage: »Möchtest du niemals wiedergeboren werden?«

Er sagte: »Nein, niemals!«

Darauf fragte ich: »Warum begehst du dann nicht Selbstmord? Warum atmest du noch? Wozu ißt du noch? Wozu trinkst du Wasser? Verschwinde doch einfach, begeh Selbstmord. Wozu so viel Getue, wenn es ganz einfach ist?«

Er war nicht älter als vierzig. Ich sagte zu ihm: »Wenn du so weitermachst, hast du womöglich nochmal vierzig Jahre vor dir, wenn nicht mehr.«

Es ist eine wissenschaftlich erwiesene Tatsache, daß Menschen, die weniger essen, länger leben. Raj Bharti wird mir da sicher zustimmen. Es ist immer wieder nachgewiesen worden, bei allen Spezies, daß sie, wenn man ihnen mehr Futter gibt, als sie brauchen, fett werden und bequem, natürlich auch schön – aber früh sterben. Wenn man ihnen nur die Hälfte von dem zu fressen gibt, was sie brauchen... merkwürdig, dann sehen sie nicht mehr schön aus, dann leben sie nicht bequem, aber sie leben fast doppelt so lang wie das Durchschnittsalter. Halbes Futter und doppeltes Alter – doppeltes Futter und halbes Alter.

Also sagte ich zu dem Mönch – ich wußte von diesen Tatsachen damals nichts: »Wenn du nicht noch einmal geboren werden willst, warum bist du dann noch am Leben? Nur um zu sterben? Warum begehst du dann nicht Selbstmord?« Ich glaube nicht, daß ihm irgendwer jemals eine solche Frage gestellt hatte. Unter höflichen Leuten wird nie eine wirkliche Frage gestellt, und die Selbstmordfrage ist die wirklichste überhaupt.

Marcel sagt: »Selbstmord ist die einzig wirkliche philosophische Frage.« Ich hatte damals keine Ahnung von Marcel. Vielleicht gab es damals noch gar keinen Marcel, und sein Buch war noch gar nicht geschrieben. Aber genau das sagte ich zu dem Dschaina-Mönch: »Wenn du nicht noch einmal geboren werden möchtest, was, wie du sagst, dein Wunsch ist, warum lebst du dann noch? Wofür? Begeh doch Selbstmord! Ich kann dir zeigen wie. Auch wenn ich mich in der Welt noch nicht so auskenne, kann ich dir, was Selbstmord betrifft, ein paar Tips geben. Du kannst von der Klippe am Rande des Dorfes springen, oder du kannst in den Fluß springen.«

Der Fluß war drei Meilen vom Dorf entfernt und so tief und breit, daß es mir eine Riesenfreude war, hinüberzuschwimmen. Oft, wenn ich über den Fluß schwamm, dachte ich, daß jetzt das Ende gekommen sei, daß ich es nicht mehr bis zum anderen Ufer schaffen würde. So breit war er, vor allem in der Regenzeit, mehrere Meilen breit! Er sah fast aus wie ein Ozean. In der Regenzeit konnte man nicht einmal das andere Ufer sehen. Bei Hochwasser war die beste Zeit für mich, hineinzuspringen – um entweder zu sterben oder das andere Ufer zu erreichen. Die Wahrscheinlichkeit war größer, daß ich das andere Ufer nie erreichen würde.

Ich erklärte dem Dschaina-Mönch: »In der Regenzeit kannst du mit mir in den Fluß springen. Wir können erst ein bißchen zusammenbleiben, und dann kannst du sterben, und ich schwimme ans andere Ufer. Ich kann gut genug schwimmen.«

Er sah mich so wild an, so wutentbrannt, daß ich ihm sagen mußte: »Aber vergiß nicht, du mußt dann noch einmal geboren werden, weil du immer noch voller Wut bist. Auf die Art wirst du die Welt der Sorgen nicht los. Warum siehst du mich so wütend an? Antworte doch ganz ruhig und friedlich auf meine Frage. Bleibe gelassen! Und wenn du nicht antworten kannst, sag einfach: ›Ich weiß es nicht‹, aber werde nicht wütend.«

Der Mann sagte: »Selbstmord ist eine Sünde. Ich kann nicht Selbstmord begehen, aber ich will nie mehr wiedergeboren werden. Da will ich hinkommen, indem ich langsam auf alles verzichte, was ich besitze.«

Ich sagte: »Bitte zeig mir etwas, das du besitzt, denn soweit ich sehen kann, bist du nackt und besitzt gar nichts. Was besitzt du denn?«

Mein Großvater wollte mich stoppen. Ich zeigte auf meine Großmutter und sagte dann zu ihm: »Denk daran, ich habe Nani um Erlaubnis gefragt, und nun kann mich niemand abhalten, nicht einmal du. Ich habe mit ihr über dich gesprochen, weil ich mir schon dachte, daß du böse mit mir sein würdest, wenn ich deinen Guru und seine doofe sogenannte Predigt unterbreche. Sie hat gesagt: ›Zeig einfach nur auf mich, mehr nicht. Mach dir keine Sorgen: Nur ein Blick von mir, und er wird kein Wort sagen.‹ Und merkwürdig... es stimmt!« Er sagte kein Wort mehr, auch ohne einen Blick von meiner Nani.

Hinterher haben wir, meine Nani und ich, sehr gelacht. Ich sagte zu ihr: »Er hat dich nicht einmal angesehen.«

Sie sagte: »Das konnte er gar nicht, denn er mußte befürchten, daß ich sagen würde: ›Sei du still! Laß den Jungen in Ruhe!‹ Also ist er mir ausgewichen. Er konnte mir nur ausweichen, wenn er dich in Ruhe ließ.«

Er schloß sogar die Augen, als ob er meditierte! Ich sagte zu ihm: »Nana, großartig! – du kochst vor Wut. In dir brennt ein Feuer, aber du sitzt da mit geschlossenen Augen, als würdest du meditieren. Dein Guru ist wütend, weil meine Fragen ihn ärgern. Du bist wütend, weil dein Guru unfähig ist zu antworten. Aber ich sage dir, dieser Mann, der uns hier was vorpredigt, ist einfach ein armer Irrer.« Und ich war nicht älter als vier oder fünf Jahre.

Von da an war das meine Sprache. Einen Idioten erkenne ich auf Anhieb, egal wo er ist, egal wer er ist. Niemand entgeht meinen Röntgenaugen. Einen Dachschaden, oder was es auch sei, kann ich immer sofort erkennen.

Neulich hatte ich einem meiner Sannyasins die Füllfeder gegeben, mit der ich seinen neuen Namen geschrieben hatte – nur zur Erinnerung, daß dies der Stift war, den ich am Anfang seines neuen Lebens, seines Sannyas, benutzt hatte. Aber seine Frau war auch da. Ich hatte die Frau sogar eingeladen, auch Sannyasin zu werden. Sie wollte, wollte aber auch wieder nicht – ihr wißt, wie Frauen sind: mal so, mal so. Du weißt nie, woran du bist. Selbst wenn sie die rechte Hand aus dem Auto strecken, weißt du nie, ob sie auch wirklich rechts abbiegen werden. Sie halten vielleicht nur die Hand in den Wind, oder wer weiß – alles ist möglich. Diese Frau war wiegel-wagel, wischi-waschi... die vollkommene Frau, wenn man so will. Sie wollte ja sagen, konnte es aber nicht; sie wollte nein sagen, konnte es aber nicht – diese Art Frau. Und vergeßt nicht, so sind neunundneunzigkommaneun Prozent aller Frauen der Welt. Nur nullkommaein Prozent sind anders, ansonsten ist diese Frau sehr repräsentativ.

Trotzdem versuchte ich, sie zu verführen – zu Sannyas, meine ich! Ich habe ein bißchen mein Spiel gespielt, und sie war ganz nahe dran, ja zu sagen, als ich aufhörte. Ich bin auch nicht so simpel, wie es von außen scheinen mag. Ich meine nicht, daß ich kompliziert bin, ich meine, daß ich die Dinge so klar sehen kann, daß ich manchmal meine Einfachheit und die Aufforderung, die darin liegt, zurücknehmen muß.

Als sie gerade ja sagen wollte, griff sie nach der Hand ihres Mannes, der nun ein Sannyasin war. Ich sah ihn an und konnte sehen, daß er diese Frau loswerden wollte. Sie hatte ihn genug gequält. Im Grunde hoffte er, daß diese Frau, nun da er Sannyasin war, sich seiner erbarmen und ihn von sich aus verlassen würde. Ich sah, wie ratlos er wurde, als ich anfing, auch seine Frau zu überreden, Sannyasin zu werden. In seinem Herzen sagte er: »Mein Gott, wenn sie Sannyasin wird, kann ich nicht mal in Poona meinen Frieden haben.«

Er möchte in den Aschram eintreten. Er ist ein reicher Mann und besitzt ein Multi-Millionen-Dollar-Unternehmen und möchte alles dem Aschram schenken. Er hatte Angst... Ich durchschaute sie ganz und gar, diesen Sannyasin und seine Frau.

Es gab keine Brücke zwischen ihnen, und es hatte nie eine gegeben. Sie waren einfach ein englisches Paar – ihr wißt, was das heißt. Gott allein weiß, warum sie geheiratet haben – und Gott existiert nicht. Ich sage es immer wieder, weil ich immer das Gefühl habe, ihr könntet denken, Gott weiß es wirklich! Gott weiß es nicht, weil er nicht existiert.

»Gott« ist nur ein Wort wie »Jesus«. Es bedeutet nichts, es ist nur ein Ausruf. So ist es auch in der Geschichte, wie Jesus zu seinem Namen kam...

Josef und Maria bringen ihr Kind von Betlehem nach Hause. Maria sitzt mit dem Kind auf dem Esel. Josef geht voran und hält den Strick und führt den Esel. Plötzlich stolpert er und stößt mit dem Zeh gegen einen Stein. »Jesus!« ruft er aus. Und ihr wißt, wie Frauen sind...

Maria sagt: »Josef! Ich hab grad überlegt, welchen Namen wir unserem neuen Kind geben sollen, und jetzt eben hast du den richtigen Namen gesagt: Jesus!«

So kam das arme Kind zu seinem Namen. Es ist kein Zufall, daß ihr »Herrgott nochmal!« ruft, wenn ihr euch mit dem Hammer auf die Finger haut. Glaubt ja nicht, daß ihr dabei an den Herrgott denkt – erinnert euch nur an den armen Josef, wie er mit dem Zeh gegen den Stein stieß.

Wenn ich zu atmen aufhöre, wird Raj Bharti wissen, was zu tun ist. Obwohl er teilweise Jude ist... Trotzdem ist er ein Mann, dem man vertrauen kann. Ich weiß, er glaubt nicht, daß er teilweise Jude ist. Er glaubt, ein Teil seiner Familie sei vielleicht jüdisch gewesen, aber nicht er! So sind alle Juden, selbst die Teil-Juden. Er paßt perfekt ins Bild. Ein Jude ist immer ein perfekter Jude, um euch die Wahrheit zu sagen. Ein einziger Tropfen Judentum in dir genügt, um einen perfekten Juden aus dir zu machen.

Aber ich liebe die Juden und ich vertraue den Juden. Seht euch einfach in dieser Arche Noah um: da gibt es zweieinhalb Juden. Ich bin ein perfekter Jude, da gibt es nichts zu rütteln. Geet Bharti ist kein perfekter Jude, nur ein Jude. Raj Bharti ist ein Teil-Jude und will es um jeden Preis verbergen – aber das macht ihn nur noch jüdischer. Du kannst dein Judentum nicht verstecken. Wo willst du deine Nase verstecken? Das ist das einzige am ganzen Körper, was unversteckt bleibt. Du kannst alles außer deiner Nase verstecken, denn atmen mußt du.

Ich sagte, daß Jesus – selbst Jesus – kein Name, sondern nur ein Ausruf ist, der Josef entschlüpfte, als er mit dem Zeh gegen einen Stein stieß. Dasselbe gilt für »Gott«. Wenn einer sagt: »Mein Gott!«, heißt das nicht, daß er an Gott glaubt, sondern nur, daß er sich beschwert – falls da im Himmel jemand ist, der zuhört. Wenn einer: »Gott!« sagt, meint er das so, wie man jedes offizielle Schreiben beginnt mit: »An den zuständigen Sachbearbeiter«. »Mein Gott!« heißt einfach: »An den zuständigen Sachbearbeiter«, oder wenn niemand da ist: »Tut mir leid, es ist niemand zuständig. Es ist mir nur so herausgerutscht, und ich konnte nicht anders.«

Wie spät ist es? – Ich hab mich eine halbe Stunde verspätet und ich möchte nicht, daß du dich auch verspätest. Ab und zu kann auch ich nett sein. Nur zu deiner Erinnerung: Du warst noch nie so gut wie heute. Sehr gut. Aber wie gut auch immer, ich weiß, wann man »Genug« sagen muß...

Dies ist ungeheuer schön, so schön...

Mach Schluß.

8

Ich habe von einem Ereignis gesprochen, das für das Verständnis meines Lebens und seines inneren Zusammenhangs absolut wichtig ist. Und es ist mir noch heute lebendig.

Wenn ich also gesagt habe, daß ich mich noch erinnere, stimmt das Wort »erinnern« übrigens gar nicht. Ich kann noch jetzt bis ins einzelne vor mir sehen, was geschah. Natürlich war ich nur ein kleiner Junge, was aber nicht heißt, daß das, was ich damals sagte, nicht ernstzunehmen wäre. In Wirklichkeit ist es die einzige ernste Sache, über die ich je gesprochen habe: Selbstmord.

Einem Westler mag es ein bißchen grob vorkommen, an einen Mönch, der für die Dschainas fast ein Papst ist, eine solche Frage zu richten: »Warum begehst du nicht Selbstmord?« Aber habt Nachsicht mit mir. Laßt mich erklären, bevor ihr zu einem Schluß kommt, oder hört auf, mir zuzuhören.

Der Dschainismus ist die einzige Religion der Welt, die den Selbstmord gutheißt. Jetzt staunt ihr aber. Natürlich nennen sie es nicht Selbstmord. Sie geben ihm einen schönen metaphysischen Namen: *santhara*. Ich lehne es ab, vor allem die Art, wie es gemacht wird. Es ist sehr brutal und grausam. Merkwürdig, daß ausgerechnet eine Religion, die an die Gewaltlosigkeit glaubt, *santhara* – den Selbstmord – predigt. Ihr könnt es metaphysischen Selbstmord nennen, aber Selbstmord ist schließlich Selbstmord; entscheidend ist nicht, wie man es nennt. Entscheidend ist, daß der Mensch am Ende nicht mehr lebt.

Warum bin ich dagegen? Ich bin nicht gegen das Recht des Menschen, Selbstmord zu begehen. Nein, das sollte zu den Grundrechten des Menschen gehören. Wenn ich nicht leben will, wer hat das Recht, mich zum Leben zu zwingen? Wenn ich selbst verschwinden will, können andere nur eines tun: mir die Sache so angenehm wie möglich machen. Laßt es euch gesagt sein: eines Tages möchte ich gern verschwinden. Ich kann nicht ewig leben.

Gestern zeigte mir Sheela einen Autoaufkleber, den sie aus Amerika mitgebracht hat. Er lautet: »Ich bin stolz, Amerikaner zu sein.« Ich las es, und als Sheela draußen war, mußte ich darüber weinen. Ich bin kein Amerikaner und ich bin stolz, kein Amerikaner zu sein. Ich bin auch kein Inder – wer bin ich dann? Ich bin stolz, daß ich niemand bin. Dahin hat mich meine ganze Reise gebracht – zum Niemandsein, zur Heimatlosigkeit, zum Nichts. Ich habe sogar der Erleuchtung entsagt, und das hat vor mir noch niemand getan. Ich entsage auch der Illumination, der Illumination dieses deutschen Idioten! Ich habe keine Religion, kein Land, keine Heimat. Die ganze Welt ist mein.

Ich bin der erste Bürger des Universums. Ihr wißt, ich bin verrückt. Ich könnte anfangen, Pässe für universelle Staatsbürgerschaft auszustellen. Ich habe schon daran gedacht. Mir schwebt eine orangene Karte vor, die ich jedem Sannyasin ausstelle als Ausweis universeller Brüderlichkeit, im Gegensatz zu Nationen, Rassen und Religionen.

Nicht die Einstellung der Dschainas zum Selbstmord lehne ich ab, sondern nur ihre Methode. Sie besteht darin, nichts zu essen. So ein armer Mensch braucht fast neunzig Tage, bis er stirbt. Es ist die reine Folter! Besser kann man es gar nicht machen. Nicht einmal Adolf Hitler hätte auf eine so großartige Idee kommen können. Zu Geet Bhartis Information: Adolf Hitler kam auf die Idee, den Leuten die Zähne zu bohren – natürlich ohne Betäubung. Es gibt heute noch überall Juden, denen man die Zähne gebohrt hat, nur um sie zu quälen. Aber Adolf Hitler hatte vielleicht nie etwas von den Dschaina-Mönchen und ihren masochistischen Praktiken gehört. Sie sind unübertroffen! Sie schneiden sich nie die Haare, sondern reißen sie sich eigenhändig aus. Ist das nicht genial?

Jedes Jahr reißt sich der Dschaina-Mönch sämtliche Haare aus – den Bart und alle Körperhaare, mit den bloßen Händen. Sie lehnen jeglicheTechnik ab und führen diese Logik bis ans bittere Ende: ein Rasiermesser, das wäre ja Technik! Wußtet ihr das schon? Habt ihr je ein Rasiermesser als technisches Gerät betrachtet? Sogar die sogenannten Ökologen rasieren sich weiterhin den Bart und ahnen nicht, daß sie damit ein Verbrechen gegen die Natur begehen.

Die Dschaina-Mönche reißen sich die Haare aus, nicht etwa privat, denn Privatheit kennen sie nicht. Es gehört zu ihrem Masochismus, daß sie keine Privatsphäre haben, daß sie schonungslos öffentlich sind. Sie reißen sich die Haare aus, während sie nackt auf dem Marktplatz stehen. Die Menge applaudiert natürlich und johlt. Und die Dschainas, die zwar großes Mitleid empfinden und oft sogar Tränen in den Augen haben, genießen es unbewußt auch. Und sie brauchen nicht einmal Eintritt zu zahlen. Ich finde es grauenhaft. Mir sind all solche Praktiken zuwider.

Die ganze Idee des *santhara,* des Selbstmordes durch Nicht-Essen und Nicht-Trinken, ist nichts anderes als eine endlose Selbstquälerei. Ich kann sie nicht gutheißen. Aber ich unterstütze durchaus die Idee der Freiheit zu sterben. Ich betrachte das als ein Geburtsrecht des Menschen, und früher oder später wird jede Verfassung der Welt es enthalten, wird es enthalten müssen als das allererste Geburtsrecht – das Recht zu sterben. Es ist kein Verbrechen.

Aber jemanden zu quälen, dich selbst eingeschlossen, ist ein Verbrechen. Jetzt werdet ihr verstehen, daß es keineswegs grob von mir war, sondern daß meine Frage durchaus berechtigt war. An diesem Tag begann mein lebenslanger Kampf gegen jede Art von Dummheit, Schwachsinn, Aberglauben – kurz, wider den religiösen *bullshit. Bullshit* ist ein so schönes Wort! Es drückt in aller Kürze so viel aus!

An diesem Tag begann mein Leben als Rebell, und ich werde

ein Rebell bleiben bis zum letzten Atemzug, wenn nicht länger. Wer weiß? Selbst wenn ich keinen Körper mehr habe, werde ich Tausende von Körpern in meinen Lieben haben. Ich kann sie aufwiegeln – und ihr wißt, ich bin ein Verführer. Ich kann ihnen auf Jahrhunderte hinaus Ideen in den Kopf setzen. Genau das werde ich tun. Mit dem Tod meines Körpers kann meine Rebellion nicht sterben. Meine Revolution wird sogar noch intensiver weitergehen, weil sie dann sehr viel mehr Körper haben wird, sehr viel mehr Stimmen, sehr viel mehr Hände, die sie fortsetzen.

Jener Tag war bedeutsam, von historischer Bedeutung. Ich habe jenen Tag immer mit dem Tag in Verbindung gebracht, als Jesus mit den Schriftgelehrten im Tempel argumentierte. Er war ein bißchen älter als ich damals, vielleicht acht oder neun Jahre älter. Die Art, wie er argumentierte, bestimmte den Verlauf seines ganzen weiteren Lebens.

Ich erinnere mich nicht mehr an den Namen des Dschaina-Mönchs. Vielleicht hieß er Shanti Sagar, was soviel heißt wie: »Ozean der Seligkeit« – was er ganz sicher nicht war. Kein Wunder, daß ich seinen Namen vergessen habe. Er war nur eine schmutzige Pfütze, kein Ozean der Seligkeit oder des Friedens oder der Stille. Und er war ganz gewiß kein Mann der Stille, denn er wurde sehr wütend.

Shanti kann viele Dinge bedeuten. Es kann »Frieden« bedeuten, es kann »Stille« bedeuten. Das sind die beiden Grundbedeutungen. Beides ging ihm völlig ab. Er war weder friedlich noch still, weit davon entfernt. Auch war keine Rede davon, daß er frei von dunklen Wallungen war, denn er wurde so wütend, daß er mich anbrüllte, ich solle mich hinsetzen.

Ich sagte: »Niemand darf mir in meinem eigenen Hause befehlen, mich hinzusetzen. Ich kann dich aus dem Haus werfen, aber du kannst mir nicht befehlen, mich hinzusetzen. Aber ich werde dich nicht hinauswerfen; ich hab nämlich noch ein paar Fragen. Bitte sei nicht wütend. Denk an deinen Namen, Shanti Sagar, Ozean des Friedens und der Stille. Du könntest zumindest ein kleiner Teich sein. Und laß dich nicht durch einen kleinen Jungen aus der Fassung bringen.«

Ohne mich darum zu kümmern, ob er sich beruhigte oder nicht, fragte ich meine Großmutter, die jetzt nur noch ein einziges Gelächter war: »Was meinst du, Nani? Soll ich ihm noch Fragen stellen oder ihn aus dem Haus werfen?«

Ich fragte natürlich nicht meinen Großvater, denn dieser Mann war sein Guru. Meine Nani sagte: »Du kannst fragen, was du willst, und wenn er nicht antworten kann, dann ist die Tür offen, dann kann er ja gehen.«

Das war die Frau, die ich liebte. Das war die Frau, die mich zum Rebellen machte. Sogar mein Großvater war schockiert, daß sie mich derartig unterstützte. Dieser sogenannte Shanti Sagar hielt sofort den Mund, als er sah, daß meine Großmutter mich unterstützte. Und nicht nur sie – auch die Dorfbewohner waren sofort auf meiner Seite. Der arme Dschaina-Mönch wurde völlig im Stich gelassen.

Ich stellte ihm noch ein paar Fragen. Ich fragte: »Du hast gesagt: ›Glaubt nichts, solange ihr es nicht selbst erfahren habt.‹ Ich sehe, wie wahr das ist, deshalb frage ich dich...«

Die Dschainas glauben an sieben Höllen. Bis zur sechsten besteht die Möglichkeit, wieder zurückzukommen, aber die siebte ist ewig. Vielleicht ist die siebte die christliche Hölle, denn auch in der bist du, wenn du erst mal drin bist, auf ewig drin. Ich fragte weiter: »Du hast von sieben Höllen gesprochen. Also stellt sich die Frage, hast du die siebte besucht? Wenn ja, dann könntest du nicht hier sein. Wenn nein, mit welcher Autorität behauptest du dann, daß es sie gibt? Du solltest sagen, daß es nur sechs Höllen gibt, nicht sieben. Sei also jetzt bitte korrekt. Sag, daß es nur sechs Höllen gibt, oder wenn du bei sieben bleiben willst, dann beweise mir, daß zumindest *ein* Mensch, Shanti Sagar, aus der siebten Hölle zurückgekommen ist.«

Er war wie vom Donner gerührt. Er konnte nicht glauben, daß ein kleiner Junge eine solche Frage stellen konnte. Heute kann ich es selbst nicht glauben! Wie konnte ich eine solche Frage stellen? Die einzige Antwort, die ich geben kann, ist, daß ich wild aufgewachsen und ohne jegliches Wissen war. Wissen macht einen sehr schlau. Ich war nicht schlau. Ich stellte einfach die Frage, die jedes unverbildete Kind gestellt hätte. Bildung ist das größte Verbrechen, das die Menschen an den armen Kindern begangen haben.

Vielleicht wird die letzte Befreiungsbewegung der Welt die Befreiung der Kinder sein.

Ich war unschuldig, absolut ungebildet. Ich konnte weder lesen noch schreiben, nicht einmal weiter als meine Finger zählen. Selbst heute fange ich, wenn ich etwas zählen muß, bei den Fingern an. Und wenn ich einen Finger auslasse, komme ich durcheinander.

Er konnte nicht antworten. Meine Großmutter stand auf und sagte: »Du mußt die Frage beantworten. Glaub nicht, daß nur ein Kind sie stellt. Ich stelle sie ebenfalls und ich bin deine Gastgeberin.«

An dieser Stelle muß ich euch wieder mit einer Dschaina-Sitte bekannt machen. Wenn ein Dschaina-Mönch in eine Familie kommt, um sein Essen zu bekommen, hält er nach der Mahlzeit, sozusagen zum Segen, der Familie immer eine kleine Predigt. Die Predigt ist an die Gastgeberin gerichtet. Meine Großmutter sagte: »Heute bin ich deine Gastgeberin und ich stelle die gleiche Frage: Hast du die siebte Hölle besucht? Wenn nicht, sag ehrlich, daß du nicht dort warst, aber dann kannst du nicht sagen, daß es sieben Höllen gibt.«

Der Mönch war so durcheinander und verwirrt – noch dazu, weil ihm eine so schöne Frau gegenüberstand –, daß er das Weite suchen wollte. Meine Nani rief: »Halt, geh nicht weg! Wer soll sonst die Fragen meines Kindes beantworten? Und er hat noch ein paar mehr auf Lager. Was bist du für ein Mann? Läufst vor den Fragen eines Kindes davon?«

Der Mann blieb stehen. Ich sagte zu ihm: »Ich lasse die zweite Frage fallen, weil der Mönch sie nicht beantworten kann. Die erste hat er auch nicht beantwortet, also will ich ihm die dritte stellen. Vielleicht ist er ja in der Lage, die zu beantworten.«

Er sah mich an. Ich sagte: »Wenn du mich ansehen willst, dann sieh mir in die Augen.« Es herrschte große Stille, so wie hier. Niemand sagte ein Wort. Der Mönch senkte die Augen.

Da sagte ich: »Dann frage ich lieber nicht. Meine ersten zwei Fragen bleiben unbeantwortet, und die dritte bleibt ungestellt, weil ich nicht möchte, daß ein Gast des Hauses sich schämt. Ich ziehe zurück.«

Und ich zog mich tatsächlich aus der Versammlung zurück. Und wie froh war ich, als meine Großmutter mir folgte!

Mein Großvater verabschiedete den Mönch. Aber kaum war er weg, kam mein Großvater ins Haus zurückgerannt und fragte meine Großmutter: »Bist du denn wahnsinnig? Erst stellst du dich hinter diesen Jungen, der ein geborener Störenfried ist, und dann bist du auch noch mit ihm gegangen, ohne dich auch nur von meinem Meister zu verabschieden!«

Meine Großmutter sagte: »Er ist nicht mein Meister, also ist mir das völlig egal. Außerdem, was du für einen geborenen Störenfried hältst, ist ein Same – kein Mensch weiß, was noch alles in ihm steckt.«

Ich weiß jetzt, was noch alles in mir steckte. Solange man kein geborener Störenfried ist, kann man kein Buddha werden. Und ich bin nicht nur ein Buddha so wie Gautama Buddha. Das ist mir zu traditionell. Ich bin *Zorba the Buddha;* in mir begegnen sich Ost und West. Ich trenne nicht einmal zwischen Ost und West, zwischen Höherem und Niederem, Mann und Frau, Gut und Böse, Gott und Teufel. Nein! Tausendmal nein! Ich trenne nicht. Ich verbinde alles miteinander, was bisher getrennt worden ist. Das ist meine Arbeit.

Dieser Tag damals ist ungeheuer wichtig für das Verständnis dessen, was dann zum Thema meines ganzen Lebens wurde, denn solange ihr nicht den Samen versteht, entgeht euch der Baum und seine Blüte, und vielleicht sogar der Mond, der durch die Zweige schimmert.

Von genau diesem Tag an bin ich immer gegen jeden Masochismus gewesen. Natürlich lernte ich das Wort erst viel später kennen, aber das Wort spielt keine Rolle. Ich habe was gegen alles Asketische. Auch dieses Wort war mir damals unbekannt, aber ich konnte riechen, daß etwas faul war. Ihr wißt, daß ich gegen jede Art Selbstqualerei allergisch bin. Ich möchte, daß jeder Mensch in vollen Zügen lebt. Das Minimum ist nicht mein Stil. Lebt das Maximum, oder wenn ihr über das Maximum noch hinausgehen könnt, phantastisch! Dann los! Zögert nicht! Und vertut nicht eure Zeit mit Warten auf Godot.

Darum sage ich ja ständig zu Yashu Bharti: »Weiter, weiter!

Mach Geet Bharti verrückt!« Natürlich kann ich Yashu Bharti nicht verrückt machen. Eine Frau kann man nicht verrückt machen, das ist nicht möglich. Sie macht die Männer verrückt, das ist ihre Stärke und da hat sie das Steuer in der Hand. Sogar auf dem Rücksitz fährt *sie* den Fahrer. Ihr kennt ja diese Rücksitzfahrer. Das sind die schlimmsten überhaupt. Und welche Wonne, wenn niemand da ist, der den Fahrer fährt! Frauen kann man nicht verrückt machen. Nicht mal ich kann eine Frau verrückt machen.

Also ist es schwierig. Obwohl ich immer wieder sage: »Weiter, weiter!«, sie hört nicht drauf. Die Frauen kommen taub zur Welt. Sie machen einfach immer nur das, was sie wollen. Aber Geet Bharti kann hören. Ich rede gar nicht mit ihm, und trotzdem hört er es und – freakt aus! Das ist Feiglingsart. Ich nenne es den Stil des Minimums, den Stil der begrenzten Geschwindigkeit. Wenn du schneller fährst, bekommst du ein Strafmandat.

Sparflamme ist Feiglingsart. Wenn ich zu entscheiden hätte, dann wäre die Höchstgeschwindigkeit die Mindestgeschwindigkeit; wer druntergeht, bekommt sofort ein Strafmandat. Wir wollen die Sterne erreichen, und sie halten sich am Ochsenkarren fest! Wir wollen – und das ist das ganze Ziel der Physik – letztlich dieselbe Geschwindigkeit wie das Licht erreichen. Solange wir nicht auf diese Geschwindigkeit kommen, sind wir zum Untergang verurteilt. Wenn wir die Lichtgeschwindigkeit erreichen, können wir von jedem sterbenden Erdball oder Planeten entkommen. Jede Erde, jeder Planet, jeder Stern wird eines Tages sterben. Wie wollt ihr von ihm wegkommen? Ihr werdet eine sehr schnelle Technik brauchen. Diese Erde wird schon in viertausend Jahren tot sein. Was ihr auch tut – nichts kann sie retten. Mit jedem Tag rückt ihr Tod näher... Und ihr wollt euch mit fünfzig Kilometern pro Stunde fortbewegen! Versucht es mal mit dreihunderttausend Kilometern pro Sekunde – mit Lichtgeschwindigkeit.

Der Mystiker erreicht sie, und plötzlich ist in seinem inneren Sein nur Licht und sonst nichts. Das ist Erwachen. Ich bin für das Maximum. Lebe das Maximum in jeder Hinsicht! Und wenn du beschließt zu sterben, dann stirb mit Maximalgeschwindigkeit. Stirb nicht wie ein Feigling – mach einen Sprung ins Unbekannte!

Ich habe nichts gegen die Idee, dem Leben ein Ende zu setzen. Wenn einer beschließt, sein Leben zu beenden, dann hat er selbstverständlich das Recht dazu. Aber ich bin unbedingt dagegen, eine lange Quälerei daraus zu machen. Als dieser Shanti Sagar starb, brauchte er dazu einhundertzehn Fastentage. Ein Mensch kann es, wenn er durchschnittlich gesund ist, ohne weiteres neunzig Tage lang ohne Essen aushalten. Wenn er überdurchschnittlich gesund ist, kann er noch länger überleben.

Vergeßt also nicht, ich war nicht grob zu dem Mann. Vor diesem Hintergrund war meine Frage absolut berechtigt, vielleicht um so mehr, als er sie nicht beantworten konnte. Und sonderbar, damals fing nicht nur mein Fragen an, sondern auch das Nicht-Antworten der Leute. In den letzten fünfundvierzig Jahren hat mir niemand auch nur eine meiner Fragen beantwortet. Mir sind viele sogenannte spirituelle Menschen begegnet, aber niemand hat je eine meiner Fragen beantwortet. In gewisser Weise gab dieser Tag für mein ganzes Leben den Grundton an.

Shanti Sagar ging sehr verärgert davon, aber ich war ungeheuer glücklich und verbarg das auch nicht vor meinem Großvater. Ich sagte zu ihm: »Nana, er mag verärgert davongegangen sein, aber ich finde mich absolut im Recht. Dein Guru war mehr als mäßig. Du solltest dir einen suchen, an dem etwas mehr dran ist.« Da mußte sogar er lachen, und er sagte: »Vielleicht hast du recht, aber jetzt in meinem Alter den Guru zu wechseln, ist kaum praktikabel.« Er fragte meine Nani: »Was meinst du?«

Meine Nani, wie immer treu ihrem Esprit, sagte: »Es ist nie zu spät, sich zu ändern. Wenn du siehst, daß deine Wahl nicht richtig war, ändere es. Und beeil dich, denn du wirst alt. Sag nicht: ›Ich bin alt, also kann ich mich nicht mehr ändern.‹ Ein junger Mann kann es sich leisten, sich nicht zu ändern, aber ein alter Mann nicht, und du bist alt genug.«

Und nur wenige Jahre später starb er, aber er brachte nicht den Mut auf, seinen Guru zu wechseln. Er machte im gleichen alten Trott weiter.

Meine Großmutter stichelte manchmal und sagte: »Wann fängst du endlich mit einem neuen Guru und neuen Methoden an?« Dann sagte er immer: »Ja, bald, bald...«

Eines Tages sagte meine Großmutter: »Schluß jetzt mit dem ganzen Unsinn. Niemand ändert sich je, es sei denn, er ändert sich gleich. Sag nicht: ›Bald, bald.‹ Entweder unternimm etwas oder unternimm nichts, aber sei klar.«

Diese Frau hätte eine ungeheuer machtvolle Kraft werden können. Sie war nicht dazu bestimmt, nur Hausfrau zu sein. Sie war nicht dazu bestimmt, in diesem kleinen Dorf zu leben. Die ganze Welt hätte von ihr wissen sollen. Vielleicht bin ich ihr Medium. Vielleicht ist sie in mich eingeströmt. Sie liebte mich so tief, daß ich meine wirkliche Mutter nie als meine wirkliche Mutter betrachtet habe. Selbst meine zweite Mutter, die ich bisher keinem gegenüber erwähnt habe, war nicht wie meine Nani. Ich sehe meine Nani immer als meine wirkliche Mutter an.

Immer wenn ich etwas zu beichten hatte, wenn ich jemandem unrecht getan hatte, konnte ich es nur ihr beichten, sonst keinem. Sie war mein Fels. Ich konnte ihr alles anvertrauen, denn ich hatte eines erkannt: Sie war fähig zu verstehen. Ich muß wirklich alles angestellt haben, was ein Mensch nur anstellen kann, und nachts erzählte ich ihr dann immer davon. Das war, als ich bei ihr wohnte, bevor ich zur Universität ging.

Ich schlief nie im Haus meiner Mutter. Obwohl meine Großmutter nach dem Tod meines Großvaters in das Dorf der übrigen Familie gezogen war, schlief ich immer bei ihr, einfach weil ich ihr alle Missetaten berichten konnte, die ich an dem Tag begangen hatte. Sie lachte immer und sagte: »Recht so! Großartig! Toll! Der Mann hat's verdient. Ist er wirklich in den Brunnen gefallen, wie du gesagt hast?«

Dann sagte ich: »Ja, aber er ist nicht gestorben.«

Sie sagte: »Dann ist es ja gut, aber ist es dir wirklich gelungen, ihn in den Brunnen zu schubsen?«

Es gab in unserer Nachbarschaft einen Brunnen ohne Schutzmauer. Nachts konnte jeder hineinfallen. Ich lockte öfters Leute hin, und der Mann, der hineingefallen war, war kein anderer als der Süßigkeitenmacher. Meine Mutter – meine *Großmutter*... ich vergesse es ständig, weil sie für mich meine Mutter ist... Nennen wir sie besser *Nani,* damit keine Mißverständnisse aufkommen.

Ich erzählte meiner Nani: »Heut' hab ich es geschafft, daß der

Süßigkeitenmacher in den Brunnen gefallen ist.« Ich kann noch hören, wie sie lachte. Sie lachte Tränen.

Sie sagte: »Das ist sehr gut... aber ist er noch am Leben?«

Ich sagte: »Es geht ihm bestens.«

»Dann«, sagte sie, »ist es kein Problem. Mach dir keine Gedanken, der Mann hat es verdient. Er mischt so viel Mist in seine Süßigkeiten, daß irgendwer mal was dagegen unternehmen mußte.«

Später sagte sie zu ihm: »Merk dir: wenn du nicht deine Angewohnheit änderst, wirst du immer wieder in den Brunnen fallen!«

Aber zu mir sagte sie kein böses Wort. Ich fragte sie: »Sonst hast du nichts dazu zu sagen?« Sie sagte: »Nein, denn ich habe dich schließlich von frühester Kindheit an beobachtet. Selbst wenn du etwas Unrechtes tust, tust du es so richtig und so genau im rechten Augenblick, daß sogar etwas Unrechtes richtig wird.«

Sie war es, die mir zum ersten Mal erklärte, daß das Richtige in den Händen des Falschen falsch wird, und das Falsche in den Händen des Richtigen richtig.

Macht euch also keine Gedanken darüber, was ihr tut. Bedenkt nur eines: Was ihr *seid*. Dies ist eine entscheidende Frage – Tun oder Sein. Alle Religionen befassen sich mit dem Tun. Ich befasse mich mit dem Sein. Wenn dein Sein richtig ist, und mit »richtig« meine ich: selig, still, friedlich, liebevoll –, dann ist alles, was du tust, richtig. Dann gibt es keine anderen Gebote mehr für dich außer einem: *Sei* einfach. Sei so total, daß in deiner Totalität kein Schatten mehr möglich ist. Dann kannst du überhaupt nichts falsch machen. Die ganze Welt mag sagen, daß es falsch ist, aber das ist egal. Was zählt, ist dein eigenes Sein.

Ich mache mir keine Sorgen um Christus am Kreuz. Denn ich weiß, daß er sogar am Kreuz völlig in sich ruhte. Er ruhte so in sich, daß er beten konnte: »Vater«, – das war *sein* Wort fur Gott, ja er sagte nicht einmal »Vater«, sondern *abba,* was sehr viel schöner ist – »Abba, vergib diesen Menschen, denn sie wissen nicht, was sie tun.« Wieder mit Betonung auf dem Wort »tun« – »was sie *tun«.* Schade, aber sie konnten das Sein des Mannes am Kreuz nicht erkennen. Auf das Sein kommt es an, einzig und allein auf das Sein.

Ich kann nicht finden, daß ich in dem Augenblick, als ich dem Dschaina-Mönch diese seltsamen, aufreizenden, ärgerlichen Fragen stellte, etwas Unrechtes getan habe. Vielleicht habe ich ihm sogar geholfen. Vielleicht wird er eines Tages verstehen. Wenn er Mut gehabt hätte, hätte er noch am selben Tag verstanden, aber er war ein Feigling – er machte sich davon. Und seitdem habe ich immer wieder die gleiche Erfahrung gemacht: Die sogenannten Mahatmas und Heiligen sind allesamt Feiglinge. Ich bin keinem einzigen Mahatma begegnet – weder Hindu noch Mohammedaner, weder Christ noch Buddhist –, den man wirklich einen rebellischen Geist nennen könnte. Solange man nicht rebellisch ist, ist man nicht religiös. Rebellion ist das absolute Fundament aller Religion.

9

Die Zeit kann nicht zurückgehen, aber die Gedanken wohl. Was für eine Verschwendung – einen solchen Denkapparat, der nichts, absolut gar nichts vergessen kann, einem Mann zu geben, der nicht nur zu einem Nicht-Verstand geworden ist, sondern der auch anderen predigt, den Verstand fallenzulassen. Mein Verstand jedenfalls – wohlgemerkt mein Verstand, nicht ich – ist genauso eine Maschine wie diese hier... Mein »Verstand« ist einfach die Maschine, noch dazu eine perfekte Maschine – in der Hand eines Mannes, der sie stillegt! Darum sage ich: Was für eine Verschwendung!

Aber ich weiß den Grund. Solange du keinen perfekten Verstand hast, kannst du nicht die Intelligenz haben, ihn stillzulegen. Das Leben ist voller Widersprüche. Daran ist nichts verkehrt. Das gibt dem Leben mehr Würze.

Es gab keinen Grund, warum Mann und Frau als zwei erschaffen werden mußten. Sie hätten wie eine Amöbe sein können – ihr könnt Raj Bharti fragen. Die Amöbe ist weder Männlein noch Weiblein, sie ist eins. Sie ist auch genau wie Muktananda und all die anderen Idiotanandas: zölibatär. Aber sie hat ihre eigene Art, sich fortzupflanzen, und welches Kopfzerbrechen sie allen Ärzten der Welt macht! Sie frißt immer nur weiter, wird fetter und fetter und irgendwann spaltet sie sich entzwei. Das ist ihre Art der Fortpflanzung. Sie ist wirklich *brahmacharya* – enthaltsam.

Mann und Frau hätten genau wie die Amöben eins sein können. Aber dann hätte es keine Poesie gegeben, nur Fortpflanzung. Natürlich auch keine Konflikte, keine Nörgelei, keinen Streit. Aber die Poesie, die auf diese Weise entstanden ist, ist so viel wert, daß sich all die Konflikte und Nörgeleien und Sticheleien lohnen.

Eben habe ich wieder Noorjahan gehört. »Dieses Vertrauen, das zwischen uns war – du hast es vielleicht vergessen, aber ich habe es nicht vergessen. Ich entsinne mich noch, zumindest ein wenig. Die Worte, die du zu mir gesagt hast, vielleicht weißt du sie gar nicht mehr, aber die Erinnerung daran genügt schon, mich weiter hoffen zu lassen. Diese Liebe, die zwischen uns war...« *Wo karar,* »diese Liebe«... *Karar* ist sehr viel intensiver, als es das Wort »Liebe« ausdrücken kann, es ist leidenschaftlicher. Man übersetzt es besser mit »diese Leidenschaft« oder »diese leidenschaftliche Liebe«... Und *»Wo rah mugh men our tuz mon thee* – und diese Brücke, die zwischen dir und mir war...«

»Diese Brücke...« – nur ganz selten, wenn die Herzen offen sind, gibt es eine »Brücke«, ansonsten »kommunizieren« die Leute nur. Sie haben keine Kommunion miteinander. Sie reden, aber keiner hört dem andern zu. Sie machen Geschäfte, aber es ist nur Leere zwischen ihnen, keine überströmende Freude. *Wo rah* – »diese Brücke« – und *wo karar* – »diese leidenschaftliche Liebe«... »Vielleicht hast du sie vergessen, ich aber entsinne mich. Ich kann nicht vergessen, wie du einst sagtest: ›Du bist die Königin der Welt, die schönste Frau.‹ Vielleicht würdest du mich jetzt nicht einmal erkennen...«

Alles verändert sich – die Lieben verändern sich, die Körper verändern sich. Das eigentliche Wesen der Existenz ist Veränderung, ein ständiges Fließen. Ich höre mir jedesmal dieses Lied an, bevor ich in eure Kabine komme, weil ich es seit meiner frühesten Kindheit liebe. Ich denke, es ruft vielleicht ein paar Erinnerungen in mir wach, und das tut es ganz gewiß.

Gestern habe ich euch über die Dinge erzählt, die sich zwischen mir und dem Dschaina-Mönch abspielten. Die Geschichte war damit noch nicht zu Ende, weil er am nächsten Tag wiederkommen und im Haus meines Großvaters um Essen bitten mußte.

Ihr werdet kaum verstehen, warum er wiederkommen mußte, wo er doch so wütend unser Haus verlassen hatte. Ich muß euch erst den Hintergrund erklären. Ein Dschaina-Mönch darf sein Essen nur von einem Dschaina annehmen, und zu seinem Pech waren wir die einzige Dschaina-Familie in dem kleinen Dorf. Er konnte nirgendwo anders um sein Essen bitten, obwohl er es bestimmt gern getan hätte. Aber das wäre ein Verstoß gegen seine Mönchsregel gewesen. Also kam er gegen seinen Willen wieder zu uns.

Ich und meine Nani hielten oben am Fenster nach ihm Ausschau, denn wir wußten ja, daß er kommen mußte. Meine Nani sagte zu mir: »Siehst du, da kommt er. So, was willst du ihn heute fragen?«

Ich sagte: »Ich weiß nicht. Laß ihn wenigstens erst essen, und danach muß er anstandshalber ein paar Worte an die Familie und die Anwesenden richten.« Denn nach jeder Mahlzeit hält der Dschaina-Mönch eine Dankespredigt. »Mach dir keine Sorgen«, sagte ich zu ihr, »danach werde ich schon etwas finden, was ich ihn fragen kann. Laß ihn erst mal reden.«

Er wählte seine Worte sehr vorsichtig und war sehr kurz angebunden, was völlig unüblich war. Aber ob man nun spricht oder nicht – wenn einen jemand etwas fragen will, kann er das tun. Er kann fragen, warum man schweigt. Der Mönch sprach von der Schönheit der Existenz, vielleicht weil er glaubte, daß das unverfänglich sei. Aber er hatte sich getäuscht.

Ich stand auf. Meine Nani lachte hinten im Raum – ich kann ihr Lachen noch heute hören. Ich fragte ihn: »Wer hat denn dieses schöne Universum erschaffen?«

Die Dschainas glauben nicht an Gott. Es fällt dem westlichen christlichen Denken schwer, eine Religion ohne Gott überhaupt nachzuvollziehen. Der Dschainismus ist dem Christentum weit überlegen. Zumindest glaubt er nicht an Gott und den Heiligen Geist und den ganzen Unsinn, der daraus folgt. Der Dschainismus ist – ob ihr es glaubt oder nicht – eine atheistische Religion. Denn atheistisch und trotzdem religiös zu sein, scheint widersprüchlich, scheint ein Widerspruch in sich zu sein. Der Dschainismus ist reine Ethik, reine Moral ohne jeden Gott. Als ich den Dschaina-Mönch also fragte: »Wer hat diese Schönheit erschaffen?«, antwortete er natürlich, wie ich schon vorausgesehen hatte: »Niemand.«

Darauf hatte ich nur gewartet. Dann sagte ich: »Kann so viel Schönheit von *niemand* erschaffen werden?«

Er sagte: »Bitte mißversteh mich nicht...« Diesmal war er gewappnet. Er wirkte gesammelter. »Bitte mißversteh mich nicht«, sagte er. »Ich will damit nicht sagen, daß ›niemand‹ jemand ist.«

Wißt ihr noch die Geschichte aus »Alice hinter den Spiegeln?« Darin fragt die Königin die kleine Alice: »Hast du auf dem Weg hierher irgendwen getroffen, der zu mir wollte?«

Alice sagte: »Ich habe niemand gesehen.«

Die Königin sah erstaunt drein und sagte dann: »Merkwürdig, dann hätte niemand ja schon vor dir hier sein müssen. Aber er ist immer noch nicht da.«

Alice, ganz wie eine englische Lady, kicherte natürlich, aber nur im Geiste. Sie verzog keine Miene. Sie sagte: »Majestät, niemand ist niemand.«

Die Königin sagte: »Natürlich, das weiß ich selbst, daß niemand niemand sein muß. Aber warum kommt er so spät? Niemand scheint langsamer zu laufen als du.«

Da vergaß Alice sich einen Moment und sagte: »Niemand läuft schneller als ich!«

Darauf sagte die Königin: »Dann ist es mir erst recht ein Rätsel. Wenn niemand schneller läuft als du, warum ist er dann noch nicht da?«

Nun erkannte Alice ihren Fehler, aber es war schon zu spät. Noch einmal wiederholte sie: »Bitte, Majestät, begreifen Sie doch, niemand ist niemand.«

Die Königin sagte: »Ich weiß, ich weiß, niemand ist niemand, aber die Frage ist doch: warum ist er noch nicht da?«

Ich sagte zu dem Dschaina-Mönch: »Ich weiß wohl, daß niemand niemand ist, aber du redest so schön von der Existenz, so sehr in den höchsten Tönen, daß ich schockiert bin. Denn so etwas schickt sich doch nicht für Dschainas. Du scheinst aufgrund deiner Erfahrung von gestern deine Taktik geändert zu haben. Du kannst zwar deine Taktik ändern, aber du kannst mich nicht ändern. Ich frage noch einmal: Wenn niemand das Universum erschaffen hat, wie ist es dann entstanden?«

Er sah hierhin und dorthin. Alle schwiegen, nur meine Nani nicht, die lachte laut.

Der Mönch fragte mich: »Weißt du denn, wie es entstanden ist?«

Ich sagte: »Es war schon immer da, es braucht nicht zu entstehen.«

Ich kann diesen Satz auch nach fünfundvierzig Jahren noch unterschreiben, nachdem ich erleuchtet und wieder unerleuchtet worden bin, nachdem ich so viel gelesen und alles wieder vergessen habe, nachdem ich das, was ist, erkannt habe, und – setzt es in Großbuchstaben – ES IGNORIERE. Ich kann heute noch dasselbe sagen wie damals als kleiner Junge: Das Universum hat es immer gegeben. Es braucht weder erschaffen noch von irgendwo hergekommen zu sein – es *ist* einfach.

Der Dschaina-Mönch tauchte am dritten Tag nicht mehr auf. Er flüchtete aus unserem Dorf ins nächste Dorf, wo auch eine Dschaina-Familie wohnte. Aber ich bin ihm Dank schuldig – ohne es zu ahnen, schickte er ein Kind auf die Reise nach der Wahrheit.

Wie vielen Menschen habe ich nicht seitdem dieselbe Frage gestellt! – Und dabei der gleichen Unwissenheit ins Gesicht gesehen! Große Pandits, gelehrte Köpfe, ehrbare Mahatmas, die von Tausenden angebetet werden, aber nicht in der Lage sind, die einfache Frage eines Kindes zu beantworten!

Tatsächlich ist noch nie eine wirkliche Frage beantwortet worden, und ich prophezeie, daß keine einzige wirkliche Frage je beantwortet werden wird. Denn sobald du auf eine wirkliche Frage triffst, ist Schweigen die einzige Antwort. Nicht das idiotische Schweigen eines Pandits, eines Mönchs oder Mahatmas, sondern dein eigenes Schweigen. Nicht das Schweigen des andern, sondern das Schweigen, das in dir heranwächst. Es gibt keine andere Antwort. Und dieses Schweigen, das innen wächst, ist eine Antwort für dich und all jene, die in Liebe mit deinem Schweigen verschmelzen. Ansonsten gilt diese Antwort keinem andern als dir.

Es hat schon viele schweigende Menschen auf der Welt gegeben, die andern in keiner Weise geholfen haben. Die Dschainas nennen sie *arihantas,* die Buddhisten nennen sie *arhatas.* Beide Wörter bedeuten dasselbe, nur die Sprachen unterscheiden sich ein wenig. Die eine ist Prakrit, die andere Pali. Es sind Nachbarsprachen, oder besser Geschwistersprachen. *Arihanta, arhat* – ihr könnt selbst sehen, daß es die gleichen Wörter sind.

Es hat immer schon *arihantas* und *arhatas* gegeben, doch obwohl sie die Antwort gefunden hatten, waren sie nicht fähig, sie zu verkünden. Und solange du sie nicht verkünden, sie nicht von den Hausdächern rufen kannst, ist deine Antwort nicht viel wert – es ist nur die Antwort eines einzelnen inmitten der Masse, in der jeder voller Fragen ist. Bald stirbt der *arihanta,* und sein Schweigen mit ihm. Es verschwindet, als hätte man auf Wasser geschrieben. Man kann auf Wasser schreiben, man kann seine Unterschrift auf Wasser schreiben, aber noch ehe man seinen Namen zu Ende geschrieben hat, ist er schon wieder verschwunden.

Der wahre Meister hat die Antwort nicht nur erkannt, er hilft auch Millionen andern, sie zu erkennen. Seine Erkenntnis ist nicht privat, sie steht allen offen, die bereit sind, sie zu empfangen. Ich habe die Antwort erkannt. Die Frage habe ich Tausende von Jahren mit mir herumgeschleppt, in diesem Körper, in jenem Körper, in einem Körper nach dem anderen, aber die Antwort ist jetzt zum ersten Mal gekommen. Sie ist nur deshalb gekommen, weil ich hartnäckig weitergefragt habe, ohne jede Angst vor Konsequenzen.

Ich rufe mir diese Ereignisse ins Gedächtnis, um euch bewußt zu machen, daß es, solange man nicht fragt – und zwar jeden und total fragt –, ungeheuer schwer ist, sich selbst zu fragen. Erst wenn du aus jeder Tür hinausgeflogen bist, wenn dir alle Türen verschlossen oder vor der Nase zugeschlagen worden sind, wendest du dich schließlich nach innen – und da ist die Antwort! Es ist keine geschriebene Antwort. Du wirst keine *Bibel* finden, keine

Torah, keinen *Koran* und keine *Gita,* kein *Dhammapada* und kein *Tao te king*... Nein, du wirst dort überhaupt nichts Geschriebenes finden.

Noch wirst du dort irgend jemanden antreffen – keinen Gott, keine Vaterfigur, die dir lächelnd auf den Rücken klopft und sagt: »Gut, mein Sohn, so bist du also endlich nach Hause gekommen. Ich vergebe dir all deine Sünden.« Nein, du wirst dort niemanden finden. Was du finden wirst, ist eine ungeheure, eine überwältigende Stille, so dicht, daß man meint, sie anfassen zu können – wie eine schöne Frau.

Man kann sie fühlen wie eine schöne Frau, aber es ist nur Stille, wenn auch sehr greifbar.

Als der Mönch aus dem Dorf verschwunden war, mußten wir noch tagelang lachen, vor allem meine Nani und ich. Unglaublich, wie kindlich sie war! Damals muß sie fast fünfzig gewesen sein, aber geistig war sie so lebendig, als wäre sie nie über das Kindesalter hinausgewachsen. Sie lachte mit mir und sagte: »Das hast du gut gemacht!«

Selbst jetzt sehe ich noch den Rücken des flüchtenden Mönchs vor mir. Dschaina-Mönche sind alles andere als schöne Menschen. Sie können es nicht sein; ihre ganze Haltung ist abstoßend, einfach abstoßend. Sogar sein Rücken war abstoßend. Ich habe stets das Schöne geliebt, wo immer es zu finden ist – in den Sternen, in einem menschlichen Körper, in einer Blume oder im Flug eines Vogels... egal wo. Ich bin ein freimütiger Anbeter alles Schönen, denn ich sehe nicht, wie man die Wahrheit erkennen kann, wenn man die Schönheit nicht lieben kann. Schönheit ist der Weg zur Wahrheit, und Weg und Ziel sind nicht zweierlei: Der Weg wird am Ende zum Ziel. Der erste Schritt ist zugleich der letzte.

Jenes *Encounter* – ja, das ist das richtige Wort dafur – jenes *Encounter* mit dem Dschaina-Mystiker war das Startsignal zu Tausenden von weiteren *Encountern* – mit Dschainas, Hindus, Mohammedanern, Christen. Für ein gutes Streitgespräch tat ich einfach alles.

Ihr werdet es nicht glauben, aber ich habe dafür sogar die Beschneidung über mich ergehen lassen – im Alter von siebenundzwanzig Jahren, nachdem ich bereits erleuchtet war! Nur, um einem mohammedanischen Sufi-Orden beitreten zu können, in den sie niemanden eintreten ließen, der nicht beschnitten war.

Ich sagte: »Also gut, wenn es sein muß. Dieser Körper ist sowieso hinfällig, und ihr schneidet ihm nur ein kleines Stückchen Haut ab. Schneidet es ab, aber ich möchte der Geheimschule beitreten.« Da waren sogar sie fassungslos. Ich sagte: »Glaubt mir, ich bin bereit.«

Als ich dann später zu widersprechen anfing, sagten sie: »Erst hast du dich so bereitwillig beschneiden lassen, und jetzt bist du so aufsässig, daß du gar nichts von dem annimmst, was wir dir sagen.«

Ich sagte: »So bin ich eben. In unwesentlichen Dingen bin ich immer bereit, ja zu sagen. Wenn es aber ums Wesentliche geht, bin ich absolut steinhart. Da kann mich niemand zwingen, ja zu sagen.«

Natürlich mußten sie mich aus ihrem sogenannten Sufi-Orden ausstoßen, aber ich sagte zu ihnen: »Indem ihr mich hinauswerft, erklärt ihr nur der ganzen Welt, daß ihr Pseudo-Sufis seid. Der einzige wirkliche Sufi hier wird rausgeworfen. In Wirklichkeit werfe ich euch alle raus!«

Sie sahen sich an und wußten nicht, was sie sagen sollten. Ich war nicht in ihren Orden eingetreten, um die Wahrheit zu erkennen; die hatte ich bereits erkannt. Warum war ich dann eingetreten? Nur, um in richtiger Gesellschaft für ein gutes Streitgespräch zu sein.

Das Disputieren ist seit frühester Kindheit mein Vergnügen. Für ein gutes Streitgespräch tu ich einfach alles. Aber wie selten findet man ein wirklich geeignetes Klima für Streitgespräche! Sogar einem Sufi-Orden trat ich bei – und ich beichte es zum ersten Mal: ich ließ mich sogar von diesen Dummköpfen beschneiden. Sie taten es mit so primitiven Methoden, daß ich mindestens sechs Monate darunter zu leiden hatte. Aber das hat mir nichts ausgemacht. Mir ging es einzig und allein darum, den Sufismus von innen kennenzulernen.

Leider habe ich in meinem ganzen Leben keinen einzigen wirklichen Sufi finden können. Aber das trifft nicht nur auf die Sufis zu; ich habe auch nie einen wirklichen Christen gefunden oder einen wirklichen Chassidim.

J. Krishnamurti lud mich ein, ihn in Bombay aufzusuchen. Der Überbringer der Botschaft war Parmananda, ein beiderseitiger Freund. Ich sagte zu ihm: »Parmananda, richte Krishnamurti aus, daß er herkommen soll, wenn er mich sehen möchte. Das ist das mindeste – statt daß er von mir verlangt, zu ihm zu kommen.«

Parmananda sagte: »Aber er ist um Jahre älter als du!«

Ich sagte: »Geh nur zu ihm, du brauchst nicht für ihn zu sprechen. Falls er selber sagt, daß er älter ist als ich, dann lohnt es sich erst gar nicht hinzugehen. Erwachen kann nicht ›älter‹ oder ›jünger‹ sein. Es bleibt immer genau gleich – einfach frisch, ewig frisch.«

Er ging und kam nie wieder, denn wie konnte Krishnamurti, ein alter Mann, *mich* aufsuchen kommen? Und trotzdem wollte er mich kennenlernen. Interessant, nicht wahr? Ich hatte nie den Wunsch, ihn kennenzulernen, sonst wäre ich zu ihm hingegangen. Er wollte mich kennenlernen und trotzdem wollte er, daß ich zu ihm komme. Ihr müßt zugeben, daß das ein bißchen zuviel verlangt ist. Parmananda brachte nie eine Antwort zurück. Als er am nächsten Tag ankam, fragte ich ihn: »Was ist passiert?« Er sagte: »Krishnamurti wurde sehr böse – so böse, daß ich ihn nicht noch einmal gefragt habe.«

Also er wollte mich kennenlernen. Ich hätte mich riesig gefreut, ihn kennenzulernen, aber von meiner Seite hatte ich nie diesen Wunsch, einfach weil ich nicht gern zu Leuten hingehe, und wenn es J. Krishnamurti ist! Ich liebe alles, was er sagt, ich liebe alles, was er ist, aber ich habe nie den Wunsch verspürt, ihn zu sehen – jedenfalls habe ich das nie zu jemandem gesagt. Denn sonst wäre die Sache ganz einfach: Ich müßte zu ihm gehen. *Er* hatte den Wunsch verspürt. *Er* wollte mich sehen. Und trotzdem wollte er, daß ich zu ihm komme. Das mag ich nicht und werde es nie mögen.

Daraus entstand, zumindest von seiner Seite, eine Feindseligkeit mir gegenüber. Seit damals hat er gegen mich geredet. Kaum bekommt er einen meiner Sannyasins zu Gesicht, fängt er an, sich wie ein Stier zu benehmen. Wenn man vor einem Stier ein rotes Tuch hin- und herschwenkt, dann wißt ihr ja, was passiert. Und genau das passiert, wenn er einen meiner rotgekleideten Sannyasins sieht: plötzlich schnaubt er vor Wut. Ich behaupte, daß er im letzten Leben ein Stier gewesen sein muß. Seine Abneigung gegen die Farbe Rot hängt ihm noch nach.

Das fing aber erst an, als ich es ablehnte, ihn zu besuchen. Davor hatte er niemals gegen mich geredet. Ich meinerseits bin ein freier Mann. Ich kann für jemanden sprechen und im selben Atemzug gegen ihn, ohne die geringsten Schwierigkeiten damit zu haben. Ich bin ein Freund von allen möglichen Widersprüchen und Unstimmigkeiten.

J. Krishnamurti ist gegen mich, aber ich kann sagen, daß ich nicht gegen ihn bin. Ich liebe ihn nach wie vor. Er ist einer der schönsten Menschen des zwanzigsten Jahrhunderts. Ich glaube nicht, daß sonst noch jemand am Leben ist, mit dem ich ihn vergleichen könnte –, aber er hat seine Grenze, und diese Grenze ist sein Ruin. Seine Grenze besteht darin, daß er versucht, total intellektuell zu sein, aber das ist nicht möglich, wenn du in die Höhe fliegen willst, wenn du über alle Wörter und Zahlen hinausgehen willst.

Krishnamurti sollte darüber hinaus sein, einfach jenseits davon, aber er ist an die viktorianische Intellektualität gefesselt. Seine Intellektualität ist nicht einmal modern, sondern viktorianisch, nahezu ein Jahrhundert alt. Er sagt, er habe das Glück gehabt, nie die *Upanischaden,* die *Gita* oder den *Koran* gelesen zu haben. Aber was macht er dann unentwegt? Ich will es euch verraten. Er liest billige Krimis. Bitte sagt es nicht weiter, sonst rennt er mit dem Kopf gegen die Wand. Um seinen Kopf mache ich mir keine Sorgen, aber um die Wand. Was seinen Kopf angeht, leidet er schon seit über fünfzig Jahren an Migräne. Das ist länger, als ich lebe. Und zwar so stark, daß er häufig in seinem Tagebuch erwähnt, er würde am liebsten mit dem Kopf gegen die Wand rennen... Ja, ich mache mir Sorgen um die Wand!

Wieso leidet er an Migräne? – wegen zuviel Intellektualität, ganz einfach! Es ist nicht das gleiche wie bei dem armen Asheesh, meinem Sesselbauer. Der leidet auch unter Migräne, aber bei ihm ist sie körperlich. J. Krishnamurtis Migräne ist spirituell – er ist zu intellektuell. Es genügt schon, ihm zuzuhören, um Migräne zu bekommen. Wenn man keine Migräne bekommt, nachdem man einen Vortrag von Krishnamurti gehört hat, bedeutet dies, daß man schon erleuchtet ist – oder daß man keinen Kopf hat. Letzteres ist wahrscheinlicher. Ersteres ist etwas schwierig.

Die Migräne von Asheesh läßt sich heilen, aber bei Krishnamurti ist kein Ende abzusehen. Er ist unheilbar. Aber jetzt ist es auch nicht mehr nötig, denn er ist so alt und so an seine Migräne gewöhnt, daß er inzwischen geradezu mit ihr verheiratet ist. Wenn ihr ihm seine Migräne nehmt, bleibt er allein zurück, als Witwer. Tut ihm das nicht an! Er und seine Migräne sind verheiratet, und sie werden gemeinsam sterben.

Wie ich gerade sagte, eröffnete mein erstes *Encounter* mit dem nackten Dschaina-Mönch eine lange, lange Reihe von *Encountern* mit vielen sogenannten Mönchen – *Bullshittern*. Sie alle leiden an zuviel Intellektualität. Und ich wurde geboren, um sie alle auf den Teppich zu holen. Aber es ist praktisch unmöglich, sie zur Vernunft zu bringen. Vielleicht wollen sie es nicht, weil sie Angst haben. Vielleicht ist es sehr vorteilhaft für sie, keine Sensibilität und keine Intelligenz zu haben. Sie werden als heilige Männer verehrt. Für mich sind sie nur heiliger Kuhmist. Kuhmist hat ein Gutes: er riecht nicht. Ich sage das so ausdrücklich, weil ich gegen Gerüche allergisch bin. Kuhmist hat diese eine gute Eigenschaft, daß er nicht allergisch ist. Was ist das richtige Wort, Raj Bharti?

»Nicht allergen, Osho.«

Richtig, nicht allergen.

Meine Nani war in Wirklichkeit keine Inderin. Selbst der Westen wäre ihr etwas weniger fremd gewesen. Und bedenkt, sie war völlig ungebildet. Vielleicht hatte sie deshalb eine so feine Wahrnehmung. Vielleicht konnte sie etwas in mir sehen, wovon ich damals selbst noch nichts wußte. Vielleicht hat sie mich deshalb so sehr geliebt... Ich weiß es nicht. Sie lebt nicht mehr. Aber eines weiß ich: Als ihr Mann starb, kehrte sie nie mehr in das Dorf zurück. Sie blieb im Dorf meines Vaters. Ich mußte sie dort zurücklassen, aber jedesmal, wenn ich sie besuchen kam, fragte ich sie immer wieder: »Nani, können wir nicht in unser Dorf zurückgehen?«

Dann sagte sie immer: »Wozu? Du bist hier.« Diese drei einfachen Wörter hallen noch in mir nach wie ein Echo von Musik: »Du bist hier.« Ich sage das gleiche zu euch. Sie liebte mich, und ihr wißt, daß niemand euch mehr lieben kann als ich euch liebe.

Das ist schön... Wenn ihr wüßtet, wo ich jetzt bin! Schade, wenn ich euch doch nur auch zu diesen himalajischen Höhen einladen könnte! »Jetzt« ist ein so schöner Raum. Und der arme Geet Bharti – ich kann ihn noch kichern hören. Mein Gott! Kann denn die Chemie nicht wenigstens verhindern, daß ich das Kichern höre?

Glaubt ja nicht, daß ich jetzt verrückt geworden bin. Ich bin bereits verrückt. Seht ihr? – Euer Wahnsinn und mein Wahnsinn, das sind völlig verschiedene Dinge. Sheela, halt es fest: Selbst Rasputin, wenn er noch lebte, wäre ein Sannyasin... ich meine, er wäre ein Sannyasin gewesen. Niemand – ohne Ausnahme – kann mich betrügen.

Ich bin ein Mensch, der sogar im Augenblick des Todes sagen würde: »Genug für heute...«

10

Ich habe mir gerade ein paar Aufnahmen vom Hochzeitszug der Prinzessin Anne angesehen. Und merkwürdig, das einzige, was mich an dem ganzen Unsinn beeindruckt hat, waren die Pferde – ihr freudiger Tanz. Als ich diese Pferde sah, mußte ich an mein eigenes Pferd denken. Ich habe noch niemandem davon erzählt, nicht einmal Gudia, die Pferde so liebt. Aber jetzt, wo ich nichts mehr für mich behalte, kann sogar das erzählt werden.

Ich besaß nicht nur ein, sondern sogar vier Pferde. Eins davon gehörte mir – und ihr wißt, wie eigen ich bin. Selbst heute darf kein anderer den Rolls fahren. Da bin ich eigen. Und damals war ich schon genauso. Niemand, nicht einmal mein Großvater, durfte mein Pferd reiten. Aber natürlich durfte ich das Pferd von jedem andern reiten! Mein Großvater und meine Großmutter hatten jeder eins. Es war ungewöhnlich für ein indisches Dorf, daß eine Frau auf einem Pferd ritt, aber sie war eben eine ungewöhnliche Frau, was will man machen. Das vierte Pferd war für den Diener Bhoora, der mir immer mit seinem Gewehr folgte, natürlich in einem gewissen Abstand.

Merkwürdig wie das Schicksal so spielt. Ich habe nie in meinem Leben jemandem etwas zuleide getan, nicht einmal im Traum. Ich lebe absolut vegetarisch – aber wie es das Schicksal will, werde ich seit frühester Kindheit von einem Leibwächter verfolgt. Ich weiß nicht, warum, aber seit Bhoora bin ich nie wieder ohne Leibwächter gewesen. Selbst heute sind meine Schutzengel entweder vor mir oder hinter mir, aber immer sind sie da. Bhoora hat damit angefangen.

Wie ich euch schon sagte, sah er wie ein Europäer aus. Darum wurde er Bhoora genannt. Es war nicht sein wirklicher Name. *Bhoora* heißt einfach: »der Weiße«. Nicht einmal ich kenne seinen wirklichen Namen. Er sah europäisch aus, sehr europäisch, und das wirkte sehr seltsam, vor allem in diesem Dorf, das vermutlich nie ein Europäer betreten hatte.

Und die Leibwächter sind immer noch da. Sogar schon als Kind begriff ich, warum Bhoora immer in gewisser Entfernung hinter mir herritt, denn zweimal versuchte man, mich zu entführen. Ich weiß nicht, warum irgend jemand ein Interesse an mir gehabt haben sollte, aber heute verstehe ich es: Mein Großvater war zwar für westliche Begriffe nicht sehr reich, aber zweifellos steinreich für dieses Dorf.

Dacoits – jetzt hat Geet Bharti aber wirklich Probleme, dieses Wort zu buchstabieren: *dacoit.* Es ist kein englisches Wort, sondern kommt von dem Hindi-Wort *dacu.* Aber in dieser Hinsicht ist Englisch eine der großzügigsten Sprachen der Welt. Jahr für Jahr übernimmt es achttausend Wörter aus anderen Sprachen. Darum wird es immer umfangreicher. Englisch muß früher oder später zur Weltsprache werden, das läßt sich gar nicht verhindern. Alle übrigen Sprachen der Welt sind im Vergleich dazu sehr zimperlich und schrumpfen immer mehr zusammen. Sie achten auf Sprachreinheit, damit keine andere Sprache sie unterwandern darf. Auf diese Weise müssen sie natürlich klein und primitiv bleiben. *Dacoit* ist eine lautgetreue Übernahme von *dacu,* was »Dieb« bedeutet – kein gewöhnlicher Dieb, sondern wenn eine bewaffnete und organisierte Bande einen Diebstahl plant, dann spricht man von *dacoitry.*

Schon in meiner Jugend war es in Indien gang und gäbe, die

Kinder reicher Leute zu stehlen und dann den Eltern anzudrohen, man würde dem Kind die Hände abhacken, wenn sie nicht zahlen wollten. Wenn sie zahlten, könnten sie die Hände ihres Kindes retten. Manchmal bestand die Drohung auch darin, das Kind zu blenden, oder bei wirklich reichen Eltern wurde gedroht, das Kind zu töten. Um das Kind zu retten, waren die armen Eltern zu allem bereit.

Zweimal versuchte man, mich zu stehlen. Zwei Dinge retteten mich: einmal war es mein Pferd, ein wirklich starker Araber, und das andere Mal Bhoora, der Diener. Er hatte von meinem Großvater den Befehl bekommen, in die Luft zu feuern, falls mich jemand entführen wollte, und nicht auf die Leute, denn das wäre gegen den Dschainismus gewesen. Aber in die Luft darf man schießen, um sie abzuschrecken.

Natürlich hatte aber meine Großmutter Bhoora ins Ohr geflüstert: »Hör nicht auf das, was mein Mann sagt. Du feuerst zuerst in die Luft, aber wenn das nicht funktioniert, dann merk dir: Wenn du dann die Leute nicht erschießt, werde ich dich erschießen!«

Und sie war wirklich ein guter Schütze! Ich habe sie schießen gesehen; sie traf immer auf den Millimeter genau. Sie war genau wie Gudia – ziemlich genau auf dem Punkt.

Nani war in vieler Hinsicht wie Gudia, peinlich genau, was die Details anging. Sie traf immer genau den Punkt, ging nie drumherum. Es gibt Leute, die ewig um die Sache herumreden, und du mußt selbst herausfinden, was sie eigentlich wollen. So war sie nicht. Sie war exakt, mathematisch genau.

Sie sagte: »Bhoora, merk dir: Wenn du ohne ihn nach Hause kommst, nur um mir zu melden, daß er entführt wurde, werde ich dich auf der Stelle erschießen.«

Ich wußte Bescheid, Bhoora wußte Bescheid, mein Großvater wußte Bescheid. Denn obwohl sie es Bhoora ins Ohr geflüstert hatte, war es kein Flüstern gewesen, sondern laut genug, daß das ganze Dorf es hören konnte. Sie meinte es ernst. Sie meinte immer genau, was sie sagte.

Mein Großvater schaute zur Seite. Ich konnte mich nicht bremsen, lachte laut heraus und sagte: »Warum siehst du weg? Du hast es doch gehört. Wenn du ein echter Dschaina bist, dann sag Bhoora, daß er auf niemanden schießen darf.«

Aber noch ehe mein Großvater etwas sagen konnte, sagte meine Nani schon: »Ich habe es Bhoora auch in deinem Namen gesagt. Misch du dich also nicht ein.« Sie war eine Frau, die es sogar fertiggebracht hätte, meinen Großvater zu erschießen. Ich kannte sie – ich meine es nicht buchstäblich, sondern metaphorisch, aber das ist sehr viel gefährlicher als buchstäblich. Also hielt er den Mund.

Zweimal wurde ich beinahe entführt. Einmal brachte mein Pferd mich nach Hause, und das andere Mal mußte Bhoora sein Gewehr abfeuern – natürlich in die Luft. Vielleicht hätte er, wenn es nötig gewesen wäre, auf den Kerl geschossen, der mich zu entführen versuchte, aber das war nicht nötig. Und damit rettete er sich selbst und zugleich die Religion meines Großvaters.

Seitdem bin ich noch viele Male in Gefahr gewesen – und das ist seltsam, erscheint mir sehr, sehr seltsam, denn ich bin für alle Welt immer völlig unschädlich gewesen. Viele Anschläge sind auf mein Leben verübt worden, was mich immer gewundert hat, denn das Leben endet doch früher oder später von selber. Warum sollte also irgendwer ein Interesse daran haben, ihm mittendrin ein Ende zu machen? Welchen Sinn kann das haben? Wenn mich jemand von diesem Sinn überzeugen könnte, würde ich auf der Stelle zu atmen aufhören.

Ich stellte diese Frage einmal einem Mann, der versucht hatte, mich zu töten. Die Gelegenheit bot sich deshalb, weil er schließlich mein Sannyasin geworden war. Ich fragte ihn: »Jetzt, wo wir unter vier Augen sind, sage mir, warum du mich töten wolltest.«

Damals in Woodlands in Bombay gab ich den Leuten immer allein in meinem Zimmer Sannyas. Ich sagte: »Wir sind allein, ich kann dir Sannyas geben, das ist kein Problem. Werde erst Sannyasin, und dann verrate mir, warum du mich töten wolltest. Wenn du mich von dem Sinn überzeugen kannst, werde ich hier und jetzt vor deinen Augen zu atmen aufhören.«

Er fing schrecklich an zu weinen und fiel mir zu Füßen. Ich sagte: »Das überzeugt mich nicht. Du mußt mich von dem *Sinn* überzeugen.«

Er sagte: »Es war einfach idiotisch von mir. Es gibt nichts, was ich dir zu sagen hätte.«

Vielleicht ist das der Grund, warum ein so absolut harmloser Mensch wie ich auf jede nur erdenkliche Weise angegriffen worden ist. Man hat mir auch schon Gift gegeben.

Erst neulich war Sheela ganz besorgt, weil Gudia mit ihr geredet und metaphorisch zu ihr gesagt hatte: »Wenn Osho stirbt, werde ich erleichtert sein.«

Natürlich war Sheela sehr verstört. Sie erzählte mir: »Jetzt kann ich kein Auge mehr zutun. Denn Vivek ist deine Haushälterin, und sie hat zu mir gesagt, sie wäre erleichtert, wenn du tot wärst. Das ist gefährlich! – Sie könnte dich vergiften!«

Ich lachte und sagte: »Sheela, komm zur Vernunft. Sie muß es metaphorisch gemeint haben. Nach zehn Jahren mit mir kann jeder zum Philosophen werden. Ein bißchen Metaphysik und ein bißchen Metaphorik – mehr ist nicht dran. Mach dir nur keine Sorgen. Sie wäre der letzte Mensch im Universum, der mir irgendwie Schaden zufügen könnte. Ich selbst könnte mir Schaden zufügen, aber nicht sie. Mach dir also keine Sorgen.«

Aber ich kann ihre Sorgen verstehen. Sie hat – ich meine Sheela – eine enorme Verantwortung übernommen, als sie meine Sekretärin wurde. Ihre Sorge ist natürlich. Sie ist ständig in Angst, mir könnte etwas zustoßen. Dann hätte sie das vor Millionen zu verantworten, die mich in aller Welt lieben. Auch ihr werdet ihre Verantwortung und ihre Sorge verstehen.

Ich sagte: »Ich verstehe, aber mach dir keine Gedanken. Gudia bekommt ab und zu ihre Anfälle, aber selbst dann hat sie mir noch nie ein Haar gekrümmt. Sie kann es nicht, es ist ihr unmöglich. Ja«, sagte ich, »es ist unmöglich.«

Ab und zu kann jeder mal einen Anfall bekommen, vor allem eine Frau, und um so mehr, wenn sie vierundzwanzig Stunden am Tag oder noch länger mit einem Mann wie mir zusammenleben muß, der kein bißchen nett ist, der immer nur hart ist, und der immer versucht, dich ganz bis an den Rand des Abgrunds zu treiben und dir nicht erlaubt, zurückzukommen. Er schiebt und schiebt dich immerzu weiter und sagt noch dazu: »Spring, ohne zu überlegen!«

Meine Nani war Gudia zweifellos sehr ähnlich, vor allem wenn sie ihre Anfälle kriegte. Ich habe einmal einen hysterischen Anfall von ihr miterlebt, aber ich war ganz unbesorgt. Ich habe erlebt, wie sie ihr Gewehr holte und ins Zimmer meines Großvaters stürmte. Aber ich ließ mich nicht von dem, was ich tat, ablenken. Sie fragte mich: »Hast du keine Angst?«

Ich sagte: »Mach du dein Ding und laß mich meines machen.«

Lachend sagte sie: »Du bist vielleicht ein komischer Junge. Ich bin dabei, deinen Großvater umzubringen, und du baust dir ein Kartenhaus. Spinnst du, oder was?«

Ich sagte: »Geh ruhig rein und leg den Alten um. Ich hab selbst immer schon davon geträumt, es zu tun. Warum sollte mich das aus der Ruhe bringen? Stör mich nicht.« Sie setzte sich neben mich und half mir, meinen Spielkartenpalast weiterzubauen...

Aber zu Bhoora hatte sie gesagt: »Wenn jemand mein Kind anfaßt, darfst du nicht einfach in die Luft schießen, nur weil wir an den Dschainismus glauben. Dieser Glaube ist gut, aber nur im Tempel. Auf dem Marktplatz müssen wir uns nach den Regeln der Welt richten, und die Welt ist nicht dschainistisch. Wie können wir uns da nach unserer Weltanschauung richten?«

Ich kann ihre kristallklare Logik verstehen. Wenn du mit einem Menschen sprichst, der kein Englisch versteht, kannst du mit ihm nicht Englisch reden. Wenn du in seiner eigenen Sprache redest, ist die Möglichkeit der Verständigung größer. Weltanschauungen sind Sprachen, laßt das einmal deutlich gesagt sein. Philosophien bedeuten gar nichts. Es sind Sprachen. Und in dem Moment, als ich meine Großmutter zu Bhoora sagen hörte: »Wenn ein *dacoit* versucht, mein Kind zu stehlen, sprich die Sprache, die er versteht, und vergiß allen Dschainismus«, da begriff ich es auf Anhieb, obwohl es mir erst später so richtig klar wurde. Aber Bhoora muß es klar gewesen sein. Und meinem Großvater war es zweifellos klar, denn er schloß die Augen und sagte sein Mantra her: *»Namo arihantanam namo...namo siddhanam namo...«*

Ich lachte, meine Großmutter kicherte, Bhoora lächelte natürlich nur – aber alle begriffen die Situation. Und sie hatte recht, wie immer.

Ich will euch eine andere Ähnlichkeit zwischen Gudia und meiner Großmutter verraten: sie hat fast immer recht, sogar mir gegenüber. Wenn sie etwas sagt, bin ich vielleicht nicht ihrer Meinung, aber ich weiß, daß sie am Ende recht behalten wird. Ich werde ihr nicht zustimmen – auch das stimmt. Ich bin ein sturer Mann. Ich habe euch das immer wieder gesagt: Ich stehe zu dem, was ich bin, ob richtig oder falsch. Mein Falsch ist *mein* Falsch, und ich liebe es, weil es meins ist. Aber wenn es darum geht, ob es richtig oder falsch ist, wenn es darum geht, dann weiß ich, daß Gudia am Ende recht behalten wird... Für den Augenblick allerdings entscheide ich. Und ich bin ein sturer Mann.

Meine Großmutter hatte dieselbe Eigenschaft, immer recht zu behalten. Sie sagte zu Bhoora: »Glaubst du vielleicht, *dacoits* glauben an den Dschainismus? Und dieser alte Narr...« – wobei sie auf meinen alten Großvater zeigte, der sein Mantra hersagte – »Dieser alte Narr hat dir nur deshalb gesagt, du sollst in die Luft feuern, weil wir nicht töten dürfen. Soll er sein Mantra hersagen... Verlangt ja keiner von ihm, daß er selber tötet. Du bist doch kein Dschaina, oder?«

Ich wußte instinktiv in diesem Augenblick, daß Bhoora gefeuert worden wäre, wenn er ein Dschaina gewesen wäre. Ich hatte mir noch nie Gedanken darüber gemacht, ob Bhoora ein Dschaina war oder nicht. Zum ersten Mal machte ich mir Sorgen um den Alten und begann zu beten... Ich weiß nicht zu wem, weil die Dschainas ja an keinen Gott glauben und mir nie ein Glaube beigebracht worden war. Aber trotzdem fing ich an, innerlich zu sagen: »Gott, falls es dich gibt, laß diesen armen Mann seinen Job nicht verlieren.«

Seht ihr den feinen Unterschied? Schon damals sagte ich: »Falls es dich gibt...« Nicht einmal in einer solchen Situation kann ich lügen. Aber gnädigerweise war Bhoora kein Dschaina. Er sagte: »Ich bin kein Dschaina, drum ist es mir egal.«

Meine Nani sagte: »Dann also merk dir, was ich dir gesagt habe und hör nicht auf das, was dir dieser alte Narr gesagt hat.«

Wirklich, sie benutzte ständig diesen Ausdruck für meinen Großvater: »der alte Narr«. Und ich habe ihn jetzt für Geet Bharti reserviert – aber der »alte Narr« von damals ist tot. Meine Mutter... meine Großmutter ist tot – verzeiht mir, wieder habe ich

»meine Mutter« gesagt. Ich kann einfach nicht glauben, daß sie nicht meine Mutter, sondern nur meine Großmutter war. Übrigens wird es euch überraschen, daß alle meine Geschwister – und es gibt davon fast ein Dutzend außer mir – zu meiner Mutter *Ma* sagen – »Mutter«. Nur ich sage es nicht. Ich nenne sie *Babi.* In Indien haben sich alle gewundert, warum ich meine Mutter immer *Babi* nenne, denn das bedeutet: »Frau des älteren Bruders«. Auf Hindi ist das Wort für »älterer Bruder« *bahaiyya,* und dessen Frau heißt *babi.* Meine Onkel sagen zu meiner Mutter *Babi,* und so gehört es sich auch. Aber warum nenne ich sie heute noch *Babi?* Einfach weil eine andere Frau für mich meine Mutter war – die Mutter meiner Mutter.

Nach diesen frühen Jahren, in denen Nani für mich meine Mutter war, konnte ich zu keiner anderen Frau mehr *Ma* sagen, Mutter. Ich habe zwar immer Nani zu ihr gesagt und auch gewußt, daß sie nicht meine wirkliche Mutter war, aber sie war Mutter für mich. Meine wirkliche Mutter blieb ein bißchen blaß für mich, ein bißchen fremd und fern. Meine Nani ist mir, obwohl sie tot ist, näher. Und obwohl meine Mutter jetzt erleuchtet ist, werde ich sie auch weiterhin Babi nennen; ich kann sie nicht Ma nennen. Dieses Wort zu gebrauchen, käme fast einem Verrat an der Toten gleich. Nein, ich kann es nicht.

Meine Großmutter selbst hat mich oft gefragt: »Warum nennst du deine Mutter immer Babi? Nenne sie Mutter!« Ich wich der Frage einfach aus. Dies ist das erste Mal, daß ich darüber gesprochen und es erörtert habe – mit euch.

Meine Nani ist irgendwie Teil von meinem innersten Sein geworden. Sie hat mich so ungeheuer geliebt. Einmal, als ein Dieb in unser Haus kam, packte sie ihn mit bloßen Händen, und ich sah, wie wild eine Frau sein kann... wirklich gefährlich! Wenn ich mich nicht eingeschaltet hätte, hätte sie den armen Mann umgebracht.

Ich sagte: »Nani, was machst du! Laß ihn! Laß ihn einfach laufen, mir zuliebe!«

Weil ich weinte und sie bat, mir zuliebe aufzuhören, ließ sie ihn laufen. Der arme Kerl war fassungslos, denn sie hockte auf seiner Brust und hielt seinen Hals mit beiden Händen umklammert. Sie hätte ihn bestimmt getötet. Nur ein bißchen mehr Druck auf seine Kehle, und der Mann wäre gestorben.

Als sie mit Bhoora redete, wußte ich, daß sie es ernst meinte. Bhoora wußte auch, daß sie es ernst meinte. Als mein Großvater mit dem Mantra anfing, wußte ich, daß auch er wußte, daß sie es ernst meinte.

Zweimal wurde ich angegriffen. Und für mich war es ein Spaß, ein Abenteuer. Um ehrlich zu sein, in mir steckte eine tiefe Neugier, wie es wohl wäre, entführt zu werden. Das war schon immer charakteristisch für mich – ihr könnt es auch meinen Charakter nennen. Es ist eine Eigenschaft, über die ich sehr froh bin. Ich bin oft zu Pferd in die Wälder geritten, die uns gehörten. Mein Großvater wollte mir seinen gesamten Besitz vermachen und er hielt Wort. Er gab nie einen einzigen Pai an irgend jemanden sonst.

Er hatte tausende Hektar Land. Natürlich hatte das Land zur damaligen Zeit überhaupt keinen Wert, aber der Wert interessiert mich ohnehin nicht. Es war so schön – die hohen Bäume, und ein großer See... und im Sommer der Duft, wenn die Mangos reif wurden! Ich bin so oft mit meinem Pferd hingeritten, daß das Pferd sich an meinen Pfad gewöhnte.

So bin ich immer noch. Wenn mir ein Ort nicht gefällt, kehre ich nie dorthin zurück.

Ich bin nur ein einziges Mal in Madras gewesen. Nur einmal deshalb, weil ich den Ort nie gemocht habe, vor allem nicht die Sprache. Es klang, als würde jeder mit jedem streiten. Ich hasse das, und ich hasse diese Art von Sprache. Und so sagte ich zu meinem Gastgeber: »Dies ist mein erster und letzter Besuch bei dir.«

Er sagte: »Warum der letzte?« Ich sagte: »Ich hasse diese Art von Sprache. Alle scheinen miteinander zu streiten. Ich weiß, sie tun es gar nicht; es ist nur ihre Art zu reden.« Ich hasse Madras, ich mag es überhaupt nicht.

Krishnamurti mag Madras, aber das ist seine Sache. Jedes Jahr fährt er hin. Er ist ein Tamile. Er wurde nämlich in der Nähe von Madras geboren. Er ist ein Madrasse, also ist es nur logisch, wenn er hinfährt. Aber warum sollte ich hinfahren?

Früher bin ich überall hingefahren. Warum? Da gibt es kein Warum. Ich fuhr einfach gern rum. Ich bin eben gern in Fahrt.

Na, mitgekriegt? ...in Fahrt! Ich bin eben jemand, der nirgendwo etwas zu suchen hat. Weder hier, noch da, noch sonstwo. Ich bin einfach nur in Fahrt. Laßt es mich noch anders sagen: Ich fahr immerzu im Kreis, immerzu Karussell. Jetzt habt ihr's, glaub ich, mitgekriegt.

Ich war oft mit dem Pferd unterwegs, und als ich diese Pferde im Hochzeitszug von Prinzessin Anne sah, konnte ich einfach nicht glauben, daß England so schöne Pferde haben kann. Die Königin ist so hausbacken. Ich will nicht sagen häßlich, das wäre unhöflich. Und Prinz Charles ist alles andere als ein Prinz. Seht euch nur sein Gesicht an! Nennt ihr das ein prinzliches Gesicht? Vielleicht für England. Und erst die Gäste! Diese Großperücken, vor allem der Hohepriester – wie nennt ihr ihn doch gleich in England?

»Den Erzbischof von Canterbury, Osho«

Erzbischof! Grandios! Ein grandioser Name für so ein Pünktchen-Pünktchen-Pünktchen. Sonst heißt es noch, wenn ich derartige Wörter in den Mund nehme, ich könne nicht erleuchtet sein. Aber ich glaube, jeder auf der Welt wird verstehen, was ich mit Pünktchen-Pünktchen-Pünktchen meine – sogar der Erzbischof.

All diese Menschen! Und lieben konnte ich nur die Pferde... Sie waren die wirklichen Menschen. Diese Freude! Dieser Schritt! Dieser Tanz! Einfach überschäumendes Leben! Ich mußte sofort an mein eigenes Pferd und an die Zeit damals denken. Noch spüre ich den Hauch jener Tage. Ich sehe den See noch vor mir, und mich selbst als Kind zu Pferde in den Wäldern. Seltsam – obwohl meine Nase unter dieser Mausefalle sitzt, kann ich die Mangos riechen, die *neem*-Bäume, die Kiefern; ich kann sogar mein Pferd riechen.

Wie gut, daß ich damals nicht allergisch gegen Gerüche war – oder wer weiß, vielleicht war ich es und habe es nicht bemerkt. Es ist ein merkwürdiger Zufall, daß das Jahr meiner Erleuchtung auch das Jahr war, in dem meine Allergie anfing. Vielleicht war ich auch vorher schon allergisch, und es war mir nur nicht bewußt. Und als ich erleuchtet wurde, kam auch die Bewußtheit.

Jetzt, wo ich auf meine Erleuchtung verzichtet habe, sage ich zur Existenz: »Bitte, verzichte du jetzt auch auf meine Allergie, damit ich wieder auf einem Pferd reiten kann.« Das wird ein großer Tag sein, nicht nur für mich, sondern für alle meine Sannyasins. Es gibt nur ein einziges Foto, und es wird ständig in aller Welt veröffentlicht, auf dem ich auf einem Kaschmir-Pferd reite. Es ist nur ein Foto. Ich reite nicht wirklich, aber der Fotograf wollte mich unbedingt auf einem Pferd fotografieren, und der Mann war mir lieb – der Fotograf, meine ich. Ich konnte es ihm einfach nicht abschlagen. Er hatte das Pferd und seine ganze Ausrüstung mitgebracht, und da habe ich okay gesagt. Ich hab mich also auf das Pferd gesetzt, und ihr könnt an dem Bild erkennen, daß mein Lächeln nicht echt war. Es ist das typische Lächeln, wenn der Fotograf sagt: »Bitte recht freundlich!«

Aber wenn ich die Erleuchtung transzendieren kann, wer weiß, vielleicht transzendiere ich dann wenigstens auch meine Allergie gegen Pferde. Dann kann ich wieder die alte Welt um mich haben:

den See...
die Berge...
den Fluß...
Nur meine Großmutter wird mir fehlen.

Geet Bharti, du bist hier nicht der einzige Jude. Merk dir, du hast es nicht eilig. *Ich* hab es eilig, meine Blase platzt gleich. Also bitte... Ich möchte immer das letzte Wort behalten. Geet Bharti, du hättest eine wunderbare, nörgelnde Ehefrau abgegeben. Wirklich! Im Ernst! Such dir einfach einen netten Jungen und geh auf Flitterwochen. Siehst du? Schon glaubst du, daß ich dich entlassen habe. Habt es alle nur nicht so eilig. Eure Blasen sind nicht am Platzen. Jetzt...

Das ist gut.

Das ist *fabelhaft!* Ich habe soeben dieses Wort zum ersten Mal in meinem Leben benutzt. Einfach *fabelhaft*... Ich weiß nicht, was es bedeutet, aber wenn einem die Blase platzt – wen kümmert's?

11

Geet Bharti... wirklich gut, und nachdem du einen Schlag bekommen hast, hast du Sterne gesehen. Und ich sehe die Sterne ebensogut wie du. Okay.

Das Dorf, in dem ich geboren bin, gehörte nicht zum Britischen Empire. Es war ein kleiner Staat, der von einer mohammedanischen Königin regiert wurde. Ich sehe sie jetzt vor mir. Seltsam, sie war genauso schön wie die Königin von England, aufs Haar so schön. Aber sie hatte ein Gutes: Sie war Mohammedanerin, wohingegen die Königin von England das nicht ist. Solche Frauen sollten *immer* Mohammedanerinnen sein, denn die müssen sich hinter einem Schleier verborgen halten, der sogenannten *burqa.* Sie kam ab und zu unser Dorf besuchen; und natürlich war das einzige Haus im Dorf, wo sie absteigen konnte, mein Haus. Und außerdem liebte sie meine Großmutter.

Meine Nani und sie unterhielten sich gerade, als ich die Königin zum ersten Mal ohne ihren Schleier sah. Ich konnte es nicht glauben: eine Königin, und so unansehnlich! Da verstand ich den Zweck der *burqa,* des Schleiers, den die Hindus *purdah* nennen. Er ist gut für häßliche Frauen. In einer besseren Welt wäre er auch für häßliche Männer gut. Wenigstens kann man dann niemanden durch Häßlichkeit attackieren. Es ist eine Aggression. Wenn Schönheit Attraktion ist – was ist dann Häßlichkeit? Eine Aggression, ein Angriff, und niemand ist dagegen gewappnet. Kein Gesetz kann einen davor schützen.

Ich lachte der Königin ins Gesicht. Sie sagte: »Warum lachst du?« Ich sagte: »Ich lache, weil ich mich schon immer gefragt habe, wozu *burqa* und *purdah* gut sind. Jetzt weiß ich's.«

Ich glaube nicht, daß sie begriff, denn sie lächelte. Obwohl sie eine häßliche Frau war, muß ich zugeben, daß ihr Lächeln schön war.

Die Welt ist voller Seltsamkeiten. Mir sind schon viele Menschen begegnet, die schön waren, aber wenn sie lächelten, wurde ihr Gesicht häßlich und verzerrt. Ich habe Mahatma Gandhi gesehen... auch wieder nur als Kind. Er war häßlich bis ins Mark. Ja, ich würde sagen, er war häßlich sondergleichen, aber seine Schönheit lag in seinem Lächeln. Er wußte zu lächeln. Was das betrifft, kann ich nicht gegen ihn sein. Was alles andere betrifft, bin ich gegen ihn. Denn bis auf sein Lächeln war alles an ihm reiner Mist und Müll! Er war wirklich ein großer »Bodhigarbage«, ein großer »Bodhi-Müll«. Unser »Bhodigarbage« hier ist gar nichts im Vergleich zu ihm. Ich habe mir sagen lassen, daß die Leute unseren Swami Bodhigarbha »Bodhigarbage« nennen, »Bodhi-Müll«. Das gefällt mir! Sie haben dem Namen etwas hinzugefügt. Ja, sie haben den Swami genau dort hingetan, wo er hingehört. Ich gab ihm den Namen Bodhigarbha, was nur seine Zukunft sein kann. Aber die Leute sehen nur das, was sie vor der Nase haben: Sie nennen ihn »Bodhigarbage« – »Bodhi-Müll«. Das wäre vielleicht ein guter Name für Mahatma Gandhi gewesen...

Die Königin... *(Geet Bharti unterdrückt ein niesen)* – Also, das lenkt mich jetzt wirklich ab. Weißt du, Geet Bharti, daß die Leute in Indien glauben, daß der Teufel in dich fährt, wenn du niest? Wenn sie niesen, sagen sie daher, um den Teufel fernzuhalten – und sie schnippen dabei mit den Fingern *(Osho schnippt mit den Fingern)*: »Om shanti, shanti, shanti... Om shanti, shanti, shanti... Om shanti, shanti, shanti...« man muß dreimal mit den Fingern schnippen. Ich weiß nicht, wie man dieses Fingerschnippen nennt – wie auch immer, jedenfalls machen die Inder es wirklich so.

Ich weiß nicht, ob das den Teufel fernhält, aber ich sehe, du läßt dich in deiner Arbeit nicht stören. Nun, du bist ein Jude, kein Hindu, drum hast du es wenigstens beim Niesen bewenden lassen und nicht die ganze hinduistische Prozedur durchgespielt. Sonst wäre ich wirklich noch zu Verstand gekommen, und vor Verstand habe ich solche Angst. Ich habe mich nicht versprochen: Ich meine *zu* Verstand gekommen, nicht *um den* Verstand gekommen... Ich habe solche Angst vor dem gesunden Menschenverstand!

Ich kann deine Verblüffung spüren. Du brauchst nicht verblüfft zu sein. Ich bin einer, der den Verstand verloren hat und befürchtet, ihn wiederzufinden. Und diese hinduistische Prozedur ist geeignet, jeden in den Verstand zu treiben. Aber Gott sei Dank bist du ja ein Jude! Wie jeder gute Engländer hast du dich sehr bemüht, das Niesen zu unterdrücken. Selbst das kann ich verstehen. Ein Engländer unterdrückt alles mögliche, sogar das Niesen, vor allem in Anwesenheit eines Menschen, der vorgibt, heiliger zu sein als du.

Aber beruhige dich, ich gebe gar nicht vor, heiliger zu sein als du. Du kannst nach Herzenslust niesen, dann wird es mich nicht stören. Dann gibt es mir vielleicht sogar ein paar Anstöße für die Geschichte, die ich euch gerade erzähle. Zurück zur Arbeit. Genug Ablenkung durch dieses Niesen.

Wie gesagt, mein Dorf gehörte zu einem kleinen Reich – einem sehr kleinen: Bhopal. Es gehörte nicht zum Britischen *Raj*. Natürlich kam uns die Königin von Bhopal ab und zu besuchen. Ich sprach von dem Mal, wo ich auch dabei war und über die Häßlichkeit dieser Frau und die Schönheit ihres Schleiers lachte. Ihre *burqa* war wirklich schön; sie war mit Saphiren besetzt. Die Königin war von meiner Großmutter so beeindruckt, daß sie sie zu dem bevorstehenden Jahresfest in die Hauptstadt einlud. Meine Großmutter sagte: »Ich kann unmöglich kommen, denn ich kann mein Kind nicht so lange unversorgt alleinlassen.«

Auf Hindi ist »mein Kind« ein ungeheuer schöner Ausdruck – *mera beta*. Es bedeutet soviel wie: »mein Kind, mein Junge.«

Die Königin sagte: »Das ist doch kein Problem. Bring ihn doch einfach mit. Ich liebe ihn auch.«

Ich konnte nicht begreifen, wieso sie mich lieben sollte. Ich hatte doch nichts verbrochen – womit hatte ich diese Strafe verdient? Schon die Vorstellung, von dieser Frau geliebt zu werden, war, als ob ein Monster dich bekroch. In dem Moment sah sie genau wie ein Monster aus, voll von klebrigem Zeugs. Vielleicht kaute sie gern Kaugummi – sie war ganz Gummi. In meinem ganzen Leben habe ich nie Angst gehabt, außer vor dieser Frau. Aber es lockte zu sehr das Abenteuer, als Gast der Königin die Hauptstadt zu besuchen und in ihrem prächtigen Palast zu wohnen, über den ich schon tausendundeine Geschichte gehört hatte. Obwohl ich diese Frau nie wieder zu Gesicht bekommen wollte, fuhr ich mit meiner Großmutter zum Jahresfest hin.

Ich sehe den Palast vor mir. Er gehört zu den schönsten in ganz Indien. Zweihundertfünfzig Hektar Wald und zweihundertfünfzig Hektar See gehörten zu ihm – insgesamt fünfhundert Hektar. Die Königin war gut zu uns, ihren Gästen, aber ich muß gestehen, ich mied ihr Gesicht, so gut ich konnte. Vielleicht ist sie noch am Leben, jedenfalls war sie damals noch nicht sehr alt.

Im Zusammenhang mit dem Palast ist ein merkwürdiger Vorfall zu erwähnen – vielleicht sollte ich besser von einem Zufall sprechen. Am selben Tag, als ich zu Sheela sagte: »Okay, ich bin einverstanden, daß wir in den Himalaja umziehen«, genau am selben Tag rief der Sohn der Königin von Bhopal an und sagte, wenn wir interessiert seien, dann wären sie bereit, uns ihren Palast anzubieten – genau denselben Palast, von dem ich euch gerade erzählte.

Diesen Palast... ich konnte es einen Augenblick lang nicht glauben, daß sie ihn uns anbieten wollten. Sie hatten alles verloren; das ganze Reich war verschwunden, in Indien aufgegangen. Übriggeblieben waren nur die fünfhundert Hektar und der Palast. Immer noch ein ganz schönes kleines Reich – zweihundertfünfzig Hektar uralter Baumbestand und zweihundertfünfzig Hektar See, einfach ein Stück des großen Sees von Bhopal. In Indien ist der See von Bhopal der größte See. Ich glaube, es gibt nirgendwo auf der Welt einen See, der sich mit ihm messen könnte, so riesig ist er. Ich erinnere mich nicht mehr, wie viele Meilen breit er ist, aber man kann nirgends das andere Ufer sehen. Jene zweihundertfünfzig Hektar des Palastgrundstücks sind Teil dieses Sees, aber sie gehören zum Palast.

Ich sagte zu Sheela: »Es ist zu spät. Sag dem Prinzen und seiner Mutter, wenn sie noch am Leben ist, daß wir für ihr Angebot dankbar sind, daß ich mich aber entschieden habe, in den Himalaja zu gehen.« Seit sieben Jahren suche ich nun schon nach ein paar hundert Hektar Land, aber ständig mischen sich die Politiker ein. Sag ihm: ›Ich erinnere mich, wie ich in deinem Palast bei deiner Mutter zu Besuch war.‹ Vielleicht lebt sie noch, ich weiß es nicht. Aber sag ihm: ›Ich habe den Palast geliebt und liebe ihn noch, und jetzt um so mehr, wo du ihn mir angeboten hast. Aber ich habe mich entschlossen, in den Himalaja zu gehen.‹«

Sheela war schockiert und sagte: »Er bietet dir den Palast an und fordert nicht einmal Geld dafür. Er muß mindestens zwei Millionen Dollar wert sein.« Sheela denkt natürlich in Dollar.

Ich sagte: »Zwei Millionen Dollar oder zwanzig Millionen Dollar, es spielt überhaupt keine Rolle. Mein ›Dankeschön‹ ist viel mehr wert. Wie viele Millionen Dollar, glaubst du, ist es wert? Sag ihm einfach: ›Osho schickt seinen Dank, aber dein Angebot kam einfach ein paar Stunden zu spät. Wenn du ihm den Palast nur ein paar Stunden früher angeboten hättest, hätte er ihn vielleicht angenommen. Jetzt ist da nichts mehr zu machen.‹«

Als der Prinz davon erfuhr, war er schockiert. Er konnte nicht glauben, wie man auf ein solches Angebot, einen Palast zu bekommen, ohne etwas dafür bezahlen zu müssen, einfach sagen konnte: »Leider nein, vielen Dank.«

Ich kenne den Palast. Ich war dort zu Gast in meiner Kindheit, und später in meinem Leben dann noch einmal. Ich habe ihn durch die Augen eines Kindes und auch durch die Augen eines jungen Mannes gesehen. Nein, ich hatte mich als Kind nicht getäuscht, vielmehr war er noch viel schöner, als ich damals verstehen konnte. Ein Kind, obwohl unschuldig, hat Grenzen. Sein Blick kann nicht alles erfassen, was es zu sehen gibt. Es sieht nur das Offensichtliche. Ich habe den Palast als junger Mann wieder besucht, wieder als Gast, und wußte, daß er einer der schönsten Bauten der Welt sein mußte, vor allem bei dieser Lage. Aber ich mußte ablehnen.

Manchmal fühlt es sich so gut an, etwas abzulehnen. Denn ich wußte sofort, zu was für unendlichen Schwierigkeiten es führen würde, falls ich akzeptierte. Dieser Palast konnte nicht mein Palast sein. Die Politiker, die heute überall an der Macht sind – ungebildet, korrupt, talentlos und unmoralisch –, hätten unweigerlich ihre Nase hineingesteckt. Obwohl ich abgelehnt hatte, steckten sie sie trotzdem hinein, weil sie glaubten, daß der Prinz log. Denn wie konnte jemand ein solches Angebot ausschlagen?

Ich habe gehört, jetzt quälen sie ihn mit allen Mitteln, um herauszukriegen, warum er mir den Palast angeboten hat. Ich habe ihn gar nicht angenommen, in Wirklichkeit ist gar nichts passiert, nur ein Anruf – aber das hat genügt. Indische Politiker müssen die übelsten auf der Welt sein. Politiker gibt es überall, aber sie sind nichts im Vergleich zu den indischen Politikern.

Der Grund ist klar. Zweitausend Jahre lang hat Indien in Versklavung gelebt. Im Jahre 1947, wie das Glück so spielt, wurde Indien frei. Ich sage Glück, weil Indien es bis heute nicht verdient hat. Es ist einzig und allein Attlees Verdienst, der damals britischer Premierminister war. Er war ein Sozialist, eine Art Träumer. Er hatte Gleichheit und Freiheit und andere große Dinge im Sinn. Er war der wirkliche Vater der indischen Freiheit. Es war nicht so, daß Indien sie sich erarbeitet oder auch nur verdient hätte. Es war einfach ein Glück, daß Attlee Premierminister von England war.

In zweitausend Jahren Versklavung sind die Inder zu wahren Füchsen geworden. Einfach um zu überleben, muß ein Sklave schlau werden. Die Sklaverei ist vorbei, aber die Schläue geht weiter. Kein Attlee konnte sie ausrotten. Das hat niemand in der Hand. Sie hat sich über ganz Indien ausgebreitet. Bis Ende dieses Jahrhunderts wird Indien das meistbevölkerte Land der Erde sein. Der bloße Gedanke daran genügt, um mir den Schlaf zu rauben.

Immer wenn ich nicht schlafen will, brauche ich mir nur Indien am Ende dieses Jahrhunderts vorzustellen. Das reicht! Dann könntet ihr mir sogar Schlaftabletten geben, und sie würden nichts nützen. Der bloße Gedanke, daß Indien das meistbevölkerte Land sein wird, bei all diesen zwergwüchsigen Politikern, reicht schon. Könnt ihr euch einen Alptraum denken, der diesen noch übertrifft?

Ich habe diesen schönen Palast abgelehnt. Es tut mir immer noch leid, daß ich den einzigen Mann zurückweisen mußte, der mir ein Angebot gemacht hat, ohne Geld dafür zu verlangen. Und doch mußte ich es tun. Natürlich tut er mir leid. Ich mußte ablehnen, weil ich mich entschieden hatte, und wenn ich mich erst mal entscheide, egal ob richtig oder falsch, kann ich nicht mehr zurück. Ich kann es nicht rückgängig machen. Das habe ich einfach nicht im Blut. Es ist einfach eine Art Sturheit.

Wie spät ist es, Geet Bharti?

»Zehn Uhr einunddreißig, Osho.«

Gut! Gib mir nur zehn Minuten. Vergiß nicht, ich habe die ganze Nacht nicht geschlafen.

Wenn ich nicht so hartnäckig wäre, wo wärest du dann? Du hättest schon längst vorher aufgehört. Mach weiter – sei kein jüdisches Eheweib. Jüdisch und Eheweib, beides zusammen! Nicht einmal Gott ist damit fertiggeworden, drum hat er sich einen Heiligen Geist zugelegt.

Armer Geet Bharti, egal wie hart ich ihn schlage, er nimmt nie Rache. Ach, das tut gut! Jeder – und wenn ich »jeder« sage, meine ich Moses, Jesus, Buddha – wäre neidisch auf mich. Gautama Buddha hatte seinen eigenen Leibarzt, aber kein Buddha hatte je seinen eigenen Leib-Zahnarzt. Dieses Glück hatten sie ganz bestimmt nicht. Jedenfalls hatte niemand einen Geet Bharti bei sich. So viel steht absolut fest.

Gut, nun hör auf.

12

Ich habe die ganze Nacht gearbeitet, wegen einer kleinen Bemerkung, die ich gemacht habe und die möglicherweise Raj Bharti verletzt hat. Vielleicht hat er es nicht einmal gemerkt, aber die ganze Nacht hat es schwer auf mir gelastet. Ich habe nicht schlafen können. Ich hatte gesagt: »Kein Buddha hatte je seinen eigenen Leib-Zahnarzt, und nur Gautama Buddha hatte seinen eigenen Leibarzt.« Das war nicht ganz richtig, und so habe ich die Chronik, die Akascha-Chronik befragt.

Ich muß noch einige Dinge dazu sagen, auf die sonst niemand achtet, vor allem nicht die dummen Historiker. Ich habe nicht die Geschichtsbücher befragt, sondern mußte in der Zeit zurückgehen, mit dem, was H. G. Wells »Die Zeitmaschine« genannt hat. Es ist Schwerstarbeit, und wie ihr wißt, bin ich ein fauler Mensch. Ich bin jetzt noch ganz außer Atem.

Buddhas Arzt Jeevaka war Buddha vom König Bimbasara geschenkt worden. Und außerdem war Bimbasara keiner von Buddhas Sannyasins, sondern nur ein Sympathisant. Warum hatte er Buddha den Arzt Jeevaka geschenkt? Jeevaka war Bimbasaras Leibarzt – der berühmteste Arzt seiner Zeit. Es geschah aus dem einfachen Grund, weil Bimbasara einen anderen König, Prasenjita, ausstechen wollte. Prasenjita hatte Buddha seinen eigenen Leibarzt angeboten und nebenbei erwähnt: »Wann immer du ihn brauchen solltest, steht dir mein Leibarzt zu Diensten.« Das war zuviel für Bimbasara. Was Prasenjita konnte, das konnte Bimbasara schon lange; er wollte ihm beweisen, daß er Buddha seinen Lieblingsarzt sogar zum Geschenk machen konnte. Obwohl Jeevaka also Buddha folgte, wohin er ging, war er doch kein Anhänger – vergeßt das nicht. Er blieb ein Hindu, ein Brahmane.

Das war seltsam – der Arzt Buddhas, der immerzu um ihn war, sogar in den intimsten Augenblicken, blieb dennoch Brahmane. Das zeigt die Wahrheit: Jeevaka wurde nach wie vor vom König bezahlt. Er stand in seinem Sold. Wenn der König wollte, daß er bei Buddha sei, dann bitte sehr, ein Diener hatte dem Befehl seines Herrn zu gehorchen. Trotzdem war er nur selten bei Buddha, denn Bimbasara war alt und brauchte immer wieder seinen Arzt, also rief er ihn in die Hauptstadt zurück.

Raj Bharti, du hast vielleicht nicht darüber nachgedacht, aber mich hat es traurig gemacht, daß ich ein bißchen grausam gewesen bin. Ich hätte das nicht sagen sollen. Du bist so einmalig, wie man nur sein kann. Als Leibarzt eines Buddhas bist du mit keinem andern zu vergleichen, weder in der Vergangenheit noch in der Zukunft. Denn nie wieder wird es einen Mann geben, der so einfach, so verrückt ist, daß er sich *Zorba the Buddha* nennt.

Das erinnert mich an die Geschichte, bei der ich stehengeblieben war. Ein großer Stein ist mir vom Herzen gefallen, ihr könnt es an meinem Atem sehen. Ich bin wirklich erleichtert. Es war nur so nebenher gesagt, aber ich bin sehr sensibel, vielleicht sensibler, als es sich für einen Buddha ziemt. Aber was soll ich machen? Ich kann kein Buddha nach den Vorstellungen anderer Leute sein, ich kann nur ich selbst sein. Ich bin von einer großen Last befreit, die ihr vielleicht gar nicht gespürt habt; oder vielleicht habt ihr sie tief drinnen wahrgenommen und habt gekichert, nur um es zu verstecken. Vor mir könnt ihr nichts verstecken.

Aber merkwürdig, das Bewußtsein wird durch alles, was den Körper in den Hintergrund treten läßt, nur noch klarer und wolkenloser. Ich halte mich nur deswegen an diesem Stuhl fest, um mich daran zu erinnern, daß der Körper immer noch da ist. Nicht, weil ich möchte, daß er da ist, sondern nur, damit ihr nicht alle ausfreakt. Es ist zu eng hier im Raum, als daß vier Leute ausfreaken könnten. Wenn ihr allerdings *ein*freaken wollt, ist überall genug Raum.

So, jetzt kommen wir zu der Geschichte – ich nenne es mal eine Geschichte. Nicht, daß es eine Geschichte wäre, aber im Leben ist so vieles wie eine Geschichte, daß ihr keinen Roman mehr lest, wenn ihr erst einmal das Leben zu lesen versteht.

Ich frage mich, warum J. Krishnamurti Romane liest, und dann auch noch billigste Krimis. Irgendwo hapert's bei ihm. Schade, er kann es nicht sehen – ein Mann von solcher Intelligenz! Oder sieht er es vielleicht und versucht nur, es sich durch Krimis zu verbergen?

Er sagt, er habe das große Glück gehabt, nie die *Bhagavadgita* oder den *Koran* oder die *Rig Veda* gelesen zu haben... und dann liest er Krimis! Dann sollte er auch sagen, daß er das große Pech hat, Krimis zu lesen; aber das sagt er nie. Aber ich weiß, daß es stimmt. Denn einmal war ich in dem gleichen Haus zu Gast, wo er in Bombay immer wohnt. Die Dame, die seine und meine Gastgeberin war, fragte mich: »Ich möchte nur eines von dir wissen: Ich sehe dich gar keine Kriminalromane lesen. Wie kommt das?« Sie sagte: »Ich dachte, jeder Erleuchtete müsse Krimis lesen.«

Ich sagte: »Von wem hast du denn diese unsinnige Idee?«

Sie sagte: »Von Krishnamurti. Er wohnt auch immer hier. Mein Mann ist sein Anhänger, und ich liebe ihn auch und bin Sympathisantin. Ich habe gesehen, daß er ganz billige Kriminalromane liest, und hab mir gedacht, daß da was dran sein muß. Verzeih bitte meine Neugier in so persönlichen Dingen, aber ich hab sogar in deinem Koffer nachgeschaut. Ich dachte, vielleicht versteckst du deine Krimis dort.«

Ich hatte stets nicht nur einen, sondern drei Koffer bei mir. Sie muß wohl geglaubt haben, ich würde eine ganze Bibliothek von Kriminalromanen mit mir herumschleppen. Aber sie konnte kein einziges Buch finden. Sie war verwirrt. Andere Freunde, bei denen Krishnamurti immer in Varanasi wohnt, haben mir die gleiche Frage gestellt. Wieder andere Freunde in Neu Delhi haben mir ebenfalls die gleiche Frage gestellt. Es muß also wahr sein, wenn so viele Leute an so vielen verschiedenen Orten immer wieder die gleiche Frage stellen. Viele Leute haben gesehen, wie er im Flugzeug Kriminalromane gelesen hat. Ja, um ehrlich zu sein, ich habe ihn selbst einmal auf einem Flug von Bombay nach Delhi gesehen, und prompt las er einen Kriminalroman. Das Schicksal wollte es, daß wir beide im selben Flugzeug saßen, und so kann ich mit absoluter Sicherheit sagen, daß er Kriminalromane liest. Ich brauche keine Zeugen, ich selbst bin Zeuge.

Aber ich kann aus jeder Kleinigkeit eine Geschichte machen. Man muß sie nur in den richtigen Zusammenhang bringen. Heute morgen erzählte ich euch von der Zeit, als die Königin von Bhopal unser Dorf besuchte, das zu ihrem Reich gehörte, und wie sie uns als Gäste zu ihrem alljährlichen Fest einlud.

Als sie bei uns im Dorf war, fragte sie meine Nani: »Warum nennst du den Jungen Rajah?« *Rajah* heißt »König«, und in ihrem Land war der Titel *rajah* natürlich dem Souverän des Staates vorbehalten. Nicht einmal der Mann der Königin durfte *rajah* genannt werden, sondern nur »Prinz«, *raj-kumar,* so wie der arme Philip in England, der nur Prinz Philip heißt. Nicht einmal »König«. Und komischerweise ist er der einzige Mann dort, der wie ein König aussieht. Die Königin von England sieht nicht aus wie eine Königin, und der arme Prinz Charles sieht auch nicht gerade aus wie der sprichwörtliche Märchenprinz.

Der einzige Mann, der so aussieht wie ein König, darf nicht König genannt werden, sondern heißt nur »Prinz« Philip. Er tut mir echt leid. Der Grund dafür ist, daß er nicht gleichen Geblütes ist, und das Blut bestimmt alles, jedenfalls in der idiotischen Welt dieser Leute. Sonst ist Blut einfach Blut. Im Labor zeigt sich selbst am Blut eines Königs oder einer Königin nichts Besonderes.

Ihr beide hier seid Ärzte, dazu eine Krankenschwester, und die vierte ist zwar weder Krankenschwester noch Ärztin, praktisch aber beides zugleich – natürlich ohne Zertifikat. Ihr wißt also alle, daß Blut nicht den Ausschlag geben kann. Königin Elisabeth hat das richtige Blut – richtig nicht im Sinne der Wissenschaftler, sondern im Sinne der Idioten. Charles ist ihr Sohn, wenigstens zu fünfzig Prozent. Er tritt das Erbe an. Philip ist ein Fremder, und nur um ihn zu trösten, nennen sie ihn »Prinz«.

Und genauso war damals in jenem kleinen Staat die Frau das Oberhaupt und hieß Königin, *rani,* aber einen *rajah* gab es nicht. Ihr Mann war nur ein Prinz, *raj-kumar.* Natürlich fragte sie meine Großmutter: »Warum nennst du deinen Jungen hier Rajah«? Ob ihr es glaubt oder nicht, aber es war damals in diesem Staat tatsächlich illegal, jemanden »Rajah« zu nennen.

Meine Großmutter lachte und sagte: »Er ist der König meines Herzens, und was das Gesetz angeht – wir werden diesen Staat bald verlassen. Aber seinen Namen ändern kann ich nicht.«

Sogar ich war überrascht, als sie sagte, daß wir bald den Staat verlassen würden. Nur um meinen Namen zu bewahren? Am gleichen Abend sagte ich zu ihr: »Nani, bist du verrückt? Nur, um diesen dummen Namen zu bewahren? Jeder Name ist mir recht, und insgeheim kannst du mich ja weiter Rajah nennen. Deshalb müssen wir doch nicht weggehen!«

Sie sagte: »Ich habe so ein Gefühl im Bauch, daß wir bald dieses Land verlassen müssen. Darum habe ich es riskiert, den Mund aufzumachen.«

Und genauso kam es auch. Dieser Vorfall ereignete sich, als ich acht war, und nur ein Jahr später hatten wir diesen Staat für immer verlassen. Aber sie hörte nie auf, mich Rajah zu nennen. Ich änderte meinen Namen, weil Rajah, »König«, so arrogant klang und ich nicht in der Schule von allen ausgelacht werden wollte. Und außerdem wollte ich nicht, daß mich irgendwer außer meiner Großmutter Rajah nannte. Das war eine Privatsache zwischen uns beiden.

Aber die Königin fühlte sich durch den Namen beleidigt. Wie armselig diese Leute doch sind, all die Könige und Königinnen, die Präsidenten und Kanzler – was für ein armseliger Haufen! Und doch sind sie mächtig. Sie sind idiotisch bis zum Gehtnichtmehr, aber auch mächtig bis zum Gehtnichtmehr. Es ist eine sonderbare Welt.

Ich sagte zu meiner Großmutter: »Soviel ich sehen kann, fühlt sie sich nicht nur durch meinen Namen beleidigt, sondern sie ist auch eifersüchtig auf dich.« Ich sah das so klar, daß überhaupt kein Zweifel bestand. »Und außerdem«, sagte ich weiter, »frage ich dich überhaupt nicht, ob ich recht habe oder nicht.«

Und tatsächlich drückte das meinem ganzen Leben den Stempel auf. Ich habe nie jemanden gefragt, ob ich recht habe oder nicht. Ob richtig oder falsch – wenn ich etwas tun will, dann tu ich es und werde dafür sorgen, daß es richtig wird. Ist es falsch, dann werde ich etwas Richtiges daraus machen, aber ich habe nie irgendwem erlaubt, sich in meine Entscheidungen einzumischen. Dieser Haltung habe ich alles zu verdanken, was ich habe – zwar nicht viel Weltliches, kein Bankkonto, aber dafür alles, worauf es wirklich ankommt: die Erfahrung der Schönheit, der Liebe, der Wahrheit, der Ewigkeit – kurz, des eigenen Selbst.

Wie spät ist es, Geet Bharti?

»Drei vor acht, Osho.«

Tut das gut! Ich habe dich heute morgen hart angefaßt. Ich will nichts weiter dazu sagen, nur so viel: Wenn ich jemanden liebe, dann vergesse ich, wie ich mich zu benehmen habe. Dann fange ich an, Dinge zu tun oder zu sagen, die okay sind, wenn ich allein bin. Und genau das ist Liebe... so mit jemandem zusammenzusein, als wärst du allein – aber manchmal kann das für den anderen hart werden.

Ich kann zwar jederzeit sagen: »Tut mir leid«, aber das ist so förmlich. Und wenn ich zuschlage – und ich schlage oft zu –, dann geschieht es so liebevoll, daß ein förmliches »Tut mir leid« nicht hinreicht. Aber du kannst meine Tränen sehen. Sie sagen mehr, als ich sagen kann... sehr viel mehr. Ich warne dich: Auch in Zukunft werde ich dich hart, vielleicht noch härter anpacken – das ist meine Art, liebevoll zu sein. Ich hoffe, du wirst verstehen. Wenn nicht heute, dann morgen oder vielleicht übermorgen. Weiter kann ich es nicht voraussagen, weil ich nur für die nächsten zwei Tage bei dir vorgebucht bin. Ich werde hier sein – alles andere steht in den Sternen, aber die nächsten zwei Tage werde ich ganz sicher hier sein.

Ich war dabei stehengeblieben, daß wir nach einem Jahr den kleinen Staat und das Dorf verlassen hatten. Ich hatte euch schon vorher erzählt, daß unterwegs mein Großvater starb. Das war meine erste Begegnung mit dem Tod, und es war eine schöne

Begegnung. Sie war in keiner Weise häßlich, so wie es sich mehr oder weniger für jedes Kind auf der Welt abspielt. Ich hatte das Glück, stundenlang mit meinem sterbenden Großvater zusammenzusein, und er starb langsam... ganz allmählich. Ich konnte spüren, wie der Tod zu ihm kam, und ich konnte seine große Stille sehen.

Ich hatte auch das Glück, daß meine Nani dabeiwar. Vielleicht wäre mir ohne sie die Schönheit des Todes entgangen. Denn Liebe und Tod sind einander so ähnlich – vielleicht sind sie eins. Sie liebte mich, sie überschüttete mich mit ihrer Liebe, und dort stand der Tod und kam ganz langsam näher. Ein Ochsenkarren... Ich kann noch sein Geräusch hören, das Knarren und Knirschen der Räder auf den Steinen... Bhoora, wie er ständig die Ochsen anfeuerte... das Knallen seiner Peitsche, mit der er auf sie einschlug... Ich kann das alles jetzt noch hören. Es hat so tiefe Wurzeln in meiner Erfahrung geschlagen, daß wohl selbst mein Tod es nicht wird auslöschen können. Selbst im Sterben höre ich vielleicht noch einmal das Geräusch jenes Ochsenkarrens.

Meine Nani hielt meine Hand, und ich war völlig benommen und wußte nicht, was geschah. Ich war total im Augenblick. Der Kopf meines Großvaters lag in meinem Schoß. Ich hielt meine Hände auf seiner Brust verschränkt, und langsam, ganz langsam, zog sich sein Atem zurück. Als ich spürte, daß er nicht mehr atmete, sagte ich zu meiner Großmutter: »Es tut mir leid, Nani, er scheint nicht mehr zu atmen.«

Sie sagte: »Laß gut sein. Mach dir keine Sorgen. Er hat genug gelebt. Da braucht man nicht mehr zu verlangen.« Sie sagte auch zu mir: »Merke dir – denn dies sind die Augenblicke, die man nie vergessen darf: Du darfst nie zuviel verlangen. Was ist, ist genug.«

Ist es genug? Nur zehn Minuten für mich. Ich werde dir sagen, wann du aufhören kannst... Ich habe es eiliger als du. Endlich habe ich dich verführt. Jetzt kann ich sagen, mit großer Freude... mach Schluß.

13

Okay, nimm das Handtuch weg. Yashu Bharti, verzeih mir, denn jetzt muß ich mich meinem Geschäft widmen, und du wirst verstehen, daß zwei Hemden auf einer Brust für die Brust zu schwer würden, vor allem für das arme Herz, das hinter dieser Brust versteckt liegt. Das Herz ist nicht fähig, sich politisch oder diplomatisch zu verhalten. Es ist kein Diplomat, es ist schlicht und kindlich.

Mir geht Jesus nicht aus dem Sinn. Er ist mir gegenwärtiger als allen Christen auf der ganzen Welt. Jesus sagt: »Selig sind, die da sind wie die kleinen Kinder, denn ihrer ist das Himmelreich.« Das Wichtigste, das es hier zu verstehen gibt, ist, daß das eine nicht die Ursache für das andere ist, sondern daß es einfach so ist.

Aus allen Jesus-Worten, die mit »Selig sind...« anfangen und mit »Himmelreich« aufhören, sticht dieser eine Ausspruch wirklich heraus. Alle anderen sagen Dinge wie: »Selig sind die Demütigen, *weil* sie...« Es sind alles logische Sätze und Verheißungen für die Zukunft – die Zukunft, die es gar nicht gibt. Dieser eine Spruch: »...denn ihrer ist das Himmelreich« kennt als einziger keine Zukunft, keine Rationalisierung, keine Begründung, keine

Gewinnverheißung. Nur einfach die Feststellung einer Tatsache, oder besser die *einfache* Feststellung einer Tatsache.

Ich bin immer wieder beeindruckt von diesem Ausspruch, immer wieder erstaunt. Ich kann selbst nicht glauben, wie man dreißig Jahre lang immer wieder über den gleichen Ausspruch staunen kann... Nun begleitet mich dieser Spruch schon seit dreißig Jahren und er löst jedesmal ein Zittern der Freude in meinem Herzen aus: »...denn ihrer ist das Himmelreich.« So unlogisch, und doch so wahr.

Yashu Bharti, ich mußte dich bitten, das Handtuch wegzunehmen, weil meine zwei Geschäfte sich nicht vereinbaren lassen, vor allem nicht auf ein und demselben Herzen.

Du bist immer so gut zu mir gewesen, jeden Tag, seit ich dich kenne. Und wenn ich versuche, mich zu erinnern, wann es anfing, will mir scheinen, als hätte ich dich seit eh und je gekannt. Ich mache keinen Witz. Tatsächlich, wenn ich an Yashu Bharti denke, kann ich mich nicht erinnern, wann sie eigentlich in meinen intimsten Kreis eingetreten ist. Es scheint, als sei sie schon immer dagewesen, mir zur Seite sitzend, ob als Zahnarzthelferin oder anders. Jetzt ist sie Raj Bhartis Lektorin geworden! Eine großartige Beförderung. Jetzt darfst du zwei Ärzte herumkommandieren – ist das nicht was? Du kannst sie miteinander in den Ring schicken und deinen Spaß dabei haben!

Doch nun zu meiner Geschichte. Vor der Geschichte macht sich ein kleines Vorwort immer gut, möglichst irrational, denn als Vorwort zu einem Mann wie mir ist das genau das richtige. Manchmal lache ich über mich selbst, völlig ohne Grund. Denn wo ein Grund ist, da hört alles Lachen auf. Lachen kann man nur ohne Grund. Das Lachen hat keinen Bezug zur Rationalität. Und so lasse ich ab und zu meine Rationalität beiseite, und meine Irrationalität gleich mit – beide sind wohlgemerkt nur die zwei Seiten der gleichen Medaille – und gönne mir ein richtig herzhaftes Lachen.

Natürlich kann keiner es hören. Es ist nicht Teil der physischen Welt, sonst hätten Raj Bharti und Geet Bharti es mit ihren Instrumenten längst aufgespürt. Sie können es nicht aufdecken, es transzendiert jegliche Instrumentalität. Seht, was für ein schönes

Wort ich da geprägt habe: »Instrumentalität«. Schreib es genau so auf, wie ich es sage: »Instru-mentalität«, dann verstehst du vielleicht, was ich sage. Und eines Tages vielleicht auch das, was ich nicht sage. Das ist meine Hoffnung, mein Traum für euch alle.

Nun seid ihr sicher schon ganz besorgt, weil ich heute wirklich zu lange rede, bis ich zum Anfang komme. Ihr kennt mich, ich kenne euch. Ich gehe so langsam wie möglich vor; das wird helfen, euch leer zu machen. Darin besteht mein ganzes Geschäft: Entleerung. Ihr könnt es meinetwegen eine Entleerungs-GmbH nennen, nur ist die Gesellschaft bei mir nicht beschränkt, sondern unbeschränkt.

Gestern sprach ich zu euch davon, daß der Tod meines Großvaters meine erste Begegnung mit dem Tod war. Ja, eine Begegnung und noch etwas dazu, mehr als eine Begegnung. Denn sonst wäre mir nicht die wahre Bedeutung aufgegangen. Ich sah den Tod, und noch etwas anderes, etwas, das nicht starb, das darüber schwebte, etwas, das aus dem Körper entwich, aus den Elementen. Diese Begegnung bestimmte meinen ganzen Lebensweg. Es eröffnete mir eine Richtung, oder besser eine Dimension, die ich vorher nicht gekannt hatte.

Ich hatte vom Tod anderer Leute gehört, aber nur gehört. Und selbst was ich gesehen hatte, hatte mir nichts bedeutet. Nur wenn du jemanden liebst, und dieser Mensch stirbt, kannst du dem Tod wirklich begegnen. Unterstreiche das: Dem Tod kann man nur im Tod eines geliebten Menschen begegnen.

Wenn dich Liebe *plus* Tod umgeben, kommt es zu einer Transformation, einer ungeheuren Mutation... als ob ein neues Wesen geboren wird. Du wirst nie wieder der gleiche sein. Aber die Menschen haben keine Liebe, und weil sie nicht lieben, können sie den Tod nicht so erfahren, wie ich ihn damals erfuhr. Ohne Liebe liefert dir der Tod nicht die Schlüssel zur Existenz. Mit Liebe liefert er dir die Schlüssel zu allem, was ist.

Meine erste Todeserfahrung war nicht einfach nur eine Begegnung. Sie war in jeder Hinsicht vielschichtig. Der Mann, den ich geliebt hatte, lag im Sterben. Für mich war er mein Vater gewesen. Er hatte mich in absoluter Freiheit aufgezogen – ohne Beschränkung, ohne Unterdrückung und ohne Gebote. Er sagte nie zu mir: »Tu dies nicht!« oder: »Tu das!« Erst heute kann ich die Schönheit dieses Mannes begreifen. Es ist sehr schwer für einen alten Mann, nicht zu einem Kind zu sagen: »Tu nicht das, tu dies!« oder: »Setz dich still in die Ecke!« oder: »Tu was, warum sitzt du nur rum und tust nichts?« Aber er tat es nie. Ich kann mich an kein einziges Beispiel erinnern, wo er versucht hätte, sich in mein Dasein einzumischen. Er zog sich einfach zurück. Wenn er meinte, daß das, was ich tat, nicht recht war, zog er sich zurück und machte die Augen zu.

Ich fragte ihn einmal: »Nana, warum machst du manchmal die Augen zu, wenn ich einfach nur neben dir sitze?«

Er sagte dann: »Du kannst das heute nicht verstehen, aber vielleicht eines Tages. Ich mache die Augen zu, um dich nicht von dem abzuhalten, was du gerade tust. Ob richtig oder falsch, es ist nicht meine Sache, dich daran zu hindern. Ich habe dich deiner Mutter und deinem Vater weggenommen; wenn ich dir da nicht einmal Freiheit geben kann, was hat es dann für einen Sinn gehabt, dich deinen Eltern wegzunehmen? Ich habe dich nur zu mir genommen, damit sie dich nicht behindern können. Wie könnte *ich* es also tun?«

»Aber weißt du«, fuhr er fort, »es ist manchmal eine große Versuchung! Du bist eine solche Versuchung! Ich hatte keine Ahnung, sonst hätte ich niemals dieses Risiko auf mich genommen. Irgendwie hast du einen genialen Riecher für Dinge, die man nicht tun darf. Ich frage mich«, sagte er, »wie du immer wieder neue Gelegenheiten entdeckst, etwas auszufressen? Entweder bin ich völlig verrückt oder du.«

Ich sagte: »Nana, mach dir keine Gedanken: Wenn hier einer verrückt ist, dann ich.« Und von dem Tage an habe ich allen Leuten erklärt: »Stört euch nicht an mir, ich bin ein Verrückter.«

Ich hatte es zu ihm gesagt, weil ich ihn beruhigen wollte, und ich sage es auch heute noch, um die Leute zu beruhigen, die wirklich verrückt sind. Aber wenn du in einem Irrenhaus bist und der einzige Nicht-Verrückte dort bist, was kannst du da anderes tun, als allen Leuten zu sagen: »Ruhig Blut, ich bin ein Verrückter, ihr dürft mich nicht ernstnehmen.« Genauso halte ich es schon mein ganzes Leben lang.

Er machte immer die Augen zu, aber manchmal war die Versuchung einfach zu groß... Zum Beispiel ritt ich einmal auf dem Rücken von Bhoora, unserem Diener. Ich hatte ihm befohlen, Pferd zu spielen. Anfangs war er etwas verlegen, aber meine Großmutter sagte: »Stell dich nicht so an. Kannst du nicht ein bißchen so tun als ob? Bhoora, mach mal wie ein Pferd.« Und so fing er an, alles zu tun, was von einem Pferd erwartet wird, und ich ritt auf ihm.

Das war zuviel vor den Augen meines Großvaters. Er machte sie zu und fing an, sein Mantra herzusagen: *»Namo arihantanam namo... Namo siddhanam namo...«*

Natürlich hörte ich auf, denn wenn er mit seinem Mantra anfing, hieß das, daß ihm etwas zuviel wurde, daß man jetzt besser aufhörte. Ich schüttelte ihn und sagte: »Nana, komm zu dir, du brauchst dein Mantra nicht aufzusagen. Ich habe schon aufgehört. Kannst du nicht sehen, daß es nur ein Spiel war?«

Er sah mir in die Augen, ich sah ihm in die Augen. Einen Augenblick lang herrschte nur Schweigen. Er wartete darauf, daß ich zuerst anfing, mußte aber nachgeben. Er sagte: »Okay, dann muß ich eben als erster reden.« Ich sagte: »Das stimmt, denn wenn du still geblieben wärst, hätte ich mein ganzes Leben lang geschwiegen. Gut, daß du gesprochen hast, denn nun kann ich dir antworten. Was willst du wissen?«

Er sagte: »Ich wollte dich schon lange einmal fragen: Warum machst du so viel dummes Zeug?«

Ich sagte: »Das ist eine Frage, die du dir für Gott aufheben solltest. Wenn du ihn triffst, frag ihn: ›Warum hast du dieses Kind mit so viel Flausen im Kopf erschaffen?‹ Aber mich darfst du das nicht fragen. Das ist ja, als würdest du mich fragen: ›Warum bist du eigentlich du?‹ Läßt sich das denn beantworten? Mir jedenfalls macht es nichts aus. Ich bin einfach so, wie ich bin. Ist das in diesem Hause nun erlaubt oder nicht?«

Wir saßen draußen im Garten. Er sah mich wieder an und fragte: »Wie meinst du das?«

Ich sagte: »Du weißt ganz genau, wie ich das meine. Wenn ich nicht ich selbst sein darf, dann werde ich dieses Haus nicht mehr betreten. Sprich also eine klare Sprache mit mir: Entweder ich betrete dieses Haus mit der Erlaubnis, ich selbst zu sein, oder ich vergesse dieses Haus einfach und werde eben ein Wanderer, ein Vagabund. Sag es klar heraus, und zögere nicht. Mach schon.«

Er lachte und sagte: »Du darfst das Haus betreten. Es ist dein Zuhause. Wenn ich mich nicht bremsen kann einzugreifen, dann verlasse *ich* das Haus. Du brauchst es nicht zu verlassen.«

Und genau das tat er auch. Nur zwei Monate nach diesem Gespräch war er nicht mehr auf dieser Welt. Er verließ nicht nur sein Haus, sondern jedes Haus, sogar den Körper, welcher sein wirkliches Haus war.

Ich liebte diesen Mann, weil er meine Freiheit liebte. Ich kann nur lieben, wenn meine Freiheit respektiert wird. Wenn ich um sie feilschen muß und nur Liebe bekomme, wenn ich mit meiner Freiheit bezahle, dann ist diese Liebe nichts für mich. Dann ist sie etwas für geringere Sterbliche, aber nichts für die, die erkannt haben.

In dieser Welt glaubt praktisch jeder, daß er liebt, aber wenn ihr euch diese liebenden Menschen überall anschaut, sind sie nur gegenseitige Gefangene. Was für eine seltsame Liebe ist das, die zu Hörigkeit führt? Kann Liebe je zu Hörigkeit führen? Aber in neunundneunzigkommaneun Prozent aller Fälle führt sie dazu, weil es gar keine Liebe war.

Es ist eine Tatsache, daß die Menschen gewöhnlich nur meinen, daß sie lieben, in Wirklichkeit aber nicht lieben. Denn wenn die Liebe kommt, was wird aus »Ich« und »Du«? Wenn die Liebe kommt, verleiht sie sofort ein ungeheueres Gefühl von Freiheit ohne Besitzanspruch. Aber diese Art von Liebe passiert leider nur ganz selten.

Liebe mit Freiheit – wenn du die hast, bist du ein König oder eine Königin. Das ist das wahre Reich Gottes: Liebe mit Freiheit. Liebe gibt dir die Wurzeln in die Erde hinein, und Freiheit gibt dir die Flügel.

Mein Großvater gab mir beides. Er gab mir seine Liebe, mehr, als er je meiner Mutter oder sogar meiner Großmutter gab; und er gab mir Freiheit, welches das größte Geschenk ist. Als er im Sterben lag, gab er mir seinen Ring und sagte mit einer Träne im Auge zu mir: »Ich habe dir sonst nichts zu geben.«

Ich sagte: »Nana, das kostbarste Geschenk hast du mir schon gegeben.«

Er öffnete die Augen und sagte: »Was ist es?«

Ich lachte und sagte: »Hast du vergessen? – du hast mir deine Liebe gegeben und du hast mir Freiheit gegeben. Ich glaube, kein Kind hat je so viel Freiheit gehabt, wie du mir gegeben hast. Was brauche ich mehr? Was mehr kannst du geben? Ich bin dankbar. Du kannst in Frieden sterben.«

Seitdem habe ich viele Menschen sterben sehen, aber in Frieden zu sterben ist wirklich schwer. Ich habe nur fünf Menschen in Frieden sterben sehen: Der erste war mein Großvater, der zweite war mein Diener Bhoora, der dritte war meine Nani, der vierte mein Vater, und der fünfte war Vimalkirti.

Bhoora starb, einfach weil er sich nicht vorstellen konnte, in einer Welt ohne seinen Herrn weiterzuleben. Er starb einfach. Er ließ sich in den Tod sinken. Er hatte uns zum Dorf meines Vaters begleitet, weil er den Ochsenkarren lenkte. Als er ein paar Augenblicke lang nichts mehr hörte, als kein Wort mehr aus dem Innern des Planwagens kam, fragte er mich: »Beta«, – das heißt »Sohn« – »ist alles in Ordnung?«

Immer wieder fragte Bhoora: »Warum ist alles so still? Warum sagt keiner was?« Aber er gehörte zu der Art von Mensch, der gar nicht auf den Gedanken kommen würde, hinter den Vorhang zu schauen, der uns von ihm trennte. Wie konnte er hineinschauen, wenn meine Großmutter drinnen war? Das war das Problem; er konnte nicht hinsehen. Aber immer wieder fragte er: »Was ist los, warum sind alle so still?«

Ich sagte: »Gar nichts ist los. Wir genießen die Stille. Nana möchte, daß wir still sind.« Das war eine Lüge, denn Nana war tot. Aber in gewisser Weise stimmte es. Er war still, und das war eine Botschaft für uns, still zu sein.

Schließlich sagte ich: »Bhoora, es ist alles in Ordnung. Nur Nana ist fort.« Er konnte es nicht glauben. Er sagte: »Wie kann dann alles in Ordnung sein? Ohne ihn kann ich nicht leben.« Und binnen vierundzwanzig Stunden starb er so, wie wenn ein Blume sich schließt, weil sie sich weigert, offenzubleiben im Sonnenschein, im Mondschein – aus freiem Entschluß. Wir taten alles, um ihn zu retten, denn jetzt waren wir in einer größeren Ortschaft – in der Stadt meines Vaters.

Die Stadt meines Vaters war für indische Verhältnisse natürlich nur eine Kleinstadt, mit einer Bevölkerung von nur zwanzigtausend. Es gab ein Krankenhaus und eine Schule. Wir versuchten alles, um Bhoora zu retten. Der Krankenhausarzt staunte, weil er nicht glauben konnte, daß der Mann ein Inder war. Er sah so europäisch aus. Bhoora muß ein Scherz der Biologie gewesen sein – ich weiß es nicht. Irgend etwas mußte richtiggelaufen sein... So wie man sagt: »Irgendwas muß falschgelaufen sein«, habe ich gerade den Ausdruck geprägt: »Etwas muß richtig gelaufen sein«. Warum muß denn immer alles nur falschlaufen?

Bhoora lag im Koma, durch den Schock, daß sein Herr tot war. Wir mußten ihn belügen, bis wir die Stadt erreicht hatten. Erst als wir dort angekommen waren und der Leichnam vom Wagen gehoben wurde, sah Bhoora, was geschehen war. Er schloß die Augen – und machte sie nie wieder auf. Er sagte: »Ich kann meinen Herrn nicht tot sehen.« Dabei war es nur eine Herr-Diener-Beziehung! Aber zwischen ihnen war eine gewisse Intimität entstanden, eine gewisse Nähe, die sich nicht definieren läßt. Er hat seine Augen nie wieder aufgemacht. Soviel kann ich garantieren. Er lebte nur noch ein paar Stunden und bevor er starb, fiel er ins Koma.

Mein Großvater hatte, bevor er starb, zu meiner Großmutter gesagt: »Kümmere dich um Bhoora. Um Rajah wirst du dich kümmern, das weiß ich, das muß ich dir nicht erst sagen; aber kümmere dich um Bhoora. Er hat mir gedient wie kein anderer.«

Ich sagte zu dem Arzt: »Verstehst du, kannst du überhaupt verstehen, was für eine Hingabe zwischen diesen beiden Männern gewesen sein muß?«

Der Arzt fragte mich: »Ist er ein Europäer?«

Ich sagte: »Er sieht aus wie einer.«

Der Arzt sagte: »Halt mich nicht zum Narren. Du bist nur ein Junge von sieben oder acht, aber du hast es faustdick hinter den Ohren. Als ich dich fragte, ob dein Großvater tot ist, hast du nein gesagt, und das stimmte nicht.«

Ich sagte: »Doch, es stimmte. Er ist nicht tot. Ein Mann mit so viel Liebe kann nicht tot sein. Wenn Liebe tot sein kann, dann gibt es keine Hoffnung für die Welt. Ich kann nicht glauben, daß ein Mann, der meine Freiheit, die Freiheit eines Kindes, so sehr respektiert hat wie er, tot ist, nur weil er nicht mehr atmet. Ich kann diese beiden Dinge nicht gleichsetzen: Nicht-Atmen und Tod.«

Der europäische Arzt sah mich argwöhnisch an und sagte zu meinem Onkel: »Dieser Junge wird entweder ein Philosoph oder wahnsinnig.« Er irrte sich. Ich bin beides zugleich. Da gibt es kein Entweder-Oder. Ich bin nicht Soeren Kierkegaard. Es gibt kein Entweder-Oder. Aber ich fragte mich, warum er mir nicht glauben konnte... eine so einfache Sache!

Aber einfache Sachen sind am schwersten zu glauben, und schwierige Sachen sind am leichtesten zu glauben. Was gibt es da zu glauben? Dein Verstand sagt: »Es ist so einfach, da gibt es nichts Kompliziertes, da gibt es keinen Grund zu *glauben.«* Es sei denn, du bist ein Tertullian, dessen Ausspruch einer meiner liebsten ist...

Wenn ich einen einzigen Ausspruch aus der gesamten Weltliteratur, gleich welcher Sprache, auswählen müßte, dann würde ich, Pardon, nicht Jesus Christus wählen, auch nicht, Pardon, Gautama Buddha, auch nicht, Pardon, Moses oder Mohammed, ja nicht einmal Laotse oder Tschuangtse. Ich würde mich für diesen merkwürdigen Burschen entscheiden, über den nichts bekannt ist – Tertullian. Ich weiß nicht genau, wie man seinen Namen ausspricht; es ist also besser, ich buchstabiere: T-e-r-t-u-l-l-i-a-n. Das Zitat, das ich allen anderen vorziehen würde, lautet: *»Credo, quia absurdum«* – nur drei Wörter: »Ich glaube, weil es absurd ist.«

Es scheint, jemand muß ihn einmal gefragt haben, woran er glaubt und warum, und Tertullian hat geantwortet: *»Credo, quia absurdum* – es ist absurd, darum glaube ich.« Der Grund, den Tertullian für das Glauben gibt, ist *»absurdum«* – »weil es absurd ist.«

Vergeßt Tertullian einen Augenblick, Vorhang zu vor ihm... Seht euch die Rosen an. Warum liebt ihr sie? Ist es nicht absurd? Es gibt keinen Grund, sie zu lieben. Wenn jemand immer noch weiterfragt, warum ihr die Rosen liebt, werdet ihr schließlich die Achseln zucken. Genau das ist *»Credo, quia absurdum«* – dieses Achselzucken. In ihm ist der ganze Sinn von Tertullians Philosophie enthalten.

Ich konnte nicht begreifen, warum der Arzt nicht glauben wollte, daß mein Großvater *nicht* tot war. Ich wußte so gut wie er, daß der Körper tot war; darüber ließ sich nicht streiten. Aber es gibt noch etwas mehr als den Körper – zwar im Körper, und doch nicht Teil des Körpers. Laßt es mich wiederholen, um es zu betonen: *im* Körper, aber trotzdem nicht Teil des Körpers. Liebe offenbart es und Freiheit gibt ihm Flügel, sich hoch in den Himmel zu schwingen.

Ist noch Zeit?

»Ja Osho.«

Wieviel? Wir sind wie auf Sparflamme, wie bei einem Arme-Leute-Fest. Geh ins Extrem! Nicht so, nicht langsam – das ist nicht mein Stil. Entweder laß lodern oder zünde erst gar nicht an! Zünde entweder beide Enden zugleich an oder laß die Dunkelheit ihre eigene Schönheit haben!

14

Seht, was für ein englischer Gentleman ich bin! Obwohl ich mich einmischen wollte, habe ich es nicht getan. Ich hatte schon den Mund zum Reden aufgemacht, aber ich habe mich gebremst. Das nennt man Selbstdisziplin! Sogar ich kann darüber lachen. Es fühlt sich so gut an, wenn ihr flüstert. Ich weiß, daß ihr keinen Unsinn flüstert, aber es klingt trotzdem hübsch, auch wenn es um technische Dinge geht und das, was ihr sagt, völlig wissenschaftlich ist. Aber ihr wißt ja, zwischen euch beiden liegt der Halunke im Sessel.

Ich habe noch nicht »Okay« gesagt. Kommt erst an den Punkt, wo ich »Okay« sagen kann. Wenn das »Okay« mir noch fernliegt, will das etwas heißen. Ein Okay von mir ist einfach *far out* – einsame Spitze! Ich bin ein ganz abgefahrener Typ. Ich kenne niemanden sonst, der so »ausgespacet« ist. Jetzt an die Arbeit...

»Tvyam vartu govindam. Tubhyamave samarpaye! Herr, dieses Leben hast du mir gegeben, ich überlasse es dir wieder mit meinem Dank.«

Dies waren die Worte meines sterbenden Großvaters, obwohl er nie an einen Gott glaubte und auch kein Hindu war. Dieser

Satz, dieses Sutra ist ein Hindu-Sutra. Aber in Indien vermischt sich alles, vor allem das Gute. Als mein Großvater starb, sagte er vor allem immer wieder eines: »Halte das Rad an!«

Ich konnte das damals nicht verstehen. Wenn wir das Rad des Karrens angehalten hätten – und das war das einzige Rad, das da war – wie sollten wir dann das Krankenhaus erreichen? Als er immer wieder von neuem sagte: »Halte das Rad an, das *chakra«*, fragte ich meine Großmutter: »Ist er verrückt geworden?«

Sie lachte. Das war es, was mir an dieser Frau so gefiel: Wo sie so gut wie ich wußte, daß der Tod ganz nahe war... Wenn sogar ich es wußte, wie sollte sie es nicht wissen? Es war ganz offensichtlich, daß er jetzt jeden Augenblick zu atmen aufhören würde, und er bestand darauf, das Rad anzuhalten! Trotzdem, sie lachte... Ich kann sie jetzt lachen sehen.

Sie war nicht älter als fünfzig. Aber bei Frauen ist mir schon immer eine seltsame Sache aufgefallen: Die unechten, die so tun, als wären sie schön, sind mit fünfundvierzig am häßlichsten. Ihr könnt rund um die Welt gehen und selbst sehen: Es ist so, wie ich sage. Vor lauter Lippenstift und Make-up und falschen Wimpern... mein Gott!

Nicht einmal Gott ist bei der Erschaffung der Welt auf solche Sachen gekommen. Jedenfalls wird es nicht in der Bibel erwähnt, daß er am fünften Tag den Lippenstift erschuf und am sechsten die falschen Wimpern etcetera.

Mit fünfundvierzig kommt eine Frau, wenn sie wirklich schön ist, zur vollen Blüte. Meiner Beobachtung nach kommt der Mann um fünfunddreißig zur vollen Blüte, und die Frau um fünfundvierzig. Sie kann zehn Jahre länger leben als der Mann, und das ist nicht ungerecht, denn sie macht so viel mit durch Kindergebären, daß ein bißchen Leben extra, einfach zur Entschädigung, völlig in Ordnung ist.

Meine Nani war fünfzig – noch in der Blüte ihrer Schönheit und Jugend. Ich habe den Augenblick damals nie vergessen – es war ein solcher Augenblick! Mein Großvater lag im Sterben und bat uns, das Rad anzuhalten... Was für ein Unsinn! Wie konnte ich das Rad anhalten? Wir mußten ins Krankenhaus, und ohne das Rad wären wir in der Wildnis verloren gewesen! Und meine

Großmutter lachte so laut, daß sogar der Diener Bhoora, unser Kutscher, fragte – natürlich von draußen: »Was ist denn los? Was gibt es zu lachen?« Weil ich sie Nani nannte, nannte auch Bhoora sie immer Nani, einfach aus Rücksicht auf mich. Dann sagte er: »Nani, mein Herr ist krank, und du lachst so laut? Was ist los? Und warum ist Rajah so still?«

Der Tod und das Lachen meiner Großmutter – beides zusammen ließ mich absolut still werden, weil ich verstehen wollte, was eigentlich vor sich ging. Es ging etwas vor sich, das ich noch nie gekannt hatte, und ich wollte mir keinen einzigen Moment durch irgendeine Ablenkung entgehen lassen.

Mein Großvater sagte: »Halte das Rad an! Rajah, kannst du mich nicht hören? Wenn ich deine Großmutter lachen hören kann, mußt du mich doch hören können! Ich weiß, sie ist eine komische Frau. Ich habe sie nie richtig begreifen können.«

Ich sagte zu ihm: »Nana, soviel ich weiß, ist sie die einfachste Frau, die ich je gesehen habe – obwohl ich noch nicht viele gesehen habe.«

Aber jetzt, zu euch, kann ich sagen: Ich glaube nicht, daß es irgendeinen Mann auf der Welt gibt, lebendig oder tot, der so viel vom Wesen der Frau gesehen hat wie ich.

Aber um meinen sterbenden Großvater zu trösten, sagte ich zu ihm: »Laß sie ruhig lachen. Ich kenne sie, sie lacht nicht über das, was du sagst, sondern über etwas zwischen uns beiden, einen Witz, den ich ihr erzählt habe.«

Er sagte: »Gut, wenn es ein Witz ist, den du ihr erzählt hast, dann ist es völlig in Ordnung, wenn sie lacht. Aber was ist mit dem *chakra*, dem Rad?«

Heute weiß ich's, aber damals war mir eine solche Terminologie völlig unbekannt. Das Rad steht in Indien für die fixe Idee vom Rad des Lebens und des Todes. Seit Jahrtausenden haben Millionen von Menschen nichts anderes versucht, als nur das eine: dieses Rad zum Stehen zu bringen. Er sprach nicht vom Rad des Ochsenkarrens – das wäre leicht anzuhalten gewesen. Im Gegenteil, es war kaum in Gang zu halten.

Es gab keine Straße. Nicht nur damals, selbst heute nicht! Voriges Jahr kam ein entfernter Vetter von mir den Aschram besuchen und er sagte: »Ich wollte schon mein ganzes Leben lang zu deinen Füßen eilen, aber das eigentliche Problem ist die Straße!«

Ich sagte: »Immer noch?«

Fast fünfzig Jahre sind vergangen, aber Indien ist ein Land, in dem die Zeit stillsteht. Wer weiß, wann die Uhr stehengeblieben ist! Aber sie ist Punkt zwölf stehengeblieben, mit beiden Zeigern übereinander. Das ist schön: Die Uhr hat sich im richtigen Augenblick entschieden. Wann immer das war – und es muß Jahrtausende her sein –, aber wann immer das war, die Uhr blieb entweder durch Zufall oder durch irgendeine computerisierte Intelligenz um Punkt zwölf stehen, mit beiden Zeigern übereinander. Ihr könnt sie nicht als zwei erkennen, ihr könnt sie nur als einen Zeiger sehen. Vielleicht war es zwölf Uhr nachts... weil das Land so dunkel ist, und das Dunkel so dicht.

»Mein Gott«, sagte der Mann zu mir, »ich konnte doch nicht die ganze Familie herbringen, bei den Straßen!«

Vielleicht werden sie mich nie besuchen kommen – bei den Straßen! Es gab damals keine Straßen, und noch heute führt keine Eisenbahn an dem Dorf vorbei. Es ist ein wirklich armes Dorf, und als ich Kind war, war es sogar noch ärmer.

Ich konnte in dem Moment nicht verstehen, warum mein Nana so darauf bestand. Vielleicht machte ja der Ochsenkarren – weil es keine Straße gab – zuviel Krach. Alles ratterte, und er lag im Todeskampf – natürlich wollte er das Rad anhalten!

Aber meine Großmutter lachte. Jetzt weiß ich, warum sie lachte. Er sprach von der fixen Idee der Inder, die symbolisch das »Rad von Leben und Tod«, kurz »das Rad« genannt wird, das sich dreht und dreht.

In der westlichen Welt hatte nur Friedrich Nietzsche den Mumm und die Verrücktheit, die Idee von der ständigen Wiederkehr vorzubringen. Er hat sie von der fixen Idee des Ostens geborgt. Zwei Bücher beeindruckten ihn tief. Das eine war Manus *Smrati,* auch »Die gesammelten Verse Manus« genannt.

Es ist die wichtigste Schrift der Hindus. Ich hasse sie! Daran könnt ihr ihre Wichtigkeit ermessen – ich kann nichts Gewöhnliches hassen. Das Buch ist ganz außergewöhnlich abscheulich. Manu gehört zu den Männern, bei denen ich meine ganze Gewaltlosigkeit vergessen würde, wenn sie mir unter die Augen kämen. Ich würde ihn einfach erschießen! Er verdient es.

Manu Samhita, Manu Smrati... Warum nenne ich es das abscheulichste Buch der Welt? Weil es Männer und Frauen trennt – nicht nur Männer und Frauen, sondern die Menschheit in vier Klassen trennt. Und niemand kann von der einen in die andere Klasse überwechseln. Das Buch schafft eine Hierarchie.

Ihr werdet wohl kaum wissen, daß Adolf Hitler ständig ein Exemplar von Manus *Samhita* auf seinem Schreibtisch liegen hatte, direkt neben seinem Bett. Ihm galt dieses Buch mehr als die Bibel. Jetzt könnt ihr verstehen, warum ich es hasse. Ich habe kein einziges Exemplar von Manus *Samhita* in meiner Bibliothek, obwohl man mir mindestens ein Dutzend davon verehrt hat – ich habe es jedesmal verbrannt. Das war die einzige Art, damit umzugehen. Ich verbrannte es, freilich mit allem gebotenen Respekt.

Nietzsche liebte zwei Bücher und hat aus ihnen enorm viel geborgt. Das erste war Manus *Samhita,* und das andere war das *Mahabharata.* Dieses Buch ist vielleicht das größte an Umfang überhaupt. Es ist riesig! Ich glaube nicht, daß die *Bibel,* der *Koran,* das *Dhammapada,* das *Tao te king* sich auch nur annähernd mit ihm vergleichen lassen, was den Umfang betrifft. Ihr könnt mich erst verstehen, wenn ihr euch die *Encyclopaedia Britannica* daneben denkt. Verglichen mit dem *Mahabharata* ist die *Encyclopaedia Britannica* nur ein kleines Buch. Das *Mahabharata* ist wohl ein großes Werk, aber abstoßend.

Die Wissenschaft weiß mit Sicherheit, daß es früher einmal viele ungeheuer große Tiere auf der Erde gegeben hat – wahre Gebirge, aber abgrundtief häßlich. Das *Mahabharata* gehört zu diesen Tieren. Nicht, daß es darin überhaupt nichts Schönes zu finden gäbe; es ist groß genug, daß man, wenn man tief genug gräbt, hier und da eine Maus in dem Berg findet.

Diese beiden Bücher haben einen gewaltigen Einfluß auf Nietzsche gehabt. Vielleicht ist nichts so sehr verantwortlich für Friedrich Nietzsche wie diese beiden Bücher. Eines war von Manu, und das *Mahabharata* wurde von Vyasa geschrieben. Ich muß zugeben, daß beide Bücher ungeheuer viel ausgerichtet haben – angerichtet haben!

Es wäre besser gewesen, wenn diese beiden Bücher überhaupt nie geschrieben worden wären. Friedrich Nietzsche spricht mit einer solchen Ehrfurcht von diesen beiden Büchern, daß ihr staunen würdet. Staunen, weil er der Mann war, der sich »Antichrist« nannte. Aber staunt nicht, diese beiden Bücher *sind* anti-Christus, ja, sie sind anti-alles, was schön ist: anti-Wahrheit, anti-Liebe. Es ist kein Zufall, daß Nietzsche sich in sie verliebte. Obwohl er Laotse oder Buddha nie leiden konnte, mochte er Manu und Krishna. Warum?

Die Frage ist sehr aufschlußreich. Er mochte Manu, weil ihm die Idee von der Hierarchie gefiel. Er war gegen Demokratie, Freiheit, Gleichheit – kurz, er war gegen alle wahren Werte. Genauso liebte er Vyasas Buch *Mahabharata,* weil es die Vorstellung enthält, daß allein der Krieg schön sei. Er schrieb einmal in einem Brief an seine Schwester: »Im Augenblick bin ich von ungeheurer Schönheit umgeben. Ich habe noch nie solche Schönheit gesehen.« Man möchte meinen, er hätte den Garten Eden betreten, aber nein, er schaute einer Militärparade zu! Die Sonne schien auf ihre blanken Schwerter, und der Klang, den er »den schönsten Klang, den ich je hörte«, nennt, war nicht etwa Beethoven oder Mozart, ja nicht einmal Wagner, sondern der Klang der Stiefel von marschierenden deutschen Soldaten.

Wagner war Nietzsches Freund – und mehr noch: Nietzsche hatte sich in die Frau des Freundes verliebt. Wenigstens dieser arme Mann hatte ihm einfallen können, aber nein – er fand, daß weder Beethoven noch Mozart noch Wagner, daß niemand sich vergleichen konnte mit der wunderbaren Musik, die die Stiefel von marschierenden deutschen Soldaten machten. Für ihn waren Schwerter im Sonnenlicht und der Klang des marschierenden Heeres das Nonplusultra an Schönheit.

Grandiose Ästhetik! Und vergeßt nicht – ich bin kein Mann, der etwas gegen Friedrich Nietzsche an sich hätte. Ich schätze ihn überall dort, wo er der Wahrheit nahekommt, aber mein Wert und mein Kriterium ist die Wahrheit. »Schwerter im Sonnenlicht« und »der Klang marschierender Stiefel...« Immer wenn er sich von der Wahrheit entfernt, dann kann er sein, was er will; ich werde ihm mit dem blanken Schwert eins aufs Haupt geben.

Und wie schön das aussieht: das blanke Schwert, und der Klang, wie Friedrich Nietzsche das Haupt abgeschlagen wird, und das schöne Blut überall... Genau das hat sein Jünger Adolf Hitler getan!

Hitler hatte Manus Ideen von Nietzsche. Hitler war nicht Manns genug, von selbst auf Manu zu stoßen; er war ein Zwerg. Nietzsche war sicherlich ein Genie, aber ein Genie auf Abwegen. Er war ein Mann, der ein Buddha hätte werden können. Aber schade, er starb nur als ein Wahnsinniger.

Ich erzählte euch von der fixen Idee der Inder und kam in diesem Zusammenhang auf Nietzsche zu sprechen. Er war der erste im Westen, der den Gedanken von der »ewigen Wiederkehr« anerkannte. Aber er war nicht ehrlich. Er sagte nicht, daß die Vorstellung geborgt war, er tat so, als wäre er von allein draufgekommen. Es ist so leicht, Originalität vorzutäuschen – ganz leicht. Dazu gehört nicht viel Intelligenz. Und dennoch war er ein Genie.

Er hat sein Genie nie dazu gebraucht, irgend etwas Neues zu entdecken; er gebrauchte es dazu, um aus Quellen zu borgen, die der breiten Weltöffentlichkeit normalerweise nicht bekannt waren. Wer kennt schon Manus *Samhita?* Und wozu auch? Manu schrieb sie vor fünftausend Jahren. Und wen interessiert schon das *Mahabharata?* Es ist ein so dicker Wälzer, daß niemand ihn liest, es sei denn, er will wirklich verrückt werden.

Aber es gibt Leute, die lesen sogar die *Encyclopaedia Britannica.* Ich kenne einen solchen Menschen. Er war mein persönlicher Freund. Dies ist der Moment, wo ich wenigstens seines Namens gedenken sollte. Nur habe ich Angst, daß er noch am Leben sein könnte. Aber selbst dann braucht man keine Angst zu haben, einfach weil er nichts anderes liest als die *Encyclopaedia Britannica.* Er wird nie lesen, was ich sage... nie und nimmer; er hat keine Zeit. Nicht nur liest er die *Encyclopaedia Britannica,* er lernt sie sogar auswendig, und darin besteht sein Wahnsinn. Ansonsten sieht er ganz normal aus. Wenn man irgend etwas erwähnt, was in seiner Enzyklopädie vorkommt, wird er sofort abnorm und fängt an, Seiten über Seiten über Seiten zu zitieren. Es ist ihm völlig egal, ob man zuhören will oder nicht.

Nur solche Leute lesen das *Mahabharata.* Es ist die hinduistische Enzyklopädie – wir wollen sie die »Encyclopaedia Indiana«

nennen. Natürlich muß sie dicker sein als die *Encyclopaedia Britannica.* Großbritannien ist nur Großbritannien – nicht größer als ein kleiner Staat in Indien. Indien hat mindestens drei Dutzend Staaten von dieser Größe, und das ist noch nicht einmal ganz Indien, weil halb Indien heute Pakistan ist. Wenn ihr wirklich das ganze Indien vor Augen haben wollt, dann müßt ihr ein paar Hinzufügungen machen.

Burma war einst ein Teil von Indien. Erst zu Anfang dieses Jahrhunderts wurde es von Indien abgetrennt. Afghanistan war einmal ein Teil von Indien; Indien ist fast ein Kontinent. Also muß das *Mahabharata,* die »Encyclopaedia Indiana«, zwangsläufig tausendmal dicker sein als die *Encyclopaedia Britannica,* die nur zweiunddreißig Bände umfaßt.

Aber das ist gar nichts. Wenn ihr alles sammelt, was ich gesagt habe, wäre es mehr. Irgend jemand hat es gezählt. Ich weiß nicht genau, denn ich gebe mich nie mit solchem Quatsch ab, aber man hat geschätzt, daß ich bis heute dreihundertdreiunddreißig Bücher geschrieben habe. Toll! – nicht die Bücher, sondern der Mann, der sie gezählt hat. Er sollte lieber noch warten, denn viele sind noch in Manuskriptform, und viele andere sind noch nicht aus dem Hindi übersetzt. Wenn das auch noch alles gesammelt ist, wird es wirklich die *Encyclopaedia Rajneeshica* sein. Aber das *Mahabharata* ist dicker und wird stets das größte Buch der Welt bleiben – ich meine dem Umfang, dem Gewicht nach.

Ich erwähne das, weil ich von der fixen Idee der Inder sprach. Das ganze *Mahabharata* ist nichts als die indische fixe Idee, langatmig und umfangreich abgehandelt, und sagt nur, daß der Mensch immer wieder von neuem geboren wird bis in alle Ewigkeit.

Darum also sagte mein Großvater: »Halte das Rad an!« Wenn ich das Rad hätte anhalten können, hätte ich es getan, nicht nur für ihn, sondern für jeden andern auf der Welt auch. Ich hätte es nicht nur angehalten, ich hätte es auf ewig zerstört, damit niemand es mehr in Gang setzen kann. Aber das habe ich nicht in der Hand.

Aber woher diese fixe Idee? Mir wurden viele Dinge bewußt, damals im Augenblick seines Todes. Ich werde über alle Einzelheiten sprechen, die mir in diesem Augenblick bewußt wurden, denn das hat mein ganzes Leben bestimmt.

15

Mir hat immer die Geschichte gefallen, die man von Henry Ford erzählt: Er hatte sein schönstes Auto fertiggestellt und zeigte es einem reichen, sehr wohlhabenden und vielversprechenden Kunden. Es war sein neuestes Modell, und er nahm den Kunden auf eine Probefahrt mit. Nach dreißig Kilometern blieb der Wagen plötzlich stehen.

Der Kunde sagte: »Was! Ein neues Auto, und nach dreißig Kilometern bleibt es schon stehen?«

Ford sagte: »Tut mir leid, Sir. Ich hatte vergessen, Benzin reinzutun.« Damals nannte man es in Amerika noch Benzin, nicht »Gas«.

Der Kunde war erstaunt. Er sagte: »Wie meinen Sie das? Wollen Sie etwa behaupten, dieses Auto sei dreißig Kilometer ohne Benzin gefahren?«

Ford sagte: »Yes, Sir. Bis dreißig oder vierzig Kilometer ist mein Name schon genug; da ist kein Benzin nötig.«

Hab ich erst mal abgeschaltet, dann bin *ich* schon genug – nichts anderes ist nötig. Ich konnte die ganze Nacht nicht schlafen. Es war kein Problem für mich – in gewisser Weise war es eine schöne

Nacht. Der Mond war so hell... Vielleicht ließ mich die Schönheit und Helligkeit des Mondes nicht schlafen. Aber nein, das kann nicht der Grund sein. Ich glaube, der Grund war, daß ich ein bißchen zu hart mit Geet Bharti war. Ja, ich kann sehr hart sein. Ich bin nicht hart, aber ich kann sehr hart sein. Vor allem in bestimmten Augenblicken, wenn ich die Möglichkeit zu einer Öffnung in euch sehe, dann schlage ich wirklich zu! Nicht mit einem kleinen Hammer, sondern mit einem Vorschlaghammer. Wenn man schon zuschlagen muß, warum dann einen kleinen Hammer nehmen? Warum es nicht mit einem Schlag erledigen? Manchmal bin ich sehr hart; darum muß ich manchmal sehr weich sein – einfach zum Ausgleich, um das Gleichgewicht wieder herzustellen.

Als ich aus dem Raum ging, hast du zwar gelächelt, aber es war ein wenig traurig. Ich konnte es nicht vergessen. Es ist sehr leicht für mich, alles mögliche zu vergessen. Aber wenn ich hart gewesen bin, dann ist es nicht leicht. Ich kann jedem auf der Welt verzeihen, nur nicht mir selbst. Vielleicht war das der Grund, warum ich nicht schlafen konnte. Mein Schlaf ist sowieso nur eine dünne Schicht. Unten drunter bin ich immer wach. Die dünne Schicht ist ganz leicht zu stören, aber nur durch mich, nicht durch jemand andern.

In dem Moment, als ich den Raum verließ, sah ich, wie du ein bißchen traurig dreinschautest. Vielleicht aus vielerlei Gründen, nicht nur, weil ich dir einen Schlag versetzt hatte. Aber egal, was für Gründe deine Traurigkeit hatte, irgendwie hatte ich die Dunkelheit in dir vertieft. Und ich bin dazu da, dich zu erhellen, zu erleuchten, nicht zu erdunkeln – wenn dieses Wort gestattet ist.

Tatsächlich sollten wir ein Wort daraus machen: »erdunkeln«, weil so viele Leute sich gegenseitig erdunkeln. Es ist seltsam, daß es das Wort nicht gibt, obgleich es die Wirklichkeit dazu gibt. Erleuchtung kommt nur selten vor, und trotzdem haben wir ein Wort dafür. Wir haben zwar noch kein Wort für das, was über die Erleuchtung hinausgeht, aber vielleicht hat alles seine Grenzen. Etwas wird immer jenseits bleiben, unerreichbar, nicht in Worte zu fassen, transzendental.

Aber »erdunkeln« sollte ein allgemein gebräuchliches Wort werden. Jeder erdunkelt jeden. Der Ehemann erdunkelt die Ehefrau; was sonst tut er denn im Dunkeln? – Er erdunkelt seine Frau. Und was tut die Frau? Er ist ein Narr, wenn er glaubt, daß nur er sie erdunkelt. Im Dunkeln erdunkelt sie ihn mehr, als es ihm je gelingen könnte. Jedenfalls braucht er eine Brille – sie braucht noch keine. Er ist nur ein armer Bürohengst; natürlich braucht er da eine Brille. Was ist sie? Sie ist nur eine Mutter, eine Ehefrau. Sie braucht keine Brille.

Hüte dich im Dunkeln vor der Frau, die du liebst – besonders im Dunkeln. Vielleicht behalten die Männer deshalb gern das Licht an. Die Männer möchten das Licht anbehalten, wenn sie lieben. Sie halten die Augen offen, wenn sie Liebe machen. Die Frauen machen lieber die Augen zu. Sie können nicht hinsehen, ohne über all das Unappetitliche zu kichern, das sich da abspielt – über den Pavian, der da über ihnen hockt, und das ganze Undsoweiterundsoweiterundsoweiter.

Es tat mir ein wenig leid. Ich sage ein wenig, weil für mich »ein wenig leid« schon zuviel ist. Schon eine einzige meiner Tränen ist genug. Ich brauche nicht stundenlang zu heulen und mir die Haare auszureißen... die gar nicht mehr da sind. Hat man je davon gehört, daß sich einer den Bart ausreißt? Ich glaube, in keiner Sprache, nicht einmal im Hebräischen, existiert so ein Ausdruck: »sich den Bart ausreißen.« Und wie ihr wißt, hatten die Hebräer und ihre biblischen Propheten allesamt Bärte. Es ist ein natürliches Gesetz, daß du, wenn du einen Bart hast, eine Glatze bekommst, weil die Natur immer das Gleichgewicht hält.

Da fällt mir wieder meine Großmutter ein...

So klein ich war, sagte sie immer zu mir: »Hör zu, Rajah, laß dir nie einen Bart wachsen.«

Dann sagte ich immer: »Warum redest du davon? Ich bin erst zehn, und mein Bart hat noch nicht einmal angefangen zu wachsen. Warum erwähnst du das?«

Sie sagte: »Einen Brunnen muß man graben, bevor das Haus in Flammen steht.«

Mein Gott! Da grub sie aber wirklich einen Brunnen, bevor das Haus in Flammen stand! Sie war wirklich eine phantastische Frau. Ich konnte ihre Antwort nicht verstehen und sagte: »Also gut, rede weiter. Sag, was du zu sagen hast.«

Sie sagte: »Laß dir nie und nimmer einen Bart stehen... Aber ich weiß ja, du wirst es doch tun.«

Ich sagte: »Das ist komisch. Wenn du es schon weißt, warum willst du es dann verhindern?«

Sie sagte: »Ich tu mein Bestes, aber ich weiß, daß du dir einen Bart wachsen lassen wirst. Leute wie du lassen sich immer einen Bart wachsen. Ich kenne dich jetzt schon seit elf Jahren. Es muß dafür einen Grund geben...« – und sie verfiel ins Grübeln.

Es steckt nicht viel dahinter. Es liegt nur daran, daß man keine Lust hat, jeden Tag seine Zeit damit zu vergeuden, wie ein Narr in den Spiegel zu starren und sich zu rasieren. Stellt euch bloß einmal eine Frau mit Bart vor, die in den Spiegel starrt – wie würde das aussehen? Genauso wie ein Mann ohne Bart! – Es ist einfach, spart Zeit und erspart es dir, wie ein Narr auszusehen, wenigstens in deinem eigenen Spiegel.

Aber eins steht fest: Sobald du anfängst, dir einen Bart wachsen zu lassen, fängst du an, eine Glatze zu bekommen. Die Natur verliert nie ihr Gleichgewicht aus den Augen. Sie kann dir nur soundsoviele Haare geben. Wenn du anfängst, dir einen Bart stehen zu lassen, dann muß sie das Budget irgendwo anders kürzen. Das ist simple Ökonomie; ihr könnt jeden Buchhalter fragen. Ihr könnt Savita fragen – sie ist die Buchhalterin, die Oberbuchhalterin.

Sie ist wirklich eine bemerkenswerte Frau, denn Buchhaltung ist ein schwieriger Job. Ich kann ihr Problem verstehen und ihre Sorgen, aber bei alldem bleibt sie so schlicht und so unschuldig! Das ist sehr selten zu finden in der Welt der Banken, der Finanzen und der Wirtschaftsprüfung – und sie ist Wirtschaftsprüferin. Sie kommt wunderbar klar damit.

Ich war nur wegen Geet Bharti ein wenig besorgt, weil ich das Gefühl hatte, ihn vielleicht verletzt zu haben. Vielleicht habe ich es... vielleicht war es nötig. Macht euch um meinen Schlaf also keine Gedanken. Für etwas, das nötig ist, bin ich jederzeit bereit, mein Leben auf der Stelle zu verlieren. Nicht für irgendeine »nationale Frage«, nicht für irgendeinen Staat, nicht für irgendeine Rasse, sondern für jedes Individuum, für jeden, dessen Herz noch schlägt, der noch fühlt und der zu allen möglichen Kindereien fähig ist. Denkt daran, ich sage: »Kindereien«... Ich meine für jemanden, der noch ein Kind ist. Ich bin bereit, mein Leben hinzugeben, wenn er dafür wachsen kann, ein reifer und integrierter Mensch werden kann. Immer wenn ich das Wort »Integration« benutze, meine ich jedesmal Intelligenz plus Liebe. Das zusammen ergibt Integration.

Nun, das war eine lange Fußnote. Aber wenn man einem George Bernhard Shaw vergeben kann, und nicht nur vergeben, sondern sogar einen Nobelpreis an ihn vergeben kann, dann könnt ihr mir auch vergeben. Und ich verlange keinen Nobelpreis. Selbst wenn sie mir den Preis gäben, würde ich ihn ablehnen. Damit will ich nichts zu tun haben. Es klebt zuviel Blut daran.

Das Geld, das mit dem Nobelpreis vergeben wird, ist mit Blut getränkt, weil dieser Herr Nobel ein Bombenfabrikant war. Er hat Unsummen im Ersten Weltkrieg verdient, indem er Waffen an beide Lager verkaufte. Ich würde sein Geld nicht mal anfassen wollen. Ja, ich habe seit Jahren überhaupt kein Geld angefaßt, weil ich es nicht muß. Irgendjemand kümmert sich für mich immer um das Geld – und Geld ist immer schmutzig, nicht nur Nobelpreis-Geld.

Der Mann, der den Nobelpreis stiftete, fühlte sich im Grunde nur schuldig und nur, um seine Schuld loszuwerden, stiftete er den Nobelpreis. Es war eine gutgemeinte Geste, aber nur, wie wenn man einen Menschen erst tötet und hinterher zu ihm sagt: »Pardon, mein Herr, bitte seien Sie mir nicht böse.« Ich würde dieses Blutgeld nicht annehmen.

George Bernhard Shaw war nicht nur geachtet, sondern bekam sogar den Nobelpreis, und seine dünnen Bücher haben so lange Vorworte, daß man sich fragt, ob nun das Buch für das Vorwort geschrieben wurde oder das Vorwort für das Buch. Soweit ich sehen kann, wurde das Buch für das Vorwort geschrieben, und das gefällt mir daran.

Das war jetzt vielleicht ein langes Vorwort!

Macht euch um meinen Schlaf keine Gedanken, aber laßt euch nicht durcheinanderbringen, wenn ich hart bin. Obwohl ihr wißt, und jeder weiß, daß nichts in mir sich verändern kann, kann sich in meinem Körper und sogar in meinem Denken durchaus eine

Menge ändern. Natürlich bin ich weder mein Körper noch mein Denken, aber ich muß mit ihrer Hilfe funktionieren.

Im Augenblick kann ich sehen, daß meine Lippen trocken sind. Nun, so viel Gewalt hat die Außenwelt über mich. Ich rede, aber die trockenen Lippen machen mir Schwierigkeiten. Ich komme schon klar, aber es behindert mich doch. Geet Bharti, du kannst helfen: Laß deine Kunst spielen. So, das wird eine gute Pause nach diesem Vorwort sein, und danach kann ich anfangen. Danke... Nun die Geschichte.

Der Tod ist nicht das Ende, sondern das Crescendo des ganzen Lebens, ein Höhepunkt. Nicht etwa, daß du am Ende wärst, sondern du wirst nur in einen anderen Körper weiterbefördert. Das ist es, was die Orientalen »das Rad« nennen. Es dreht und dreht sich immerzu. Es kann wohl angehalten werden, aber du kannst nicht erst damit anfangen, wenn du stirbst.

Das ist eine der Lektionen, die größte Lektion, die ich aus dem Tod meines Großvaters lernte. Er weinte, und mit Tränen in den Augen beschwor er uns, das Rad anzuhalten. Wir waren ratlos, was wir tun sollten: Wie das Rad anhalten?

Sein Rad war sein Rad; es war uns nicht einmal sichtbar. Es war sein eigenes Bewußtsein, und nur er konnte es tun. Da er uns beschwor, es anzuhalten, war es offensichtlich, daß er es selbst nicht konnte – daher die Tränen und die Beharrlichkeit, mit der er ständig auf uns einredete, als wären wir taub.

Wir sagten zu ihm: »Wir haben dich gehört, Nana, und wir verstehen. Bitte sei still.«

In dem Moment geschah etwas Großartiges. Ich habe es bisher noch keinem offenbart. Vielleicht war bis jetzt die Zeit nicht reif. Ich sagte also zu ihm: »Bitte sei still.« – Der Ochsenkarren ratterte auf der unwegsamen, gräßlichen Straße. Es war nicht einmal eine Straße, nur eine Fahrspur... Und er flehte immerzu: »Halte das Rad an, Rajah, hörst du? Halte das Rad an!«

Immer wieder machte ich ihm klar: »Ich höre dich ja, ich verstehe, was du meinst. Du weißt, daß niemand außer dir das Rad anhalten kann. Sei bitte still. Ich will versuchen, dir zu helfen.«

Meine Großmutter war sprachlos. Sie sah mich mit solch großen, erstaunten Augen an: *Was* sagte ich da? Wie konnte ich helfen?

Ich sagte: »Ja, mach nicht so große Augen! Mir ist gerade eines meiner früheren Leben eingefallen. Jetzt, wo ich seinen Tod sehe, erinnere ich mich an einen meiner eigenen Tode.« Das war ein Leben und ein Tod in Tibet gewesen. Das ist das einzige Land, in dem man es versteht, ganz wissenschaftlich das Rad zum Stillstand zu bringen. Ich fing an, einen Text herzusagen.

Weder meine Großmutter noch mein sterbender Großvater noch mein Diener Bhoora, der aufmerksam von draußen zuhörte, konnte ein Wort verstehen. Ja, nicht mal ich selbst verstand auch nur ein einziges Wort von dem, was ich da hervorbrachte. Erst zwölf oder dreizehn Jahre später sollte ich begreifen, was es gewesen war. So lange dauerte es, bis ich darauf stieß: Es war das *Bardo Thödol,* ein tibetisches Ritual. Wenn in Tibet jemand stirbt, wird ihm ein bestimmtes Mantra vorgetragen. Dieses Mantra heißt *Bardo*. Das Mantra sagt dem Sterbenden: »Entspanne dich, sei still. Geh in deine Mitte, sei einfach dort; verlasse sie nicht, ganz gleich, was mit dem Körper geschieht. Sei einfach Zeuge, laß alles geschehen, misch dich nicht ein. Bleibe bewußt, bleibe bewußt, bleibe bewußt, daß du nur Zeuge bist, daß dies deine wahre Natur ist. Wenn du in diesem Bewußtsein sterben kannst, steht das Rad still.«

Ich sagte das *Bardo Thödol* für meinen sterbenden Großvater auf, ohne die geringste Ahnung zu haben, was ich tat. Es war seltsam – seltsam nicht nur, daß ich es aufsagte, sondern auch, daß er beim Zuhören absolut still wurde. Vielleicht war Tibetisch seinem Ohr so ungewohnt, vielleicht hatte er noch nie ein tibetisches Wort gehört, vielleicht wußte er nicht einmal, daß es ein Land namens Tibet gab... Aber noch im Augenblick seines Todes wurde er absolut wach und still. Das *Bardo* wirkte, obgleich er es gar nicht verstehen konnte! Manchmal funktionieren Dinge, die du nicht verstehst; sie funktionieren, gerade *weil* du sie nicht verstehst.

Kein großer Chirurg kann sein eigenes Kind operieren. Warum? Kein großer Chirurg kann seine eigene Geliebte operieren. Ich meine nicht seine Frau – jeder kann seine Frau operieren; ich meine seine Geliebte, die mit Sicherheit nicht seine Ehefrau ist und es auch nie werden könnte. Deine Geliebte zur Ehefrau zu reduzieren, ist ein Verbrechen. Es wird natürlich nicht vom Gesetz geahndet, aber die Natur selbst bestraft es, und deswegen ist auch kein Gesetz nötig.

Man darf seinen Geliebten nicht zum Ehemann reduzieren. Einen Ehemann zu haben, ist häßlich. Das englische Wort *husband* kommt aus der gleichen Wurzel wie *husbandry* – Ackerbau. Der *husband* ist also jemand, der die Frau wie eine Landwirtschaft benutzt, als Acker, auf den er seine Saat sät.

Das Wort »Ehemann« muß aus allen Sprachen der Welt getilgt werden. Es ist unmenschlich. »Ehe« ist ein altes Wort für »Gesetz«. Ein Geliebter, das läßt sich nachvollziehen, aber nie ein »Ehe-Mann«!

Ich rezitierte also das *Bardo,* obwohl ich seinen Sinn nicht verstand und nicht einmal wußte, woher es kam, weil ich es noch nie gelesen hatte. Aber als ich es hersagte, wurde mein Großvater einfach unter dem Eindruck dieser seltsamen Worte still. In dieser Stille starb er.

In Stille zu leben, ist schön. Aber in Stille zu sterben, ist noch viel schöner, denn der Tod ist wie ein Mount Everest, der höchste Gipfel im Himalaja. Ganz ohne Lehrer lernte ich in diesem Augenblick seiner Stille sehr viel. Ich sah mich etwas absolut Fremdes hersagen. Es katapultierte mich auf eine neue Daseinsebene und stieß mich in eine neue Dimension hinein. Ich machte mich auf die Suche, trat eine Pilgerschaft an.

Auf dieser Pilgerreise sind mir sehr viel mehr bemerkenswerte Menschen begegnet, als Gurdjieff in seinem Buch »Begegnungen mit bemerkenswerten Menschen« zu berichten weiß. Nach und nach, wie es sich gerade ergibt, werde ich auf sie zu sprechen kommen. Heute will ich von einem dieser bemerkenswerten Menschen erzählen.

Sein wahrer Name ist nicht bekannt, noch sein wahres Alter – man nannte ihn »Magga Baba«. *Magga* heißt einfach: »große Tasse«. Er hielt immer seine *magga,* seine Tasse, in der Hand. Er benutzte sie für alles – für seinen Tee, seine Milch, sein Essen, für das Geld, das die Leute ihm gaben –, je nachdem, was der Augenblick erforderte. Alles, was er besaß, war seine *magga,* und so war er als »Magga Baba« bekannt. *Baba* ist ein respektvolles Wort; es bedeutet einfach »Großvater« – genauer gesagt: »Vater deines Vaters«. Auf Hindi heißt der Vater deiner Mutter »Nana« und der Vater deines Vaters »Baba«.

Magga Baba war zweifellos einer der bemerkenswertesten Menschen, die vielleicht je auf diesem Planeten gelebt haben. Er war wirklich einer von den Auserwählten. Ihr könnt ihn auf eine Stufe stellen mit Jesus, Buddha, Laotse. Ich weiß nichts über seine Kindheit oder seine Eltern. Niemand weiß, woher er kam – eines Tages tauchte er plötzlich im Ort auf.

Er redete nicht. Die Leute stellten ihm ständig die verschiedensten Fragen. Dann schwieg er entweder, oder wenn sie ihm zu sehr zusetzten, fing er an, irgendwelchen Kauderwelsch von sich zu geben, blanken Unsinn, sinnloses Zeug. Diese armen Leute glaubten, er spreche eine Sprache, die sie vielleicht nicht verstanden. Es war gar keine Sprache, sondern er machte nur Geräusche wie: *»Higgalal hu hu hu gulu, higga hi hi.«* Dann wartete er ein bißchen und fragte dann nochmal: *»Hi hi hi?«,* so als würde er fragen: »Habt ihr mich jetzt verstanden?«, und dann sagten die armen Leute: »Ja, Baba, ja.«

Dann wies er auf seine *magga* und machte sein Zeichen. Dieses Zeichen bedeutet in Indien »Geld«. Es stammt aus alten Zeiten, als es noch wirkliche Gold- und Silbermünzen gab. Die Leute prüften damals die Echtheit des Goldes, indem sie die Münze auf den Boden warfen und auf den Klang hörten. Echtes Gold hat seinen eigenen Klang, und niemand kann ihn fälschen. Magga Baba zeigte also mit der einen Hand auf seine *magga* und gab mit der anderen das Zeichen für Geld, was hieß: »Wenn ihr verstanden habt, dann gebt mir etwas.« Und die Leute gaben etwas.

Ich lachte mich immer kaputt, weil er ja überhaupt nichts gesagt hatte! Aber er war nicht gierig aufs Geld. Was er von dem einen bekam, gab er einem andern. Seine *magga* war immer leer. Ab und zu lag vielleicht etwas drin, aber nur selten. Sie war eine Durchgangsstation: Geld kam und ging; Essen kam und ging... und die Tasse blieb immer leer. Er war ständig dabei, sie zu putzen. Ich habe ihn morgens, mittags und abends immer nur seine *magga* putzen sehen.

Ich möchte euch beichten – und mit »euch« meine ich, der

Welt –, daß ich der einzige war, mit dem er redete, aber nur unter vier Augen, wenn sonst keiner da war. Ich ging immer mitten in der Nacht zu ihm, gegen zwei Uhr morgens, denn das war die Zeit, wo ich ihn am ehesten allein antraf. Dann lag er in seine alte Decke gerollt neben einem Feuer, wenn es Winter war. Ich setzte mich dann eine Weile an seine Seite. Ich habe ihn nie gestört. Das war einer der Gründe, warum er mich liebte. Ab und zu wälzte er sich von einer Seite auf die andere, schlug die Augen auf und sah mich dasitzen; dann fing er von selbst zu reden an.

Hindi war nicht seine Sprache, und die Leute meinten, daß es darum schwer sei, mit ihm zu kommunizieren. Aber das stimmte nicht. Hindi war zwar sicher nicht seine Sprache, aber er beherrschte nicht nur Hindi, sondern noch viele andere Sprachen. Natürlich beherrschte er am besten die Sprache der Stille. Er schwieg fast sein ganzes Leben lang. Tagsüber sprach er zu keinem. Doch nachts sprach er zu mir – aber nur, wenn ich allein war. Es war ein solcher Segen, seine wenigen Worte zu hören!

Magga Baba sagte nie etwas über sein eigenes Leben, aber er sagte viele Dinge über das Leben. Er war der erste Mensch, der mir erklärte: »Das Leben ist mehr, als was es zu sein scheint. Beurteile es nicht nach seinen äußeren Erscheinungen, sondern geh tief in die Täler, wo die Wurzeln des Lebens sind.«

Und genauso plötzlich, wie er zu reden anfing, verstummte er wieder. Das war seine Art. Man konnte ihn unmöglich zum Reden bringen. Entweder redete er oder er redete nicht. Er antwortete auf keine Fragen, und die Gespräche zwischen uns beiden waren ein absolutes Geheimnis. Niemand wußte davon. Dies ist das erste Mal, daß ich darüber spreche.

Ich habe viele große Redner gehört, und er war nur ein armer Mann, aber seine Worte waren reiner Honig, so süß und nahrhaft, und so erfüllt von Bedeutung. »Aber«, sagte er zu mir, »du darfst keiner Menschenseele verraten, daß ich mit dir geredet habe, bis ich sterbe, denn viele Leute glauben, ich sei taub. Es ist gut für mich, daß sie das glauben. Viele glauben, ich sei verrückt, das ist für mich sogar noch besser. Viele Leute, die sehr intellektuell sind, versuchen herauszubekommen, was ich eigentlich sage, dabei ist es reines Gebrabbel. Ich staune immer, was sie für

Bedeutungen hineinlegen. Dann sage ich zu mir: ›Mein Gott! Wenn das die Intellektuellen sind, die Professoren und Doktoren und Pandits, was soll man da von der armen Masse erwarten? Ich hatte überhaupt nichts gesagt, und trotzdem haben sie aus nichts so viele Dinge gemacht, genau wie Seifenblasen.‹« Aus irgendeinem Grund, oder vielleicht aus gar keinem Grund, liebte er mich.

Ich habe das Glück gehabt, von vielen einzigartigen Menschen geliebt zu werden. Magga Baba ist der erste auf meiner Liste.

Den ganzen Tag war er von Leuten umringt. Er war wirklich ein freier Mensch, und dennoch nicht einmal so frei, sich auch nur einen Zentimeter zu bewegen, weil die Leute ihn festhielten. Sie setzten ihn zum Beispiel in eine Rikscha und brachten ihn, wohin sie wollten. Natürlich sagte er nicht nein, weil er vorgab, entweder taub oder stumm oder verrückt zu sein. Und er sprach nie ein Wort aus, das in einem Lexikon zu finden gewesen wäre; da konnte er selbstverständlich nicht ja oder nein sagen. Er ging einfach mit.

Ein- oder zweimal wurde er gestohlen. Er verschwand auf Monate, weil ihn Leute aus einer anderen Stadt gestohlen hatten. Als ihn die Polizei fand und fragte, ob er zurückkehren wollte, zog er natürlich wieder seine Schau ab. Er redete wirres Zeug: *»Jaddel faddel schaddel...«*

Die Polizei sagte: »Dieser Mann ist verrückt. Was sollen wir in unserem Bericht schreiben? *›Jaddel faddel schaddel?‹* Was bedeutet das? Kann da irgendwer schlau draus werden?« Also blieb er, wo er war, bis eine Gruppe aus der ersten Stadt ihn zurückstahl. Es handelte sich um meine Stadt, wo ich bald nach dem Tod meines Großvaters hinzog.

Ich besuchte ihn fast ausnahmslos jede Nacht unter seinem *neem*-Baum, wo er schlief und wohnte. Sogar wenn ich krank war und meine Großmutter mich nicht aus dem Hause lassen wollte, sogar dann stahl ich mich heimlich, wenn sie nachts schlief, aus dem Haus. Ich mußte einfach hin. Magga Baba mußte mindestens einmal am Tag besucht werden. Er war eine Art spiritueller Nahrung.

Er half mir enorm, obwohl er mir nie irgendwelche Verhaltensregeln gab – einfach durch sein bloßes Sein. Durch seine bloße

Präsenz löste er in mir unbekannte Kräfte aus – *mir* unbekannt. Ich bin Magga Baba äußerst dankbar. Und der größte Segen überhaupt war, daß ich, ein kleiner Junge, der einzige Mensch war, mit dem er überhaupt redete. Diese Augenblicke der Intimität, wohl wissend, daß er mit keinem anderen Menschen auf der ganzen Welt redete, waren eine enorme Stärkung und Energiespritze für mich.

Wenn ich manchmal zu ihm ging und jemand anders war da, benahm er sich immer so unmöglich, daß der andere davonlief. Zum Beispiel schmiß er mit Sachen um sich oder hüpfte und tanzte wie ein Verrückter herum, mitten in der Nacht. Da mußte einem ja angst und bange werden – schließlich hat man Frau und Kinder und einen Job, und dieser Mann scheint einfach verrückt zu sein; der bringt alles fertig. Später, wenn der andere weg war, lachten wir immer alle beide.

Ich habe nie, mit keinem andern, so gelacht wie damals. Und ich glaube nicht, daß es noch einmal in diesem Leben passieren wird... Und ein anderes Leben kommt nicht mehr. Das Rad hat angehalten. Es läuft zwar noch ein bißchen weiter, aber das ist nur auslaufende Schwungkraft; es wird mit keiner neuen Energie mehr gespeist.

Magga Babba war so schön, daß ich keinen anderen Mann kenne, der sich mit ihm vergleichen ließe. Er war wie eine römische Statue, einfach vollendet. Ja, noch vollendeter als jede Statue, weil er lebendig war – so voller Leben, meine ich. Ich weiß nicht, ob es möglich ist, noch einmal einem Mann wie Magga Baba zu begegnen, und ich möchte es auch nicht, weil *ein* Magga Baba genug ist, mehr als genug.

Er war so vollauf genug... und wer will schon immer das gleiche? Und ich weiß genau, höher als das geht es nicht. Ich selbst bin an den Punkt gekommen, wo es nicht höher geht. Wie hoch du auch gehst, du bleibst immer auf gleicher Höhe. Mit anderen Worten: Es kommt ein Augenblick in der spirituellen Entwicklung, der nicht transzendierbar ist. Diesen Augenblick nennt man paradoxerweise: »das Transzendentale«.

Am Tag, als er zum Himalaja aufbrach, rief er mich zum ersten Mal zu sich. Mitten in der Nacht kam jemand zu mir nach Haus und klopfte an die Tür. Mein Vater öffnete, und der Mann sagte, daß Magga Baba mich sehen wolle.

Mein Vater sagte: »Magga Baba? Was hat der mit meinem Sohn zu schaffen? Außerdem redet er nie, wie kann er ihn da rufen?«

Der Mann sagte: »Mehr weiß ich nicht, das ist alles, was ich ausrichten sollte. Bitte sag es dem Betreffenden. Es ist mir egal, ob es zufällig dein Sohn ist.« Und der Mann verschwand.

Mein Vater weckte mich mitten in der Nacht und sagte: »Hör mal, das ist ja allerhand: Magga Baba will dich sehen. Erstens redet er gar nicht...«

Ich lachte, weil ich wußte, daß er mit mir redete, aber das verriet ich meinem Vater nicht.

Er fuhr fort: »Er will dich jetzt gleich, mitten in der Nacht. Was willst du tun? Willst du zu diesem Wahnsinnigen gehen?«

Ich sagte: »Ich muß gehen.«

Er sagte: »Manchmal glaube ich, du bist auch ein bißchen wahnsinnig. Also gut, dann geh, und schließ die Tür von außen ab, damit du mich nicht noch einmal störst, wenn du zurückkommst.«

Ich lief, ich rannte! Es war das erste Mal, daß er mich gerufen hatte! Als ich bei ihm ankam, sagte ich: »Was ist los?«

Er sagte: »Dies ist meine letzte Nacht hier. Ich gehe vielleicht für immer weg. Du bist der einzige, mit dem ich geredet habe. Verzeih mir, ich mußte mit dem Mann reden, den ich zu dir geschickt habe, aber er weiß nichts. Er weiß nicht, daß ich ein spiritueller Mann bin. Er war ein Fremder, und ich bestach ihn einfach mit einer Rupie und trug ihm auf, die Botschaft bei dir zu Hause abzuliefern.«

Zur damaligen Zeit war eine Goldrupie viel zuviel. Vor vierzig Jahren war in Indien eine Goldrupie fast genug, um einen Monat lang durchaus komfortabel zu leben.

Wißt ihr, daß das Wort »Rupie« aus dem Hindi-Wort *rupaiya* kommt, was »das Goldene« bedeutet? Tatsächlich dürfte man die Banknote gar nicht »Rupie« nennen – sie ist nicht aus Gold. Zumindest hätten die Trottel sie golden färben können, aber nicht mal das haben sie getan. Eine Rupie von damals ist heute fast siebenhundert Rupien wert. So viel hat sich in nur vierzig Jahren geändert. Alles ist siebenhundertmal teurer geworden.

Er sagte: »Ich habe ihm einfach eine Rupie gegeben und ihm gesagt, er solle die Botschaft ausrichten. Er war so durcheinander beim Anblick der Rupie, daß er mich nicht mal ansah. Er war ein Fremder, ich habe ihn noch nie zuvor gesehen.«

Ich sagte: »Ich kann das gleiche von mir sagen: Ich habe den Mann auch noch nie im Ort gesehen. Vielleicht ist er auf der Durchreise. Aber mach dir deswegen keine Gedanken. Warum mußtest du mich rufen?«

Magga Baba sagte: »Ich gehe fort, und es gibt sonst niemanden, den ich rufen konnte, um mich zu verabschieden. Du bist der einzige.« Er umarmte mich, küßte mich auf die Stirn und ging – einfach so.

Magga Baba war schon oft in seinem Leben verschwunden; die Leute hatten ihn mitgenommen und wieder zurückgebracht. Als er zum letzten Mal verschwand, machte sich keiner deswegen Gedanken. Erst ein paar Monate später merkten die Leute, daß er wirklich verschwunden war, daß er schon seit Monaten nicht mehr zurückgekommen war. Sie suchten alle Orte ab, wo er früher einmal gewesen war, aber niemand wußte von ihm.

In der Nacht, bevor er verschwand, sagte er zu mir: »Ich werde dich vielleicht nicht mehr zur Blume aufblühen sehen, aber mein Segen wird dich begleiten. Es wird mir vielleicht nicht möglich sein zurückzukehren. Ich gehe in den Himalaja. Sage zu keinem etwas über meinen Aufenthaltsort.« Er war so glücklich, so selig, als er mir sagte, daß er in den Himalaja ging! Der Himalaja war schon immer die Heimat aller, die gesucht und gefunden haben.

Ich wußte nicht, wohin er gegangen war, denn der Himalaja ist die größte Gebirgskette der Welt. Aber einmal, als ich im Himalaja unterwegs war, kam ich an einen Platz, der sein Grab zu sein schien. Merkwürdigerweise war es direkt neben Moses und Jesus. Diese beiden sind gleichfalls im tiefsten Himalaja begraben. Ich war hingefahren, um das Grab von Jesus zu besuchen. Es war reiner Zufall, daß ich auch Moses und Magga Baba fand. Es war natürlich eine Überraschung.

Ich hätte nie gedacht, daß Magga Baba irgend etwas mit Moses oder Jesus zu tun hatte, aber als ich sein Grab dort sah, begriff ich augenblicklich, woher er ein so schönes Gesicht hatte, warum er mehr Moses als irgendeinem Hindu glich. Vielleicht gehörte er zu dem verlorenen Stamm. Moses hatte einen Stamm verloren, während er unterwegs nach Israel war. Dieser Stamm ließ sich in Kaschmir im Himalaja nieder. Und ich sage es mit Bestimmtheit, daß dieser Stamm größeren Anspruch darauf erheben kann, Israel gefunden zu haben, als Moses selbst. Was Moses als »Israel« fand, war nur eine Wüste, absolut wertlos. Was sie in Kaschmir gefunden hatten, war wirklich der Garten Gottes.

Moses kam auch dorthin, auf der Suche nach dem verlorenen Stamm. Jesus kam ebenfalls hin, nach seiner sogenannten Kreuzigung. Ich sage »sogenannt«, weil sie in Wirklichkeit gar nicht stattfand – er blieb am Leben. Nach sechs Stunden am Kreuz war Jesus noch nicht tot.

Die Art, wie die Juden Leute kreuzigten, war eine so rohe Methode, daß es fast sechsunddreißig Stunden dauerte, bis ein Mensch tot war. Ein sehr reicher Jünger von Jesus hatte es so arrangiert, daß die Kreuzigung an einem Freitag stattfand. Es war ein abgekartetes Spiel, denn die Juden gestatten nicht, daß am Samstag irgendwelche Arbeiten weitergehen; es ist ihr heiliger Tag. Jesus mußte vom Kreuz abgenommen und vorübergehend in eine Höhle gebracht werden, bis zum nächsten Montag. In der Zwischenzeit wurde er aus der Höhle gestohlen.

Die Christen erzählen eine andere Geschichte. Tatsächlich aber wurde er noch in derselben Nacht, als er nach der Kreuzabnahme in der Höhle war, aus Israel herausgebracht. Er lebte noch, wenn er auch viel Blut verloren hatte. Es dauerte ein paar Tage, bis er geheilt war, aber er wurde geheilt und lebte bis ins hohe Alter von hundertzwölf Jahren in einem kleinen Dorf namens Pahalgam im Kaschmir-Himalaja.

Er wählte diesen Ort Pahalgam, weil er dort das Grab von Moses fand. Moses war vor ihm auf der Suche nach seinem verlorenen Stamm dorthin gekommen. Er fand ihn und er fand, daß Israel im Vergleich zu Kaschmir nichts ist. Es gibt keinen anderen Ort, der mit Kaschmir zu vergleichen ist. Er lebte und starb dort – ich meine Moses. Und als Jesus nach Kaschmir kam, zusammen mit Thomas, seinem geliebten Jünger, sandte er Thomas aus, den

Indern seinen Weg zu zeigen. Er selbst lebte bis ans Ende seiner Tage in Kaschmir, nahe dem Grab von Moses.

Magga Baba liegt im selben kleinen Dorf Pahalgam begraben. Als ich in Pahalgam war, entdeckte ich eine seltsame Beziehung, die von Moses über Jesus bis zu Magga Baba und zu mir reichte.

Bevor Magga Baba mein Dorf verließ, hatte er mir seine Decke mit den Worten gegeben: »Sie ist mein ganzer Besitz, und du bist der einzige, dem ich sie schenken möchte.«

Ich sagte: »Das ist in Ordnung, aber mein Vater wird mir nicht erlauben, diese Decke mit ins Haus zu bringen.«

Er lachte, ich lachte. Wir fanden es beide lustig. Er wußte ganz genau, daß mein Vater eine so schmutzige Decke nicht ins Haus lassen würde. Aber mir war traurig und weh zumute, die Decke nicht aufbewahren zu können. Es war nicht viel dran – ein schmutziger alter Fetzen –, aber sie gehörte einem Mann von der Kategorie eines Buddha und Jesus. Ich konnte sie nicht mit nach Hause nehmen, weil mein Vater Tuchhändler war und es mit Stoffen sehr genau nahm. Ich wußte ganz genau, daß er es mir nicht erlauben würde. Ich konnte sie auch nicht ins Haus meiner Großmutter bringen. Sie hätte es nicht erlaubt, weil sie sehr eigen war, was Sauberkeit betraf.

Ich habe meinen Sauberkeitsfimmel von ihr. Sie ist schuld daran, ich bin gar nicht dafür verantwortlich. Ich kann nichts ertragen, was schon einmal benutzt oder schmutzig ist – unmöglich.

Ich hab immer zu ihr gesagt – lachend natürlich: »Du verdirbst mich!« Doch es ist wahr, sie hat mich für immer verdorben; aber ich bin ihr dankbar dafür. Sie hat mich zugunsten von Reinheit, Sauberkeit und Schönheit verdorben.

Für mich war Magga Baba wichtig, aber wenn ich zwischen meiner Nani und ihm zu wählen hätte, würde ich mich trotzdem für meine Nani entscheiden. Obwohl sie damals noch nicht erleuchtet war, und Magga Baba wohl, ist manchmal ein unerleuchteter Mensch so schön, daß man sich für ihn entscheiden würde, auch wenn der Erleuchtete als Alternative zu haben ist.

Wenn ich beide wählen dürfte, würde ich das natürlich tun. Oder wenn ich nur zwei Menschen unter all den Millionen auf der

Welt wählen dürfte, dann würde ich diese beiden nehmen. Magga Baba für draußen – er kommt meiner Großmutter nicht ins Haus; er müßte draußen bleiben, unter seinem *neem*-Baum. Und natürlich könnte meine Nani nicht neben Magga Baba sitzen.

»Dieser Kerl!« nannte sie ihn immer. »Dieser Kerl! Vergiß ihn und komm ihm nicht zu nahe. Und wenn du auch nur an ihm vorbeigehst, nimm jedesmal eine Dusche.« Sie hatte immer Angst, er könnte Läuse haben, denn niemand hatte ihn je ein Bad nehmen sehen.

Vielleicht hatte sie recht. So lang wie ich ihn kannte, hatte er jedenfalls nie ein Bad genommen. Die beiden könnten nicht miteinander existieren, das ist wahr. Koexistenz wäre in diesem Fall nicht möglich, aber wir könnten es immer irgendwie arrangieren. Magga Baba könnte immer unter dem *neem*-Baum draußen im Hof sitzen, und Nani dürfte die Königin im Hause sein. Und ich könnte die Liebe beider haben, ohne mich für das eine oder das andere entscheiden zu müssen. Ich hasse Entweder-Oder.

Wie spät ist es?

»Sechzehn Minuten nach zehn, Osho.«

Fünf Minuten für mich. Sei gut zu einem armen Mann, und nach fünf Minuten kannst du aufhören.

16

Es gibt sechs große Religionen auf der Welt. Sie lassen sich in zwei Kategorien aufteilen: Die eine besteht aus Judentum, Christentum und Islam. Sie glauben nur an ein einziges Leben. Du existierst nur zwischen Geburt und Tod, und über Geburt und Tod hinaus gibt es nichts – das Leben ist alles. Obwohl sie an Himmel und Hölle und an Gott glauben, sind diese das Verdienst *eines* Lebens, eines einzigen Lebens. Die andere Kategorie besteht aus Hinduismus, Dschainismus und Buddhismus. Sie glauben an die Theorie der Reinkarnation. Man wird immer wieder von neuem geboren, ewig – es sei denn, man wird erleuchtet, und dann bleibt das Rad stehen.

Darum also flehte mein Großvater, als er im Sterben lag. Aber mir war die volle Bedeutung davon nicht bewußt... auch wenn ich das *Bardo* wie eine Maschine hersagte, ohne überhaupt zu verstehen, was ich sagte oder tat. Heute kann ich die Sorge des armen Mannes verstehen. Ihr könnt es die »letzte und höchste Sorge« nennen. Wenn sie krankhaft wird, wie im Osten, dann wird sie zur fixen Idee, dann verurteile ich sie. Dann ist es eher eine Krankheit; es ist nicht zu loben, sondern wirklich zu verurteilen.

Etwas eine »fixe Idee« zu nennen heißt, es psychologisch zu verurteilen – darum habe ich dieses Wort benutzt. Was die Massen in Asien betrifft, ist diese Idee seit Jahrtausenden eine Krankheit. Sie hat die Menschen davon abgehalten, reich zu sein, sich zu entfalten und gut zu leben, denn sie hatten nichts anderes im Sinn, als das Rad anzuhalten. Wer soll es dann ölen, und wer läßt es reibungslos laufen?

Natürlich bin ich auf meine Sannyasins angewiesen, damit die Räder des Rolls weiterrollen. Das leiseste Geräusch, und sie kriegen's mit mir zu tun... und wenn das Geräusch noch so süß ist! Seit zwei Tagen macht der Rolls ein kleines Geräusch. Das kommt ab und zu vor – sehr süß, wie ein kleiner Vogel, der im Baum singt. Aber eigentlich dürfte das nicht sein, ein Rolls soll schließlich kein Vogel sein. Und woher kommt das Geräusch? Vom Lenkrad. Ich kann es nicht durchgehen lassen. Wie ihr wißt, bin ich kein unduldsamer Mann, aber ein neuer Rolls Royce, der zu singen anfängt? – Und das auch noch im Lenkrad!

Tatsächlich habe ich keine Ahnung, was sich unter der Haube abspielt. Ich habe nie nachgeschaut und möchte es auch nie. Das ist nicht mein Geschäft. Aber ich muß sagen, das Geräusch ist süß, genau wie ein winziger pfeifender Vogel. Aber es muß abgestellt werden. Ein Rolls Royce hat nicht zu pfeifen, ob süß oder nicht süß. Und was machen diese Burschen den ganzen Tag? Ihre ganze Funktion – und ihre Meditation dazu –, ist es schließlich, den Rolls in bester Form zu halten.

Ja, wenn diese beiden anderen Burschen, Mr. Rolls und Mr. Royce, noch einmal geboren werden sollten, würden sie neidisch auf uns sein, weil wir das, was sie geschaffen haben, immer mehr zu verbessern trachten. Natürlich ist der Rolls der beste Wagen der Welt, aber er ist nicht unverbesserbar. Er kann und sollte verbessert werden. Und ich möchte nicht, daß seine Räder angehalten werden.

Die Inder sind besessen. Es ist zu einer seelischen Krankheit geworden, das Rad von Leben und Tod anhalten zu wollen. Natürlich erinnert sie das Rad immer gleich an den Ochsenkarren. Wenn sie den anhalten wollen, bin ich völlig einverstanden. Aber es gibt bessere Räder; man braucht sie nicht alle anzuhalten.

Der bloße Wunsch, nicht wiedergeboren zu werden, verrät nämlich schon, daß man überhaupt nicht gelebt hat. Es mag euch widersprüchlich erscheinen, aber laßt es mich sagen: Nur wer total gelebt hat, hält das Rad von Leben und Tod an. Aber gerade die, die es anhalten wollen, sind die, die überhaupt nicht gelebt haben. Sie werden einen Hundetod sterben.

Nichts gegen Hunde, wohlgemerkt; ich gebrauche nur eine Metapher. Und es muß was dran sein, denn auf Hindi gibt es dieselbe Metapher. Es ist die einzige Metapher, die auf Hindi so ähnlich ist wie auf Englisch. Nicht nur ähnlich, sondern gleich: *kutte ki mout – »a dog's death«*. Es ist genau gleich. Es muß etwas dran sein. Um das herauszufinden, werde ich euch eine Geschichte erzählen müssen.

Es heißt, daß Gott, als er die Welt erschuf – und vergeßt nicht, es ist nur eine Geschichte... Also, als Gott die Welt erschuf – die Männer und die Frauen, die Tiere und die Bäume und alles –, da gab er allen die gleiche Altersgrenze: zwanzig Jahre. Komisch, warum gerade zwanzig? Vielleicht hat Gott es ja auch nur an den Fingern abgezählt, und zwar nicht nur an den Händen, sondern auch an den Füßen, und das macht zwanzig.

Ich stelle meine eigenen Nachforschungen an. Dann und wann, wenn ihr in eurer Badewanne sitzt und euch die Finger und Zehen saubermacht, habt ihr sie bestimmt auch mal gezählt. Vielleicht hat Gott eines Tages die seinen gezählt, und dabei kam ihm die Idee, jedem zwanzig Jahre zu leben zu geben. Er scheint ein Poet zu sein. Er scheint auch ein Kommunist zu sein. Jetzt werden die Amerikaner aber beleidigt sein. Sollen sie, das ist mir egal. Wenn mir schon sonst alle auf der Welt egal sind, warum sollten mir ausgerechnet die Yankees nicht egal sein? Und in meiner jetzigen Lebensphase möchte ich so schockierend sein wie eh und je, wenn nicht noch schockierender.

Eines weiß ich: Jesus wäre, wenn man ihn ein bißchen länger hätte lehren lassen, nicht so schockierend gewesen, sondern hätte Vernunft angenommen. Schließlich war er ein Jude. Er hätte begriffen, und dann hätte er nicht mehr solchen Unsinn geredet – »das Reich Gottes«! Und dann diese zwölf Schafsköpfe, die er, oder die sich sogar selbst für Apostel hielten! Er muß ihnen diese

Flausen in den Kopf gesetzt haben, denn von alleine wären diese Schafsköpfe nie darauf gekommen.

Jesus war so schockierend, daß sogar der größte Revolutionär seiner Zeit, Johannes der Täufer, der auch der Meister von Jesus war und ins Gefängnis geworfen wurde –, daß sogar er aus seiner Zelle eine Botschaft an Jesus schickte.

Er ließ ihm sagen: »Wenn ich die Reden höre, die du führst, frage ich mich, ob du wirklich der Messias bist, auf den wir gewartet haben, denn was du sagst, ist einfach schockierend.«

Also das nenne ich ein Gütesiegel! Johannes der Täufer war einer der größten Revolutionäre der Welt. Jesus war nur einer seiner Jünger. Es ist ein Zufall der Geschichte, daß Johannes der Täufer vergessen und Jesus in Erinnerung geblieben ist.

Johannes der Täufer war reines Feuer. Man schlug ihm den Kopf ab. Die Königin hatte verlangt, daß man ihr seinen Kopf auf einem Tablett präsentiere; nur dann hätte sie das Gefühl, daß im Lande Ruhe herrschen werde. Und so geschah es. Johannes dem Täufer wurde der Kopf abgeschlagen, auf ein schönes goldenes Tablett gelegt und der Königin präsentiert.

Selbst dieser Mann, Johannes der Täufer, war ein wenig beunruhigt, als er die schockierenden Aussprüche von Jesus hörte. Und ich meine auch, sie sollten hier und da überarbeitet werden – ja, sogar ich sage das –, aber nicht, weil sie schockierend waren, sondern weil sie allmählich albern werden. Schockierend geht ja noch, aber albern? Nein.

Stellt euch nur einmal Jesus vor, wie er den Feigenbaum verflucht, weil er und seine Jünger Hunger hatten und der Baum keine Früchte trug. Es war nicht die Jahreszeit. Der Baum konnte nichts dafür, aber Jesus war so erbost, daß er den Feigenbaum dazu verfluchte, auf ewig häßlich zu bleiben.

Also das nenne ich Albernheit. Es ist mir gleich, ob das von Jesus oder sonstwem stammt. Schockierend zu sein, gehört zur Religiosität, aber Albernheit nicht. Vielleicht wäre Jesus, wenn er noch ein wenig länger gelehrt hätte – er war erst dreiunddreißig, als man ihn kreuzigte –, bis siebzig friedlich geworden, denn schließlich war er ein echter Jude. Es wäre überhaupt nicht nötig gewesen, ihn zu kreuzigen. Aber die Juden hatten es eilig.

Ich glaube, daß nicht nur die Juden es eilig hatten, denn die Juden wissen es besser. Daß Jesus gekreuzigt werden mußte, geht vielleicht auf das Konto der Römer – die waren schon immer kindisch und dumm. Ich weiß keinen aus ihrer Rasse und aus ihrer Geschichte, der einem Jesus oder einem Buddha oder einem Laotse zu vergleichen wäre.

Nur *einer* kommt mir in den Sinn, und zwar der Kaiser Marc Aurel. Er schrieb das berühmte Buch »Meditationen«. Natürlich ist es nicht dasselbe, was ich Meditation nenne, sondern »Meditation*en*«. Meine Meditation ist immer Singular; es gibt davon keinen Plural. Seine Meditationen sind in Wirklichkeit Kontemplationen; davon kann es keinen Singular geben. Marc Aurel fällt mir als einziger Name aus der gesamten römischen Geschichte ein, der erwähnenswert ist, wenn auch nicht sonderlich. Jeder bescheidene Basho könnte Marc Aurel in den Schatten stellen. Jeder Kabir könnte dem Kaiser einen Schlag auf den Kopf versetzen und ihn jenseits aller Vernunft bringen.

Ich weiß nicht, ob es in eurer Sprache zulässig ist, jemanden »jenseits aller Vernunft« zu bringen. Ihn zur Vernunft zu bringen, ist zweifellos erlaubt, aber das ist nicht meine Arbeit, das könnte jeder. Dazu ist ein Buddha nicht nötig. Ein Buddha ist dazu da, euch jenseits aller Vernunft zu bringen. Ein Basho, ein Kabir oder selbst eine Frau wie Lalla oder Rabiya hätte den armen Kaiser wirklich in dieses Jenseits hinüberbefördern können.

Aber das ist alles, was von den Römern gekommen ist – nicht eben viel, aber immerhin etwas. Man soll niemanden in Bausch und Bogen ablehnen. Um der Höflichkeit willen lasse ich Marc Aurel gelten – nicht als einen Erleuchteten, aber als einen guten Mann. Er hätte erleuchtet werden können, wenn er zufällig auf einen Mann wie Bodhidharma gestoßen wäre. Ein einziger Blick von Bodhidharma in die Augen von Marc Aurel hätte genügt – dann hätte er zum ersten Mal gewußt, was Meditation ist.

Er wäre nach Hause gegangen und hätte alles verbrannt, was er bisher geschrieben hatte. Vielleicht hätte er dann eine Sammlung von Skizzen hinterlassen – einen Vogel im Flug, oder eine verwelkende Rose, oder nur eine Wolke, die am Himmel treibt – hier und da ein paar Sätze, ohne viel zu sagen, aber genug, um zu provozieren, genug, um einen Prozeß in demjenigen auszulösen, der darauf stößt. Das wäre wirklich ein Skizzenbuch über Meditation geworden, aber nicht über Meditation*en*... Ein Plural ist nicht möglich.

Psychologisch betrachtet könnte man sagen, daß der Osten, und vor allem Indien, nicht nur auf den Tod fixiert, sondern regelrecht vom Gedanken des Selbstmords besessen ist. Und so ganz unrecht hätte man damit nicht. Solange man lebt, sollte man leben – nicht nötig, an den Tod zu denken. Und wenn der Tod kommt, sollte man sterben, und zwar total sterben. Dann braucht man nicht zurückzuschauen. Und wenn man jeden Moment total ist – im Leben, im Lieben, im Sterben –, dann ist das der Weg, um zu erkennen. Was zu erkennen? Es gibt kein Was. Man *erkennt* einfach – nicht etwas, sondern *das:* den Erkennenden. »Was« ist das Objekt, »das« ist die eigene Subjektivität.

Im Augenblick, als mein Nana starb, flackerte das Lachen meiner Großmutter gerade noch ein letztes Mal auf; dann nahm sie sich zusammen. Sie war ganz gewiß eine Frau, die sich zusammennehmen konnte. Aber nicht davon war ich beeindruckt, daß sie sich zusammennahm, sondern davon, daß sie dem Tod direkt ins Gesicht lachte.

Wieder und wieder habe ich sie gefragt: »Nani, kannst du mir sagen, warum du laut gelacht hast, als der Tod so nah war? Wenn sogar ich als Kind es gemerkt habe, kann es nicht sein, daß du es nicht gemerkt hast!«

Sie sagte: »Natürlich hatte ich es gemerkt; genau deswegen habe ich ja gelacht. Ich lachte über den armen Mann, der sich so sinnlos bemühte, das Rad anzuhalten, denn letzten Endes haben weder Geburt noch Tod einen Sinn.«

Ich mußte die Zeit abwarten, bis ich fragen und mit ihr argumentieren konnte. Wenn ich selbst erleuchtet werde, dachte ich, dann werde ich sie fragen – und genau das tat ich.

Das allererste, was ich nach meiner Erleuchtung im Alter von einundzwanzig Jahren tat, war, in das Dorf zu eilen, wo meine Großmutter lebte, ins Dorf meines Vaters. Sie hatte den Ort, wo ihr Mann verbrannt wurde, nie mehr verlassen. Dieser Ort wurde ihre Heimat. Sie vergaß allen Luxus, an den sie gewöhnt war. Sie vergaß all die Gärten, die Felder und den See, die ihr einmal gehört hatten. Sie ging einfach nie mehr zurück, nicht einmal, um alles zu regeln.

Sie sagte: »Wozu denn? Es ist alles geregelt. Mein Mann ist tot, und das Kind, das ich liebe, ist auch nicht dort. Alles ist geregelt.«

Sofort nach meiner Erleuchtung eilte ich in das Dorf, um zwei Menschen zu treffen... Erstens Magga Baba, den Mann, von dem ich schon gesprochen habe. Ihr werdet euch sicherlich fragen, warum. Weil ich wollte, daß einer zu mir sagte: »Du bist erleuchtet...« Ich wußte es, und doch wollte ich es auch von außen hören. Magga Baba war der einzige Mensch, den ich damals fragen konnte. Ich hatte gehört, daß er erst vor kurzem ins Dorf zurückgekehrt war.

Ich eilte zu ihm. Das Dorf war vier Kilometer vom Bahnhof entfernt. Ihr könnt euch nicht vorstellen, wie sehr ich gerannt bin, um ihn zu sehen. Ich kam beim *neem*-Baum an...

Das Wort *neem* läßt sich nicht übersetzen, denn ich glaube nicht, daß es im Westen überhaupt so etwas wie den *neem*-Baum gibt. Der *neem*-Baum ist ein seltsamer Baum: seine Blätter schmecken sehr bitter. Man meint, kein Gift könnte bitterer schmecken, aber tatsächlich ist es genau umgekehrt: er ist ganz und gar nicht giftig. Wenn man jeden Tag ein paar *neem*-Blätter kaut... aber das ist leicht gesagt! Ich habe es jahrelang getan, fünfzig Blätter morgens und nochmal fünfzig Blätter abends.

Also, um fünfzig Blätter vom *neem*-Baum zu essen – dazu muß einer wirklich grimmig entschlossen sein, sich zu töten, so bitter ist es! Aber es reinigt das Blut und schützt absolut vor jeder Infektion, sogar in Indien, was ein Wunder ist! Selbst von dem Wind, der durch die Blätter eines *neem*-Baums streicht, sagt man, daß er reiner sei als sonst. Die Leute pflanzen *neem*-Bäume um ihre Häuser herum, nur um die Luft rein und unverschmutzt zu halten. Es ist eine wissenschaftlich bewiesene Tatsache, daß der *neem*-Baum alle Arten von Infektionen fernhält, indem er einen Schutzschirm bildet.

Ich rannte auf den *neem*-Baum zu, wo Magga Baba saß, und in dem Augenblick, als er mich sah – wißt ihr, was er da tat? Ich konnte es selbst nicht glauben: er berührte weinend meine Füße.

Ich wurde ganz verlegen, weil sich eine Menschenmenge versammelt hatte und alle glaubten, Magga Baba sei jetzt wirklich verrückt geworden. Bis dahin war er nur ein bißchen verrückt gewesen, aber jetzt war er wirklich nicht mehr zu retten, endgültig hinüber... *Gate, gate* – »gegangen und für immer gegangen«.

Aber Magga Baba lachte und redete zu mir – sprach zum ersten Mal vor allen Leuten: »Mein Junge, du hast es geschafft! Aber ich wußte, daß du es eines Tages schaffen würdest.«

Ich berührte seine Füße. Zum ersten Mal versuchte er, mich daran zu hindern und sagte: »Nein, nein, berühre nicht mehr meine Füße.«

Aber ich berührte sie trotzdem, auch wenn er es abwehrte. Es war mir egal, und ich sagte: »Sei still! Kümmere du dich um deine eigenen Angelegenheiten und überlaß mir die meinen. Wenn ich erleuchtet bin, wie du sagst, dann hindere bitte einen Erleuchteten nicht daran, deine Füße zu berühren.«

Er fing wieder zu lachen an und sagte: »Du Halunke! Du bist erleuchtet, aber immer noch derselbe Halunke!«

Danach eilte ich nach Hause – das heißt, zum Haus meiner Nani, nicht zu dem meines Vaters, denn sie war die Frau, der ich berichten wollte, was passiert war. Aber seltsam sind die Wege der Existenz: sie stand schon in der Tür und sah mich ein wenig verwundert an.

Sie sagte: »Was ist mit dir passiert? Du bist nicht mehr derselbe.« Sie war nicht erleuchtet, aber intelligent genug, um die Veränderung in mir zu erkennen.

Ich sagte: »Nein, ich bin nicht mehr derselbe, und ich bin hergekommen, um das, was mit mir passiert ist, mit dir zu teilen.«

Sie sagte: »Bitte, bleib wenigstens für mich immer mein Rajah, mein kleiner Junge.«

So sagte ich gar nichts zu ihr. Ein Tag verging, dann weckte sie mich mitten in der Nacht. Mit Tränen in den Augen sagte sie: »Vergib mir. Du bist nicht mehr derselbe. Du kannst versuchen, dich zu verstellen, aber ich durchschaue deine Verstellung. Du brauchst mir nichts vorzumachen. Du kannst mir erzählen, was mit dir passiert ist. Das Kind, das ich einmal gekannt habe, ist gestorben, aber ein sehr viel Schönerer und Leuchtenderer ist an seine Stelle getreten. Ich kann dich jetzt nicht mehr mein eigen nennen, aber das macht nichts. Jetzt können dich Millionen ihr eigen nennen und alle werden das Gefühl haben, daß du ihr eigen bist. Ich ziehe meinen Alleinanspruch zurück, aber lehre auch mich den Weg.«

Heute habe ich es zum ersten Mal jemandem erzählt. Meine Nani war mein erster Jünger. Ich lehrte sie den Weg. Mein Weg ist einfach: Still zu sein und in seinem Selbst dasjenige wahrzunehmen, was stets nur Beobachter ist und nie das Beobachtete; den Wissenden zu erkennen und das Gewußte zu vergessen.

Mein Weg ist einfach, so einfach wie der von Laotse, Tschuangtse, Krishna, von Christus, Moses, Zarathustra... denn nur die Namen unterscheiden sich – der Weg ist der gleiche. Nur die Pilger unterscheiden sich, die Pilgerreise ist die gleiche. Und die Wahrheit, der Weg dahin ist sehr einfach.

Ich hatte das Glück, daß meine Großmutter mein erster Jünger war, denn mir ist nie wieder ein so einfacher Mensch begegnet. Ich habe viele sehr einfache Menschen gefunden, die ihrer Einfachheit sehr nahe kamen, aber Nanis Einfachheit war derart tief, daß niemand sie je darin übertreffen konnte, nicht einmal mein Vater. Er war einfach, absolut einfach und sehr tief – aber kein Vergleich zu ihr. Ich sage es ungern, aber er war weit davon entfernt; und meine Mutter ist weit, sehr weit davon entfernt. Sie kommt nicht einmal der Einfachheit meines Vaters nahe.

So, und nun werdet ihr staunen – ich erkläre es zum ersten Mal: Meine Nani war nicht nur mein erster Jünger, sie war auch mein erster erleuchteter Jünger. Und sie wurde erleuchtet, lange bevor ich anfing, Leute in Sannyas einzuweihen. Sie war nie Sannyasin.

Sie starb 1970 – in dem Jahr, als ich anfing, Leute in Sannyas einzuweihen. Sie lag auf dem Sterbebett, als sie von meiner Bewegung hörte. Ich habe es zwar selbst nicht gehört, aber einer meiner Brüder berichtete mir, daß dies ihre letzten Worte waren. »Es war so, als würde sie mit dir sprechen«, erzählte mir mein Bruder.

»Sie sagte: ›Rajah, jetzt hast du eine Sannyas-Bewegung angefangen, aber es ist zu spät. Ich kann nicht deine Sannyasin sein, denn bevor du hier sein kannst, verlasse ich meinen Körper. Aber laß dir berichten, daß es mein Wunsch war, deine Sannyasin zu sein.‹«

Sie starb, bevor ich bei ihr ankam, genau zwölf Stunden vorher. Es war eine lange Reise von Bombay in jenes kleine Dorf, aber sie hatte darauf bestanden, daß niemand ihren Leichnam berühren dürfe, bis ich gekommen sei. Danach solle alles so geschehen, wie ich es entscheiden würde. Wenn ich wollte, daß ihr Leichnam beerdigt würde, dann wäre das in Ordnung. Wenn ich wollte, daß ihr Leichnam verbrannt würde, dann wäre auch das in Ordnung. Wenn ich etwas anderes wollte, dann wäre auch das in Ordnung.

Als ich zu Hause ankam, traute ich meinen Augen nicht – sie war achtzig und dennoch so jung! Sie war schon zwölf Stunden tot, aber es gab noch keine Anzeichen von Verfall.

Ich sagte zu ihr: »Nani, da bin ich. Ich weiß, dieses Mal wirst du mir nicht antworten können. Ich sage es dir nur, damit du es hören kannst. Eine Antwort ist nicht nötig.« Plötzlich – fast ein Wunder! Ich war nicht allein; außer mir war mein Vater, meine ganze Familie, ja die ganze Nachbarschaft versammelt, und alle sahen sie das gleiche: eine Träne rollte aus ihrem linken Auge – nach zwölf Stunden!

Die Ärzte – bitte halte das fest, Raj Bharti – hatten sie für tot erklärt. Aber Tote weinen nicht. Selbst wirkliche Menschen tun es kaum, geschweige denn Tote. Aber da war eine Träne, die aus ihrem Auge rollte. Ich nahm es als Antwort – und konnte man mehr erwarten? Ich entzündete ihren Scheiterhaufen, wie es ihr Wunsch gewesen war. Ich habe das nicht einmal für die Leiche meines Vaters getan.

In Indien ist es praktisch ein absolutes Gesetz, daß der älteste Sohn bei der Verbrennung seines Vaters den Scheiterhaufen anzündet. Ich habe es nicht getan. Was den Tod meines Vaters betraf, so ging ich nicht einmal zur Verbrennung hin. Die letzte Verbrennung, an der ich teilgenommen habe, war die meiner Nani.

An jenem Tag damals sagte ich zu meinem Vater: »Hör zu, Dada, ich werde nicht zu deiner Verbrennung kommen können.«

Er sagte: »Was redest du für einen Unsinn? Ich lebe noch!«

Ich sagte: »Ich weiß, daß du noch lebst, aber wie lange noch? Gestern war Nani noch am Leben; morgen bist du es vielleicht nicht mehr. Ich will es nicht darauf ankommen lassen. Ich will dir jetzt gleich sagen, daß ich beschlossen habe, nach meiner Nani an keiner Verbrennung mehr teilzunehmen. Vergib mir also bitte – ich werde nicht zu deiner Verbrennung kommen. Natürlich wirst du dann nicht da sein, deswegen bitte ich dich schon heute um Vergebung.«

Er verstand, und natürlich war er ein wenig schockiert, aber er sagte: »Gut, wenn es dein Entschluß ist – aber wer wird dann bei meiner Verbrennung das Feuer anzünden?«

Das ist in Indien eine sehr wesentliche Frage. Der Sitte nach müßte das normalerweise der älteste Sohn tun. Ich sagte zu ihm: »Du weißt ja, ich bin ein Vagabund. Ich besitze gar nichts.«

Magga Baba, so arm wie er war, besaß zwei Dinge: seine Decke und seine *magga* – die Tasse. Ich besitze überhaupt nichts. Auch wenn ich wie ein König lebe, besitze ich doch nichts. Mir gehört nichts. Sollte eines Tages Sheela kommen und zu mir sagen: »Verlasse augenblicklich diesen Ort!«, dann werde ich sofort gehen. Ich brauche nicht einmal zu packen. Nichts gehört mir. Genauso habe ich eines Tages Bombay verlassen. Niemand war darauf gefaßt, daß ich so einfach davongehen würde, ohne mich umzuschauen, nicht ein einziges Mal.

Ich konnte nicht der Verbrennung meines Vaters beiwohnen, aber ich hatte mir seine Erlaubnis vorher eingeholt, lange Zeit vorher – bei der Totenfeier meiner Nani. Meine Nani war keine Sannyasin, aber sie war in anderer Hinsicht Sannyasin, in jeder anderen Hinsicht, nur daß ich ihr keinen Namen gegeben hatte. Sie starb in Orange, obwohl ich sie nicht gebeten hatte, Orange zu tragen. Aber an dem Tag, als sie erleuchtet wurde, hörte sie auf, ihre weißen Kleider zu tragen.

In Indien muß eine Witwe Weiß tragen. Und warum nur eine Witwe? Damit sie nicht schön aussieht – natürliche Logik. Und sie muß sich den Kopf kahlrasieren! Seht ihr? Wie soll man diese Schweinehunde nennen? Nur um eine Frau häßlich zu machen, rasieren sie ihr die Haare ab und lassen sie nur noch Weiß und sonst keine andere Farbe mehr tragen! Sie rauben ihrem Leben alle Farbigkeit. Sie darf kein Fest besuchen, nicht einmal die Hochzeit ihrer eigenen Söhne und Töchter! Jedes Feiern ist ihr verboten.

An das Datum, als meine Nani erleuchtet wurde, erinnere ich

mich noch – ich habe es aufgeschrieben; es wird irgendwo zu finden sein. Es war der 16. Januar 1967.

Ich sage ohne Zögern, daß sie meine erste Sannyasin war; und nicht nur das, sie war meine erste erleuchtete Sannyasin.

Ihr beide seid Ärzte, und ihr kennt Doktor Ajit Saraswati gut. Er ist seit fast zwanzig Jahren mit mir, und ich kenne keinen anderen, der so aufrichtig dabei ist.

Ihr werdet euch wundern, wenn ich euch sage, daß er draußen wartet... und daß es durchaus möglich ist, daß er jetzt jederzeit erleuchtet werden kann. Er ist gekommen, um in den Aschram zu ziehen. Es muß schwer für ihn gewesen sein, vor allem als Inder, seine Frau, seine Kinder und seinen Beruf zu verlassen. Aber er konnte nicht ohne mich leben. Er ist bereit, alles aufzugeben. Er wartet draußen. Dies wird sein erstes Gespräch unter vier Augen sein, und ich kann fühlen, daß es auch seine Erleuchtung sein wird. Er hat sie sich verdient, und zwar mit großen Schwierigkeiten. Ein Inder zu sein und dabei total mit mir zu sein, ist keine leichte Sache.

Wie spät ist es?

»Viertel vor neun, Osho.«

Fünf Minuten für mich. Das ist so ungeheuer schön... Nein, das ist einfach toll! Nein, man sollte nicht gierig sein. Nein, ich bin ein zuverlässiger Mann, zuverlässig unzu... nein... und denkt daran, daß ich »Nein« nicht negativ gebrauche. Für mich ist »Nein« das schönste Wort in eurer Sprache. Ich liebe es. Ich weiß nicht, ob sonst noch jemand es liebt , aber ich liebe es. Aber ihr seid beide geduldig... *patiens*... Patienten, und ich bin der Arzt. Es ist Zeit. Alles muß an einem Punkt enden.

17

Okay.

Die ersten Worte, die Ajit Saraswati gestern abend zu mir sagte, waren: »Osho, ich hatte nie damit gerechnet, daß ich es je schaffen würde.« Natürlich dachten die Anwesenden, er meine seinen Einzug in den Aschram. Und das stimmt auch in gewissem Sinne und ist gar nicht so abwegig, denn ich erinnere mich an den ersten Tag, als er mich vor zwanzig Jahren aufsuchte. Er hatte seine Frau um Erlaubnis fragen müssen, nur um mich ein paar Minuten sehen zu dürfen. Die, die gestern anwesend waren, müssen das natürlich so verstanden haben, daß er nie damit gerechnet hatte, daß er hier einziehen und Frau und Kinder und ein Spitzeneinkommen zurücklassen würde, daß er alles aufgeben würde, nur um hier bei mir zu sein... im wahren Sinne von Verzicht.

Aber das meinte er nicht, und ich verstand. Ich sagte zu ihm: »Ajit, auch ich bin überrascht. Nicht, daß ich nie damit gerechnet hätte. Ich habe immer mit diesem Augenblick gerechnet, habe ihn herbeigehofft und herbeigesehnt, und ich bin glücklich, daß du gekommen bist.«

Wieder müssen die andern gedacht haben, daß ich von seinem Einzug in den Aschram sprach. Ich sprach von etwas anderem, aber er verstand. Ich konnte es an seinen Augen sehen, die mit der Zeit immer kindlicher geworden waren. Ich sah, daß er verstanden hatte, was es wirklich bedeutet, zu einem Meister zu kommen. Es bedeutet, zu deinem eigenen Selbst zu kommen. Es kann nichts anderes heißen als Selbsterkenntnis. Sein Lächeln war absolut neu.

Ich hatte mir schon Sorgen um ihn gemacht. Er war mit jedem Tag ernster geworden. Ich machte mir wirklich Sorgen, denn Ernst ist für mich immer ein Schimpfwort, eine Seuche gewesen, ein schlimmeres Krebsgeschwür als jeder Krebs und zweifellos viel ansteckender als jede Krankheit. Aber ich stieß einen tiefen Seufzer der Erleichterung aus. Eine Last fiel mir vom Herzen.

Er ist einer der wenigen Menschen, für die ich das Rad noch einmal in Bewegung hätte setzen müssen, falls ich sterben sollte, ohne daß sie erleuchtet wurden. Obwohl es unmöglich ist, das Rad noch einmal zu drehen... Und ich verstehe nichts von der Mechanik, wie man ein Rad zum Drehen bringt, vor allem nicht das Rad der Zeit. Ich bin kein Mechaniker, ich bin kein Techniker, und so wäre es sehr schwer für mich, das Rad noch einmal anzuwerfen... Und es hat sich nicht mehr bewegt, seit ich einundzwanzig bin.

Vor achtundzwanzig Jahren ist das Rad stehengeblieben; inzwischen muß alles eingerostet sein. Selbst wenn man Öl daraufgießen würde, es würde nichts helfen. Selbst meine Sannyasins könnten daran nichts ändern – es ist nicht das Rad eines Rolls Royce. Es ist das Rad des Karma, das Rad des Handelns und der Bewußtheit, die in jeder Handlung steckt. Ich bin fertig mit ihm. Aber für einen Mann wie Ajit hätte ich um jeden Preis zurückzukommen versucht.

Ich bin entschlossen, diesen Körper erst zu verlassen, wenn mindestens tausendundeiner meiner Jünger erleuchtet sind, eher nicht. Raj Bharti, merk es dir! Es wird nicht schwer sein – die Vorarbeiten sind getan – es ist nur noch eine Frage von ein bißchen Geduld.

Gudia sagte eben, als sie bei meinem Hereinkommen hörte,

daß Ajit erleuchtet worden ist: »Seltsam, überall platzt plötzlich die Erleuchtung auf!« Sie muß überall aufplatzen – das ist meine Arbeit. Und diese Tausendundeinen sind praktisch soweit, jeden Moment aufzuplatzen. Schon der leiseste Windhauch, und die Blüte geht auf... oder der erste Sonnenstrahl, und die Knospe öffnet ihm ihr Herz – oder was es auch sei. Aber was war es bei Ajit, was hat ihm geholfen?

In diesen zwanzig Jahren, seit ich ihn kenne, bin ich immer liebevoll zu ihm gewesen. Ich habe ihm nie einen Schlag versetzt – es war nie nötig. Noch bevor ich etwas zu ihm sagte, hatte er es bereits empfangen. Vor dem Aussprechen hörte er es schon. In diesen zwanzig Jahren ist er mir so genau gefolgt, wie es irgend möglich war. Er ist mein Mahakashyapa.

Was löste gestern abend die Sache aus? Es lag einfach daran, daß er jeden Augenblick an mich gedacht hatte. Im gleichen Augenblick, als er mich sah, verschwand sein ganzes An-mich-Denken – und das war das einzige Denken gewesen, und es hatte ihn eingehüllt wie eine Wolke. Und ich glaube nicht, daß er den genauen Sinn seiner Worte verstand! Das braucht Zeit. Und die Worte kommen so plötzlich. Es entfuhr ihm, fast ohne daß er es wollte: »Ich hatte nie damit gerechnet, Osho, daß ich es einmal schaffen könnte.«

Ich sagte: »Keine Sorge, ich war mir immer sicher, es würde passieren – früher oder später, aber passieren würde es.«

Er sah ein wenig verwundert drein. Er redete von seinem Einzug, und ich redete von »passieren«. Da tat sich – so wie sich ein Fenster auftut und du plötzlich sehen kannst, ganz genau so – tat sich ein Fenster auf, und er sah. Er berührte meine Füße, mit Tränen in den Augen und einem Lächeln im Gesicht. Zu sehen, wie Tränen und Lächeln sich mischen, ist schön. Es ist eine Erfahrung für sich.

Wegen Ajit Saraswati konnte ich die Geschichte, die ich angefangen hatte, nicht zu Ende erzählen. Irgendwie hatte er schon so lange gleich nebenan gewartet, daß ich mich an ihn gewöhnt hatte. Ihr erinnert euch sicher an den Tag, als ich über Ajit Mukherjee sprach, den berühmten Tantra-Schriftsteller, den Autor von »Tantra-Kunst« und »Tantra-Malerei«. Ich sagte – und ihr könnt es in euren Aufzeichnungen nachprüfen –, als ich »Ajit« sagte, konnte ich nicht »Mukherjee« sagen. Für mich bedeutet »Ajit« seit eh und je »Ajit Saraswati«. Als ich also über Ajit Mukherjee sprach, sagte ich erst: »Ajit Sarasw...«, korrigierte mich dann aber. Ich hatte »Saraswati« sagen wollen und war bis »Sarasw...« gekommen, und dann sagte ich: »Mukherjee«.

Er war immer anwesend, ohne irgendwie aufdringlich zu sein, gleich nebenan – wartend, nur wartend. Solch ein Vertrauen ist selten, obwohl es an meiner Seite Tausende von Sannyasins mit der gleichen Art von Ehrfurcht gibt. Ob sie es wissen oder nicht, darauf kommt es nicht an. Worauf es ankommt, ist eine ständige Präsenz von Ehrfurcht.

Ajit Saraswati kommt aus dem Hindu-Milieu, und so ist es leichter für ihn, diese Art von Ehrfurcht, dieses Vertrauen zu haben. Aber er wurde im Westen erzogen. Vielleicht konnte er mir deswegen so nahe kommen. Ein hinduistischer Hintergrund und eine westliche, wissenschaftliche Einstellung... dies beides zu haben, ist etwas Seltenes, und er ist ein einmaliger Mensch.

Und Gudia, andere werden bald folgen. Ja, sie werden aufplatzen! Hier und da und überall. Sie müssen bald aufplatzen, denn ich habe nicht viel Zeit. Aber der Ton, wenn ein Mensch in die Existenz hineinplatzt, ist keine Platzmusik. Es ist nicht einmal klassische Musik – es ist reine Musik, unklassifizierbar... nicht einmal hörbar, sondern nur spürbar.

Nun, seht ihr den Unsinn? Ich spreche von einer Musik, die gespürt, aber nicht gehört werden soll. Ja, genau davon spreche ich. Genau das ist Erleuchtung. Alles wird so still, als wäre Bashos Frosch nie in den alten Teich gesprungen... nie... nie... als hätte keine Welle je den Teich gekräuselt; als hätte sich ewig nur der Himmel ungestört in ihm gespiegelt.

Dieser Haiku Bashos ist wunderschön. Ich wiederhole ihn deshalb so oft, weil er immer neu ist, und jedesmal erfüllt mit einer neuen Bedeutung. So habe ich noch nie gesagt, daß der Frosch gar nicht gesprungen ist und daß es gar kein Plop gibt. Der alte Teich ist weder alt noch neu. Er weiß nichts von Zeit. Sein Spiegel kräuselt sich nicht. In ihm kannst du alle Sterne noch glänzender, noch großartiger sehen, als sie droben am Himmel sind. Die Tiefe des

Teiches trägt ungeheuer zu ihrer Pracht bei. So sind sie mehr von jenem Stoff, aus dem die Träume sind.

Wenn man in die Erleuchtung hineinplatzt, dann weiß man, daß der Frosch nicht gesprungen ist... der alte Teich war nicht alt. Dann weiß man, was *ist.*

Das alles nur nebenbei. Aber bevor ich wieder vergesse... Die arme Geschichte, mit der ich gestern begonnen habe. Das hättet ihr wohl nicht gedacht, daß ich mich noch daran erinnere; doch ich kann alles vergessen, außer eine schöne Geschichte. Wenn ihr mich sogar im Tod noch zum Sprechen bringen wollt, braucht ihr mich nur um eine Geschichte zu bitten, vielleicht nur eine von Aesops Fabeln oder eine aus dem »Panch Tantra« oder den »Jataka-Märchen« – oder einfach ein Gleichnis von Jesus.

Ich sagte gestern also... es begann alles mit der Metapher »Hundetod«. Ich sagte, daß der arme Hund nichts dafür kann. Aber hinter dieser Metapher steckt eine Geschichte, und weil Millionen von Menschen einen Hundetod sterben werden, lohnt es sich, sie zu verstehen. Vielleicht kennt ihr die Geschichte schon. Ich glaube, jedes Kind kennt sie; sie ist so einfach.

Gott erschuf die Welt: den Mann, die Frau, die Tiere, Bäume, Vögel, Berge – alles. Vielleicht war er ein Kommunist. Nun, das ist nicht gut – wenigstens Gott sollte kein Kommunist sein. Es sähe nicht gut aus, »Genosse Gott« genannt zu werden: »Genosse Gott, wie geht's?« Es klingt einfach nicht gut. Aber die Geschichte besagt, daß er jedem zwanzig Jahre zu leben gab. Jeder bekam das gleiche. Wie zu erwarten war, stand sofort der Mann auf und sagte: »Nur zwanzig Jahre? Das ist nicht genug.«

Das sagt etwas über den Mann: nichts ist ihm genug. Nie ist es genug. Die Frau ist nicht aufgestanden; das sagt auch etwas über die Frau. Sie ist mit kleinen Dingen zufrieden. Ihre Wünsche sind sehr menschlich. Sie verlangt nicht nach den Sternen. Ja, sie kann über den Mann und all seine Anstrengungen, den Mount Everest, den Mond oder den Mars zu erobern, nur kichern. Sie kann nicht begreifen, was der ganze Unsinn soll. Laßt uns lieber mal sehen, was es gleich im Fernsehen gibt? Soviel ich weiß, ist das Fernsehen...

Yashu Bharti schlägt die Augen nieder. Du brauchst dich nicht zu schämen. Ich sage nichts gegen Frauen, die fernsehen. Ich rede von mir. Ich glaube, daß Frauen nur wegen der Werbung fernsehen, aus keinem anderen Grund. Eine neue Seife, oder ein neues Shampoo, oder ein neues Auto... das Neue, eben alles Neue.

In der Werbung ist immer alles neu. In Wirklichkeit ist es das alte Zeug, immer wieder neu verpackt. Ja, die Verpackung ist neu, das Etikett ist neu, der Name ist neu.

Aber wie gesagt, eine Frau interessiert sich für eine neue Waschmaschine, einen neuen Kühlschrank oder ein neues Fahrrad. Eine Frau interessiert sich für das Konkrete.

In unserer Geschichte jedenfalls stand sie nicht auf und sagte zu Gott: »Was! Nur zwanzig Jahre!« Im Gegenteil, als der Mann aufstand, muß die Frau ihn am Ärmel gezupft und gesagt haben: »Setz dich hin, Mann. Was meckerst du? Immer nur meckern! Du alter Mecker-Heini, setz dich.«

Aber der Mann hielt seine Stellung und sagte: »Ich protestiere mit Nachdruck gegen diese Zwangsbeschränkung auf zwanzig Jahre. Wir brauchen mehr.«

Gott war ratlos. Da er ein kommunistischer Gott war, was sollte er tun? Er hatte die Jahre gleichmäßig verteilt. Aber die Tiere zeigten mehr Verständnis als dieser kommunistische Typ.

Der Elefant lachte und sagte: »Mach dir keine Gedanken. Du kannst gerne zehn Jahre von meinem Leben haben, denn zwanzig Jahre ist mir eh zu lang. Was soll ich mit zwanzig Jahren machen? Zehn Jahre reichen.« Und so erhielt der Mann zehn Jahre vom Leben des Elefanten. Das sind die Jahre zwischen zwanzig und dreißig, wo der Mann sich benimmt wie ein Elefant. Das sind die Jahre, wo die Hippies und Yippies und ähnliche Sippschaften entstehen. Man sollte sie überall auf der Welt »die Elefanten« nennen – Leute, die sich zu wichtig nehmen.

Dann stand der Löwe auf und sagte: »Bitte nimm zehn Jahre von meinem Leben. Für mich sind zehn Jahre mehr als genug.« Zwischen dreißig und vierzig brüllt der Mann wie ein Löwe, als wäre er Alexander der Große. Selbst Alexander war kein echter Löwe, was soll man da erst von andern sagen? Zwischen dreißig und vierzig benimmt sich jeder Mann auf seine Art wie ein Löwe.

Dann stand der Tiger auf und sagte: »Wenn jeder dem armen

Mann etwas abgibt, dann ist mein Teil ebenfalls zehn Jahre von meinem Leben.« Zwischen vierzig und fünfzig benimmt sich der Mann wie ein Tiger – viel unauffälliger im Vergleich zum Löwen, die Mähne stark gestutzt, nicht mehr als eine große Katze, aber Prahlen tut er wie eh und je.

Dann erhob sich das Pferd und spendete ebenfalls zehn Jahre. Zwischen fünfzig und sechzig schleppt der Mann alle möglichen Lasten. Er ist genau wie ein Pferd, aber natürlich kein gewöhnliches Pferd, sondern ein sehr außergewöhnliches Pferd, beladen mit einem Berg von Sorgen. Aber irgendwie ist sein Wille so stark, daß er durchhält und weitermacht.

Mit sechzig steuerte der Hund seine zehn Jahre bei, und deshalb spricht man von einem »Hundetod«. Diese Geschichte gehört zu den schönsten Gleichnissen, die es gibt. Zwischen sechzig und siebzig lebt der Mann wie ein Hund – alles ankläffend, was sich bewegt. Er sucht jeden Vorwand, um kläffen zu können.

Die Geschichte geht nicht weiter als bis siebzig, weil sie in einer Zeit entstand, als der Mensch noch nicht mit mehr als siebzig Jahren rechnen konnte. Siebzig ist die konventionelle Altersgrenze. Wenn du ein konventioneller Mensch bist, dann schlag im Kalender nach und stirb genau mit siebzig. Alles andere ist ein bißchen zu modern. Bis achtzig, neunzig oder gar hundert zu leben, das ist ultramodern, das ist Rebellion, das heißt, auf Abwege geraten.

Wißt ihr, daß es in Amerika Leute gibt, die sich in Tanks haben einfrieren lassen, weil sie an einer unheilbaren Krankheit litten? Unheilbar zumindest heute – aber in zwanzig Jahren gibt es vielleicht ein Heilmittel dafür. Sie hätten zwar mit der Krankheit noch ein paar Jahre länger leben können, zogen es aber vor, sich einfrieren zu lassen – auf eigene Kosten, versteht sich.

In Amerika ist es immer auf eigene Kosten. Sogar wenn sie eingefroren und praktisch tot sind, zahlen sie noch. Sie mußten für die kommenden zwanzig Jahre vorausbezahlen, damit ihr Körper kontinuierlich in eingefrorenem Zustand aufbewahrt werden kann. Es ist natürlich eine teure Angelegenheit. Nur ganz Reiche können sich das leisten. Ich glaube, der Unterhalt für einen eingefrorenen Körper kostet fast tausend Dollar pro Tag. Sie hoffen, oder vielmehr hatten sie gehofft, daß sie, sobald ein Heilmittel gefunden wird, aufgetaut und geheilt wieder zum Leben erweckt werden könnten.

Sie warten – arme Reiche! Es gibt in ganz Amerika bestimmt ein paar hundert Leute, die warten. Damit bekommt »Warten« eine ganz neue Bedeutung. So ist noch nie gewartet worden: ohne zu atmen, aber abwartend. Das ist wirklich Warten auf Godot – und obendrein zahlt man noch dafür.

Die Geschichte ist alt, daher die sprichwörtlichen siebzig Jahre. Ein »Hundetod« ist einfach der Tod eines Menschen, der wie ein Hund gelebt hat. Seid also bitte nicht beleidigt, wenn ihr Hundeliebhaber seid. Mit Hunden hat es nichts zu tun. Hunde sind nette Leute. Aber »wie ein Hund leben« heißt, nur zu leben, um zu bellen, das Bellen zu genießen, bei jeder Gelegenheit loszukläffen. Wie ein Hund zu leben, heißt einfach, kein menschliches Leben zu leben, sondern ein untermenschliches, eines, das weniger ist als menschlich. Und jemand, der wie ein Hund lebt, muß zwangsläufig wie ein Hund sterben.

Es leuchtet ein, daß du keinen Tod haben kannst, den du dir nicht verdient hast. Ich wiederhole: Du kannst keinen Tod haben, den du dir nicht verdient hast, auf den du nicht dein ganzes Leben lang hingearbeitet hast. Der Tod ist entweder eine Strafe oder eine Belohnung. Es kommt ganz auf dich an. Wenn du oberflächlich lebst, dann wird dein Tod nur ein Hundetod sein. Hunde sind kopfige Leute, sehr intellektuell. Wenn du intensiv lebst, intuitiv, vom Herzen her, intelligent und nicht intellektuell – wenn du zuläßt, daß dein ganzes Wesen in alles einfließt, was du tust, dann kannst du den Tod eines Gottes sterben.

Laßt mich einen neuen Ausdruck prägen: Das Gegenteil von »Hundetod«, die Umkehrung von *»a dog's death«* ist *»a god's death«* – »der Tod eines Gottes«. Wie ihr sehen könnt, bestehen *dog* und *god* aus denselben Buchstaben, nur andersherum geschrieben. Dasselbe Material, nur umgedreht, wird zu *dog;* richtigherum wird *god* daraus. Die Substanz der Existenz, dein Sein, ist identisch. Ob du auf dem Kopf stehst oder auf den Füßen, ist egal. Nur in einer Hinsicht ist es nicht egal: Wenn du auf dem Kopf stehst, hast du zu leiden. Und wenn du auch noch anfängst, auf dem Kopf zu laufen, kannst du dir einbilden, in der siebten Hölle zu sein. Aber du kannst auch auf die Füße springen und richtigherum stehen – niemand hält dich davon ab!

Darin besteht meine ganze Lehre: Spring auf die Füße! Steh nicht auf dem Kopf! Steh auf deinen Füßen, sei natürlich! Dann wirst du wie ein Gott leben. Und natürlich stirbt ein Gott wie ein Gott. Er lebt wie ein Gott und er stirbt wie ein Gott. Und mit »Gott« meine ich einfach einen, der Herr seiner selbst ist.

18

Sigmund Freud befragte einmal einen Patienten. Er sagte zu dem Mann, der auf der Couch lag! »Schauen Sie aus dem Fenster – können Sie den Fahnenmast dort auf dem Bürogebäude gegenüber sehen?«

Der alte Mann erwiderte: »Natürlich. Denken Sie, ich bin blind? Ich mag alt sein, aber ich kann den Mast sehen, die Fahne und alles. Was soll die Frage? Bezahle ich Sie vielleicht dafür, daß Sie mir so alberne Fragen stellen?«

Freud sagte: »Warten Sie doch, so funktioniert nun mal die Psychoanalyse. Sagen Sie mir doch, woran Sie dieser Mast erinnert.«

Der alte Mann fing an zu kichern. Freud freute sich ungemein. Ganz schamhaft sagte der alte Mann: »Er erinnert mich an Sex.«

Freud wollte, daß jeder seine neue Theorie bestätigte, und so war ihm dieser Mann eine Bestätigung. Er sagte: »Ich verstehe. Der Mast ist nur ein phallisches Symbol. Sie brauchen sich nicht zu schämen, es ist völlig richtig.«

Der alte Mann kicherte noch immer, und Freud fragte ihn als nächstes: »Woran erinnert Sie diese Couch?«

Der alte Mann fing an zu lachen und sagte: »Na, das ist

vielleicht eine Psychoanalyse! Bin ich dazu hier? Habe ich für sowas im voraus bezahlt?« Wohlgemerkt, Freud nahm sein Honorar immer im voraus, denn wenn man es mit allen möglichen verrückten Leuten zu tun hat, kann man sich nicht darauf verlassen, daß sie einen hinterher auch bezahlen. Man muß es ihnen abknöpfen, bevor die Behandlung beginnt.

Tatsächlich hat bis heute noch kein einziger Mensch auf der Welt, Sigmund Freud eingeschlossen, eine Psychoanalyse zu Ende gebracht, aus dem einfachen Grund, weil es gar nicht geht. Man kann nur immer und ewig damit weitermachen – *ad nauseam.* Warum? – weil sie nur aus Gedanken besteht, ohne Substanz. Ein Gedanke führt zum nächsten, und so weiter und so fort, ohne Ende. Es hat noch nie einen Psychoanalytiker gegeben, der von sich behaupten könnte, vollständig analysiert worden zu sein. Irgendein Rest bleibt immer zurück, und dieser Rest ist sehr viel größer als der kleine Teilaspekt, mit dem ihr im Namen der Psychoanalyse herumgespielt habt.

Der alte Mann wurde inzwischen ein bißchen ärgerlich. Freud sagte: »Noch eine letzte Frage; bitte werden Sie nicht böse. Nur noch eine Frage: Woran denken Sie, wenn Sie ein Kamel sehen?«

Nun bekam der alte Mann einen regelrechten Lachanfall und er lachte so sehr, daß er sich mit beiden Händen den Bauch hielt. Er sagte: »Mein Gott! Ich hatte ja keine Ahnung, daß die Psychoanalyse etwas mit Kamelen zu tun hat. Aber komisch, ich war erst neulich im Zoo und sah dort zum ersten Mal im Leben ein Kamel, und jetzt fragt mich dieser Alte, woran mich ein Kamel erinnert. Das Kamel erinnert mich natürlich an Sex, Sie alter Schweinigel!«

Nun war es an Freud, verblüfft zu sein. Ein Kamel? – Er begriff nicht, wie jemand bei einem Kamel auf Sex kommen konnte... ein Kamel? Nicht einmal er, Sigmund Freud, hatte bei einem Kamel je an so etwas gedacht. Er hatte nur in der Hoffnung gefragt, der alte Mann würde sagen: »Dazu fällt mir nichts Bestimmtes ein. Es ist einfach ein Kamel. Sollte es mich an etwas erinnern?«

Freud sagte: »Sie haben mir meinen ganzen Stolz zunichte gemacht; ich dachte, Sie würden meine Lieblingstheorie bestätigen. Aber ich begreife nicht, wie Sie bei einem Kamel auf Sex kommen.«

Der Mann lachte nur noch mehr und sagte: »Sie Dummkopf! Kapieren Sie denn überhaupt nichts? Lassen Sie doch das dumme Kamel beiseite. Mich erinnert einfach alles an Sex, sogar Sie! Was soll ich machen? Das ist ja das Problem, weswegen ich hier bin. Es ist meine fixe Idee.«

Ich habe euch diese Geschichte erzählt, um euch klarzumachen, was ich mit »fixer Idee« meine. Die ganze Welt läßt sich in zwei Kategorien einteilen: in Leute, die auf den Sex fixiert sind, und in Leute, die auf den Tod fixiert sind. Das ist die wahre Trennlinie zwischen Ost und West. Es ist keine geographische Trennlinie, aber sie ist sehr viel bedeutsamer als alle Geographie.

Ich sagte euch schon, daß die englische Sprache ständig Wörter aus anderen Sprachen übernimmt. *Geography,* »Geographie« ist ein Wort, das wie viele andere aus dem Arabischen entlehnt wurde. Auf Arabisch ist es schön, da heißt es *jugrafia,* nicht »Geographie«. Aber ob nun *jugrafia* oder Geographie – die Trennlinie hat nichts damit zu tun, sondern es geht dabei um etwas Psychologisches.

Der Osten ist auf den Tod fixiert, der Westen auf den Sex. Ein Materialist ist zwangsläufig auf den Sex fixiert und ein Spiritualist auf den Tod. Und beides sind Fixierungen. Und das Leben mit irgendeiner Fixierung zu leben, ob westlich oder östlich, heißt, praktisch gar nicht zu leben, heißt, sich die ganze Chance entgehen zu lassen. Osten und Westen sind die zwei Seiten derselben Medaille, und ebenso Sex und Tod. Der Sex ist die Energie, mit der das Leben beginnt, und der Tod ist der Gipfel des Lebens.

Es ist kein Zufall, daß Millionen von Menschen nie erleben, was ein wirklicher Orgasmus ist. Man kann nämlich gar nicht wissen, was Orgasmus ist, solange man nicht bereit ist, in eine Art Tod hineinzugehen. Und niemand will sterben, jeder will leben, will das Leben immer wieder erneuern.

Im Osten hat die Naturwissenschaft nie Fuß fassen können, denn wenn die Menschen das Rad anhalten wollen, wer ist dann schon bereit, Naturwissenschaften zu studieren oder auch nur davon zu hören? Wen kümmert's? Und wozu? Das Rad muß angehalten werden! Aber das kann jeder Dummkopf; man braucht dem Rad nur einen Stein in den Weg zu legen. Man braucht nicht viel Technik, um ein Rad anzuhalten; aber um es in Bewegung zu setzen, dazu braucht man die Naturwissenschaft.

Die unermüdliche Suche der Naturwissenschaft gilt der Ursache für die Bewegtheit der Existenz an sich oder anders gesagt, es ist die Suche nach einem Mechanismus, der sich ständig von sich aus bewegt, ganz ohne Treibstoff oder Benzin – nach einem *Perpetuum mobile* ohne jegliche Energiezufuhr. Weil jede Energiequelle früher oder später versiegt – und dann das Rad stehenbleibt! Die Naturwissenschaft ist auf der Suche nach einer Methode, das Rad ewig in Schwung zu halten, und nach einer Bewegung, die unabhängig von jeder Energiequelle ist.

Im Osten konnte die Naturwissenschaft niemals in Gang kommen; das Auto ist nie angesprungen. Kein Mensch war daran interessiert, es zum Anspringen zu bringen; alle waren im Gegenteil darauf aus, es zu stoppen, denn es rollte bergab.

Im Osten passierte etwas völlig anderes, etwas, das es zweifellos nie im Westen gegeben hatte – Tantra! Der Osten konnte den tiefsten Kern der sexuellen Energie erforschen, ohne jede Hemmung, ohne jede Furcht. Über den Sex machte er sich absolut keine Gedanken.

Ehrlich gesagt glaube ich nicht, daß die Geschichte, die ich euch erzählt habe, wahr ist. Mein Gefühl sagt mir, daß Sigmund Freud in seinem Badezimmer vor dem Spiegel gestanden und mit sich selbst geredet haben muß. Der alte Mann auf der Couch ist kein anderer als Freud selbst. Wenn ihr in ein Buch von ihm schaut, werdet ihr von dem, was ich sage, überzeugt sein. Freuds einziges Anliegen war Sex. Alles mußte auf den Sex zurückgeführt werden. Er war der sex-fixierteste Mensch in der gesamten Geschichte der Menschheit, und unglücklicherweise beherrschte er die sogenannte Psychologie, die Psychoanalyse und viele andere Therapien. Er ist zur Vaterfigur geworden.

Seltsam, daß ein Mann wie Sigmund Freud, der unter allen möglichen Ängsten und Phobien litt, die Schlüsselfigur unseres ganzen Jahrhunderts werden konnte. Er hatte solche Angst! Aber es ist verständlich, denn wohlgemerkt, wenn man auf etwas fixiert ist, egal, ob auf Sex oder Tod, und das sind die beiden Hauptkategorien...

Es gibt tausende Dinge auf dieser Welt, aber alle gehören sie in eine dieser Kategorien. Wenn ihr auf eine dieser beiden Kategorien fixiert seid, bleibt ihr absolut unwissend und werdet eure Angst behalten – genauer gesagt, die Angst vor dem Licht. Denn in eurer Dunkelheit habt ihr euch eure eigene imaginäre Welt zurechtgelegt aus lauter Theorien und Dogmen und dergleichen. Ihr werdet Angst vor dem Licht haben, vor einem Mann, der eine Lampe bringt – einem Mann wie Diogenes, der nackt mit einer Lampe sogar bei vollem Sonnenlicht auftritt.

Ich denke manchmal, es wäre gut gewesen, gut für Sigmund Freud, wenn Diogenes einmal mit seiner leuchtend hellen Lampe in sein sogenanntes Arbeitszimmer getreten wäre, nackt natürlich, denn er war ja immer nackt. Bei dieser Begegnung hätte etwas ungeheuer Wertvolles entstehen können. Leute wie Sigmund Freud scheuen das Licht; genau deswegen trug Diogenes immer seine Lampe bei sich. Sobald ihn jemand fragte, warum er bei Tage seine Lampe mit sich trug, antwortete er: »Ich suche nach einem Menschen, und ich habe ihn noch nicht gefunden.«

Noch im letzten Augenblick, bevor er starb, fragte ihn jemand: »Diogenes, bevor du den Körper verläßt, sag uns bitte: Hast du den Menschen jetzt gefunden?«

Diogenes lachte und sagte: »Ich muß leider sagen, daß ich ihn nicht gefunden habe. Aber ich muß eines sagen: Meine Lampe habe ich immer noch bei mir. Niemand hat sie gestohlen, und das ist wunderbar.«

Sigmund Freud war besessen, aber er ist bis heute repräsentativ für die gesamte westliche Haltung. Darum konnte auch Carl Gustav Jung nicht lange bei ihm bleiben. Der Grund ist einfach. Jung war nicht auf den Sex, sondern auf den Tod fixiert. Was er brauchte, war ein Meister im Osten, nicht im Westen. Aber so komplex sind die Dinge nun einmal: Jung war sehr stolz auf den Westen, und zwar so sehr, daß er auf seiner Indienreise, als ihm jemand empfahl, Maharshi Raman aufzusuchen, nicht darauf hörte.

Es war nur eine Flugstunde entfernt... und er fuhr überall sonst hin. Er hielt sich monatelang in Indien auf, aber er fand keine Zeit, um Maharshi Raman zu besuchen. Wiederum ist der Grund einfach: Es gehört Mumm dazu, einem Mann wie Maharshi

Raman gegenüberzutreten. Er ist ein Spiegel. Er wird dir dein wahres Gesicht zeigen. Er wird dir alle Masken nehmen.

Ich kann ihn wirklich nicht ausstehen, diesen Jung! Ich mag Sigmund Freud verurteilen, aber hassen tu ich ihn nicht. Er mag unrecht gehabt haben, aber er war ein Genie. Er war ein Genie, obwohl er etwas tat, was ich nicht gutheißen kann, weil ich weiß, daß es nicht wahr ist. Aber dieser Jung war nur ein Zwerg. Verglichen mit Freud, hat er keinen Stellenwert. Außerdem war er ein Judas. Er verriet seinen Meister.

Der Meister selbst hatte unrecht, aber das steht auf einem anderen Blatt. Unrecht oder nicht, Freud hatte Jung zu seinem Meisterschüler bestimmt, und trotzdem entpuppte sich Jung nur als Judas. Er ist nicht vom selben Kaliber wie Freud. Der wahre Grund, warum sie sich trennen mußten – und ich habe das noch keinen Freudianer oder Jungianer sagen hören, ich bin der erste, der es ausspricht –, war der, daß Jungs fixe Idee der Tod war und Freuds fixe Idee der Sex. Sie konnten es nicht lange miteinander aushalten, sie mußten sich trennen.

Der Osten beschäftigt sich seit Jahrtausenden auf morbide Weise damit, das Leben loszuwerden. Ja, ich nenne das morbid. Ich nenne die Dinge immer gern beim Namen. Morbid ist einfach morbid, weder mehr noch weniger. Ich spreche nur ein Faktum aus. Der Osten hat schon allein wegen dieser Morbidität so viel gelitten – vom Augenblick der Geburt an ist er ständig damit beschäftigt, das Leben loszuwerden. Ich glaube, daß das die älteste Besessenheit der Welt ist. Tausende vom Kaliber eines Sigmund Freud haben unter ihrem Bann gelebt, haben sie verstärkt und genährt.

Ich kann mich an keinen einzigen Mann erinnern, der dagegen aufgestanden wäre. In diesem Punkt waren sich alle einig, obwohl sie in allen anderen Dingen uneins waren: Mahavira, Manu, Kanada, Gautama, Shankara, Nagarjuna – die Liste ist nahezu endlos. Und jeder dieser Männer ist einem Sigmund Freud oder C. G. Jung oder Adler oder all den Promenadenmischungen, die sie hinterließen, haushoch überlegen.

Aber einfach ein Genie zu sein, und sei es auch ein großes Genie, heißt noch lange nicht, daß man recht hat. Manchmal kann ein einfacher Bauer mehr recht haben als ein großer Gelehrter. Ein Gärtner kann mehr recht haben als ein Professor. Das Leben ist wirklich seltsam; es steht immer nur auf der Seite der Einfachsten, der Liebevollen. Der Osten hat danebengezielt, und der Westen zielt genauso daneben. Beide sind einseitig.

Ich mußte darauf zu sprechen kommen, denn dies ist einer meiner grundsätzlichen Beiträge: Der Mensch sollte sich weder um den Sex noch um den Tod Sorgen machen. Er sollte von beiden fixen Ideen frei sein. Nur dann erkennt er, und erkennt zugleich, daß sie sich seltsamerweise nicht unterscheiden. Jeder Augenblick tiefer Liebe ist zugleich ein Augenblick tiefen Todes. Jeder Orgasmus ist auch ein Ende, ein Schlußpunkt. Etwas schießt in die Höhe, berührt einen Stern und wird nie wieder so sein wie zuvor, egal, was du tust. Im Gegenteil, je mehr du tust, desto weiter entfernt es sich.

Aber der Mensch lebt praktisch wie eine Ratte, die in ihrem Loch hockt. Nennt das Loch meinetwegen westlich oder östlich, christlich oder hinduistisch – Tausende von Löchern stehen offen, für alle Arten von Ratten. Aber in einem Loch zu leben, egal, wie schön geschmückt oder bemalt es ist, und sei es wie eine Kathedrale, ein schöner Tempel oder eine Moschee – es ist und bleibt ein Loch, und darin zu leben heißt, langsam aber sicher Selbstmord zu begehen, denn du bist nicht als Ratte vorgesehen. Sei ein Mann. Sei eine Frau.

Bis jetzt hat sich alles unbewußt abgespielt, von der Natur bestimmt, aber jetzt kann die Natur nichts mehr ausrichten. Könnt ihr das nicht einfach sehen? Darwin sagt, daß der Mensch vom Affen abstammt – vielleicht hat er recht. Ich glaube es nicht, darum sagte ich, »vielleicht« hat er recht. Aber wie ist es dann weitergegangen? Heute werden Affen nicht mehr zu Menschen... Man sieht nirgendwo, daß plötzlich ein Affe zum Menschen wird und so Darwins Theorie beweist!

Kein Affe schert sich um Darwins Theorie. Ich glaube nicht einmal, daß die Affen seine ganz und gar poesielosen Bücher gelesen haben. In Wirklichkeit sind sie böse auf ihn – müssen es meiner Meinung nach sein –, weil Darwin den Menschen als höherentwickeltes Wesen hinstellt. Kein Affe kann glauben, daß der

Mensch höher entwickelt sei als er. Alle Affen – und ihr könnt mir glauben, ich habe Kontakt mit allen möglichen Leuten, inklusive Affen – alle Affen glauben, daß der Mensch ein gefallener Affe ist – von den Bäumen heruntergefallen. Sie können das nicht für Evolution halten. Ihr werdet mir zu einem neuen Wort beipflichten müssen: Involution.

Vielleicht hatte Darwin recht, aber wie ging es dann weiter? Schlagt euch die Affen aus dem Kopf; wir haben nichts mit ihnen zu tun.

Wie ist es mit dem Menschen weitergegangen? Millionen Jahre sind vergangen, aber der Mensch ist noch immer der gleiche. Ist die Evolution zum Stillstand gekommen? Aus welchem Grund? Ich glaube nicht, daß irgendein Darwinianer eine Antwort darauf hat – und laßt euch sagen, ich habe Darwin und seine Anhänger so gründlich wie möglich studiert. Ich sage: »wie möglich«, weil da nicht viel Tiefe ist. Was kann ich machen? Aber kein einziger Darwinianer antwortet auf die Grundfrage: »Wenn die Evolution das Gesetz des Daseins ist, warum hat sich der Mensch dann nicht zum Übermenschen weiterentwickelt? Oder zumindest zu etwas Besserem?« Nennt es nicht »Über« – dieses Wort klingt etwas zu großspurig, um einem Menschen angehängt zu werden. Aber warum ist der Mensch nicht wenigstens ein bißchen besser geworden?

Seit Jahrhunderten hat es überhaupt keine Veränderung gegeben. Soweit die Historiker wissen, war der Mensch immer gleich, genauso häßlich wie heute. Tatsächlich ist er, wenn sich überhaupt etwas geändert haben sollte, höchstens noch häßlicher geworden. Richtig, ich sage, was offenbar sonst niemand ausspricht. Die Politiker können es nicht sagen, weil die Affen die Wählerstimmen haben. Die sogenannten Philosophen können es nicht sagen, weil sie auf ihren Nobelpreis warten und die Jury aus Affen besteht. Wenn ihr die Wahrheit sagt, bekommt ihr die gleichen Probleme wie ich. Ich habe noch keinen Tag ohne Probleme erlebt, seit ich aufgewacht bin. In meinem Innern gibt es keine Probleme mehr, da haben alle Probleme aufgehört. Aber außen gibt es jeden Augenblick Probleme. Und ihr braucht euch nur zu mir zu gesellen und schon bekommt ihr Probleme.

Erst gestern erhielt ich die Nachricht, daß eines von unseren Zentren angegriffen worden ist. Alle Fenster gingen bei einem Angriff des Pöbels in Scherben. Die Leute nahmen sich, was ihnen gefiel. Und kurze Zeit später ist ein ganzes Zentrum niedergebrannt worden.

Nun, meine Leute haben niemandem etwas zuleide getan. Sie haben sich dort nur getroffen, haben zusammen meditiert. Selbst der Polizist sagte aus: »Das Seltsame ist, daß wir seit zwei Jahren diese Leute im Auge haben, und sie waren völlig harmlos. Sie sind weder politisch, noch irgendwie ideologisch – sie genießen einfach das Leben. Warum ihr Haus in Brand gesteckt wurde, ist mir ein Rätsel.« Die Polizei wird kaum des Rätsels Lösung finden, weil des Rätsels Lösung *hier* liegt – bequem auf diesem Zahnarztstuhl.

Ich habe nicht einen Tag gekannt, an dem es nicht irgendwelche Probleme gegeben hätte; und das ist schlechthin unbegreiflich, denn wir schaden niemandem. Ich habe noch keinem Menschen geschadet; meine Leute haben noch keinem Menschen geschadet... Aber vielleicht ist das ihr Verbrechen. Die Mafia ist okay. Ich nicht. Ihr auch nicht. Diese Welt, diese entweder sex- oder todbesessene Welt, wird weiter morbid bleiben – krank. Wenn wir eine gesunde, natürliche Menschheit haben wollen, dann müssen wir in völlig neuen Bahnen denken.

Als erstes möchte ich euch sagen: Akzeptiert, was euch mitgegeben wurde. Der Sex ist nicht eure Erfindung – Gott sei Dank! Sonst würde jeder eine andere Art von Sex-Apparat benutzen, und es würde eine ungeheure Frustration geben, weil diese Apparate überhaupt nicht zusammenpassen würden. Sie passen nicht einmal jetzt zusammen, wo sie genau gleich sind, wo sie harmonieren sollten. Sie harmonieren nicht. Wenn jeder seine eigene Sexualität erfinden würde, dann bräche ein wahres Chaos aus. Ihr könntet euch das gar nicht vorstellen. Es ist gut, daß ihr voll ausgerüstet gekommen seid, schon in der Anlage so, wie ihr einmal werden sollt.

Und auch der Tod ist etwas ganz Natürliches! Denkt nur einmal einen Augenblick nach: Wenn ihr ewig leben müßtet, was würdet ihr dann tun? Bedenkt, ihr würdet nicht Selbstmord begehen können. Mir hat schon immer Alexanders Suche nach dem Geheimnis des ewigen Lebens gefallen... Schließlich fand er es, in der Wüste von Arabien. Welche Freude! Welches Glück! Er muß getanzt haben.

Aber just in dem Augenblick sagte die Krähe: »Warte! Wart einen Moment, bevor du von diesem Wasser trinkst. Dieses Wasser ist kein gewöhnliches Wasser. Ich habe davon getrunken – weh mir! Nun kann ich nicht sterben. Ich habe alles versucht, aber nichts funktioniert. Gift kann mich nicht töten. Ich bin mit dem Kopf gegen einen Stein gerannt, aber der Stein zerbrach, und ich blieb unverletzt. Bevor du dich entschließt, von dem Wasser zu trinken, überlege es dir gut!«

Die Geschichte weiß zu erzählen, daß Alexander aus der Höhle rannte, um nicht in die Versuchung zu geraten, von dem Wasser zu trinken.

Alexanders Lehrer war kein anderer als der große Aristoteles, der Vater der europäischen Philosophie und Logik. Ja, Aristoteles war der Vater des gesamten westlichen Denkens – ein feiner Vater! Ohne ihn hätte es keine Naturwissenschaft gegeben, und auch kein Hiroshima undNagasaki. Ohne Aristoteles könntet ihr euch den Westen nicht vorstellen. Aristoteles war der Lehrer von Alexander, und Lehrer habe ich schon immer armselig gefunden.

In meiner Kindheit erinnere ich mich, in einem Buch gesehen zu haben – ich weiß nicht mehr in welchem, vielleicht war es auch ein Film –, wie Aristoteles den jungen Alexander unterrichtete und dieser sagte: »Im Augenblick will ich gar nichts lernen. Ich will auf einem Pferd reiten. Sei jetzt mein Pferd.« So wurde der arme Aristoteles zum Pferd. Er kroch auf allen Vieren, und Alexander setzte sich auf seinen Rücken und ritt auf ihm. Und das war der Mann, der einmal der Vater der westlichen Philosophie werden sollte! Kann sich so was Vater nennen?

Sokrates wird nie als der »Vater der westlichen Philosophie« bezeichnet. Sokrates war natürlich der Meister von Plato, und Plato war der Meister von Aristoteles. Aber Sokrates wurde vergiftet, weil er nicht schmackhaft war, nicht leicht zu verdauen. Der Westen wollte nichts von ihm wissen. Er hätte die Synthese, von der ich spreche, vielleicht herstellen können. Hätte man ihn nicht vergiftet, sondern auf ihn gehört, und wäre seine Methode der Wahrheitssuche zur eigentlichen Grundlage gemacht worden – wir würden heute in einer völlig anderen Welt leben. Aber auch in Plato sieht man nicht den Vater, weil er zu eng mit dem gefährlichen Sokrates assoziiert war. Tatsächlich wissen wir über Sokrates nichts, außer dem, was Plato über ihn schrieb.

Genau wie Geet Bharti alles mitschreibt, so muß Plato ständig alles mitgeschrieben haben, was sein Meister sagte. Plato ist nicht anerkannt, weil er nur ein Schatten von Sokrates ist. Aristoteles ist ein Schüler Platos, aber ein Judas. Anfangs war er ein Jünger und lernte, was sein Meister zu lehren hatte, und später wurde er dann selbst ein Meister. Aber was für ein armseliger Meister er war – im Sold des Königs, als Hauslehrer seines Sohnes! Wie häßlich zu wissen, daß er bereit war, ein Pferd für Alexander zu werden! Wer lehrt hier wen? Wer ist wirklich der Meister?

Ich war Lehrer an der Universität. Ich weiß, daß der auf Aristoteles reitende Alexander die Behauptung widerlegt, Aristoteles sei der Vater der westlichen Philosophie gewesen. Wenn er der Vater ist, dann ist die ganze westliche Philosophie nichts als ein Waisenknabe, ein Kind, das von den christlichen Missionaren adoptiert wurde, vielleicht sogar von Mutter Teresa von Kalkutta – diese großartige Dame schafft sogar das! Aristoteles tut mir leid. Ich kann das nicht anders ausdrücken. Ich schäme mich, weil ich selbst einmal Professor war.

Das erste, was ich jeden Morgen zu meinen Studenten sagte, war: »Merkt euch eines: Hier bestimme ich. Wenn ihr mir nicht zuhören wollt, verschwindet einfach. Wenn ihr mir zuhören wollt, dann hört nur zu. Ich bin bereit, alle eure Fragen zu beantworten, aber ich dulde keinen Lärm, nicht einmal Flüstern. Wer eine Freundin hier hat, kann sofort gehen und darf seine Freundin mitnehmen. Wenn ich rede, rede nur ich, und ihr hört zu. Wenn ihr etwas sagen wollt, hebt die Hand und behaltet sie oben, denn wenn ihr etwas fragen wollt, heißt das nicht, daß ich unbedingt zu dem Zeitpunkt antworten muß. Ich bin nicht als euer Diener hier. Ich bin nicht Aristoteles. Selbst Alexander könnte kein Pferd aus mir machen.«

Das war meine tägliche Vorrede, und es freut mich, daß sie sie verstanden – sie hatten keine Wahl. Das ist der Grund, warum ich manchmal hart zu dir bin, Geet Bharti, obwohl ich genau weiß, daß du deine Schalter da benutzen mußt und daß dieses Geräusch nun mal dazugehört. Was kannst du dafür? Ich weiß das sehr wohl. Es ist einfach eine alte Gewohnheit von mir.

Ich habe niemals anders als in äußerster Stille geredet. Ihr wißt es – seit Jahren hört ihr mir zu. Ihr kennt die Stille der Buddha-Halle. Nur in solcher Stille... Euer Sprichwort trifft es genau: »Die Stille ist so tief, daß man eine Nadel zu Boden fallen hören kann.« Ich weiß es also... aber ich bin einfach Stille gewöhnt.

Als ich neulich den Raum verließ, sahst du nicht sehr glücklich aus. Später, während des Tages, fühlte ich mich schlecht; es hat mir richtig wehgetan. Ich wollte dir in keiner Weise weh tun, es war nur eine alte Gewohnheit. Und ihr könnt mir keine neuen Kunststückchen mehr beibringen. Ich bin über den Punkt hinaus, wo man mich noch was lehren kann.

In früheren Tagen bin ich oft Auto gefahren, und Leute, die mit mir mitfuhren, haben sich oft geärgert. Ich bin kein Fahrer, geschweige denn ein guter Fahrer – und so hab ich natürlich alles falsch gemacht, was man nur falsch machen konnte. Obwohl sie versuchten, sich nicht einzumischen, konnte ich ihr Problem verstehen. Sie bremsten sich. Ich fuhr, und sie bremsten sich – das war eine große Schau! Aber trotzdem vergaßen sie sich manchmal und fingen an, mir Ratschläge zu geben, womit sie meistens recht hatten, das steht außer Frage. Aber ob richtig oder falsch, das ist völlig egal – wenn ich fahre, fahre ich.

Wenn ich falsch fahre, fahre ich eben falsch. Wie lange konnten sie sich bremsen? Es *war* gefährlich, und sie waren nicht mal um ihr eigenes Leben besorgt. Sie waren um *mein* Leben besorgt, aber was konnte ich machen? Ich konnte ihnen einfach nur versichern, daß ich, falls ich falsch fuhr, es auch weiterhin tun würde. Vor allem wollte ich nicht gerade in dem Moment belehrt werden. Das war absolut kein Egoismus.

Ich bin in dieser Hinsicht ganz einfach. Man kann mir jederzeit sagen, wo ich falsch liege, und ich höre offen zu. Aber wenn ich dabei bin, etwas zu tun, hasse ich jede Einmischung. Die Einmischung mag noch so gut gemeint sein, ich will sie nicht mal zu meinem eigenen Wohl. Lieber würde ich falsch fahren und sterben, als durch den Rat von irgendwem gerettet werden. So bin ich nun mal, und es ist zu spät, das zu ändern.

Ihr werdet überrascht sein zu hören, daß es schon immer zu spät war. Schon als Kind war es zu spät. Ich kann etwas nur so machen, wie ich es machen will. Richtig und Falsch sind belanglos. Ist es zufällig richtig, gut. Ist es zufällig nicht richtig, dann ist das *far out.*

Manchmal mag ich hart mit euch sein, aber ich will es nicht. Es ist nur eine uralte Gewohnheit – nach mehr als dreißig Jahren, die ich in äußerster Stille gelehrt habe. Ich kann es nicht vergessen.

Ich wollte heute nur auf einen wesentlichen Punkt zu sprechen kommen und morgen ausführlicher darüber sprechen. Worauf ich hinauswill, ist: Ich habe nichts gegen die Idee, das Rad loszuwerden, aber ich habe etwas gegen die fixe Idee, es anhalten zu wollen. Es hält von alleine an, aber nicht dadurch, daß *ihr* es anhaltet. Es kann nur anhalten, indem ihr etwas anderes tut – und dieses andere nenne ich Meditation.

19

Okay.

Ich hab ein bißchen zu früh »Okay« gesagt, einfach weil ich anfing, mir Sorgen wegen deiner Sorgen zu machen. Mach dir wenigstens am Anfang keine Sorgen. Laß mich anfangs sagen, was ich zu sagen habe. Wenn du dir Sorgen machst, werde ich natürlich »Okay« sagen, obwohl es noch gar nicht okay ist.

Nachdem mein Großvater gestorben war, lebte ich erst getrennt von meiner Nani, kehrte aber bald in das Dorf meines Vaters zurück. Nicht, daß ich es wollte – es war genau wie mein »Okay« vorhin. Nicht, daß ich »Okay« sagen wollte, aber selbst ich kann die Sorgen anderer nicht einfach übergehen, und meine Eltern wollten mir nicht erlauben, in das Haus meines toten Großvaters zurückzukehren. Selbst meine Großmutter war nicht bereit, mit mir zu gehen, und da ich nur ein siebenjähriger Junge war, war es für mich aussichtslos.

Immer wieder stellte ich mir vor, wie ich in das alte Haus zurückkehren würde, allein im Ochsenkarren... Bhoora würde den Ochsen zureden... Wenigstens er würde etwas Gesellschaft haben, aber ich würde allein im Planwagen sitzen und mir Gedanken machen, was nun werden sollte. Was würde ich dort anfangen? Ja, meine Pferde wären da, aber wer würde sie füttern? Ja und wer würde mich füttern? Ich habe nie die Kunst gelernt, auch nur eine Tasse Tee zu bereiten...

Einmal hat Gudia Ferien gemacht, und Chetana hat hier ihre Pflichten übernommen und sich um mich gekümmert. Morgens wenn ich aufwache, klingle ich nach meinem Tee. Chetana brachte ihn herein, stellte die Tasse neben mein Bett auf den Fußboden und ging dann ins Bad, um Handtuch und Zahnbürste für mich bereitzulegen, und was ich sonst noch brauche. In der Zwischenzeit... wißt ihr, was passierte? Man muß die winzigsten Dinge lernen... Zum ersten Mal seit zehn Jahren versuchte ich, die Tasse vom Boden aufzunehmen, und sie fiel hin!

Chetana kam angerannt, ganz erschrocken natürlich. Ich sagte: »Mach dir keine Gedanken, es war meine Schuld. Ich hätte so etwas nicht tun dürfen. Ich habe noch nie meine Tasse vom Fußboden aufheben müssen. Gudia hat mich zehn Jahre lang verzogen. Jetzt kannst du mich nicht an einem einzigen Tag umerziehen.«

Ich bin so viele Jahre verzogen worden! Ja, ich nenne es verzogen, weil man mir nie erlaubt hat, irgend etwas selbst zu tun. Meine Großmutter kam auf noch großartigere Ideen, als Gudia sich je ausmalen könnte. Sie bestand zum Beispiel darauf, mir die Zähne zu putzen!

Ich sagte immer zu ihr: »Nani, ich kann mir die Zähne selber putzen!«

Dann sagte sie: »Sei still, Rajah! Kein Wort. Stör mich nicht, wenn ich etwas tu.«

Und ich schüttelte den Kopf und sagte: »Na hör mal! Du tust ja etwas mit *mir* – und ich darf dir nicht einmal sagen, daß ich es selber tun kann?«

Ich kann mich nicht erinnern, daß irgend etwas von mir verlangt worden wäre, außer ich selbst zu sein – und damit sind wir bei der Wurzel meiner Missetaten. Denn wenn man überhaupt nichts von einem Kind verlangt, hat es so viel Energie, daß es sie irgendwo investieren muß. Richtig oder falsch spielt dabei keine

Rolle; worauf es ankommt, ist das Investieren. Und Streiche sind die denkbar angenehmste Investition. Und so trieb ich weit und breit mit allen Leuten meine Späße.

Ich schleppte überall einen kleinen Koffer mit mir herum – genau wie eine Arzttasche. Ich hatte einmal einen Arzt durchs Dorf kommen sehen und zu meiner Nani gesagt: »Wenn ich nicht auch so eine Tasche bekomme, werde ich nichts mehr essen!«

Woher ich die Idee hatte, nichts mehr essen zu wollen? Ich hatte gesehen, wie mein Großvater manchmal tagelang nichts aß, vor allem in der Regenzeit, wenn die Dschainas ihr großes Fest haben. Die ganz Orthodoxen essen dann zehn Tage lang überhaupt nichts. Darum also hatte ich gesagt: »Ich werde nichts mehr essen, wenn ich diesen Koffer nicht bekomme.«

Wißt ihr, was sie getan hat? Dafür liebe ich sie heute noch. Sie sagte zu Bhoora: »Nimm dein Gewehr, lauf dem Doktor hinterher und nimm ihm die Tasche ab. Bring mir die Tasche, und wenn du den Mann erschießen mußt! Mach dir keine Gedanken, wir werden vor Gericht für dich geradestehen.«

Bhoora rannte los mit seinem Gewehr, und ich hinterher, um zu sehen, was tatsächlich passieren würde. Als der Arzt Bhoora mit dem Gewehr sah – einen Europäer mit Gewehr, das war das Letzte, was man in jenen Tagen in Indien sehen wollte! –, fing er an zu zittern wie ein Blatt im Sturm.

Bhoora sagte zu ihm: »Du brauchst nicht zu zittern, du brauchst mir nur diese Tasche da zu geben, und danach geh zur Hölle oder wo immer du hinwillst.«

Der Arzt, immer noch zitternd, händigte seine Tasche aus. Ich weiß nicht, wie nennt man so eine Arzttasche? Raj Bharti, ist es ein Koffer oder was? Ein Doktorkoffer? Geet Bharti, wie nennt man das?

»Eine Visitentasche vielleicht?«

Eine Visitentasche? Wie eine Tasche sieht es nicht aus. Raj Bharti, kannst du einen Namen vorschlagen? Eine Visitentasche? Na gut... oder kannst du ein besseres Wort finden?

»Die ursprüngliche Tasche nennt man ›Gladstone-Tasche‹. Das war die ursprüngliche schwarze Tasche.«

Wie bitte? Eine Gladstone's Tasche? Ja, genau, es ist mir nicht mehr eingefallen. Natürlich, eine Gladstone's Tasche. Gut. Aber trotzdem gefällt mir der Name nicht für die Tasche. Ich werde sie weiter den Doktorkoffer nennen, obwohl ich weiß, daß es kein Koffer ist. Egal – inzwischen hat jeder verstanden, was ich meine.

Beim Anblick des zitternden Arztes begriff ich zum ersten Mal, daß alle Bildung umsonst ist. Wenn sie einen nicht furchtlos machen kann, wozu taugt sie dann überhaupt? Nur dazu, sich die Butter aufs Brot zu verdienen? Und du zitterst trotzdem. Du wirst eine Tüte voller Butterbrote sein – eine zitternde Tüte. Das ist wunderbar. Das erinnert mich plötzlich an Doktor Eichling.

Ich habe gehört – nur eine Klatschgeschichte, und ich mag Klatschgeschichten lieber als Heilsgeschichten... diese Heilsgeschichten sind sowieso nur Klatschgeschichten, nur nicht so richtig, nicht so saftig erzählt.

Also: Ich habe gehört... genau mit diesen Worten beginnen die Heilsgeschichten Buddhas, ich meine die Klatschgeschichten Buddhas. »Ich habe gehört...« – was für ein schöner Ausdruck! –, daß die Liebste von Doktor Eichling, den ich übrigens lieber Schleichling nennen würde – obwohl ich gehört habe, daß er nicht Schleichling, sondern Eichling heißt...

Ich kenne diesen Mann nicht. Ich dachte, er sei gestorben, denn ich habe ihm Sannyas gegeben und ihn Shunyo genannt. Ich weiß nicht, was mit Shunyo passiert ist oder wie Doktor Eichling wieder auferstehen konnte, aber wenn Jesus es geschafft hat, warum nicht auch Eichling? Jedenfalls ist er immer noch da – entweder hat er überlebt oder er ist wieder auferstanden, das eine oder das andere, egal. Die Klatschgeschichte besagt, daß seine Liebste mit einem andern Sannyasin losgezogen ist und sich in diesen neuen Typ verliebt hat.

Als sie wieder da waren, hatte Doktor Eichling einen »Liebesanfall.« Ich wundere mich, wie er das fertiggebracht hat, denn um einen Liebesanfall zu bekommen, braucht man zunächst mal ein Herz. Ein Herzanfall ist nicht unbedingt dasselbe wie ein Liebesanfall. Ein Herzanfall ist physiologisch, ein Liebesanfall psychologisch; er kommt aus einer tieferen Schicht des Herzens. Aber zuerst muß man überhaupt mal ein Herz haben!

Nun, Doktor Eichling und ein Herzanfall – beziehungsweise

ein Liebesanfall? Unmöglich. Sie hätten mich konsultieren sollen. Natürlich bin ich kein Doktor, aber ich bin ganz sicher Arzt, im gleichen Sinne, wie Buddha einer war. Buddha bezeichnete sich immer als Arzt, nicht als Philosoph.

Armer Doktor Eichling... es fehlte ihm gar nichts. Wenn gar nichts da ist, wie kann etwas fehlen? Physiologisch befand man ihn völlig in Ordnung. Psychologisch existiert das Problem noch: Seine Liebste ist jetzt die Liebste eines andern. Das schmerzt – aber wo?

Niemand weiß, wo es schmerzt. In der Lunge? In der Brust? Dort hat Doktor Eichling hingezeigt, als täte es ihm weh: in der Brust. Doktor Eichling, du hast's nicht in der Brust, du hast's im Verstand, du hast's mit der Eifersucht. Und der Eifersuchtspunkt liegt ganz gewiß nicht in der Brust. Ja, alles hat seinen Ausgangspunkt im Verstand.

Für einen Anhänger von B. F. Skinner oder Pawlow – der Skinners Großvater oder vielleicht Urgroßvater war, zudem ein Zeitgenosse Freuds und dazu noch sein größter Gegenspieler – wäre »Verstand« nicht das richtige Wort; ihr könnt »Gehirn« dafür einsetzen. Aber »Gehirn« ist nur der Körper des Verstandes, der Mechanismus, durch den der Verstand funktioniert. Aber ob ihr es nun Verstand oder Gehirn nennt, ist egal. Worauf es ankommt, ist, daß alles dort seinen Ausgangspunkt hat.

Doktor Eichling – ich kann ihn nicht Shunyo nennen, denn vor seiner Praxis in Arizona hat er ein Schild angebracht: »Praxis Doktor Eichling«. Wenn man ihn anruft, antwortet seine Assistentin: »Praxis Dr. Eichling? Er ist leider nicht zu sprechen, er ist in einer Besprechung.« Ich werde ihn erst wieder Shunyo nennen, wenn er das Schild entfernt hat, und wenn seine dumme Assistentin fragt: »Wer soll dieser komische Eichling sein? Den kennen wir nicht. Aber warten Sie mal, ja doch, da gab es mal einen, aber der ist nach Indien gegangen und dort gestorben. An seiner Stelle kam dann ein gewisser Shunyo zurück.« Ich werde ihn erst wieder Shunyo nennen, wenn er sein Schild tief in der Erde vergräbt und dann draufspringt und verschwindet.

Aber mit dieser Geschichte, oder vielmehr dieser Klatschgeschichte, wollte ich euch nur sagen, daß alles zuerst im Verstand existiert und erst danach im Körper. Der Körper ist die Ausdehnung des Verstandes in die Materie. Das Gehirn ist der Ursprung dieser Ausdehnung, und der Körper ist deren volle Manifestation. Aber der Same liegt im Verstand. Der Verstand enthält nicht nur den Samen zu diesem Körper, sondern hat auch das Potential, praktisch alles zu werden. Sein Potential ist unbegrenzt. Die gesamte Vergangenheit der ganzen Menschheit ist in ihm enthalten, und nicht nur der Menschheit, sondern selbst die vormenschliche Vergangenheit.

Während der neun Monate im Mutterleib macht das Kind fast drei Millionen Jahre Evolution durch... sehr schnell natürlich, so als würde man einen Film so schnell abspulen lassen, daß man ihn kaum sehen kann – nur Momentaufnahmen. Aber in neun Monaten durchläuft das Kind ganz eindeutig alle Lebensphasen von Anbeginn. Im Anfang – und ich zitiere nicht die Bibel, ich stelle nur die Fakten des menschlichen Lebens fest – im Anfang ist jedes Kind ein Fisch, genauso, wie einst alles Leben im Meer begann. Der Mensch hat noch immer den gleichen Salzanteil im Körper wie das Meerwasser. Der Verstand des Menschen setzt immer wieder das gleiche Schauspiel in Szene – das gesamte Drama der Geburt, vom Fisch bis zum alten Mann, der nach dem letzten Atemzug ringt.

Ich wollte in das Dorf zurückgehen, aber es war praktisch unmöglich, das Verlorene wiederzugewinnen. Damals lernte ich, daß es besser ist, niemals zurückzukehren. Seitdem bin ich an sehr vielen Orten gewesen, aber ich bin nirgendwohin zurückgekehrt. Sobald ich einmal einen Ort verlassen habe, habe ich ihn für immer verlassen. Diese Kindheitsepisode hat fortan ein bestimmtes Muster, eine Struktur, ein System festgelegt. Obwohl ich zurückwollte, gab es von keiner Seite Unterstützung.

Meine Großmutter sagte einfach: »Nein, ich kann nicht in das Dorf zurück. Wenn mein Mann nicht mehr da ist, warum sollte ich dann zurück? Ich bin nur seinetwegen hingezogen, nicht wegen dem Dorf. Wenn ich schon irgendwo hinmuß, dann am liebsten nach Khajuraho.«

Aber auch das war unmöglich, weil ihre Eltern bereits tot waren. Später einmal besuchte ich das Haus, in dem sie geboren wurde. Es war nur noch eine Ruine. Es gab keine Möglichkeit, dorthin zurückzukehren. Und Bhoora, der als einziger Mensch bereit gewesen wäre zurückzugehen, starb gleich nach dem Tod seines Herrn, nur vierundzwanzig Stunden später.

Niemand war darauf gefaßt, so schnell hintereinander zwei Tode mitzuerleben, am wenigsten ich, dem sie beide so viel bedeutet hatten. Bhoora mochte nur ein gehorsamer Diener meines Großvaters gewesen sein, aber für mich war er ein Freund. Die meiste Zeit verbrachten wir zusammen – auf den Feldern, im Wald, auf dem See, überall. Bhoora folgte mir wie ein Schatten, ohne sich einzumischen, immer bereit zu helfen, und mit einem so weiten Herzen... so arm und dennoch so reich, beides zugleich.

Er hatte mich nie in sein Haus eingeladen. Einmal fragte ich ihn: »Bhoora, warum lädst du mich nie in dein Haus ein?«

Er sagte: »Ich bin so arm, daß meine Armut mich daran hindert, obwohl ich dich gerne einladen würde. Ich möchte nicht, daß du das häßliche Haus in all seinem Schmutz siehst. In diesem Leben sehe ich keine Chance, dich jemals einladen zu können. Ich denke wirklich nicht einmal im Traum daran.«

Er war sehr arm. Das Dorf hatte zwei Teile: einen für die höheren Kasten und einen andern für die ärmeren, auf der anderen Seite des Sees. Dort lebte auch Bhoora. Obwohl ich oft versuchte, bis zu seinem Haus vorzudringen, gelang es mir nie, weil er mir immer wie ein Schatten folgte. Er hinderte mich, bevor ich auch nur einen Schritt in diese Richtung tun konnte.

Sogar mein Pferd hörte immer auf ihn. Wenn es sich ergab, daß es die Richtung zu seinem Haus einschlug, sagte Bhoora einfach: »Nein! Halt!« Natürlich hatte er das Pferd von kleinauf erzogen; sie verstanden einander, und das Pferd blieb dann immer stehen. Es war unmöglich, das Pferd dazu zu bewegen, die Richtung von Bhooras Haus oder auch nur des Armenviertels einzuschlagen. Ich hatte dieses nur von der anderen, von der reicheren Seite aus gesehen, wo die Brahmanen und die Dschainas und alle die wohnten, die von Geburt aus »rein« sind. Bhoora war ein *Sudra*. Das Wort *sudra* bedeutet: »von Geburt unrein«, und der *Sudra* hat keine Möglichkeit, sich zu läutern.

Das ist das Werk Manus. Das ist der Grund, warum ich ihn

immer so schlechtmache und ablehne. Ich prangere ihn an und ich will, daß die Welt von diesem Manu erfährt, denn wenn wir nichts von solchen Menschen wissen, kommen wir nie von ihnen frei, dann werden sie uns weiter in dieser oder jener Form beeinflussen. Manchmal nennen sie es »Rasse« – sogar in Amerika bist du, wenn du ein Neger bist, ein *Sudra,* ein »Nigger«, ein »Unberührbarer«.

Aber ob Neger oder Weißer – jeder muß sich mit der abartigen Philosophie Manus vertraut machen. Es ist Manu, der die beiden Weltkriege auf subtile Weise ferngesteuert hat. Und vielleicht wird er auch die Ursache für den dritten und letzten Weltkrieg sein... ein sehr einflußreicher Mann!

Lange bevor Dale Carnegie sein Buch *How to Win Friends and Influence People* – »Wie man Freunde gewinnt und Menschen beeinflußt« – geschrieben hat, kannte Manu schon das ganze Geheimnis. Ja, man fragt sich, wie viele Freunde Dale Carnegie wohl hat, und wie viele Menschen er wohl beeinflußt hat. Sicherlich nicht so viele wie Karl Marx, Sigmund Freud, Mahatma Gandhi. Und all diesen Leuten war Carnegies Kunst, wie man Menschen beeinflußt, absolut unbekannt. Sie brauchten sie auch gar nicht zu kennen; sie steckte ihnen einfach im Blut.

Ich glaube nicht, daß irgendein Mann die Menschheit tiefer beeinflußt hat als Manu. Sogar heute noch, ob ihr seinen Namen kennt oder nicht, beeinflußt er euch. Solange ihr euch für überlegen haltet, nur weil ihr weiß oder schwarz seid oder nur weil ihr Mann oder Frau seid, solange hat Manu euch irgendwie am Gängelband. Manu gehört endgültig auf den Schrottplatz.

Ich wollte eigentlich etwas anderes sagen, aber ich habe mit dem falschen Bein angefangen. Meine Nani predigte immerzu: »Steig immer mit dem rechten Bein aus dem Bett.« Und ob ihr's glaubt oder nicht, heute bin ich nicht ihrem Rat gefolgt, und schon läuft alles schief. Ich hab mit dem falschen »Okay« angefangen, und wenn du schon von Anfang an nicht okay bist, dann geht natürlich alles, was danach kommt, drunter und drüber.

Ist noch Zeit, daß ich etwas Richtiges sagen kann? Gut. Dann laßt uns noch einmal anfangen.

Ich wollte ins Dorf zurückkehren, aber niemand war bereit, mir zu helfen. Ich konnte mir nicht vorstellen, wie ich dort allein existieren sollte ohne meinen Großvater, meine Großmutter oder Bhoora. Nein, es war nicht möglich, und so sagte ich widerwillig: »Also gut, dann werd' ich im Dorf meines Vaters bleiben.« Aber meine Mutter wollte natürlich, daß ich bei ihr und nicht bei meiner Großmutter wohnte, die es von Anfang an klargemacht hatte, daß sie im gleichen Dorf wohnen würde, aber getrennt. Man fand für sie ein kleines Haus an einem sehr schönen Fleckchen in der Nähe des Flusses.

Meine Mutter wollte unbedingt, daß ich bei ihr wohne – seit über sieben Jahren hatte ich nicht bei meiner Familie gewohnt. Aber meine Familie war keine kleine Angelegenheit, das war ein ganzer Jumbo-Jet: so viele Leute, alle möglichen Leute – meine Onkel, meine Tanten, ihre Kinder und die Verwandten meiner Onkel, und so weiter und so fort.

In Indien heißt »Familie« nicht dasselbe wie im Westen. Im Westen ist Familie Einzahl: der Mann, die Frau, ein, zwei oder drei Kinder... höchstens fünf Personen in der Familie. In Indien würden die Leute nur lachen – fünf? Nur fünf? In Indien ist die Familie unzählbar. Da gibt es Hunderte von Leuten: Gäste kommen zu Besuch und reisen nie wieder ab, und kein Mensch sagt ihnen: »Bitte, jetzt wird es Zeit, daß ihr geht«, einfach weil kein Mensch weiß, wessen Gäste sie sind.

Der Vater denkt: »Vielleicht sind es Verwandte meiner Frau; ich halte besser den Mund.« Die Mutter denkt: »Vielleicht sind es Verwandte meines Mannes...«

In Indien ist es möglich, sich in ein Haus einzuschleichen, in dem man überhaupt nicht verwandt ist; und wenn man den Mund hält, kann man ewig dort wohnen bleiben. Niemand wird einen vor die Tür setzen, jeder wird glauben, daß man von jemand anders eingeladen worden ist. Man braucht nur den Mund zu halten und weiter zu lächeln.

Es war eine große Familie. Mein Großvater – ich meine den Vater meines Vaters – war ein Mann, den ich nie richtig mochte, um es gelinde zu sagen. Er war so ganz anders als mein anderer Großvater, genau das Gegenteil: sehr rastlos, jederzeit bereit, jeden anzugreifen; bereit, bei jedem Vorwand zu streiten. Er war ein richtiger Streithammel, mit oder ohne Grund. Streiten war sein Ausgleichssport, und er stritt ununterbrochen. Nur selten sah man ihn nicht mit jemandem streiten, aber so seltsam es klingt, es gab auch Leute, die ihn liebten.

Mein Vater hatte einen kleinen Tuchladen. Ab und zu saß ich dort, einfach um den Leuten zuzuschauen und zu sehen, was vor sich ging, und manchmal war es wirklich interessant. Das Interessanteste war, daß es Leute gab, die meinen Vater fragten: »Wo ist Baba?« – damit meinten sie meinen Großvater. »Wir wollen nur mit ihm Geschäfte machen, und mit keinem andern.«

Ich verstand das nicht, denn mein Vater war so schlicht, so aufrichtig und ehrlich! Er pflegte den Leuten einfach nur den Preis einer Ware zu nennen – etwa so: »Dies ist mein Selbstkostenpreis. Jetzt kannst du entscheiden, wieviel Gewinn du uns lassen willst. Ich überlasse es dir. Ich kann natürlich nicht unter den Selbstkostenpreis gehen, aber du kannst entscheiden, wieviel du zahlen willst.« Er pflegte den Kunden zu sagen: »Zwanzig Rupien sind meine Unkosten. Du kannst mir eine oder zwei Rupien mehr zahlen. Zwei Rupien sind zehn Prozent Gewinn, und das genügt.«

Aber es gab Leute, die fragten: »Wo ist Baba? – denn wenn er nicht da ist, macht der Handel keinen Spaß.« Ich konnte es erst nicht glauben, aber später verstand ich, worum es ihnen ging. Der Spaß am Feilschen, am Kuhhandel, oder – wie sagt man... Schächern?

»Schachern, Osho.«

Schachern? Gut. Es muß den Kunden viel Spaß gemacht haben, denn wenn eine Ware zwanzig Rupien wert war, fing mein Baba erst mal mit fünfzig Rupien an, und nach langem Hin und Her und Feilschen, das den beiden riesigen Spaß machte, einigten sie sich schließlich auf dreißig Rupien.

Ich mußte immer lachen. Und wenn der Kunde fort war, sagte mein Baba zu mir: »Du darfst in solchen Momenten nicht lachen. Du mußt ernst bleiben, so als würden wir Geld verlieren. Natürlich können wir nichts verlieren«, pflegte er immer zu sagen. »Ob die Wassermelone auf das Messer fällt oder das Messer auf die Wassermelone, in jedem Fall wird die Wassermelone geschnitten, und nicht das Messer. Also lach nicht, wenn du siehst, daß ich von jemandem dreißig Rupien verlange für etwas, was er von deinem Vater für bloße zwanzig Rupien bekommen hätte. Dein Vater ist ein Narr.«

Und natürlich schien es, als sei mein Vater ein Narr – dieselbe Art von Narr wie Geet Bharti. Jetzt liegt es an Geet Bharti, ob er die gleiche höchste Stufe der Narretei erreicht, wie mein Vater sie erreicht hat. Für die Narren ist alles möglich, sogar die Erleuchtung. Ja, mein Vater war ein Narr, und mein Baba war ein sehr gerissener Mann, ein ausgefuchster Alter. Immer wenn ich an ihn denke, denke ich an einen Fuchs. Er muß einmal als Fuchs geboren worden sein; er *war* ein Fuchs.

Alles, was Baba machte, war bis ins letzte kalkuliert. Er hätte einen hervorragenden Schachspieler abgegeben, weil er mindestens fünf Züge vorausgedacht hätte. Er war wirklich der berechnendste Mann, der mir je begegnet ist. Ich habe viele berechnende Menschen gesehen, aber keiner läßt sich mit meinem Baba vergleichen. Ich fragte mich damals immer, woher mein Vater nur seine Einfachheit hatte. Vielleicht hatte es die Natur so eingerichtet, weil sie nie zuläßt, daß die Dinge aus dem Gleichgewicht geraten und deshalb dafür sorgt, daß ein undurchschaubarer Mann ein sehr einfaches Kind bekommt.

Baba war ein Genie an Verschlagenheit. Das ganze Dorf zitterte vor ihm. Niemand konnte ahnen, was er im Schilde führte. Ja, er war ein Mann, der es fertigbrachte... und ich habe es selbst miterlebt – wenn wir zum Beispiel zum Fluß gingen, mein Baba und ich, und jemand fragte: »Wohin gehst du, Baba?« – Die ganze Stadt nannte ihn immer Baba. Es bedeutet einfach »Großvater«. – Wir gingen also zum Fluß, und es war jedem klar, wohin wir gingen, aber dieser Mann brachte es fertig, ganz nach seiner Art zu sagen: »Zum Bahnhof.« Dann sah ich ihn an und er mich, und er zwinkerte.

Ich verstand das nicht. Was sollte das? Schließlich ging es hier nicht ums Geschäft, und ohne jeden Grund durfte man doch nicht lügen! Als der Mann vorbeigegangen war, fragte ich ihn: »Warum hast du gezwinkert, Baba? Und warum hast du ohne jeden Grund den Mann angelogen? Warum konntest du nicht sagen: ›Zum Fluß‹, wo wir doch zum Fluß gehen? Er weiß so gut wie jeder andere, daß diese Straße zum Fluß und nicht zum Bahnhof führt. Du weißt es auch, und trotzdem sagst du: ›Zum Bahnhof.‹«

Er sagte: »Du verstehst das nicht. Man muß eben ständig üben.«

»Was üben?« fragte ich.

Er sagte: »Man muß in seinem Geschäft ständig in Übung bleiben. Ich kann nicht einfach die Wahrheit sagen, denn sonst sag' ich vielleicht auch im Laden irgendwann einmal einfach den richtigen Preis. Und außerdem geht es dich überhaupt nichts an. Deshalb hab ich dir zugezwinkert, damit du den Mund hältst. Was mich betrifft: wir gehen zum Bahnhof. Ob diese Straße hinführt oder nicht, geht keinen was an. Selbst wenn der Mann gesagt hätte, daß diese Straße ja gar nicht zum Bahnhof führt, dann hätte ich eben gesagt, daß ich über den Fluß zum Bahnhof gehe. Es ist meine Sache. Man kann von überall aus überall hingehen. Es dauert höchstens etwas länger, das ist alles.«

So ein Mann war Baba. Er lebte dort mit all seinen Kindern, mit meinem Vater und dessen Brüdern und Schwestern und deren Männern... Und man konnte unmöglich alle Leute kennen, die da versammelt waren. Ich sah Leute kommen und nie wieder gehen. Wir waren nicht reich, aber es gab für jeden genug zu essen.

Ich wollte nicht dieser Familie beitreten, und so sagte ich zu meiner Mutter: »Entweder geh ich allein zurück in das Dorf – der Ochsenkarren steht bereit, und ich kenne den Weg; irgendwie finde ich schon hin. Und ich kenne die Leute im Dorf, sie werden helfen, ein Kind durchzubringen. Und es kann sich nur um ein paar Jahre handeln, dann werde ich es ihnen zurückzahlen, so gut ich kann. Aber ich kann unmöglich in dieser Familie leben. Es ist keine Familie, das hier ist ein Basar.«

Und es war ein Basar, ständig summend vor Leuten, und absolut nirgendwo Platz, nirgendwo Stille. Da hätte selbst ein Elefant in Bashos alten Teich springen können, und niemand hätte das »Plop« gehört! Es war einfach zuviel los. Ich weigerte mich glattweg und sagte: »Wenn ich bleiben muß, dann ist die einzige Alternative für mich, bei meiner Nani zu wohnen.«

Natürlich war meine Mutter verletzt. Es tut mir leid, denn seitdem habe ich sie immer wieder verletzt. Ich konnte nicht anders, und es war auch nicht meine Schuld. Die Situation war einfach so, daß ich nach all den Jahren absoluter Freiheit, Stille und Weite nicht in dieser Familie leben konnte. Im Hause meiner Nani war ich nämlich der einzige gewesen, der je zu hören war. Mein Nana war meist ganz still in sein Mantra vertieft, und meine Großmutter hatte natürlich außer ihm keinen, mit dem sie reden konnte.

Ich war der einzige, den man hören konnte – sonst war alles still. Nach diesen gesegneten Jahren nun in einer solchen sogenannten Familie zu leben, in der es nur so wimmelte von fremden Gesichtern, Onkeln und deren Schwiegervätern und Vettern... was für ein Haufen! Man konnte nicht einmal herausbekommen, wer wer war. Später fand ich immer, jemand sollte eine kleine Broschüre über meine Familie veröffentlichen, ein *Who is Who*.

Als ich Professor war, kamen öfter Leute zu mir und sagten zum Beispiel: »Kennst du mich nicht? Ich bin der Bruder deiner Mutter.«

Dann sah ich dem Menschen ins Gesicht und sagte zu ihm: »Bitte sei jemand anders, denn meine Mutter hat keine Brüder – soviel weiß ich über meine Familie.«

Der Betreffende sagte darauf: »Ja, du hast recht, ich meine in Wirklichkeit, ich bin ihr Cousin.«

Ich sagte: »Dann ist es okay. Was willst du also? Ich meine, wieviel willst du? Du bist sicher gekommen, um Geld zu borgen.«

Er sagte: »Wunderbar! Aber merkwürdig, wie kannst du meine Gedanken lesen?«

Ich sagte: »Das ist ganz einfach. Sag mir nur, wieviel du willst.«

Er nahm zwanzig Rupien mit, und ich sagte: »Gott sei Dank! Wenigstens einen Verwandten bin ich los. Der wird sich nie wieder blicken lassen.«

Und genau so geschah es: Ich habe sein Gesicht nie wieder gesehen. Hunderte haben Geld von mir geborgt, und keiner hat es je zurückgezahlt. Ich war froh, daß sie es nicht taten, denn hätten sie es getan, dann hätten sie nur immer noch mehr gewollt.

Ich wollte in mein Dorf zurück, aber das ging nicht. Ich mußte mich auf einen Kompromiß einlassen, nur um meine Mutter nicht zu verletzen. Aber ich weiß, ich habe sie verletzt, habe ihr Wunden zugefügt. Was sie von mir wollte, habe ich nie getan, wohl aber das Gegenteil. Natürlich fügte sie sich allmählich drein, daß ich für sie verloren war.

Oft kam es vor, daß ich direkt vor ihr saß und sie mich fragte: »Weißt du, ob jemand da ist? Ich will jemanden zum Markt schikken, Gemüse holen.« Der Markt war nicht weit weg. Das Dorf war klein; der Markt war nur zwei Minuten entfernt. Und sie fragte: »Hast du jemanden gesehen?«

Dann sagte ich: »Nein, ich habe überhaupt niemanden gesehen – das Haus scheint völlig leer zu sein. Komisch, wo sind denn all die Verwandten hin? Sie verschwinden immer dann, wenn es etwas zu tun gibt.« Aber auf die Idee, *mich* zu bitten, ihr das Gemüse zu holen, auf die kam sie nicht. Ein- oder zweimal hat sie es versucht, und dann hat sie es endgültig aufgegeben.

Einmal bat sie mich, Bananen einzukaufen, und ich brachte Tomaten heim, weil ich es unterwegs vergessen hatte. Ich gab mir zuviel Mühe, das war das Problem. Ich sagte vor mich hin: »Banane... Banane... Banane... Banane...« Und dann bellte ein Hund oder jemand wollte wissen, wohin ich ging, aber ich ließ mich nicht beirren: »Banane... Banane... Banane...«

Sie sagten: »He, bist du wahnsinnig geworden?«

Ich sagte: »Ruhe! Ich bin nicht wahnsinnig, aber seid ihr denn wahnsinnig, andere Leute zu unterbrechen, die schweigend ihrer Arbeit nachgehen?« Inzwischen hatte ich vergessen, was ich einkaufen sollte, und so brachte ich nach Hause, was ich gerade finden konnte. Tomaten waren das Letzte, was ich hätte bringen dürfen, weil die in einem Dschaina-Haushalt verboten sind.

Meine Mutter schlug sich vor die Stirn und sagte: »Sind das Bananen? Wann wirst du je verstehn?«

Ich sagte: »Mein Gott! Hattest du Bananen gesagt? Ich hab's vergessen – tut mir leid.«

Sie sagte: »Selbst wenn du es vergessen hast – hättest du nicht irgendetwas anderes als Tomaten bringen können? Du weißt doch, daß uns Tomaten nicht ins Haus kommen, weil sie so rot aussehen wie Fleisch!« Und für einen Dschaina-Haushalt reicht schon die Ähnlichkeit mit Fleisch... allein schon die Farbe Rot erinnert an Blut oder Fleisch! Eine Tomate genügt, und schon wird einem Dschaina schlecht.

Arme Tomaten! So simple Burschen, und so meditativ! Wenn man sie so dasitzen sieht – sie sitzen genauso da wie die buddhistischen Mönche mit ihren kahlgeschorenen Köpfen, und sie sehen genauso gecentert aus, als hätten sie ihr ganzes Leben lang Centering geübt – so in sich ruhend! Aber die Dschainas mögen sie nicht.

Und so mußte ich diese Tomaten wegschaffen und sie unter den Bettlern verteilen. Sie freuten sich immer, wenn sie mich sahen. Die Bettler waren die einzigen, die mich gern sahen, denn es war immer ein Ereignis für sie, wenn ich geschickt wurde, um etwas aus dem Hause zu werfen. Ich warf es nie weg, sondern gab es immer den Bettlern.

Ich brachte es nicht fertig, in dieser Familie zu leben, so wie sie sich das vorstellten. Alle waren sie ständig am Kinderkriegen. Alle Frauen waren fast ununterbrochen schwanger. Immer wenn ich an meine Familie denke, kommt mir der Gedanke, auszufreaken – obwohl ich gar nicht ausfreaken kann. Mir macht nur der Gedanke des Ausfreakens Spaß. Alle Frauen hatten ständig einen dicken Bauch. Kaum ist die eine Schwangerschaft vorbei, fängt schon die nächste an. Und überall Kinder...

»Nein«, sagte ich zu meiner Mutter, »ich weiß, es verletzt dich, und es tut mir leid, aber ich werde bei meiner Großmutter wohnen. Sie ist die einzige, die mich versteht und mir nicht nur Liebe, sondern auch Freiheit gibt.«

Einmal fragte ich meine Nani: »Warum hast du nur meine Mutter zur Welt gebracht?«

Sie sagte: »Was für eine Frage!«

Ich sagte: »In dieser Familie trägt jede Frau ständig eine Last im Bauch. Warum hast du nur meiner Mutter das Leben geschenkt und danach kein Kind mehr bekommen, nicht einmal einen Bruder für sie?«

Da sagte sie etwas, das ich nie vergessen werde: »Das war auch nur deinem Nana zuliebe. Er wollte ein Kind, und so einigten wir uns. Ich sagte zu ihm: ›Nur *ein* Kind. Dann ist es dein Schicksal, ob es ein Junge oder ein Mädchen ist‹, denn er wollte einen Jungen.« Sie lachte: »Und wie gut, daß es ein Mädchen wurde, denn wo hätte ich dich sonst herbekommen? Ja, es ist gut«, sagte sie, »daß ich keine anderen Kinder bekommen habe, denn sonst hätte es dir hier auch nicht gefallen, sonst wäre es hier genauso übervölkert gewesen.«

Ich wohnte elf Jahre lang im Dorf meines Vaters, und man zwang mich fast mit Gewalt, zur Schule zu gehen. Und das war nicht nur an einem Tag so, das war tägliche Routine! Jeden Morgen mußte man mich zwingen, zur Schule zu gehen. Einer meiner Onkel oder sonstwer brachte mich regelmäßig hin und wartete draußen, bis der Schulmeister Besitz von mir ergriffen hatte – als wäre ich eine Ware, die man von einer Hand zur anderen weiterreichte, oder ein Gefangener, der ausgeliefert wurde. Aber das, und nur das ist Erziehung – auch heute noch: eine erzwungene und gewaltsame Sache.

Jede Generation versucht, die neue Generation zu korrumpieren. Es ist zweifellos eine Art Vergewaltigung, eine geistige Vergewaltigung. Und natürlich können die mächtigeren, stärkeren und größeren Eltern das kleine Kind zwingen. Ich war vom ersten Tag an, als man mich zur Schule brachte, ein Rebell.

Kaum sah ich das Tor, da fragte ich meinen Vater: »Ist das ein Gefängnis oder eine Schule?«

Mein Vater sagte: »Was für eine Frage! Es ist eine Schule. Du brauchst keine Angst zu haben.«

Ich sagte: »Ich habe keine Angst, ich will nur wissen, wie ich mich hier verhalten soll. Wozu ist dieses große Tor nötig?«

Das Tor wurde verschlossen, sobald alle Kinder, die Gefangenen, drinnen waren. Es wurde erst am Abend wieder geöffnet, wenn die Kinder für die Nacht herausgelassen wurden. Ich sehe dieses Tor noch vor mir. Ich sehe mich noch mit meinem Vater dastehen, um in dieser häßlichen Schule angemeldet zu werden.

Die Schule war häßlich, aber das Tor war noch häßlicher. Es war groß und es wurde »Elefanten-Tor« genannt – *Hathi Dwar*.

Es war so breit, daß ein Elefant hindurchgepaßt hätte. Vielleicht wäre es gut für Zirkuselefanten gewesen – und es war ein Zirkus –, aber für kleine Kinder war es einfach zu groß.

Ich werde euch viele Dinge über diese neun Jahre zu erzählen haben...

20

Warte auf mein »Okay«...

Ich stehe vor dem »Elefanten-Tor« meiner Volksschule... und dieses Tor hat viele Dinge in meinem Leben eröffnet. Ich stand natürlich nicht allein davor; mein Vater stand neben mir. Er war mitgekommen, um mich in der Schule anzumelden.

Ich schaute die hohen Torflügel an und sagte: »Nein.«

Ich kann dieses Wort immer noch hören. Ein kleiner Junge, der alles verloren hat... Ich kann ein Fragezeichen im Gesicht des Jungen sehen, der sich fragt, was nun passieren wird.

Ich blieb stehen und starrte das Tor an. »Ein eindrucksvolles Tor, nicht wahr?" sagte mein Vater.

Von jetzt an nehme ich die Geschichte in die eigene Hand...

Ich sagte zu meinem Vater: »Nein.« Das war mein erstes Wort, bevor ich in die Volksschule eintrat, und ihr werdet überrascht sein, das war auch mein letztes Wort, als ich die Universität verließ. Im ersten Fall stand mein Vater neben mir. Er war nicht sehr alt, aber für mich, den kleinen Jungen, war er schon alt.

Im zweiten Fall stand ein wirklich alter Mann neben mir, und wir standen wieder vor einem Tor, das sogar noch größer war...

Das alte Universitätstor ist heute für immer abgerissen, aber in meiner Erinnerung steht es noch. Ich kann es immer noch sehen – das alte Tor, nicht das neue. Zu dem neuen habe ich keine Beziehung, und als ich es sah, weinte ich, denn das alte Tor war wirklich grandios – einfach, aber grandios. Das neue ist einfach nur häßlich. Es mag modern sein, aber die ganze moderne Kunst hat sich aufs Häßliche verlegt, nur weil es jahrhundertelang verschmäht worden ist. Das Häßliche zuzulassen, mag vielleicht ein revolutionärer Schritt sein, aber eine Revolution, die häßlich ist, ist überhaupt keine Revolution, sondern nur Reaktion. Ich habe das neue Tor nur einmal gesehen – seitdem bin ich zwar oft an dem Tor vorbeigekommen, aber immer mit geschlossenen Augen. Bei geschlossenen Augen konnte ich das alte Tor wieder sehen.

Das alte Tor der Universität war dürftig, wirklich dürftig. Es wurde errichtet, als die Universität gerade erst begann und man sich keinen Monumentalbau leisten konnte. Wir wohnten alle in Militärbaracken, weil die Universität so plötzlich angefangen hatte und keine Zeit gewesen war, um Wohnheime und Bibliotheken zu errichten. Es war einfach eine geräumte Kaserne. Aber der Platz an sich war wunderschön und lag auf einem kleinen Berg.

Das Militär war ausgezogen, weil die Kaserne nur für den Zweiten Weltkrieg gebraucht worden war. Sie lag auf einer Anhöhe, was damals wegen des Radars nötig war, um den Feind aufzuspüren. Jetzt war das nicht mehr nötig, und so hatte man sie geräumt. Es war ein Segen, jedenfalls für mich, weil ich an keiner anderen Universität hätte lehren und studieren können.

Sie hieß »Universität von Sagar«. *Sagar* bedeutet »Ozean«. Sagar hat einen einmalig schönen See, so groß, daß er nicht See genannt wird, sondern *sagar* – »Ozean«. Er sieht wirklich aus wie ein Ozean, mit richtigem Wellengang. Man glaubt gar nicht, daß es nur ein See ist. Ich kenne nur zwei Seen mit so hohen Wellen. Nicht, daß ich nur zwei Seen gesehen hätte; ich habe viele gesehen. Ich kenne die schönsten Seen – in Kaschmir, im Himalaja, in Darjeeling, Nainital und viele andere im Süden Indiens, im Nandi-Gebirge –, aber ich kenne nur zwei Seen mit Wellen, die an das Meer erinnern: den See von Sagar und den See von Bhopal.

Verglichen mit Bhopal ist der See von Sagar natürlich klein. Der See von Bhopal ist vielleicht der größte auf der ganzen Welt. Auf diesem See habe ich Wellen gesehe, die man nur als Flutwellen bezeichnen kann, vielleicht vier bis sechs Meter hoch. Kein anderer See kann das von sich behaupten. Er ist so riesig. Ich habe einmal versucht, ihn in einem Boot zu umfahren, und es dauerte siebzehn Tage. Ich fuhr so schnell, wie ihr euch vorstellen könnt – und schneller, denn es waren keine Polizisten in der Nähe, und es gab keine Geschwindigkeitsbegrenzung. Als ich schließlich die Tour beendet hatte, sagte ich zu mir selbst: »Mein Gott, was für ein schöner See!« Und er war zig Meter tief.

Das gleiche trifft in kleinerem Maßstab auch auf den See von Sagar zu. Aber in einem anderen Sinne hat er eine Schönheit, die der See von Bhopal nicht besitzt. Er ist von schönen Bergen umringt, keinen sehr großen, aber ungeheuer schön... vor allem frühmorgens bei Sonnenaufgang oder abends bei Sonnenuntergang. Und in einer Vollmondnacht weißt du wirklich, was Schönheit ist. In einem kleinen Boot bei Vollmond auf diesem See fühlt man einfach, daß einem nichts mehr fehlt.

Es ist ein schönes Fleckchen Erde... Aber ich bin immer noch traurig, daß das alte Tor nicht mehr da ist. Es mußte ja abgerissen werden, das ist mir völlig klar – nicht nur heute, schon damals war jedem klar, daß es abgerissen werden mußte. Es war nur provisorisch zur Eröffnung der Universität aufgestellt worden.

Das ist das zweite Tor, an das ich mich erinnere. Als ich die Universität verließ, stand ich am Tor mit meinem alten Professor, Sri Krishna Saxena. Der Arme ist erst vor ein paar Tagen gestorben und er hatte eine Nachricht geschickt, daß er mich sehen wolle. Ich hätte ihn liebend gern gesehen, aber nun läßt sich nichts mehr machen, außer wenn er schnell wiedergeboren wird, und zwar als Kind einer Sannyasin, damit er mich erreichen kann. Ich werde ihn sofort wiedererkennen, soviel kann ich versprechen.

Er war ein Mann von außergewöhnlichen Qualitäten. Er war der einzige Professor in dem ganzen Haufen von Lehrern, akademischen Räten, ordentlichen und unordentlichen Professoren und wer mir da sonst noch begegnet ist, er war der einzige, der fähig war zu begreifen, daß er einen Studenten hatte, der besser sein Meister hätte sein sollen.

Er stand, wie gesagt, am Tor und versuchte mich zu überreden, nicht die Universität zu verlassen. Er sagte: »Du solltest nicht gehen, vor allem jetzt, wo die Universität dir ein Doktorandenstipendium gewährt hat. Du darfst dir diese Chance doch nicht entgehen lassen!« Er versuchte auf tausenderlei Weise, mich spüren zu lassen, daß ich sein liebster Student war. Er sagte: »Ich habe schon viele Studenten gehabt auf der ganzen Welt, vor allem in Amerika«, denn die meiste Zeit hatte er in Amerika gelehrt, »aber ich kann ehrlich sagen«, so sagte er zu mir, »daß ich mir nicht die Mühe gemacht hätte, auch nur einen einzigen von ihnen zum Bleiben zu bewegen. Warum sollte ich? – Es ging mich nichts an, es war ihre Zukunft. Aber in deinem Fall« – und wenn ich an seine Worte denke, kommen mir die Tränen... Er sagte: »In deinem Fall geht es um meine eigene Zukunft.« Ich kann diese Worte nicht vergessen. Laßt mich sie wiederholen. Er sagte: »Die Zukunft all dieser anderen Studenten war ihre eigene Sache. Aber deine Zukunft ist auch meine Zukunft.«

Ich sagte zu ihm: »Wieso? Wieso sollte meine Zukunft auch deine Zukunft sein?«

Er sagte: »Das ist etwas, worüber ich lieber nicht mit dir sprechen möchte«, und er fing an zu weinen.

Ich sagte: »Ich verstehe. Bitte weine nicht. Aber nichts kann mich dazu bringen, gegen meine Einsicht zu handeln. Und die zielt auf eine völlig andere Dimension. Es tut mir leid, dich zu enttäuschen. Ich weiß sehr gut, wie sehr du mir die Daumen gedrückt hast und wie glücklich du warst, daß ich als Bester der ganzen Universität abschnitt. Ich habe gesehen, als du dich wie ein Kind über die Goldmedaille gefreut hast, die nicht mal für dich, sondern für mich war.«

Mir war diese Goldmedaille so egal wie nur etwas. Ich warf sie in einen tiefen Brunnen, so tief, daß ich nicht glaube, daß man sie je wiederfinden wird; und ich tat es vor den Augen von Doktor Sri Krishna Saxena.

Er sagte: »Was tust du denn da? Was hast du getan?«, – denn ich hatte sie bereits in den Brunnen geworfen. Und er war so glücklich gewesen, daß man mich für ein Stipendium ausersehen hatte. Das Stipendium galt für eine unbestimmte Zeit, zwischen zwei und fünf Jahren.

Er sagte: »Bitte überleg es dir noch einmal gut!«

Das erste Tor war das »Elefanten-Tor«, und ich stand mit meinem Vater davor und wollte nicht eintreten. Das letzte Tor war ebenfalls ein »Elefanten-Tor«, und ich stand mit meinem alten Professor davor und wollte nicht noch einmal eintreten. Einmal hatte gereicht. Zweimal wäre einfach zuviel gewesen.

Die Auseinandersetzung, die vor dem ersten Tor begann, dauerte bis zum zweiten Tor. Das »Nein«, das ich zu meinem Vater gesagt hatte, war das gleiche »Nein«, das ich zu meinem Professor sagte, der wirklich wie ein Vater zu mir war. Ich kann fühlen, daß es von derselben Art war. Ich lag ihm ebenso sehr am Herzen, wie ich meinem eigenen Vater am Herzen gelegen hatte, wenn nicht mehr. Wenn ich krank war, tat er kein Auge zu. Er setzte sich dann zu mir ans Bett, die ganze Nacht lang. Und ich sagte: »Du bist alt, Doktor«, ich nannte ihn Doktor. »Bitte geh schlafen.«

Er sagte immer: »Ich leg mich nicht eher schlafen, bis du mir versprichst, daß du morgen völlig gesund sein wirst.«

Und ich mußte es ihm versprechen, als ob mein Kranksein oder Nicht-Kranksein von meinem Versprechen abhing! Aber irgendwie, kaum daß ich es versprochen hatte, funktionierte es. Deswegen sage ich, daß es wirklich so etwas wie Magie auf der Welt gibt.

Dieses »Nein« wurde zu meinem Grundton, zu dem Stoff, aus dem meine ganze Existenz gemacht ist. Ich sagte zu meinem Vater: »Nein. Ich will nicht durch dieses Tor gehen. Das hier ist keine Schule, sondern ein Gefängnis.«

Schon allein das Tor, und dann die Farbe des Gebäudes... Es ist seltsam, vor allem in Indien haben Gefängnisse und Schulen die gleiche Farbe; beide sind aus rotem Backstein. Es ist sehr schwer zu erkennen, ob das Gebäude ein Gefängnis oder eine Schule ist. Vielleicht hat sich da irgendwann mal ein Spaßvogel einen Streich erlaubt; er ist ihm tatsächlich gelungen.

Ich sagte: »Sieh dir diese Schule an – nennst du das eine Schule? Sieh dir dieses Tor an! Und du stehst hier und willst mich zwingen, mindestens vier Jahre lang da hineinzugehen?«

Das war der Anfang eines Dialogs, der sich über viele Jahre hinzog; und er wird euch noch oft wiederbegegnen, weil er sich kreuz und quer durch diese Geschichte zieht.

Mein Vater sagte: »Ich habe es immer befürchtet...«, und wir standen beim Tor, außerhalb natürlich, weil ich ihm noch nicht erlaubt hatte, mich mit hinein zu nehmen. Er fuhr fort: »Ich habe es immer befürchtet, daß dein Großvater und vor allem diese Frau, deine Großmutter, dich verziehen würden.«

Ich sagte: »Dein Verdacht oder deine Angst war berechtigt, aber das Werk ist vollbracht und niemand kann es jetzt ungeschehen machen. Laß uns also bitte nach Hause gehen.«

Er sagte: »Was? Du brauchst doch eine Erziehung!«

Ich sagte: »Was ist das für ein Anfang! Ich bin ja nicht einmal frei, ja oder nein zu sagen! Das nennst du Erziehung? Aber wenn du es so willst, dann frag mich bitte nicht. Hier ist meine Hand, zerr mich hinein! Dann habe ich jedenfalls die Genugtuung, daß ich nicht von mir aus in diese häßliche Institution eingetreten bin. Bitte tu mir wenigstens diesen Gefallen.«

Natürlich war mein Vater ganz durcheinander, und so zerrte er mich hinein. Obwohl er ein sehr einfacher Mann war, begriff er augenblicklich, daß das nicht recht war.

Er sagte zu mir: »Obwohl ich dein Vater bin, fühlt es sich nicht recht an, dich hineinzuzerren.«

Ich sagte: »Fühl dich nur nicht schuldig. Du hast ganz recht gehandelt, denn solange man mich nicht hineinzerrt, gehe ich da nicht freiwillig hinein. Mein Entschluß ist: ›Nein.‹ Du kannst mir deinen Entschluß aufzwingen, weil ich in allem auf dich angewiesen bin – Essen, Kleidung, Wohnung, alles. Natürlich bist du in der überlegenen Position.«

Was für ein Eintritt – in die Schule hineingezerrt zu werden! Mein Vater konnte sich das nie verzeihen. Am Tag, als er Sannyas nahm – wißt ihr, was seine erste Bitte war: »Verzeih mir, daß ich dir so viel Unrecht angetan habe. Es gibt so vieles, daß ich es nicht zählen kann, und es muß noch viel mehr geben, wovon ich überhaupt nichts weiß. Verzeih mir einfach.«

Mein Eintritt in die Schule war der Anfang eines neuen Lebens. Jahrelang hatte ich praktisch wie ein wildes Tier gelebt. Ja, ich kann nicht einmal sagen, wie ein wilder Mensch – denn es gibt keine wilden Menschen.

Nur ab und zu wird ein Mensch zu einem Wilden. Ich bin jetzt einer. Buddha war einer, Zarathustra war einer, Jesus war einer – aber für damals entspricht es völlig der Wahrheit, zu sagen, daß ich jahrelang wie ein wildes Tier gelebt hatte. Doch das steht weit über einem Adolf Hitler, Benito Mussolini, Napoleon oder Alexander dem Großen. Ich nenne nur die Schlimmsten; die Schlimmsten in dem Sinne, daß sie sich für die Zivilisiertesten hielten.

Alexander der Große hielt sich für den zivilisiertesten Mann seiner Zeit, selbstverständlich. Und Adolf Hitler sagt in seiner Autobiographie – ich weiß nicht, wie die Deutschen den Titel aussprechen – alles, woran ich mich erinnern kann, ist »Mäin Komf«... Das muß bestimmt falsch sein. Erstens ist es deutsch: M-e-i-n K-a-m-p-f. Und zweitens ist mir die Aussprache sowieso egal.

Nicht egal ist mir aber, daß er in seinem Buch zu beweisen versucht, er habe den Zustand von »Übermensch« erreicht, auf den die Menschheit seit Jahrtausenden hinarbeite. Und daß Hitlers Partei, die Nazis, und seine Rasse, die nordischen Arier, die »Beherrscher der Welt« seien und daß seine Herrschaft tausend Jahre dauern werde!

Nichts als das Geschwätz eines Wahnsinnigen – allerdings eines sehr machtvollen Wahnsinnigen! Wenn er sprach, mußte man einfach zuhören, auch seinem Unsinn. Er hielt sich für den einzigen wahren Arier und die nordische für die einzige reinblütige Rasse. Aber das waren nur seine Hirngespinste.

Selten ist ein Mensch zu einem Übermenschen geworden, und das Wort »über« hat nichts mit »höher« zu tun. Der wahre Übermensch ist einer, der sich jeder seiner Handlungen bewußt ist, seiner Gedanken und Gefühle und alles dessen, woraus er besteht – Liebe, Leben und Tod.

Ein großer Dialog mit meinem Vater nahm an diesem Tag seinen Anfang, und er zog sich über all die Jahre hin und endete erst, als mein Vater Sannyasin wurde. Danach kamen Meinungsverschiedenheiten nicht mehr in Frage, er hatte kapituliert. An dem Tag, als er Sannyas nahm, weinte er und hielt meine Füße.

Ich stand da, und könnt ihr es glauben... wie ein kurzes Aufleuchten – die alte Schule, das »Elefanten-Tor«, der kleine, sich sträubende Junge, der nicht hineinwollte, und mein Vater, der ihn hineinzog... All das zuckte auf wie ein Blitz. Ich mußte lächeln.

Mein Vater fragte: »Warum lächelst du?«

Ich sagte: »Ich bin einfach froh, daß der Konflikt endlich zu Ende ist.«

Aber so spielte es sich damals ab: Mein Vater zerrte mich hinein. Ich bin nie freiwillig zur Schule gegangen.

Geet Bharti, mach mir die Lippen feucht...

Ich bin froh, daß ich hineingezerrt wurde, daß ich nie von mir aus, nie freiwillig hingegangen bin. Die Schule war wirklich häßlich – alle Schulen sind häßlich. Es ist zwar gut, eine Situation herzustellen, in der Kinder lernen können, aber es ist nicht gut, sie zu erziehen. Jede Erziehung muß häßlich sein.

Und was erlebte ich als erstes in der Schule? Das erste war ein Zusammenstoß mit dem Lehrer meiner ersten Klasse. Ich habe schöne Menschen und häßliche Menschen gesehen, aber ich habe nie wieder so etwas gesehen! – und unterstreiche »etwas«. Ich kann dieses Etwas nicht »jemand« nennen. Es sah nicht aus wie ein Mensch.

Ich sah meinen Vater an und sagte: »Wo hast du mich hier reingezerrt?«

Mein Vater sagte: »Halt den Mund!« Sehr leise, damit das »Etwas« es nicht hören sollte. Es war der Schulmeister, und er sollte mich unterrichten.

Ich konnte den Mann nicht einmal ansehen. Gott muß sein Gesicht in größter Eile geschaffen haben. Vielleicht war ja seine Blase voll, und nur um schnell fertigzuwerden, machte er diesen Mann und rannte dann auf die Toilette. Was hatte er da für einen Mann erschaffen! Er hatte nur ein Auge, und seine Nase war krumm. Nur ein Auge, das reichte schon, aber diese krumme Nase machte das Gesicht erst richtig häßlich. Und er war riesig! Über zwei Meter groß! Und er muß mindestens zweihundert Kilo gewogen haben, bestimmt nicht weniger.

Raj Bharti, wie kommt es, daß solche Leute jeder medizinischen Forschung spotten? Zweihundert Kilo, und er war immer kerngesund. Er nahm sich nie einen freien Tag, ging nie zum Arzt. In der ganzen Stadt hieß es, dieser Mann sei aus Stahl. Vielleicht war er's, aber kein sehr guter Stahl, mehr wie Stacheldraht! Er war so häßlich, daß ich am liebsten gar nichts über ihn sagen würde, auch wenn ich ein paar Dinge zu sagen hätte, aber möglichst nichts direkt über ihn.

Er war mein erster Meister – ich meine Schulmeister, denn in Indien werden die Schullehrer »Meister« genannt; deshalb sagte ich, mein erster Meister. Selbst heute würde ich beim Anblick dieses Mannes bestimmt zu zittern anfangen! Er war überhaupt kein Mann, er war ein Pferd!

Ich sagte zu meinem Vater: »Bevor du unterschreibst, sieh dir erst diesen Mann an.«

Er sagte: »Was ist denn verkehrt an ihm? Er hat mich unterrichtet, er hat meinen Vater unterrichtet, er hat seit Generationen hier unterrichtet.«

Ja, das stimmte. Darum konnte sich auch kein Mensch über ihn beschweren. Wenn du dich beschwertest, konnte dein Vater sagen: »Ich kann nichts ausrichten, er war schon mein Lehrer. Wenn ich zu ihm gehe, um mich zu beschweren, wird er auch mich bestrafen.«

Also sagte mein Vater: »An ihm ist nichts verkehrt, er ist schon in Ordnung«, und er unterschrieb die Papiere.

Da sagte ich zu meinem Vater: »Du unterschreibst dein eigenes Verderben, gib also nicht mir die Schuld.«

Er sagte: »Du bist ein fremdartiger Junge.«

Ich sagte: »Sicher, wir sind uns fremd. Ich habe viele Jahre entfernt von dir gelebt und war mit den Mangobäumen und den Kiefern und den Bergen, den Meeren und den Flüssen befreundet. Ich bin kein Geschäftsmann, und du bist einer. Geld bedeutet dir alles; ich kann es nicht mal zählen.«

Selbst heute... ich habe seit Jahren kein Geld angefaßt. Es ergibt sich nie die Gelegenheit dazu. Das hilft mir enorm, weil ich ohnehin nicht weiß, wie die Dinge in der Welt der Wirtschaft laufen. Ich' geh meinen eigenen Weg... die Dinge müssen mir folgen. Ich folge ihnen nicht, ich kann's nicht.

Ich sagte zu meinem Vater: »Du verstehst dich aufs Geld, und ich nicht. Wir sprechen nicht dieselbe Sprache. Und vergiß nicht: Du warst es, der mich gehindert hat, in das Dorf zurückzugehen. Wenn es also jetzt zum Konflikt kommt, darfst du es nicht auf mich schieben. Ich verstehe mich auf Dinge, die du nicht verstehst, und du verstehst dich auf Dinge, die ich weder verstehe noch verstehen will. Wir sind unvereinbar, Dada. Wir sind nicht füreinander gemacht.«

Und es hat fast sein ganzes Leben gedauert, bis die Entfernung zwischen uns überwunden war, aber natürlich war *er* es, der sich auf die Beine machen mußte. Das meine ich, wenn ich sage, daß ich stur bin. Ich konnte nicht einen einzigen Zentimeter nachgeben. Und angefangen hat alles an jenem Elefanten-Tor.

Der erste Lehrer – ich weiß seinen wirklichen Namen nicht, und auch sonst in der Schule wußte ihn niemand, vor allem die Kinder nicht. Sie nannten ihn »Kunter Master«. *Kunter* heißt: »der Einäugige«. Das genügte den Kindern und war zugleich eine Verdammung des Mannes. In Hindi heißt *kunter* nämlich nicht nur »einäugig«, sondern wird auch als Fluch gebraucht. Also läßt es sich nicht übersetzen, weil in der Übersetzung diese Nuance wegfällt. Wir nannten ihn alle »Kunter Master«, wenn er dabei war, und wenn er nicht da war, nannten wir ihn einfach »Kunter« – diesen einäugigen Kerl.

Er sah nicht nur häßlich aus, sondern häßlich war auch alles, was er tat. Und natürlich mußte an meinem allerersten Tag etwas passieren...

Er hatte die Angewohnheit, die Kinder gnadenlos zu züchtigen. Ich habe nie jemand sonst gesehen oder auch nur von jemand gehört, der Kindern solche Dinge antat. Ich wußte von vielen, die wegen diesem Kerl die Schule verlassen hatten und ohne Schulbildung geblieben sind. Er war wirklich das Letzte. Ihr würdet nicht glauben, was er alles gemacht hat und daß überhaupt ein Mensch so etwas tun konnte. Ich will euch ganz genau beschreiben, was mir an diesem ersten Tag geschehen ist – und es sollte noch viel dicker kommen.

Wir hatten Rechnen. Ich wußte ein bißchen, weil mich meine Großmutter zu Hause immer ein wenig unterrichtet hatte, vor allem ein bißchen in Sprache und Rechnen. Also sah ich zum Fenster hinaus auf den schönen *peepal*-Baum, der in der Sonne glänzte. Es gibt keinen anderen Baum, der so schön in der Sonne glänzt, weil jedes Blatt einzeln tanzt, und der ganze Baum fast zu einem Ballett wird – Tausende von glänzenden Tänzern und Sängern, gemeinsam und doch jeder für sich.

Der *peepal*-Baum ist ein sehr seltsamer Baum, weil alle anderen Bäume Kohlendioxid einatmen und tagsüber Sauerstoff ausatmen... Wie auch immer – ihr könnt das nachher richtigstellen, denn ihr wißt ja, ich bin kein Baum und auch kein Chemiker oder Wissenschaftler. Aber der *peepal*-Baum atmet vierundzwanzig Stunden lang Sauerstoff aus. Man kann wohl unter einem *peepal*-Baum schlafen, aber nicht unter anderen Bäumen, weil sie gefährlich für die Gesundheit sind.

Ich schaute dem Baum zu, mit seinen Blättern, die im Wind tanzten, und die Sonne schien auf jedes Blatt, und Hunderte von Papageien hüpften von einem Zweig zum anderen und freuten sich ohne jeden Grund. Ach, sie brauchten nicht zur Schule zu gehen...

Ich schaute aus dem Fenster, da überfiel mich Kunter Master.

Er sagte: »Wollen wir doch von Anfang an die Dinge klarstellen.«

Ich sagte: »Da bin ich absolut einverstanden. Ich will auch, daß von Anfang an alles so ist, wie es sein soll.«

Er sagte: »Warum hast du aus dem Fenster geschaut, während ich mit euch Rechnen übe?«

Ich sagte: »Beim Rechnen muß man hören, nicht sehen. Ich muß dabei nicht dein schönes Gesicht sehen. Ich hab' aus dem Fenster geschaut, um das zu vermeiden. Was das Rechnen angeht, kannst du mich ja fragen. Ich hab' zugehört und weiß die Antwort.«

Er fragte mich nach der Antwort, und damit begann eine ganze Kette von Problemen – nicht für mich, sondern für ihn. Das Problem war, daß ich richtig antwortete. Er konnte es nicht glauben und sagte: »Egal, ob du richtig oder falsch geantwortet hast, ich werde dich trotzdem bestrafen. Denn man darf nicht aus dem Fenster schauen, wenn der Lehrer unterrichtet.«

Ich mußte nach vorn kommen und mich vor ihn hinstellen. Ich hatte von seinen Strafmethoden gehört. Er war ein regelrechter

Marquis de Sade. Er nahm eine Schachtel Bleistifte von seinem Pult. Ich hatte auch von diesen berühmten Bleistiften gehört. Er steckte zwischen alle deine Finger jeweils einen von diesen Stiften und quetschte dann die Hand zusammen mit der Frage: »Möchtest du noch ein bißchen mehr? Brauchst du mehr?« – Und das bei kleinen Kindern! Er war zweifellos ein Faschist.

Ich stelle folgende Behauptung auf, damit sie einmal schriftlich festgehalten wird: Leute, die den Beruf des Lehrers wählen, mit denen stimmt etwas nicht. Vielleicht ist es der Wunsch zu herrschen oder sonst ein Machtgelüst; vielleicht sind sie alle ein wenig faschistisch.

Ich schaute auf die Stifte und sagte: »Ich habe schon von diesen Stiften gehört. Aber bevor du mir die zwischen die Finger steckst, merk dir eins: Es wird dich sehr teuer zu stehen kommen, vielleicht sogar deine Stelle kosten.«

Er lachte. Ich kann euch sagen, es war, wie wenn ein Monster in einem Alptraum dich auslacht.

Er sagte: »Wer könnte mich davon abhalten?«

Ich sagte: »Darum geht es nicht. Ich möchte dich fragen: Ist es verboten, aus dem Fenster zu schauen, wenn Rechnen unterrichtet wird? Und wenn ich in der Lage bin, Fragen über das zu beantworten, was unterrichtet wurde, und wenn ich bereit bin, es Wort für Wort zu wiederholen, ist es dann irgendwie verkehrt, aus dem Fenster zu schauen? Warum ist dann das Fenster in dieses Klassenzimmer eingesetzt worden? Zu welchem Zweck? Den ganzen Tag unterrichtet ständig irgendeiner irgendwas, und nachts braucht man kein Fenster, weil keiner da ist, um hinauszuschauen.«

Er sagte: »Du bist ein Aufrührer.«

Ich sagte: »Stimmt genau. Und ich werde zum Direktor gehen und herausfinden, ob du das Recht hast, mich zu bestrafen, obwohl ich dir die richtige Antwort gegeben habe.«

Er wurde etwas sanfter. Das überraschte mich, denn ich hatte gehört, daß er ein Mann war, der sich in keiner Weise einschüchtern ließ.

Daraufhin sagte ich: »Und danach gehe ich zum Präsidenten der Schulbehörde in der Stadtverwaltung. Morgen komme ich mit einem Polizeikommissar, damit er mit eigenen Augen sehen kann, was für Praktiken sich hier abspielen.« – Er zitterte. Es war den anderen nicht sichtbar, aber ich kann solche Dinge, die anderen Leuten entgehen, sehr wohl sehen. Ich übersehe vielleicht die Wände, aber die kleinsten Dinge entgehen mir nicht, und seien sie mikroskopisch klein. Ich sagte zu ihm: »Du zitterst, auch wenn du es nicht zugeben kannst. Aber wir werden sehen. Laß mich erst zum Direktor gehen.«

Ich ging, und der Direktor sagte: »Ich weiß, dieser Mann quält die Kinder. Es ist ungesetzlich, aber ich kann nichts dazu sagen, denn er ist der älteste Schullehrer am Ort, und fast jedermanns Vater und Großvater ist zumindest einmal sein Schüler gewesen. Und so kann keiner einen Finger gegen ihn rühren.«

Ich sagte: »Das ist mir egal. Mein Vater war sein Schüler und mein Großvater auch. Mir sind mein Vater und auch mein Großvater egal. Eigentlich gehöre ich überhaupt nicht zu dieser Familie, ich habe nie bei ihnen gelebt. Ich bin ein Fremder hier.«

Der Direktor sagte: »Ich konnte sofort sehen, daß du ein Fremder sein mußt; aber, mein Junge, bring dich nicht in unnötige Schwierigkeiten. Er wird dich quälen.«

Ich sagte: »Das ist nicht so leicht. Damit soll jetzt mein Kampf gegen jede Quälerei anfangen. Ich werde kämpfen.«

Und ich schlug mit der Faust – natürlich nur mit meiner kleinen Kinderfaust – auf seinen Tisch und sagte ihm: »Mir ist meine Schulbildung, oder was immer, egal, aber meine Freiheit ist mir nicht egal. Niemand darf mich ohne Grund schikanieren. Du mußt mir die Schulvorschriften zeigen. Ich kann nicht lesen, und du mußt mir zeigen, ob es ungesetzlich ist, aus dem Fenster zu schauen, selbst wenn ich alle Fragen richtig beantworten konnte.«

Er sagte: »Wenn du richtig geantwortet hast, dann kommt es überhaupt nicht darauf an, wo du hingeschaut hast.«

Ich sagte: »Dann komm mit.«

Er brachte seine Schulvorschriften mit, eine uralte Schwarte, die er immer bei sich trug. Ich glaube nicht, daß irgendwer sie je gelesen hatte.

Der Direktor sagte zu Kunter Master: »Sie lassen besser diesen Jungen in Ruhe, denn es scheint, daß der Schuß nach hinten losgehen könnte. Er wird nicht so leicht aufgeben.«

Aber damit war er bei Kunter Master an den Falschen geraten. Wenn er Angst hatte, wurde er nur noch aggressiver und gewalttätiger. Er sagte: »Ich werde es diesem Kind schon zeigen – da machen Sie sich mal keine Gedanken. Ich pfeife auf Ihre Vorschriften! Ich bin mein ganzes Leben lang hier Lehrer gewesen, und jetzt will dieses Kind mich die Vorschriften lehren?«

Ich sagte: »Morgen werde entweder nur ich in diesem Haus sein oder nur du, aber hier ist nicht Platz für uns beide. Wart nur bis morgen.«

Ich rannte nach Hause und erzählte alles meinem Vater. Er sagte: »Ich hatte mich schon gefragt, ob ich dich nur deshalb in der Schule angemeldet habe, um dir und anderen Scherereien einzubrocken, und obendrein mir selbst.«

Ich sagte: »Nein, ich berichte dir nur alles genau, damit du später nicht sagen kannst, du hättest von nichts gewußt.«

Ich ging zum Polizeikommissar. Er war ein wunderbarer Mann. Ich hatte nicht damit gerechnet, daß ein Polizist so nett sein konnte. Er sagte: »Ich hab schon von dem Mann gehört. Ja sogar mein eigener Sohn ist von ihm gequält worden. Aber niemand beschwert sich. Kinder zu quälen ist ungesetzlich, aber wo kein Kläger ist, kann man nichts machen. Und ich selbst kann ihn nicht anzeigen, weil ich Angst habe, daß er mein Kind sitzenbleiben läßt. Also ist es besser, ihn weitermachen zu lassen. Es handelt sich nur noch um ein paar Monate, dann wird mein Junge in eine andere Klasse versetzt.«

Ich sagte: »Ich bin hier, um ihn anzuzeigen, und mir ist es völlig egal, ob ich in eine andere Klasse versetzt werde oder nicht. Von mir aus kann ich mein ganzes Leben in dieser Klasse verbringen.«

Er sah mich an, klopfte mir auf die Schulter und sagte: »Ich finde es toll, was du machst. Ich werde morgen kommen.«

Dann lief ich zum Präsidenten des Stadtrats, der sich nur als ein Kuhfladen entpuppte. Ja, nur ein Kuhfladen, und ein feuchter dazu – einfach widerlich! Er sagte zu mir: »Ich weiß. Da ist nichts zu ändern. Du mußt eben damit leben. Du wirst lernen müssen, es zu ertragen.«

Ich sagte zu ihm, und ich erinnere mich genau an meine Worte: »Ich werde nichts ertragen, was für mein Gewissen falsch ist.«

Er sagte: »Wenn das so ist, kann ich mich der Sache nicht annehmen. Geh zum Vizepräsidenten, vielleicht kann er dir helfen.«

Und hier habe ich diesem Kuhfladen zu danken, denn der Vizepräsident des Dorfes, Sambu Dubai, erwies sich, soweit ich sehen konnte, als der einzige Mensch von wahrem Wert im ganzen Dorf.

Als ich an seine Tür klopfte – ich war erst acht oder neun Jahre alt, und er war der Vizepräsident –, da rief er: »Ja? Herein bitte!« Er erwartete offenbar irgendeinen Herrn, und als er mich erblickte, sah er ein bißchen verdattert drein.

Ich sagte: »Es tut mir leid, daß ich nicht ein bißchen älter bin entschuldige bitte. Ich bin auch völlig ungebildet, aber ich muß mich über diesen Mann beschweren, den Kunter Master.«

Kaum hatte er meine Geschichte gehört – über diesen Mann, der kleine Kinder der ersten Klasse damit quält, daß er ihnen Bleistifte zwischen die Finger klemmt und dann die Hand zusammendrückt. Und daß er Nadeln hat, mit denen er ihnen unter die Fingernägel sticht, und daß er ein über zwei Meter großer Mann ist und zweihundert Kilo wiegt. – Da war er fassungslos.

Er sagte: »Ich habe wohl Gerüchte gehört, aber warum hat sich denn nie jemand beschwert?«

Ich sagte: »Die Leute haben Angst, daß ihre Kinder dann noch mehr gequält werden.«

Er sagte: »Hast du denn keine Angst?«

Ich sagte: »Nein, weil es mir nichts ausmacht sitzenzubleiben. Mehr kann er nicht machen.«

Ich sagte, daß ich bereit sei sitzenzubleiben, und daß ich nicht auf gute Leistungen aus sei, sondern bis zuletzt kämpfen wolle: »Entweder dieser Mann oder ich – alle beide können wir nicht unter dem gleichen Dach sein.«

Sambu Dubai rief mich ganz nah zu sich. Er nahm mich bei den Händen und sagte: »Ich liebe immer die rebellischen Menschen, aber ich hätte es nie für möglich gehalten, daß ein Kind in deinem Alter so ein Rebell sein könnte. Ich gratuliere dir.«

Wir wurden Freunde, und diese Freundschaft hielt an, bis er starb. Dieses Dorf hatte eine Bevölkerung von zwanzigtausend Einwohnern, aber für Indien ist das noch ein Dorf. In Indien gilt eine Stadt mit unter hunderttausend Einwohnern noch nicht als Stadt und erst, wenn sie mehr als fünfzehnhunderttausend Einwohner hat, ist es eine Großstadt. In meinem ganzen Leben ist mir in diesem Dorf kein anderer Mann von demselben Kaliber, Talent und Wert begegnet wie Sambu Dubai. Ja, wenn ihr mich fragt, und es mag übertrieben klingen: Ich habe in ganz Indien keinen zweiten Sambu Dubai mehr gefunden. Er war einfach einmalig.

Als ich in ganz Indien herumreiste, wartete er monatelang darauf, daß ich käme und nur für einen Tag sein Dorf besuchte. Er war der einzige Mensch, der auf mich wartete, wenn mein Zug durch das Dorf kam – mein Vater und meine Mutter natürlich ausgenommen, die mußten kommen. Aber Sambu Dubai war nicht mit mir verwandt; aber er liebte mich. Und begonnen hat es mit dieser Begegnung, an dem Tag, als ich hinging, um gegen Kunter Master zu protestieren

Sambu Dubai war Vizepräsident des Stadtrats und er sagte zu mir: »Keine Sorge, dieser Kerl muß bestraft werden. Seine Dienstzeit ist ohnedies um. Er hatte Verlängerung beantragt, aber wir werden ihm keine gewähren. Ab morgen wirst du ihn nicht mehr in der Schule sehen.«

Ich sagte: »Ist das ein Versprechen?«

Wir schauten uns in die Augen. Er lachte und sagte: »Jawohl, das ist ein Versprechen.«

Am nächsten Tag war Kunter Master nicht mehr da. Er konnte mir nie wieder in die Augen blicken. Ich versuchte, in Kontakt mit ihm zu kommen, klopfte oft an seine Tür, nur um Adieu zu sagen, aber er war wirklich ein solcher Feigling, ein Schaf im Wolfspelz.

Aber mit diesem ersten Schultag sollten viele, viele Dinge ihren Anfang nehmen.

21

Okay...

Der Mann, von dem ich sprach – sein voller Name war Pandit Sambu Dubai. Wir alle nannten ihn immer Sambu Babu. Er war ein Dichter und insofern einmalig, als er nicht darauf aus war, veröffentlicht zu werden. Das ist bei einem Dichter sehr selten. Ich bin Hunderten von diesem Clan begegnet, und sie sind alle so begierig, veröffentlicht zu werden, daß die Dichtung zweitrangig wird. Ich nenne jeden Ehrgeizling einen Politiker, aber Sambu Dubai war nicht ehrgeizig.

Er war auch nicht durch Wahl Vizepräsident geworden, denn um gewählt zu werden, muß man sich zumindest einer Wahl stellen. Er war von dem Präsidenten ernannt worden, der nur, wie ich schon sagte, ein heiliger Kuhfladen war und ein paar Männer von Intelligenz brauchte, die ihm seine Arbeit abnahmen. Der Präsident war ein absoluter Kuhfladen, und er war schon seit Jahren im Amt. Er war immer wieder von anderen Kuhfladen gewählt worden.

Ein heiliger Kuhfladen zu sein, ist in Indien etwas ganz Großes: man wird zum *Mahatma*. Und dieser Präsident war beinahe ein

Mahatma, und genau so eine Attrappe wie alle anderen *Mahatmas* auch, denn sonst wären sie erst gar keine geworden. Was sollte einen Menschen von Kreativität und Intelligenz dazu bewegen, ein Kuhfladen werden zu wollen? Warum sollte er irgendein Interesse haben, sich anbeten zu lassen? Ich will den Namen dieses heiligen Kuhfladens nicht einmal in den Mund nehmen; er ist schmutzig. Er hatte Sambu Babu zu seinem Vize ernannt, und ich glaube, das war das einzig Gute, was er in seinem ganzen Leben zustandegebracht hat. Vielleicht wußte er nicht, was er tat – Kuhfladen sind nicht gerade bewußt.

Im selben Augenblick, als Sambu Babu und ich einander sahen, geschah etwas... Carl Gustav Jung nennt es »Synchronizität« – Gleichzeitigkeit. Ich war bloß ein Kind, und noch dazu ein wildes. Ich kam frisch aus den Wäldern, unerzogen und undiszipliniert. Wir hatten nichts miteinander gemein. Er war ein Mann, der Macht hatte und bei den Leuten viel Ansehen genoß, nicht weil er ein Kuhfladen war, sondern aufgrund seiner Stärke; und wenn man ihm nicht mit Respekt begegnete, könnte man das eines Tages zu spüren bekommen. Und sein Gedächtnis war sehr, sehr gut. Alle hatten richtig Angst vor ihm, und so waren sie alle ehrerbietig, und ich war bloß ein Kind.

Oberflächlich betrachtet hatten wir nichts miteinander gemein. Er war der Vizepräsident des ganzen Ortes, war Präsident des Verbandes der Rechtsanwälte, Präsident des Rotarier-Clubs und so weiter und so fort. Er war entweder Präsident oder Vizepräsident vieler Ausschüsse. Er war überall, und er war ein sehr gebildeter Mann. Er besaß die höchsten juristischen Qualifikationen, praktizierte aber im Ort nicht als Anwalt.

Kümmert euch nicht um die lärmenden Teufel, die da draußen arbeiten – es sind schließlich meine Jünger. Wenn ich Teufel in Sannyas einweihe, was kann man anderes erwarten? Ich nehme Beelzebub alle seine Jünger weg. Das war der Name, den Gurdjieff dem Teufel gab: Beelzebub. Aber ich möchte Gurdjieff gern sagen, daß Beelzebub täglich Hunderte seiner Jünger verliert. Sie sind aber so lange bei Beelzebub gewesen, daß sie seine Technologie erlernt haben. Ich bin nicht gegen die Technologie; ich schätze sie sehr. Darum fällt es den Jüngern Beelzebubs ja auch so leicht, meine Jünger zu werden, sehr leicht – sie machen nämlich unter mir die gleiche Arbeit weiter, die sie vorher für den häßlichen Beelzebub getan haben.

Macht euch also keine Sorgen, wenn ich mir auch keine mache. Eigentlich bilden all ihre Geräusche eine sehr schöne Kulisse für das, was ich euch hier erzähle... natürlich eine Art Picasso-Kulisse, ein bißchen alptraumartig. Aber Alpträume können manchmal auch schön sein, und man kann es bedauern, wenn sie vorbei sind. Was sie tun, hört sich vielleicht nicht schön an, aber sie tun meine Arbeit. Natürlich nimmt mir das Beelzebub sehr übel. Sie sind seine Jünger und setzen jetzt seine ganze Technologie für mich ein.

Die Wissenschaft ist ein bißchen teuflisch. Ihr seid medizinisch ausgebildet und so seid ihr gewissermaßen Teil von Beelzebubs Technologie. Vergebt diesen armen Kerlen, sie geben ihr Bestes. Und was mich betrifft: wenn ich rede, kann mich gar nichts stören.

Was ich sagen wollte: Achtet auf die Geräuschkulisse *und* die Stille – wenn man weiß, wie, kann man sich selbst Beelzebub zum Diener machen.

Ich erzählte euch gerade von Sambu Dubai – Sambu Babu. Er war ein Dichter, aber solange er lebte, veröffentlichte er keine seiner Dichtungen. Er war auch ein großer Geschichtenerzähler, und durch Zufall lernte ein berühmter Filmregisseur ihn und seine Geschichten kennen. Heute ist Sambu Babu tot, aber auf der Grundlage einer seiner Geschichten ist ein großer Film entstanden: *Mugle Azam* – »Der Großmogul«. Er gewann viele Preise, sowohl nationale wie internationale. Schade, daß Sambu Babu nicht mehr lebt. Er war mein einziger Freund im Ort.

Nachdem einmal feststand, daß ich dort leben würde... anfangs war es nur für sieben Jahre geplant, aber tatsächlich blieb ich elf Jahre dort. Vielleicht hatten sie von sieben Jahren nur gesprochen, um mich zum Bleiben zu überreden; vielleicht war es von Anfang an ihre Absicht.

Im damaligen Indien begann der Bildungsweg mit vier Jahren Volksschule – die war eine Sache für sich und unterstand der Lokalverwaltung –, danach folgten drei weitere Jahre, falls man in der gleichen Richtung weitermachen wollte. Das macht zusammen sieben Jahre, und danach bekam man sein Abschlußzeugnis.

Vielleicht hatten sie das im Auge; in dem Fall hätten sie mich nicht belogen. Aber es gab auch noch einen anderen Weg – und so ist es dann tatsächlich gekommen. Nach vier Jahren konnte man entweder in der gleichen Richtung weitergehen oder wechseln: man konnte zur Mittelschule gehen. Wenn man in derselben Richtung weiterging, lernte man nie Englisch. Die Grundschule endete nach sieben Jahren, und man war dann nur in der Lokalsprache voll ausgebildet – und in Indien gibt es dreißig anerkannte Sprachen! Aber nach dem vierten Jahr gab es eine Weiche, und man konnte die Richtung ändern. Man konnte auf die englische Schule gehen, konnte in die sogenannte Mittelschule überwechseln. Das war wieder eine Vierjahresstufe, und wenn man in dieser Richtung weitermachte, dann wurde man nach drei weiteren Jahren Abiturient.

Mein Gott! Was für eine Vergeudung von Leben! All diese schönen Tage so erbarmungslos wegzuwerfen, zu zertrampeln! Und wenn man dann endlich Abiturient war, durfte man auf die Universität. Und die Universität war wieder ein Gang von sechs Jahren! Alles in allem mußte ich vier Jahre auf der Grundschule verplempern, vier Jahre auf der Mittelschule, drei Jahre auf der Oberschule und sechs Jahre auf der Universität – siebzehn Jahre meines Lebens!

Ich denke, wenn mir dazu überhaupt etwas einfällt, dann fällt mir als einziges Wort dazu ein – trotz Beelzebub und seinen Jüngern, ich meine Exjüngern, die große Arbeit tun – dann fällt mir als einziges Wort dazu ein: »Schwachsinn!!« Siebzehn Jahre! Und ich war acht oder neun, als ich mit dem ganzen Schwachsinn anfing. Demnach war ich an dem Tag, als ich die Universität verließ, sechsundzwanzig – und unsagbar froh! Nicht weil ich die Goldmedaille errungen hatte, sondern weil ich endlich frei war. Endlich wieder frei!

Ich hatte es so eilig, daß ich zu meinem Professor sagte: »Halt mich nicht auf! Niemand kann mich überreden, je wieder durch dieses Tor zu gehen. Schon mit neun mußte mein Vater mich hineinzerren, aber heute kann mich niemand mehr zerren. Wer das versucht, den zerre ich nach draußen.«

Und natürlich hatt ich mehr Kraft als dieser arme alte Mann, der mich zum Bleiben überreden wollte.

Er sagte: »Hör auf mich. Nur ganz selten bekommt jemand ein Doktorandenstipendium. Mach deinen Doktor der Philosophie, und ich verspreche dir, eines Tages wirst du sogar den D. Litt. machen können.«

Ich sagte: »Halt mich nicht auf, mein Bus fährt gleich.«

Der Bus stand vor dem Tor. Ich mußte rennen, um ihn noch zu erwischen, und es tut mir heute leid, daß ich ihm nicht einmal mehr danken konnte. Ich hatte keine Zeit mehr – der Bus fuhr gleich, mein Gepäck war schon aufgeladen, und der Fahrer, wie Fahrer so sind, hupte wie verrückt. Ich war der einzige Passagier, der noch nicht eingestiegen war, und mein Professor lag fast auf den Knien, um mich zum Bleiben zu überreden.

Sambu Babu war ein hochgebildeter Mann. Ich war völlig ungebildet, als unsere Freundschaft begann. Er hatte eine glorreiche Vergangenheit, ich hatte überhaupt keine. Die ganze Stadt war schockiert über unsere Freundschaft, aber er war nicht einmal verlegen. Dieser Zug an ihm imponiert mir. Wir gingen immer Hand in Hand. Er war so alt wie mein Vater, und seine Kinder waren älter als ich. Er starb zehn Jahre vor meinem Vater. Ich glaube, er muß damals um die fünfzig gewesen sein. Heute wäre für uns die richtige Zeit gewesen, Freunde zu sein. Aber er war der einzige Mann, der in der Lage war, mich zu erkennen. Er war in dem Ort eine Autoritätsperson, und seine Anerkennung war mir eine enorme Hilfe.

Kunter Master wurde nie wieder in der Schule gesichtet. Man hatte ihn auf der Stelle beurlaubt, weil es nur noch einen Monat bis zu seiner Pensionierung war und sein Antrag auf Verlängerung der Dienstzeit abgelehnt worden war. Das löste in dem Ort ein großes Freudenfest aus. Kunter Master war ein großer Mann im Ort gewesen, und trotzdem hatte ich es an einem einzigen Tag geschafft, ihn zu stürzen. Das war allerhand! Die Leute bekamen Respekt vor mir. Ich sagte aber: »Was soll der Unsinn? Ich habe gar nichts getan – ich hab nur den Mann und seine Schandtaten ans Licht gebracht.«

Ich wundere mich, daß er sein ganzes Leben lang ständig kleine

Kinder quälen durfte; aber genau das war es ja, was man für Erziehung hielt. Damals dachte man – und viele Inder denken noch heute so –, daß man einem Kind nur etwas beibringen kann, wenn man es quält – wenn es vielleicht auch nicht so deutlich ausgesprochen wird.

Also sagte ich: »Ihr braucht mich nicht hochzujubeln. Und was meine Freundschaft mit Sambu Babu betrifft, spielt Alter keine Rolle. Eigentlich ist er ein Freund meines Vaters. Sogar mein Vater wundert sich.«

Mein Vater fragte Sambu Babu immer: »Warum bist du so nett zu diesem unbequemen Jungen?«

Und Sambu Babu lachte dann und sagte: »Eines Tages wirst du verstehen, warum. Ich kann's dir jetzt nicht erklären.«

Ich staunte ständig über die Schönheit dieses Mannes. Ein Zeichen seiner Schönheit war es, daß er mit den Worten antworten konnte: »Ich kann dir darauf nicht antworten. Eines Tages wirst du es begreifen.«

Eines Tages sagte er zu meinem Vater: »Vielleicht sollte ich ihn nicht freundschaftlich, sondern ehrfürchtig behandeln.«

Das schockierte sogar mich. Als wir allein waren, fragte ich ihn: »Sambu Babu, was für einen Unsinn hast du meinem Vater da erzählt? Was heißt hier ›ehrfürchtig‹ mir gegenüber?«

Er sagte: »Ich habe Ehrfurcht vor dir, weil ich sehen kann – wenn auch nicht sehr klar, eher wie hinter einem Nebelschleier –, was du eines Tages sein wirst.«

Selbst ich mußte mit den Achseln zucken. Ich sagte: »Du redest dummes Zeug. Was soll ich denn werden? Ich bin es schon.«

Da sagte er: »Na bitte! Genau das setzt mich an dir so in Erstaunen. Du bist ein Kind, das ganze Dorf lacht über unsere Freundschaft, und sie fragen sich, worüber wir beide uns wohl unterhalten. Aber sie wissen nicht, was ihnen allen entgeht. Ich weiß«, er sagte es mit Nachdruck, »ich *weiß,* was mir entgeht. Ich kann es ein wenig fühlen, wenn ich es auch nicht klar sehen kann. Vielleicht werde ich eines Tages, wenn du ganz erwachsen bist, sehen können, wer du bist.«

Und ich muß gestehen, daß er nach Magga Baba der zweite Mensch war, der erkannte, daß etwas Unermeßliches mit mir passiert war. Natürlich war er kein Mystiker, aber ein Dichter ist in der Lage, ab und zu ein Mystiker zu sein – und er war ein großer Dichter. Er war auch deshalb groß, weil er sich nie darum bemühte, sein Werk zu veröffentlichen. Er bemühte sich nie, Dichterlesungen zu veranstalten. Es wirkte komisch, wenn er seine Gedichte einem neunjährigen Jungen vorlas und mich dann fragte: »Ist es was wert? Oder einfach wertlos?«

Heute ist seine Dichtung veröffentlicht, aber er lebt nicht mehr. Zu seinem Gedächtnis wurde eine Auswahl veröffentlicht. Sie enthält nicht seine besten Arbeiten, weil unter den Leuten, die die Auswahl trafen, nicht einmal ein Dichter war, und es gehört ein Mystiker dazu, unter Sambu Babus Gedichten auszuwählen. Ich kenne alles, was er geschrieben hat. Es war nicht viel – ein paar Artikel und einige wenige Gedichte, und ein paar Geschichten, aber sie alle sind auf seltsame Weise um ein einziges Thema gewebt.

Sein Thema ist das Leben selbst – nicht als philosophische Vorstellung, sondern wie es von Augenblick zu Augenblick gelebt wird. Leben... aber ein kleines »l« genügt, denn er würde es mir nie verzeihen, wenn du leben mit großem »L« schreiben würdest. Er war gegen die Großschreibung. Er schrieb nie ein Wort groß. Sogar am Satzanfang schrieb er immer alles klein. Sogar seinen eigenen Namen schrieb er immer klein.

Ich fragte ihn: »Was ist an Großbuchstaben verkehrt? Warum bist du so dagegen, Sambu Babu?«

Er sagte: »Ich hab' nichts gegen sie, aber ich bin verliebt in das Unmittelbare, nicht das Weitentfernte. Ich bin in die kleinen Dinge verliebt: eine Tasse Tee, Schwimmen im Fluß, ein Sonnenbad... Ich bin in die kleinen Dinge verliebt, und die darf man nicht groß schreiben.«

Ich verstehe ihn. Wenn ich also sage, daß er kein erleuchteter Meister war, noch sonst irgendein Meister, zähle ich ihn trotzdem als Nummer zwei nach Magga Baba, weil er mich zu einer Zeit erkannte, als das noch unmöglich war, absolut unmöglich. Ich hatte mich noch nicht einmal selbst erkannt, da erkannte er mich.

Als ich sein Vizepräsidentenbüro zum ersten Mal betrat und wir einander ansahen, Auge in Auge, herrschte einen Moment lang nur Schweigen.

Dann stand er auf und sagte zu mir: »Bitte setz dich doch.«
Ich sagte: »Du brauchst doch nicht aufzustehen.«

Er sagte: »Es geht nicht darum, ob ich es brauche, es macht mich richtig froh, für dich aufzustehen. So wie jetzt habe ich noch nie empfunden – und ich bin schon vor dem Gouverneur und allen sogenannten Mächtigen aufgestanden. Ich habe den Vizekönig in Neu Delhi gesehen, aber ich war nicht verzaubert, so wie jetzt durch dich, das muß ich gestehen. Aber bitte erzähle es keinem.«

Jetzt habe ich es zum ersten Mal erzählt. Ich habe es all die Jahre für mich behalten, vierzig Jahre lang. Ich fühle mich erleichtert.

Heute morgen sagte Gudia: »Du hast so lange geschlafen!«

Ja, heute nacht habe ich zum ersten Mal seit vielen Jahren so geschlafen, wie ich gern jede Nacht schlafen möchte. Die ganze Nacht über wurde ich kein einziges Mal gestört. Normalerweise muß ich ab und zu auf die Uhr schauen, um nachzusehen, ob es Zeit ist zum Aufstehen. Aber heute nacht habe ich nach vielen Jahren überhaupt nicht auf die Uhr geschaut.

Ich mußte sogar Raj Bhartis Mixtur stehenlassen. So nenne ich seine Spezial-Frühstücksmischung. Es ist eine Mixtur, aber sie ist wirklich gut. Sie ist kaum eßbar, weil man eine halbe Stunde lang daran herumkauen muß, aber sie ist sehr gesund und nahrhaft. Wir sollten sie allen zugänglich machen: »Raj Bhartis Frühstücksmixtur«! Natürlich ist so ein Frühstück nicht so früh aufgegessen, sondern erst sehr, sehr spät – können wir es nicht »Spätstück« nennen? Aber das würde nicht so gut klingen.

Ich mußte heute das Frühstück stehenlassen, aus zwei Gründen: Erstens mußte ich Geet Bhartis Termin einhalten – trotzdem kam ich fünf Minuten zu spät, und ich komme nicht gern zu spät. Zweitens: hätte ich angefangen, diese Mixtur zu essen, dann hätte das Essen so lange gedauert, daß ich erst zum Mittagessen fertig gewesen wäre. Es hätte keine Pause gegeben, und die braucht man schließlich auch. Also dachte ich, ich lass' die Mixtur lieber stehen. Aber ich mag sie sehr, und wenn ich darauf verzichte, ist es wirklich ein Verzicht.

Die letzte Nacht war auch deswegen so außergewöhnlich, weil ich gestern mit euch über Sambu Babu gesprochen und mich dadurch von einer Last befreit hatte. Ich hatte auch von meinem

Vater gesprochen, und von dem ewigen Zweikampf und wie er ausging. Ich fühlte mich von einer solchen Last befreit!

Sambu Babu war ein Mann, der ein Erleuchteter hätte werden können, der es aber verfehlte. Er verfehlte es, weil er zu intellektuell war. Er war ein intellektueller Gigant. Er konnte keinen einzigen Augenblick stillsitzen. Ich war bei ihm, als er starb. Seltsames Schicksal: jeden, den ich liebe, muß ich sterben sehen!

Ich war nicht weit weg, als er im Sterben lag. Er rief mich unmittelbar davor an und sagte: »Komm schnell, wenn du kannst, denn ich glaube nicht, daß ich noch lange durchhalten werde. Ich meine«, sagte er, »ich werde es nicht mal mehr ein paar Tage durchhalten.«

Ich eilte sofort in unser Dorf. Es war nur achtzig Meilen von Jabalpur entfernt, und ich schaffte es in zwei Stunden. Er war überglücklich. Er sah mich wieder mit dem gleichen Blick an wie damals, als wir uns das erste Mal begegnet waren, als ich etwa neun war. Es herrschte ein sehr beredtes Schweigen. Nichts wurde gesagt, aber alles wurde gehört.

Während ich seine Hände hielt, sagte ich zu ihm: »Bitte schließ die Augen, streng dich nicht an.«

Er sagte: »Nein. Diese Augen werden sehr bald von selbst zufallen, und dann werde ich sie nicht mehr aufmachen können. Verlang also bitte nicht, daß ich die Augen schließen soll. Ich möchte dich sehen. Vielleicht werde ich dich nie wieder sehen können. Eines steht fest«, sagte er, »du wirst nicht noch einmal ins Leben zurückkehren. Ach, wenn ich doch nur auf dich gehört hätte! Du hast mich immer gedrängt, still zu werden, aber ich hab's immerzu aufgeschoben. Jetzt ist nicht mal mehr Zeit zum Aufschieben.«

Tränen stiegen ihm in die Augen. Ich blieb, ohne ein Wort zu sagen, einfach bei ihm. Er schloß die Augen und starb.

Er hatte so schöne Augen und ein so intelligentes Gesicht. Ich kenne sehr viele schöne Menschen, aber es kommt sehr selten vor, daß jemand die Schönheit dieses Mannes hat. Sie war nicht gemacht, schon gar nicht *Made in India*. Er war und ist bis heute einer meiner meistgeliebten Menschen. Er ist zwar bisher noch in keinen neuen Körper eingetreten, aber ich warte auf ihn.

Dies hier ist ein Vielzweck-Aschram. Ein paar Zwecke sind euch bekannt, und ein paar sind nur mir bekannt. Das ist einer von den Zwecken, die den Organisatoren des Aschrams unbekannt sind: Ich warte auf ein paar Seelen. Ich bereite sogar bestimmte Paare darauf vor, sie zu empfangen. Sambu Babu wird nicht mehr lange auf sich warten lassen.

Es gibt so viele Erinnerungen, die diesen Mann betreffen, daß ich immer wieder auf ihn zu sprechen kommen werde. Heute – nur sein Tod.

Seltsam, daß ich ausgerechnet über seinen Tod zuerst und über alles andere später spreche. Nein, was mich betrifft, ist es nicht seltsam, denn der Augenblick des Todes öffnet einen Menschen wie nichts anderes sonst. Nicht einmal die Liebe kann dieses Wunder vollbringen. Sie versucht es, aber die Liebenden selbst verhindern es, denn zur Liebe gehören zwei. Im Tod ist der Mensch sich selbst genug, und zwar, weil es keine Störung von seiten des andern gibt. Im Tod genügt es, wenn man mit sich selbst ist. Ich sah Sambu Babu in einer so entspannten, freudigen Haltung sterben, daß ich sein Gesicht nie vergessen kann.

Jetzt werdet ihr staunen, wenn ihr hört, daß er das Gesicht von – ratet mal wem? – fast das gleiche Gesicht wie der Expräsident von Amerika hatte: Richard Nixon! Aber ohne die Häßlichkeit, die Nixon aus jeder Pore quillt! – Sonst wäre Sambu Babu der Präsident von Indien gewesen. Er war weitaus intelligenter als der angebliche Präsident von Indien, Sanjiva. Aber rein fotografisch sah er dem jungen Nixon sehr ähnlich. Natürlich hat selbst das gleiche Gesicht eine ganz andere Aura, wenn die Seele anders ist... eine – wie soll man sagen – andere, eine ganz und gar andere Bedeutsamkeit. Mißversteht mich also bitte nicht, denn ihr alle kennt zwar Richard Nixon, aber nur ich kannte Sambu Babu. Also muß es zwangsläufig ein Mißverständnis geben.

Bitte vergeßt, daß ich gesagt habe, sie sähen sich ähnlich. Vergeßt es einfach. Es ist besser, ihr kennt Sambu Babus Gesicht überhaupt nicht, als daß ihr anfangt, ihn euch wie Richard Nixon vorzustellen! Aber ich muß gestehen, daß ich eine kleine Schwäche für Richard Nixon habe, nur weil er Sambu Babu ähnlich sieht. Ihr müßt mir das nachsehen. Ich weiß, er hat es nicht verdient, aber ich kann auch nichts dafür. Immer wenn ich sein Bild sehe, sehe ich nur Sambu Babu, und Nixon überhaupt nicht.

Als Nixon Präsident von Amerika wurde, sagte ich mir: »Aha! Also ist wenigstens einer, der so *aussieht* wie Sambu Babu, Präsident von Amerika geworden.« Ich hätte es liebend gern gesehen, wenn Sambu Babu Präsident von Amerika geworden wäre. Das war natürlich nicht möglich, aber die Ähnlichkeit tröstet mich. Als Nixon tat, was er tat, schämte ich mich, und auch das wieder nur, weil er Sambu Babu ähnlich sieht. Und als er vom Präsidentenamt zurücktreten mußte, war ich traurig, nicht seinetwegen – er interessierte mich gar nicht –, sondern weil ich jetzt nicht mehr Sambu Babus Gesicht in den Zeitungen sehen würde.

Jetzt ist das kein Problem mehr, weil ich keine Zeitungen mehr lese. Ich habe seit Jahren keine mehr gelesen. Früher las ich immer vier Zeitungen in einer Minute zu Ende, aber seit über zwei Jahren habe ich nicht mal einen Blick in eine hineingeworfen. Und ich lese keine Bücher: Ich lese nicht, Punktum! Ich bin inzwischen wieder ungebildet, so wie ich es immer sein wollte. Wenn mein Vater mich nicht in die Schule hineingezerrt hätte... aber er hat mich hineingezerrt. Und es hat mich zwar enorm viel Energie gekostet, all das wieder rückgängig zu machen, was mir all diese Schulen und Colleges und die Universität angetan haben, aber gelungen ist es mir doch.

Ich habe alles wieder rückgängig gemacht, was mir die Gesellschaft angetan hat. Ich bin wieder der ungezähmte, wilde Junge vom – im Englischen fehlt euch das Wort dafür... in Hindi wird ein Mensch vom Dorf *gamar* genannt. Dorf heißt *gam,* und der Dorfmensch wird *gamar* genannt. Aber *gamar* heißt auch »Narr«, und beides hat sich vermischt, und zwar so sehr, daß heute niemand mehr daran denkt, daß das Wort *gamar* eigentlich »Dörfler« heißt. Jeder denkt, es bedeutet Narr.

Ich kam als völlig unbeschriebenes Blatt vom Dorf; es stand nichts auf mir geschrieben. Selbst als ich nicht mehr in dem Dorf war, blieb ich ein wilder Junge. Ich habe nie jemandem erlaubt, etwas auf mich draufzuschreiben. Die Leute sind immer bereit – nicht nur bereit, sondern hartnäckig entschlossen –, etwas auf dich draufzuschreiben. Ich war als leeres Blatt aus dem Dorf gekommen, und ich kann heute sagen, daß ich alles, was inzwischen draufgeschrieben wurde, wieder ausradiert habe, und zwar restlos ausradiert. Genauer gesagt: ich habe das Blatt selbst zerrissen, so daß man nie wieder etwas draufschreiben kann.

Sambu Babu hätte es auch schaffen können. Ich weiß, er war dazu fähig – fähig, ein Buddha zu werden, aber es ist nicht passiert. Vielleicht war es gerade sein Beruf als Rechtsanwalt, was ihn hinderte. Ich habe von allen möglichen Leuten gehört, die Buddhas geworden sind, aber ich habe nie gehört, daß ein Rechtsanwalt ein Buddha geworden wäre. Ich glaube nicht, daß irgendwer aus dieser Berufssparte je ein Buddha werden könnte, außer er sagt sich wirklich los von allem, was er früher gelernt hat. Sambu Babu konnte nicht den Mut dazu aufbringen, und er tut mir leid. Sonst tut mir keiner leid, weil ich sonst keinem begegnet bin, der so dazu in der Lage gewesen wäre und dennoch den Sprung nicht riskiert hat.

Ich habe ihn oft gefragt: »Sambu Babu, wo hakt's denn?«

Und jedesmal sagte er dann genau dasselbe: »Wie soll ich es erklären? Ich weiß nicht genau, wo's hakt, aber irgend etwas muß es sein, was mich abhält.«

Ich weiß, was es war, aber er wußte es auch – auch wenn er nie erkannte, daß er es wußte. Und er wußte, daß ich wußte, daß er es wußte. Er schloß jedesmal die Augen, wenn ich ihm die Frage stellte – und ich bin ein Sturkopf; immer und immer wieder fragte ich ihn: »Wo hakt's denn?« Dann schloß er immer die Augen, nur um nicht meinem Blick standhalten zu müssen, weil das die einzige Situation war, in der er nicht lügen konnte; ich meine, wo er *eines* nicht sein konnte: ein Rechtsanwalt, ein Lügner. Aber nun, wo er tot ist, kann ich sagen, daß er, obwohl er kein Buddha war, beinahe ein Buddha war – was ich über keinen andern je wieder sagen werde.

Ich reserviere diese spezielle Kategorie des »Beinahe-Buddha« für Sambu Babu.

22

Ich wollte gerade schon »Okay» sagen, aber nein. Neulich einmal habe ich es leichtfertig gesagt, nur um höflich zu sein, und hatte viel zu leiden. Danach ging alles schief. Also werde ich jetzt erst »Okay« sagen, wenn es wirklich okay ist, ansonsten ist Schweigen besser...

Okay.

Da muß ich wieder an den armen Sigmund Freud denken. Er wartete in seinem Büro auf einen reichen, und natürlich jüdischen Patienten. Wie kann man reich und dabei kein Jude sein? Und die Psychoanalyse ist das größte Geschäft, das je ein Jude gegründet hat. Jesus hatten sie sich entgehen lassen; sie konnten es sich nicht leisten, sich auch Sigmund Freud entgehen zu lassen. Aber natürlich ist er nicht mit Jesus zu vergleichen.

Freud wartete und wartete, tigerte in seinem Zimmer auf und ab. Der Patient war wirklich reich, und die Psychoanalyse ist eine Behandlung, die sich über Jahre hinzieht, es sei denn, der Patient findet einen noch redegewandteren Juden... aber aus dem Teufelskreis kommt er nie wieder heraus.

Freud schaute immer wieder auf seine goldene Uhr, und im

letzten Augenblick, als er gerade aufgeben wollte, erschien der Patient. Sein großer Wagen tauchte am Horizont auf, und Freud war natürlich wütend. Schließlich kam der Wagen in die Auffahrt, der Jude stieg aus, und als er das Sprechzimmer betrat, war Sigmund Freud bitterböse, denn er kam fünfzig Sekunden zu spät.

Freud sagte: »Wie gut, daß ich Ihren Wagen noch rechtzeitig gehört habe, sonst hätte ich mit der Sitzung allein angefangen.«

Es ist ein Insider-Witz. Nur wer selbst Psychoanalytiker ist, wird ihn verstehen. Ich werde ihn euch erklären müssen, denn keiner von euch ist Psychoanalytiker. Der Witz ist der, daß Freud sagte: »Ich hätte auch ohne Sie angefangen« – ohne den Patienten. Seht ihr die Pointe? Um es klarer zu sagen – den Witz könnt ihr beiseitelassen: an einem bestimmten Punkt muß ich eben anfangen.

Genau im richtigen Augenblick, wenn es soweit ist, sage ich: »Okay« – nicht etwa so wie Sigmund Freud, sondern ganz bewußt. Trotzdem kann ich euch nicht enttäuschen. Dies ist nur eine einleitende Bemerkung. Jetzt nehmen wir die unendliche Geschichte wieder auf.

Ja, sie ist unendlich. Wie kann sie enden, bevor ich ende? Ein anderer wird das Nachwort schreiben müssen. Ich kann es nicht schreiben. Bitte seht mir das nach. Aber ich bereite meine Leute vor – Geet Bharti, Raj Bharti, Yashu Bharti, diese Dreifaltigkeit wird es tun. Und vergeßt nicht, in meiner Dreifaltigkeit kommt eine Frau vor, die dafür sorgen wird, daß die beiden Typen sich ewig in den Haaren liegen. Aber sie werden es trotzdem schaffen, das Nachwort zu schreiben. Wenn nicht, dann kann Yashu Bharti sie streiten lassen und es inzwischen selber schreiben.

Heute morgen übrigens habe ich Carl Gustav Jungs Wort »Synchronizität« erwähnt. Ich mag den Mann nicht, wohl aber das Wort, das er eingeführt hat. Dafür gebührt ihm alle Ehre. In keiner Sprache gibt es ein Wort wie »Synchronizität«, denn es ist ein erfundenes Wort, erfunden von Carl Gustav Jung.

Aber alle Wörter sind einmal von diesem oder jenem erfunden worden, also ist es nicht verkehrt, ein Wort zu erfinden, vor allem wenn es wirklich auf eine Erfahrung hinweist, die jahrhundertelang ohne Benennung geblieben ist. Allein für dieses Wort

»Synchronizität« hätte Jung den Nobelpreis verdient, obwohl er eine Mediokrität ist. Aber so viele mediokre Leute haben den Nobelpreis bekommen – was tut es da, wenn ihn ein Mittelmäßiger mehr bekommt? Und der Preis wird ja auch posthum verliehen. Gebt diesem armen Knaben Carl Gustav Jung also bitte einen Nobelpreis. Ich mache keinen Witz. Ich bin wirklich dankbar für dieses Wort »Synchronizität«, denn genau das hatte sich dem Zugriff des menschlichen Intellekts immer entzogen.

Ich sprach zu euch über meine sonderbare Freundschaft mit Sambu Babu. Sie war sonderbar in vieler Hinsicht. Erstens war er älter als mein Vater, oder vielleicht gleichaltrig; aber soviel ich mich entsinne, sah er älter aus – und ich war erst neun Jahre alt. Nun, was für eine Freundschaft ist da möglich? Er war ein erfolgreicher Rechtsexperte, nicht nur in diesem kleinen Ort, sondern er praktizierte im Obersten Landesgericht und im Obersten Bundesgericht. Er gehörte zu den juristischen Spitzenautoritäten. Und er war der Freund eines wilden, unbezähmbaren, undisziplinierten, analphabetischen Kindes.

Als er bei jener ersten Begegnung sagte: »Bitte, setz dich doch«, da staunte ich.

Ich hatte nicht erwartet, daß der Vizepräsident zu meiner Begrüßung aufstehen und sagen würde: »Bitte, setz dich doch.«

Ich sagte zu ihm: »Setz dich erst selber. Es macht mich etwas verlegen, mich zu setzen, bevor du dich setzt. Du bist alt, vielleicht sogar älter als mein Vater.«

Er sagte: »Keine Sorge. Ich bin ein Freund deines Vaters. Aber mach dir's bequem und sag mir, weshalb du gekommen bist.«

Ich sagte: »Ich werde dir später sagen, weshalb ich gekommen bin. Zuerst…« Er sah mich an, ich sah ihn an; und das, was sich in diesem Moment zwischen uns abspielte, formte sich zu meiner ersten Frage. Ich fragte ihn: »Sag mir bitte zuerst, was da eben passiert ist, zwischen deinen Augen und meinen.«

Er schloß die Augen. Ich glaube, es müssen mindestens zehn Minuten verstrichen sein, bevor er sie wieder aufmachte.

Er sagte: »Verzeih mir. Ich kann nicht genau sagen, was, aber *etwas* ist passiert.«

Wir wurden Freunde. Das war irgendwann 1940. Erst später,

Jahre danach, nur ein Jahr, bevor er starb – er starb 1960, nach einer zwanzigjährigen Freundschaft, einer sonderbaren Freundschaft – erst dann war ich in der Lage, ihm zu sagen, daß das Wort, nach dem er gesucht hatte, von Carl Gustav Jung erfunden worden war: »Das Wort ist ›Synchronizität‹. Das ist es, was sich zwischen uns abspielt.« Er wußte es, ich wußte es, aber das Wort fehlte.

»Synchronizität« kann viele Dinge zugleich bedeuten, es ist multidimensional. Es kann ein gewisses rhythmisches Gefühl bedeuten, es kann das bedeuten, was die Menschen immer Liebe genannt haben. Es kann Freundschaft bedeuten, es kann einfach bedeuten: zwei Herzen, die gemeinsam schlagen, grundlos und ungereimt... Es ist ein Geheimnis. Nur ab und zu findet man jemanden, bei dem es klickt. Das Puzzlespiel verschwindet einfach. Alle Stücke, die vorher nicht zusammenpaßten, passen plötzlich von allein.

Als ich meiner Großmutter erzählte: »Ich bin jetzt mit dem Vizepräsidenten des Ortes befreundet«, sagte sie: »Meinst du Pandit Sambutan Dubai?«

Ich sagte: »Das scheint dich ein bißchen zu schockieren. Was ist los mit dir, Nani?«

Tränen rollten ihr aus den Augen. Sie sagte: »Dann wirst du nicht viele Freunde auf der Welt finden – das macht mir Sorgen. Wenn Sambu Babu dein Freund geworden ist, dann wirst du nicht viele Freunde auf der Welt finden. Und nicht nur das... du wirst ja vielleicht Freunde finden, weil du jung bist, aber Sambu Babu wird mit Sicherheit keinen anderen Freund auf der Welt mehr finden, denn er ist zu alt.«

Immer wieder wird meine Großmutter mit ihrer ungeheuren Intuition in meiner Geschichte auftauchen. Ja, heute sehe ich es. Wenn ich rekapituliere, kann ich sehen, was sie damals sah und worüber sie weinte. Heute weiß ich, daß Sambu Babu nie einen anderen Freund hatte. Bis auf mich war er ohne Freunde.

Ich kam ab und zu mein Dorf besuchen, vielleicht ein- oder zweimal im Jahr, nicht öfter. Und je mehr ich in meine eigene Tätigkeit – ihr könnt es auch Untätigkeit nennen – verwickelt wurde, je mehr ich mit meinen Sannyasins zu tun hatte und mit der Meditationsbewegung, desto seltener wurden meine Besuche im Dorf. In den letzten paar Jahren, bevor er starb, bestanden meine einzigen Besuche sogar nur noch darin, daß ich im Zug durch den Ort kam.

Der Bahnhofsvorsteher war mein Sannyasin, und darum hielt der Zug natürlich so lange, wie ich wollte. Sie kamen dann immer zum Bahnhof – und mit »sie« meine ich meinen Vater, meine Mutter, Sambu Babu und viele andere, die mich liebten. Darin bestand mein ganzer Besuch: zehn, zwanzig, höchstens dreißig Minuten. Länger konnte der Zug nicht aufgehalten werden, weil andere Züge einfahren mußten, die schon draußen vor dem Bahnhof warteten.

Aber ich kann seine Einsamkeit verstehen. Er hatte keine anderen Freunde. Fast jeden Tag schrieb er mir einen Brief – so etwas gibt es fast gar nicht! – Dabei gab es gar nichts zu schreiben. Manchmal schickte er nur ein leeres Blatt im Umschlag. Ich verstand sogar das. Er fühlte sich sehr einsam und hätte gern meine Gesellschaft gehabt. Ich tat mein Bestes, so oft hinzukommen, wie es sich praktisch einrichten ließ – denn für mich war es eine Qual, in dem Dorf zu sein. Nur seinetwegen ertrug ich dieses Dorf.

Nachdem er gestorben war, kam ich nur noch selten, ganz selten hin. Ich hatte jetzt eine Ausrede – daß ich nicht kommen könne, weil es mich an Sambu Babu erinnern würde. Aber es hatte wirklich keinen Sinn hinzufahren. Als er da war, hatte es einen Sinn. Er war eine kleine Oase in der Wüste.

Er war absolut furchtlos, wenn er meinetwegen irgendwelche Kritik zu spüren bekam. Mit mir liiert zu sein, war damals schon nichts Gutes. Es war gefährlich. Man sagte zu ihm: »Du wirst in der Gemeinde allen Respekt verlieren, und schließlich hat die Gemeinde dich erst vom Vizepräsidenten zum Präsidenten gemacht.«

Ich erklärte ihm: »Du kannst wählen, Sambu Babu. Sei entweder der Präsident dieses dummen Dorfes oder mein Freund.«

Er trat von seinem Bürgermeisteramt und seiner Präsidentschaft zurück. Er sagte kein einziges Wort zu mir, sondern schrieb einfach seinen Rücktrittsbrief, vor meinen Augen.

Er sagte: »Ich liebe etwas an dir, was undefinierbar ist. Präsident dieses dummen Dorfes zu sein, bedeutet mir nichts. Wenn es darauf ankommt, bin ich bereit, alles zu verlieren. Ja, ich bin bereit, alles zu verlieren.«

Sie unternahmen alles, damit er nicht zurücktrat, aber er ließ sich nicht von seinem Entschluß abbringen.

Ich sagte zu ihm: »Sambu Babu, du weißt genau, wie sehr ich all diese Präsidentschaften und Vizepräsidentschaften hasse, egal ob lokal oder national. Ich kann nicht zu dir sagen: ›Nimm deinen Rücktritt zurück‹, denn so ein Verbrechen könnte ich nicht begehen. Aber wenn du es rückgängig machen willst, steht es dir frei.«

Er sagte: »Der Brief ist versiegelt. Es hat keinen Zweck umzukehren. Und ich bin froh, daß du nicht versucht hast, mich zu überreden.«

Er war und blieb ein einsamer Mann. Er hatte genug Geld, um wie ein Reicher zu leben, und so gab er gleichzeitig mit seinem Präsidentenamt auch seine Anwaltschaft auf. Er sagte: »Ich habe genug Geld, was soll die Mühe? Und was soll die ganze Juristerei mit all ihren juristischen Spitzfindigkeiten und ständigen Lügen im Namen der Wahrheit!«

Er gab seinen Beruf auf. Das waren die Eigenschaften, die ich an ihm liebte. Ohne auch nur einen Augenblick zu überlegen, trat er zurück und am nächsten Tag kündigte er seine Zugehörigkeit zur Anwaltskammer. Seinetwegen mußte ich ab und zu das Dorf besuchen oder ihn zu mir holen, wo ich mich gerade befand, damit er ein paar Tage mit mir zusammensein konnte. Er kam ab und zu.

Er war ein echter Mann, ohne Angst vor Konsequenzen. Er fragte mich einmal: »Was wirst du eines Tages tun? – Denn ich glaube nicht, daß du lange als Professor an der Universität bleiben wirst.«

Ich sagte: »Sambu Babu, ich plane nie im voraus. Wenn ich aus dieser Arbeit aussteige, hoffe ich, daß schon eine andere Arbeit auf mich warten wird. Wenn Gott...« – und wohlgemerkt, »wenn«, denn er war kein Theist, was eine weitere Eigenschaft war, die ich an ihm liebte. Er sagte immer: »Wenn ich nicht weiß, wie kann ich dann glauben?«

Ich sagte also zu ihm: »Wenn Gott für alle möglichen Leute,

Tiere und Bäume Arbeit finden kann, dann denke ich, wird er auch für mich irgendeine Arbeit finden. Und wenn er keine finden kann, dann ist das sein Problem, nicht meines.«

Er lachte und sagte: »Ja, da hast du völlig recht. Ja, das ist sein Problem, wenn es ihn gibt. Aber der Punkt ist doch: Wenn es ihn nicht gibt, was dann?«

Ich sagte: »Dann sehe ich auch kein Problem für mich. Wenn es keine Arbeit gibt, kann ich einmal tief durchatmen und der Existenz Adieu sagen. Dann beweist das eben zur Genüge, daß ich nicht gebraucht werde. Und wenn ich nicht gebraucht werde, dann werde ich mich dieser armen Existenz nicht aufdrängen.«

Unsere Gespräche, könnten sie alle rekapituliert werden, unsere Diskussionen, wären sie alle festgehalten worden, sie würden noch bessere Dialoge abgeben als die von Plato. Er war ein sehr logischer Mann – genauso logisch, wie ich unlogisch bin. Und das ist das Verblüffendste: daß wir füreinander die einzigen Freunde im Ort waren.

Jeder fragte: »Er ist ein logischer Kopf, und du bist absolut unlogisch. Was verbindet euch beide?«

Ich sagte: »Das werdet ihr kaum verstehen können, denn ihr seid keines von beiden. Gerade seine Logik führt ihn bis an deren Grenze. Ich bin unlogisch, nicht weil ich unlogisch geboren wurde – niemand wird unlogisch geboren. Ich bin unlogisch, weil ich die Sinnlosigkeit der Logik eingesehen habe. Also kann ich mit seiner Logik Schritt halten und dennoch, an einem ganz bestimmten Punkt, weiter gehen als er – und dann hat er Angst und bleibt stehen. Und das erhält unsere Freundschaft. Denn er weiß, er muß über diesen Punkt hinausgehen, und er kennt sonst keinen, der ihm dabei helfen kann. Ihr alle«, ich meinte die Leute im Ort, »ihr denkt, daß er mir hilft. Da irrt ihr euch. Fragt ihn selbst. Ich helfe *ihm*.«

Ihr werdet staunen, aber eines Tages kamen tatsächlich ein paar Leute in sein Haus, um nachzufragen: »Ist es wahr, daß dieser kleine Junge dir eine Art Hilfe oder Führer ist?«

Er sagte: »Gewiß. Da gibt es keinen Zweifel. Warum kommt ihr her, um mich zu fragen? Warum fragt ihr ihn nicht selbst? Er wohnt gleich neben euch.«

Diese Eigenschaft ist rar, und meine Großmutter hatte recht, als sie sagte: »Ich fürchte, Sambu Babu wird ohne einen Freund bleiben. Und was dich betrifft«, sagte sie, »habe ich ähnliche Befürchtungen, aber du bist noch jung, du wirst vielleicht ein paar Freunde finden.«

Ihre Intuition war wirklich sehr klar. Ihr werdet euch wundern, wenn ich euch sage, daß ich in meinem ganzen Leben keinen Freund außer Sambu Babu gehabt habe. Wenn es ihn nicht gegeben hätte, hätte ich niemals gewußt, was es heißt, einen Freund zu haben. Wohl habe ich viele Bekanntschaften gehabt – in der Schule, im College, an der Universität; es gab Hunderte. Man hätte glauben können, daß sie alle Freunde waren; vielleicht haben sie das sogar selbst geglaubt. Aber außer diesem Mann habe ich keinen einzigen Menschen gekannt, den ich einen Freund nennen könnte.

Miteinander bekannt zu sein, ist sehr einfach. Bekanntschaft ist etwas sehr Gewöhnliches, aber Freundschaft gehört nicht zur gewöhnlichen Welt. Ihr werdet staunen, aber jedesmal, wenn ich krank wurde – und ich war achtzig Meilen vom Ort entfernt –, bekam ich sofort einen Telefonanruf von Sambu Babu, der voller Sorge war.

Dann fragte er: »Bist du wohlauf?«

Und ich sagte dann: »Was ist los? Warum machst du dir Sorgen? Du hörst dich krank an.«

Er sagte dann: »Ich bin nicht krank, aber ich hatte das Gefühl, daß du es bist, und jetzt weiß ich, daß es stimmt. Du kannst mir nichts vormachen.«

Das kam oft vor. Ihr werdet es nicht glauben, aber ich mußte mir nur seinetwegen eine private Telefonnummer zulegen. Natürlich war ein Telefon für meinen Sekretär da, der sich um alle meine Termine im ganzen Land kümmerte. Aber ich hatte ein geheimes Privattelefon nur für Sambu Babu, damit er, wenn er sich Sorgen machte, auch mitten in der Nacht anrufen konnte. Ich gewöhnte mir sogar an, wenn ich nicht zu Hause war und vielleicht irgendwo unterwegs in Indien krank wurde, ihn sogar ganz bewußt von mir aus anzurufen, nur um ihm zu sagen: »Bitte mach dir keine Sorgen, daß ich krank bin.« Das ist Synchronizität.

Irgendwie existierte eine ganz, ganz tiefe Verbindung zwischen uns. Am Tag, als er starb, fuhr ich ohne Zögern zu ihm. Ich erkundigte mich nicht einmal, sondern fuhr gleich los. Ich konnte diese Straße nie leiden, dabei fuhr ich gern Auto, aber diese Straße von Jabalpur nach Gadawara war wirklich hundsföttisch. Ihr könnt nirgends eine schlechtere Straße finden. Unsere Straße hier von *Lao Tzu House* nach *Buddha Hall* ist im Vergleich dazu eine Superschnellstraße. Wie sagt man in Deutschland – Autobahn?

»Ja, Osho.«

Okay, wenn Geet Bharti es sagt, muß es stimmen. Unsere Straße ist eine Autobahn im Vergleich zu der Straße, die von meiner Universität zum Haus von Sambu Babu führte. Ich raste einfach los... nur wegen so einem Gefühl im Bauch!

Ich war ein rasanter Fahrer. Ich liebe die Geschwindigkeit, aber auf dieser Straße kann man nicht schneller fahren als fünfunddreißig Kilometer die Stunde. Das ist das absolute Maximum. Daran könnt ihr ermessen, was für eine Straße es sein muß. Wenn man endlich ankommt, ist man, wenn nicht tot, so zumindest ziemlich nahe davor! Sie hat nur ein Gutes: Bevor man in die Stadt kommt, muß man über einen Fluß. Das ist das Gnadengeschenk dabei – man kann ein ordentliches Bad nehmen, eine halbe Stunde schwimmen und sich erfrischen und auch seinem Auto ein gutes Bad gönnen. Dann hält einen wenigstens, wenn man die Stadt erreicht, niemand für einen heiligen Geist.

Ich flog. Nie in meinem Leben bin ich so in Eile gewesen. Nicht einmal heute – obwohl ich heute sehr in Eile sein müßte, weil die Zeit mir aus den Händen rinnt und der Tag nicht mehr weit ist, wo ich euch allen Adieu sagen muß, obwohl ich vielleicht gern ein bißchen länger bleiben würde. Ich halte nichts in Händen außer den Lehnen dieses Stuhls, und ihr könnt sehen, wie ich mich an ihnen festklammere, wie ich sie befühle, um festzustellen, ob ich wohl noch im Körper bin. Aber macht euch keine Sorgen... Es ist noch ein bißchen Zeit.

An dem Tag mußte ich mich aber beeilen. Und es erwies sich als richtig, denn wäre ich nur ein paar Minuten später gekommen, hätte ich nie wieder Sambu Babus Augen sehen können. Lebendig, meine ich... ich meine, mit dem gleichen Blick, mit dem er mich beim ersten Mal angeschaut hatte. Ich wollte diesen ersten Blick von damals ein letztes Mal sehen – diese Synchronizität. Und in der halben Stunde, bevor er starb, war zwischen uns nur noch reine Kommunion. Ich sagte ihm, er könne mir sagen, was immer er mir sagen wolle.

Er schickte alle andern fort. Natürlich waren sie beleidigt. Seiner Frau und seinen Söhnen und seinen Brüdern gefiel das überhaupt nicht. Aber er sagte ganz klar: »Ob es euch gefällt oder nicht, ich möchte, daß ihr alle sofort rausgeht, denn ich habe nicht viel Zeit zu verschwenden.«

Natürlich hatten sie Angst und gingen alle hinaus. Wir beide lachten. Ich sagte: »Wenn du mir irgend etwas sagen möchtest, kannst du es sagen.«

Er sagte: »Ich habe dir nichts zu sagen. Halte einfach meine Hände. Laß mich dich spüren. Erfülle mich mit deiner Gegenwart, ich bitte dich.« Und er fuhr fort: »Ich kann mich nicht hinknien, um deine Füße zu berühren. Nicht, daß ich es nicht möchte, aber mein Körper ist einfach nicht in der Lage, aus dem Bett zu steigen. Ich kann mich nicht einmal bewegen. Ich habe nur noch ein paar Minuten Zeit.«

Ich konnte sehen, wie der Tod schon fast auf seiner Schwelle stand. Ich nahm seine Hände und sagte ihm ein paar Dinge, denen er voll Aufmerksamkeit lauschte.

In meiner Kindheit habe ich nur zwei Menschen gekannt, die mir wirklich gezeigt haben, was echte Aufmerksamkeit ist. Die erste war natürlich meine Nani. Es macht mich fast ein wenig traurig, sie neben Sambu Babu zu stellen, denn ihre Aufmerksamkeit war zwar ähnlich, hatte aber viel mehr Dimensionen. Ja, eigentlich hätte ich nicht »zwei Menschen« sagen dürfen; aber nun, wo ich es schon gesagt habe, will ich es auch so deutlich wie möglich erklären.

Mit meiner Nani war es fast jeden Abend ein Ritual, genau wie meine Sannyasins jeden Abend und jeden Morgen auf mich warten... Wißt ihr, wie sehr ich mich jeden Morgen, wenn ich aufwache, beeile, ins Bad zu kommen, ein Bad zu nehmen und mich fertigzumachen, weil ich weiß, daß sicher schon alle warten?

Heute morgen habe ich nur deshalb nicht gefrühstückt, weil ich wußte, daß ich euch alle damit aufhalten würde. Ich hatte etwas länger geschlafen als gewöhnlich. Und jeden Abend weiß ich, wie ihr euch alle allmählich fertigmacht und euch duscht, und sobald ich das Licht in *Chuang Tzu* sehe, weiß ich: da sind die Teufel schon, jetzt muß ich mich aber beeilen!

Und den ganzen Tag über seid ihr beschäftigt. Eure ganze Zeit tagsüber ist vollgestopft. Man könnte sagen, daß ich mich völlig zur Ruhe gesetzt habe – zwar nicht zur letzten Ruhe, und auch von niemandem in den Ruhestand versetzt, aber es ist einfach meine Lebensart, entspannt zu leben und von morgens bis abends, von abends bis morgens nichts zu tun. Alle Leute geschäftig zu halten ohne Geschäft – das ist meine ganze Arbeit. Ich glaube nicht, daß es sonst auf der Welt einen Menschen gibt oder schon mal gegeben hat oder noch einmal geben wird, der so völlig ohne jedes Geschäft ist wie ich. Und doch kann ich nur dann weiteratmen, wenn tausende Sannyasins ununterbrochen arbeiten. Könnt ihr euch einen größeren Witz vorstellen?

Gerade heute sagte ich zu Chetana, daß Vivek in Urlaub gegangen ist. Nach zehn Jahren hat das arme Mädchen es sich ganz bestimmt verdient. Es ist nicht zuviel verlangt in zehn Jahren. Mathematisch gesehen, sind das alle zwei Jahre ein Tag.

Ich sagte zu ihr: »Fahr nur ganz unbesorgt.«

Sie ist nach England gefahren. Ich sagte zu ihr: »Es macht mich froh, wenn du dir ein paar schöne Tage machst.«

Zu Chetana sagte ich: »Nächstes Jahr kann ich vielleicht auch ein paar Tage in Urlaub fahren. Aber das Problem ist, ich kann nicht allein fahren. Ich brauche meinen ganzen Stab und kann auf keinen von ihnen verzichten. Mein ganzer Stab ist viel umfangreicher als der des amerikanischen Präsidenten; das ist der Stab eines armen Mannes. Mein Stab muß größer sein als der seine, denn er gehört nicht bloß dem Präsidenten irgendeines Landes, sondern des reichsten Landes überhaupt. Warum? – Mein Stab besteht nicht aus Dienern. Er besteht aus all denen, die mich lieben, und ich kann auf keinen einzigen von ihnen verzichten.«

Das ist das einzige Problem, und das sagte ich Chetana. Aber sie war glücklich. Sie war so glücklich, daß ich glaube, mein Problem war ihr völlig egal. Natürlich war sie glücklich, denn wenn mein Stab mit mir auf Urlaub geht, dann ist sie natürlich mit dabei. Und weißt du, Chetana... Es gab einmal eine Zeit, da habe ich meine Wäsche selbst gewaschen, aber sie war ganz bestimmt nicht so gut wie deine. Ich kann dir kein besseres Zeugnis ausstellen als dieses, denn obwohl ich mein Bestes tat, war es doch nur eine Sache, die ich so schnell wie möglich tun und hinter mich bringen mußte. Für dich ist es ein Gebet, eine Liebeserklärung, nicht einfach eine lästige Arbeit. Ich glaube nicht, daß es irgendwen auf dieser Welt gibt, der eine besser gewaschene und gebügelte Wäsche hat als ich.

Chetana war also glücklich, weil sie dachte: »Großartig, wir fahren in Urlaub!« Aber ich muß so viele Leute mitnehmen, daß Vivek recht hatte. Als wir Bombay verließen, gab es unendlich viele Vorbereitungen – vor allem für sie, denn sie hat für mein körperliches Wohl zu sorgen, für mein Essen und all diese kleinen Details. Ich glaube, daß sie in der ganzen Zeit damals kein Auge zutun konnte, so sehr war sie besorgt, daß nichts zurückgelassen würde und für unterwegs alles da war. Vivek hatte recht, als sie zu mir sagte: »Osho, du bist wie ein riesiger Berg Gold, der von einer Stadt in die andere gebracht werden soll.«

Ich sagte zu ihr: »Das ist wahr, absolut wahr. Nur eines darfst du nicht vergessen: daß der Berg zwar aus Gold, aber lebendig ist, und bewußt dazu. Sei also sehr vorsichtig.«

Du siehst meine Schwierigkeit, Chetana? Nun, wenn ich nur für eine Woche in Urlaub fahre oder auch nur für ein Wochenende, was wirst du dann alles vorbereiten müssen? Alles müßte genauso sein, wie wir es hier im *Lao Tzu House* haben. Es ist eine riesige Aufgabe. Aber weil dich der Gedanke so froh gemacht hat, dachte ich, warum nicht? Nur um einen einzigen Menschen glücklich zu machen, bringe ich alles mögliche fertig. Das war schon immer das Wesentlichste in meinem Leben.

23

Nun zu meiner Arbeit an euch...

Ich erzählte euch von einer gewissen Beziehung, die sich zwischen einem Kind von etwa neun Jahren und einem alten Mann von ungefähr fünfzig entspann. Der Altersunterschied war groß, aber Liebe kann alle Barrieren überwinden. Sie passiert sogar zwischen Mann und Frau – und könnte es eine größere Barriere geben? Aber es war nicht nur Liebe und läßt sich auch nicht nur als solche beschreiben. Er hätte mich lieben können wie einen Sohn oder wie seinen Enkel, aber das war es nicht.

Was sich entspann, war »Freundlichkeit«, und ich möchte, daß dies festgehalten wird: ich bewerte Freundlichkeit höher als Liebe. Es gibt nichts Höheres als Freundlichkeit. Ich weiß, ihr müßt gemerkt haben, daß ich nicht das Wort »Freundschaft« benutzt habe. Bis gestern habe ich es benutzt, aber jetzt ist es Zeit, euch von etwas Größerem zu berichten als Freundschaft – von Freundlichkeit.

Freundschaft kann auf ihre Weise ebenso bindend sein wie Liebe. Sie kann genauso eifersüchtig sein, besitzergreifend, besorgt, sie könnte verloren gehen – und dann aus dieser Angst heraus all die Qual und all der Kampf! Tatsächlich kämpfen die Menschen ständig gegen die an, die sie lieben – seltsam... einfach seltsam... unglaublich seltsam!

Freundlichkeit steigt höher – hinauf zu allem, was der Mensch weiß und fühlt. Sie ist eher ein Duft des Seins, oder man kann auch sagen, ein Aufblühen des Seins. Etwas teilt sich zwei Seelen zugleich mit, und plötzlich sind da zwei Körper, aber nur ein Sein. Das meine ich mit Aufblühen. Freundlichkeit ist die Freiheit von allem, was eng und kleinkariert ist, von allem, was uns vertraut ist – ja, allzu vertraut.

Ich kann verstehen, warum meine Nani Tränen darüber vergoß, daß Sambu Babu und ich uns freundlich gesinnt waren. Sie hatte recht, als sie zu mir sagte: »Mir geht es nicht um Sambu Babu – er ist alt genug, bald wird der Tod ihn eingeholt haben.« Und es ist merkwürdig, aber tatsächlich starb er vor meiner Großmutter, genau zehn Jahre früher, obwohl meine Großmutter älter war als er.

Ich staune noch heute über die Intuition dieser Frau. Sie hatte gesagt: »Er wird bald sterben, und was wird dann aus dir? Meine Tränen sind deinetwegen. Du hast noch ein langes Leben vor dir. Du wirst nicht viele Menschen von der gleichen Qualität wie Sambu Babu finden. Bitte nimm dir seine Freundschaft nicht zum Maßstab, sonst wirst du ein sehr einsames Leben führen müssen.«

Ich sagte: »Nani, nicht einmal Sambu Babu kommt an meinen Maßstab heran. Mach dir also deshalb keine Gedanken. Ich werde ein Leben führen, wie es meiner Sicht entspricht, ganz gleich, wohin es mich führt – vielleicht nirgendwohin, aber eines ist sicher«, sagte ich zu ihr, »und darin gebe ich dir absolut recht: Ich werde nicht viele Freunde finden.«

Und es stimmte. In meiner Schulzeit hatte ich keine Freunde. In meiner College-Zeit galt ich als Fremdling. An der Universität behandelten die Leute mich zwar mit Respekt, aber das ist keine Freundschaft, geschweige denn die Freundlichkeit, die ich meine.

Es ist ein eigentümliches Schicksal, daß ich von frühester Kindheit an mit Respekt behandelt worden bin. Aber wenn meine Nani jetzt noch am Leben wäre, könnte sie meine Freunde, meine Sannyasins sehen. Sie könnte tausende Menschen sehen, mit denen mich Synchronizität verbindet. Aber sie ist tot, Sambu Babu ist tot. Das Aufblühen kam zu einem Zeitpunkt, wo alle, die sich wirklich Sorgen um mich gemacht hatten, nicht mehr da sind.

Sie hatte recht, als sie sagte, daß ich ein einsames Leben führen würde, aber sie hatte auch wieder unrecht, weil sie, wie jeder andere auch, Einsamkeit und Alleinsein für gleichbedeutend hielt. Sie sind es nicht. Sie sind nicht nur nicht gleichbedeutend – sie sind absolut entgegengesetzt.

Einsamkeit ist ein negativer Zustand. Wenn du nicht mit dir allein sein kannst und um die Gesellschaft des andern bettelst, dann ist es Einsamkeit. Ob du damit Erfolg hast oder nicht, darauf kommt es überhaupt nicht an – du bleibst einsam. Überall auf der Welt, in jedem Haus, könnt ihr die Wahrheit sehen von dem, was ich sage. Ich kann nicht sagen: »in jedem Zuhause«, ich sage: »in jedem Haus«. Ein Zuhause gibt es nur selten. Ein Zuhause ist, wo die Einsamkeit zu Alleinsein transformiert wurde und nicht zu bloßem Zusammensein.

Die Leute glauben, wenn zwei Leute zusammen sind, sei es vorbei mit der Einsamkeit. So einfach geht das nicht. Merkt euch, so einfach geht es nicht. Im Gegenteil, dadurch wird es nur schwieriger. Wenn zwei einsame Menschen zusammenkommen, wird ihre Einsamkeit multipliziert, nicht nur verdoppelt, vergeßt das nicht. Es ist Multiplikation und sehr häßlich. Es ist wie ein Krake. Ein ständiger Kampf, unter immer neuen Namen, mit immer neuen Gründen. Aber wenn ihr alle diese Hüllen wegnehmt, werdet ihr nichts als nackte Einsamkeit darunter sehen. Das ist nicht Alleinsein.

Alleinsein ist die Entdeckung des eigenen Selbst. Viele Male habe ich meiner Großmutter gesagt, daß das Alleinsein der schönste Zustand ist, den man sich nur erträumen kann. Dann lachte sie immer und sagte: »Ach, sei doch still! So ein Unsinn! Ich weiß, was es heißt; ich führe ein einsames Leben. Dein Nana ist tot. Er hat mich hereingelegt. Er starb, ohne mir auch nur zu sagen, daß er sterben würde. Er starb, ohne mich auch nur wissen zu lassen, wohin er verschwand und was ihn dort erwartete. Er hat mich im Stich gelassen.« Sie grollte deswegen. Sie sagte mir damals: »Du hast mich auch verlassen. Du bist zur Universität gegangen und kommst nur ein- oder zweimal im Jahr zu Besuch. Ich warte monatelang nur auf den Tag, an dem du wieder nach Hause kommst. Und diese ein oder zwei Tage sind so schnell vorbei! Du weißt nicht, was Einsamkeit ist – ich weiß es.«

Obwohl sie weinte, lachte ich. Ich wollte mit ihr weinen, aber ich konnte nicht. Statt zu weinen, lachte ich.

Sie sagte: »Siehst du! Du verstehst mich überhaupt nicht.«

Ich sagte: »Ich verstehe sehr wohl, deswegen lache ich ja. Immer wieder beharrst du darauf, daß Einsamkeit und Alleinsein dasselbe sind, und ich sage dir ein für allemal, daß sie nicht dasselbe sind. Und du wirst das Alleinsein verstehen müssen, wenn du deine Einsamkeit loswerden willst. Du kannst sie nicht loswerden, indem du nur dich selber bemitleidest; und sei nicht böse auf meinen Großvater.«

Das war das einzige Mal, daß ich meinen Großvater vor ihr verteidigt habe: »Was konnte er denn dafür? Er hat dich nicht im Stich gelassen – auch wenn du dich vielleicht im Stich gelassen fühlst, aber das steht auf einem anderen Blatt. Tod oder Leben hat niemand in der Hand. Er ist genauso hilflos gestorben, wie er geboren wurde. Und weißt du nicht mehr, wie hilflos er war? Er hat immer wieder gerufen: ›Halt das Rad an, Rajah, kannst du nicht das Rad anhalten?‹ Was hat er denn mit diesem ständigen Flehen, wir sollten das Rad anhalten, gemeint? Er wollte seine Freiheit haben!«

»Er wollte damit sagen: ›Ich will nicht gegen meinen Willen geboren werden und ich will nicht gegen meinen Willen sterben.‹ Er wollte *sein.* Er konnte das vielleicht nicht richtig ausdrücken, aber genau so übersetze ich das, was er sagte. Er wollte einfach sein – ohne Einmischung, ohne zur Geburt gezwungen zu werden, ohne zum Tod gezwungen zu werden. Das wollte er nicht. Er wollte nur die Freiheit.«

Und wißt ihr, das indische Wort für das Allerhöchste ist *moksha. Moksha* bedeutet »absolute Freiheit«. In keiner anderen Sprache gibt es ein genaues Wort für *moksha,* vor allem nicht in der englischen, weil Englisch so sehr vom Christentum beherrscht wird.

Erst neulich erhielt ich ein Fotoalbum von einem der deutschen

Zentren. Das Album besteht aus lauter Bildern von jenem schönen Platz und der Eröffnungsfeier. Sogar der christliche Pfarrer der benachbarten Kirche nahm an der Feier teil. Mir gefiel, was er sagte: »Diese Leute sind wunderschön. Ich habe zugeschaut, wie sie härter gearbeitet haben, als heute irgendwer arbeitet, und mit so viel Freude, daß es ein Vergnügen war, ihnen zuzuschauen... aber sie sind ein bißchen verrückt.«

Was er sagte, stimmt, aber der Grund, warum er sagte: »Sie sind ein bißchen verrückt«, der stimmt nicht. Ja, verrückt sind sie, sehr viel verrückter, als er sich überhaupt vorstellen kann, aber der Grund, warum er es sagte, war unschön – das »Warum«, nicht das »Was«. Er nannte sie verrückt, weil sie glauben, daß es viele Leben gibt, Leben auf Leben. Nur deshalb nannte er sie verrückt.

Wenn tatsächlich jemand verrückt ist, dann nicht meine Leute, sondern die, die glauben, daß meine Leute verrückt seien. Ich allein behalte mir dieses Recht vor, ich darf sie verrückt nennen; denn wenn ich das sage, sage ich es aus Liebe und Verständnis. Es ist für mich kein verurteilendes Wort, für mich ist es eine Anerkennung. Alle Dichter sind verrückt, alle Maler sind verrückt, alle Musiker sind verrückt; denn sonst wären sie nicht Dichter, Musiker und Maler. Wenn das schon auf die Maler, Musiker und Tänzer zutrifft, wie sehr dann erst auf die Mystiker? Sie müssen die Allerverrücktesten sein. Und meine Sannyasins sind auf dem besten Wege, die Allerverrücktesten zu werden, weil ich keinen anderen Weg kenne, in dieser wahnsinnigen Welt wirklich vernünftig zu sein.

Meine Großmutter hatte recht, als sie sagte, daß ich keine Freunde haben würde. Und sie hatte auch darin recht, daß sie sagte, Sambu Babu würde keine Freunde haben. Was Sambu Babu betraf, hatte sie absolut recht. Was mich betrifft, hatte sie nur recht bis zu dem Punkt, wo ich anfing, Leute in Sannyas einzuweihen. Sie überlebte es nur um wenige Tage, daß ich die erste Gruppe von Sannyasins im Himalaja einweihte.

Ich hatte dazu bewußt den schönsten Teil des Himalaja ausgesucht, Kulu-Manali, »das Tal der Götter«, wie es genannt wird. Und zweifellos ist es ein Tal der Götter. Es ist so schön, daß man es nicht glauben kann, sogar wenn man in dem Tal steht. Es ist unglaublich wirklich. Ich hatte Kulu-Manali für die erste Einweihung von einundzwanzig Sannyasins ausgesucht.

Das war nur ein paar Tage, bevor meine Mutter – meine Großmutter – starb. Entschuldigt mich wieder, weil ich sie immer wieder »Mutter« nenne und es dann korrigiere. Was kann ich machen? Für mich war sie meine Mutter gewesen. Mein ganzes Leben lang habe ich versucht, es richtigzustellen, konnte es aber nicht. Ich nenne meine Mutter immer noch nicht Mutter. Ich nenne sie immer noch Babi, nicht Mutter, und *babi* bedeutet nur: »Frau des älteren Bruders«. Meine Brüder lachen mich alle aus.

Sie sagen: »Warum nennst du Mutter immer noch Babi? Babi heißt doch die Frau des älteren Bruders. Dein Vater ist ganz bestimmt nicht dein älterer Bruder.« Aber was kann ich machen? Für mich war meine Großmutter von meinen frühesten Jahren an meine Mutter, und diese ersten Jahre sind die wichtigsten Jahre des Lebens. Es ist das, was die Wissenschaftler, glaube ich, eine »Prägung« nennen.

Wenn ein Vogel aus seinem Ei kommt und seine Mutter sieht, prägt sich ihm dieser erste Anblick ein. Aber wenn der Vogel ausschlüpft, und ihr habt die Mutter entfernt und sie durch etwas anderes ersetzt, prägt sich etwas anderes ein.

Auf die Art passierte es tatsächlich, daß das Wort »Prägung« in Umlauf kam. Ein Wissenschaftler wollte wissen, was passiert, wenn ein Vogel zum ersten Mal aus dem Ei kommt. Er entfernte alles aus der Umgebung, vergaß aber völlig, daß er selbst ja da war. Der Vogel schlüpfte aus, sah sich um und konnte nur die Stiefel des Wissenschaftlers sehen, der da stand und ihn beobachtete.

Der Vogel kam zu den Stiefeln und fing an, ganz liebevoll mit ihnen zu spielen. Der Wissenschaftler staunte, aber später bekam er Probleme, weil der Vogel ständig an seine Tür klopfte – nicht seinetwegen, sondern wegen seiner Stiefel. Er mußte die Stiefel neben dem Haus des Vogels aufstellen. Und denkt nur, was für eine merkwürdige Sache dann passierte: Als der Vogel erwachsen wurde, paarte er sich zu allererst mit den Stiefeln. Er konnte sich nicht in ein Vogelmädchen verlieben, obwohl es genug davon gab. Aber er hatte eine bestimmte Prägung, wie sein Liebesobjekt auszusehen hatte. Er konnte nur ein schönes Paar Stiefel lieben.

Ich lebte jahrelang mit meiner Großmutter zusammen und hielt sie für meine Mutter. Und das war kein Nachteil. Ich hätte es schön gefunden, wenn sie meine Mutter gewesen wäre. Wenn es für mich eine Möglichkeit gäbe, noch einmal geboren zu werden – obwohl es keine gibt –, würde ich sie mir als Mutter aussuchen. Ich sage das nur, um es herauszustreichen. Es gibt keine Möglichkeit, daß ich noch einmal geboren werde – das Rad ist vor langer Zeit stehengeblieben. Aber sie hatte recht, als sie sagte, daß ich keine Freunde haben würde. Ich hatte keine Freunde, weder in der Schule, der Oberschule, im College noch an der Universität. Obwohl viele sich für Freunde von mir hielten, waren sie nur Bewunderer, höchstens Bekannte oder allerhöchstens Anhänger, aber keine Freunde.

An dem Tag, als ich anfing, Leute zu initiieren, war meine einzige Sorge: »Werde ich eines Tages auch in der Lage sein, aus meinen Anhängern Freunde zu machen?« Die Nacht davor konnte ich nicht schlafen. Wieder und wieder dachte ich: »Wie werde ich das managen? Von einem Anhänger wird nicht erwartet, daß er ein Freund ist.« Ich sagte damals in der Nacht in Kulu-Manali zu mir: »Nimm's nicht so ernst. Du kannst alles managen, auch wenn du nicht mal das ABC der Manager-Wissenschaft verstehst.«

Mir fällt ein Buch von Berne ein: *The Managerial Revolution* – »Die Manager-Revolution«. Ich habe es gelesen, nicht weil der Titel das Wort »Revolution« enthielt, sondern das Wort »Manager«. Obwohl mir das Buch gefiel, war ich natürlich enttäuscht, weil es nicht das war, wonach ich suchte. Ich hab noch nie etwas managen können! Deshalb lachte ich damals in der Nacht in Kulu-Manali.

In meinem Zimmer schlief ein Mann – ich werde euch nicht seinen Namen sagen, weil er mich verraten hat, und jemanden, der mich verraten hat und der noch am Leben ist, erwähne ich besser nicht. Er wurde durch mein Lachen wach, und ich sagte zu ihm: »Mach dir keine Gedanken, ich kann nicht noch verrückter werden, als ich schon bin. Schlaf weiter.«

»Aber«, sagte er, »nur eine Frage, sonst kann ich nicht einschlafen: Warum hast du gelacht?« – Ich sagte: »Ich hab' mir nur gerade einen Witz erzählt.«

Er lachte und schlief sofort wieder ein, ohne auch nur zu fragen, was der Witz war.

Im selben Augenblick wußte ich, was für eine Art von Wahrheitssucher er war. Ja, ich erkannte blitzartig, daß dieser Mann nicht lange bei mir bleiben würde. Und so weihte ich ihn nicht in Sannyas ein, obwohl er es unbedingt wollte. Alle wunderten sich, wo ich doch alle andern dazu drängte, »den Sprung zu machen«. Trotzdem widerstand ich allen Überredungskünsten seitens dieses Mannes. Er wollte den Sprung tun, und ich sagte: »Bitte warte noch.«

Binnen zwei Monaten war es allen klar, warum ich ihm kein Sannyas gegeben hatte. Binnen zwei Monaten war er gegangen. Daß er ging, ist nicht das Problem, aber er wurde mein Feind. Mein Feind zu sein, ist mir unvorstellbar – ja, sogar mir. Ich kann nicht glauben, wie irgendwer mein Feind sein kann. Ich habe in meinem ganzen Leben noch keinem etwas zuleide getan. Ihr könntet keine harmlosere Kreatur finden. Warum sollte irgendwer mein Feind sein? Es muß wohl an dem Betreffenden selbst liegen. Er muß mich wohl als Projektionsleinwand benutzen.

Ich hätte gern meine Großmutter eingeweiht, aber sie war in Gadawara, meinem Dorf. Ich versuchte sogar, sie zu erreichen, aber Kulu-Manali ist dreitausend Kilometer von Gadawara entfernt.

»Gadawara« ist ein seltsamer Name...

Ich wollte eigentlich nicht davon sprechen, aber es mußte ja kommen, so oder so. Es ist also besser, ich bringe es hinter mich. Der Name bedeutet: »das Dorf des Hirten«. Noch sonderbarer ist, daß der Ort in Kaschmir, wo Jesus begraben liegt, Pahalgam heißt – was ebenfalls »das Dorf des Hirten« bedeutet. Im Fall von Pahalgam ist es verständlich, aber warum mein Dorf? Ich habe dort weder Schafe noch Hirten gesehen. Viele Christen gibt es dort auch nicht, genaugenommen nur einen. Es wird euch überraschen – es ist der Pater einer kleinen Kirche, und ich war immer sein einziger Zuhörer.

Einmal fragte er mich: »Merkwürdig, du bist doch gar kein Christ, wieso kommst du pünktlich auf die Minute jeden Sonntag hierher, unter allen Umständen?« Er fuhr fort: »Ob es regnet oder hagelt, ich muß herkommen, weil ich denke, du wartest sicher, und du bist auch immer da. Warum?«

Ich sagte: »Du kennst mich nicht. Ich liebe es einfach, Menschen zu quälen. Und dir zuzuhören, wie du dich eine Stunde lang quälst und Dinge sagst, an die du selbst nicht glaubst, macht mir solchen Spaß. Ich würde sogar noch herkommen, wenn das ganze Dorf in Flammen stünde. Du kannst dich auf mich verlassen – ich wäre trotzdem hier, pünktlich auf die Minute.«

Christen haben also ganz sicher nichts mit diesem Dorf zu tun. Es lebte nur ein Christ da, und seine Kirche hatte auch nicht viel von einer Kirche... ein kleines Häuschen. Natürlich hatte man ein Kreuz draufgepflanzt, und darunter stand: »Dies ist eine christliche Kirche«.

Ich habe mich immer gefragt, warum unser Dorf »das Dorf des Hirten« hieß. Und als ich zum Grab von Jesus in Pahalgam in Kaschmir kam, drängte sich diese Frage erst recht auf.

Seltsamerweise hat Pahalgam fast die gleiche Anlage wie mein Dorf. Es mag nur Zufall sein. Immer wenn man keinen Zusammenhang sehen kann, sagt man: »Vielleicht ist es ein Zufall«. Aber ich bin nicht der Mann, der so leicht locker läßt. Damals habe ich mir die Sache angesehen, soweit ich konnte, aber heute kann ich so weit sehen, wie ich will.

Jesus ist auch in Gadawara gewesen, und der Ort, wo er sich aufhielt, liegt außerhalb des Dorfes. Die Ruinen werden noch heute verehrt. Niemand weiß, warum der Ort verehrt wird. Es gibt einen Stein, auf dem steht, daß irgendwann einmal ein Mann namens Isu diesen Ort besucht und sich hier aufgehalten habe. Er bekehrte die Menschen in dem Dorf und in der Umgebung und kehrte anschließend nach Pahalgam zurück. Das indische Amt für Archäologie hat diesen Stein dort aufgestellt; er ist also nicht sehr alt.

Ich mußte schwer arbeiten, um diesen Stein zu säubern. Es war schwer, weil sich niemand um ihn gekümmert hatte. Der Stein stand innerhalb eines kleinen Kastells. Das Kastell war nicht mehr bewohnbar, und es war gefährlich, es auch nur zu betreten. Meine Großmutter versuchte mich immer vom Hineingehen abzuhalten, weil jederzeit alles einstürzen konnte. Sie hatte recht. Schon ein kleiner Windstoß brachte die Mauern ins Schwanken. Als ich das Kastell das letzte Mal sah, war alles eingestürzt. Das war, als ich zur Verbrennung meiner Großmutter nach Gadawara gefahren war. Ich besuchte damals auch diesen Ort, wo sich einst ein Mann namens Isu aufgehalten hatte. *Isu* ist mit Sicherheit nichts als eine Form des aramäischen *Yeshu,* von dem Hebräischen *Joshua.* Auf Hindi heißt Jesus *Isa,* und die Koseform ist *Isu.* Vielleicht ist also einer von den Menschen, die ich am meisten liebe, dort gewesen, in diesem Dorf. Die bloße Vorstellung, daß auch Jesus auf denselben Straßen gegangen war, beflügelte mich unglaublich, sie machte mich ekstatisch.

Aber das nur nebenbei. Ich kann es nicht irgendwie historisch belegen. Aber wenn ihr mich ganz im Vertrauen fragt, kann ich euch ins Ohr flüstern: »Ja, es ist wahr. Aber bitte fragt mich nicht weiter…«

24

Ich sprach zu euch davon, daß Freundschaft ein höherer Wert ist als Liebe. Das hat noch niemand so gesagt. Und ich sage auch, daß die Freundlichkeit sogar noch über der Freundschaft steht. Das hat niemand bisher auch nur erwähnt. Ich werde es freilich erklären müssen.

Liebe, so schön sie auch ist, bleibt erdverbunden. Sie ist so etwas wie die Wurzeln eines Baumes. Liebe versucht, über die Erde hinauszureichen – und über alles, was dazugehört: den Körper. Aber sie fällt immer wieder zurück. Kein Wunder, daß die Leute sagen, jemand habe sich »*ver*-liebt«. Ein Ausdruck wie dieser existiert, soviel ich weiß, in allen Sprachen.

Ich bin der Sache nachgegangen und habe viele Menschen aus verschiedenen Ländern gefragt. Ich habe an alle Botschaften geschrieben und angefragt, ob es in ihrer Sprache einen Ausdruck gäbe, der genau dem englischen *falling in love* – »in Liebe fallen, sich verlieben« – entspricht. Alle haben geantwortet: »Selbstverständlich«. Und als ich fragte: »Gibt es auch einen Ausdruck oder etwas ähnliches wie das, was ich *rising in love* nenne – ›in Liebe aufsteigen‹?«, da lachten oder kicherten sie nur oder redeten schnell von etwas anderem. Wenn ich per Post anfragte, antworteten sie gar nicht erst. Wer antwortet schon einem armen Irren, der fragt: »Habt ihr in eurer Sprache einen Ausdruck für ›in Liebe aufsteigen‹?«

In keiner Sprache gibt es ein derartiges Wort, und das kann kein Zufall sein. Eine Sprache mag noch angehen, vielleicht auch zwei, aber bei dreitausend Sprachen kann es kein Zufall sein. Es ist kein Zufall, daß sich alle Sprachen verschworen haben, dreitausendfach immer wieder dasselbe zum Ausdruck zu bringen: in die Liebe fallen, sich in der Liebe verlieren, sich verlieben.

Nein, die Ursache ist: Liebe gehört im Grunde der Erde an. Sie kann ein bißchen hüpfen, oder man kann auch sagen joggen...

Ich habe gehört, Joggen ist groß in Mode, vor allem in Amerika. So sehr sogar, daß ich erst neulich abends ein Geschenk von einer Dame erhielt, die meine Bücher liebt. Sie schickte mir einen Jogging-Anzug. Großartige Idee! Ich hab mich richtig gefreut. Ich hab zu Chetana gesagt: »Wasch ihn, dann werde ich ihn benutzen.« Sie sagte: »Willst du etwa joggen?«

Ich sagte: »Wenn ich schlafe! Ich werde ihn als Nachthemd benutzen.« Und nebenbei bemerkt, oder ihr wißt es sicher schon: Alle meine Nachthemden sind bereits Jogging-Anzüge. Ich mag sie, weil ich dann noch im Schlaf joggen und mich fit halten kann oder mit Muhammed Ali dem Großen ringen kann und was nicht alles... aber bitte nur im Schlaf, unter meiner Bettdecke, in absoluter Privatheit.

Ich sprach davon, daß die Liebe ab und zu einen Hüpfer macht und meint, sie wäre frei von der Erde. Aber die Erde weiß es besser. Bald kommt Amor mit einem Plumps wieder zur Besinnung, wenn nicht mit Knochenbrüchen. Die Liebe kann nicht fliegen. Sie ist ein Pfau, mit wunderschönen Federn – aber vergeßt nicht: fliegen kann man damit nicht. Joggen ja, das kann der Pfau.

Liebe ist sehr irdisch. Freundschaft ist ein wenig höher, sie hat Flügel. Nicht nur Federn, sondern Flügel wie ein Papagei. Ihr wißt, wie Papageien fliegen? Von einem Baum zum anderen, vielleicht auch von einem Garten zum anderen, von einem Wäldchen zum anderen, aber zu den Sternen fliegen können sie nicht. Es sind klägliche Flieger.

Freundlichkeit ist der höchste Wert, weil Freundlichkeit überhaupt keine Gravitation hat, keine Schwerkraft. Sie ist reine Levitation, wenn ihr mich dieses Wort einmal gebrauchen laßt.

Ich weiß nicht, ob eure Sprachgelehrten mir das Wort »Levitation« durchgehen lassen. Es bedeutet nichts anderes als »Gegen-Schwerkraft«. Gravitation zieht nach unten, und Levitation zieht nach oben. Aber wen kümmern schon die Gelehrten? – Für sie mag es ein gravierender Fehler sein, aber sie können sich begraben lassen.

Freundlichkeit ist eine Möwe – ja, wie Jonathan... Sie schwingt sich hoch über die Wolken empor. Doch das alles nur, um wieder anzuknüpfen an das, wovon ich euch erzählte...

Meine Großmutter weinte, weil sie glaubte, daß ich keine Freunde haben würde. In gewisser Weise hatte sie recht, in anderer Weise hatte sie unrecht. Sie hatte recht, was die Schule, das College, die Universität betraf, aber unrecht, was mich betrifft. Denn selbst in meinen Schultagen hatte ich, wenn auch keine Freunde im üblichen Sinne, so doch Freunde in einem sehr unüblichen Sinne. Ich erwähnte schon Sambu Babu. Ich habe euch von Nani erzählt. Um es genau zu sagen, diese beiden haben mich verzogen, und zwar in einer Weise verzogen, daß es kein Zurück mehr gab. Was war ihre Strategie?

Zuerst ist meine Nani dran, auch chronologisch. Sie schenkte mir so viel Aufmerksamkeit! Sie hörte sich all meinen Unsinn an, all meinen Klatsch, und zwar so hingerissen, daß sogar ich glaubte, die reine Wahrheit auszusprechen.

Der zweite war Sambu Babu. Auch er hörte mir zu, ohne ein einziges Mal mit der Wimper zu zucken. Ich hatte noch nie gesehen, wie jemand zuhörte, ohne ein einziges Mal mit der Wimper zu zucken. Tatsächlich kenne ich da nur noch einen einzigen Menschen – und der bin ich. Ich kann mir keinen Film ansehen, einfach weil ich dann vergesse, meine Lider zu bewegen. Ich kann nicht zwei Dinge gleichzeitig tun, vor allem zwei so unverträgliche Dinge wie einen Film zu sehen und ab und zu die Augenlider zu schließen. Selbst heute ist mir das unmöglich. Ich sehe mir keine Filme an, weil ich nach zwei Stunden ohne ein einziges Augenzwinkern Kopfweh und müde Augen bekomme, so müde, daß sie nicht einmal Schlaf finden. Es gibt eine Müdigkeit, die so groß ist, daß selbst das Schlafen zu anstrengend wird.

Aber Sambu Babu hörte mir zu, ohne je mit der Wimper zu zucken. Ab und zu sagte ich wohl: »Sambu Babu, vergiß deine Augenlider nicht. Wenn du jetzt nicht sofort ein paarmal zwinkerst, sage ich kein Wort mehr.«

Dann zwinkerte er schnell zwei-, dreimal mit den Lidern und sagte: »Okay, jetzt rede weiter und stör mich nicht.«

Bertrand Russell schrieb einmal, daß eines Tages die Psychoanalytiker zur wichtigsten Berufssparte überhaupt werden würden. Warum? Weil sie die einzigen Leute sind, die aufmerksam zuhören, und weil jeder einen Menschen braucht, der ihm wenigstens ab und zu einmal zuhört. Aber einen Psychoanalytiker dafür zu bezahlen, daß er dir zuhört – stellt euch nur mal vor, wie absurd das ist: einen Mann dafür zu bezahlen, daß er dir zuhört! Natürlich hört er überhaupt nicht wirklich zu; er tut nur so, als ob.

Genau deswegen bin ich der erste Mann in Indien, der von den Leuten Geld dafür verlangt, daß sie mir zuhören. Das ist genau das Gegenteil von Psychoanalyse, und das macht Sinn. Wenn ihr mich verstehen wollt, dann bezahlt dafür. Und im Westen bezahlen die Leute dafür, nur gehört zu werden.

Sigmund Freud – perfekter Jude, der er war – hatte die großartigste Idee der Welt: die Analytiker-Couch. Sie ist wirklich eine großartige Erfindung. Der arme Patient liegt auf der Couch, genau wie ich hier – nur daß ich nicht der Patient bin, das ist das Problem.

Hier schreibt der Patient alles mit; Doktor Geet Bharti heißt er. Er wird Doktor genannt, aber er ist nicht wie Sigmund Freud. Er ist nicht als Doktor hier. Seltsamerweise – bei mir ist alles seltsam – liegt hier der Doktor auf der Couch, und der Patient sitzt dort, wo der Doktor sitzt. Und mein eigener Doktor sitzt hier, direkt zu meinen Füßen. Habt ihr je einen Arzt gesehen, der zu Füßen seines Patienten sitzt? Hier ist die Welt völlig anders. Bei mir ist alles richtigherum – ich kann nicht sagen verkehrtherum.

Ich bin kein Patient, obwohl ich sehr *patiens,* sehr geduldig bin. Und meine Ärzte sind keine Ärzte, wenn auch durchaus als Ärzte qualifiziert. Sie sind meine Sannyasins, meine Freunde. Genau davon rede ich: was Freundlichkeit alles zuwegebringt – ein Wunder. Es ist Alchemie. Der Patient wird Arzt, der Arzt wird Patient – das ist Alchemie.

Liebe kann das nicht. Liebe ist gut, aber nicht genug. Und wenn du von etwas Gutem zuviel ißt, bekommt es dir nicht – es macht dir Durchfall oder Magenkrämpfe und wer weiß was alles. Liebe vermag alles, außer über sich selbst hinauszugehen. Sie sinkt und sinkt immer tiefer. Sie wird zu Hickhack, Nörgelei, Streit. Jede Liebe, wenn du ihr bis ans logische Ende folgst, mündet zwangsläufig in Scheidung. Folgst du ihr nicht logisch, dann sieht die Sache anders aus: dann steckst du in der Sackgasse. Zu sehen, wie jemand in der Sackgasse steckt, ist wirklich schrecklich. Da muß man einfach etwas unternehmen. Aber diese steckengebliebenen Leute – unternimmst du etwas, dann greifen sie dich alle beide an, mit Nägeln und mit Klauen.

Ich erinnere mich, erst vor ein paar Wochen kam ein Mann aus England, um Sannyas zu nehmen, und ihr wißt ja, ein englischer Gentleman... Er steckt so fest, bis zum Hals, wie man sagt. Man konnte überhaupt nichts sehen, so tief steckte er im Dreck. Es schauten nur noch ein paar Haare oben raus, nur ein paar, weil er ein Glatzkopf war genau wie ich. Wäre er völlig kahl, wäre es sehr viel besser gewesen, dann würde ihn wenigstens niemand bemerken. Ich versuchte, ihn rauszuziehen, aber wie soll man einen Mann rausziehen, bei dem nur noch ein paar Haare aus dem Dreck schauen? Ich habe so meine Methoden...

Ich bat seinen Freund und die Frau seines Freundes, dem armen Mann zu helfen. Sie sagten mir: »Er möchte sich von seiner Frau trennen.« Ich hatte auch seine Frau gesehen, weil sie darauf bestanden hatte dabeizusein, als er Sannyas nahm. Sie wollte sehen, wie er hypnotisiert würde. Ich hatte ihr erlaubt dabeizusein, denn hier wird keine Hypnose praktiziert. Sie gewann sogar selbst Interesse. Ich lud sie ebenfalls ein und sagte: »Willst du nicht Sannyasin werden?«

Sie sagte: »Ich will's mir überlegen.«

Ich sagte zu ihr: »Meine Devise ist: ›Spring, bevor du überlegst.‹ Aber ich kann nichts machen, also überleg dir's. Falls ich noch in der Gegend bin, wenn du es dir schließlich überlegt hast, bin ich bereit, dir zu helfen.«

Aber ich bat den Freund und seine Frau – sie sind beide Sannyasins und gehören zu denen, die mir wirklich nahe sind –, ich bat sie, ihrem Freund zu helfen und alles Nötige für seine Frau und die Kinder zu regeln, damit die Frau keine Not zu leiden habe, ihr Mann aber nicht mehr spirituell leiden müsse. Selbst wenn er alles seiner Frau überlassen muß, ist es auch gut. Ich allein bin genug für ihn.

Ich hatte den Mann gesehen, hatte seine Schönheit gesehen. Er hatte eine sehr einfache, kindliche Art – den gleichen Duft, den man verspürt, wenn es nach langer Dürre zum ersten Mal regnet und die Erde frohlockt – den gleichen Duft und die gleiche Freude. Er war glücklich, ein Sannyasin zu sein.

Gerade gestern erhielt ich die Nachricht, daß er unentwegt schläft, aus lauter Angst vor seiner Frau. Er will nicht aufwachen. Sobald er aufwacht, nimmt er sofort wieder Schlaftabletten. Ich bat den Freund, ihm zu sagen: »Diese Schlaferei wird nicht helfen. Es wird dich vielleicht sogar umbringen, aber es wird weder dir noch deiner Frau helfen. Du mußt dich der Wahrheit stellen.«

Sehr wenige Menschen stellen sich der wahren Tatsache, daß das, was sie Liebe nennen, rein biologisch ist; und neunundneunzig Prozent an der Liebe *ist* biologisch. Freundschaft ist zu neunundneunzig Prozent psychologisch; Freundlichkeit ist zu neunundneunzig Prozent spirituell. Das eine Prozent, das von der Liebe bleibt, geht in die Freundschaft. Das eine Prozent, das von der Freundschaft bleibt, geht in die Freundlichkeit. Und das eine Prozent, das von der Freundlichkeit bleibt, geht in das, was ohne Namen ist. Genauso haben die *Upanischaden* es benannt: *Tat twam asi* – »das bist du«. *Tat*... wie soll ich's nennen? Nein, ich geb ihm einfach gar keinen Namen. Alle Namen haben Verrat am Menschen geübt. Alle Namen, ohne Ausnahme, haben sich als Feind des Menschen erwiesen, und so will ich ihm lieber keinen Namen geben.

Ich zeige nur mit dem Finger auf *das*... und egal, ob ich dem einen Namen gebe oder nicht, es hat keinen Namen. Es ist namenlos. Alle Namen sind unsere Erfindungen. Wann werden wir diese ganz einfache Sache endlich begreifen? – Eine Rose ist eine Rose ist eine Rose. Welchen Namen man ihr auch immer gibt, macht absolut keinen Unterschied, denn selbst das Wort »Rose« ist nicht ihr Name. Sie ist einfach da. Wenn du die Sprache zwischen dir und der Existenz fallenläßt: plötzlich die Explosion – die Ekstase!

Liebe kann helfen, darum bin ich nicht gegen die Liebe. Das wäre so, als hätte ich etwas dagegen, eine Treppe zu benutzen. Nein, eine Treppe ist gut, aber geh vorsichtig, vor allem auf einer alten Treppe, und vergiß nicht: Liebe ist die älteste. Adam und Eva sind von ihr heruntergefallen; aber es war nicht nötig zu fallen, keine Notwendigkeit, meine ich. Wenn sie es so gewollt hätten – nun, ab und zu *will* man sogar auch mal fallen, aber dann ist es deine eigene Wahl. Aber aus freier Wahl zu fallen ist das eine, und als Strafe zu fallen ist etwas völlig anderes.

Wenn ich die Bibel noch einmal schreiben müßte... so etwas Dummes würde ich nie tun, glaubt mir. Ich sage, wenn ich sie schreiben müßte, dann würde ich Adam und Eva zwar auch fallen lassen, aber nicht als Strafe, sondern als Entscheidung, aus ihrer eigenen Freiheit heraus.

Wie spät?

»Fünf nach acht, Osho.«

Das ist gut, weil ich noch nicht einmal angefangen habe. Der Anfang braucht viel Zeit.

Liebe ist gut, einfach gut, aber nicht genug – nicht genug, um dir Flügel zu geben. Dazu ist Freundschaft nötig, und Liebe läßt diese nicht zu. Sogenannte Liebe, meine ich. Die ist sehr gegen Freundschaft. Sie hat sehr viel Angst vor Freundschaft, weil alles Höhere eine Gefahr ist, und Freundschaft ist höher.

Wenn du dich über die Freundschaft eines Mannes oder einer Frau freuen kannst, dann weißt du zum ersten Mal, daß Liebe ein Betrug, eine Täuschung ist. Schade, erst jetzt erkennst du, wieviel Zeit du vertan hast. Aber Freundschaft ist nur eine Brücke. Man muß sie überqueren; man darf sich nicht auf ihr niederlassen. Eine Brücke ist nicht dazu da, daß man auf ihr wohnt. Diese Brücke führt zur Freundlichkeit. Freundlichkeit ist reiner Duft. Wenn Liebe die Wurzel ist und Freundschaft die Blume, dann ist

Freundlichkeit der Blütenduft, dem Auge unsichtbar. Du kannst ihn nicht einmal berühren; du kannst ihn nicht in der Hand halten, vor allem nicht, wenn du ihn in der geschlossenen Faust festhalten möchtest. Du kannst ihn wohl auf der offenen Hand halten, aber nicht in der geschlossenen Hand.

Freundlichkeit ist praktisch das, was die Mystiker früher »Gebet« nannten. Ich möchte es nicht Gebet nennen, aus dem einfachen Grund, weil das Wort mit den falschen Leuten assoziiert wird. Es ist ein schönes Wort, aber schlechte Gesellschaft ist ansteckend. Du fängst an, nach dieser Gesellschaft zu stinken. Kaum sagst du »Gebet«, und schon sind alle auf der Hut, ängstlich, wachsam; so als hätte ein General seine Soldaten mit »Achtung! Stillgestanden!« angebrüllt, und nun stehen sie plötzlich alle da wie die Standbilder.

Was passiert, wenn jemand ein Wort erwähnt wie »Gebet«, »Gott« oder »Himmel«? Warum verschließt ihr euch sogleich? Ich verurteile euch nicht – ich sage damit nur, oder mache euch vielmehr darauf aufmerksam, daß diese schönen Wörter unglaublich beschmutzt worden sind von den sogenannten »Heiligen«. Sie haben etwas so Unheiliges angerichtet, daß ich ihnen nicht verzeihen kann.

Jesus sagt: »Vergib deinen Feinden« – das kann ich leicht, aber er sagt nicht: »Vergib deinen Priestern«. Und selbst wenn er's sagte, würde ich zu ihm sagen: »Halt ja den Mund! Ich kann den Priestern nicht vergeben. Ich kann weder vergeben noch vergessen, denn wenn ich sie vergesse, wer wird sie dann vom Sockel reißen? Und wenn ich ihnen vergebe, wer wird dann wiedergutmachen, was sie der Menschheit angetan haben? Nein, Jesus, noch einmal nein! Feinde, das kann ich verstehen – ja, ihnen soll man vergeben; sie verstehen nicht, was sie tun. Aber Priester? Bitte sag nicht, daß sie nicht verstehen, was sie tun. Sie verstehen ganz genau, was sie tun. Genau darum kann ich nicht vergeben und vergessen. Ich muß bis zu meinem letzten Atemzug kämpfen.«

Liebe nimmt dich ein Stück mit, sie ist eine Stufe. Aber nur, wenn sie dich zur Freundschaft führt, ist es Liebe. Wenn sie dich nicht zur Freundschaft führt, dann ist es Lust, nicht Liebe. Wenn sie dich zur Freundschaft führt, sei ihr dankbar, aber erlaube ihr nicht, auf deine Freiheit überzugreifen. Ja, sie hat geholfen, aber das bedeutet nicht, daß sie dich jetzt auch behindern muß. Nimm nicht das Boot auf den Schultern mit, nur weil es dich ans andere Ufer getragen hat.

Seid keine Narren. Ich meine – entschuldige, Geet Bharti, das Wort habe ich ja für dich reserviert – ich meine, seid nicht idiotisch. Aber ich vergesse es ständig. Immer wieder benutze ich das falsche Wort »Narr« für andere, wo es doch ein Spezialwort für Geet Bharti ist. Vor allem in dieser Arche Noah, wie ich unsere Kabine hier nenne.

Liebe ist gut. Geht über sie hinaus, denn sie kann euch zu etwas weit Besserem führen: zu Freundschaft. Und wenn zwei Liebende zu Freunden werden, ist das etwas ganz Seltenes. Man möchte am liebsten vor Freude weinen oder jubeln oder Gitarre spielen, wenn man ein Musiker ist, oder wenn man ein Dichter ist, ein Haiku schreiben, ein Rubaiyat. Aber wenn man kein Musiker oder Dichter ist, kann man immer noch tanzen, kann man immer noch malen, dann kann man sich still hinsetzen und in den Himmel schauen. Was könnte man mehr tun? Die Schöpfung hat's schon getan.

Yashu Bharti, jetzt schau nach der Zeit...

»Fünfundzwanzig nach acht, Osho.«

Schau auf deine Armbanduhr.

„Siebenundzwanzig nach acht, Osho.«

Siebenundzwanzig nach acht? Siehst du, ich bin ein Jude – ich hab noch ein paar Minuten gespart. Ich glaube zwar deiner Uhr, aber ich werde trotzdem noch ein paar Minuten länger reden.

Von der Liebe zur Freundschaft und von der Freundschaft zur Freundlichkeit – das, kann man sagen, ist meine ganze Religion. Freundschaft ist auch wieder so eine »Schaft«, eine Art Knechtschaft, die dich bindet... sehr subtil, subtiler als Liebe, aber trotzdem da. Und damit auch all die Eifersüchteleien und Krankheiten der Liebe. Sie kommen jetzt in einer sehr unsichtbaren Form daher. Aber Freundlichkeit ist die Freiheit vom andern, daher kommt Beziehung nicht in Frage.

Liebe ist auf den andern gerichtet, ebenso Freundschaft. Freundlichkeit ist nur das Öffnen deines Herzens gegenüber der ganzen Schöpfung. Plötzlich, in einem bestimmten Augenblick, öffnest du es vielleicht einem Mann, einer Frau, einem Baum, einem Stern... Am Anfang kannst du es nicht gleich der ganzen Schöpfung öffnen. Natürlich mußt du am Ende dein Herz dem Ganzen öffnen, auf einmal, nicht an jemand bestimmten gerichtet. Das ist der Augenblick... laßt es uns einfach *den Augenblick* nennen. Laßt uns das Wort »Erleuchtung« vergessen, Buddhaschaft, Christus-Bewußtsein... laßt uns einfach sagen: DER AUGENBLICK – schreib es in Großbuchstaben.

Es ist so gut gewesen! Ich weiß, jetzt ist es Zeit, aber es ist so schön gewesen. Und wie bei allem Schönen – man darf niemals mehr verlangen. Das Mehr zerstört.

25

Okay.

Ich zitierte Bertrand Russell – dieses Zitat kann uns als Aufhänger dienen. Er sagte: »Früher oder später wird jeder die Psychoanalyse brauchen, weil man kaum noch jemanden finden kann, der einem zuhört, der einem Beachtung schenkt.«

Beachtet zu werden ist ein solches Bedürfnis, daß man, wenn alle Stricke reißen, sogar dafür zu bezahlen bereit ist. Aber zumindest hat man dann das Vergnügen, daß einem jemand aufmerksam zuhört. Der Zuhörer mag sich Watte in die Ohren gestopft haben – das steht auf einem anderen Blatt. Kein Psychoanalytiker kann sich tagein, tagaus all den Unsinn anhören. Außerdem braucht er selbst jemanden, der ihm zuhört. Ihr werdet staunen, aber die Psychoanalytiker besuchen sich gegenseitig. Natürlich berechnen sie sich das nicht gegenseitig, aus kollegialer Rücksicht; aber sie haben das große Bedürfnis, sich einmal gehen zu lassen, Ballast abzuwerfen, einfach zu sagen, was einem so in den Sinn kommt, statt es dauernd anzuhäufen, denn dann werden diese Haufen unerträglich.

Ich zitierte Bertrand Russell als ein Bindeglied. Ich nannte es einen Aufhänger, einfach damit ich mit meiner Geschichte fortfahren kann. Bertrand Russel selbst hat nie gewußt, was Leben ist, obwohl er lange genug gelebt hat. Aber manchmal können die Worte derer, die nicht erkannt haben, von andern, die sehen können, sinnvoll eingesetzt werden. Sie können diese Worte in die richtige Perspektive bringen.

Ihr seid vielleicht noch nie auf dieses Zitat gestoßen, weil es in einem Buch steht, das keiner liest. Ihr werdet nicht mal glauben, daß Bertrand Russell überhaupt so ein Buch geschrieben hat: Es ist ein Buch mit Kurzgeschichten. Er hat Hunderte von Büchern geschrieben, darunter sehr berühmte, die viel gelesen und allgemein anerkannt wurden. Aber dieses Buch ist in gewissem Sinne einmalig, denn es ist nur eine Sammlung von Kurzgeschichten, und er hat lange gezögert, sie zu veröffentlichen.

Er war kein Geschichtenschreiber, und seine Geschichten sind natürlich sehr mittelmäßig, aber hier und da stößt man in diesen mittelmäßigen Geschichten auf einen Satz, den nur Bertrand Russell schreiben konnte. Das Zitat stammt aus diesem Buch.

Ich liebe Geschichten, und angefangen hat alles mit meiner Nani. Sie war auch eine Liebhaberin von Geschichten. Nicht, daß sie mir etwa Geschichten erzählt hätte, im Gegenteil. Sie verführte mich immer, ihr welche zu erzählen – alle möglichen Geschichten und jeden Klatsch. Sie hörte so aufmerksam zu, daß sie einen Geschichtenerzähler aus mir machte. Nur ihr zuliebe grub ich interessante Dinge aus, weil sie den ganzen Tag nur darauf wartete, sich meine Geschichten anzuhören. Wenn ich nichts finden konnte, dann erfand ich etwas. Sie ist schuld: Aller Verdienst, aller Tadel, wie immer ihr es nennen wollt, gebührt nur ihr. Ich erzählte ihr erfundene Geschichten, nur damit sie nicht enttäuscht war, und ich kann euch versichern, daß ich nur ihr zuliebe ein so erfolgreicher Geschichtenerzähler geworden bin.

Es begann schon als Kind in der Volksschule, daß ich Wettbewerbe gewann, und hielt an bis zum Schluß, bis ich die Universität verließ. Ich heimste so viele Preise, Medaillen, Trophäen, Plaketten und was nicht alles ein, daß meine Großmutter geradezu wieder zum jungen Mädchen wurde. Immer wenn sie jemanden mitbrachte, dem sie meine Preise und Auszeichnungen zeigte, hörte sie auf, eine alte Frau zu sein; sie wurde beinahe wieder jung.

Ihr ganzes Haus wurde fast zum Museum, weil ich ihr ununterbrochen meine Preise schickte. Bis zum Gymnasium wohnte ich sowieso praktisch bei ihr im Haus und besuchte nur der Höflichkeit halber tagsüber meine Eltern. Aber die Nacht gehörte ihr, denn das war die Zeit, ihr Geschichten zu erzählen.

Ich sehe mich noch an ihrem Bett sitzen, und sie ganz Ohr für das, was ich zu erzählen hatte. Jedes Wort, das aus meinem Munde kam, wurde von ihr aufgesogen, als wäre es von immensem Wert. Und es wurde deshalb so wertvoll, weil sie es mit so viel Liebe und Achtung in sich aufnahm. Als es an meine Tür geklopft hatte, war es nur ein Bettler, aber wenn es ihr Haus betrat, war es nicht mehr die gleiche Person. Kaum rief sie mich mit den Worten: »Rajah, erzähl mir jetzt, was du heute erlebt hast, die ganze Geschichte, und versprich mir, daß du wirklich nichts wegläßt«, da ließ der Bettler alles fallen, was ihn wie einen Bettler aussehen ließ; nun war er König.

Jeden Tag mußte ich ihr dasselbe Versprechen geben, und obwohl ich ihr alles erzählte, was passiert war, bestand sie darauf: »Erzähl mir noch etwas mehr«, oder: »Erzähl mir das nochmal.«

Oft genug sagte ich ihr: »Du wirst mich noch verziehen. Du und Sambu Babu, ihr beide verzieht mich für immer.« Und sie haben wirklich gute Arbeit geleistet. Ich sammelte Hunderte von Auszeichnungen. Es gab kein einziges Gymnasium im ganzen Staat, wo ich nicht bei Redewettbewerben gesprochen und auch gewonnen hatte – außer einmal. Nur einmal war ich nicht der Sieger gewesen, und zwar aus einem einfachen Grund. Alle wunderten sich, sogar das Mädchen, das gewonnen hatte; es sagte nämlich zu mir: »Ich kann doch unmöglich besser gewesen sein als du!«

Der ganze Saal – und es müssen mindestens zweitausend Studenten dagewesen sein – war ein einziges Gesumm und alle regten sich auf über die Ungerechtigkeit, sogar der College-Direktor, der den Vorsitz führte. Daß ich diese Trophäe verlor, wurde sehr bedeutsam für mich. Ja, wenn ich diese Trophäe nicht verloren hätte, wäre ich in große Schwierigkeiten geraten. Aber davon will ich euch erzählen, wenn es an der Zeit ist.

Der Direktor rief mich zu sich und sagte: »Es tut mir leid, du bist zweifellos der Gewinner.« Und er gab mir seine eigene Uhr mit den Worten: »Die ist sehr viel mehr wert als der Pokal, den das Mädchen bekommen hat.« Und das war sie zweifellos. Es war eine goldene Uhr. Ich habe Tausende von Uhren geschenkt bekommen, aber nie wieder eine so schöne. Sie war ein wahres Meisterwerk. Dieser Direktor liebte Raritäten, und seine Uhr war eine Rarität. Ich kann sie noch sehen. Ich habe so viele Uhren bekommen, aber sie alle vergessen.

Eine dieser Uhren benimmt sich ganz sonderbar. Wenn ich sie brauche, bleibt sie stehen. Die ganze Zeit über geht sie völlig richtig; sie bleibt nur nachts stehen, zwischen drei und fünf. Ist das nicht ein sonderbares Benehmen? Denn das ist die einzige Zeit, wo ich manchmal aufwache, einfach aus alter Gewohnheit. In meinen jüngeren Tagen stand ich immer um drei Uhr morgens auf, und das so viele Jahre lang, daß ich mich heute, selbst wenn ich nicht aufstehe, im Bett umdrehen muß und dann wieder einschlafe. Das ist der Zeitpunkt, wo ich nachsehen muß, ob ich jetzt eigentlich aufstehen sollte oder noch etwas länger schlafen darf. Und merkwürdigerweise bleibt die Uhr genau dann stehen.

Heute blieb sie genau um vier stehen. Ich schaute drauf und schlief dann wieder ein. Vier ist zu früh. Nachdem ich fast eine Stunde geschlafen hatte, schaute ich wieder auf die Uhr: Es war immer noch vier. Ich sagte mir: »Großartig, diese Nacht geht also nie zu Ende.« Ich schlief wieder ein und kam nicht auf den Gedanken – ihr wißt, ich bin kein Denker –, daß die Uhr vielleicht stehengeblieben sein könnte. Ich dachte: »Diese Nacht scheint die letzte zu sein. Nun kann ich ewig schlafen. Großartig! Einfach *far out!*« Und ich war so froh darüber, daß diese Nacht nie enden würde, daß ich erneut einschlief. Nach zwei Stunden schaute ich wieder auf die Uhr, und es war immer noch vier! Ich sagte: »Großartig! Die Nacht ist nicht nur lang, sondern die Zeit ist sogar stehengeblieben!«

Der Direktor gab mir also seine Uhr und sagte: »Verzeih mir, denn zweifellos warst du der Gewinner, und ich muß dir verraten, daß der Mann, der den Schiedsrichter spielte, in das Mädchen verliebt ist, das den Preis gewonnen hat. Er ist ein Esel. Ich sage das, obwohl er einer meiner Professoren und ein Kollege von mir ist. Das Maß ist voll, ich werfe ihn jetzt sofort hinaus. Er hat jetzt ausgedient in diesem College. Das geht einfach zu weit. Ich hatte den Vorsitz, und das ganze Auditorium hat gelacht. Anscheinend hat jeder gewußt, daß dieses Mädchen nicht mal den Mund auftun kann, und ich glaube auch nicht, daß irgendwer außer ihrem Liebsten, dem Professor, auch nur verstanden hat, was sie gesagt hat. Aber du weißt ja, Liebe macht blind.«

Ich sagte: »Stimmt absolut – Liebe macht blind, aber warum hast du einen Blinden zum Schiedsrichter gemacht, vor allem wenn sein Mädchen am Wettbewerb teilnahm? Ich werde die ganze Sache an die große Glocke hängen.« Ich trug es in die Zeitungsredaktionen und erzählte ihnen die ganze Geschichte. Es war wirklich peinlich für den armen Professor – so peinlich, daß seine große Liebe erlosch. Er verlor alles: sein Amt, seinen Ruf und das Mädchen, für dessen Liebe er so viel aufs Spiel gesetzt hatte – alles war hin. Er lebt noch. Einmal, als alter Mann, kam er mich besuchen und gestand: »Es tut mir leid, ich habe zweifellos etwas Unrechtes getan, aber ich hätte nie gedacht, daß es solche Formen annehmen würde.«

Ich sagte zu ihm: »Niemand weiß, was für Folgen eine gewöhnliche Handlung in der Welt nach sich ziehen wird. Und fühl dich nicht schuldig. Du hast deinen Posten und deine Geliebte verloren. Was habe ich verloren? Überhaupt nichts, nur eine Plakette mehr, und ich habe so viele, daß es mir egal ist.«

Wirklich, das Haus meiner Großmutter war mit der Zeit zu einem einzigen Museum für meine Plaketten, Pokale und Medaillen geworden. Aber sie war sehr froh, ungeheuer froh. Das Haus war viel zu klein, um mit all diesem Gerümpel vollgestopft zu werden, aber sie war froh, daß ich ihr weiterhin alle meine Preise zuschickte, vom College und von der Universität. Ich gewann und gewann, und jedes Jahr waren es Dutzende von Trophäen, entweder für Debatten oder für Wettbewerbe, bei denen Reden gehalten oder Geschichten erzählt wurden.

Aber ich sage euch eines: Sowohl Nani als auch Sambu Babu haben mich, indem sie so aufmerksam waren, völlig verzogen. Sie lehrten mich die Kunst des Sprechens, ohne sie mich zu lehren.

Wenn jemand so aufmerksam zuhört, fängst du augenblicklich an, Dinge zu sagen, die du gar nicht geplant oder auch nur geahnt hattest – es fließt einfach. Es ist, als wäre Aufmerksamkeit magnetisch und würde das anziehen, was in dir verborgen ist.

Aus eigener Erfahrung weiß ich, daß diese Welt erst dann ein schöner Ort zum Leben sein wird, wenn jeder lernt, aufmerksam zuzuhören. Im Augenblick hört niemand zu. Selbst wenn die Leute so tun, als würden sie aufmerksam zuhören, hören sie gar nicht zu, sondern tun tausend andere Dinge. Heuchler, die nur so tun als ob... ganz und gar nicht so, wie ein authentischer Zuhörer sein sollte – einfach ganz Ohr, einfach Aufmerksamkeit und sonst nichts, einfach offen. Aufmerksamkeit ist eine weibliche Qualität, und jeder, der die Kunst der Aufmerksamkeit kennt, die Kunst, ganz da zu sein für den andern, wird in gewisser Weise sehr weiblich, sehr verletzlich, sehr weich; so weich, daß man ihn mit bloßen Fingernägeln ritzen könnte.

Meine Nani wartete immer den ganzen Tag darauf, daß ich endlich wieder nach Hause kam, um ihr Geschichten zu erzählen. Und ihr werdet staunen, daß sie mich unwissentlich auf meinen zukünftigen Job vorbereitet hat. Sie war es, die als erste viele von den Geschichten zu hören bekam, die ich euch jetzt erzähle. Sie war es, der ich unbedenklich jeden Unsinn erzählen konnte.

Der andere, Sambu Babu, war völlig anders als meine Nani. Meine Nani war sehr intuitiv, aber nicht intellektuell. Sambu Babu war ebenfalls intuitiv, aber auch intellektuell. Er war ein Intellektueller höchsten Ranges. Mir sind schon viele Intellektuelle begegnet, ein paar davon berühmt, einige sehr berühmt, aber keiner von ihnen konnte Sambu Babu das Wasser reichen. Er war wirklich eine große Synthese. Assagioli hätte den Mann geliebt. Er hatte Intuition plus Intellekt, und beides in nicht geringem Maße, sondern in beidem ein einsamer Gipfel. Auch er hörte mir zu und auch er wartete immer den ganzen Tag, bis die Schule vorbei war. Jeden Tag gehörte die Zeit nach der Schule ihm.

Sobald ich aus meinem Gefängnis, der Schule, kam, ging ich immer erst zu Sambu Babu. Er erwartete mich dann schon mit Tee und ein paar Süßigkeiten, von denen er wußte, daß ich sie mochte. Ich erwähne dies, weil die Leute nur selten an den andern denken. Er richtete alles im Gedanken an den andern her. Ich habe nie jemanden gesehen, der sich so um den andern kümmerte wie er. Meist richten die Leute, auch wenn sie Vorbereitungen für andere treffen, in Wirklichkeit alles so her, wie sie es selber gerne haben und zwingen den andern, dasselbe zu mögen wie sie selbst.

Das war nicht Sambu Babus Art. Wie er an den andern dachte, das liebte und verehrte ich an ihm besonders. Wenn er einkaufte, erkundigte er sich erst bei dem Ladenbesitzer, was meine Nani immer kaufte. Ich entdeckte das erst, nachdem er gestorben war. Da erzählten mir die Ladenbesitzer und auch die Süßigkeitenmacher: »Sambu Babu hat uns immer eine sonderbare Frage gestellt: ›Die alte Frau, die allein dort unten am Fluß wohnt, was kauft die immer bei euch?‹ Wir haben uns nie gefragt, warum er das wissen wollte, aber jetzt wissen wir es. Er wollte wissen, was du am liebsten mochtest.«

Ich hatte mich auch immer gewundert, daß er genau das bereithielt, was mir besonders schmeckte. Er war ein Fuchs in Rechtsdingen, da fand er natürlich auch hier einen Weg. Von der Schule aus ging ich immer sofort zu ihm ins Haus, trank meinen Tee, aß die Süßigkeiten, die er eingekauft hatte, und dann war er soweit. Noch ehe ich fertig war, wartete er schon darauf, was ich ihm wohl diesmal zu sagen hätte. Er sagte dann: »Erzähl mir einfach, was du willst, wichtig ist nicht, was du sagst, sondern daß du es sagst.«

Er machte das ganz klar. Ich hatte absolute Freiheit, brauchte nicht einmal über irgendein Thema zu sprechen, konnte sagen, was ich wollte. Er fügte immer hinzu: »Wenn du still bleiben willst, kannst du das auch. Ich werde deiner Stille lauschen.« Und ab und zu kam es tatsächlich vor, daß ich kein einziges Wort sagte. Es gab nichts zu sagen.

Und wenn ich meine Augen schloß, schloß auch er seine Augen, und dann saßen wir da wie die Quaker, einfach in Schweigen vertieft. Tag für Tag sprach ich entweder allein oder wir schwiegen alle beide, und das kam so oft vor, daß ich ihn einmal daraufhin ansprach: »Sambu Babu, wirkt es nicht seltsam, daß du immer einem Kind zuhörst, statt daß du redest und ich zuhöre?«

Er lachte und sagte: »Das ist unmöglich. Ich habe dir nichts zu sagen, und ich werde auch nichts sagen, nie und nimmer, denn ich weiß es einfach nicht. Und ich bin dir dankbar dafür, daß du mir meine Unwissenheit bewußt machst.«

Diese beiden Menschen haben mir so viel Aufmerksamkeit geschenkt, daß mir schon in früher Kindheit bewußt wurde, was erst heute im Munde aller Psychologen ist – nämlich die Tatsache, daß Aufmerksamkeit Nahrung ist, eine Art Genährtwerden. Man kann ein Kind noch so gut versorgen, aber wenn es keinerlei Aufmerksamkeit geschenkt bekommt, wird es aller Wahrscheinlichkeit nach nicht überleben. Aufmerksamkeit scheint die wichtigste Zutat unserer Ernährung zu sein.

Ich war in dieser Hinsicht vom Glück gesegnet. Meine Nani und Sambu Babu brachten den Schneeball ins Rollen, und je länger er rollte, desto mehr Schnee sammelte er an. Ohne je zu lernen, wie man redet, wurde ich zu einem Redner. Ich weiß immer noch nicht, wie man redet; und ich habe Tausende von Menschen erreicht – ohne auch nur zu wissen, wie man richtig anfängt. Könnt ihr das Komische daran sehen? Ich muß mehr geredet haben als irgendein Mensch in der gesamten Geschichte, auch wenn ich erst neunundvierzig bin.

Ich fing sehr früh an, Reden zu halten, und doch war ich in keiner Weise das, was man in der westlichen Welt einen Redner nennt. Kein Redner, der sagt: »Meine Damen und Herren...« und lauter solchen Quatsch – alles geborgt und nichts selbst erfahren. Ich war kein Redner in diesem Sinne, aber wenn ich redete, geschah es aus ganzem, entflammtem, brennendem Herzen. Ich sprach nicht aus Kunst, sondern aus meinem innersten Leben heraus. Und seit meinen frühesten Schultagen wurde erkannt – nicht nur von einem, sondern von vielen –, daß mein Reden aus dem Herzen zu kommen schien, daß ich nicht wie ein Papagei versuchte, etwas nachzuplappern, was ich vorbereitet hatte. An Ort und Stelle entstand etwas Spontanes.

Der College-Direktor, der mir seine Uhr gab, und dem ihr diese ganze Bescherung zu verdanken habt – sein Name war B. S. Audholia. Ich hoffe, er ist noch am Leben. Soweit ich weiß, lebt er noch – und mein Wissen reicht weit genug. Ich hoffe nie ohne Grund; wenn ich »hoffe«, heißt das, es ist so.

An jenem Abend sagte er: »Es tut mir leid«, und es tat ihm

wirklich leid. Er warf den Professor aus seinem Amt. B. S. Audholia sagte mir außerdem, falls ich jemals etwas brauche, solle ich es ihn nur wissen lassen, und er würde alles tun, was in seiner Macht stehe. Wenn ich später etwas brauchte, schickte ich ihm nur ein paar Zeilen, und schon war es erfüllt. Er fragte nie warum.

Einmal fragte ich ihn selbst: »Warum willst du nie wissen, wozu ich dies und jenes brauche?« – Er sagte: »Ich kenne dich. Wenn du um etwas bittest, wäre jedes Nachfragen dumm. Du könntest so viele Gründe nennen – selbst wenn du gar nichts brauchst. Und noch eines«, sagte er, »wenn du um etwas bittest, kann ich unmöglich glauben, daß du darum bitten würdest, wenn du es gar nicht brauchst. Ich kenne dich, und dich zu kennen genügt mir; mehr Gründe brauche ich nicht.«

Ich sah den Mann an. Von dem Direktor eines so berühmten Colletes hatte ich nicht so viel Verständnis erwartet. Er lachte und sagte: »Daß ich Direktor bin, ist reiner Zufall; eigentlich dürfte ich es gar nicht sein. Es war ein Irrtum seitens der Regierung.« Soviel hatte ich nun wirklich nicht erwartet! Aber er mußte es meinem Gesicht abgelesen haben. Von dem Tag an ließ ich mir einen Bart stehen. Was sich hinter einem Bart verbirgt, kann man nicht so leicht lesen. Es ist gefährlich, wenn alles so leicht zu lesen ist. Da muß man sich etwas einfallen lassen, damit man nicht zur Zeitung wird. Beim nächsten Wiedersehen sechs Monate später sagte er: »Warum trägst du denn plötzlich einen Bart?«

Ich sagte: »Wegen dir. Du hast gesagt, du hast in meinem Gesicht gelesen. Jetzt wird keiner mehr so leicht in meinem Gesicht lesen können.«

Er lachte und sagte: »Du kannst es nicht verstecken – es ist in deinen Augen! Warum fängst du nicht an, eine Sonnenbrille zu tragen, wenn du dich wirklich verstecken willst?«

Ich sagte: »Eine Sonnenbrille kann ich nicht tragen, schon allein weil ich keine Schranke zwischen meinen Augen und der Existenz errichten möchte. Das ist die einzige Brücke, die uns verbindet, eine andere gibt es nicht.«

Darum wird ein Blinder von allen überall so bemitleidet. Er ist ein Mann ohne Brücke; er hat den Kontakt verloren. Forscher sagen heute, daß achtzig Prozent unseres Kontakts mit der Existenz durch die Augen zustandekommt. Vielleicht haben sie recht – vielleicht sind es sogar mehr, als sie denken, aber achtzig Prozent sind es sicher. Vielleicht zeigt es sich eines Tages, daß es viel mehr sind, vielleicht neunzig Prozent oder gar neunundneunzig Prozent. Das Auge ist der Mensch.

Der Buddha kann nicht die gleichen Augen haben wie Adolf Hitler... oder glaubt ihr das vielleicht? Vergeßt alle beide, sie sind keine Zeitgenossen. Jesus und Judas waren Zeitgenossen, nicht nur Zeitgenossen, sondern Meister und Jünger. Trotzdem können sie nicht die gleichen Augen, die gleiche Qualität besitzen. Judas wird sehr listige Augen gehabt haben, richtig jüdisch. Jesus wird die Augen eines Kindes gehabt haben; obwohl er physiologisch kein Kind mehr war, war er es doch psychologisch. Selbst am Kreuz starb er so, als wäre er im Mutterleib, immer noch im Mutterleib – so frisch, als hätte die Blüte sich nie geöffnet, sondern wäre Knospe geblieben. Sie hat nie von all der Häßlichkeit ringsum gewußt. Jesus und Judas lebten zusammen, gingen zusammen, aber ich glaube nicht, daß Judas je in die Augen von Jesus geschaut hat. Sonst wäre alles anders gekommen.

Wenn Judas auch nur ein einziges Mal das Herz gehabt hätte, in die Augen von Jesus zu schauen, hätte es keine Kreuzigung und auch kein Kreuzestum – ich meine Christentum – gegeben. Kreuzestum ist mein Wort für Christentum. Judas war listig. Jesus war so einfach, daß man ihn fast »den Narren« nennen könnte. Genau das hat Fjodor Dostojewski in einem seiner genialsten Romane gesagt: »Der Idiot«.

Obwohl das Buch nicht für oder über Jesus geschrieben wurde, war Dostojewski so von Jesus erfüllt, daß sein Geist irgendwie hineinspielt. Die Hauptfigur des Romans »Der Idiot« ist niemand anders als Jesus. Er wird nicht erwähnt, noch läßt sich irgendein Bezug auf ihn finden, noch irgendeine Ähnlichkeit, aber wenn ihr das Buch lest, wird im Innersten eures Herzen sein Echo wachwerden, und ihr werdet mir zustimmen. Es wird eine Zustimmung sein, die nicht vom Kopf her kommt; es wird eine Zustimmung aus einer tieferen Schicht sein, als wohin jede Vorstellungskraft reicht, aus dem innersten Pulsschlag eures Herzens – ein wahres Zusammenstimmen.

26

Ich muß in Kreisen gehen – Kreisen, die in Kreisen sind, die in Kreisen sind... denn genauso ist das Leben. Und erst recht in meinem Falle. In fast fünfzig Jahren muß ich mindestens fünfzig Leben durchlebt haben. Genaugenommen habe ich überhaupt nichts anderes getan, als nur gelebt. Andere Leute haben viele Beschäftigungen; ich aber bin von meiner frühesten Kindheit an immer ein Vagabund gewesen, habe überhaupt nichts getan, nur gelebt. Wenn du nichts tust, außer zu leben, nimmt das Leben natürlich eine völlig andere Dimension an. Es hört auf, horizontal zu sein, es hat Tiefe.

Wie gut, Geet Bharti, daß du nie mein Student warst, sonst wärst du nie Zahnarzt geworden. Ich wäre der letzte gewesen, der dir irgendein Zeugnis ausgestellt hätte. Aber hier kannst du lachen und kichern, weil du meinst, ich sei so entspannt, da käm's nicht drauf an. Nur vergiß eines nicht: Selbst wenn ich tot bin, kann ich noch aus meinem Grab kommen und dich anbrüllen. Das war schon immer mein einziges Geschäft, mein ganzes Leben lang.

Ich habe nichts geleistet – im Sinne von Geldverdienen, dickem

Bankkonto oder einer Karriere als politische Machtperson. Ich habe auf meine Art gelebt, und bei dieser Lebensweise hat das Lehren immer eine wesentliche Rolle gespielt. Darum verzeih mir, ich kann es nicht einmal hier vergessen – ich bin überall der Meister. Du weißt es, ich weiß es, jeder andere hier im Raum weiß es, daß du unter mir bist. Dabei bin *ich* im Zahnarztstuhl, nicht du! Wenn ich kichere, ist das verzeihlich: »Aha! Der Alte hat seinen Spaß!« Sogar Yashu Bharti hat ihren Spaß bei dem Gedanken, sonst ist sie nämlich eine ernste Frau, sehr ernst. Kaum ist eine Frau Lehrerin oder Stenotypistin oder Krankenschwester geworden, schon läuft etwas schief in ihrem Bauplan: Sie wird plötzlich ernst.

Dabei war Eva die Unernste, nicht Adam. Die Schlange hätte es nie geschafft, ihn zu überreden. Sie hat es ja oft genug versucht; so steht es jedenfalls in der ägyptischen Version, und die ist sehr viel authentischer als die biblische Geschichte. Außerdem ist sie älter. Da steht, daß die Schlange es zuerst bei Adam versuchte, ihn aber nicht ködern konnte. Dann schließlich, als letzten Ausweg, versuchte sie es bei Eva. Es ist besser, sie »Eva« zu nennen, nicht »Eve« wie im Englischen. »Eva« – so nennen sie auch die Ägypter, mit »a« – das klingt weiblicher. Die Schlange hatte schon beim allerersten Versuch Erfolg. Seitdem haben es alle Verkaufsmanager und Werbefachleute immer nur auf Eva abgesehen. Von dem armen Mann, der das alles bezahlen muß, was Eva so einkauft, nehmen sie überhaupt keine Notiz. Das ist sein Problem, was geht sie das an?

Eve... oder Eva, wie ich sie lieber nennen möchte – ich liebe alles Schöne, wo immer es zu finden ist. »Eve« klingt nicht sehr musikalisch und klingt so verkürzt, so beschnitten, daß es mehr an einen englischen Garten als an einen Zen-Garten erinnert. »Eva« ist ein Wort mit unbegrenztem Potential, schon allein vom Klang her... Nennen wir sie also Eva. Warum hatte der Teufel gleich beim ersten Anlauf Erfolg bei ihr? Aus dem einfachen Grund, weil sie keinen Geschäftssinn hat.

Sie war nicht ernst, muß über die Witze des Teufels gelacht haben, muß vergnügt mit ihm geplaudert haben – geklatscht, meine ich. Und wenn du mit dem Teufel klatschst, gewinnt er die

Oberhand. Wenn du über seine Witze lachst, dann weiß er, daß er ankommt, daß er an deinen innersten Kern herankommen kann. Und so schaffte er es, die arme Eva zu überreden.

Seit der Zeit, glaube ich, haben die Frauen ihre ureigenste Fähigkeit, fröhlich zu sein, verloren. Selbst wenn sie lachen, ist es ein gedämpftes Lachen. Selbst wenn sie lachen, halten sie die Hände vor's Gesicht, so als sollte niemand sehen, welch gute Arbeit ihr Zahnarzt an ihnen geleistet hat. Aber hier, in diesem Zimmer, braucht man nicht ernst zu sein. Und es ist gut, daß Yashu Bharti heute zum ersten Mal so deutlich lacht, daß ich es hören kann. Und warum lacht sie? Sie lacht, weil der arme Geet Bharti eins übergezogen bekommt. Natürlich, da lacht sie und sagt zu mir – ich kann hören, was sie denkt: »Zieh ihm richtig eins über, und noch eins!« Nein, jetzt ist es genug, sonst verlier ich den Faden.

Wie ich also gerade sagte: Das Leben ist ein Kreis in einem Kreis in einem Kreis – und erst recht in meinem Leben.

Ich habe nicht so gelebt, wie das von einem erwartet wird. Ich habe mich mit nichts anderem abgegeben. Ja, ich habe nur gelebt und sonst nichts. Aber so kann man sich auf etwas gefaßt machen! Dann ist ein einziger Augenblick fast eine Ewigkeit! Stellt euch das einmal vor...

Also muß ich genauso weitermachen, wie ich bisher gelebt habe. Ihr werdet es mit mir aufnehmen müssen, anders geht es nicht. Ich habe es nie mit irgendwem aufgenommen, also weiß ich gar nicht, wie man das macht. Und selbst wenn ich es jetzt noch lernen wollte, ist es zu spät. Ihr dagegen habt es mit allen möglichen Leuten aufnehmen müssen, euer ganzes Leben lang.

Ich habe es nicht mit meinem Vater, meiner Mutter, meinen Onkeln aufgenommen, die alle sehr liebevoll und hilfsbereit zu mir waren, noch mit meinen Lehrern, die durchaus nicht meine Feinde waren, noch mit meinen Professoren, die mir immer gegen meinen Willen helfen wollten. Aber ich konnte es mit niemandem aufnehmen; sie mußten es alle mit mir aufnehmen. Jetzt ist es zu spät. Jetzt läßt sich nichts mehr daran ändern. Es war und ist eine Einbahn-Beziehung.

Ihr könnt es gern mit mir aufnehmen, ich stehe zur Verfügung.

Aber ich kann es nicht mit euch aufnehmen, aus zwei Gründen: Erstens steht ihr nicht zur Verfügung; ihr seid nicht anwesend. Selbst wenn ich an die Tür klopfe, ist niemand zu Hause – und die Nachbarn erzählen mir, daß der Mensch sich noch nie hat blicken lassen. Die Tür ist verschlossen. Wer hat sie verschlossen? – Niemand weiß es. Wo ist der Schlüssel? – Vielleicht verloren. Und selbst wenn ich den Schlüssel finden oder das Schloß aufbrechen könnte – was sehr viel leichter ist –, welchen Zweck hätte es? Der Mensch ist nicht im Haus. Ich würde euch nicht antreffen; ihr seid immer woanders. Wie soll ich euch also finden und es mit euch aufnehmen? Es ist unmöglich.

Zweitens, selbst wenn es möglich wäre, einmal theoretisch angenommen: Ich kann es nicht. Ich habe es nie getan, ich weiß nicht, wie es funktioniert. Ich bin noch heute nichts als ein wilder Junge vom Dorf.

Erst gestern abend kam Sheela weinend zu mir und sagte: »Wieso vertraust du mir, Osho? Ich bin es nicht wert. Ich bin es nicht einmal wert, dir mein Gesicht zu zeigen.«

Ich sagte: »Sheela – wen kümmern Wert oder Unwert? Und wer soll das entscheiden? Ich werde das jedenfalls nicht entscheiden. Warum weinst du?«

Sie sagte: »Allein der Gedanke, daß du mich dazu ausersehen hast, deine Arbeit zu tun. Es ist eine so riesige Aufgabe.«

Ich sagte: »Denk überhaupt nicht daran, wie groß sie ist, und höre nur auf das, was ich dir sage.«

Ich habe nie etwas selbst getan, also mache ich mir überhaupt keine Gedanken darüber, ob sie es schaffen kann oder nicht. Ich sage einfach zu ihr: »Hör zu«, und natürlich muß sie zuhören, wenn ich ihr etwas sage. Aber wie sie es tatsächlich hinkriegt, ist weder mein Problem noch ihr Problem. Sie kriegt es hin, weil ich es gesagt habe. Und ich habe es deshalb gesagt, weil ich von der praktischen Seite keine Ahnung habe. Seht ihr, wie ausgesprochen passend meine Wahl von Sheela ist? Sie paßt. Ich nicht.

Meine Großmutter war immer voller Sorge. Immer wieder sagte sie: »Rajah, du wirst nirgendwo reinpassen. Ich sag dir, du wirst überall ein Außenseiter sein.«

Ich lachte dann immer und antwortete: »Schon das Wort

›Außenseiter‹ klingt so schön, daß ich ganz verliebt darin bin. Falls ich trotzdem mal irgendwo reinpasse, versprech' ich dir, dann kriegst du eins aufs Dach. Und wenn ich sowas sage, weißt du, daß ich es ernst meine. Ich geb' dir wirklich eins auf den Kopf, falls du noch lebst. Falls du nicht mehr lebst, komme ich zu dir ans Grab, aber irgendwas Unangenehmes wird passieren, darauf kannst du dich verlassen.«

Da lachte sie nur noch mehr und sagte: »Ich nehme die Wette an. Ich sage es noch einmal: Du wirst nie und nimmer irgendwo reinpassen, ob ich lebe oder tot bin. Und du wirst mir nie eins aufs Dach geben können, denn du wirst immer ein Außenseiter sein.«

Und sie behielt zweifellos recht. Ich wurde *der* Außenseiter schlechthin. An der Universität, wo ich lehrte, erschien ich nie zum alljährlichen Gruppenfoto der Professoren.

Der Rektor fragte mich einmal: »Mir ist aufgefallen, daß Sie als einziges Mitglied des Lehrkörpers nie zu unserem Jahresfoto erscheinen. Alle kommen, denn schließlich wird das Foto veröffentlicht, und wer sieht nicht gern sein Foto veröffentlicht?«

Ich sagte: »Das wäre das Letzte, was ich möchte, mein Foto veröffentlicht sehen – schon gar nicht mit so vielen Eseln zusammen! Und so ein Foto bliebe ein ewiger Schandfleck auf meinem Namen, wenn man erfährt, daß ich mich einmal in solcher Gesellschaft habe sehen lassen.«

Er war schockiert und sagte: »All diese Menschen nennen Sie Esel? Mich eingeschlossen?«

Ich sagte: »Natürlich Sie eingeschlossen. Genauso denke ich«, sagte ich zu ihm, »und wenn Sie was Nettes hören wollen, dann haben Sie den Falschen zu sich gerufen. Rufen Sie einen der Esel.«

Es gibt kein einziges Foto aus meiner gesamten Dienstzeit, auf dem ich draufbin. Ich war ein solcher Außenseiter, daß ich es für besser hielt, mich nicht zu diesen Leuten zu gesellen, mit denen ich nichts gemein hatte. An der Universität pflegte ich nur die Gesellschaft eines Baumes, eines *gulmarg*-Baumes.

Ich weiß nicht, ob diese Art Baum im Westen existiert oder nicht, aber er gehört zu den schönsten Bäumen des Ostens. Sein Schatten ist wirklich kühl. Er wird nicht sehr hoch und breitet seine Äste nach allen Seiten aus. Manchmal sind die Äste eines einzigen alten *gulmarg*-Baumes so ausladend, daß fünfhundert Menschen leicht darunter Platz finden. Und wenn er im Sommer blüht, öffnen sich mit einem Schlag tausende Blüten. Er ist kein geiziger Baum, der erst die eine Blüte und dann die nächste hervorbringt. Nein, plötzlich eines nachts, öffnen sich alle Knospen, und am Morgen traut man seinen Augen nicht – tausende Blüten! Und sie haben die Farbe von Sannyasins. Ich hatte nur diesen Baum zum Freund.

Ich pflegte mein Auto immer unter ihm zu parken, so viele Jahre lang, daß es bald keiner mehr wagte, auch dort zu parken. Es war mein Platz! Ich brauchte es ihnen gar nicht erst zu sagen, sondern es wurde nach und nach einfach so Sitte. Niemand trat diesem Baum zu nahe. Wenn ich einmal nicht kam, wartete dieser Baum auf mich. Jahrelang parkte ich unter diesem Baum. Als ich die Universität verließ, verabschiedete ich mich vom Rektor und sagte dann: »Ich muß jetzt gehen, es wird dunkel, und mein Baum geht vielleicht schon vor Sonnenuntergang schlafen. Ich muß mich von dem *gulmarg* verabschieden.«

Der Rektor sah mich an, als sei ich verrückt. Aber jeder andere hätte genauso geschaut – wie man eben einen Außenseiter anschaut. Er glaubte aber immer noch nicht, daß ich es tatsächlich tun würde. Und so sah er vom Fenster aus zu, wie ich mich von dem *gulmarg*-Baum verabschiedete.

Ich umarmte den Baum, und wir verweilten einen Augenblick zusammen. Der Rektor stürzte nach draußen und rannte mit den Worten auf mich zu: »Verzeihen Sie, bitte verzeihen Sie mir einfach! Ich habe noch nie gesehen, daß jemand einen Baum umarmt. Aber jetzt weiß ich, wieviel sich jeder entgehen läßt! Ich habe noch nie gesehen, daß jemand zu einem Baum ›Auf Wiedersehen‹ oder ›Guten Morgen‹ sagt, aber Sie haben mir nicht nur eine Lektion erteilt – es ist mir wirklich zu Herzen gegangen.«

Zwei Monate später rief er mich an, nur um mich wissen zu lassen: »Es ist etwas Trauriges und ganz Merkwürdiges passiert, aber an dem Tag, als Sie wegfuhren, ist Ihrem Baum etwas zugestoßen.« – Plötzlich war es *mein* Baum geworden!

Ich fragte: »Was ist denn?«

Er sagte: »Er fing an zu sterben. Wenn Sie jetzt herkommen, werden Sie nur noch einen toten Baum vorfinden, ohne Blüten und Blätter. Was ist mit ihm? Darum rufe ich an.«

Ich sagte: »Sie hätten den Baum anrufen sollen. Wie kann ich für den Baum antworten?«

Einen Augenblick herrschte Schweigen, dann sagte er: »Ich hab's ja gleich gewußt: Sie sind verrückt!«

Ich sagte: »So ganz sicher sind Sie sich aber immer noch nicht. Wer ruft sonst einen Verrückten an? Sie hätten den Baum anrufen sollen. Und der Baum steht direkt vor Ihrem Fenster – da brauchen Sie kein Telefon.«

Er legte einfach auf. Ich lachte, aber ganz früh am nächsten Morgen, bevor irgendeiner von den Universitätsidioten eintraf, besuchte ich den Baum. Es stimmte. Alle seine Blüten waren verschwunden, obwohl Blütezeit war. Alles war weg – nicht nur die Blüten, sondern auch die Blätter. Es waren nur noch die nackten Äste da, die in den Himmel ragten. Ich umarmte den Baum ein letztes Mal und wußte, daß er tot war. Bei der ersten Umarmung war eine Antwort gekommen; bei der zweiten Umarmung gab es niemanden mehr, der antworten konnte. Der Baum war fort. Nur noch sein Körper stand da und ist vielleicht auf Jahre hinaus stehengeblieben. Vielleicht steht er heute noch – aber es ist nur totes Holz.

Ich habe es noch nie fertiggebracht, irgendwo reinzupassen. Als Student war ich für alle ein Kreuz. Jeder Professor, der mich lehrte, sah mich als eine Geißel an, die ihm Gott persönlich gesandt hatte. Ich genoß es, ein Gesandter Gottes zu sein. Ich genoß es in vollsten Zügen. Wer hätte es nicht genossen? Und wenn sie mich schon für ein Kreuz hielten, dann gab ich ihnen genau, was sie erwarteten, oder noch mehr.

Erst vor kurzem haben mich ein paar von ihnen besucht. Ihre erste Frage war: »Wir können immer noch nicht glauben, wie Sie erleuchtet werden konnten. Sie waren ein solches Kreuz. Wir haben alle Studenten vergessen, die mit Ihnen zusammen studierten, aber Sie tauchen sogar heute noch ab und zu in unseren Alpträumen auf.«

Ich kann es verstehen. Ich habe nie irgendwo reingepaßt. Das was sie mir beibringen konnten, war so dürftig, daß ich mich einfach dagegen auflehnen mußte. Ich mußte ihnen sagen: »Das ist sehr dürftig...« Nun, ihr könnt euch vorstellen, so etwas zu einem Professor zu sagen, der gehofft hatte, daß du hingerissen seiner Vorlesung lauschen würdest, die er tagelang vorbereitet hat... und da steht zum Schluß so ein Student auf... Und ich war ein eigenartiger Student, um es gelinde zu sagen.

Als erstes muß man sich vorstellen, daß ich lange Haare hatte. Und diese langen Haare hatten eine noch längere Geschichte. Ich werde eines Tages in einem meiner Kreise darauf zu sprechen kommen... Das ist das Schöne, wenn man in Kreisen vorgeht. Du kannst immer wieder zum gleichen Punkt zurückkommen, nur auf einer anderen Ebene – wie wenn du immer im Kreise herum auf einen Berggipfel hinaufsteigst: Du kommst immer wieder zum gleichen Ausblick, aber auf verschiedenen Ebenen. Jedesmal ist er ein bißchen anders, weil du nicht am selben Fleck stehst, aber der Blick ist der gleiche, vielleicht schöner, vielleicht sogar sehr viel schöner, weil du mehr sehen kannst...

Ich werde also irgendwann wieder an diesen Punkt zurückkommen, aber nicht heute...

Wie spät ist es?

»Eine Minute nach acht, Osho.«

Gut. Befeuchte nur kurz meine Lippen.

Heute wollte ich vor allem sagen, daß Aufmerksamkeit ein zweischneidiges Schwert ist – zweischneidig, weil es sowohl den Zuhörer wie den Sprechenden trifft... und sie zugleich verbindet. Es ist ein sehr bedeutsamer Vorgang. Gurdjieff hat das richtige Wort dafür: »Kristallisation«.

Wenn ein Mensch wirklich aufmerksam ist – egal auf was, auf XYZ, auf irgendwas –, wird er einfach dadurch, daß er aufmerksam ist, integriert, kristallisiert. Indem er sich ganz einer einzigen Sache widmet, sammelt er sich in seinem Sein.

Aber das ist nur die eine Hälfte. Wer aufmerksam zuhört, kommt ganz sicher zur Kristallisation. Das ist in allen Meditationsschulen Asiens eine bekannte Tatsache. Richte deine Aufmerksamkeit auf was immer – jeder Unsinn tut's. Einfach eine Coca-Cola-Flasche kann eine große Hilfe sein, vor allem für die

Amerikaner. Man braucht nur eine Coca-Cola-Flasche aufmerksam zu betrachten, und schon hat man den ganzen Schlüssel zu Maharishi Mahesh Yogis Transzendentaler Meditation. Aber es ist nur die halbe Wahrheit, und eine Halbwahrheit kann gefährlicher sein als eine ganze Lüge.

Die andere Hälfte wird erst dann möglich, wenn du nicht einfach ein Buch liest oder ein Mantra rezitierst oder eine Statue anschaust. Die andere Hälfte wird erst möglich, wenn du in tiefer Synchronizität mit einem lebenden Menschen bist. Ich nenne es nicht Liebe, weil euch das irreführen könnte; nicht einmal Freundschaft, weil ihr dann meint, schon Bescheid zu wissen. Ich spreche lieber von »Synchronizität«, nur damit ihr erst überlegt und ein wenig von euch selbst dazutut.

Wenn man das Gefühl hat, wirklich aufmerksam zu sein, tritt Synchronizität ein. Vielleicht betrachtest du nur einen Sonnenuntergang oder eine Blume oder Kinder, die auf dem Rasen spielen, und freust dich über ihre Fröhlichkeit... Eine gewisse Harmonie ist nötig. Sobald sie da ist, ist Aufmerksamkeit da. Und wenn es zwischen einem Meister und einem Jünger dazu kommt, hältst du zweifellos den wertvollsten Diamanten in Händen, den es gibt.

Ich habe euch gesagt, daß ich immer schon vom Glück gesegnet war, obwohl ich nicht weiß warum. Es gibt Dinge, die man nur konstatieren kann – sie sind da, und es gibt keinen Grund, warum sie da sind. Die Sterne sind da, die Rosen sind da, das Universum ist da – oder noch besser: *die* Universen sind da. Es wäre besser, die Schöpfung ein »Multiversum« statt ein Universum zu nennen. Es ist Zeit, sich an den Gedanken der Multidimensionalität zu gewöhnen.

Der Mensch wird schon zu lange von dem Gedanken des »Einen« beherrscht. Und ich bin ein Heide. Ich glaube nicht an Gott, ich glaube an Götter. Für mich ist ein Baum ein Gott, ein Berg ein Gott, ein Mann ein Gott – aber nicht immer; er hat nur die Anlage dazu. Eine Frau ist ein Gott, aber nicht immer; meistens ist sie eine Zicke, aber das ist ihre eigene Entscheidung. Sie hätte sich auch anders entscheiden können. Niemand hat sie dazu gezwungen.

Gewöhnlich ist der Mann nur ein Ehemann, und das ist in jeder

Sprache ein häßliches Wort. Das englische Wort *husband* kommt von *husbandry* – Landwirtschaft. Genau das machen unsere Sannyasins: Gartenbau und Landwirtschaft. Von der Landwirtschaft also kommt das Wort *husbandry*... Und wenn ihr jemanden als euren Ehemann, als euren *husband* vorstellt, wißt ihr, was ihr damit sagt? Weiß der Arme, daß er damit zum Bauer gemacht wird? Aber das ist der ganze Gedanke dahinter, daß der Mann der Sämann ist und die Frau das Feld. Grandiose Ideen!

Der Mann bleibt gewöhnlich sehr am Weltlichen kleben und die Frau noch mehr. Da stellt sie den Mann in den Schatten, in jeder Hinsicht. Natürlich steuert sie vom Rücksitz aus, aber *sie* steuert den Wagen.

Ein Mann wurde wegen Schnellfahrens angehalten. Der Streifenpolizist schnaubte, denn der Mann war nicht nur zu schnell gefahren, sondern hatte auch keinen Führerschein dabei, und was er als Führerschein vorwies, war eine Kinokarte. Das war zuviel!

Der Bulle sagte: »So, da ist ja ein kleiner Denkzettel fällig.«

Die Frau keifte ihren Mann an: »Hab ich's dir nicht von Anfang an gesagt? Aber du hörst ja nie auf mich!« Und sie schrie so laut, daß sogar der Bulle zu schreiben aufhörte und dem Theater zusah.

Sie sagte: »Und wo ist überhaupt deine Brille? Du kannst ja gar nichts sehen und fährst auch noch! Außerdem bist du so besoffen, daß ich dir ständig in die Rippen stoßen mußte. Aber ich sehe, das hat keine Wirkung auf dich. Offenbar bist du schon völlig gefühllos!«

Dann wandte sie sich an den Polizisten und sagte: »Herr Inspektor, stecken Sie ihn ins Gefängnis und brummen Sie ihm mindestens sechs Monate Zwangsarbeit auf. Vielleicht kommt er dann wieder ein bißchen zu sich.«

Selbst dem Polizisten erschien ein solches Strafmaß für eine kleine Geschwindigkeitsüberschreitung übertrieben.

Er sagte zu dem Mann: »Mein Herr, fahren sie weiter. Gott hat sie mit dieser Frau schon genug gestraft. Das reicht. Sogar ich habe Mitleid mit Ihnen. Ich weiß jetzt, warum Sie nichts mehr sehen können. Wer will schon so eine Frau sehen? Und ich weiß auch, Sie sind nur deshalb zu schnell gefahren, weil Ihnen diese

Frau ständig im Nacken sitzt. Sie tun mir ehrlich leid.« Er sagte: »So schnell sie auch fahren, sie bleibt immer da. Fahren Sie doch mal so schnell, daß sie zurückbleibt, wirklich zurück.«

Mann und Frau führen ein so alltägliches und häßliches, wirklich häßliches Leben. Einmal stellte ich meiner Großmutter die Frau eines meiner Professoren vor, die gerade durchs Dorf kam. Ich hatte ihr gesagt: »Meine Großmutter und meine ganze Familie wohnen dort und würden Sie gern kennenlernen.«

Ich stellte sie meiner Großmutter vor, und als sie gegangen war, lachten wir beide. Eine Weile sagte keiner von uns ein Wort. Ich lachte, weil meine Großmutter diese Frau hatte ertragen müssen. Sie lachte und sagte: »Das ist gar nichts – du mußt ihren Mann ertragen. Wenn sie schon so schrecklich ist, wie muß er dann erst sein!«

Ich sagte: »Ich kann dir nur so viel verraten: Er ist zweifellos häßlicher als sein Paßfoto.«

Ich bin mein ganzes Leben lang Lehrer gewesen. Als Schüler war ich meistens nicht anwesend. Sie mußten mir ein Zeugnis über fünfundsiebzigprozentige Anwesenheit im Unterricht ausstellen, nur um mich loszuwerden. Und selbst das war absolut gelogen. Neunundneunzig Prozent der Zeit schwänzte ich. Das war während meiner ganzen Schulzeit so, und im Gymnasium und im College auch.

Im College hatte ich sogar eine Abmachung mit dem Direktor B. S. Audholia. Er war ein wunderbarer Mann. Er war Direktor eines College in Jabalpur, genau im Herzen von Indien. Jabalpur hat viele Colleges, und dieses war eines der prominentesten. Ich war aus einem anderen College hinausgeworfen worden, weil ein Professor sich geweigert hatte, im Dienst zu bleiben, falls man mich nicht entfernte. Das war seine Bedingung, und er war ein geachteter Professor... Ich komme auf die Einzelheiten dieser Geschichte vielleicht später zu sprechen.

Jedenfalls war ich ausgeschlossen worden, natürlich. Wer kümmert sich um einen armen Studenten? Und der Professor hatte einen Ph. D., einen D. Litt. et cetera et cetera und hatte fast sein ganzes Leben in diesem College verbracht. Ihm nun zu kündigen, und das auch noch meinetwegen – da stand nicht zur Debatte, ob ich im Recht war oder nicht. Genau das sagte mir auch der Direktor, bevor er mich hinauswarf. Er war mir eine Erklärung schuldig, also rief er mich zu sich. Er muß gedacht haben, er hätte es mit einem x-beliebigen Studenten zu tun, der schlotterte, weil er rausgeschmissen werden sollte. Er hatte nicht damit gerechnet, daß ich sein Amtszimmer betreten würde wie ein Erdbeben.

Ich schrie ihn an, bevor er noch den Mund aufmachen konnte. Ich sagte: »Sie sind mir vielleicht ein heiliger Haufen Kuhmist!« – Ich gebrauchte das Hindi-Wort *gobar ganesh,* was genau übersetzt bedeutet: »Heiligenbild aus Kuhmist«, und ich schlug dabei mit der Faust so fest auf seinen Tisch, daß er aufsprang.

Ich sagte: »Hat dieser Tisch etwa eine Sprungfeder? Ich habe draufgeschlagen, und Sie sind aufgesprungen! Setzen Sie sich!« Ich sagte es so laut, daß er sich schweigend hinsetzte. Er hatte wohl Angst, andere könnten es hören und vielleicht ins Zimmer stürzen, vor allem der Mann, der seine Tür bewachte.

Er sagte: »Okay, ich setze mich. Was haben Sie mir zu sagen?«

Ich sagte: »Sie rufen mich her und fragen auch noch, was ich Ihnen zu sagen habe? Ich sage, daß Sie diesen anderen Typen rauswerfen müssen, diesen Doktor S. N. L. Shrivastava. Er ist ein Esel, trotz seines Ph. D. und D. Litt. – das macht die Sache nur noch schlimmer. Ich habe ihm nichts zuleide getan. Ich habe ihm nur Fragen gestellt, die völlig legitim sind. Er unterrichtet Logik, aber wenn ich in seiner Vorlesung keine Logik anwenden darf, wo denn sonst? Sagen Sie mir das.«

Er sagte: »Das klingt richtig. Logischerweise müssen Sie logisch sein, wenn er Ihnen Logik beibringt.«

Ich sagte: »Dann rufen Sie ihn her, und sehen Sie selbst, wer hier logisch ist.«

Kaum erfuhr Doktor Shrivastava, daß ich im Büro des Direktors war und daß er selbst dort erscheinen sollte, da flüchtete er zu sich nach Hause und ließ sich drei Tage lang nicht blicken. Ich blieb drei Tage lang ununterbrochen dort sitzen, von dem Augenblick, wo das Büro aufmachte, bis zu dem Augenblick, wo es schloß.

Er schrieb dem Direktor schließlich einen Brief, worin stand: »Das kann nicht mehr so weitergehen. Ich will diesen Jungen nicht sehen. Entweder Sie werfen ihn hinaus oder Sie müssen auf mich verzichten.«

Der Direktor zeigte mir den Brief. Ich sagte: »Jetzt ist es okay. Er ist nicht einmal imstande, mir auch nur ein einziges Mal in Ihrer Gegenwart gegenüberzutreten, damit Sie sich überzeugen können, wer hier logisch ist. Ein kleiner Geschmack von Logik wäre nicht schlecht für Sie gewesen. Aber wenn er nicht einmal imstande ist, mir zu begegnen – und dieser Brief ist Beweis genug, daß er ein Feigling ist –, dann will ich nicht, daß er hinausgeworfen wird. Ich kann nicht so herzlos sein. Ich weiß, er hat Frau und Kinder und viele Verpflichtungen. Bitte werfen Sie mich auf der Stelle hinaus und geben Sie es mir schriftlich, daß ich ausgestoßen werde.«

Er sah mich an und sagte: »Wenn ich Sie ausstoße, wird es schwierig für Sie werden, in einem anderen College unterzukommen.«

Ich sagte: »Das ist mein Problem. Ich bin ein Außenseiter – mit solchen Dingen muß ich rechnen.«

Es war nach diesem Vorfall, daß ich an alle Türen aller College-Direktoren der Stadt klopfte – und es ist eine Stadt voller Colleges –, und allesamt sagten sie: »Wenn man Sie ausgestoßen hat, können wir das Risiko nicht auf uns nehmen. Uns ist das Gerücht zu Ohren gekommen, daß Sie acht Monate lang ständig mit Dr. Shrivastava argumentiert haben und ihn überhaupt nicht mehr zum Unterrichten haben kommen lassen.«

Als ich die ganze Geschichte B. S. Audholia erzählte, sagte er: »Ich will das Risiko eingehen, aber unter einer Bedingung.«

Er war ein gutherziger Mann, großzügig, aber mit Grenzen. Ich erwarte von niemandem, daß er eine unbegrenzte Großzügigkeit besitzt, aber solange man keine unbegrenzte Großzügigkeit besitzt, hat man sich die schönste Erfahrung im Leben entgehen lassen. Ja, es war großzügig von ihm, mich überhaupt aufzunehmen, aber die Bedingung nahm vieles davon wieder weg. Die Bedingung war zwar gut für mich, aber nicht für ihn. Für ihn war es ein Vergehen; für mich war es eine Chance, frei zu sein.

Er ließ mich eine Vereinbarung unterzeichnen, daß ich mich vom Philosophieunterricht fernhalten würde.

Ich sagte! »Das ist völlig in Ordnung. Was könnte ich mir Besseres wünschen? Genau das möchte ich ja: nicht in die Vorlesungen dieser Idioten gehen zu müssen. Ich bin bereit zu unterschreiben, aber vergessen Sie nicht, daß Sie Ihrerseits eine Garantie unterschreiben müssen, mir eine fünfundsiebzigprozentige Anwesenheit zu bescheinigen.«

Er sagte: »Das verspreche ich mündlich. Schriftlich kann ich das nicht geben, weil das nur zu Komplikationen führen würde, aber es ist ein Versprechen.«

Ich sagte: »Ich nehme Sie beim Wort. Ich vertraue Ihnen.«

Und er hielt Wort. Er gab mir eine Bescheinigung über neunzig Prozent Anwesenheit, obwohl ich nie den Philosophieunterricht an seinem College besucht habe, nicht ein einziges Mal.

Ich habe in Wirklichkeit überhaupt nicht die Volksschule besucht, weil der Fluß so anziehend und sein Ruf so unwiderstehlich war. Also war ich ständig am Fluß – nicht allein natürlich, sondern mit vielen anderen Schülern. Und dann war da der Wald jenseits vom Fluß, und es gab so viel echte Erdkunde zu erkunden! Wen scherte da die schmuddelige alte Erdkarte, die in der Schule hing? Mir war egal, wo Konstantinopel lag, ich erforschte auf eigene Faust den Dschungel, den Fluß – es gab so viele andere Dinge zu tun.

Zum Beispiel fing ich an, Bücher zu lesen, als mir meine Großmutter allmählich das Lesen beibrachte. Ich glaube nicht, daß jemand vor mir oder nach mir die Bibliothek jenes Ortes so sehr in Anspruch genommen hat. Heute zeigen sie allen Leuten den Platz, wo ich immer gesessen habe und den Platz, wo ich immer gelesen und mir Notizen gemacht habe. Sie sollten den Leuten lieber zeigen, daß das der Platz war, wo sie mich immer rausschmeißen wollten. Sie haben mir immer wieder damit gedroht.

Kaum konnte ich lesen, tat sich eine neue Dimension auf. Ich verschlang die ganze Bibliothek und fing an, meiner Großmutter abends meine liebsten Bücher vorzulesen. Ihr werdet es kaum glauben, aber das erste Buch, das ich ihr vorlas, war »Das Buch Mirdad«. Damit begann eine lange Reihe.

Natürlich fragte sie mich öfter mitten im Buch, was ein bestimmter Satz oder Absatz oder ein ganzes Kapitel wohl bedeute, was die Aussage sei. Dann sagte ich immer zu ihr: »Nani, ich habe es dir doch vorgelesen. Hast du denn nicht zugehört?«

Sie sagte: »Weißt du, wenn du liest, bin ich so fasziniert von deiner Stimme, daß ich völlig vergesse, was du liest. Für mich bist du mein Mirdad. Solange du es mir nicht erklärst, werde ich nie erfahren, wer Mirdad ist, wenn ich ehrlich sein soll.«

Also mußte ich es ihr erklären, aber was für eine großartige Schulung das war: zu erklären, einem andern zu helfen, der bereit ist, ein wenig tiefer zu gehen, als er es von sich aus schaffen könnte, den andern bei der Hand zu nehmen... Dies wurde allmählich mein ganzes Leben. Ich habe es mir nicht ausgesucht, nicht in der Art, wie es für J. Krishnamurti ausgesucht wurde. Ihm wurde es von andern aufgezwungen. Anfangs wurden sogar seine Reden entweder von Annie Besant oder von Leadbeater geschrieben; er sprach sie einfach nach. Er stand nicht auf eigenen Füßen. Alles wurde im voraus geplant und durchgeführt.

Ich bin ein planloser Mensch und darum bin ich heute noch so wild. Manchmal frage ich mich, was ich hier eigentlich mache – Leuten zu helfen, erleuchtet zu werden! Und wenn sie erst einmal erleuchtet sind, bringe ich ihnen augenblicklich bei, wieder unerleuchtet zu werden. Was mache ich hier bloß?

Ich weiß, daß jetzt die Zeit näherkommt, wo viele meiner Sannyasins einfach in die Erleuchtung hineinplatzen werden. Und ich habe schon mit den Vorbereitungen angefangen und bereite den Boden vor und die Wissenschaft, wie man so viele erleuchtete Seelen wieder »entleuchtet«.

Das also habe ich bisher getan. Eine etwas komische Arbeit, aber ich habe sie in vollsten Zügen genossen und genieße sie immer noch. Ich werde bis zum allerletzten Atemzug genießen, und sogar noch darüber hinaus. Ich bin ein bißchen verrückt, wißt ihr, und darum kann ich das, obwohl das bisher noch kein Verrückter getan hat. Aber irgendeiner muß es irgendwann einmal tun. Irgendeiner muß das Eis brechen.

27

Okay. Seht ihr die Synchronizität? Gleichzeitig haben Geet Bharti und ich »Okay« gesagt. Natürlich hat er es aus dem einen und ich aus einem anderen Grund gesagt; aber die Linien überschneiden sich.

Kurz bevor ich hereinkam, habe ich mir einen der größten Flötenspieler angehört, die es gibt – Hari Prasad. Das hat viele Erinnerungen in mir aufgerührt.

Es gibt auf der Welt viele Flötenarten. Die wichtigste ist die arabische, die schönste ist die japanische, und es gibt noch viele andere. Aber was die Süße des Klangs anbelangt, ist die kleine indische Bambusflöte unvergleichlich. Und Hari Prasad ist zweifellos ein Meister auf dieser Flöte. Er hat mir vorgespielt, nicht nur einmal, sondern viele Male. Immer wenn er das Gefühl hatte, sein Äußerstes geben zu wollen, kam er so schnell er konnte zu mir, egal wo ich war, manchmal sogar über tausende Meilen hinweg, nur um mir allein eine Stunde lang auf seiner Flöte vorzuspielen.

Ich fragte ihn: »Hari Prasad, du hättest überall spielen können – wozu erst eine so weite Reise machen?«

Und in Indien sind tausend Meilen praktisch wie zwanzigtausend Meilen im Westen. Die indischen Züge gehen noch heute im Fußgängertempo, sie joggen nicht mal. In Japan legen die Züge vierhundert Meilen pro Stunde zurück, und in Indien sind vierzig Meilen pro Stunde eine hohe Geschwindigkeit. Und dann die Busse... und die Rikschas. Nur um eine Stunde lang in meinem Schlafzimmer Flöte zu spielen... Ich fragte ihn: »Warum?«

Er sagte: »Weil ich zwar Tausende von Bewunderern habe, aber keinen, der vor allem den tonlosen Ton versteht. Solange man nicht den tonlosen Ton versteht, versteht man gar nichts. Deshalb komme ich zu dir. Und diese eine Stunde genügt, um mich wieder in die Lage zu versetzen, monatelang vor allen möglichen Idioten meine Flöte zu spielen – vor den Gouverneuren, Ministerpräsidenten und sogenannten »Großen«. Wenn ich völlig erschöpft und ausgebrannt bin und diese Idioten mir zum Halse heraushängen, komme ich zu dir gerannt. Bitte schlag mir diese eine Stunde nicht ab.«

Ich sagte: »Es ist eine Freude, dich zu hören – deine Flöte, deinen Gesang! Das allein ist schon großartig. Aber vor allem erinnert es mich an den Mann, der uns miteinander bekanntgemacht hat. Erinnerst du dich noch an diesen Mann?«

Er hatte völlig vergessen, wer ihn mir vorgestellt hatte, und ich kann das verstehen. Es muß vierzig Jahre her gewesen sein. Ich war damals ein kleiner Junge, und er war ein junger Mann. Er grübelte lange nach, aber es fiel ihm nicht ein, und er sagte: »Verzeih mir, aber mein Gedächtnis scheint mich im Stich zu lassen. Ich kann mich nicht einmal an den Mann erinnern, der mich dir vorgestellt hat. Selbst wenn ich alles andere vergäße, aber ihn müßte ich wenigstens im Gedächtnis behalten.«

Ich erinnerte ihn an den Mann, und da löste er sich in Tränen auf. Jener Mann ist es, über den ich heute zu euch sprechen möchte.

Pagal Baba war einer jener bemerkenswerten Menschen, über die ich sprechen will. Er gehörte zur selben Kategorie wie Magga Baba. Man kannte ihn einfach als Pagal Baba. *Pagal* bedeutet: »der Wahnsinnige«. Er kam stets wie der Wind, plötzlich, und verschwand ebenso plötzlich, wie er gekommen war...

Ich entdeckte nicht ihn, sondern er mich. Genauer gesagt, ich schwamm gerade im Fluß, als er vorüberkam. Er sah zu mir hin, ich sah zu ihm hin, er sprang in den Fluß, und wir schwammen zusammen.

Ich weiß nicht, wie lange wir zusammen geschwommen sind, aber ich war es nicht, der »Genug« sagte. Er war ein anerkannter Weiser. Ich hatte ihn schon früher gesehen, aber nicht so nah – auf einer Versammlung, wo er *bhajan* machte, »Lieder von Gott« sang. Dort hatte ich ihn gesehen und eine gewisse Zuneigung zu ihm gefaßt, aber das hatte ich für mich behalten. Ich hatte kein einziges Wort darüber verloren. Es gibt Dinge, die man besser im Herzen bewahrt. Dort wachsen sie schneller, das ist der rechte Boden.

Zu jener Zeit war er bereits ein alter Mann, und ich war nicht älter als zwölf. Kein Wunder, daß er als erster sagte: »Laß uns aufhören. Ich bin müde.«

Ich sagte: »Das hättest du jederzeit sagen können, dann hätten wir aufgehört – denn ich bin wie ein Fisch im Fluß zu Hause.«

Ja, so nannten sie mich sogar im Dorf. Wer sonst schwimmt schon sechs Stunden jeden Morgen, von vier bis zehn? Wenn alles noch schlief, ganz fest schlief, war ich schon im Fluß. Und wenn alle zur Arbeit gegangen waren, war ich immer noch im Fluß. Natürlich kam jeden Tag um zehn meine Großmutter, und dann mußte ich immer aus dem Fluß herauskommen, weil es Zeit war, zur Schule zu gehen. Aber gleich nach der Schule war ich wieder im Fluß.

Als ich das erste Mal auf »Siddharta« stieß, Hermann Hesses Roman, konnte ich nicht glauben, wie genau alles, was er über den Fluß schrieb, dem entsprach, was ich so oft erlebt hatte. Und ich wußte genau, daß Hesse sich das alles nur vorstellte... Eine gute Vorstellungsgabe, denn er starb nicht als Buddha. Er hatte das Zeug, einen »Siddharta« zu erschaffen, aber nicht, selbst ein Siddharta zu werden. Aber als ich auf seine Beschreibung des Flusses stieß und von den Stimmungen und Veränderungen und Gefühlen des Flusses las, war ich einfach überwältigt. Seine Beschreibung des Flusses beeindruckte mich tiefer als alles andere. Ich weiß nicht mehr, wann ich meinen Fluß zu lieben angefangen habe – für mich war es, als wäre ich in seinen Wassern zur Welt gekommen.

Schon im Dorf meiner Nani war ich stets entweder im See oder im Fluß zu finden. Der Fluß war ein wenig zu weit entfernt, vielleicht zwei Meilen, und so mußte ich mich öfter mit dem See begnügen. Aber ab und zu ging ich zum Fluß, weil ein Fluß eine völlig andere Qualität hat als ein See. Ein See ist in gewisser Weise tot, geschlossen, stagnierend, nirgendwohin unterwegs, statisch. All das steht für Tod. Er ist nicht dynamisch.

Der Fluß ist immer unterwegs. Er stürzt einem unbekannten Ziel entgegen, vielleicht ohne überhaupt zu wissen, wo dieses Ziel liegt. Aber er kommt an, ob er es weiß oder nicht; er erreicht das Ziel. Der See bewegt sich nie. Er bleibt, wo er ist, schläft, stirbt einfach ab, stirbt mit jedem Tag mehr. Es gibt keine Auferstehung. Aber der Fluß, so klein er auch sein mag, ist so groß wie der Ozean, weil er früher oder später selbst Ozean wird.

Ich habe immer das Gefühl des Fließens geliebt, einfach unterwegs zu sein, dieses Strömen, diese ständige Bewegung – diese Lebendigkeit. Darum ging ich ab und zu zum Fluß, auch wenn er zwei Meilen entfernt war, nur um etwas von seinem Geschmack mitzubekommen.

Aber in der Stadt meines Vaters war der Fluß sehr nahe. Er war nur zwei Minuten vom Haus meiner Nani entfernt. Wenn man im Obergeschoß stand, konnte man ihn sehen: Da war er, in seiner ganzen Großartigkeit und Verlockung – unwiderstehlich.

Von der Schule rannte ich immer sofort zurück zum Fluß. Zwar machte ich einen kurzen Augenblick halt, um meine Bücher im Haus meiner Nani abzuwerfen. Dann überredete sie mich, wenigstens eine Tasse Tee zu trinken, mit den Worten: »Hab es doch nicht so eilig, der Fluß fährt dir schon nicht davon, er ist doch kein Zug.« Das waren genau ihre Worte, und die sagte sie immer wieder: »Vergiß nicht, es ist doch kein Zug. Du kannst ihn nicht verpassen. Trink also bitte deine Tasse Tee, bevor du gehst. Und wirf deine Bücher nicht so hin.«

Ich sagte nichts, denn das hätte nur eine weitere Verzögerung bedeutet. Sie wunderte sich dann immer und sagte: »Du nimmst doch sonst nichts unwidersprochen hin, aber wenn du zum Fluß willst, kann ich sagen, was ich will, es mag noch so unsinnig sein oder unlogisch oder absurd – du nimmst es hin wie ein lammfrommes Kind! Was ist bloß mit dir los, wenn du zum Fluß willst?«

Ich sagte: »Nani, du kennst mich doch. Du weißt ganz genau, daß ich meine Zeit nicht verplempern will. Der Fluß ruft. Ich kann seine Wellen rauschen hören, während ich hier meinen Tee trinke.«

Ich habe mir oft genug die Lippen verbrannt, weil ich den Tee zu heiß trank. Aber ich hatte es eilig, und die Tasse mußte geleert werden. Meine Nani stand daneben. Sie würde mich nicht eher gehen lassen, als bis ich meinen Tee getrunken hatte.

Sie war nicht wie Gudia. Gudia ist in dieser Hinsicht anders. Sie sagt immer zu mir: »Warte. Der Tee ist noch zu heiß.« Vielleicht aus alter Gewohnheit greife ich immer wieder gleich zur Tasse, und sie sagt dann: »Warte! Es ist zu heiß.« Ich weiß, sie hat recht und warte also, bis sie keine Einwände mehr hat, und trinke dann meinen Tee. Vielleicht hängt mir die alte Gewohnheit nach, schnell meinen Tee zu trinken und zum Fluß zu rennen.

Obwohl meine Großmutter wußte, daß ich so schnell wie möglich zum Wasser wollte, versuchte sie jedesmal, mich dazu zu bringen, einen Happen zu mir zu nehmen – egal was. Ich sagte immer zu ihr: »Gib einfach her, ich steck's mir in die Taschen und esse es unterwegs.« Ich mochte immer gern Cashew-Nüsse, vor allem gesalzene, und hatte mir jahrelang immer alle Taschen damit vollgestopft. Alle Taschen, das hieß: zwei in der Hose, und das waren Shorts, denn lange Hosen mochte ich nie, vielleicht weil alle Lehrer welche trugen, und ich Lehrer haßte. Irgendwie mußte ich das miteinander assoziiert haben und so trug ich nur Shorts.

In Indien sind Shorts außerdem klimatisch sehr viel besser als lange Hosen. Beide Hosentaschen waren also voll mit Cashew-Nüssen. Und ihr werdet lachen, nur wegen dieser Cashew-Nüsse mußte mir der Schneider zwei Taschen in meine Hemden machen. Ich hatte immer zwei Taschen in jedem Hemd. Ich verstand nie, warum man auf die Hemden immer nur eine Tasche machte. Warum dann nicht auch nur eine Hosentasche? Oder nur eine Tasche für Shorts? Warum für Hemden nur eine? Der Grund ist nicht ersichtlich, aber ich weiß ihn. Die einzige Hemdtasche ist immer links, damit die rechte Hand etwas herausnehmen und hineintun kann; und für die arme Linke ist natürlich keine Tasche nötig. Was würde der arme Mensch mit so einer Tasche anfangen?

Die linke Hand gehört zu den unterdrückten Teilen des menschlichen Körpers. Und wenn ihr es ausprobiert, werdet ihr verstehen, was ich sage. Ihr könnt alles mit der Linken machen, was ihr auch mit der Rechten macht, sogar schreiben, und vielleicht sogar besser.

Nach dreißig oder vierzig Jahren Gewohnheit wird es euch anfangs sicher schwerfallen, die linke Hand zu benutzen, denn die linke Hand wird ignoriert und sie wird dumm gehalten. Die linke Hand ist tatsächlich der wichtigste Teil eures Körpers, weil sie die rechte Hirnhälfte repräsentiert. Die linke Hand ist mit dem rechten Hirn verbunden, und die rechte Hand mit dem linken Hirn, genau überkreuz. Die Rechte ist in Wirklichkeit links, und die Linke in Wirklichkeit rechts. Die Linke ignorieren heißt, die rechte Seite eures Hirns ignorieren – und die rechte Seite des Hirns enthält alles, was von Wert ist, alle Diamanten, Smaragde, Saphire und Rubine... alles Wertvolle, alle Regenbögen und alle Blumen und alle Sterne.

Die rechte Seite des Hirns enthält die Intuition, die Instinkte – kurz, sie enthält das Feminine. Die rechte Hand ist ein männlicher Chauvi.

Ich muß euch sagen, daß ich, als ich zu schreiben anfing – Querschläger, der ich nun einmal war –, mit der linken Hand zu schreiben anfing. Selbstverständlich machten sie alle Front gegen mich, meine Großmutter natürlich wieder ausgenommen. Sie war die einzige, die sagte: »Wenn er mit der linken Hand schreiben möchte, warum laßt ihr ihn nicht?« Dann sagte sie: »Es geht doch nur ums Schreiben. Warum macht ihr so viel Aufhebens darum, welche Hand er dabei benutzt? Er kann seine Feder mit der linken Hand halten, und ihr könnt eure Feder mit der rechten Hand halten. Wo ist das Problem?«

Aber niemand wollte mir erlauben, mit der linken Hand zu schreiben, und Nani konnte nicht überall bei mir sein. In der Schule waren alle Lehrer und alle Schüler dagegen, daß ich die linke Hand benutzte. Rechts ist richtig, und links ist nicht richtig.

Bis heute verstehe ich nicht warum. Warum muß die linke Körperhälfte verleugnet und eingezwängt werden? Und wißt ihr, daß zehn Prozent aller Menschen am liebsten mit der linken Hand schreiben würden, daß sie anfangs tatsächlich auch so geschrieben hatten, aber daran gehindert wurden?

Das ist eine der ältesten Katastrophen, die dem Menschen passiert sind, daß ihm die Hälfte seines Wesens nicht einmal zugänglich ist. Eine sonderbarer Menschentyp, den wir da geschaffen haben! Wie ein Ochsenkarren mit nur einem Rad. Das andere Rad ist zwar da, aber es wird unsichtbar gehalten, es wird zwar benutzt, aber nur verdeckt. Das ist abstoßend. Ich habe von Anfang an Widerstand geleistet.

Ich fragte den Lehrer und den Schuldirektor: »Beweist mir den Grund, warum ich mit der rechten Hand schreiben soll.«

Sie zuckten einfach mit den Achseln. Daraufhin sagte ich: »Euer Achselzucken hilft euch nichts; ihr müßt mir schon antworten. Ihr würdet auch nicht hinnehmen, wenn ich mit den Achseln zucken würde. Warum soll ich das also bei euch hinnehmen? Ich nehme keine Notiz davon; bitte erklärt es mir anständig.«

Ich wurde zur Schulaufsichtsbehörde geschickt, weil die Lehrer sich taub stellten oder es mir nicht erklären wollten. Tatsächlich verstanden sie mich sehr wohl.

Was ich sagte, war deutlich: »Was ist verkehrt daran, mit der Linken zu schreiben? Und wenn ich mit der Linken die richtige Antwort schreibe, kann dann die Antwort nur deshalb falsch sein, weil sie mit der linken Hand geschrieben wurde?«

Sie sagten: »Du bist verrückt und du machst alle andern verrückt. Es ist besser, du wendest dich an die Behörde.«

Die Behörde war das städtische Komitee, welches alle Schulen beaufsichtigte. Es gab vier Grundschulen und zwei höhere Schulen in der Stadt, eine für Mädchen und eine für Jungen. Was für eine Stadt, in der Jungen und Mädchen strikt getrennt gehalten werden! Diese Behörde traf Entscheidungen in fast allen Dingen, und so schickten sie mich natürlich dorthin.

Die Mitglieder des Komitees hörten mich so ernsthaft an, als wäre ich ein Mörder, und sie saßen da wie die Richter, als wollten sie mich hängen. Ich sagte zu ihnen: »Müßt ihr so ernst sein, entspannt euch doch ein bißchen! Sagt mir einfach, wieso es verkehrt ist, wenn ich mit der linken Hand schreibe.«

Sie warfen sich Blicke zu. Dann sagte ich: »Das wird nicht helfen. Ihr werdet mir antworten müssen, und mit mir werdet ihr nicht so leicht fertig. Ihr werdet es mir schriftlich geben müssen, denn ich traue euch nicht. Die Art, wie ihr euch gegenseitig Blicke zuwerft, scheint mir so hinterhältig und politisch, daß es besser ist, wenn ich eure Antwort schriftlich habe. Gebt es mir schriftlich, wieso es falsch ist, eine richtige Antwort mit der linken Hand zu schreiben.«

Sie saßen da wie die Ölgötzen. Keiner machte auch nur den Versuch, etwas zu mir zu sagen. Es war auch keiner bereit, etwas zu schreiben. Sie sagten einfach: »Wir müssen uns beraten.«

Ich sagte: »Beratet euch nur. Ich bleibe hier. Was hindert euch, in meiner Gegenwart zu beraten? Ist es vielleicht etwas Privates wie eine Liebesgeschichte? Ihr seid doch alles angesehene Bürger. Sechs Leute sollten doch keine Liebesgeschichte miteinander haben – das wäre ja wie Gruppensex!«

Da schrien sie mich an: »Halt den Mund! Gebrauche nicht solche Wörter!«

Ich sagte: »Ich muß solche Wörter benutzen, nur um euch aus der Reserve zu locken, sonst würdet ihr einfach dasitzen wie die Ölgötzen. Wenigstens seid ihr jetzt in Bewegung gekommen und habt etwas gesagt. Jetzt beratet euch also, und ich will euch gern helfen und werde euch kein bißchen hindern.«

Sie sagten: »Bitte geh hinaus. Wir können uns nicht in deiner Gegenwart beraten, sonst redest du nur dazwischen. Wir kennen dich zu gut; du bist stadtbekannt. Wenn du nicht hinausgehst, dann gehen wir.«

Ich sagte: »Ihr könnt als erste gehen, wie es sich für Gentlemen gehört.«

Sie mußten ihren eigenen Sitzungsraum vor mir verlassen. Die Entscheidung kam am nächsten Tag. Sie lautete einfach: »Die Lehrer sind im Recht, und jeder muß mit der rechten Hand schreiben.«

Diese Verlogenheit herrscht überall. Ich kann diese Art von Dummheit nicht einmal nachvollziehen. Und das sind die Leute, die an der Macht sind! Die Rechtshänder, die Rechten! Sie haben die Macht, die männlichen Chauvinisten haben die Macht. Die Dichter haben nicht die Macht, die Musiker auch nicht...

Seht euch dagegen diesen Hari Prasad Chaurasia an – ein so herrlicher Spieler der Bambusflöte, aber sein ganzes Leben hat er in äußerster Armut verbracht. Er konnte sich nicht daran erinnern, daß Pagal Baba ihn mir vorgestellt hatte – oder besser gesagt mich ihm, denn ich war erst ein Kind, und Hari Prasad eine weltberühmte Autorität auf dem Gebiet der Bambusflöte.

Es gab noch andere Flötenspieler, die ich durch Pagal Baba kennenlernte, vor allem Pannalal Ghose. Aber ich hatte ihn spielen gehört, und mit Hari Prasad war er einfach nicht zu vergleichen.

Warum führte mich Pagal Baba bei diesen Leuten ein? Er selbst war der allergrößte Flötenspieler, aber er spielte nie vor der Menge. Er spielte wohl vor mir, einem Kind, oder vor Hari Prasad oder Pannalal Ghose, aber er bestand strikt darauf, daß wir es keinem weitersagten. Er hielt seine Flöte in seiner Tasche versteckt.

Das letzte Mal, als ich ihn sah, gab er mir seine Flöte und sagte: »Wir werden uns nicht wiedersehen. Nicht, daß ich dich nicht gern wiedersehen würde, aber dieser Körper ist nicht mehr imstande, sich weiterzuschleppen.« Er muß damals um die neunzig gewesen sein. »Aber als ein Andenken gebe ich dir diese Flöte, und ich sage dir: Wenn du übst, kannst du einer der größten Flötenspieler werden.«

Ich sagte: »Aber ich will ja gar nicht Flötenspieler werden, nicht mal der größte. Flötenspieler zu sein ist nicht das, was mich erfüllen würde. Es ist eindimensional.«

Er verstand und sagte: »Dann ist es deine Sache.«

Ich fragte ihn oft, warum er mich immer aufsuchte, wenn er ins Dorf kam – denn das tat er immer als erstes.

Er sagte: »Warum? Du solltest lieber andersherum fragen – warum komme ich überhaupt erst ins Dorf? Nur, um dich aufzusuchen. Ich komme aus keinem anderen Grund in dieses Dorf.«

Einen Augenblick lang brachte ich kein Wort heraus, nicht einmal »Danke«. Ja, es gibt in Hindi überhaupt kein Wort, daß eurem Danke entspricht. Es gibt wohl ein Wort, das man so benutzt, aber es hat ein völlig anderes Aroma: *dhyanyata,* was bedeutet: »Gott segne dich«. Nun, ein Kind kann nicht zu einem neunzigjährigen Mann »Gott segne dich« sagen.

Ich sagte: »Baba, mach es mir nicht so schwer. Ich kann dir nicht einmal danken.« Um dies zu sagen, mußte ich mich eines Wortes aus dem Urdu bedienen – *shukriya,* was dem Englischen näherkommt, aber trotzdem nicht ganz dasselbe ist. *Shukriya* heißt »Dankbarkeit«, aber das kommt schon ziemlich nahe.

Ich sagte zu ihm: »Du hast mir diese Flöte geschenkt. Ich will sie als Andenken an dich aufheben und ich will auch versuchen zu üben. Wer weiß? Du – du weißt es besser als ich; vielleicht ist das meine Zukunft, aber ich kann keine Zukunft darin sehen.«

Er lachte und sagte: »Es ist schwierig, mit dir zu reden. Behalt nur die Flöte bei dir und spiel damit herum. Wenn etwas passiert, dann gut; wenn nichts passiert, dann behalte sie zu meinem Andenken.«

Ich fing an, auf ihr zu spielen, und ich liebte sie. Ich spielte jahrelang auf ihr und wurde richtig professionell. Ich spielte Flöte, und einer meiner Freunde – nicht wirklich ein Freund, nur ein Bekannter – spielte Tabla. Wir lernten uns kennen, weil wir beide das Schwimmen liebten.

Eines Jahres, als der Fluß Hochwasser hatte und wir beide hinüberzuschwimmen versuchten... Es war mein größter Spaß, den Fluß in der Regenzeit zu überqueren, wenn er über die Ufer trat und eine so starke Strömung entwickelte, daß er uns immer mindestens zwei bis drei Meilen flußabwärts trieb. Hinüberzuschwimmen hieß, daß wir bereit sein mußten, drei Meilen zu Fuß zurückzulaufen, und wenn wir wieder heimschwimmen wollten, dann nochmal drei Meilen zu Fuß flußaufwärts, so daß es ein Marsch von sechs Meilen wurde! Und das in der Regenzeit... aber das war eine meiner Freuden!

Dieser Junge also, er hieß auch Hari – Hari ist in Indien ein häufiger Name und bedeutet »Gott«. *Hari* ist aber ein sehr seltsamer Name für Gott, und ich glaube nicht, daß irgendeine andere Sprache eine Bezeichnung für Gott hat, die *hari* gleichkommt, denn das heißt eigentlich »Dieb« – »Gott, der Dieb«! Warum sollte Gott ein Dieb genannt werden? Weil er dir früher oder später dein Herz stiehlt... und je früher, desto besser. Der Name des Jungen war Hari.

Wir wollten beide über den Fluß schwimmen, der Hochwasser führte und fast eine Meile breit gewesen sein muß. Hari überlebte es nicht. Irgendwo auf dem Weg nach drüben ertrank er. Ich suchte und suchte, aber es war unmöglich; der Fluß war zu reißend. Wenn er ertrunken war, konnte man ihn unmöglich finden – vielleicht würde man seine Leiche weiter flußabwärts finden.

Ich rief, so laut ich konnte, aber der Fluß war ein einziges Tosen. Ich ging danach jeden Tag zum Fluß und tat alles, was ein Kind nur tun konnte. Die Polizei versuchte alles, die Gilde der Fischer versuchte alles, aber es war keine Spur von ihm zu finden. Der Fluß mußte ihn schon davongetragen haben, lange bevor sie davon erfuhren. Zu seiner Erinnerung warf ich die Bambusflöte, die Pagal Baba mir geschenkt hatte, in den Fluß.

Ich tat es mit den Worten: »Ich hätte mich lieber selbst hineingeworfen, aber mich erwartet eine andere Arbeit. Dies ist das Kostbarste, was ich besitze, außer mir selbst, und so werfe ich es weg. Ich werde nie wieder auf dieser Flöte spielen, weil Hari mich nicht mehr auf der Tabla begleiten kann. Es ist mir unvorstellbar, je wieder zu spielen. Nimm sie bitte!«

Es war eine schöne Flöte, vielleicht von einem sehr begabten Flötenmacher geschnitzt. Vielleicht war sie speziell für Pagal Baba von einem seiner Verehrer angefertigt worden. Ich werde noch mehr über Pagal Baba sagen, weil es so vieles über ihn zu sagen gibt...

Wie spät ist es?

»Zehn Uhr dreiundzwanzig, Osho.«

Gut.

Heute reicht die Zeit nicht, also müssen wir uns Pagal Baba für ein andermal aufheben. Nur eines, weil ich es später vielleicht vergesse, und zwar über diesen Jungen Hari, der ums Leben kam... Niemand weiß, ob er gestorben oder von zu Hause weggelaufen ist, denn seine Leiche wurde nie gefunden. Aber ich bin mir sicher, daß er gestorben ist, weil ich mit ihm zusammen geschwommen war und ihn plötzlich mitten im Fluß an einem bestimmten Punkt verschwinden sah. Ich rief: »Hari! Hast du

Schwierigkeiten?«, aber es kam keine Antwort.

Für mich ist Indien selbst tot. Ich rechne Indien nicht zum lebendigen Teil der Menschheit. Es ist ein totes Land, tot schon seit so vielen Jahrhunderten, daß sogar die Toten vergessen haben, daß sie tot sind. Sie sind schon so lange tot, daß jemand sie daran erinnern muß. Genau das versuche ich. Aber es ist eine sehr undankbare Aufgabe, jemanden daran zu erinnern und zu sagen: »Mein Herr, Sie sind tot. Glauben Sie ja nicht, daß Sie leben.«

Genau das mache ich nun schon seit fünfundzwanzig Jahren, tagein, tagaus. Es tut weh, daß ein Land, das einem Buddha, Mahavira und Nagarjuna das Leben geschenkt hat, tot ist.

Armer Geet Bharti – nur um sein Kichern zu verstecken, mußte er husten. Manchmal frage ich mich, wer eigentlich mitschreibt. Husten ist okay, Kichern wird auch verziehen, aber was ist mit der Mitschrift? Ich habe meine Lehrer immer getäuscht, indem ich so tat, als würde ich eifrig mitschreiben, und kritzelte irgend etwas drauflos. Und ich mußte immer lachen, wenn sie sich täuschen ließen. Aber es ist unmöglich, mich zu täuschen, und es ist gut, daß du's nicht kannst. Ich beobachte dich, auch wenn du meinst, meine Augen seien geschlossen. Ja, sie sind geschlossen, aber offen genug, um zu sehen, was du schreibst.

Dies ist einfach schön. Ich schlage dich so hart, und trotzdem bist du...

...Hör jetzt auf.

28

Okay. Bei dem Krach, den du machst, muß ja jeder »Okay« sagen. Danke.

So, nun kann ich wirklich »Okay« sagen. Eben habe ich wieder Musik gehört, nicht Hari Prasad Chaurasia, sondern einen anderen Flötenspieler. In Indien hat die Flöte zwei Dimensionen: eine südliche und eine nördliche. Hari Prasad Chaurasia spielt die Flöte des Nordens; eben habe ich mir den Gegenpol angehört – die des Südens.

Auch dieser Mann ist mir von demselben Mann vorgestellt worden, von Pagal Baba. Als dieser uns bekanntmachte, sagte er zu dem Musiker: »Du wirst vielleicht nicht verstehen, warum ich dich diesem Jungen vorstelle; jedenfalls wirst du es nicht gleich verstehen, aber vielleicht eines Tages, so Gott will.«

Dieser Mann spielt die gleiche Flöte, aber auf eine völlig andere Weise. Die südliche Flöte ist sehr viel schärfer – schneidend, um es genau zu sagen. Sie geht dir durch Mark und Bein und wühlt dich auf. Die nördliche Flöte ist unbeschreiblich schön, aber ein wenig flach – so flach wie der Norden von Indien.

Der Mann sah mich verdutzt an. Er überlegte einen Augenblick und sagte dann: »Baba, wenn du mich ihm vorstellst, dann muß etwas daran sein, das ich nicht verstehe. Das liegt an meiner Mittelmäßigkeit, und ich bin ausgesprochen dankbar, daß du mir die Liebe erweist, mich nicht nur mit der Gegenwart, sondern sogar mit der Zukunft bekanntzumachen.«

Ich habe ihn nur ein paar Mal gehört, weil wir nie eine direkte Verbindung hatten, immer nur über Pagal Baba. Der Flötenspieler kam ihn öfter besuchen. Wenn ich zufällig da war, sagte er natürlich »Hallo« zu mir. Baba lachte dann immer und sagte: »Du mußt seine Füße berühren, du Narr! ›Hallo‹ ist doch keine Art, diesem Jungen zu begegnen.«

Er tat es widerstrebend, und ich konnte seinen Widerwillen sehen, darum erwähne ich seinen Namen nicht. Er lebt noch und wäre vielleicht beleidigt, denn er berührte meine Füße nicht aus Liebe zu mir, sondern weil Pagal Baba es ihm befahl. Er konnte gar nicht anders, als meine Füße zu berühren.

Ich lachte und sagte: »Baba, darf ich diesem Mann eine Ohrfeige geben?«

Er sagte: »Natürlich.«

Und stellt euch vor: Als er meine Füße berührte, gab ich ihm eine Ohrfeige!

Das erinnert mich an den Brief, den Geet Bharti mir geschrieben hat. Ich wußte, daß er bitterlich weinen würde, ich wußte es. Wie konnte ich es wissen, bevor er mir überhaupt geschrieben hatte? Auch wenn er mir nicht geschrieben hätte, hätte ich es gewußt. Ich kenne meine Leute. Ich kenne die, die mich lieben, ob sie es sagen oder nicht. Und was mich wirklich berührte, waren seine Worte: »Du kannst mich soviel schlagen, wie du willst, das tut mir nicht weh. Weh tut es nur, wenn ich gar nicht gekichert habe und du sagst: ›Geet Bharti, versuche nicht, mich zu täuschen...‹ Das tut weh. Die scheinbare Ungerechtigkeit ist es, die weh tut.« Das ist der Ausdruck, den er gebraucht hat. Gudia, ich glaube dies waren die Worte – »scheinbare Ungerechtigkeit.« Habe ich recht, Gudia?

»Ja, Osho.«

Okay – Gudia hat mir nämlich den Brief vorlesen müssen. Ich habe seit Jahren nichts mehr gelesen, weil die Ärzte sagten, daß ich eine Brille tragen muß, wenn ich lese. Und ich hasse Brillen. Ich kann mich mir selbst nicht mit Brille vorstellen. Lieber mache ich die Augen zu. Ich will keine Schranke errichten zwischen mir und dem, was um mich herum ist, nicht einmal aus durchsichtigem Glas. Und so bin ich darauf angewiesen, daß mir jemand vorliest.

Die Worte »scheinbare Ungerechtigkeit« lassen sein Herz klar erkennen. Er weiß, daß es nur scheinbar so ist. Aber natürlich erscheint es dir ungerecht, wenn du überhaupt nicht kicherst und ich plötzlich sage: »Geet Bharti, hör auf zu kichern!« Natürlich ist er dann wie vor den Kopf gestoßen. Und der arme Geet Bharti macht lediglich seine Mitschrift!

Dabei fällt mir wieder Pagal Baba ein, weil ich heute morgen von ihm gesprochen habe und noch nicht damit zu Ende bin. Er sagte den Leuten oft Sachen, die scheinbar unsinnig waren. Nicht nur das, manchmal schlug er sie auch richtig! Nicht wie ich, sondern tatsächlich, ganz wörtlich. Ich schlage nicht wirklich – nicht, weil ich es nicht wollte, sondern weil ich absolut faul bin. Ich habe es ein- oder zweimal probiert, aber danach tat mir die Hand weh. Ich weiß nicht, ob der Betreffende etwas dabei gelernt hat, aber meine Hand sagte: »Bitte, versuch es nie wieder mit diesem Trick.«

Aber Pagal Baba hat immer ohne jeden Grund geschlagen. Jemand hatte einfach still an seiner Seite gesessen, und plötzlich gab er ihm eine saftige Ohrfeige. Der Betreffende hatte gar nichts getan, hatte noch nicht einmal den Mund aufgemacht. Manchmal protestierten die Leute, daß es ungerecht sei und sagten zu Pagal Baba: »Baba, warum hast du ihn geschlagen?«

Er lachte dann immer und sagte: »Ihr wißt, ich bin ein *pagal,* ein Verrückter.« Das genügte als Erklärung, jedenfalls was ihn anging. Was mich betrifft, wäre diese Erklärung nicht genug. Ich bin so verrückt, daß nicht einmal die Intelligentesten dahinterkommen können, was für eine Art von Verrücktheit das ist. Pagal Baba war ein einfacher Verrückter. Ich bin ein multidimensionaler Verrückter.

Wenn ihr also manchmal das Gefühl habt, daß es scheinbar ungerecht ist, dann behaltet das Wort »scheinbar« im Auge. Ich kann nicht ungerecht sein, schon gar nicht zu denen, die mich lieben. Wie kann Liebe ungerecht sein? Aber »scheinbar« muß sie es vielleicht viele Male sein. Man weiß nie bei Leuten wie mir. Ich treffe vielleicht Yashu Bharti und habe es in Wirklichkeit auf Raj Bharti abgesehen. Es ist eine sehr komplizierte Sache. Es läßt sich nicht computerisieren.

Es ist so kompliziert, daß ich nicht glaube, daß ein Computer je ein Meister werden kann. Er kann alles andere werden – ein Ingenieur, ein Doktor, ein Zahnarzt, alles mögliche – und dabei effizienter sein als jeder Mensch. Aber es gibt zwei Dinge, die ein Computer niemals können wird. Das eine ist: er kann nicht lebendig sein. Er kann vor lauter Mechanik schnurren, aber lebendig sein kann er nicht. Er kann nicht wissen, was Leben ist.

Das zweite ist ein Begleitumstand des ersteren: er kann kein Meister werden. Das Leben zu kennen heißt, ein Meister zu sein. Einfach nur lebendig zu sein, ist das eine; jeder ist das. Aber dich dir selbst zuzuwenden, deinem eigenen Sein, den Sehenden zu sehen, den Erkennenden zu erkennen – und das meine ich mit: »Dich dir selbst zuwenden« –, erst damit wird man ein Meister. Ein Computer kann sich nicht sich selbst zuwenden, das ist unmöglich.

Geet Bharti, dein Brief war schön, und du hast geweint. Es macht mich froh. Alles Echte ist eine Hilfe auf dem Weg, und nichts kann so echt sein wie Tränen. Es gibt ja durchaus professionelle Tränenvergießer, aber die arbeiten mit Tricks.

In Indien kommt es vor, daß jemand stirbt – vielleicht ein alter Mensch, den keiner leiden konnte –, und jeder ist froh darüber, aber niemand darf seine Freude zeigen. Dann werden die professionellen Klageweiber bestellt, vor allem in Großstädten wie Bombay, Kalkutta, Madras und Neu Delhi. Sie haben sogar ihre eigene Berufsgenossenschaft. Du brauchst nur dort anzurufen und ihnen zu sagen, wie viele Klageweiber du haben willst, und sie kommen – und sie weinen drauflos. Sie können jeden, der echte Tränen vergießt, in den Schatten stellen, weil sie technisch versiert sind und sehr perfekt. Sie kennen alle Tricks. Sie benutzen bestimmte Mittel, die sie sich unter die Augen reiben, und das reicht, um die Tränen zum Fließen zu bringen. Und das Merkwürdige ist: wenn die Tränen fließen, fühlt man sich plötzlich traurig.

In der Psychologie gibt es einen uralten Streit, der bis heute noch nicht entschieden ist: »Was kommt zuerst: Rennt ein Mensch davon, weil er Angst hat, oder hat er Angst, weil er davonrennt?« Und für beide Standpunkte gibt es Befürworter. »Die Angst führt zum Davonlaufen« ist der eine Standpunkt. »Das Davonlaufen führt zur Angst« ist der andere. Aber in Wirklichkeit läuft es auf dasselbe hinaus – beides gehört zusammen.

Wenn du traurig bist, kommen Tränen. Wenn Tränen kommen, aus welchem Grund auch immer, selbst chemische Tränen – wir wollen sie künstliche Tränen nennen –, auch dann wirst du dich, schon allein aufgrund eines ererbten Instinkts, traurig fühlen. Ich habe gesehen, wie diese professionellen Klageweiber sich wirklich das Herz aus dem Leibe geweint haben, und man konnte nicht sagen, daß sie Theater spielten; sie haben sich höchstens selbst etwas vorgemacht.

Tränen aus Liebe sind die wertvollste Erfahrung, die es gibt. Du hast geweint. Ich bin froh, denn du hättest genausogut böse sein können, aber du warst es nicht. Du hättest verärgert sein können, gereizt, aber du warst es nicht. Du hast geweint, und so sollte es auch sein. Aber denk daran – ich werde das gleiche immer wieder tun; ich muß meine Arbeit tun.

Als Zahnarzt weißt du ganz genau, wie sehr es wehtut, und trotzdem mußt du es tun. Nicht, daß du wehtun möchtest... Aber dir steht die Narkose zur Verfügung, du hast bestimmte Gase, du kannst örtlich betäuben oder den ganzen Menschen bewußtlos machen.

Aber ich habe nichts. Ich muß meine ganze Chirurgie völlig ohne Narkose machen. Wenn man einem Menschen den Magen oder das Gehirn öffnet, ohne ihn bewußtlos zu machen – was würde passieren? Der Schmerz wäre zu groß. Es würde ihn töten oder zumindest wahnsinnig machen. Er würde vom Tisch springen und dabei vielleicht seinen Schädel zurücklassen, und er würde so schnell wie möglich nach Hause rennen. Oder er würde sogar den Arzt umbringen. Aber so sieht nun mal meine Arbeit aus. Es ist einfach nicht möglich, meine Arbeit je auf andere Art und Weise zu tun.

Es muß »scheinbar ungerecht« sein. Aber du hast das Wort »scheinbar« erwähnt. Das genügt, um mir zu zeigen, daß du, obwohl es wehtut, meine Liebe verstehst. Laß es mich immer und immer wieder sagen, damit du es nicht vergißt: Ich werde es immer wieder tun!

Du mußt wirklich Angst gehabt haben, weil du ein P. S. schreibst und sogar ein P. P. S., und du schreibst: »Ich hätte mir nie träumen lassen, daß ich dir je so nahe sein würde oder daß mir diese Arbeit anvertraut würde. Ich liebe es mitzuschreiben.« Und das P. P. S.: »Bitte höre niemals mit dieser Arbeit auf!«

Er muß Angst bekommen haben, daß ich aufhören könnte, um ihm nicht wehzutun. Auch Yashu Bharti tut es weh, obwohl sie keinen Brief geschrieben hat, noch nicht. Aber eines Tages wird sie schreiben, ich sage es voraus, vielleicht morgen.

Ich teile einfach immerzu Schläge aus, wahllos nach rechts und links. Und weil ihr beide zufällig rechts und links von mir sitzt, kriegt ihr natürlich die meisten Schläge ab. Das war schon immer meine Art. Die, die mir am nächsten sind, werden immer am meisten geschlagen, aber sie sind dadurch auch gewachsen. Sie haben mit jedem Schlag, den sie verkraftet haben, an Integrität gewonnen. Sie sind entweder davongelaufen oder sie mußten wachsen. Spring oder stirb. Nur wenn du springst – und das meine ich mit »Integrität« oder »Kristallisation« –, nur dann wirst du leben. Oder aber du stirbst – denk an den »Hundetod«; und man stirbt sowieso mit jedem Augenblick.

Der Brief war schön in vieler Hinsicht. Gudia, gib ihm nachher den Brief zurück, damit er ihn als Fußnote in seiner Mitschrift verwenden kann, oder als Teil eines der vielen Anhänge, die noch folgen werden.

Und wieder Pagal Baba... Das meine ich mit: »in Kreisen gehen«. Er machte mich nicht nur mit diesen Flötenspielern bekannt, sondern auch mit vielen anderen Musikern. Er selbst war der größte aller Musiker. Die normalen Leute hatten keine Ahnung; nur die großen Musiker wußten, daß er mit allem Musik machen konnte.

Ich habe ihn spielen sehen mit allem, was man sich nur denken kann. Ein Stein, und schon fing er an, damit auf seine *kamandalu* zu klopfen. Eine *kamandalu* ist ein Topf, den Hindu-Sannyasins bei sich tragen als Behälter für Wasser und Essen und dergleichen. Egal, womit er auf seine *kamandalu* schlug, er hatte einen solchen Sinn für Musik, daß aus seiner *kamandalu* eine Sitar wurde.

Er konnte sich auf dem Markt eine Flöte kaufen, die nur als Spielzeug für Kinder gedacht war – man hätte ein Dutzend für eine einzige Rupie bekommen –, und er fing an, darauf zu spielen. Dieser primitiven Flöte entlockte er solche Töne, daß selbst Musiker mit großen Augen zuhörten, ganz entgeistert, und dachten: »Ist das denn die Möglichkeit?«

Ich muß euch den Namen dieses südlichen Flötenspielers verraten, den ich anfangs erwähnte, sonst wird es mich noch bedrükken. Und ich möchte doch endgültig allen Ballast abwerfen, bevor ich gehe, damit ich genau so gehen kann, wie ich gekommen bin – mit nichts, nicht einmal einer Erinnerung. Das ist der ganze Zweck dieser Memoiren.

Der Name des Flötenspielers war Satchdeva. Er war einer der bekanntesten Flötenspieler Südindiens. Ich habe drei Flötisten erwähnt, und alle drei wurden mir von Pagal Baba vorgestellt: einmal Hari Prasad Chaurasia aus Nordindien, wo man die Flöte auf ganz eigene Art spielt; der zweite war aus Bengalen, Pannalal Ghose, der wiederum die Flöte ganz anders spielt: sehr männlich, sehr laut und überwältigend; schließlich Satchdeva, dessen Flöte ganz leise und sehr weiblich ist, genau das Gegenteil von Pannalal Ghose. Es fühlt sich gut an, daß ich seinen Namen erwähnt habe. Jetzt liegt es an ihm, was er daraus macht.

Geet Bharti sagt in seinem Brief: »Osho, ich vertraue dir...« Das weiß ich, das steht außer Frage. Warum sonst sollte ich dich so sehr schlagen? Und vergiß nicht: wenn ich erst einmal jemandem vertraue, mißtraue ich ihm nie mehr. Es ist völlig egal, was der Betreffende mir antut. Mein Vertrauen bleibt, was immer er tut.

Vertrauen ist immer bedingungslos. Ich kenne deine Liebe und ich vertraue euch allen, sonst wäre euch diese Arbeit nicht anvertraut worden. Aber vergeßt nicht, daß heißt nicht, daß ich mich irgendwie ändern werde. Brief oder kein Brief, P.S. oder kein

P.S. – ich werde der gleiche bleiben. Manchmal werde ich plötzlich sagen: »Geet Bharti, warum kicherst du?« Jetzt kicherst du, und ich werde dich nicht schlagen. Manchmal werde ich dich zum Weinen bringen. Das ist meine Arbeit.

Du kennst dich aus in deiner Arbeit, ich kenne mich aus in meiner Arbeit – und die ist weitaus schwieriger. Da geht es nicht nur ums Bohren, sondern um ein Bohren ohne Betäubung, sogar ohne Schmerzstillung. Und nicht nur ein Bohren in die Zähne, sondern ein Bohren mitten in deinen Lebensnerv. Es tut weh, wirklich weh. Verzeih mir, aber bitte mich niemals, meine Strategien zu ändern. Und du hast in deinem Brief auch gar nicht darum gebeten. Ich sage es nur, damit die andern hier auch was davon haben.

Yashu Bharti, morgen erwarte ich deinen Brief. Wir wollen sehen, was dann passiert. Dann wird Geet Bharti erst richtig kichern!

Geliebter Osho,

Ich sitz hier in der Arche Noah, weine und frage mich, was ich tun soll.

Wenn du hier bist und ich leer bin von allem, außer deinen Worten und deiner Gegenwart, die sich durch mich ergießen, ist das die größte Erfüllung, die ich je gekannt habe.

Dann schlägst du zu – aus dem Nirgendwo! Du sagst mir, daß ich kichere ... als ich zum Beispiel heute morgen ein Niesen unterdrückte. An anderen Tagen springen mir Seufzer über die Lippen... Was tun? Ich seufze, wenn du nah bist. Wieder sagst du, daß ich kichere. Wenn du mir vorwirfst, dich zu täuschen, indem ich nur so tue, als würde ich deine Worte mitschreiben, ist es zuviel.

Dieses Mitschreiben liebe ich mehr als alles andere in meinem Leben. Das Aufschreiben deiner Worte ist mir ein solches Vergnügen, ein Geschenk, das einfach alles übertrifft, was meine Phantasie sich je hätte ausmalen können.

Du hast mich einen Narren genannt, und damit hast du offensichtlich recht, vielleicht noch nie so sehr wie jetzt, aber ich bin dein *Narr, durch und durch. Ich habe dich nie betrogen, nie verraten, habe nie gekichert oder geflüstert, um dich zu hintergehen, und gebe dir immer das Maximum... Und der Schmerz von dem Schlag ist nicht von dem Schlag, sondern von seiner scheinbaren Ungerechtigkeit.*

Osho, ich bin dein Narr, und in diesem Augenblick mehr denn je.

Ich liebe dich,
Geet Bharti

Geliebter Osho,

P.S. Ich danke dir, daß du mich am Boden zerstörst. Es scheint, meine Liebe zu dir wird dadurch nur noch tiefer.

Geet Bharti

P.P.S. Bitte, bitte mach weiter mit deiner Arbeit... bis in alle Ewigkeit.

29

Die ganze Nacht lang rauschte der Wind in den Bäumen. Das Geräusch war so schön, daß ich mir Pannalal Ghose angehört habe, einen der Flötenspieler, die ich durch Pagal Baba kennengelernt hatte. Gerade eben habe ich seine Musik wieder gespielt, aber sein Stil ist sehr eigenwillig. Seine Einführung ist sehr lang, so daß ich immer noch bei der Einführung war, als Gudia mich rief. Das heißt, er hatte noch gar nicht mit seiner Flöte begonnen. Sitar und Tabla bereiteten noch immer den Einsatz seiner Flöte vor. Gestern abend hörte ich zum ersten Mal seit vielleicht zwei Jahren wieder seine Flöte.

Über Pagal Baba kann man nur auf dem Umweg über andere reden. Das war das Eigentümliche an ihm: er war immer in Klammern, immer ausgeblendet. Er machte mich mit vielen Musikern bekannt, und ich fragte ihn immer warum. Er sagte: »Eines Tages wirst du ein Musiker sein.«

Ich sagte: »Pagal Baba, manchmal scheinen die Leute recht zu haben: Du bist verrückt. Ich werde nie und nimmer ein Musiker.«

Er lachte und sagte: »Das weiß ich. Trotzdem sage ich: Du wirst einmal ein Musiker.«

Was soll man denn davon halten? Ich bin kein Musiker geworden, aber in gewisser Weise hatte er recht. Ich habe auf keinen Musikinstrumenten gespielt, aber ich habe auf Tausenden von Herzen gespielt. Ich habe eine weit tiefere Musik geschaffen, als ein Instrument es je könnte – eine nicht-instrumentale, nicht-technische Musik.

Ich mochte diese drei Flötenspieler – zumindest ihre Musik –, aber nicht alle von ihnen mochten mich. Hari Prasad hat mich immer geliebt. Es machte ihm nie etwas aus, daß ich ein Kind war und er alt und weltberühmt. Er liebte mich nicht nur, sondern verehrte mich. Einmal fragte ich ihn: »Hari Baba, warum verehrst du mich?«

Er sagte: »Wenn Baba dich verehrt, dann ist es keine Frage. Ich vertraue Pagal Baba, und wenn er deine Füße berührt, obwohl du nur ein Kind bist, dann weiß ich, daß er etwas weiß, was ich jetzt im Augenblick noch nicht wissen kann. Aber das spielt keine Rolle. Er weiß es, und das genügt mir.« Seine Liebe kam aus tiefstem Herzen.

Der Musiker, den ich gestern abend auflegte und vorhin wieder hören wollte, war Pannalal Ghose. Er hat mich weder gemocht, noch hat er mich nicht gemocht. Er war kein Mann von starken Zu- oder Abneigungen – ein sehr flacher Mann, keine Berge, keine Täler, nur eine endlose Ebene. Aber er spielte Flöte auf eine ganz eigentümliche Weise. So hat nie jemand vor ihm gespielt, noch wird je wieder jemand so spielen können. Mit seiner Flöte brüllte er wie ein Löwe.

Einmal fragte ich ihn: »In deinem Leben bist du eher wie ein Schaf, ein Bengali *babu.«* Er war aus Bengalen, und in Indien sind die Bengalen die unaggressivsten Leute, und so nennt man jeden Feigling einen »Bengali Babu«. Ich sagte ihm: »Du bist ein rechter Bengali Babu. Was passiert mit dir, wenn du Flöte spielst? Du wirst ja zum Löwen.«

Er sagte: »Irgendetwas passiert da, das stimmt. Ich bin nicht mehr ich selbst, jedenfalls nicht mehr der alte Bengali Babu, der gleiche Feigling, der ich sonst bin. Aber etwas passiert – etwas ergreift Besitz von mir.«

Das waren genau die Worte, die er gebrauchte: »Etwas kommt

über mich, ich weiß nicht, was. Vielleicht weißt du's. Warum sonst verehrt dich Pagal Baba so sehr? Er berührt doch sonst keinem die Füße, das sehe ich doch! Die größten Musiker kommen allesamt zu ihm, nur um seinen Segen zu erhalten und ihm die Füße zu berühren.«

Pagal Baba stellte mich vielen Leuten vor, nicht nur Flötenspielern. Vielleicht werden sie in irgendeinem Kreis meiner Geschichte zur Sprache kommen. Aber was Pannalal Ghose sagte, ist ganz entscheidend: »Etwas ergreift von mir Besitz. Sobald ich anfange zu spielen, bin ich nicht mehr da – etwas anderes *ist,* aber nicht Pannalal Ghose.« Ich zitiere seine Worte. Dann sagte er: »Und darum brauche ich auch eine so lange Einleitung, bevor ich zu spielen anfange. Ich werde überall kritisiert wegen meiner langen Einleitungen... weil man es sonst nicht gewohnt ist, daß Flötenspieler so lange Einleitungen brauchen.«

Er war der Bernard Shaw in der Welt der Flöte. Bei George Bernard Shaw... Wenn ein Buch von ihm vielleicht neunzig Seiten hat, dann hat die Einleitung dreihundert Seiten. Pannalal Ghose sagte: »Die Leute können es nicht verstehen, aber dir kann ich es sagen: Ich muß warten, bis es über mich kommt – deshalb die lange Einleitung. Ich kann nicht eher zu spielen anfangen, als bis es kommt.«

Das sind in der Tat die Worte eines authentischen Künstlers – nur des authentischen Künstlers, nicht des Künstlers vom journalistischen Schlag, des drittrangigen Künstlers. Den nennt man besser erst gar nicht Künstler. Er schreibt nur über Musik, aber er weiß nichts von der eigentlichen Erfahrung. Er schreibt nur über Dichtung, ohne je ein einziges Gedicht geschrieben zu haben. Er schreibt nur über Politik und hat sich nie ins Schlachtgetümmel geworfen. In der Welt der Politik ist alles Zahn und Kralle. Von seinem Bürosessel aus kann der journalistische Typ schreiben, was er will. Tatsächlich ist es derselbe, der die eine Woche über Musik schreibt, die nächste über Dichtung und die dritte Woche über Politik, und jedesmal unter anderem Namen.

Ich bin einmal Journalist gewesen, aus schierer Not, sonst hätte ich mir das nie und nimmer angetan. Ich hatte kein Geld, und mein Vater wollte, daß ich auf ein naturwissenschaftliches College ging. Ich war nicht an Naturwissenschaft interessiert – weder damals noch heute. Und er war so arm, daß ich einsah, warum er nicht zuviel aufs Spiel setzen konnte. Niemand in meiner Familie hatte eine höhere Bildung genossen. Einer meiner Onkel, der Bruder meines Vaters, war zwar von meinem Vater einmal auf die Universität geschickt worden, mußte aber zurückgerufen werden, weil nicht genug Geld da war, um ihn dortzubehalten.

Mein Vater war bereit, mich zur Universität zu schicken. Natürlich war es ein Opfer für ihn, und er wollte es wie ein Geschäft abwickeln – es war als Geldanlage gedacht.

Ich sagte zu ihm: »Hör zu, ist es meine Ausbildung oder deine Geldanlage? Du denkst daran, einen Arzt oder Ingenieur aus mir zu machen; natürlich werde ich dann mehr verdienen. Aber ich habe die Absicht, niemals etwas zu verdienen, sondern immer nur weiterzulernen und niemals mit dem Verdienen anzufangen.«

Dann erklärte ich ihm: »Ich werde ein Vagabund bleiben.«

Er antwortete: »Was? Ein Vagabund?«

Ich sagte: »Ehrbar ausgedrückt – ein Sannyasin.«

Er war trotzdem geschockt. »Ein Sannyasin! Warum willst du dann auf die Universität?«

Ich sagte: »Ich hasse diese Professoren, aber natürlich muß ich ihre Profession erst kennenlernen, damit ich sie mein ganzes Leben lang so richtig anprangern kann.«

Er sagte: »Das ist merkwürdig – die Universität zu besuchen, nur um sie anzuprangern? Ich muß mir deinetwegen Geld borgen, muß deinetwegen eine Hypothek auf mein Haus aufnehmen, deinetwegen mein Geschäft aufs Spiel setzen – und du hast nichts anderes im Sinn, als diese Professoren bloßzustellen? Warum kannst du sie nicht anprangern, ohne auf die Universität zu gehen?«

Ich verließ mein Zuhause und schrieb meinem Vater nur ein paar Zeilen: »Ich kann deine Gefühle verstehen und ich kann deine wirtschaftlichen Überlegungen verstehen. Wir gehören verschiedenen Welten an, und es gibt keine Brücke, wenigstens nicht im Augenblick. Ich sehe nicht, daß du mich verstehen kannst oder daß ich dich verstehen kann. Und das ist ja auch nicht nötig. Ich danke dir für die Geste, mich unterstützen zu wollen, aber es war eine Geldanlage, und ich möchte nicht dein Geschäftspartner werden. Ich fahre, ohne mich von dir zu verabschieden. Vielleicht werde ich dich erst wiedersehen, wenn ich meine finanzielle Lage selbst geklärt habe.« Das war der Grund, warum ich als Journalist arbeiten ging.

Man kann zu nichts Schlimmerem gezwungen werden – und gezwungen, ja das war ich, denn es gab einfach keinen anderen Job. Der Journalismus in Indien ist das Letzte vom Letzten. Er ist nicht nur das Letzte, sondern das Allerletzte auf der ganzen Welt. Also machte ich es, wenn auch nicht sehr gut. Ich kann überhaupt nichts sehr gut – und wenn ich das sage, sage ich es nicht anschuldigend gegen mich selbst, sondern weil ich es akzeptiert habe, daß ich eigentlich nichts richtig kann, geschweige denn sehr gut.

Und der Job nahm sowieso bald ein Ende, weil mich der Besitzer und Chefredakteur einmal fest schlafend, die Beine auf dem Tisch, genau wie ich jetzt hier liege, überraschte. Er sah mich, schüttelte mich, und ich machte die Augen auf, sah ihn an und sagte: »Das ist aber gar nicht gentlemanlike. Ich habe fest geschlafen, und Sie haben mich in meinem Traum gestört. Ich würde ein Vermögen darum geben, wenn der Traum weitergehen könnte. Geld spielt keine Rolle, aber sagen Sie mir, wie ich jetzt weiterträumen soll.«

Er sagte: »Auf Ihren Traum pfeife ich. Der interessiert mich nicht. Aber das hier ist meine Zeit, und Sie werden dafür bezahlt. Ich habe das Recht, Sie zu wecken.«

Ich sagte: »Okay, dann habe ich das Recht, zur Tür hinauszuspazieren.« Und ich spazierte zur Tür hinaus. Er hatte ja nicht unrecht, aber es war einfach nicht mein Platz. Ich war zur falschen Tür hineinspaziert. Journalisten sind die schlimmsten Leute, und ich kenne sie: ich lebte drei Jahre mit ihnen zusammen. Es war die Hölle.

Wovon habe ich geredet? Ich will nur sehen, ob du auch gut aufpaßt.

»Du hast davon geredet, wie du Journalist werden mußtest, weil dein Vater kein Geld hatte, um dich zu unterstützen.«

Und davor?

»Wenn du wirklich ein authentischer Künstler bist, ergreift es Besitz von dir.«

Richtig.

»Nicht der journalistische Schlag.«

Schreib weiter so genau mit. Das machst du inzwischen sehr gut.

Mein Vater war immer erstaunt, wenn Pagal Baba kam und meine Füße berührte. Er selbst berührte immer Pagal Babas Füße. Es war wirklich urkomisch. Und nur um den Kreis zu schließen, berührte ich dann die Füße meines Vaters. Pagal Baba fing so laut zu lachen an, daß alles erstarrte, als würde etwas ganz Großartiges passieren – und mein Vater wußte nicht, wo er hinsehen sollte.

Pagal versuchte mich immer wieder zu überzeugen, daß es meine Zukunft war, Musiker zu werden. Ich sagte nein, und wenn ich nein sage, meine ich nein.

Von meiner frühesten Kindheit an ist mein Nein immer sehr klar gewesen, und ich gebrauche selten Ja. Dieses Wort »Ja« ist so kostbar, fast heilig, daß es nur in Anwesenheit des Göttlichen gebraucht werden sollte, ob es sich als Liebe oder Schönheit zeigt... oder, wie jetzt, das orangene Feuer der *gulmarg*-Blüte, so dicht, als stünde der ganze Baum in Flammen. Wann immer dich etwas ans Heilige erinnert, kannst du das Wort »Ja« benutzen – es ist voller Gebet. Nein heißt einfach, daß ich mich von dem, was von mir erwartet wird, abschneide. Und ich war schon immer ein Neinsager. Es war sehr schwer, ein Ja aus mir herauszubekommen.

An einem Mann wie Pagal Baba, der als erleuchtet bekannt war, konnte ich schon damals das Einmalige erkennen. Ich hatte keine Ahnung, was Erleuchtung ist. Ich war genau in der gleichen Situation wie heute, wo ich wieder völlig unwissend bin. Aber sein Wesen strahlte. Man konnte ihn unter Tausenden erkennen.

Er war der erste, der mich zu einem *Kumbha Mela* mitnahm. Es findet alle zwölf Jahre in Prayag statt und ist die größte Massenversammlung der Welt. Für die Hindus gehört ein *Kumbha Mela* zu den höchsten Erfüllungen des Lebens. Ein Hindu glaubt, wenn er nicht zumindest einmal auf einem *Kumbha Mela* gewesen ist, hat er sein Leben verfehlt. So denkt jeder Hindu. Es sind mindestens zehn Millionen Leute da, und maximal dreißig Millionen.

Es ist genau wie bei den Mohammedanern. Solange du kein *Hadschi* bist, solange du noch nicht auf *Hadsch* warst, in Mekka, hast du dein Leben verfehlt. *Hadsch* bedeutet: »Reise nach Mekka«, wo Mohammend lebte und starb. Überall auf der Welt ist das der höchste Traum eines jeden Moslems: er muß wenigstens einmal nach Mekka. Der Hindu muß einmal nach Prayag. Diese Orte sind ihre Israels.

Die Religionen mögen an der Oberfläche alle sehr verschieden aussehen, aber wenn man ein bißchen kratzt, findet man denselben Mist – ob hinduistisch, jüdisch, mohammedanisch oder christlich, das ist egal.

Aber das *Kumbha Mela* ist einzigartig. Eine Versammlung von dreißig Millionen Menschen ist an sich schon ein einmaliges Erlebnis. Alle Hindu-Mönche kommen hin, und das ist keine kleine Minderheit. Sie zählen fünfhunderttausend und sie sind ein sehr buntes Volk. Ihr könnt euch gar nicht vorstellen, was für ausgefallene Sekten es da gibt! Ihr würdet es nicht für möglich halten, daß solche Menschen existieren. Und alle strömen sie dort zusammen.

Pagal Baba nahm mich zum ersten *Kumbha Mela* meines Lebens mit. Ich sollte später noch einmal eines besuchen, aber dieses *Kumbha Mela* mit Pagal Baba war ungeheuer lehrreich, denn er führte mich zu all den großen oder sogenannten großen Heiligen hin. Und dann fragte er mich vor ihrer Nase und vor Tausenden, die um uns herumstanden: »Ist dieser Mann ein echter Heiliger?« – Und jedesmal sagte ich: »Nein.«

Aber Pagal Baba war genauso stur wie ich, er ließ sich nicht abschrecken. Er machte immer weiter, brachte mich zu jedem erdenklichen Heiligen, bis ich bei einem Mann »Ja« sagte.

Pagal Baba lachte und sagte: »Ich wußte, daß du den einzig Wahren erkennen würdest. Und dieser Mann«, und dabei zeigte er auf den Mann, bei dem ich ja gesagt hatte, »ist ein Erleuchteter, und völlig unbekannt.«

Der Mann saß unter einem *peepal*-Baum, ganz ohne Gefolgschaft. Vielleicht war er der einsamste Mensch in dieser riesigen Menge von dreißig Millionen. Baba berührte zuerst meine und dann seine Füße.

Der Mann sagte: »Aber wo hast du dieses Kind gefunden? Ich hätte nie gedacht, daß ein Kind mich erkennen könnte. Ich habe mich so geschickt getarnt! Du kannst mich erkennen, aber wie hat er es fertiggebracht?«

Baba sagte: »Das ist ja das Rätsel. Darum berühre ich ja seine Füße. Berühre jetzt auch du sofort seine Füße.«

Und wer hätte diesem neunzig Jahre alten Mann den Gehorsam verweigern können? Er war so majestätisch. Der Mann berührte augenblicklich meine Füße.

Auf die Art hat Pagal Baba mich immer allen möglichen Leuten vorgestellt. In diesem Zyklus rede ich hauptsächlich von den Musikern, weil sie seine große Liebe waren. Er wollte einen Musiker aus mir machen, aber ich konnte seinen Traum nicht erfüllen, weil Musik für mich höchstens Unterhaltung sein kann. Ich sagte es ihm mit genau diesen Worten: »Pagal Baba, Musik ist eine sehr viel tiefere Stufe von Meditation, sie interessiert mich nicht.«

Er sagte: »Ich weiß, es stimmt. Ich wollte es nur aus deinem Munde hören. Aber Musik ist eine gute Stufe, um höher zu gehen. Man braucht sich nicht an ihr festzuhalten oder auf ihr stehenzubleiben. Eine Stufe ist eine Stufe zu etwas anderem hin.«

Genau so habe ich Musik bei all meinen Meditationen eingesetzt, nämlich als eine Stufe zu dem hin, was wirklich *die* Musik ist – tonlos. Nanak sagt: *Ek omkar sat nam* – es gibt nur einen Namen für Gott oder die Wahrheit, und das ist der tonlose Ton *OM*. Vielleicht entstand die Meditation aus der Musik, und vielleicht ist die Musik die Mutter der Meditation. Aber Musik selbst ist nicht Meditation. Sie kann nur andeuten oder ein Fingerzeig sein...

> Der alte Teich,
> der Frosch springt rein,
> der tonlose Ton...

Das hat man schon auf so manche Weise übersetzt. Eine davon ist: »der tonlose Ton...«; ein »Plop« ist sogar noch besser. Aber das Hindi-Wort ist noch vielsagender. Wenn ein Frosch in einen Teich springt, macht er einen Ton. Ihr könnt ihn »Plop« nennen, aber auf Hindi klingt das Wort genau wie das Geräusch: *chhapak*.

Sei ein Frosch, spring in einen Teich, und du wirst wissen, was *chhapak* ist. Es wird nicht leicht sein, das auf Englisch zu schreiben. Es ist besser, wenn ich es dir buchstabiere, sonst wirst du's unweigerlich falsch schreiben. *Chhapak* muß geschrieben werden: c-h-h-a-p-a-k. In Englisch gibt es keinen Buchstaben für den Laut »chh«, also müssen wir es so schreiben.

Das englische Alphabet hat nur sechsundzwanzig Buchstaben. Ihr werdet überrascht sein, daß Hindi und Sanskrit doppelt so viele haben: zweiundfünfzig Buchstaben. Oft ist es also schwierig, Wörter zu übersetzen oder in lateinische Buchstaben zu übertragen. »Chh« gibt es im Englischen gar nicht, aber ohne das »Chh« gibt es keinen Frosch, gibt es kein *chhapak,* und noch tausend andere Dinge nicht.

Ek omkar sat nam – der wirkliche Name der Wahrheit ist der tonlose Ton.

Um das in Sanskrit schreiben zu können, haben wir ein nichtalphabetisches Symbol erfunden – das OM. Es gehört nicht zum Sanskrit-Alphabet, zum ABCXYZ. OM ist nur ein Ton, und ein sehr bedeutsamer Ton. Er besteht aus A-U-M, und das sind die drei musikalischen Grundtöne. Diese drei Töne sind der Ursprung aller Musik. Wenn sie alle drei eins werden, ist Stille. Wenn sie auseinanderstreben, ist Klang. Wenn sie zusammenstreben, ist Stille. OM ist Stille.

Ihr habt bestimmt schon die Glocke gesehen, die in jedem Hindu-Tempel hängt, aber vielleicht habt ihr noch nie eine wirklich kunstvolle gesehen. So eine findet ihr nur in der tibetischen Abteilung eines Museums. Die tibetische Glocke ist die schönste überhaupt. Es ist eine ausgefallene Glocke, wie eine Schale aus vielen Metallen, und es gehört ein hölzerner Stab dazu. Man nimmt den Stab in die Hand und fährt damit auf der Innenseite der Schale immer im Kreise herum. Das muß man eine bestimmte Anzahl von Malen, zum Beispiel siebzehn Mal machen; dann schlägt man die Innenseite der Glocke an einem ganz bestimmten Punkt an, der den Anfang und das Ende markiert.

Von da aus fängt man wieder an, im Kreis entlangzufahren, und am Ende schlägt man wieder an. Und seltsam, die Glocke gibt das ganze tibetische Mantra von sich! Wenn man das zum ersten Mal hört, kann man es gar nicht glauben, wie eine Glocke das tibetische Mantra so genau nachbilden kann. Aber das ist der ganze Zweck dieser Glocke.

Ich habe einmal eine solche Glocke als Geschenk von einem tibetischen Lama bekommen. Es war einfach wunderbar, das ganze tibetische Mantra aus der Glocke tönen zu hören. Ihr kennt das Mantra, ich habe es euch schon gesagt. Das Mantra ist nicht wichtig; es ist ohne Bedeutung, aber es ist musikalisch, sehr musikalisch, und nur darum kann die Glocke es nachbilden. Wenn es einen Sinn enthielte, könnte eine Glocke so etwas kaum schaffen. Eine Glocke ist nur eine dumme Glocke.

Om Mani Padme Hum – die Glocke bildet es so klar nach, daß man den Verdacht hat, der Heilige Geist sei irgendwo darin versteckt. Aber da ist niemand, kein Heiliger Geist, nichts, nur die Glocke. Du fährst mit dem Stab immer im Kreise herum, dann schlägst du einen bestimmten Punkt an, und siehe da: die Glocke läßt das Mantra erklingen.

Die Glocke in jedem Tempel, ob in Indien, Tibet, China oder Burma, hat nur diesen einen Sinn: dich zu erinnern, daß du genauso wie sie langsam still werden kannst, nachdem du sie angeschlagen hast – erst ist sie ganz und gar Ton, dann erstirbt der Ton langsam, und schließlich tritt die Tonlosigkeit ein. Die Leute hören nur den Ton, aber dann haben sie die Glocke überhaupt nicht gehört. Ihr solltet auch den anderen Teil hören. Wenn der Ton erstirbt, langsam verebbt, dann tritt der tonlose Ton ein, tritt er allmählich in Erscheinung. Wenn der Ton endgültig verschwunden ist, herrscht absolute Tonlosigkeit – und genau das ist Meditation.

Nein, ein Musiker wollte ich nicht werden. Pagal Baba wußte das, aber er war in die Musik verliebt und wollte, daß ich zumindest mit den besten Musikern bekannt werde – vielleicht konnte mich das locken. Er stellte mich so vielen Musikern vor, daß es mir schwerfiel, auch nur ihre Namen zu behalten. Aber ein paar Namen sind sehr berühmt und auf der ganzen Welt bekannt. Zum Beispiel eben diese drei.

Pannalal Ghose gilt als der größte Flötenspieler, der je gelebt hat, und das ist sicherlich richtig, aber mein Favorit ist er nicht. Er

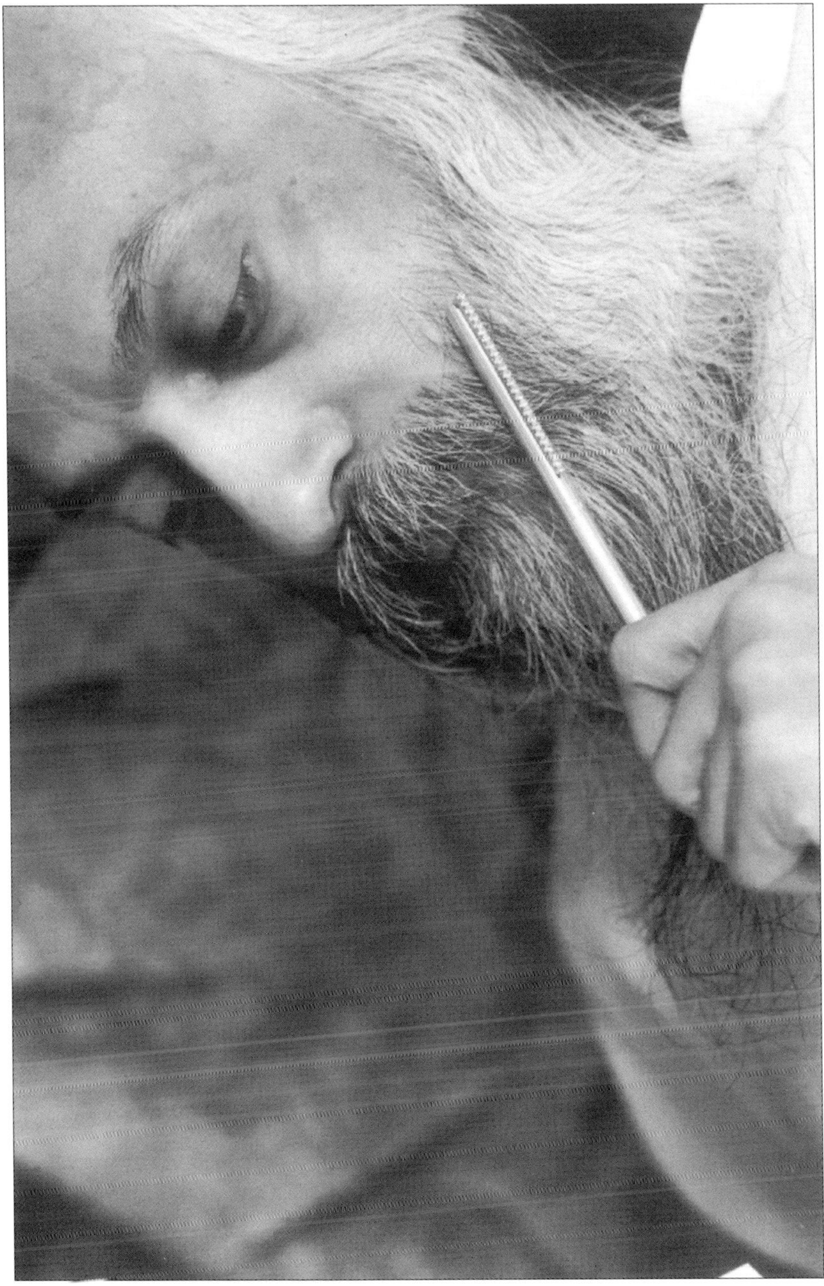

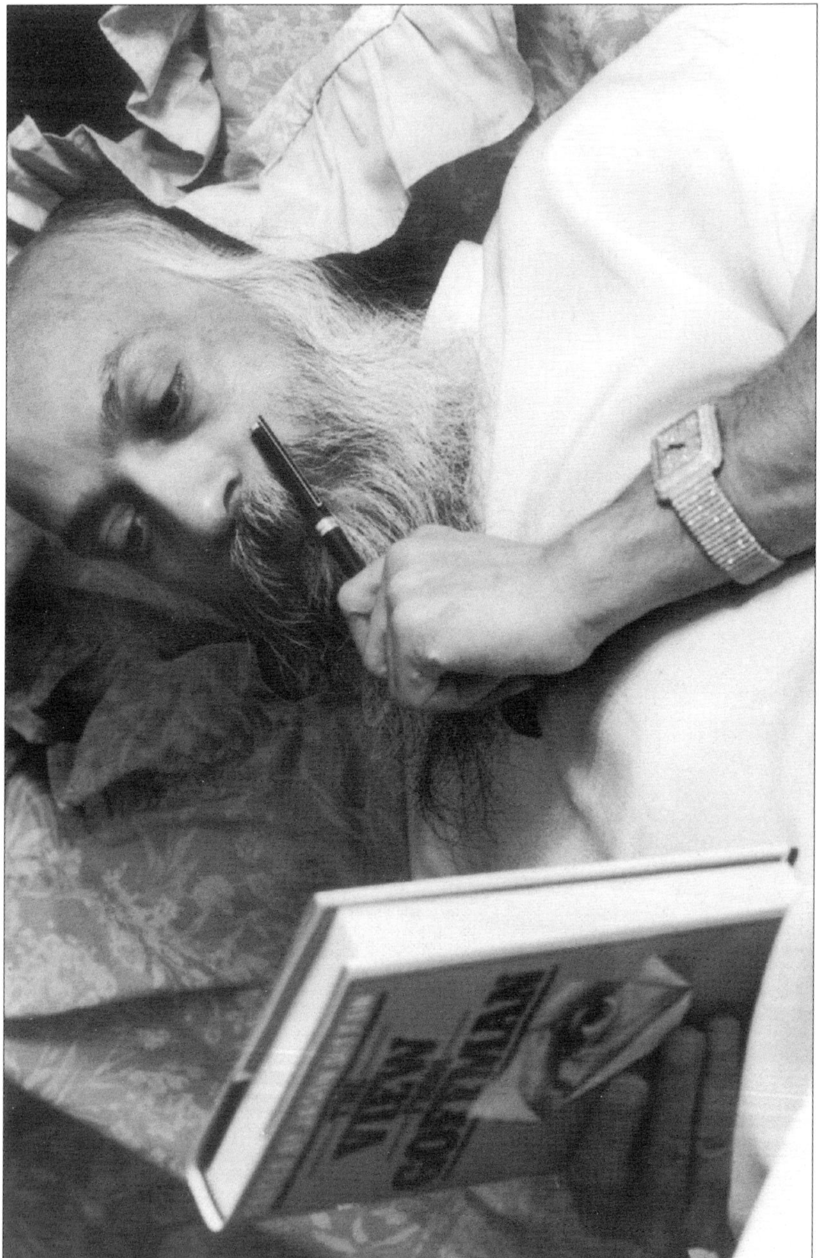

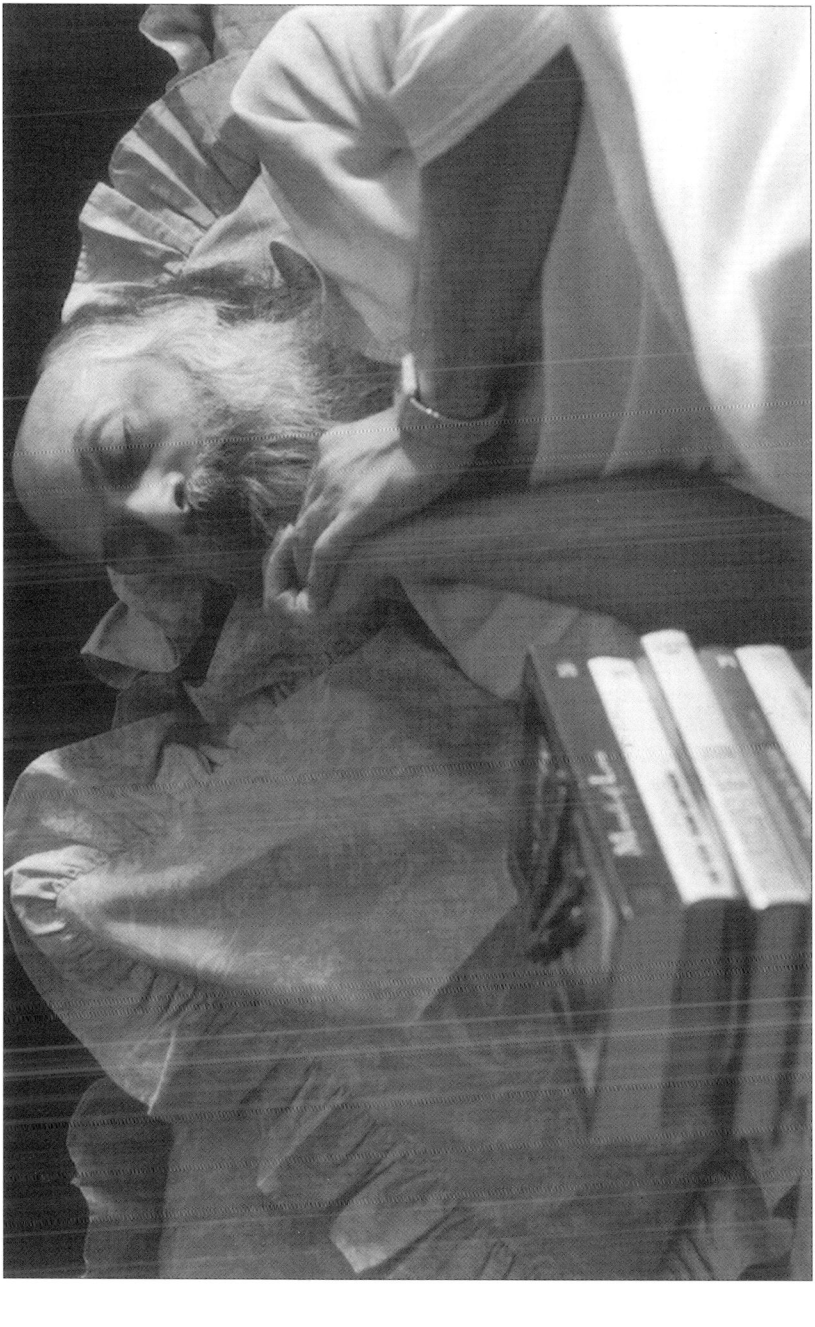

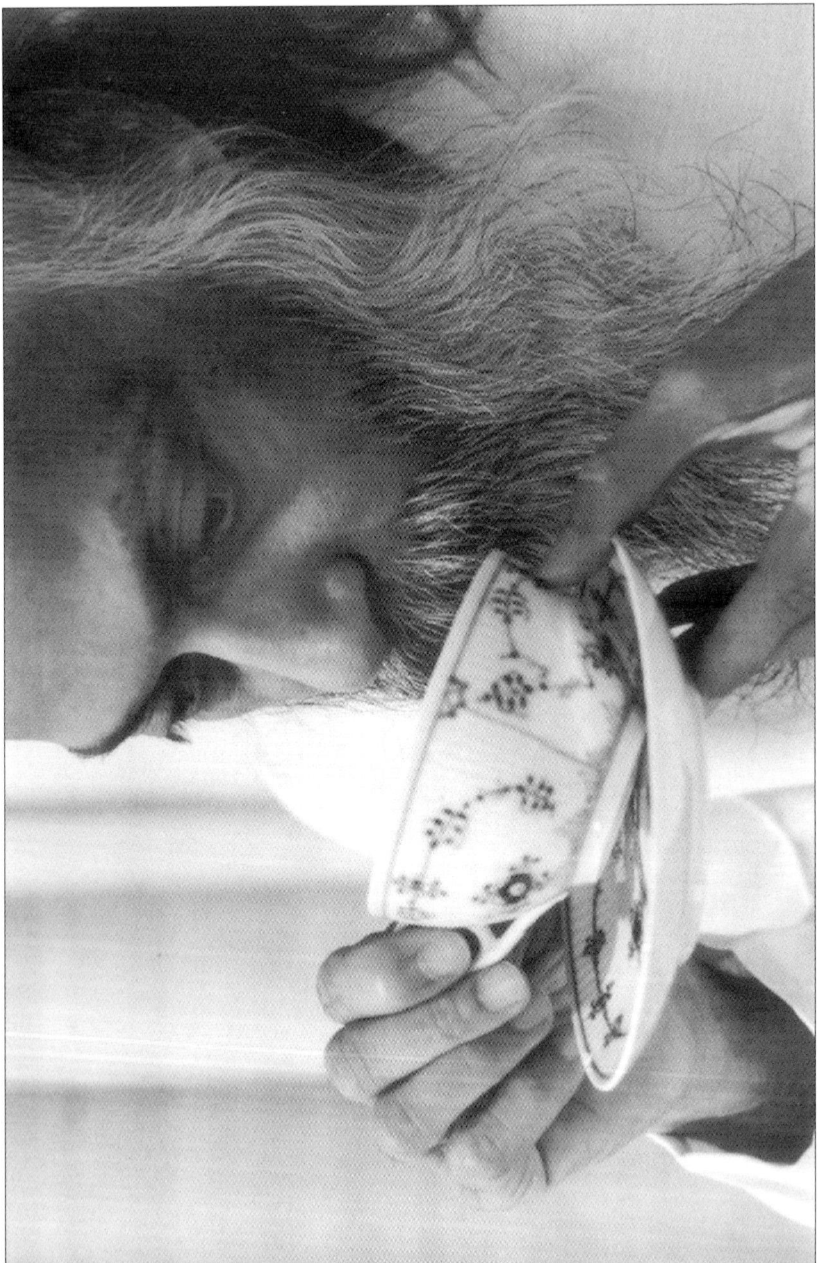

New Age Politics
AMERICAN SLANG
A SYNTHESIS
CULTURE OF NARCISSISM

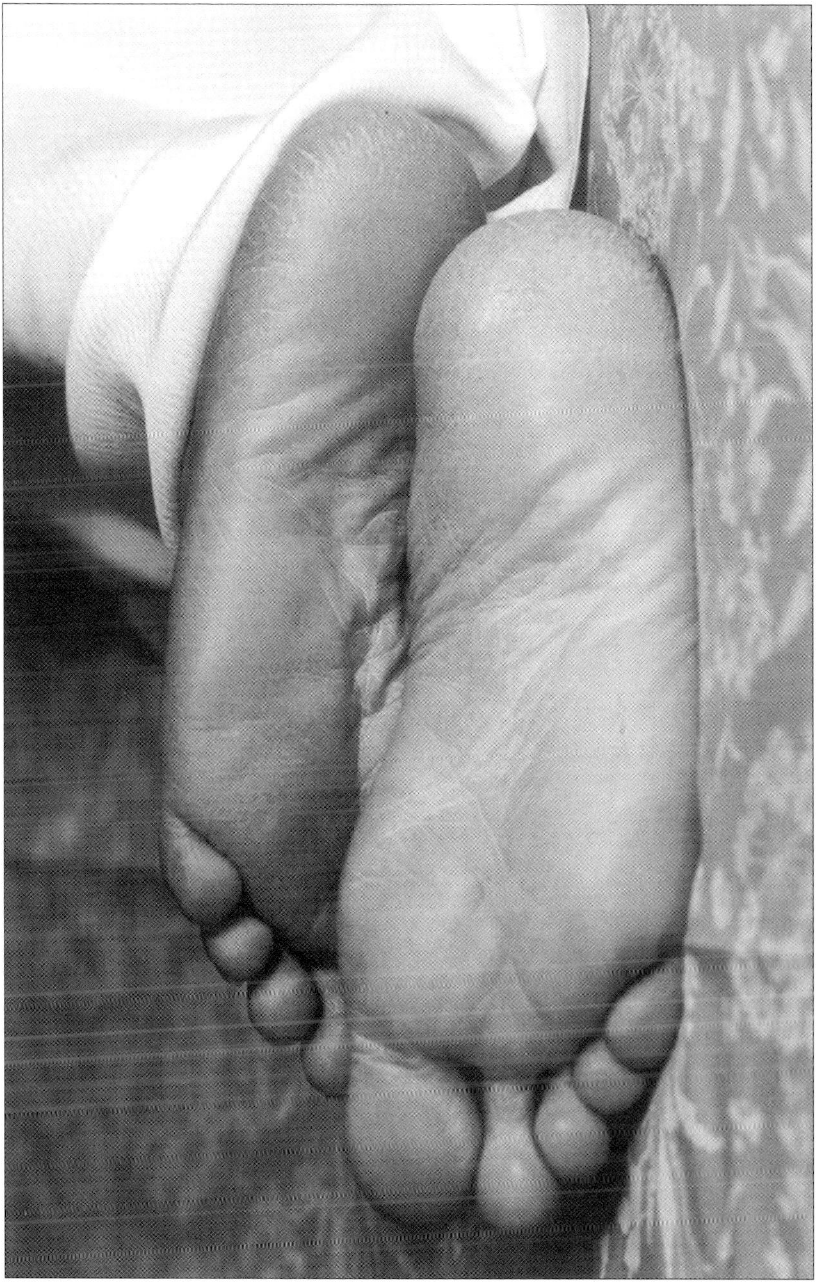

THE ANN LANDERS ENCYCLOPEDIA
A SYNTHESIS

Oshos Eltern

brüllt wie ein Löwe, aber der Mann ist nur eine Maus, und das gefällt mir nicht. Eine Maus, die wie ein Löwe brüllt – das ist Heuchelei. Aber trotzdem muß ich sagen, daß er es gut hinkriegt. Es ist eine schwierige Sache, aber er kriegt es fast perfekt hin. Ich sage »fast«, weil er meinen Augen nichts vormachen konnte. Ich sagte es ihm, und er antwortete: »Ich weiß es.« Er ist nicht mein Favorit.

Der zweite Mann stammt aus Südindien. Ich konnte ihn von Anfang an nicht leiden. Natürlich liebe ich seine Flöte. Vielleicht hat niemand die Tiefe, die er hat, aber von Mann zu Mann, Auge in Auge, konnten wir uns gegenseitig nicht ausstehen. Dieser Mann – ich habe euch seinen Namen schon genannt und werde ihn nicht wiederholen, ich mag weder den Mann noch seinen Namen, und einmal ist mehr als genug –, aber seine Flöte ist einfach das Beste seit Jahrhunderten. Trotzdem ist er nicht mein Favorit, und schuld daran ist der Mann selber. Wenn ich den Menschen nicht mag, dann kann er noch so schön spielen, aber ich kann ihn nicht zu meinem Favoriten erklären.

Mein Favorit ist Hari Prasad. Er ist sehr schlicht, weder wie eine Maus noch wie ein Löwe. Er ist genau das, was mit dem Wort *majjim* gemeint ist – die Mitte, der »goldene Mittelweg«. Er hat das Gleichgewicht wieder hergestellt, das sowohl in Pannalal Ghose als auch in diesem Südinder verlorengegangen ist, dessen Namen ich nicht noch einmal in den Mund nehmen werde. Aber Hari Prasad hat ein Gleichgewicht hergestellt, ein unbeschreibliches Gleichgewicht, genau wie ein Seiltänzer.

Auf diesen Pagal Baba werde ich noch viele Male zu sprechen kommen, einfach weil er mir so viele Menschen vorgestellt hat. Wann immer ich einen von ihnen erwähne, werde ich auch Pagal Baba erwähnen müssen. Durch ihn tat sich eine Welt auf. Er brachte mir mehr ein als eine ganze Universität, weil er mich mit dem Besten auf jedem erdenklichen Gebiet bekanntmachte.

Er kam immer wie ein Wirbelwind in mein Dorf und ergriff von mir Besitz. Meine Eltern konnten es ihm nicht verwehren, nicht einmal meine Nani konnte es ihm verwehren. Ja, ich brauchte nur Pagal Baba zu erwähnen, und schon sagten sie alle: »Dann ist es okay.« Denn sie wußten, wenn sie es mir abschlugen, würde Pagal

Baba kommen und Stunk im Hause machen. Er konnte Dinge zerschlagen, er konnte Leute verprügeln und er war so angesehen, daß niemand ihn davon abhalten würde, Schaden anzurichten. Und so war es für alle das Beste, wenn sie sagten: »Ja, wenn Pagal Baba dich mitnehmen möchte, kannst du gehen. Wir wissen ja«, sagten sie, »daß du bei Pagal Baba gut aufgehoben bist.«

Meine anderen Verwandten sagten immer zu meinem Vater: »Wie kannst du denn bloß deinen Jungen diesem Verrückten anvertrauen!«

Mein Vater antwortete: »So wie mein Junge gebaut ist, mache ich mir mehr Sorgen um diesen alten Verrückten als um ihn. Macht euch nur keine Sorgen.«

Ich reiste viel mit Pagal Baba herum. Er nahm mich nicht nur zu den großen Künstlern und Musikern mit, sondern auch zu den berühmten Orten. Mit ihm zusammen sah ich zum ersten Mal den Taj Mahal und die Höhlen von Ellora und Ajanta. Mit ihm zusammen sah ich zum ersten Mal den Himalaja. Ich schulde ihm ungeheuer viel, und ich habe ihm nicht ein einziges Mal gedankt. Ich konnte es nicht, weil er immer meine Füße berührte. Ich brauchte nur etwas von Dank zu erwähnen, dann legte er sofort die Hand an die Lippen und sagte: »Kein Wort. Sag nie etwas von Dankbarkeit. Ich habe dir zu danken, nicht du mir.«

Eines Nachts, als wir allein waren, fragte ich ihn: »Warum bist du mir dankbar? Ich habe nichts für dich getan, und du hast so viel für mich getan, aber du erlaubst mir nicht einmal, mich bei dir zu bedanken.«

Er antwortete: »Eines Tages wirst du es verstehen, aber jetzt leg dich schlafen und erwähne es mit keinem Wort, nie und nimmer. Wenn die Zeit reif ist, wirst du es wissen.« Als es schließlich so weit war, war es zu spät; er war nicht mehr. Eines Tages wußte ich Bescheid, aber zu spät.

Hätte er noch gelebt, wäre es ihm vielleicht zu schwer geworden mitanzusehen, wie ich erkannte, daß er mich in einem früheren Leben vergiftet hatte. Obwohl ich das damals überlebt hatte, versuchte er jetzt lediglich, es wiedergutzumachen. Er tat alles, um es zu tilgen. Er tat, was in seiner Macht stand, um gut zu mir zu sein – und er war immer gut zu mir, mehr, als ich je verdiente.

Aber heute weiß ich, warum: Er versuchte, alles wieder ins Lot zu bringen.

Der Osten nennt es *Karma* – »die Philosophie des Handelns«: Bei allem, was du tust, vergiß nie, daß du für alles, was durch dein Handeln in Unordnung gerät, einen Ausgleich schaffen mußt. Heute weiß ich, warum er so gut zu mir war, einem kleinen Kind. Er versuchte, das Gleichgewicht wiederherzustellen, was ihm auch gelang. Erst wenn du für alle deine Handlungen Ausgleich geschaffen hast, kannst du verschwinden. Erst dann kannst du das Rad anhalten. Ja, das Rad hält dann sogar von selbst an. Du brauchst es nicht einmal zu tun.

30

Ich sprach von Pagal Baba und den drei Flötenspielern, mit denen er mich bekanntgemacht hatte. Die Art, wie er mich mit Leuten bekanntmachte, ist mir immer noch in schöner Erinnerung – vor allem, wenn es sich um Leute handelte, die es gewohnt waren, mit allen Ehren empfangen zu werden. Das erste, was er jedem sagte, war: »Berühre die Füße dieses Jungen.«

Ich weiß noch, wie unterschiedlich die Leute reagierten und wie wir beide später darüber lachten. Pannalal Ghose stellte er mir in dessen eigenem Haus in Kalkutta vor. Pagal Baba war sein Gast, und ich war Pagal Babas Gast.

Pannalal Ghose war wirklich eine Berühmtheit, und als Baba zu ihm sagte: »Berühre zuerst die Füße dieses Jungen, bevor ich dich meine Füße berühren lasse«, zögerte er einen Augenblick und berührte dann meine Füße, ohne sie wirklich zu berühren.

Man kann etwas berühren, ohne es wirklich zu berühren. Ihr tut das unentwegt – ihr gebt Leuten die Hand, ohne irgendetwas dabei zu fühlen, ohne Wärme, ohne Empfänglichkeit, ohne Freude für den andern. Wozu schüttelt ihr euch überhaupt die Hände? Es ist eine sinnlose Gymnastik. Und was haben eure armen Hände denn verbrochen, daß ihr sie schüttelt?

Wißt ihr, daß es eine christliche Sekte gibt, die sich »die Schüttler« nennen – die *Shaker?* Sie schütteln den ganzen Körper. Es ist ein Händeschütteln mit Gott. Freilich, wenn man Gott die Hand schüttelt, wird der ganze Körper gerüttelt und geschüttelt. Und die Quäker kennt ihr auch – die gehen noch einen Schritt weiter: sie schütteln sich nicht nur, sie beben! Daher kommen in Wirklichkeit diese Namen! Die Quäker wälzten sich auf dem Boden, sprangen auf und ab und taten allerlei Dinge, die man in jedem Irrenhaus sehen kann. Ich habe nichts dagegen, ich beschreibe sie nur.

Auf diese Art also berührte Pannalal Ghose meine Füße.

Ich sagte zu Baba: »Er hat sie nicht berührt.«

Baba sagte: »Ich weiß. Pannalal, mach's nochmal.«

Das war zuviel für den berühmten Mann – im eigenen Haus und vor so vielen Leuten! Sämtliche Honoratioren Kalkuttas waren anwesend. Der Sohn des Premierministers war da, der höchste Minister war da, und so weiter und so fort. »Noch einmal?« Da zeigte sich der Charakter dieses Mannes. Er berührte meine Füße noch einmal, aber diesmal war es noch lebloser als zuvor.

Ich lachte. Baba röhrte. Ich sagte: »Er braucht Übung.«

Baba sagte: »Stimmt. Er wird noch viele Male geboren werden, um diese Übung zu bekommen. In diesem Leben hat er den Zug verpaßt. Ich hab ihm gerade eine letzte Chance gegeben, aber auch die hat er verpaßt.«

Und ob ihr es glaubt oder nicht, sieben Tage später war Pannalal Ghose nicht mehr auf dieser Welt. Vielleicht hatte Baba recht gehabt, vielleicht war ihm eine letzte Chance gegeben worden, und Pannalal Ghose hatte sie verpaßt. Wohlgemerkt, er war kein schlechter Mann, haltet das fest. Ich sage nicht, daß er ein guter Mann war, ich sage nur, daß er kein schlechter Mann war. Er war einfach gewöhnlich. Um gut oder schlecht zu sein, dazu gehört ein wenig Außergewöhnlichkeit.

Er hatte sein ganzes Talent, seine ganze Intelligenz und seine Seele in seine Flöte hineingelegt und war verödet zurückgeblieben wie eine Wüste. Seine Flöte war schön, aber es wäre besser gewesen, den Mann selber nicht zu kennen. Wenn ich heute seine

Flöte auf einer Platte höre, versuche ich ihn mir wegzudenken. Ich sage zu ihm: ›Pannalal Ghose, bitte tritt mir nicht dazwischen, laß mich nur der Flöte lauschen.‹

Aber Baba bestand darauf, ihn mir vorzustellen und nicht umgekehrt. Er tat es nicht mir zuliebe, denn ich war namenlos. Ich hatte noch nichts getan, weder richtig noch falsch, und ich sollte auch niemals etwas tun.

Auch jetzt noch kann ich genau dasselbe sagen: Ich habe nichts getan, weder richtig noch falsch. Ich bin ein Nicht-Tuer und dabei bin ich immer geblieben – einfach ein Nicht-Tuer. Aber Pannalal Ghose war ein großer Musiker. Vor so vielen Leuten von ihm zu verlangen, meine Füße zu berühren, war sehr demütigend. Es war eine gute Übung für ihn, aber zweimal war zuviel. Er war ein rechter Bengali Babu.

Dieser Ausdruck »Bengali Babu« wurde von den Briten erfunden, weil ihre erste Hauptstadt in Indien Kalkutta war, nicht Neu Delhi, und natürlich waren ihre ersten Diener Bengalen. Alle Bengalen sind Fischesser. Sie stinken nach Fisch. Chetana wird es verstehen; sie ist die Tochter eines Fischers. Zum Glück kann sie es genau verstehen. Sie hat auch die Nase dazu, denn wenn ich etwas rieche, und sonst kann es niemand riechen, dann muß ich mich auf sie verlassen. Dann frage ich sie, und sie kann es mit Sicherheit riechen.

Die Bengalen sind alle Fischesser, und natürlich riechen sie alle nach Fisch. Jedes bengalische Haus hat einen Teich. Das kommt sonst nirgendwo in Indien vor; das gibt es nur in Bengalen. Es ist ein schönes Land. Jedes Haus hat, je nach Möglichkeit, einen kleinen oder großen Teich für die eigene Fischzucht.

Es wird euch überraschen, daß das englische Wort *bungalow* »bengalisches Haus« bedeutet. *Bengal* ist die englische Umformung von *bangla,* und so nannten die Briten das bengalische Haus *bungalow*. Jeder Bungalow, also jedes bengalische Haus, hat einen Teich zur Selbstversorgung. Überall stinkt es nur nach Fisch. Mit einem Bengali zu reden, ist, besonders für einen Mann wie mich, zuviel verlangt! Selbst wenn ich Bengalen bereiste, habe ich, allein des Geruches wegen, nie zu Bengalen geredet, sondern nur zu Nicht-Bengalen, die dort lebten. Es war wirklich fischig.

Pannalal Ghose starb nur sieben Tage, nachdem ich ihn kennengelernt hatte und nachdem Baba ihm gesagt hatte: »Das ist deine letzte Chance.« Ich glaube nicht, daß er es verstand – er sah ein bißchen dumm drein. Verzeiht mir diesen Ausdruck, aber was kann ich machen, wenn einer dumm dreinschaut? Ob ich es sage oder nicht, er sieht trotzdem dumm drein. Aber was sein Flötenspiel betraf, war er ein Genie. Vielleicht ist das der Grund, warum er in jeder anderen Hinsicht verdummt war – ausgesaugt von seiner Flöte – ein gefährliches Instrument. Aber wenigstens berührte er meine Füße, auch wenn er sie gar nicht wirklich berührte. Also sagte Baba zu ihm: »Berühre seine Füße *nochmal* und berühre sie *wirklich.«*

Pannalal Ghose sagte: »Ich habe sie schon zweimal berührt. Wie berührt man denn *wirklich?«*

Und könnt ihr euch vorstellen, was Baba nun tat? Er berührte meine Füße, um ihm zu zeigen, wie man es macht – mit Tränen in den Augen! Und Baba war neunzig Jahre alt...

Baba gestattete mir nie, bei den anderen Leuten zu sitzen. Ich mußte auf seinem Kissen sitzen, über und hinter ihm. Wie ihr wißt, wird in Indien ein besonderes Rundkissen nur von sehr reichen oder sehr angesehenen Leuten benutzt. Baba hatte immer nur sehr wenige Dinge bei sich, aber sein Kissen durfte nicht fehlen. Er hatte mir gesagt: »Weißt du, eigentlich brauche ich's nicht, aber auf den Kissen anderer Leute zu schlafen, ist so schmutzig. Ich sollte wenigstens mein eigenes Privatkissen haben, auch wenn ich sonst nichts habe. Deshalb schleppe ich dieses Kissen überall mit.«

Und wißt ihr, als ich noch herumgereist bin – Chetana wird das begreifen, denn ein Kissen reicht mir nicht; ich brauche drei Kissen, zwei an den Seiten und eins für den Kopf. Das hieß also einen Riesenkoffer nur für die Kissen, dann einen zweiten großen Koffer nur für die Decken, weil ich nicht unter fremden Decken schlafen kann – sie riechen. Und die Art, wie ich schlafe, ist so kindlich – ihr würdet euch wirklich amüsieren! Ich verschwinde völlig unter meiner Decke, Kopf und alles. Wenn es da also riecht, kann ich nicht atmen, und meinen Kopf draußenlassen kann ich auch nicht, denn das stört wiederum meinen Schlaf.

Ich kann nur schlafen, wenn ich mich total zudecke und die ganze Welt vergesse. Das ist aber nicht möglich, wenn da irgendein Geruch ist. Also mußte ich ständig meine eigene Decke mitnehmen. Und noch einen Koffer für meine Kleider. Ich habe also ständig drei große Koffer mit mir herumgeschleppt, fünfundzwanzig Jahre lang.

Baba hatte es gut: Er trug sein rundes Kissen immer unterm Arm. Es war sein ganzer Besitz.

Er sagte mir: »Ich nehme es speziell für dich mit, denn wo soll ich dich sonst sitzen lassen, wenn du mit mir kommst? Ich sitze immer auf einer höheren Plattform als alle anderen, aber du mußt noch ein bißchen über mir sitzen.«

Ich sagte: »Du spinnst, Pagal Baba.«

Er sagte: »Du weißt so gut wie jeder andere, daß ich spinne. Muß man das noch erwähnen? Aber ich will nun mal, daß du höher sitzt als ich.«

Dieses Kissen war für mich bestimmt. Ich mußte darauf Platz nehmen, natürlich widerwillig, verlegen, manchmal sogar ärgerlich, weil es mich in ein so schräges Licht stellte. Aber er ließ sich durch nichts aus der Ruhe bringen. Er klopfte mir dann einfach auf den Kopf oder auf den Rücken und sagte: »Immer heiter, mein Sohn. Sei nicht so ärgerlich, nur weil ich dich auf das Kissen gesetzt habe. Immer heiter.«

Also dieser Mann, Pannalal Ghose – ich kann weder sagen, daß ich ihn mochte, noch daß ich ihn nicht mochte. Er war mir praktisch gleichgültig. Er hatte sozusagen kein Salz, er schmeckte einfach nach gar nichts. Aber seine Flöte... Er machte die Welt auf die indische Bambusflöte aufmerksam und hob sie auf das höchste musikalische Niveau. Seinetwegen ist die schönere japanische Flöte völlig verblaßt. Die arabische Flöte wird links liegengelassen. Aber diesem stinklangweiligen Bengali Babu, diesem nach Fisch riechenden Diener der Regierung, verdankt die indische Flöte unendlich viel.

Das Erstaunliche ist, daß das Wort *babu* in Indien zu einem Ausdruck der Hochachtung geworden ist. Wenn man Achtung vor jemandem ausdrücken möchte, nennt man ihn Babu. Aber es bedeutet einfach: »einer der stinkt«. *Ba* heißt »mit«, und *bu* heißt

»Gestank«. Das Wort wurde von den Briten für die Bengalis geprägt. Nach und nach hat es sich über ganz Indien verbreitet. Natürlich waren sie die ersten Diener der Briten und stiegen zu den höchsten Posten auf. So wurde das Wort *babu,* das nie und nimmer respektvoll sein kann, trotzdem respektvoll. Ein merkwürdiges Schicksal! Aber Wörter habe merkwürdige Schicksale. Heute denkt kein Mensch daran, daß es häßlich gemeint war. Man hält es für sehr schön.

Pannalal Ghose war wirklich ein *Babu,* und damit meine ich, er stank nach Fisch, also mußte ich mir die Nase zuhalten.

Er fragte: »Baba, dein Junge hier, dem ich immer wieder die Füße berühren soll, hält ja den Atem an – warum?«

Baba sagte: »Er macht eine Yoga-Übung. Es hat nichts mit dir und deinem Fischgeruch zu tun.« – Er war ein wunderbarer Mann, dieser Pagal Baba!

Der zweite Musiker, dessen Namen auch nur zu erwähnen ich bisher vermieden habe – obwohl ich ihn bereits einmal erwähnte und ihn noch einmal erwähnen muß, nur um dieses Kapitel abzuschließen –, war Satchdeva.

Sein Flötenspiel ist absolut anders als das von Pannalal Ghose, obwohl sie die gleiche Art von Flöte benutzen. Ihr könntet ihnen dieselbe Flöte geben und würdet über den Unterschied in ihrer Musik staunen. Was zählt, ist, was aus der Flöte kommt, und nicht die Flöte selbst. Satchdeva hatte einen *Touch* von Magie, während Pannalal Ghose technisch perfekt war, aber kein Magier. Satchdeva war ebenfalls technisch perfekt, aber er beherrschte die Kunst der Magie und der Musik zugleich. Wenn man seiner Flöte zuhört, wird man in eine andere Welt versetzt. Aber den Mann mochte ich nie. Nicht im gleichen Sinne wie Pannalal Ghose, der mir gleichgültig war. Diesen Mann haßte ich. Es war eine klare und eindeutige Abneigung, so total, daß ich absolut keine Möglichkeit sah, wie wir auch nur Bekannte sein konnten. Und Baba wußte es, Satchdeva wußte es – und trotzdem mußte er meine Füße berühren.

Ich sagte zu Baba: »Ich kann ihm kein zweites Mal erlauben, mir die Füße zu berühren. Das erste Mal kannte ich noch nicht die Häßlichkeit seiner Ausstrahlung, aber jetzt kenne ich sie.«

Und seine Ausstrahlung war nicht nur häßlich, sondern eklig, und sein Gesicht genauso. Es wurde einem übel. Ich habe es vermieden, darüber zu sprechen, einfach um mich nicht daran erinnern zu müssen. Warum? Weil ich es wieder vor mir sehen muß, um es euch zu beschreiben. Aber ich habe beschlossen, all meinen Ballast loszuwerden, und so sei es denn. Er war wirklich häßlicher als sein Paßbild.

Ich hatte immer gedacht, ein Paßbild sei das Allerhäßlichste, was es gibt; niemand könne *so* häßlich sein. Satchdeva *war* es. So ein schöner Name – *Satchdeva,* »Gott der Wahrheit« – und dabei war er so häßlich. Herrgott Jesus!

Wenn er jedoch anfing, auf seiner Bambusflöte zu spielen, war all seine Häßlichkeit wie verflogen. Er entführte dich in eine andere Welt. Seine Musik ist sehr eindringlich, scharf wie eine Schwertklinge. Sie dringt tief in dich ein, und zwar so geschickt, daß du nicht einmal merkst, daß der chirurgische Eingriff stattgefunden hat.

Aber der Mann war einfach häßlich. Von der körperlichen Häßlichkeit rede ich gar nicht – was geht mich sein Aussehen an? Aber er war auch psychologisch häßlich. Als er das erste Mal meine Füße berührte, total widerwillig, fühlte sich das an, als wäre ein Reptil über sie hinweggekrochen, ein Gefühl, wie wenn eine Schlange dir über die Füße gekrochen ist. Und ich konnte nicht einmal aufspringen und die Schlange auf der Stelle töten – er war keine Schlange; er war ein Mensch.

Ich sah Baba an und sagte: »Was soll ich mit der Schlange machen?«

Baba sagte: »Ich wußte, daß du sie erkennen würdest. Bitte hab Geduld. Hör dir erst seine Flöte an, dann werden wir über seine Schlangennatur nachdenken.« Und er fuhr fort: »Ich hatte schon befürchtet, daß du es merken würdest. Ich wußte, er würde dich nicht täuschen können, aber wir werden nachher darüber reden. Erst hör dir seine Flöte an.«

Und so lauschte ich, und er war zweifellos ein Magier, der so tief in dich eindrang wie ein Kuckucksruf von einem weit entfernten Hügel. Dieser Satz ist nur dem indischen Ohr verständlich. In Indien bedeutet Kuckuck etwas anderes als für euch. Einen

Kuckuck haben heißt im Westen, verrückt sein. Im Osten wird der Name »Kuckuck« nur den besten Sängern und Dichtern verliehen. Satchdeva nannte man den »Kuckuck der Flöte«, so wie ihr »Nachtigall« sagen würdet. Und jede Nachtigall wäre neidisch auf ihn, weil die Flöte dieses Mannes so viel schöner war – aber vergeßt nicht, ich meine nur seine Musik.

Pannalal Ghose bewegt sich auf plattem Land, jeder Schritt auf sicherem Boden mit Umsicht gesetzt, vorbereitet durch lange, lange Übung. Ihr könnt nicht einen Fehler finden, ebensowenig wie bei Satchdeva, aber der bewegt sich nicht auf plattem Land. Er ist ein Vogel im Gebirge, der hochschießt und aus dem Himmel niederstößt, ein wilder, noch ungezähmter Vogel – aber wie vollendet! Davon scheint Pannalal Ghose offenbar weit entfernt – ein Kopfwesen, eigentlich nur ein Techniker. Satchdeva hingegen ist ein Genie, ein wirklicher Künstler. Wirkliche Neuerer gibt es nur selten, und er ist einer davon. Er hat vor allem in der kleinen Welt der Flöte so viele Neuerungen gebracht, daß ihn auf Generationen niemand einholen, kann niemand seinen Rekord brechen wird.

Daran könnt ihr auch sehen, daß ich, obwohl ich den Mann nie leiden konnte, trotzdem sehr fair und gerecht bin, was seine Flöte angeht. Und was hat schließlich der Mann mit seiner Flöte gemein? Er konnte mich nicht leiden, ich konnte ihn nicht leiden. Er war mir so zuwider, daß ich mich, als er Baba das nächste Mal aufsuchte und Baba ihn unweigerlich aufforderte, meine Füße zu berühren, sofort im Lotussitz hinsetzte und mir mein langes Hemd über die Füße zog.

Baba sagte: »Wo hast du denn den Lotussitz geübt? Du benimmst dich ja heute wie ein großer Yogi.« Dann fragte er: »Bei wem hast du denn Yoga gelernt?«

Ich sagte: »Ich mußte es lernen wegen all dieser kriechenden Kreaturen, Schlangen, Reptilien und so weiter. Wie dieser Mann zum Beispiel... Ich liebe seine Flöte, aber seine Flöte ist etwas völlig anderes als sein Wesen. Ich mag nicht von ihm berührt werden, und ich hatte schon erwartet, daß du sagen würdest, was du gerade gesagt hast. Bitte verlange lieber von mir, daß ich seine Füße berühre, das wäre sehr viel leichter.«

An dieser Stelle muß ich euch etwas erklären; sonst bleibt das, was ich eben gesagt habe, unverstanden. Wenn du die Füße von jemandem berührst, gießt du dich ihm als Energie zu Füßen. Du legst ihm zu Füßen, was immer du bist. Und solange du nicht wirklich würdig bist, wäre es besser, dich davon abzuhalten. Mit hätte es überhaupt nichts ausgemacht, seine Füße zu berühren. Ich hätte ohne weiteres mein ganzes Sein zu seinen Füßen ausgießen können. Man kann eine Blume auf einen Stein werfen, aber wirf bitte keinen Stein auf die Blume.

Baba sagte: »Ich verstehe, aber er muß schließlich auch verändert werden.«

Er hat nicht noch einmal von ihm verlangt, meine Füße zu berühren. Die wenigen Male, die wir uns danach noch begegnet sind, sah Satchdeva mich nie wieder an, und ich ihn auch nicht. Ich hatte Angst vor Baba, Satchdeva hatte Angst vor mir. Sobald er kam, stieß ich Baba gleich von der Seite an, um ihn daran zu erinnern, daß er Satchdeva auf keinen Fall auffordern solle, meine Füße zu berühren.

Baba sagte dann: »Ich weiß, ich weiß.«

Ich sagte: »›Ich weiß, ich weiß‹ bringt's nicht. Ich werde dich so lange daran erinnern, bis er weg ist. Entweder spielt er seine Flöte oder du sagst ihm, er soll gehen, denn nicht nur die Art, wie er mich berührt, ist abstoßend, sondern auch sein Gesicht; seine bloße Anwesenheit ist wie ein spirituelles Krebsgeschwür.«

Von da an war es abgemacht, daß ich jedesmal, wenn Satchdeva mit Baba reden wollte, frei hatte – einen Auftrag bekam, irgendwo hinzugehen, um etwas zu erledigen, nur zum Vorwand, damit ich nicht anwesend zu sein brauchte. Oder er mußte auf seiner Flöte spielen. Dann konnte er die Sterne vom Himmel holen, konnte Steine in Predigten verwandeln. Er war ein Zauberer, aber nur, wenn er spielte. Ich mag seine Flöte, aber den Mann mag ich nicht.

Der dritte Mann, Hari Prasad, ist beides. Sein Wesen ist so schön wie seine Musik. Er ist nicht so berühmt wie Pannalal Ghose und wird es vielleicht nie sein, denn es ist ihm egal. Er spielt seine Flöte nicht auf Befehl, er läuft nicht hinter den Politikern her. Seine Flöte hat ihre eigene Note. Die Note seiner Flöte kann man nur Ausgewogenheit nennen, absolute Ausgewogenheit. So wie wenn man einen reißenden Wildbach durchwatet.

Dieses Bild, das ich euch gebe, stammt von Laotse. Du durchquerst einen sehr starken, reißenden Wildbach, und natürlich mußt du sehr wach sein, sonst reißt er dich mit. Laotse sagt außerdem, daß du sehr schnell gehen mußt, weil der Bach sehr kalt ist, unter Null oder noch kälter. Schnell und doch ausgewogen – genau das beschreibt, was Hari Prasad Chaurasia mit seiner Flöte macht. Er fängt plötzlich an und hört ebenso plötzlich wieder auf. Du hättest nie erwartet, daß er so plötzlich einsetzen würde.

Pannalal Ghose nimmt sich eine halbe Stunde Zeit für den Anlauf, das Vorwort. In Indien gehört das zum Stil der klassischen Musik. Der Tabla-Spieler macht sich an seiner Tabla zu schaffen, klopft da und dort mit seinem Hämmerchen und stimmt sie, findet den richtigen Grundton. Der Sitar-Spieler spannt oder lockert seine Saiten und prüft immer wieder, ob alle Saiten schon in Synchronizität miteinander sind.

Das geht so fast eine halbe Stunde lang, aber die Inder sind geduldige Leute. Man nennt es »die Vorbereitung«. Warum können sie das aber nicht machen, bevor die Leute eintreffen? Oder hinter einem Vorhang, wie in jedem Theater? Aber seltsam, der klassische indische Musiker muß sich und seine Instrumente vor seinen Zuhörern bereitmachen. Warum ist das so?

Es muß einen Grund dafür geben. Mein Gefühl ist, daß die klassische Musik, vor allem in Asien, von einer solchen Tiefe ist, daß der Zuhörer, der nicht einmal bereit ist, sich eine halbe Stunde zu gedulden, es gar nicht wert ist, überhaupt anwesend zu sein.

Das erinnert mich an eine berühmte Geschichte: Gurdjieff pflegte seine Jünger immer zu völlig ungewöhnlichen Zeiten einzuberufen. Seine Treffen waren nicht wie meine Treffen, bei denen die Zeit feststeht. Ihr habt schon vor mir da zu sein, und wenn ich einmal fünf Minuten zu spät komme, dann ist es wohlgemerkt nie meine Schuld.

Meine Chauffeure, Laxmi oder Sheela, versuchen mich immer ein bißchen später hinzubringen, damit die vielen Leute, die noch hereinkommen, Platz nehmen können. Denn bin ich erst einmal da, dann mag ich kein ständiges Kommen und Gehen. Ich möchte, daß alles völlig zum Stillstand kommt. Nur in diesem völligen Stillstand kann ich mit meiner Arbeit – oder was immer ich zu sagen habe – beginnen. Die geringste Störung genügt, um das, was ich sagen werde, zu verändern. Irgendetwas werde ich zwar sagen, aber es wird nicht das gleiche sein, und vielleicht werde ich niemals wieder das gleiche sagen.

Ihr kennt meine Art. Gurdjieffs Art war das genaue Gegenteil. Die Telefone seiner Jünger fingen plötzlich zu klingeln an: Er berief irgendwo ein Treffen ein, vielleicht in fünfzig Kilometer Entfernung, und sagte ihnen, sie sollten sich beeilen, um pünktlich da zu sein. Nun, fünfzig Kilometer und dann noch pünktlich, möglichst noch etwas früher, ohne Zeit, sich vorzubereiten – dazu braucht man mindestens ein Fahrzeug. Man muß andere Termine absagen. Man tut all diese Dinge und eilt an den besagten Ort – nur um dort eine Mitteilung vorzufinden, daß das Treffen für heute abgesagt wurde!

Am nächsten Tag fingen die Telefone wieder zu läuten an. Wenn am ersten Tag von den zweihundert Leuten, die angerufen worden waren, einhundert eintrafen, dann tauchten am zweiten Tag nur noch fünfzig auf. Und wieder fanden sie einen Zettel an der Tür: Treffen verschoben – nicht mal eine Entschuldigung. Kein Mensch da, der sich entschuldigte, nur ein Anschlag am Brett. Und das ging so weiter, und am vierten Tag, oder am siebten, tauchte er schließlich auf; mit »er« meine ich Gurdjieff.

Von den ursprünglich zweihundert Leuten waren jetzt nur noch vier gekommen. Er schaute sie an und sagte: »Jetzt kann ich sagen, was ich sagen wollte, und all die Gestalten, die ich ohnehin nicht dabeihaben wollte, sind von allein weggeblieben. Das ist ja prima – es bleiben nur die übrig, die es wert sind, mir zuzuhören.«

Gurdjieffs Art war anders als meine. Es ist auch eine Art, aber es ist nicht meine Art. Es gibt viele Möglichkeiten. Ich schätze und liebe immer das, was Ergebnisse zeitigt. Ich stehe zu Gautama Buddhas Definition: »Wahrheit ist, was wirkt.« Nun, das ist eine seltsame Definition – manchmal wirkt nämlich auch eine Lüge; und ich weiß, sehr oft wirkt die Wahrheit überhaupt nicht, und die Lüge wirkt.

Aber ich stimme Buddha zu. Natürlich würde er mir nicht zustimmen, aber ich bin großzügiger als selbst Gautama Buddha. Wenn etwas wirkt, das heißt, wenn es die richtigen Ergebnisse erzielt, was spielt es dann für eine Rolle, ob es anfangs Lüge war oder Wahrheit?

Worauf es ankommt, ist das Ergebnis, das letztendliche Resultat. Ich mag andere Methoden einsetzen als Gurdjieff, denn ich benutze nie die Methoden anderer – obwohl die Leute das glauben. Ja, ich tu wohl so. Ich benutze nur das, was wirkt; von wem es kommt, ist mir völlig egal. Die Wahrheit ist weder mein noch dein.

Diesen dritten Mann, den liebe ich. Vom ersten Moment an, als wir uns sahen, erkannten wir uns. Er war der einzige von diesen drei Flötenspielern, der meine Füße schon berührte, noch bevor Baba es ihm befahl.

Als es passierte, sagte Baba: »Das ist ja allerhand! Hari Prasad, wie konntest du nur die Füße eines Kindes berühren?«

Hari Prasad sagte: »Gibt es ein Gesetz, das es verbietet? Ist es ein Verbrechen, die Füße eines Kindes zu berühren? Er gefiel mir, ich empfand Liebe, also habe ich seine Füße berührt. Und übrigens geht es dich gar nichts an, Baba.«

Baba war überglücklich. Er freute sich immer über solche Leute. Wenn Pannalal Ghose ein Schaf war, dann war Hari Prasad ein Löwe. Er war ein wunderschöner Mensch, ein ganz seltener und schöner Mann. Dagegen der dritte Kerl... ich meine Satchdeva, ich mag nicht mal seinen Namen sagen! – Er hat mir nichts zuleide getan, und doch genügt schon sein Name, um mir sein häßliches Gesicht vor Augen zu führen. Und ihr kennt meine Achtung vor Schönheit. Ich kann alles verzeihen, nur keine Häßlichkeit. Und wenn die Häßlichkeit nicht nur körperlich ist, sondern auch noch seelisch, dann ist es einfach zuviel. Und er war durch und durch häßlich.

Hari Prasad ist mein Favorit unter diesen Flötenspielern. Seine Flöte hat die Schönheit der beiden anderen, und doch ist sie weder wie die von Pannalal Ghose – zu laut und bombastisch –, noch so schrill, daß sie in dich hineinschneidet und dich verletzt. Sie ist sanft wie ein Lufthauch, ein kühler Lufthauch in einer Sommernacht. Sie ist wie der Mond... da ist Licht, aber nicht heiß – kühl. Du kannst ihre Kühle spüren.

Hari Prasad muß als der größte Flötenspieler angesehen werden, der je geboren wurde, aber er ist nicht sehr berühmt. Er kann es gar nicht sein, er ist sehr bescheiden. Um berühmt zu sein, mußt du aggressiv sein. Um berühmt zu sein, mußt du in der ehrgeizigen Welt kämpfen. Er hat nie gekämpft und er wäre der Letzte, der um Anerkennung kämpfen würde.

Aber Hari Prasad wurde von Männern wie Papal Baba anerkannt. Pagal Baba hat auch noch ein paar andere erkannt, die ich später noch beschreiben werde, weil sie ebenfalls durch ihn in mein Leben traten.

Es ist eine seltsame Sache: Hari Prasad war mir überhaupt kein Begriff, bevor Pagal Baba ihn mir vorstellte. Und danach erwachte in ihm ein solches Interesse, daß er zu Pagal Baba kam, nur um mich zu sehen. Eines Tages sagte Pagal Baba im Scherz zu ihm: »Jetzt kommst du nicht mehr meinetwegen. Du weißt es, ich weiß es, und derjenige, dessentwegen du kommst, weiß es ebenfalls.«Ich lachte. Hari Prasad lachte und er sagte: »Baba, du hast recht.«

Ich sagte: »Ich wußte, daß Baba es früher oder später aussprechen würde.« Und das war das Schöne an dem Mann: Er brachte viele Menschen zu mir, aber er hinderte mich daran, ihm dafür auch nur Danke zu sagen. Er sagte nur eines zu mir: »Ich habe nur meine Pflicht getan. Ich bitte dich nur um einen einzigen Gefallen. Kannst du, wenn ich sterbe, bei meiner Verbrennung das Feuer anzünden?«

In Indien wird dem ungeheure Bedeutung zugemessen. Wenn ein Mann ohne Sohn stirbt, leidet er sein ganzes Leben lang, denn wer soll bei seiner Verbrennung das Feuer entzünden? Man nennt es »die Feuergabe«.

Als er mich das bat, sagte ich: »Baba, ich habe selbst einen Vater, und er wird mir böse sein. Und ich weiß nichts über deine Familie – vielleicht hast du ja einen Sohn...«

Er sagte: »Mach dir darüber keine Gedanken, weder über deinen Vater noch über meine Familie. Mein Entschluß steht fest.«

Ich hatte ihn noch nie in einer solchen Stimmung erlebt. In diesem Augenblick wußte ich, daß sein Ende sehr nahe war. Er hatte keine Zeit mehr zu verlieren, nicht einmal, um darüber zu diskutieren.

Ich sagte: »Gut. Keine Diskussion. Ich werde dir das Feuer geben. Es ist egal, ob mein Vater protestiert oder ob deine Familie protestiert. Ich kenne deine Familie nicht.«

Zufällig starb Pagal Baba in meinem Dorf – oder vielleicht hat er es so arrangiert. Ich glaube, er hat es arrangiert. Und als ich die Verbrennung einleitete, indem ich seinem Scheiterhaufen Feuer gab, sagte mein Vater: »Was tust du da? Das darf nur der älteste Sohn!«

Ich sagte: »Dada, laß mich. Ich hab es ihm versprochen. Und für dich werde ich es nicht tun können. Mein jüngerer Bruder wird es tun. Er ist ja eigentlich dein ältester Sohn, nicht ich. Ich tauge nicht für die Familie und werde nie für sie taugen. Genauer gesagt werde ich für die Familie immer ein Ärgernis bleiben. Mein jüngerer Bruder, der nächste nach mir, wird dir das Feuer geben und er wird sich um die Familie kümmern.«

Ich bin meinem Bruder Vijay sehr dankbar. Er konnte nicht die Universität besuchen – allein meinetwegen, denn ich verdiente nichts, und einer mußte schließlich den Lebensunterhalt der Familie sichern. Meine anderen Brüder sind auch zur Universität gegangen, und auch ihr Unterhalt mußte bestritten werden, und so blieb Vijay zu Hause. Er hat wirklich ein Opfer gebracht. Es ist unbezahlbar, einen so wunderbaren Bruder zu haben. Er hat alles geopfert.

Ich war nicht bereit zu heiraten, so sehr mich meine Familie auch bedrängte. Vijay sagte zu mir: »Bahaiyya« – *bahaiyya* heißt Bruder –, »wenn sie dich zu sehr quälen, bin ich bereit, mich zu verheiraten. Nur mußt du mir eines versprechen: Du mußt das Mädchen aussuchen.« Es war eine arrangierte Heirat, wie alle Heiraten in Indien.

Ich sagte: »Das kann ich tun.« Aber sein Opfer berührte mich, und es hat mir enorm geholfen, denn sobald er verheiratet war, vergaß man mich völlig, denn ich habe noch mehr Geschwister. Sobald er verheiratet war, waren die andern an der Reihe zu heiraten. Ich war nicht bereit, mit mir handeln zu lassen.

Vijay sagte: »Mach dir keine Sorgen. Ich bin zu jeder Art von Arbeit bereit«, und von seiner frühen Jugend an mußte er sich mit allen möglichen weltlichen Dingen befassen. Ich empfinde enorm viel für ihn. Ich bin ihm zutiefst dankbar.

Ich sagte zu meinem Vater: »Es war Pagal Babas Wunsch, und ich habe es ihm versprochen, also muß ich das Feuer geben. Was deinen Tod angeht, mach dir keine Sorgen – mein jüngerer Bruder wird da sein. Ich werde auch zugegen sein, aber nicht als dein Sohn.«

Ich weiß nicht, warum ich das sagte und was er dabei gedacht haben mag, aber es erwies sich als wahr. Ich war zugegen, als er starb. In der Tat hatte ich ihn nur deshalb eingeladen, hier im Aschram zu leben, damit ich nicht in die Stadt hinauf mußte, wo er wohnte. Ich wollte nach dem Tode meiner Großmutter nie wieder dorthin zurückkehren. Das war wieder so ein Versprechen. Ich habe so viele Versprechen einzulösen, aber bisher habe ich den größten Teil davon erfolgreich eingehalten. Es gibt nur noch ein paar Versprechen, deren Erfüllung noch aussteht.

Ich hatte es meinem Vater versprochen und ich war auch bei seiner Totenfeier anwesend, aber das Feuer konnte ich nicht geben. Und ganz bestimmt war ich nicht als sein Sohn anwesend. Als er starb, war er mein Jünger, ein Sannyasin, und ich war sein Meister.

Wie spät ist es?

»Acht Uhr fünfunddreißig, Osho.«

Fünf Minuten für mich. Wenn die Zeit um ist, ist sie um. Ich muß auch ab und zu mal was zu lachen haben.

Ein einziger Augenblick auf dem Gipfel ist genug.

Stop.

31

Pagal Baba wirkte in seinen letzten Tagen immer ein wenig bedrückt. Ich konnte es sehen, obwohl er gar nichts gesagt hatte und auch sonst niemand ein Wort darüber verlor. Vielleicht hatte niemand sonst bemerkt, daß er bedrückt war. Es lag ganz gewiß nicht an seiner Krankheit, seinem Alter oder seinem nahenden Tod – diese Dinge waren für diesen Mann absolut unwesentlich.

Eines Nachts, als ich mit ihm allein war, fragte ich ihn. Tatsächlich mußte ich ihn mitten in der Nacht aufwecken, weil es so schwer war, einen Augenblick zu erwischen, wenn niemand bei ihm war.

Er sagte zu mir: »Das muß ja etwas ganz Wichtiges sein, sonst hättest du mich nicht geweckt. Was ist los?«

Ich sagte: »Genau das will ich wissen. Ich habe dich beobachtet. Ich spüre einen kleinen Schatten von Sorge auf dir lasten. Er war noch nie da. Deine Aura ist immer so klar gewesen wie eine helle Sonne, aber jetzt sehe ich einen kleinen Schatten. Der Tod kann es nicht sein.«

Er lachte und sagte: »Ja, der Schatten ist da, und es ist nicht der

Tod, das ist ebenfalls wahr. Meine Sorge ist, daß ich auf einen Mann warte, dem ich meine Verantwortung für dich übergeben will. Ich mache mir Sorgen, weil er noch nicht gekommen ist. Wenn ich sterbe, wird es dir unmöglich sein, ihn zu finden.«

Ich sagte: »Wenn ich wirklich jemanden brauche, werde ich ihn finden. Aber ich brauche niemanden, also entspanne dich, ehe der Tod kommt. Ich möchte nicht die Ursache dieses Schattens sein. Du solltest so strahlend hell sterben, wie du gelebt hast.«

Er sagte: »Das ist nicht möglich. Aber ich weiß, der Mann wird kommen – ich mache mir unnötig Sorgen. Er ist ein Mann, der zu seinem Wort steht. Er hat mir versprochen zu kommen, bevor ich sterbe.«

Ich fragte ihn: »Wie weiß er denn, wann du sterben wirst?«

Er lachte und sagte: »Genau deshalb möchte ich, daß du ihn kennenlernst. Du bist noch sehr jung und ich sähe es gern, wenn jemand wie ich um dich wäre.« Er sagte: »Im Grunde ist es eine alte Überlieferung, daß ein Kind, aus dem einmal ein Erleuchteter werden soll, im frühen Alter von mindestens drei Erleuchteten erkannt werden muß.«

Ich sagte: »Baba, das ist alles Unsinn. Niemand kann mich davon abhalten, erleuchtet zu werden.«

Er sagte: »Ich weiß, aber ich bin ein alter, traditionsgebundener Mann; sag also bitte nichts gegen das Althergebrachte, vor allem nicht im Augenblick meines Todes.«

Ich sagte: »Na gut, dir zuliebe will ich den Mund halten. Ich werde gar nichts sagen, weil alles, was ich sage, irgendwie gegen Sitte und Tradition verstoßen würde.«

Er sagte: »Ich sage nicht, daß du den Mund halten sollst. Fühl bitte einfach nach, was ich fühle. Ich bin ein alter Mann. Ich habe niemanden auf der Welt, der mir am Herzen liegt, außer dir. Ich weiß nicht, wie und weshalb du mir so ans Herz gewachsen bist. Ich möchte, daß jemand meinen Platz einnimmt, damit du mich nicht vermißt.«

Ich sagte: »Baba, dich kann niemand ersetzen, aber ich verspreche dir, ich werde mir große Mühe geben, dich nicht zu vermissen.«

Am nächsten Morgen war der Mann da.

Der erste Erwachte, der mich erkannt hat, war Magga Baba. Der zweite war Pagal Baba, und der dritte war noch ungewöhnlicher, als selbst ich es mir je hätte ausmalen können. Nicht einmal Pagal Baba war so verrückt. Der Mann hieß Masta Baba.

Baba ist ein Wort der Hochachtung, es bedeutet einfach: »der Großvater«. Aber jeder, der vom Volk als ein Erleuchteter anerkannt wird, wird ebenfalls Baba genannt, weil er in Wirklichkeit der älteste Mann in der Gemeinde ist. Vielleicht nicht nach Jahren, vielleicht ist er nur ein junger Mann, aber er muß Baba genannt werden – der Großvater.

Masta Baba war göttlich, einfach göttlich – und genau so, wie ich einen Mann gern haben möchte. Er war für mich wie maßgeschneidert. Wir wurden schon Freunde, noch bevor Pagal Baba uns bekanntmachte.

Ich stand draußen vor dem Haus. Ich weiß nicht, warum ich dort stand, zumindest kann ich mich jetzt nicht mehr an den Zweck erinnern; es ist so lange her. Vielleicht habe ich auch gewartet, weil Pagal Baba gesagt hatte, daß der Mann sein Wort halten würde, daß er kommen würde. Und ich war natürlich genauso neugierig wie jedes andere Kind. Ich war ein Kind und bin ein Kind geblieben trotz allem. Vielleicht wartete ich oder tat so, als würde ich etwas anderes tun, wartete im Grunde aber auf den Mann. Ich blickte die Straße entlang. Und da war er! Er kam angerannt!

Er war nicht sehr alt, höchstens fünfunddreißig, auf dem Höhepunkt seiner Jugend. Er war ein hochgewachsener Mann, sehr schlank, mit wunderschönem langem Haar und einem schönen Bart.

Ich fragte ihn: »Bist du Masta Baba?«

Er stutzte ein wenig und sagte: »Woher weißt du meinen Namen?«

Ich sagte: »Das ist gar nicht mysteriös – Pagal Baba wartet schon auf dich. Natürlich hat er deinen Namen erwähnt, aber du bist wirklich genau der Mann, den ich mir auch selber ausgesucht hätte. Du bist so verrückt, wie Pagal Baba in seiner Jugend gewesen sein muß. Vielleicht bist du ja nur der wiedergekehrte junge Pagal Baba.«

Er sagte: »Du bist ja noch verrückter als ich. Wo steckt überhaupt Pagal Baba?«

Ich führte ihn hin und trat nach ihm ein. Er berührte die Füße von Pagal Baba, der daraufhin sagte: »Heute ist mein letzter Tag, und Masto«, so nannte er ihn, »ich habe auf dich gewartet und mir schon etwas Sorgen gemacht.«

Masto antwortete: »Weshalb? Der Tod bedeutet dir doch nichts.«

Baba antwortete: »Natürlich bedeutet der Tod mir nichts, aber sieh dich um. Dieser Junge bedeutet mir viel. Vielleicht wird er das tun können, was ich tun wollte, aber nicht konnte. Berühre du seine Füße. Ich habe lange darauf gewartet, dich ihm vorstellen zu können.«

Masta Baba sah mir in die Augen... und er war der einzige *wirkliche* Mensch unter den vielen, mit denen Pagal Baba mich bekanntgemacht hatte und denen er befahl, meine Füße zu berühren.

Es war fast zum Klischee geworden. Jeder wußte: Wenn du zu Pagal Baba gehst, wirst du die Füße dieses Jungen berühren müssen, der in jeder Hinsicht ein Ärgernis ist. Und du mußt seine Füße berühren! Wie absurd... aber Pagal Baba ist eben verrückt.

Dieser Masto war zweifellos anders. Mit Tränen in den Augen und gefalteten Händen sagte er: »Von diesem Augenblick an wirst du mein Pagal Baba sein. Er verläßt bald seinen Körper, aber er wird in dir weiterleben.«

Ich weiß nicht, wieviel Zeit verstrich, denn er ließ meine Füße einfach nicht los. Er weinte. Sein wundervolles Haar floß über den ganzen Boden. Immer wieder sagte ich zu ihm: »Masta Baba, es ist genug.«

Er sagte: »Solange du nicht Masto zu mir sagst, werde ich deine Füße nicht loslassen.«

Nun, »Masto« ist ein Wort, das nur ein älterer Mann zu einem Kind sagen kann. Wie konnte ich ihn Masto nennen? Aber es gab kein Ausweichen. Ich mußte es tun. Sogar Pagal Baba sagte: »Zögere nicht länger, nenne ihn Masto, damit ich sterben kann ohne daß ein Schatten um mich ist.«

Natürlich konnte ich in dieser Situation gar nicht anders, als ihn

Masto nennen. Kaum hatte ich seinen Namen ausgesprochen, sagte Masto: »Sag es dreimal.«

Im Osten ist auch das eine Sitte. Solange du etwas nicht dreimal ausgesprochen hast, bedeutet es nicht viel. Also sagte ich dreimal: »Masto, Masto, Masto. So, würdest du jetzt bitte meine Füße loslassen?« Und ich lachte, Pagal Baba lachte, Masto lachte – und dieses Lachen von uns dreien schweißte uns zusammen zu etwas, das unzerstörbar ist.

Noch am selben Tag starb Pagal Baba. Masto war jedoch nicht geblieben, obwohl ich ihm gesagt hatte, daß der Tod ganz nahe sei.

Er sagte: »Für mich bist du jetzt der Eine. Immer wenn ich es nötig habe, werde ich zu dir kommen. Er wird sowieso sterben. Ja, um dir die Wahrheit zu sagen, er hätte schon vor drei Tagen sterben sollen. Er hat nur deinetwegen länger herumgehangen, um mich dir vorstellen zu können. Und auch das nicht nur deinetwegen, sondern auch meinetwegen.«

Ich fragte Pagal Baba, bevor er starb: »Warum hast du so glücklich ausgesehen, als Masta Baba angekommen war?«

Er sagte: »Nur mein Traditionsdenken, verzeih mir!«

Er war ein so lieber alter Mann. Im Alter von neunzig Jahren einen Jungen um Verzeihung zu bitten – und mit so viel Liebe!

Ich sagte: »Ich habe nicht gefragt, warum du auf ihn gewartet hast. Meine Frage betrifft weder dich noch ihn. Er ist ein wunderschöner Mensch und wert, daß man auf ihn wartet. Aber ich frage mich, warum du dir solche Sorgen gemacht hattest.«

Er sagte: »Ich möchte dich noch einmal bitten, gerade jetzt nicht zu streiten. Ich habe nichts gegen Streitgespräche, wie du weißt. Vor allem mag ich deine Art zu argumentieren und die komischen Wendungen, die du deinen Argumenten gibst. Aber es ist jetzt nicht die Zeit dafür. Ja, es ist überhaupt keine Zeit mehr, ich lebe von geborgter Zeit. Ich kann dir nur eines sagen: Ich bin glücklich, daß er gekommen ist, und glücklich, daß ihr beide Freunde geworden seid und euch liebt, wie ich es mir gewünscht hatte. Vielleicht wirst du eines Tages die Wahrheit dieser alten traditionellen Vorstellung erkennen.«

Diese Vorstellung besagt: wenn nicht drei erleuchtete Menschen ein Kind als einen zukünftigen Buddha erkennen, ist es ihm so gut wie unmöglich, einer zu werden. Pagal Baba, wie recht du hattest! Heute kann ich sehen, daß es nicht nur eine Überlieferung ist. Jemanden als erleuchtet zu erkennen, bedeutet eine ungeheure Hilfe für diesen Menschen. Vor allem, wenn ein Mann wie Pagal Baba dich erkennt und deine Füße berührt – oder ein Mann wie Masto.

Ich nannte ihn auch weiterhin Masto, weil Pagal Baba gesagt hatte: »Nenne ihn nie wieder Masta Baba; das würde ihn verletzen. Ich habe ihn immer Masto genannt, und von jetzt an mußt du es auch so halten.« Und es war wirklich ein Anblick! – Ein Kind, das ihn, der von Hunderten verehrt wurde, »Masto« nannte! Und nicht nur das – er gehorchte mir auch immer sofort aufs Wort.

Einmal, nur als ein Beispiel... Er hielt eine Rede. Ich stand auf und sagte: »Masto, hör sofort auf!« Er war mitten in einem Satz. Er sprach ihn nicht einmal zu Ende. Er brach einfach ab. Die Leute drängten ihn, doch bitte zu Ende zu sagen, was er sagen wollte, aber er gab darauf nicht einmal eine Antwort. Er zeigte auf mich. Ich mußte zum Mikrofon gehen und die Leute bitten, nach Hause zu gehen, die Vorlesung sei beendet und Masto sei von mir in Gewahrsam genommen worden.

Er lachte sich kaputt und berührte meine Füße. Und *wie* er meine Füße berührte... Tausende von Leuten müssen schon meine Füße berührt haben, aber er hatte ein ganz eigene Art, einfach unnachahmlich. Er berührte meine Füße fast so – wie soll man sagen – fast, als träte er vor Gott persönlich hin. Und er löste sich dann immer einfach in Tränen auf. Und sein langes Haar... Ich hatte solche Mühe, ihm wieder aufzuhelfen.

Ich konnte noch so oft sagen: »Masto, es reicht. Jetzt reicht's wirklich!«, aber es war niemand da, der es hörte. Er weinte, sang oder rezitierte ein Mantra. Ich mußte warten, bis er fertig war. Manchmal saß ich eine volle halbe Stunde da, nur um ihm zu sagen: »Jetzt reicht es!« Aber ich konnte es ihm erst sagen, wenn er fertig war. Schließlich habe ich ja auch ein bißchen Manieren. Ich konnte nicht einfach sagen: »Aufhören!« oder: »Laß meine Füße los!«, wenn sie in seinen Händen waren.

Ja, ich wollte eigentlich gar nicht, daß er sie losließ, aber schließlich hatte ich noch andere Dinge zu tun, und er auch. Diese

Welt ist eine praktische Welt, und obwohl ich selbst sehr unpraktisch bin, bin ich es doch im Hinblick auf andere nicht. Da bin ich immer pragmatisch und praktisch. Kaum sah ich eine Möglichkeit zu unterbrechen, sagte ich: »Masto, Schluß jetzt. Genug. Du weinst dir ja die Augen aus. Und dein Haar – ich werde es waschen müssen. Es wird schmutzig im Staub.«

Ihr kennt den indischen Staub: er ist allgegenwärtig, überall, vor allem in einem Dorf. Alles ist staubig. Selbst die Gesichter der Menschen sind staubig. Was sollen sie machen? Wie oft kann man sich schon waschen? Selbst hier, in einem klimatisierten Raum, wo es keinen Staub gibt, kann ich es nicht lassen, jedesmal wenn ich ins Badezimmer gehe, einfach aus alter Gewohnheit – ich erzähle euch da ein Geheimnis, bitte sagt's keinem weiter – mir das Gesicht zu waschen, ohne jeden Grund, ganz oft am Tage – nur eine alte indische Gewohnheit.

Alles war immer so staubig, daß ich ständig ins Badezimmer rannte. Meine Mutter fragte mich oft: »Am besten sollten wir wohl ein Bad in deinem Zimmer einrichten, damit du nicht so oft durchs Haus rennen mußt. Was machst du nur immer?«

Ich sagte: »Ich wasch' mir nur das Gesicht; alles ist so staubig.«

Zu Masto sagte ich: »Ich werde dir die Haare waschen müssen.« Und ich habe sie ihm immer gewaschen! Es war so schön, und ich liebe immer alles Schöne.

Dieser Masto, um den sich Pagal Baba so viel Sorgen gemacht hatte, war der dritte Erleuchtete. Es war sein Wunsch gewesen, daß drei Erleuchtete die Füße eines kleinen unerleuchteten Jungen berühren sollten, und er hat es hingekriegt.

Verrückte haben ihre eigenen Schliche. Er hat es ausgezeichnet hingekriegt. Er brachte sogar Erleuchtete dazu, die Füße eines Jungen zu berühren, der ganz gewiß nicht erleuchtet war.

Ich fragte ihn: »Findest du nicht, daß das ein wenig gewaltsam ist?«

Er sagte: »Überhaupt nicht. Die Gegenwart muß die Zukunft ehren. Und wenn ein Erleuchteter nicht in die Zukunft sehen kann, dann ist er nicht erleuchtet. Das ist nicht nur die Einbildung irgendeines Verrückten«, sagte er, »sondern einer der ältesten und ehrwürdigsten Gedanken überhaupt.«

Zu Buddha kam, als er erst vierundzwanzig Stunden alt war, ein Erleuchteter; er weinte und berührte die Füße des Kindes. Der Vater von Gautama Buddha konnte es nicht fassen, weil der Mann sehr berühmt war. Selbst Buddhas Vater ging immer zu ihm. War er verrückt geworden, oder was? Berührte die Füße eines vierundzwanzig Stunden alten Kindes!

Buddhas Vater fragte: »Kann ich dich fragen, Herr, warum du die Füße dieses kleinen Kindes berührst?«

Der erleuchtete Mann sagte: »Ich berühre seine Füße, weil ich sehe, was möglich ist. Jetzt ist er eine Knospe, aber er wird ein Lotus werden.« Und Buddhas Vater, Shuddhodhana war sein Name, fragte: »Aber warum weinst du dann? Freu dich, wenn er ein Lotus werden soll.»

Der alte Mann sagte: »Ich weine, weil ich dann nicht mehr da sein werde.«

Ja, selbst Buddhas weinen in gewissen Augenblicken. Vor allem in Augenblicken wie diesem – wenn man ein Kind sieht, das ein Buddha werden wird und man weiß, daß man sterben wird, ehe es geschieht; das ist zweifellos hart. Es ist fast, wie wenn du in einer dunklen Nacht bemerkst, die Vögel haben zu singen angefangen, bald geht die Sonne auf, am Horizont dämmert schon ein wenig Licht – du aber mußt sterben, ohne den nächsten Morgen zu erleben.

Ganz gewiß, der alte Mann weinte und berührte Buddhas Füße zurecht. Ich weiß es aus eigener Erfahrung. Diese drei sind die wichtigsten Leute, denen ich je begegnet bin, und ich glaube nicht, daß ich noch jemandem begegnen kann, der für mich wichtiger werden wird als diese drei. Ich bin noch anderen erleuchteten Menschen begegnet, nach meiner Erleuchtung – aber das ist eine andere Geschichte.

Ich bin meinen eigenen Jüngern begegnet, nachdem sie erleuchtet wurden – und auch das ist eine andere Geschichte. Aber erkannt zu werden, als ich nur ein kleiner Junge war und alle anderen gegen mich hatte, war schon ein merkwürdiges Schicksal.

Meine Familie war immer gegen mich. Ich meine jetzt nicht meinen Vater, meine Mutter, meine Geschwister, aber es war eine riesengroße Familie. Sie waren alle gegen mich, aus einem einfachen Grund, und ich kann sie verstehen. Sie hatten in gewisser Hinsicht recht: nämlich weil ich mich wie ein Verrückter benahm und sie sich Sorgen machten.

Jedermann in dem kleinen Ort beklagte sich bei meinem armen Vater über mich. Ich muß sagen, daß er eine unendliche Geduld hatte. Er hörte jeden an – es war fast ein Vierundzwanzig-Stunden-Job. Jeden Tag – tagein, tagaus, manchmal sogar mitten in der Nacht – kam jemand an, weil ich Dinge getan hatte, die nicht getan werden durften. Und ich tat nur Dinge, die nicht getan werden durften. Ja, ich staunte selbst, woher ich alle Dinge, die nicht getan werden durften, so genau kannte; denn nicht einmal per Zufall tat ich etwas, das hätte getan werden sollen.

Einmal fragte ich Pagal Baba: »Vielleicht kannst du es mir erklären. Ich könnte verstehen, wenn fünfzig Prozent von allem, was ich getan habe, falsch war, und fünfzig Prozent richtig, aber bei mir ist immer alles hundert Prozent falsch. Wie schaffe ich das bloß? Kannst du mir das erklären?«

Pagal Baba lachte und sagte: »Du kannst es eben. So muß man an die Dinge rangehen. Und kümmere dich nicht um das, was andere sagen; mach du auf deine Art weiter. Hör dir alle Beschwerden an, und wenn du bestraft wirst, genieße es.«

Ich genoß es wirklich, ich muß es gestehen – selbst die Bestrafung. Mein Vater hörte auf, mich zu bestrafen, als er herausfand, daß ich es genoß. Zum Beispiel sagte er einmal zu mir: »Lauf siebenmal um den Block herum, aber schnell, und komm dann zurück.«

Ich fragte: »Darf ich siebzigmal rennen? Morgens ist das so schön.«

Ich konnte sein Gesicht sehen. Er hatte gedacht, er würde mich bestrafen. Ich rannte tatsächlich siebzigmal um den Block. Nach und nach begriff er, daß es schwierig war, mich zu bestrafen. Ich genoß es.

Mein Vater tat mir immer leid, weil er unnötig litt. Ich hatte früher langes Haar, und ich liebte es. Nicht nur das, ich trug auch noch die Tracht des Punjab, die nicht in meiner Gegend getragen wurde. Ich hatte mich in die Punjabi-Kleidung verliebt, nachdem ich eine Gruppe von Sängern damit gesehen hatte, die durch unseren Ort gekommen waren. Ich finde, daß es die schönste Kleidung von ganz Indien ist. Mit meinen langen Haaren und mit *salvar* und *kurtha* bekleidet, hielten die Leute mich für ein Mädchen. Und ich ging immer durch den Laden meines Vaters, ich ging den ganzen Tag lang im Haus ein und aus.

Oft fragten die Leute meinen Vater: »Wessen Tochter ist das? Was sind das für Kleider, die sie trägt?«

Natürlich war mein Vater beleidigt. Ich kann nicht verstehen, was verkehrt daran ist, wenn jemand deinen Jungen für ein Mädchen hält. Aber in dieser männlich-chauvinistischen Gesellschaft kam mein Vater natürlich hinter mir hergerannt und sagte: »Hör zu, du hörst sofort damit auf, diesen *salvar* und diese *kurtha* zu tragen – die sehen ja aus wie Frauenkleider. Und außerdem schneidest du dir die Haare. Sonst schneide ich sie dir eigenhändig ab.«

Ich sagte zu ihm: »Wenn du mir mein Haar abschneidest, wirst du es bereuen.«

Er sagte: »Was soll das heißen?«

Ich sagte: »Ich habe es dir gesagt. Jetzt kannst du es dir überlegen und selbst rausfinden, was das heißen soll. Du wirst es bereuen.«

Er wurde stinkwütend! Nie wieder habe ich ihn so wütend gesehen. Er holte seine Schere aus dem Laden. Es war ein Tuchladen, und daher gab es immer Scheren, um die Stoffe zu schneiden. Dann schnitt er mir die Haare ab und sagte: »So, und jetzt kannst du zum Friseur gehen, damit er es besser macht, sonst siehst du aus wie eine Karikatur.«

Ich sagte: »Ich werde hingehen, aber du wirst es bereuen.«

Er sagte: »Nochmal? Was soll das heißen?«

Ich sagte: »Es ist dein Werk. Also denk selbst darüber nach. Warum sollte ich es dir erklären? Ich schulde keinem Menschen eine Erklärung. Du hast mein Haar abgeschnitten und du wirst es bereuen.«

Ich ging zu einem Friseur, der ein Opiumesser war. Ich suchte ihn mir absichtlich aus, weil er der einzige war, der alles tun würde, was ich ihm sagte. Kein anderer Friseur würde Dinge tun, die er nicht für richtig hielt.

Ich muß euch aber noch erklären, daß in Indien der Schädel

eines Kindes nur dann ganz kahlgeschoren wird, wenn sein Vater stirbt.

Ich ging zu diesem opiumsüchtigen Menschen, den ich sowieso gern mochte. Sein Name war Natthu. Ich sagte zu ihm: »Natthu, bist du wenigstens in der Lage, mir die Haare ganz abzuschneiden?«

Er sagte: »Ja, ja, ja« – dreimal! – Ich sagte: »Toll. So gehört es sich für einen Buddha – dreimal. Schneide sie bitte ab.« Und er rasierte mir den Kopf völlig kahl.

Als ich nach Hause kam, sah mein Vater mich an und war fassungslos: Ich sah aus wie ein buddhistischer Mönch. Der Unterschied zwischen dem buddhistischen und dem hinduistischen Mönch ist der, daß der Hindu-Mönch sich den Kopf bis auf eine Haarsträhne mitten auf der Schädelkrone rasiert, genau da, wo das *sahastrara*, das siebte Chakra sitzt. Damit soll es geschützt werden und ein bißchen Schatten vor der heißen Sonne finden. Der buddhistische Mönch riskiert da noch etwas mehr, er schneidet sich alles ab; er rasiert sich den ganzen Kopf.

Mein Vater sagte: »Was hast du getan? Weißt du, was das heißt? Jetzt krieg ich noch mehr Probleme als vorher. Jeder wird fragen: ›Warum ist dieses Kind ganz kahlgeschoren? Ist sein Vater gestorben?‹«

Ich sagte: »Das ist jetzt deine Sache. Ich hab' dir gesagt, daß du es bereuen wirst.« Und er bereute es monatelang. Die Leute fragten unentwegt: »Was ist passiert?«, denn ich ließ die Haare nicht nachwachsen.

Natthu war allzeit bereit, und er war ein so lieber Mensch! Jedesmal, wenn ich hinging und sein Stuhl leer war, setzte ich mich hinein und sagte: »Natthu, bitte nochmal.«

Was immer also an spärlichen Härchen nachgewachsen war – er schor es wieder ab. Er sagte zu mir: »Ich liebe es, Köpfe zu rasieren. Diese Idioten kommen zu mir und sagen: ›Schneid's mir so oder so, in diesem Stil...‹ Alles Quatsch. Das hier ist der beste Schnitt. Da brauch ich mir keine Sorgen zu machen, und du auch nicht. Es ist einfach schlicht, und sehr heilig.«

Ich sagte: »Du hast es getroffen – das hier ist eine sehr heilige Sache. Aber weißt du eigentlich, daß du Probleme kriegst, wenn mein Vater erfährt, daß du es bist, der das alles anstellt?«

Er sagte: »Mach dir nur keine Sorgen. Jeder weiß, daß ich ein Opiumsüchtiger bin. Ich darf alles. Es genügt schon, daß ich dir nicht den Kopf abschneide.« Und er lachte.

Ich sagte: »Gut, daß ich das weiß. Nächstes Mal, wenn ich gern den Kopf abgeschnitten haben möchte, komme ich einfach zu dir. Ich weiß, ich kann mich auf dich verlassen.«

Er sagte: »Ja, mein Junge, ja, mein Junge, ja, mein Junge.«

Vielleicht lag es am Opium, daß er immer alles dreimal sagen mußte, vielleicht aber auch daran, daß er nur so hören konnte, was er eigentlich sagte.

Aber mein Vater hatte seine Lektion gelernt. Er sagte zu mir: »Ich habe es lange genug bereut. So was passiert mir nicht noch einmal.«

Und so war es. Er hielt Wort. Es war das erste und letzte Mal, daß er mich bestraft hat. Selbst mir erscheint das unglaublich bei all den Scherereien, die ich ihm ständig machte. Aber er hörte sich geduldig alle Klagen an und sagte nie ein Wort zu mir. Ja, er tat sogar sein Bestes, um mich in Schutz zu nehmen.

Einmal fragte ich ihn: »Du hast mir versprochen, mich nicht zu bestrafen, aber du hast mir nicht versprochen, mich in Schutz zu nehmen. Du brauchst mich nicht in Schutz zu nehmen.«

Er sagte: »Du machst so schlimme Streiche, daß ich nicht weiß, wie du überleben sollst, wenn ich dich nicht beschütze. Irgendjemand wird dich früher oder später umbringen. Ich muß dich beschützen. Außerdem liegt mir dieser Pagal Baba ständig in den Ohren: ›Schütze dieses Kind.‹ Ich liebe und verehre ihn. Wenn er sagt, ich soll dich schützen, dann muß er recht haben. Dann kann ich eher glauben, daß sich das ganze Dorf irrt, ich selber eingeschlossen. Aber ich kann mir nicht denken, daß Pagal Baba sich irrt.«

Und es stimmte, Pagal Baba erzählte allen Leuten – meinen Lehrern, meinen Onkeln: »Schützt dieses Kind.« Sogar meine Mutter bekam gesagt, sie solle mich schützen. Ich kann mich genau erinnern, daß der einzige Mensch, zu dem er es nie gesagt hat, meine Nani war. Es war eine so glasklare Ausnahme, daß ich ihn einfach fragen mußte: »Warum sagst du nie zu meiner Nani: ›Schütze ihn‹?«

Er sagte: »Nicht nötig. Sie wird dich schützen, selbst wenn sie für dich sterben muß. Sie würde sogar mit mir kämpfen. Auf sie kann ich mich verlassen. Sie ist die einzige in deiner Familie, zu der ich nichts über deinen Schutz zu sagen brauche.«

Seine Erkenntnis war geschliffen klar. Ja, es gibt Augen, die können durch den Nebel hindurchsehen, den jeder Mensch um sich verbreitet, um sich dahinter zu verstecken.

32

Ich habe immer gestaunt, daß mit mir etwas von Anfang an richtiggelaufen ist. Natürlich gibt es so einen Ausdruck in keiner Sprache. Man kann zwar sagen: »Das ist falschgelaufen«, aber nicht: »Das ist richtiggelaufen«. Aber was kann ich dafür, wenn alles tatsächlich richtiggelaufen ist, von meinem ersten Atemzug an? Jedenfalls bisher, und ich hoffe, das wird sich nicht ändern. Es wird inzwischen Routine geworden sein.

Ich bin schon von so vielen Menschen ohne jeden Grund geliebt worden. Andere Menschen werden ihrer Talente wegen geachtet – ich werde dafür geliebt, daß ich einfach ich selbst bin. Und nicht erst seit heute. Darum sage ich ja: Von Anfang an muß etwas richtiggelaufen sein im Plan der Dinge. Anders wäre es gar nicht möglich gewesen.

Von Anfang an, und mit jedem Augenblick mehr, seit ich lebe, ist es richtiggelaufen, richtiger und richtiger. Man kann nur staunen.

Vielleicht kann ich das Wort »Gott« in diesem Sinne neu definieren: Wenn etwas ohne jeden Grund richtigläuft und du nichts dazutust, ja es nicht einmal verdienst, und es trotzdem immer weiter richtigläuft – kurz, wenn unabhängig von dir alles richtigläuft.

Ich als Person bin natürlich nicht der Richtige, aber trotzdem sind die Dinge mit mir seit eh und je richtiggelaufen. Selbst heute kann ich gar nicht glauben, daß so viele Menschen rund um die Erde mich ohne jeden Grund lieben. Ich habe nichts geleistet, weder äußerlich noch innerlich, was Achtung verdienen würde. Ich bin ein Nichtikus, einfach eine Null.

Am selben Tag, als ich meinen Dienst in der Universität quittierte, verbrannte ich alle meine Zeugnisse und Diplome und den ganzen Unsinn, den ich immer mitgeschleppt hatte, säuberlich aufgeschichtet. Es machte mir so viel Spaß, den ganzen Krempel zu verbrennen, daß meine ganze Familie zusammenlief und dachte, ich wäre nun endgültig verrückt geworden. Sie hatten ja immer gewußt, daß ich nicht ganz bei Trost war! Als ich ihre Gesichter sah, mußte ich noch lauter lachen.

Sie sagten: »Jetzt ist es passiert.«

Ich sagte: »Ja, endlich ist es passiert.«

Sie sagten: »Was meinst du mit ›passiert‹?«

Ich sagte: »Mein ganzes Leben lang hab' ich schon vorgehabt, diese Zeugnisse zu verbrennen, konnte es aber nicht, weil sie immer benötigt wurden. Jetzt nicht mehr. Ich kann wieder so ungebildet sein wie bei meiner Geburt.«

Sie sagten: »Du spinnst ja, du bist absolut verrückt. Du hast die wertvollsten Zeugnisse verbrannt. Du hast die Goldmedaille in den Brunnen geworfen. Und jetzt hast du auch noch den letzten Rest von Beweisen verbrannt, daß du einmal der Beste der ganzen Universität warst.«

Ich sagte: »Jetzt kann mir keiner mehr mit diesem ganzen Unsinn kommen.«

Selbst heute habe ich zu nichts Talent. Ich bin kein Musiker wie Hari Prasad. Ich bin kein Mann wie all die Nobelpreisträger; ich bin nur ein Niemand, aber Tausende haben mir ihre Liebe geschenkt, ohne etwas dafür zu erwarten.

Erst gestern erzählte Gudia mir, daß Asheesh in der Zeit, die ich auf diesem Stuhl gesessen habe, meinen anderen Sessel ausgebessert hat. Sie hatte Asheesh noch nie weinen sehen. Er war ganz in Tränen aufgelöst, und sie fragte: »Was ist los?«

Er sagte: »Ach, nichts weiter. Nur hat Osho fünf Tage lang

keinem Menschen gesagt, daß sein Sessel riecht, und ich bin verantwortlich, weil ich ihn gebaut habe. Ich hätte alles prüfen müssen. Ich hätte jedes Einzelteil abschnüffeln sollen. Wie ist das noch zu verzeihen?«

Asheesh ist kein gewöhnlicher Tischler. Er hat einen Doktor in Elektronik. Er ist so hochqualifiziert, wie man es nur sein kann. Und mit dem Sessel ist gar nichts verkehrt. Wenn etwas verkehrt ist, dann mit mir. Als ich von seinen Tränen hörte, mußte ich an die vielen, vielen Menschen denken, die mich geliebt und um meinetwillen geweint haben, ohne jeden Grund... Und ich bin auch kein sehr guter Mensch.

Wenn ihr die Guten von den Bösen scheidet, gehöre ich zweifellos auf die Seite der Bösen. Ich wäre der letzte, der bei Leuten wie Mahatma Gandhi, Mao Tse Tung, Karl Marx, Mutter Teresa, Martin Luther King stehen möchte – und die Liste ist endlos. Und was die Bösen betrifft, stehe ich allein.

Ich zumindest kann niemand zu den Bösen zählen. Adolf Hitler, Mussolini, Josef Stalin? Schließlich taten sie alle, was sie für gut hielten. Vielleicht war es das nicht, aber dafür können sie nichts. Sie waren geistig beschränkt, aber nicht böse. Ich kann niemand zu den Bösen zählen.

Wenn ich überhaupt jemanden dazuzählen müßte, dann würde ich an Leute denken wie Sokrates, Jesus, Mansur, Sarmad – Leute, die gekreuzigt, die bestraft wurden. Aber nein, nicht einmal sie kann ich dazuzählen. Sie waren einfach auf ihre Art anders. Es gab Leute, die versucht haben, mich zu bestrafen, aber es ist ihnen nie gelungen. Im Gegenteil, von Kunter Master bis Morarji Desai sind sie alle weg vom Fenster, und da gehörten sie auch von Anfang an hin.

Aber sonderbar, ich kann einfach sagen: Von Anfang an bin ich wirklich auf Rosen gewandelt. Es heißt immer: »So etwas gibt es nicht!« Aber was kann ich machen? Ich *bin* auf Rosen gewandelt; und ich habe erkannt. Ich habe die Seligkeit gesehen und sie erfahren, in jedem Augenblick meines Lebens.

Der erste Mensch, der mich »der Gesegnete« genannt hat, ist der Mann, den ich gestern als letztes erwähnte. Darum möchte ich heute abend weiter über ihn sprechen. Masta Baba... Ich will ihn nur Masto nennen, denn so wollte er von mir genannt werden. Ich nannte ihn immer Masto, wenn auch widerstrebend, und das habe ich ihm auch deutlich gemacht. Aber auch Pagal Baba hatte zu mir gesagt: »Wenn er will, daß du ihn Masto nennst, so wie ich ihn nenne, dann mache ihn bitte nicht unglücklich. Von dem Augenblick an, wo ich sterbe, wirst du für ihn sein, was ich für ihn war.«

Und noch am selben Tag starb Pagal Baba, und ich mußte ihn Masto nennen. Ich war nicht älter als zwölf Jahre alt, und Masto war mindestens fünfunddreißig oder älter. Für einen Zwölfjährigen ist das nicht so genau zu beurteilen, und fünfunddreißig ist ein sehr irreführendes Alter... Der Betreffende könnte dreißig oder vierzig sein, je nach Erbanlage.

Nun, das ist eine komplizierte Sache. Ich habe Männer gesehen, die mit sechzig noch ihr volles schwarzes Haar haben. Sie brauchen sich nichts darauf einzubilden – jede Frau hat das auch. Solche Männer waren eigentlich als Frauen geplant, mehr nicht. Durch Zufall ist irgendetwas richtiggelaufen. Es ist nur eine Frage der Chemie.

Frauen werden nicht so früh weiß wie Männer, sie haben eine andere Chemie, genauer gesagt Biochemie. Und Frauen haben selten eine Glatze. Es wäre wirklich schön, mal eine Frau mit Glatze zu finden. Mir ist in meinem Leben nur eine Frau begegnet, die vielleicht einmal eine Glatze bekommen könnte; sie war aber erst auf dem Wege dazu. Inzwischen könnte sie eine Glatze haben, denn es ist zehn Jahre her, daß ich sie gesehen habe.

Warum werden Frauen kahl? Ganz einfach: der Körper muß eben tote Zellen abwerfen in Form von Haaren, und die Frau kann keinen Bart oder Schnurrbart haben; sie hat nur eine begrenzte Fläche, wo überhaupt Haare wachsen können. Natürlich kann ein Mann nicht so lange Haare haben wie eine Frau, weil sein Haarwuchs mehr verteilt ist. Außerdem ist die Frau von Natur aus dazu bestimmt, durchschnittlich zehn Jahre länger als ein Mann zu leben.

Noch etwas: wenn ein Mann fünfunddreißig ist, hat er seinen sexuellen Höhepunkt erreicht. Aber das sage ich nur, um den armen Männern nicht zu nahezutreten. Eigentlich hat der Mann schon mit achtzehn seinen sexuellen Höhepunkt erreicht; danach baut er allmählich ab. Fünfunddreißig, kann man sagen, ist der Anfang vom Ende. Das ist der Moment, wo der Mann erkennt, daß er erledigt ist. Um diese Zeit wird der Mann spirituell, zwischen fünfunddreißig und vierzig. In diesen Jahren läßt er sich von allem möglichen Unfug beeindrucken. Der wirkliche Grund ist, daß er allmählich seine Potenz verliert. Und weil er seine Potenz verliert, fasziniert ihn die Omni-Potenz Gottes.

Was haben sie sich da für ein Wort ausgedacht – Omnipotenz! Das muß der impotenteste Mann der Welt gewesen sein, der als erster das Wort »Omnipotenz« geprägt hat. Sie werden Mitglieder der Theosophischen Gesellschaft, der Zeugen Jehovahs und ähnlicher Vereinigungen. Die können heißen, wie sie wollen, sie finden schon einen Anhänger, aber er wird immer zwischen fünfunddreißig und vierzig sein. Denn das ist die Zeit, wo der Mann Beistand braucht, um das Gefühl zu haben, daß er noch existiert.

Das ist die Zeit, wo die Leute mit allen möglichen Dingen anfangen – Gitarre spielen zum Beispiel, oder Sitar oder Flöte. Oder Golf, wenn sie reich sind. Wenn sie nicht reich sind, sondern nur arme Schlucker, dann fangen sie an zu trinken und Karten zu spielen. Jeden Moment spielen Tausende rund um die Welt Karten. In was für einer Welt leben wir? Und sie glauben an ihre Karten! An den König, die Königin und sogar an den Joker. Schließlich sind das die einzigen Könige und Königinnen auf der Welt – ausgenommen natürlich die Königin von England, die weder eine wirkliche Königin noch eine wirkliche Spielkartenkönigin ist; sie ist schlimmer.

Wovon sprach ich?

»Du sprachst von Masto – daß du ihn immer Masto genannt hast.«

Masto, gut. Er war ein König. Nicht ein Spielkartenkönig, nicht mal ein König von England, sondern ein wirklicher König. Das sah man, da war kein weiterer Beweis nötig. Seltsam, daß er der erste war, der mich »der Gesegnete« nannte: »Bhagwan«.

Als er es sagte, antwortete ich ihm: »Masto, bist du jetzt so verrückt geworden wie Pagal Baba oder etwa noch verrückter?«

Er sagte: »Merk dir, von diesem Augenblick an werde ich dich nie wieder anders anreden als so.«

Und dann sagte er: »Bitte vergönne es mir, der erste zu sein, denn Tausende werden dich den Gesegneten nennen. Der arme Masto muß wenigstens der erste sein dürfen. Gönne mir zumindest diese Auszeichnung.«

Wir umarmten uns und weinten beide. Das war unsere letzte Begegnung. Genau einen Tag zuvor hatte ich DIE ERFAHRUNG. Es war am 22. März 1953, als wir uns umarmten, ohne zu wissen, daß es unsere letzte Begegnung sein würde. Vielleicht wußte er es, aber ich war mir dessen nicht bewußt. Er sagte mir dies mit Tränen in seinen schönen Augen.

Neulich fragte ich Chetana: »Chetana, wie sieht mein Gesicht aus?«

Sie sagte: »Was?«

Ich sagte: »Ich frage, weil ich seit Monaten nichts anderes als Obst gegessen habe, außer an ein paar Tagen Raj Bhartis Mischmasch. Ich weiß nicht, woraus er besteht. Ich weiß nur, daß eine ungeheure Willenskraft dazugehört, ihn zu essen. Man muß ihn eine halbe Stunde lang kauen, aber er schmeckt sehr gut. Wenn ich endlich damit fertig bin, bin ich ganz müde, absolut müde, fast eingeschlafen. Darum frage ich.«

Sie sagte: »Osho, jetzt wo du mich fragst – darf ich dir die Wahrheit sagen?«

Ich sagte: »Nur die Wahrheit.«

Sie sagte: »Wenn ich dich ansehe, dann sehe ich nichts als deine Augen. Frag mich also bitte nicht. Ich weiß nicht, wie du vorher ausgesehen hast oder wie du jetzt aussiehst. Alles, was ich kenne, sind deine Augen.«

Schade, daß ich euch Masto nicht zeigen kann. Sein ganzer Körper war schön. Kaum vorzustellen, daß er nicht aus der Welt der Götter kam.

In Indien gibt es viele schöne Märchen; eines davon steht in der *Rig Veda* und handelt von Pururva und Uruvasi.

Uruvasi ist eine Göttin, der all die Freuden des Paradieses zum Halse heraushängen. Ich liebe die Geschichte, weil sie so wahr ist. Wenn du im Besitze aller Genüsse bist, wie lange hältst du es dann damit aus? Es wird dir zwangsläufig langweilig. Diese Geschichte muß jemand geschrieben haben, der sich auskannte.

Uruvasi wird es also zu langweilig mit all den Genüssen und all den Göttern und ihren Liebesaffären. Schließlich, als sie gerade in den Armen Indiras liegt, der der Obergott ist, nutzt sie den Augenblick... so wie jede Frau solche Augenblicke nutzt, um sich ein Collier zu wünschen oder eine Uhr oder einen Diamantring oder was einem sonst noch so einfällt.

Yashu Bharti, was würdest du dir wünschen? Weißt du's? Ja, du lachst, weil ich es auch weiß. Sag mir's einfach, sonst sag ich es. Soll ich es sagen? Nein, das gehört sich nicht für einen Gentleman. Und du lachst so glücklich – ich möchte es nicht kaputtmachen.

Uruvasi fragt Indira: »Darf ich dich um ein kleines Geschenk bitten, wo du doch so glücklich mit mir bist?«

Indira sagt: »Was immer es ist, frag nur, und es sei dir gewährt.«

Sie sagte: »Ich möchte zur Erde hinunter und einen gewöhnlichen Mann lieben.«

Indira war stockbetrunken. Ihr müßt euch klarmachen, daß indische Götter nicht so sind wie der christliche Gott – nicht einmal wie die christlichen Priester, geschweige denn wie der christliche Gott. Das Christentum ist eine diktatorische Religion. Die Hindu-Religion ist toleranter und auch menschlicher.

Indira ist also völlig betrunken und sagt: »Okay, aber nur unter einer Bedingung: Im gleichen Augenblick, wo du einem Mann verrätst, daß du eine Göttin bist, kommst du sofort ins Paradies zurück.«

Uruvasi kommt auf die Erde herunter und verliebt sich in Pururva, der ein Bogenschütze ist und ein Poet dazu. Und sie ist so schön, daß Pururva sie natürlich heiraten will.

Sie sagt: »Bitte sprich nicht vom Heiraten. Erwähne es niemals. Ich werde nur bei dir bleiben können, wenn du mir versprichst, es nie wieder zu erwähnen.«

Und Pururva weiß als Dichter natürlich die Schönheit einer Frau wie Uruvasi zu schätzen. Er hat dergleichen noch nie gesehen. Natürlich, sie ist eine Göttin auf Erden. Unter dem Einfluß dieser betörenden Schönheit verspricht er es. Danach sagt Uruvasi: »Noch etwas: du darfst mich nie fragen, wer ich bin, sonst lassen wir besser die ganze Sache von Anfang an sein. Es ist besser, wir fangen erst gar nichts miteinander an.«

Pururva sagt: »Ich liebe dich. Ich möchte nicht wissen, wer du bist – ich bin doch kein Geheimagent.«

Nachdem diese beiden Versprechen gegeben sind, liegen sich Uruvasi und Pururva in den Armen. Ein paar Tage später... Die *Veden* sind in dieser Hinsicht wirklich menschlich; alle anderen Schriften sind sehr bombastisch – genauer gesagt, reiner *bullshit.* Aber die *Rig Veda* ist einfach menschlich, mit allen menschlichen Begrenztheiten, Gebrechen, Schwächen und Unvollkommenheiten. Und wie alle Flitterwochen enden – im Westen vielleicht ein wenig schneller als in Indien – jedenfalls dauerte es bei den beiden sechs Monate.

In Amerika genügt ein Wochenende für Anfang und Ende der Flitterwochen. Und wenn die Flitterwochen vorbei sind, fängt die Ehe an. Du lieber Jesus! Und ihr behauptet, nach dem Tod finge für alle, die gesündigt haben, die Hölle an? Nein: nach den Flitterwochen! Die wahre Hölle ist die Ehe! In Indien ist es erst nach sechs Monaten so weit – da enden die Flitterwochen im Ochsenkarrentempo.

Eines Nachts wachte Uruvasi darüber auf, wie Pururva sie unverwandt betrachtete. Sehr unüblich für einen Ehemann, die eigene Frau zu betrachten! Was machte er nur? Betrachtete sie im Schlaf? Wäre sie die Frau eines andern gewesen, könnte man das verstehen, aber die eigene Frau? Aber Uruvasi muß – wie konnte es anders sein – eine göttliche Schönheit gewesen sein, ein Wesen aus dem Jenseits. Pururva konnte nicht anders.

Er fragte sie: »Bitte sag mir, wer du bist.«

Uruvasi sagte: »Pururva, du hast dein Versprechen gebrochen. Ich werde dir die Wahrheit sagen, aber von jetzt an kann ich nicht mehr bei dir sein.« Im gleichen Moment, wo sie ihm sagte, daß sie eine Göttin war, die sich im Paradies gelangweilt hatte und zur Erde gekommen war, um einen kleinen Geschmack von wirklichen Menschen zu bekommen, weil die Götter so unecht sind – im gleichen Moment löste sie sich einfach auf wie ein schöner Traum. Pururva sah wieder und wieder auf das leere Bett; es war niemand mehr da.

Es ist eine der schönsten Geschichten überhaupt, und ich habe sie immer geliebt.

Masto muß ein Gott gewesen sein, der in diese Welt hineingeboren wurde. Nur so läßt sich beschreiben, wie schön er war. Und es ist nicht nur die Schönheit des Körpers, der sicher schön war. Ich bin nicht gegen den Körper, ich bin absolut dafür. Ich liebte seinen Körper. Ich berührte immer sein Gesicht, und dann sagte er: »Warum berührst du mein Gesicht und machst dabei die Augen zu?«

Ich sagte: »Du bist so schön, und ich will nichts anderes sehen, was mich vielleicht ablenken könnte, darum behalte ich die Augen zu... damit ich dich so schön träumen kann, wie du bist.«

Habt ihr gehört, was ich gesagt habe? »...damit ich dich so schön träumen kann, wie du bist. Ich möchte, daß du mein Traum bist.« Aber es war nicht nur sein Körper, der schön war, auch nicht nur sein Haar – ich habe nie so schönes Haar gesehen, vor allem bei einem Mann. Wie oft habe ich sein Haar berührt und damit gespielt, und dann lachte er immer.

Einmal sagte er: »Also wirklich! Baba war ja schon verrückt, aber jetzt hat er mir einen Meister gegeben, der noch verrückter ist! Er hat mir gesagt, daß du an seine Stelle treten würdest, also kann ich dich an nichts hindern. Selbst wenn du mir den Kopf abschneidest, bin ich dazu bereit und willens.«

Ich sagte: »Hab keine Angst. Ich werde dir nicht einmal ein Haar abschneiden. Was deinen Kopf betrifft, den Job hat Baba schon erledigt. Nur die Haare sind noch übriggeblieben.« Dann lachten wir beide. Das geschah viele Male, in immer neuen Variationen.

Aber er war schön, an Körper und Seele. Wenn ich Geld brauchte, steckte er mir immer heimlich in der Nacht, um mich nicht zu beleidigen, welches in die Taschen. Ihr wißt, ich habe keine Taschen. Kennt ihr die Geschichte, wie ich meine Taschen verlor? Daran ist Masto schuld. Er tat mir immer Geld, Gold oder was er sonst lockermachen konnte, in die Taschen. Schließlich gab ich es überhaupt auf, Taschen zu haben... Das verführt die Leute nur. Entweder schneiden sie dir die Tasche auf und werden zu Taschendieben, oder, ganz selten, bei einem Menschen wie mir, machen sie es wie Masto.

Er wartete immer, bis ich eingeschlafen war. Gelegentlich tat ich so, als würde ich schlafen. Ich mußte sogar schnarchen, um ihn zu überzeugen – und dann erwischte ich ihn in flagranti, mit seiner Hand in meiner Tasche. Ich sagte: »Masto! Benimmt sich so ein weiser Mann?« Und wir lachten beide.

Schließlich gab ich es auf, Taschen zu haben, denn ich bin der einzige Mensch auf der Welt, der überhaupt keine Taschen braucht. In gewisser Weise ist es gut, weil mir niemand die Taschen aufschneiden kann. Es ist auch insofern gut, als ich kein Gewicht mitschleppen muß. Das kann immer jemand anders tun. Ich brauche es nicht zu tun. Ich habe seit Jahren keine Taschen gebraucht; man hat mir das immer abgenommen.

Erst heute morgen brachte mir Gudia Tee, und ich erlaubte der Untertasse, aus meiner Hand zu gleiten. Ich kann nicht sagen, daß ich sie fallen ließ. Das ginge zu weit, denn die Untertasse war schließlich sehr kostbar. Sie war mit Gold eingelegt. Und Gudia würde es mir nicht verzeihen, wenn ich sagen würde, ich hätte sie fallen lassen. Ich erlaubte der Tasse, aus meiner Hand zu gleiten. Und prompt fiel sie hin. Sie konnte schließlich nicht fliegen. Sie mußte fallen.

In diesem Moment verstand ich viele Dinge, die ich zwar schon immer verstanden hatte, die aber in dem Moment alle zusammen in mir hochkamen. Der Sündenfall... der Mensch konnte nicht fliegen – weder Adam noch Eva. Natürlich mußten sie fallen. Es lag nicht an der Politik der Schlange, es war für den Menschen einfach natürlich, zu fallen. Für Adam und Eva war es natürlich, völlig natürlich, zu fallen, denn es gab für sie keine Möglichkeit zu fliegen – keine Lufthansa, keine PanAm, nicht einmal Air India. Und der arme Adam war wirklich arm. Aber in gewisser Weise war es gut, daß er fiel. Sonst wäre er jetzt in der gleichen Situation wie Uruvasi.

Er hätte alle Früchte des Paradieses genossen, völlig lustlos natürlich. Er hätte lieblos neben Eva hergelebt. Im Paradies wird nicht so heiß geliebt. Ich sage das ohne Angst vor Vertreibung, denn ich will überhaupt nicht ins Paradies – also kann ich frei reden. Das Paradies ist der letzte Ort, wo ich hinmöchte; selbst die Hölle ist vorzuziehen. Warum? Einfach der guten Gesellschaft wegen. Das Paradies ist der reine Horror. Die Gemeinschaft der Heiligen... mein Gott! Diese Götter müssen schwachsinnig sein oder völlig ohne Hirn – wie die Roboter. Warum sonst drehen sie auf demselben Karussell immer die gleichen Runden? Ich möchte nicht mit von der Partie sein.

Aber Masto sah aus wie ein Gott, der zur Erde gekommen war. Ich liebte ihn, ohne jeden Grund natürlich, weil Liebe gar keinen Grund haben kann. Ich liebe ihn noch. Ich weiß nicht, ob er noch lebt, denn am 22. März 1953 verschwand er. Er sagte mir nur, daß er in den Himalaja ging.

Er sagte: »Meine Verantwortung ist erfüllt, mein Versprechen an Pagal Baba eingelöst. Jetzt bist du, was vorher nur Knospe war. Jetzt werde ich nicht mehr gebraucht.«

Ich sagte: »Nein, Masto, ich werde dich noch immer brauchen, aus anderen Gründen.«

Er sagte: »Nein. Du wirst für alles, was du brauchst, Mittel und Wege finden. Aber ich kann nicht warten.«

Seitdem erfuhr ich ab und zu – vielleicht von jemand, der aus dem Himalaja kam, einem Sannyasin, einem *bhikku* –, daß Masto in Kalimpong war oder in Nainital oder hier oder da; aber er ist nie aus dem Himalaja zurückgekehrt. Ich fragte jeden, der in den Himalaja ging: »Sollte dir dieser Mann begegnen...« Aber das war schwierig, denn er hatte sich nie fotografieren zu lassen.

Einmal hatte ich ihn endlich soweit, sich fotografieren zu lassen, und der Fotograf in meinem Dorf war ein Genie! Sein Name war Munnu Mian; ein armer Mann, aber er hatte eine Kamera. Es muß das älteste Modell der Welt gewesen sein. Seine Kamera hätte unter Denkmalschutz gehört; sie wäre heute Millionen Dollar wert. Aber nur ein Bild von jedem Film wurde was, und selbst das war nicht sicher. Und wenn du dir das Foto anschautest, konntest du nicht glauben, wie er es geschafft hatte, denn du warst nicht wiederzuerkennen! Er war Avantgarde! Wirklich Avantgarde! Er brachte mit der Kamera Dinge fertig, die nur einem Picasso gefallen hätten... oder vielleicht auch nicht. Vielleicht hätte es selbst Picasso nicht gefallen, wenn Munnu Mian ein Foto von ihm gemacht hätte.

Irgendwie überredete ich Masto dazu, Munnu Mian aufzusuchen. Munnu Mian war überglücklich. Masto setzte sich widerwillig in das Atelier dieses Dorfmenschen. Atelier ist zuviel gesagt; es war nur ein verrosteter Stuhl ohne Lehnen.

Es kamen nur selten Leute, um sich fotografieren zu lassen, und so gab es eigentlich gar kein Atelier. Ihr habt keine Ahnung, wie sich so etwas in indischen Dörfern abspielte. Ihr könnt es euch auch nicht vorstellen! Es ist heute noch genauso. Als Hintergrund gab es ein Gemälde, einen breiten Vorhang, auf dem eine Straßenszene aus Bombay aufgemalt war: riesige Gebäude, Autos, Busse. Und natürlich glaubte man dann, das Bild sei in Bombay entstanden. Was konnte man mehr erwarten bei einer Rupie für drei Bilder? Aber es gelang Masto... oder genauer gesagt, es gelang der Idiotie von Munnu Mian, alles wieder zunichtezumachen, was ich so sorgsam eingefädelt hatte: Er vergaß, die Platte in die Kamera zu tun!

Ich kann die ganze Szene noch vor mir sehen. Ich hatte Munnu Mian präpariert und gesagt: »Paß genau auf und arbeite sehr exakt. Es hat mich unendliche Mühe gekostet, diesen Mann hierherzuschleppen; und wenn du sein Bild hast, wird das eine tolle Reklame für dein Atelier sein.«

Das überzeugte ihn, und er sagte: »Ich werde es versuchen. Bring mir nur noch zwei Wörter auf Englisch bei. Ich habe gehört, daß man in den großen Städten, bevor man auf den Auslöser drückt, ›Bitte recht freundlich‹ sagt.« Natürlich sagte er es zu mir auf Hindi, aber er wollte es gern auf Englisch sagen, um diesem hochangesehenen Mann zu imponieren.

Dann wollte er noch wissen, wie man »Danke sehr« sagt, für hinterher, wenn alles vorbei war. Also bereitete er alles vor und sagte dann: »Bitte recht freundlich«, natürlich auf Englisch. Sogar Masto staunte, daß Munnu Mian Englisch konnte. Dann ließ er seine Kamera klicken – natürlich ein lautes Klicken. Ich sehe noch seine Kamera. Ich kann mit Sicherheit sagen, daß sie heute mindestens eine Million Dollar bringen würde, ein wahres Museumsstück. Sie war riesig.

Dann sagte er: »Danke sehr, Sir.« Und wir gingen.

Da kam er hinter uns hergerannt und sagte mit Tränen in den Augen: »Verzeiht mir, bitte kommt zurück. Ich vergaß, die Platte in die Kamera zu tun!«

Das war zuviel. Masto sagte: »Du Idiot! Mach bloß, daß du weg kommst, sonst kann ich für nichts garantieren! Ich kann sehr wild werden.«

Ich wußte, daß er kein bißchen wild werden konnte, und ich sagte zu Munnu Mian: »Mach dir keine Sorgen. Ich werde es noch einmal arrangieren.« Aber er machte sich aus dem Staub, rannte davon wie der Teufel. Ich rief: »So hör doch, lauf nicht weg!«, aber er wollte nicht hören.

Ich überredete Masto umzukehren, aber als wir beim Atelier ankamen, war es verriegelt. Munnu Mian hatte solche Angst, als er uns kommen sah, daß er das Atelier zusperrte und das Weite suchte.

Und darum haben wir kein Bild von Masto. Drei Fotos hätte ich gern gehabt, nur um sie euch zu zeigen: erstens eins von Masto – ein unglaublich schöner Mensch; das zweite von einem Mann, über den ich später noch sprechen werde, und das dritte von einer Frau, über die ich ebenfalls später sprechen werde. Aber von keinem dieser Leute habe ich ein Bild.

Und seltsamerweise waren sie alle dagegen, ein Foto von sich machen zu lassen, absolut dagegen – vielleicht, weil ein Bild unweigerlich die Schönheit verzerrt. Denn Schönheit ist ein lebendiges Phänomen, und ein Bild ist statisch. Wenn wir ein Bild von einer Blume machen – glaubt ihr vielleicht, es würde die wirkliche Blume zeigen? Nein, sie ist weitergewachsen. Sie ist schon nicht mehr dieselbe; doch das Bild wird immer dasselbe bleiben. Ein Bild wächst nie. Es ist von Anfang an tot. Wie nennt ihr es – totgeboren? Ist das richtig?

»Ja, Osho.«

Okay, ein Bild ist totgeboren, tot. Noch ehe es den ersten Atemzug getan hat, ist es tot. Es atmet nicht.

Der einzige von den Menschen, die ich geliebt habe, und für mich einer der schönsten – und der mir auch noch erlaubt hat, Fotos zu machen –, war meine Nani. Sie erlaubte es mir, aber nur unter der Bedingung, daß das Album in ihrer Obhut bleiben müsse.

Ich sagte: »Das ist weiter kein Problem, aber warum? Vertraust du mir nicht?«

Sie sagte: »Ich vertraue zwar dir, aber nicht diesen Fotos. Nicht, daß du mir damit schaden könntest, aber ich möchte, daß diese Fotos in meiner Obhut bleiben. Wenn ich tot bin, werden sie dir gehören.«

Sie ließ mich so viele Fotos von ihr machen, wie ich wollte. Aber als sie gestorben war und ich ihren Schrank öffnete, wo sie alle diese Fotos aufzubewahren pflegte, fand ich nur ein leeres Album vor. Sie konnte nicht schreiben und so hatte sie meinen Vater gebeten daraufzuschreiben: »Bitte, verzeih mir.« Und sie hatte es mit ihrem rechten Daumenabdruck signiert.

Die Menschen, mit denen ich euch gern bekanntgemacht hätte, wenigstens in ihrer äußeren Form, haben mich nie ein Foto von sich machen lassen. Nur einer hat es mir erlaubt, aber es scheint, meine Nani hat es mir nur erlaubt, um mir nicht wehzutun – und sie hat die Bilder immer vernichtet.

Das Album war leer. Ich prüfte es genau; es war nie benutzt worden. Ich durchsuchte das ganze Haus. Es ließ sich kein einziges Bild finden. Ich hätte euch liebend gern ihre Augen gezeigt, nur ihre Augen. Ihr ganzer Körper war schön, aber ihre Augen… Man müßte Dichter sein, um etwas über sie zu sagen, oder Maler, und ich bin weder das eine noch das andere. Ich kann nur sagen, daß sich in ihnen etwas vom Jenseits widerspiegelte.

33

Okay.

Gestern erzählte ich euch von Mastos Verschwinden. Ich glaube, er ist noch am Leben. Genauer gesagt, ich weiß es. Im Osten ist es eine der ältesten Überlieferungen, im Himalaja zu verschwinden, bevor man stirbt. In dieser herrlichen Gegend zu sterben ist reicher, als irgendwo sonst zu leben. Selbst das Sterben hat dort etwas Ewiges an sich. Vielleicht liegt es an der Ausstrahlung all der Weisen, die über die Jahrtausende hier ihre heiligen Gesänge angestimmt haben. Die *Veden* wurden hier komponiert, die *Gita* wurde hier geschrieben, Buddha kam hier zur Welt und starb hier, Laotse verschwand auf seine letzte Tage im Himalaja. Und Masto tat praktisch das gleiche.

Niemand weiß bis heute, ob Laotse gestorben ist oder nicht. Wie kann man das mit Sicherheit sagen? Daher die Legende, daß er unsterblich sei.

Kein Mensch ist unsterblich. Wer geboren wird, muß auch sterben. Laotse muß gestorben sein, aber die Menschen haben nie davon erfahren. Zumindest sollte man einen vollkommen privaten Tod haben können, wenn man es wünscht.

Masto hat sich erfolgreicher um mich gekümmert, als es Pagal Baba je gekonnte hätte. Erstens war Pagal Baba wirklich »der Verrückte«. Zweitens kam er nur ab und zu wie ein Wirbelwind, um mich zu besuchen und dann wieder zu verschwinden. Das ist nicht die Art, sich um jemanden zu kümmern. Einmal habe ich ihm das sogar gesagt mit den Worten: »Baba, du redest so viel davon, wie sehr du dich um dieses Kind kümmerst, aber bevor du das noch mal sagst, will ich, daß du mich anhörst.«

Er lachte und sagte: »Ich verstehe, du brauchst es gar nicht zu sagen, aber ich werde dich in die richtigen Hände geben. Ich bin nicht wirklich in der Lage, mich um dich zu kümmern. Kannst du das verstehen? Ich bin neunzig Jahre alt. Es ist endlich Zeit, den Körper zu verlassen. Ich bin eigentlich nur noch hier, um den Richtigen für dich zu finden. Sobald ich ihn gefunden habe, kann ich mich in den Tod hinein entspannen.«

Ich ahnte damals nicht, daß er es wirklich ernst meinte. Aber genau das tat er. Er übergab seine Verantwortung an Masto und starb – lachend. Das war das Letzte, was er tat.

Zarathustra hat vielleicht gelacht, als er geboren wurde... Es gibt keine Zeugen, aber er *muß* gelacht haben; sein ganzes Leben beweist es. Es war dieses Lachen, was die Aufmerksamkeit eines der intelligentesten Männer des Westens auf sich zog: Friedrich Nietzsche. Aber Pagal Baba lachte wirklich, als er starb, noch ehe wir fragen konnten, warum. Wir hätten die Frage sowieso nicht stellen können. Er war kein Philosoph und er hätte nicht geantwortet, selbst wenn er noch weitergelebt hätte. Was für eine Art zu sterben! Und wohlgemerkt, es war nicht nur ein Lächeln – ich sage, er hat wirklich gelacht.

Alle Anwesenden sahen sich an und dachten: »Was ist denn nun los?« Das brachte ihn so sehr zum Lachen, daß jeder dachte, bis jetzt wäre er nur mäßig verrückt gewesen, nun aber sei er völlig durchgedreht. Sie gingen alle weg. Natürlich lacht man nicht, wenn jemand geboren wird, einfach weil es so Sitte ist. Und genausowenig lacht man, wenn jemand stirbt, und auch nur, weil es die Höflichkeit so verlangt. Beides ist britisch.

Baba hatte immer etwas gegen Manieren und gegen Leute, die auf Manieren Wert legten. Genau deshalb liebte er mich, genau deshalb liebte er Masto. Und als er nach einem Mann suchte, der sich um mich kümmern konnte, hätte er natürlich keinen besseren finden können als Masto.

Masto war besser geeignet, als Baba je gedacht hätte. Er hat so viel für mich getan, daß es wehtut, es auch nur auszusprechen. Es ist etwas so Privates, daß man es nicht einmal dann aussprechen sollte, wenn man allein ist.

Gerade vorhin habe ich zu Gudia gesagt: »Sag Geet Bharti, er soll nie seine Aufzeichnungen in dieser Arche Noah liegenlassen«, denn gestern abend hat der Teufel aus seiner Mitschrift abgetippt. Ihr werdet es nicht glauben. Ja, ich konnte es selbst nicht glauben, als ich zuerst davon erfuhr. Gudia sagte, daß das Fenster dunkel gewesen sei. Ich wunderte mich und sagte mir: »Sind die verrückt geworden oder was? Sie tippen ohne Licht?«

Gudia ging nachsehen und sagte dann: »Das ist ja allerhand! Die Maschine macht genau das gleiche Geräusch wie eine Schreibmaschine.«

Nicht nur das, ab und zu blieb die Maschine stehen, wie wenn der Schreiber auf die Notizen sehen und dann weitertippen würde. Gudia fragte Asheesh: »Was kann das nur sein?«

Er sagte zu ihr: »Nichts weiter, nur auf dem Filter über der Lüftung hat sich zuviel Staub angesammelt, und daher kommt das Geklapper.« Aber genau wie eine Schreibmaschine? Mir gefiel die Geschichte trotzdem, und ich sage dir: Halte deine Notizen vor dem Teufel versteckt. Er kann sogar ohne Schreibmaschine tippen und ohne Licht.

Der Teufel ist immer ein Perfektionist. Er kann gar nicht anders; das gehört genau zu seiner Funktion. Tippen ohne Schreibmaschine – im Dunkeln? Und ich weiß, daß Geet Bharti seine Aufzeichnungen nirgendwo herumliegen läßt. Aber der Teufel kann sogar ohne Aufzeichnungen abtippen. Er kann euren Verstand lesen. Haltet also euren Verstand raus, wenigstens wenn ihr mit meinen Worten arbeitet. Haltet euren Verstand raus, sonst öffnet ihr dem Teufel die Tür.

Masto war die beste Wahl, die Baba hätte treffen können. Ich kann mir in keiner Hinsicht einen Besseren vorstellen. Nicht nur, daß er ein Meditierer war... natürlich war er das, sonst wäre zwischen ihm und mir keine Kommunion möglich gewesen. Und Meditation heißt einfach, kein Verstandesmensch zu sein, jedenfalls nicht in der Zeit, während du meditierst.

Aber das war nicht alles; er war noch viel mehr. Er war ein wunderbarer Sänger, auch wenn er nie vor Publikum sang. Wir beide haben oft über das gelacht, was man »das Publikum« nennt. Es besteht nur aus den zurückgebliebensten Kindern, und es ist ein Wunder, daß sie es überhaupt fertigbringen, sich zu einer festgesetzten Zeit an einem bestimmten Ort zu versammeln. Ich kann mir das nicht erklären. Masto sagte auch, daß er es sich nicht erklären könne. Es läßt sich einfach nicht erklären.

Er sang nie für Publikum, sondern nur für einige wenige Leute, die ihn liebten und die versprechen mußten, nie darüber zu reden. Seine Stimme war wirklich *His Master's Voice* – »die Stimme seines Herrn«. Vielleicht sang er gar nicht, sondern öffnete sich nur für »die Existenz« – das ist das einzige Wort, das hier paßt und das ich gebrauchen kann. Er erlaubte der Existenz, durch ihn hindurchzuströmen. Daß er sie nicht daran hinderte, war sein einziges Verdienst.

Er war auch ein begabter Sitar-Spieler, aber auch da habe ich ihn nie vor der Menge spielen sehen. Oft war ich als einziger anwesend, wenn er spielte, und er bat mich immer, die Tür zu schließen, wenn er spielte, indem er sagte: »Bitte verriegle die Tür und mach sie nicht wieder auf – egal, was passiert –, bis ich tot umfalle.« Und er wußte, wenn ich die Tür aufmachen wollte, dann hätte ich ihn erst töten müssen, bevor ich sie hätte aufmachen können. Und ich hielt mich an mein Versprechen. Aber es war eine solche Musik... Die Welt kannte ihn nicht; der Welt ist etwas entgangen.

Er sagte: »Diese Dinge sind so intim, daß es Prostitution wäre, vor einer Menschenmenge zu spielen.« Das war genau sein Wort: »Prostitution«. Er war wirklich ein Philosoph, ein Denker und sehr logisch – nicht wie ich. Mit Pagal Baba hatte ich nur eines gemein, und zwar den Wahnsinn. Masto hatte viele Dinge mit ihm gemein. Pagal Baba interessierte sich für viele Dinge. Ich könnte sicher kein Stellvertreter für Pagal Baba sein, Masto dagegen wohl. Ich kann von niemandem Stellvertreter sein – egal, wer es ist.

Masto hat so viel für mich getan, in jeder Hinsicht, daß es mir unbegreiflich war, wie Baba vorhersehen konnte, daß er genau der Richtige war. Ich war ein Kind und brauchte viel Anleitung – und obendrein kein eben leichtes Kind. Bevor ich nicht von etwas überzeugt war, bewegte ich mich keinen Zentimeter vom Fleck. Lieber ging ich ein paar Schritte zurück, nur um sicher zu sein.

Mir fällt dazu eine kleine Anekdote ein. Ich habe diese Anekdote immer als Witz benutzt. Viele von meinen Witzen mögen hier und da ein bißchen ausgeschmückt sein, damit sie mehr nach Witzen aussehen, aber viele sind aus dem wirklichen Leben gegriffen. Und das wirkliche Leben ist ein sehr viel besseres Witzblatt, als es irgendein Witzblatt je sein könnte. Woher ich weiß, daß dieser Witz aus dem wirklichen Leben stammt? Weil es gar nicht anders sein kann; alles andere ist ausgeschlossen. Ich erinnere mich, diesen Witz öfter erzählt zu haben, und gemerkt habe ich ihn mir so:

Ein Junge kommt zu spät zur Schule, viel zu spät. Es regnet. Die Lehrerin sieht ihn mit diesen eiskalten Augen an, die nur den Lehrern in die Wiege gelegt werden – und den Ehefrauen. Und wenn du eine Frau heiratest, die beides ist, dann gnade dir Gott! Wir können nur für dich beten. Dann wird diese Frau vier eiskalte Augen haben, die in alle Himmelsrichtungen blicken. Hütet euch vor Lehrerinnen! Heiratet nie und nimmer eine Lehrerin. Egal, was geschieht, lauft weg, bevor ihr stolpert und fallt! Fallt, wo ihr wollt, nur nicht auf eine Lehrerin, sonst wird euer Leben eine einzige Hölle. Und wenn sie Engländerin ist, dann verdreifacht sich alles!

Der kleine Junge, sowieso schon völlig verängstigt und durchnäßt vom Regen, hatte es mit Müh und Not geschafft, die Schule zu erreichen. Aber eine Lehrerin ist eine Lehrerin. Sie fragte ihn: »Warum kommst du so spät?«

Er hatte gedacht, er selbst wäre Beweis genug – es regnete so stark, es regnete Bindfäden, und er war pudelnaß und tropfte. Und trotzdem fragte sie noch: »Warum kommst du so spät?«

Wie jedes Kind dachte er sich etwas aus und sagte: »Miss, es ist so rutschig, daß ich bei jedem Schritt, den ich gemacht habe, zwei Schritte zurückgeschlittert bin.«

Die Frau blickte noch strenger drein und sagte: »Wie ist das möglich? Wenn du einen Schritt machst und zwei Schritte zurückrutschst – du lügst, denn dann wärst du nie in der Schule angekommen.«

Da sagte der Junge: »Miss, verstehen Sie doch bitte – ich hab' mich umgedreht, um nach Hause zu laufen, und so bin ich hergekommen.«

Ich sage, es ist kein Witz. Diese Lehrerin ist wirklich. Der Junge ist wirklich. Der Regen ist wirklich. Die Schlußfolgerung der Lehrerin ist wirklich, und die Schlußfolgerung des kleinen Jungen könnte nicht wirklicher sein. Ich habe Tausende von Witzen erzählt, und viele von ihnen stammten aus dem wirklichen Leben. Die, die nicht aus dem wirklichen Leben stammen, stammen ebenfalls aus dem wirklichen Leben, aber aus dem Untergrundleben, welches auch wirklich ist, aber nie an der Oberfläche – es wird nicht zugelassen.

Masto hatte echtes Talent auf vielen Gebieten. Er war Musiker, Tänzer, Sänger und was nicht alles, aber immer scheu vor »diesen Augen«. Er sprach von den Leuten als von »diesen häßlichen Augen«. Er sagte immer: »Die Leute können nicht sehen, sondern glauben nur, daß sie sehen. Ich will nichts mit ihnen zu tun haben.«

Wieder und wieder erinnerte er mich, ja keinen einzigen Freund mitzubringen – obwohl ich gar keinen hatte; ich meine keinen einzigen Bekannten.

Aber einmal, als ich ihn fragte: »Darf ich denn überhaupt nie jemanden mitbringen?«, da antwortete er: »Wenn es dir um die Freude geht, jemanden, den du liebst, mitzubringen, dann bring doch deine Nani mit. Bei ihr brauchst du nicht einmal zu fragen. Aber wenn sie nicht kommen will, dann kann man natürlich nichts machen.« Und so geschah es.

Als ich meiner Nani davon erzählte, sagte sie: »Sag Masto, er soll in mein Haus kommen und seine Sitar hier spielen.« Und er war ein so bescheidener Mensch, daß er kam, um seine Sitar für die alte Frau zu spielen. Und er war überglücklich, für sie spielen zu dürfen! Und ich war überglücklich, daß er kam und nicht ablehnte, wie ich befürchtet hatte.

Und meine Großmutter, meine Nani, die alte Frau, war plötzlich wie verwandelt – sie wurde wieder jung. Ich wurde Zeuge von etwas, das man nur eine Entrückung nennen kann! Je mehr sie mit der Sitar mitging, desto jünger wurde sie. Ich sah, wie ein Wunder passierte. Und als Masto schließlich auf seiner Sitar geendet hatte, war sie plötzlich wieder die alte Frau.

Ich sagte: »Das ist nicht recht, Nani. Gib dem armen Masto wenigstens eine Ahnung davon, was seine Musik in einem Menschen wie dir bewirken kann.«

Sie sagte: »Ich habe es nicht in der Hand. Wenn es passiert, passiert es. Wenn es nicht passiert, kann man nichts daran ändern. Ich weiß, Masto wird es verstehen.« Masto sagte: »Ich verstehe.«

Aber was ich gesehen hatte, war einfach unglaublich. Ich machte die Augen immer abwechselnd auf und zu, um festzustellen, ob ich nur träumte oder ob ich wirklich ihre Jugend zurückkehren sah. Selbst heute kann ich mir nicht denken, daß es nur meine Einbildung war. Damals vielleicht, aber heute habe ich überhaupt keine Einbildungen mehr. Ich sehe die Dinge, wie sie wirklich sind.

Masto blieb einer breiteren Öffentlichkeit unbekannt, aus dem einfachen Grund, weil er sich nie unter viele Menschen begab. Und sobald seine Verpflichtung mir gegenüber, sein Versprechen an Pagal Baba erfüllt war, verschwand er in den Himalaja.

Der *Himalaya*... das Wort selbst bedeutet: »Heimat des Eises«. Die Wissenschaftler sagen, daß über die Welt, falls eines Tages alles Eis des Himalaja schmilzt, eine wahre Sintflut hereinbrechen würde. Über die ganze Welt – es bliebe nicht nur auf einen Teil beschränkt; jeder Ozean würde um fünfzehn Meter steigen. Sie haben dem Himalaja den richtigen Namen gegeben. *Him* heißt »Eis«, und *alaya* heißt »das Zuhause«.

Dort gibt es Hunderte von Gipfeln mit ewigem Eis, das nie geschmolzen ist. Und die Stille, die um sie ist, die ungestörte Atmosphäre... Er ist nicht einfach nur alt, sondern hat auch eine eigentümliche Wärme; denn Tausende von Menschen von unermeßlicher Tiefe haben sich in diese Gegenden zurückgezogen, erfüllt von einer gewaltigen Kraft der Meditation, von ungeheurer Liebe, von Andacht und Gesang.

Der Himalaja ist und bleibt einmalig auf der ganzen Welt. Die Alpen sind Kinder im Vergleich zum Himalaja. Die Schweiz ist schön, um so mehr, als man dort alle Bequemlichkeiten zur Verfügung hat. Aber ich kann die stillen Nächte des Himalaja nicht vergessen: über dir die Sterne und ringsum kein Mensch.

Ich möchte auch dorthin verschwinden, genau wie Masto. Ich kann ihn verstehen. Und es wird keine Überraschung sein, wenn ich eines Tages verschwinde. Der Himalaja ist weit größer als Indien. Nur ein Teil des Himalaja gehört zu Indien. Ein anderer Teil gehört zu Nepal, ein weiterer zu Burma, ein anderer zu Pakistan – Tausende von Meilen Reinheit, nichts als Reinheit. Auf der anderen Seite liegen Rußland, Tibet, die Mongolei und China. Sie alle haben Anteil am Himalaja.

Es wird keine Überraschung sein, wenn ich eines Tages verschwinde, einfach um mich neben einen schönen Felsen zu legen und nicht mehr im Körper zu sein. Man kann keinen besseren Ort finden, den Körper zu verlassen – aber vielleicht tu ich's auch nicht, ihr kennt mich. Ich werde so unvorhersagbar sein wie eh und je, sogar noch in meinem Tod.

Vielleicht wollte Masto schon früher gehen und hat nur erst die Aufgabe erfüllt, die ihm sein Guru Pagal Baba gestellt hatte. Er hat so viel für mich getan, daß es sich nicht einmal aufzählen läßt. Er machte mich mit Leuten bekannt, an die ich mich jederzeit wenden konnte, falls ich einmal Geld brauchen sollte, und die es mir auch sofort geben würden. Ich fragte Masto: »Werden sie denn nicht fragen, warum?«

Er sagte: »Mach du dir darüber keine Gedanken. Ich habe all ihre Fragen schon beantwortet. Aber es sind Feiglinge; sie können dir ihr Geld geben, aber sie können dir nicht ihr Herz geben. So viel darfst du also nicht von ihnen verlangen.«

Ich sagte: »Ich verlange von keinem Menschen, daß er mir sein Herz gibt; das geht auch gar nicht. Entweder merkt man, daß man es verloren hat, oder nicht. Also werde ich diese Leute auch nur um Geld bitten, und auch das nur, wenn unbedingt nötig.«

Und er machte mich tatsächlich mit einer Menge Leute bekannt, die stets anonym geblieben sind; aber immer, wenn ich Geld brauchte, traf das Geld ein. Solange ich in Jabalpur lebte, wo ich an der Universität war und mehr als neun Jahre gewohnt habe, floß das Geld ständig. Die Leute machten sich Gedanken, denn mein Gehalt war nicht sehr hoch. Sie konnten nicht verstehen, wie ich mir einen so schönen Wagen leisten konnte, einen so schönen Bungalow, einen riesigen Garten – grün, wohin man nur sah. Und am selben Tag, als jemand fragte, woher denn ein so schönes Auto... am selben Tag trafen noch zwei weitere ein. Da waren es plötzlich drei Autos, und nirgends Platz, sie unterzustellen.

Das Geld floß immerzu. Masto hatte alles geregelt. Obwohl ich überhaupt nichts habe, keinen Pfennig Geld, regelt sich immer alles irgendwie von selbst.

Masto... es ist schwer, dir Adieu zu sagen, weil ich einfach nicht glaube, daß du nicht mehr am Leben bist. Du existierst noch. Mag sein, daß ich dich nie wiedersehen werde, aber das ist nicht so wichtig. Ich habe so viel von dir gesehen, daß dein bloßer Duft ein Stück von mir geworden ist. Aber irgendwo in dieser Geschichte muß ich mal einen Punkt machen, was dich betrifft. Es ist schwer, und es tut weh... Verzeih mir!

34

Heute morgen habe ich Masto sehr abrupt Adieu gesagt, und es hat mir den ganzen Tag noch nachgehangen. So geht's einfach nicht, jedenfalls nicht in seinem Fall. Das erinnert mich daran, wie ich ins College eintrat und meine Nani verließ, nach all den gemeinsamen Jahren.

Seit mein Großvater gestorben war und sie verlassen hatte, gab es in ihrem Leben nur noch mich. Es war nicht leicht für sie. Es war auch nicht leicht für mich. Außer ihr gab es nichts, was mich in dem Dorf halten konnte. Ich sehe den Tag noch vor mir: den frühen Morgen – es war ein wunderschöner Wintermorgen, und das halbe Dorf hatte sich versammelt.

Selbst heute sind jene Gegenden Zentralindiens noch nicht im zwanzigsten Jahrhundert angelangt – es ist dort wie vor zweitausend Jahren. Niemand hat viel zu tun. Jeder scheint genug Zeit zu haben, um nichts zu tun. Ich meine das wirklich so – jeder ist ein Nichtstuer. Ich meine es einfach in der wörtlichen Bedeutung, ohne die Bewertung, die das Wort überall auf der Welt bekommen hat. All die »Nichtstuer« waren also da. Bitte schreib das Wort in Anführungszeichen damit es niemand mißversteht.

Meine ganze Familie war da, und das war eine große Menschenmenge. Sie waren gekommen, weil sie kommen mußten. Ich sah keinen anderen Grund, warum ihre Gesichter dort auftauchten, die damals ebenso gesichtslos waren wie heute – bloße Namen. Aber mein armer Vater war da, meine Mutter war da, meine jüngeren Geschwister waren da, und sie alle weinten sehr. Sogar mein Vater weinte.

Ich hatte ihn nie in Tränen gesehen, nie zuvor und nie danach. Und ich lag nicht etwa im Sterben, sondern fuhr nur hundertfünfzig Kilometer weit. Es war einfach der Gedanke, daß ich auf mindestens vier Jahre, bis zum Collegeabschluß, fortging. Und was war, wenn ich mich entschließen sollte, noch zwei Jahre dranzuhängen, um den *Master*-Grad zu erwerben? Und danach würde es bis zum Doktor der Philosophie mindestens noch einmal zwei Jahre dauern!

Es war eine lange Trennung. Vielleicht würden dann viele von ihnen nicht mehr am Leben sein, wer konnte das wissen? Aber ich mußte nur an meine Nani denken, denn meine Mutter und mein Vater hatten so lange ohne mich gelebt, als ich klein war, daß ich jetzt auf eigenen Füßen stehen konnte, daß ich mir selbst helfen konnte. Ich brauchte keine fremde Hilfe.

Meine Nani dagegen... Ich kann noch die frühe Morgensonne sehen, den warmen Sonnenschein, die Menschenmenge, meinen Vater, meine Mutter. Ich berührte die Füße meiner Nani und sagte zu ihr: »Mach dir keine Gedanken. Wann immer du mich rufst, werde ich kommen, so schnell ich kann. Und denk nicht, ich ginge weit weg. Es sind nur hundertfünfzig Kilometer, nur drei Stunden mit dem Zug.«

Damals hielten die schnellen Züge noch nicht in jenem abgelegenen Dorf. Sonst hätte die Fahrt nur zwei Stunden gedauert. Heute halten sie – aber heute ist es egal, ob sie halten oder nicht.

Ich sagte zu ihr: »Ich werde sofort kommen. Hundert oder hundertfünfzig Kilometer sind nichts!«

Sie sagte: »Ich weiß, und ich mache mir keine Gedanken.«

Sie versuchte, sich so gut wie möglich zusammenzunehmen, aber ich konnte sehen, wie ihr die Tränen in die Augen stiegen. Das war der Augenblick, in dem ich mich abwandte und den Weg zum Bahnhof einschlug. Ich schaute nicht einmal mehr zurück, bevor ich um die Ecke bog. Ich wußte, wenn ich zurückschaute, würde sie entweder in Tränen ausbrechen, und dann wäre es aus mit dem College, oder wenn sie nicht in Tränen ausbrach, könnte sie sogar sterben, einfach zu atmen aufhören. Ich bedeutete ihr so viel! Ihre ganze Existenz drehte sich nur um mich: meine Kleider, mein Spielzeug, mein Zimmer, mein Bett, mein Bettzeug – den lieben langen Tag.

Ich sagte immer zu ihr: »Nani, du bist verrückt! Vierundzwanzig Stunden am Tag bist du nur damit beschäftigt, alles mögliche für mich zu tun, für mich, der nie im Leben irgend etwas für dich tun wird.«

Sie sagte: »Du hast es schon getan.«

Ich weiß nicht, was sie damit hat sagen wollen. Jetzt gibt es keine Möglichkeit mehr, sie zu fragen, aber die Art, wie sie sagte: »Du hast es schon getan«, war so stark, so voller Energie, daß es dich überwältigte, ob du es verstanden hast oder nicht. Selbst heute bin ich überwältigt, wenn ich nur daran denke.

Später erfuhr ich, daß die ganze Nachbarschaft, kaum daß ich um die Ecke gebogen war, zu fragen anfing: »Was ist das für ein seltsamer Junge – nicht einmal umgeschaut hat er sich...«

Und meine Nani war sehr stolz. Sie hat ihnen gesagt: »Ja, so ist mein Junge. Ich wußte, er würde sich nicht umschauen, und nicht nur an dieser Ecke, sein ganzes Leben lang wird er sich nicht umschauen. Und ich bin auch stolz darauf, daß er seine arme Nani verstanden hat. Er hat nämlich gewußt, daß ich in Tränen ausgebrochen wäre, wenn er sich umgeschaut hätte – und das wollte er eben nicht. Er hat ganz genau gewußt, besser als ich selber, daß er nicht mehr hätte weggehen können, wenn ich in Tränen ausgebrochen wäre. Nicht um sich für mich zu opfern, sondern aus Liebe zu mir. Er wäre sein ganzes Leben bei mir geblieben, nur damit ich nicht zu weinen brauchte.«

Masto so abrupt Adieu zu sagen, ist genau das gleiche. Nein, ich kann es nicht. Ich muß ein natürliches Ende finden, ohne einen willkürlich gesetzten Schlußpunkt. Denn so wie mein Leben beschaffen ist, kann ich nur darüber reden, wenn es weder Anfang noch Ende gibt.

In meinem Leben wird es weder Anfang noch Ende geben... Die Bibel sagt zwar: »Im Anfang...« Aber dies hier werdet ihr notgedrungen in den Grenzen eines Anfangs und eines Endes drucken müssen. Es wird nicht leicht sein, es so zu drucken, aber Geet Bharti wird verstehen; er ist ein Jude. Eine jüdische Schriftrolle kann praktisch ohne Anfang und Ende sein. Natürlich scheint ein Anfang da zu sein, aber das scheint nur so.

Darum fangen alle alten Geschichten mit »Es war einmal...« an, und danach kann man mit allem möglichen anfangen. Und mit »Es war einmal« hört auch alles wieder auf, ohne daß da ausdrücklich »Ende« steht. Mein Leben kann keine gewöhnliche Autobiographie sein.

Vasant Joshi schreibt eine Biographie von mir. Diese Biographie kann einfach nur sehr oberflächlich werden, so oberflächlich, daß es sich gar nicht lohnt, sie zu lesen. Keine Biographie kann in die Tiefe dringen, vor allem in die psychologischen Schichten eines Menschen. Besonders dann, wenn der Betreffende an den Punkt gelangt ist, wo das Denken, die Psyche keine Rolle mehr spielt angesichts des Nichts, das sich im Kern der Zwiebel verbirgt. Man kann sie Schicht für Schicht schälen, natürlich mit Tränen in den Augen, aber am Ende bleibt nichts übrig, und das ist der Kern der Zwiebel. Aus ihm ist sie überhaupt erst entstanden. Keine Biographie kann in diese Tiefe dringen, vor allem nicht in die Tiefe eines Mannes, der auch das Nicht-Denken kennt. Ich sage »auch« mit Vorbedacht, denn nur, wenn du das Denken kennst, kannst du das Nicht-Denken kennen. Das wird der kleine Beitrag sein, den ich der Welt zu geben habe.

Der Westen ist tief in die Erforschung der Psyche eingedrungen und hat Schicht um Schicht bloßgelegt – das Bewußtsein, das Unbewußte, das Unterbewußte und so weiter. Der Osten hat einfach die ganze Frage beiseitegeschoben und ist in den Teich hineingesprungen... Und siehe da, der tonlose Ton, das Nicht-Denken! Darum stehen Ost und West im Gegensatz zueinander.

In gewissem Sinne ist der Gegensatz verständlich, und Rudyard Kipling hatte recht, wenn er sagte: »West ist West, und Ost ist Ost, und nie werden die zwei sich begegnen.« Er hat bis zu einem gewissen Punkt recht. Er pointiert nur etwas, was ich auch sage.

Der Westen hat nur die Psyche erforscht, ohne denjenigen zu erforschen, der die Psyche erforscht. Es ist schon sehr merkwürdig, die sogenannten großen Wissenschaftler versuchen alle, die Psyche zu erforschen, und niemand fragt sich: *Wer* ist eigentlich der, der die Psyche erforscht?

H. G. Wells war kein schlechter Mann; er war ein guter Mann, einfach ein guter Onkel. Eigentlich ist er für meinen Geschmack zu süß – ein bißchen zuviel weißer Zucker. Doch ich sollte meinen Geschmack außer acht lassen; ihr habt jeder euren eigenen Geschmack, und nicht jeder ist Diabetiker. Ich bin nicht nur Diabetiker, ich bin auch gegen den weißen Zucker. Schon ehe ich wußte, was Diabetes ist, war ich gegen den weißen Zucker. Ich nenne ihn »das weiße Gift« und bin daher vielleicht etwas voreingenommen gegen den weißen Zucker.

Aber an H. G. Wells, obwohl er voll von weißem Zucker ist, ist doch noch mehr dran. Ab und zu kam ihm ein Geistesblitz, der einmalig war. Zum Beispiel seine Idee von der Zeitmaschine. Er hatte die Idee, daß man eines Tages eine Maschine erfinden würde, die in die Zeit zurückgeht. Begreift ihr, was das heißt? Das heißt, daß du in deine Kindheit zurückgehen kannst, in den Bauch deiner Mutter oder vielleicht, wenn du ein Hindu bist, in deine früheren Leben – vielleicht als Elefant, als Ameise oder was immer. Man könnte einfach rückwärts gehen und man könnte vorwärts gehen.

Die Idee an sich ist eine große Einsicht. Ich weiß nicht, ob es je derartige Maschinen geben wird. Aber es hat Menschen gegeben, die mit der gleichen Leichtigkeit, mit der ihr euch erinnern könnt, in der Zeit zurückgehen konnten. Fällt es euch etwa schwer, in euren gestrigen Tag zurückzugehen? Genau auf die gleiche Art sind besonders kühne Menschen in ihre gestrigen Leben zurückgegangen.

Vielleicht ist dieser Ausdruck nicht zulässig, aber das ist mir egal. Für mich klingt »gestriges Leben« völlig richtig. Wenn einem verkehrten Mann wie mir etwas richtig erscheint, dann könnt ihr sicher sein, daß es richtig sein muß. Es muß richtig sein.

Ich hatte plötzlich Schluß gemacht mit Masto. Aber dann hat es mich irgendwie den ganzen Tag lang gequält. Ihr wißt, man kann mich nicht quälen, ihr wißt, ich kann auch nicht unglücklich sein, aber bei dem Gedanken, daß ich wieder einmal so abrupt Schluß gemacht habe, muß ich an einen Vorfall denken, der direkt mit Masto zu tun hat.

Er war gekommen, um mich zum Bahnhof von Allahabad zu bringen. Im tiefsten Herzen wollten wir zwei uns niemals trennen, schon gar nicht an dem Tag damals. Der Grund zeigte sich später, aber das hatte nichts damit zu tun. Ich tippe das nur kurz an und werde euch die Einzelheiten später liefern. Er war gekommen, um mich am Bahnhof zu verabschieden, weil er gesagt hatte, daß er mich vielleicht zwei oder drei Monate lang nicht würde sehen können. Also wollte er noch so lange mit mir zusammensein, wie es nur eben ging.

Masto sagte: »Hoffen wir, daß der Zug Verspätung hat.«

Ich sagte: »Was redest du für Unsinn, Masto? Bist du jetzt wirklich übergeschnappt? Indische Züge – und du *hoffst,* daß sie Verspätung haben?«Der Zug kam, natürlich mit sechs Stunden Verspätung, was nicht viel ist für einen indischen Personenzug, einfach das Übliche. Aber wir waren nicht zu trennen. Wir redeten und redeten und waren so ins Gespräch vertieft, daß der Zug ohne mich wieder abfuhr. Wir lachten alle beide. Wir waren froh, daß wir nun doch noch ein paar Stunden zusammensein konnten, ehe der nächste Zug kam.

Der Bahnhofsvorsteher, der unser Reden, unser Lachen und den Grund unseres Lachens mitbekommen hatte, sagte: »Was vertut ihr eure Zeit auf diesem Bahnsteig? Geht doch auf den Bahnsteig gegenüber!«

Ich fragte: »Warum?«

Er sagte: »Da drüben halten nur Güterzüge, da könnt ihr so viel reden und lachen und euch umarmen und euren Spaß haben, wie ihr wollt, ohne befürchten zu müssen, daß ihr den Zug erwischt. Auf dem Bahnsteig dort drüben könnt ihr nie einen Zug erwischen.«

Ich sagte zu ihm: »Ich will gar keinen Zug erwischen. Und Masto will auch nicht, daß ich einen Zug erwische – aber was sollen wir machen?« Der Gastgeber, bei dem wir wohnten, hatte darauf bestanden, daß es für mich an der Zeit sei, wieder ins Universitätswohnheim zurückzukehren, mit der Begründung, ich dürfe meine Zeit nicht verschwenden.

Und auch Masto wollte, daß ich zumindest das *Master*-Examen mache, so wie es mein toter Freund Pagal Baba gewünscht hatte. Also mußte ich fahren. Ihr werdet es mir nicht glauben, aber ich blieb nur deshalb auf der Universität, weil ich Pagal Baba versprochen hatte, den *Master* zu machen. Als mir die Universität auch noch ein Doktorandenstipendium anbot, sagte ich jedoch: »Nein, denn mein Versprechen gilt nur bis hierhin.«

Sie sagten: »Hast du sie nicht mehr alle? Selbst wenn sie dir sofort eine Anstellung geben würden, könntest du nicht so viel Geld verdienen wie mit diesem Stipendium. Und das Stipendium ist nicht mal auf zwei Jahre begrenzt, sondern kann sich so lange hinziehen, wie es deine Professoren für richtig halten. Laß dir die Chance ja nicht entgehen.«

Ich sagte: »Dann hätte Baba von mir verlangen müssen, den Doktor zu machen. Was kann ich dafür, daß er das nie verlangt hat und daß er starb, ohne zu wissen, daß es so etwas wie den Doktorgrad gibt.«

Mein Professor gab sich große Mühe, mich zu überreden, aber ich sagte zu ihm: »Vergiß es einfach, denn ich bin nur hergekommen, um ein Versprechen gegenüber einem Verrückten zu erfüllen.«

Vielleicht hätte ich, wenn Pagal Baba etwas von Ph.D. oder D.Litt. gewußt hätte, in der Klemme gesteckt, aber Gott sei Dank kannte er nur den *Master*. Er glaubte, der sei das höchste der Gefühle. Ich weiß nicht, ob es wirklich in seinem Sinne gewesen wäre, das Stipendium anzunehmen. Jetzt läßt sich das nicht mehr feststellen. Eines ist gewiß: wenn er es gewünscht hätte, wäre ich hingegangen und hätte so viele Jahre verschwendet, wie dazu eben nötig gewesen wären. Aber mein eigenes Wesen hätte sich dadurch nicht erfüllt, so wenig wie durch den *Master of Arts*. Pagal Baba hatte es sich irgendwie in den Kopf gesetzt, daß man keinen guten Job bekommen könne, wenn man nicht einen M.A. besäße, einen Abschluß, der über das erste Examen hinausführt.

Ich sagte: »Baba, glaubst du, daß ich je den Wunsch nach einem Job verspüren werde?«

Er lachte und sagte: »Ich weiß, du wirst es nicht, aber nur für alle Fälle. Ich bin nur ein alter Mann, und ich bedenke alles, was schlimmstenfalls passieren kann. Du kennst das Sprichwort: ›Hoffe das Beste, aber rechne mit dem Schlimmsten.‹« Er fügte dem noch etwas hinzu; er sagte: »Und bereite dich auch auf das Schlimmste vor. Man darf ihm nicht unvorbereitet begegnen, denn wie will man sonst damit fertigwerden?«

Masto läßt sich nicht so leicht verabschieden. Also will ich den Gedanken daran einfach ganz fallenlassen. Soll er auftauchen, wo er will, es ist okay. Dies wird ohnehin keine orthodoxe, konventionelle Autobiographie. Es ist überhaupt keine Autobiographie, sondern nur das Mosaik eines Lebens, reflektiert in Tausenden von Spiegeln.

Ich war einmal zu Gast an einem Ort, den man den »Spiegelpalast« nannte. Er bestand nur aus Spiegeln. Es war grauenhaft. In ihm zu leben war unerträglich, aber vielleicht war ich der einzige, dem es Spaß machte. Der Rajah, dem der Palast gehörte, wunderte sich.

Er sagte: »Jedesmal, wenn ich sonst Gäste dort einquartiere, sagen sie schon nach ein paar Stunden zu mir: ›Bitte bring mich woanders unter, es ist zuviel.‹ Dich von so vielen Leute umringt zu sehen, die genauso aussehen wie du... und was immer du tust, tun sie auch! Wenn du lachst, lachen sie alle. Wenn du weinst, weinen sie alle. Wenn du dein Mädchen umarmst, umarmen sie es alle. Einfach grauenhaft! Du bekommst das Gefühl, selber nur ein Spiegel zu sein und sonst nichts, und daß die Spiegel es alle besser machen als du.«

Ich sagte zu dem Rajah: »Ich fühle mich wohl, wo ich bin. Ja, wenn du diesen Palast verkaufen willst, bin ich sogar bereit, ihn zu erwerben und ein Meditationszentrum daraus zu machen. Das wäre urkomisch! Leute, die nur dasitzen und sich von allen Seiten selber sehen, überall Tausende von Miniaturen von sich selber!

Sie könnten verrückt werden, aber das wäre ohnehin kein großes Unglück. Sie werden doch früher oder später in irgendeinem anderen Leben verrückt. So geht's nur ein bißchen schneller. Ich werde die Sache beschleunigen. Ich finde Nescafé-Methoden gut. Aber wenn sie es fertigbringen, angesichts der ganzen Menschenmenge um sich herum zu entspannen, ohne sich daran zu stören, wenn sie es hinnehmen und sagen können: ›Es ist okay, wie nett von euch, es so lange mit mir auszuhalten‹, und trotzdem noch mittendrin sitzenbleiben, dann werden sie erleuchtet. So oder so haben sie ihren Gewinn dabei.«

Beim Wahnsinn fällt man aus dem Verstand nach unten. Es gibt aber einen Wahnsinn, der fällt nach oben, über den Verstand hinaus. Dieser Wahnsinn ist Erleuchtung. Er ist abnorm; es ist also nicht verkehrt, wenn die armen Psychologen sagen, daß Leute wie Jesus oder Buddha abnorm sind. Aber sie sollten ein bißchen sensibler mit ihren Ausdrücken umgehen.

Wenn sie das gleiche Wort »abnorm« für die Insassen einer Irrenanstalt gebrauchen, wie können sie die Stirn haben, dieses Wort auf einen Buddha anzuwenden? Sie sollten sagen: »übernormal«. Buddhas und Irre sind zweifellos nicht normal. Darin sind wir einer Meinung. Der eine ist unter dem Normalen, der andere ist über dem Normalen. Beide sind sie abnorm, einverstanden, aber sie müssen verschieden klassifiziert werden. Und die Psychologie kennt keine Kategorie für das, was ich die »Psychologie der Buddhas« nenne.

Masto war zweifellos ein Buddha. Ich kann ihm nicht einfach sagen: »Danke und auf Wiedersehen!« Und zwar deshalb nicht, weil er so viel für mich getan hat. »Dankeschön« ist viel zu nichtssagend und wirklich fehl am Platz. Kein Mensch tut je so viel für einen andern.

Darum gibt es auch kein Wort dafür – niemand braucht es. Und ich kann nicht sagen: »Auf Wiedersehen«, denn weder wird er noch einmal auf die Welt kommen, noch werde ich noch einmal auf die Welt kommen. Eine Wiederbegegnung ist der Natur der Dinge nach ausgeschlossen. Die einzige Möglichkeit ist also, ihn auftauchen zu lassen, wann immer es sich ergibt. Und auf die Weise werden diese Erinnerungen ihr unverwechselbares Aroma erhalten: plötzliche, abrupte Ankünfte und Abfahrten.

Und so hole ich also Masto wieder zur Türe herein. Er war nicht vom gleichen Schlag wie Pagal Baba. Pagal Baba war einfach ein Mystiker; Masto war zugleich auch Philosoph. Nachts lagen wir oft stundenlang am Ufer des Ganges und diskutierten über unzählige Dinge. Wir genossen es einfach, zusammenzusein, ob wir dabei diskutierten oder schwiegen. Es war derselbe Ganges, an dem die *Upanischaden* zuerst gesungen wurden, an dem Buddha seine erste Ansprache hielt, an dem Mahavira herumzog und predigte... Unmöglich, sich die Mystik des Ostens ohne den Himalaja und den Ganges vorzustellen! Wirklich, diese beiden haben unendlich viel zu Indien beigetragen.

Ich muß wieder an die Schönheit dieser Stille denken... Wir saßen stundenlang da. Ab und zu schliefen wir sogar dort auf dem Sand, weil Masto gesagt hatte: »Es ist so schön heute abend, daß es eine Beleidigung wäre, jetzt ins Bett zu gehen. Die Sterne sind so nah.« Das war sein Wort – Beleidigung. Ich zitiere nur.

Ich sagte: »Masto, du weißt, daß ich die Sterne liebe, und vor allem dann, wenn sie sich im Fluß widerspiegeln. Die Sterne sind so schon schön, aber ihre Spiegelungen sind ein Wunder. Was das Wasser einfach so zuwegebringt, läßt sich nur mit Träumen vergleichen. Ich liebe die Sterne, den Fluß, die Spiegelungen der Sterne, und ich liebe deine Gesellschaft und deine Wärme. Es ist doch klar, daß wir hierbleiben. Nimm bitte nie auf mich Rücksicht, keinen einzigen Augenblick, denn schon dieses bißchen Rücksicht würde mir wehtun. Es würde zeigen, daß ich dir zur Last falle.«

Er sagte: »Was? Ich habe doch mit keinem Wort gesagt, daß du mir zur Last fällst!«

Ich sagte: »Das hast du auch nicht; niemand hat das gesagt. Ich habe es nur für alle Fälle gesagt. Denk daran: falls du aus irgendeinem Grund Rücksicht auf mich nimmst, dann sag es mir bitte, weil es mich sehr verletzt, wenn man Rücksicht auf mich nimmt.«

Ich erzählte ihm damals – und jetzt erzähle ich es euch –, daß Gurdjieff einen sehr seltsamen Gedanken vertrat. Ich glaube nicht, daß je irgendein anderer Meister diesen Gedanken vertreten hat – nicht etwa, weil dieser Gedanke nicht auch bei anderen angeklopft hätte, sondern weil, wie ich glaube, kein anderer bereit war, diesen Gedanken zur Tür hereinzulassen und auf ihn einzugehen.

Gurdjieff sagte immer: »Bitte nehmt nie und nimmer Rücksicht auf andere. Es ist eine Beleidigung.« Er ließ diese Worte über seine Tür schreiben. Es ist eine ungeheuer wichtige Aussage.

Die Leute zwingen sich gegenseitig, Rücksicht aufeinander zu nehmen. Sie sagen: »Bitte, nimm Rücksicht auf mich.« Was könnte unwürdiger sein, als zu einem andern zu sagen: »Bitte, nimm Rücksicht auf mich«? Ich habe das in meinem Leben noch zu keinem gesagt, zu keinem einzigen Menschen.

Ich erinnere mich an viele Situationen, wo mir genau diese Worte enorm geholfen hätten, aber sie sind so entwürdigend. Mit Ego hat das nichts zu tun, wohlgemerkt: Der Egoist bittet immer um Rücksicht, um so mehr, als er ja kein gewöhnlicher Mensch ist. Auf ihn muß als erstes Rücksicht genommen werden. Ein wirklich bescheidener Mensch kann nicht um Rücksicht bitten; im Gegenteil – er wehrt jede Rücksicht ab, selbst wenn man sie ihm zuteil werden läßt.

Ich war an der Universität, ein armer Student. Durch Arbeit in allen möglichen Jobs schaffte ich es irgendwie, auf die Universität zu kommen. Einmal nahm ich wieder rein zufällig an einer nationalen Preisdebatte aller Universitäten teil. Einer der Schiedsrichter war S.S.Roy, heute der Leiter der philosophischen Fakultät der Universität von Allahabad. Er verliebte sich in mich. Und von meiner Seite war es genauso. Er gab mir neunundneunzig von hundert möglichen Punkten – er war einer der Schiedsrichter bei der Debatte. Natürlich gewann ich. Es war eine sehr wichtige Debatte, weil der Gewinner drei Monate als Gast der Regierung den Mittleren Osten bereisen sollte. Er sollte geradezu wie ein Botschafter behandelt werden. Es war eine große Chance.

S.S.Roy gab mir neunundneunzig von hundert Punkten, und allen andern gab er null – nur um sicher zu gehen, daß ich gewinnen würde. Ich fragte ihn später: »Warum warst du bei mir so parteiisch?«

Er sagte: »In dem Augenblick, als ich in deine Augen sah, war ich hypnotisiert. Meine Frau sagt auch, daß ich von dir hypnotisiert bin, denn wie hätte ich sonst so etwas tun können? Wenn jemand deine Punkteliste sähe, würde ihm die Voreingenommenheit sofort ins Auge stechen: neunundneunzig von hundert – und das restliche Dutzend Teilnehmer nur null.«

Ich sagte: »Ich wollte nicht wissen, warum du mir neunundneunzig Punkte gegeben hast; das beschäftigt eher deine Frau.

Vielleicht beschäftigt das auch andere. Ich bin gekommen, um dich zu fragen, warum du mir nicht hundert Punkte gegeben hast.«

Einen Augenblick lang sah er mich an wie vor den Kopf geschlagen, dann fing er an zu lachen und sagte: »Ich war ein Verehrer von Masta Baba. Wie recht er hatte, als er zu mir sagte: ›Wenn du diesen Mann erst einmal gesehen hast, wirst du mich nicht mehr brauchen.‹ Und das sagte Masta Baba mir fast zwei oder drei Jahre, bevor er verschwand. Jetzt kann ich dir die Wahrheit sagen. Ich war nicht hypnotisiert; deine Augen haben mich einfach an ihn erinnert. Ich kenne auch Pagal Baba, und es ist sonderbar, wie sehr deine Augen den seinen gleichen. Ich weiß nicht, wie das kommt.«

Ich sagte: »Es sind nicht die Augen, sondern ihre Transparenz, was sie gleich erscheinen läßt. Es freut mich, daß du dich an Pagal Baba und Masta Baba aus einem Grund erinnert fühlst, der für mich die größte Belohnung auf der Welt ist –, nämlich, daß du in meinen Augen das gleiche gesehen hast. Nun will ich nur noch eines von dir wissen: Warum nicht hundert Punkte?«

Er sagte: »Ich bin ein armer Professor. Wenn ich dir hundert Punkte gegeben hätte und den übrigen elf Teilnehmern null, hätte es so ausgesehen, als wäre ich nicht fair gewesen. Ich bin fair, aber wer würde das schon verstehen? Wo sind die Masta Babas oder Pagal Babas, die es verstehen würden? Ich hab dir nur aus Feigheit neunundneunzig Punkte gegeben.«

Ich liebte diesen Mann, der so ohne weiteres sagen konnte, daß er ein Feigling sei, obwohl seine Handlung alles andere als feige gewesen war. Und was für einen Unterschied macht schon der eine Punkt? Neunundneunzig Punkte für den einen Teilnehmer und null für die andern: es läuft aufs gleiche hinaus. Er hätte mir auch hundert Punkte geben können oder noch mehr.

Aber diese Debatte, und daß er sich an Pagal Baba und Masta Baba erinnerte, war der Grund, warum ich an der Universität von Sagar blieb. Dort war er damals. Ich sagte: »Wenn ich schon weiterstudieren soll, dann wenigstens bei dir.«

Es war Pagal Babas und auch Masta Babas Wunsch, daß ich für den Notfall gerüstet sein sollte. Der Notfall trat nie ein. Nicht nur habe ich nie, zu keiner Zeit, Not gelitten, sondern ich bin sogar ständig mit Dingen überschüttet worden, von allen Seiten. Darum habe ich euch erklärt, daß mit mir etwas von Anfang an richtiggelaufen ist.

S.S.Roy war einer meiner liebsten Lehrer, einfach weil er es fertigbrachte, mich mitten im Seminar zu bitten, aufzustehen und ihm eine Sache zu erklären, die er nicht verstand. Und ich mußte es tun. Einmal sagte ich zu ihm: »Roy Sahib«, so nannte ich ihn immer, »es macht keinen guten Eindruck, daß du mich fragst, mich, deinen Studenten.«

Er sagte: »Wenn Pagal Baba deine Füße berühren konnte und wenn Masta Baba nicht nur deine Füße berühren konnte, sondern dir auch noch jede rationale und irrationale Forderung erfüllen mußte« – und dabei war ich von Anfang an irrational, nichts als irrational –, »warum sollte ich dich nicht fragen können? Ich bin nur ein kleiner Mann.«

Ich habe Hunderte von Professoren als Lehrer, Kollegen und Bekannte kennengelernt, aber S.S.Roy ragt heraus. Er war so authentisch, daß man keinen authentischeren Lehrer finden könnte. Und er war so vernarrt in alles, was ich zu ihm sagte, daß er mich in seinen Vorlesungen zu zitieren pflegte. Er machte nicht nur Gebrauch davon, sondern stellte es ausdrücklich als eine Äußerung von mir hin. Natürlich waren die anderen Studenten eifersüchtig. Selbst die anderen Professoren von der philosophischen Fakultät waren eifersüchtig. Und hört und staunt: Sogar seine Frau war eifersüchtig.

Ich erfuhr nur zufällig davon. Eines Tages ging ich zu ihm ins Haus, und sie sagte zu mir: »Was! Jetzt fängst du auch noch an, hierher zu kommen? Er ist schon ganz verrückt nach dir. Seit du in seiner Fakultät bist, ist unser Liebesleben in Scherben. Es ist einfach aus damit.«

Ich sagte: »Ich werde nie wieder in sein Haus kommen, aber vergiß nicht, daß die Sache dadurch nicht wieder in Ordnung gebracht wird. Eines Tages wirst du zu mir kommen müssen.« Und ich habe sein Haus nie wieder betreten. Nach etwa einem Jahr mußte seine Frau zu mir kommen, und sie sagte: »Verzeih mir. Bitte komm, nur du kannst uns versöhnen.«

Ich sagte: »Meine Arbeit, Paare auseinanderzubringen oder wieder zu versöhnen, hat noch nicht begonnen. Du wirst warten müssen.«

Sie weinte, und so mußte ich hingehen. Ich sagte kein Wort zu S.S.Roy. Ich setzte mich nur an seine Seite, hielt seine Hand und ging nach einer Stunde wieder, ohne ein einziges Wort zu sagen. Und das brachte es. Die Alchemie funktionierte. Es ist Magie im Schweigen.

Wieviel Zeit ist noch?

»Drei Minuten, Osho.«

Gut, denn *maximus*, das Maximum ist meine Devise. die ganze Dreifaltigkeit steht zur Verfügung, da können wir Wunder vollbringen...

Ist die Zeit um...? Dann ist sie um.

35

Okay.

Ich habe Ravi Shankar auf der Sitar spielen hören. Er hat alles, was man sich vorstellen kann: die Persönlichkeit eines Sängers, die Meisterschaft über sein Instrument und das Talent zu neuen Ansätzen, das bei klassischen Musikern selten anzutreffen ist. Alles Neue interessiert ihn ungemein. Er hat mit Yehudi Menuhin gespielt. Kein anderer indischer Sitarspieler wäre dazu bereit gewesen, weil so etwas noch nie dagewesen war. Sitar mit Violine! Seid ihr wahnsinnig? Aber Neuerer sind eben ein wenig verrückt; genau deswegen sind sie zu neuen Ansätzen fähig.

Die sogenannten vernünftigen Leute führen ein orthodoxes Leben vom Frühstück bis zum Schlafengehen. Was zwischen Schlafengehen und Frühstück ist, darüber sollte man lieber nicht reden. Nicht, daß *ich* Angst hätte, darüber zu reden; ich rede lediglich von ihnen. Sie leben nach Vorschrift. Sie folgen den Richtlinien.

Aber Neuerer müssen sich über die Vorschriften hinwegsetzen. Manchmal muß man sich weigern, die Richtlinien zu befolgen, einfach nur, um sie nicht zu befolgen. Und glaubt mir, es zahlt sich aus. Es zahlt sich aus, weil es immer zu Neuland führt, vielleicht in dir selbst. Das Medium mag sich unterscheiden, aber die Person in dir, die Sitar oder Violine oder Flöte spielt, ist die gleiche: verschiedene Routen, die alle zum gleichen Punkt führen, verschiedene Linien, die vom Kreis aus alle zur gleichen Mitte führen. Neuerer müssen einfach ein bißchen verrückt sein, unkonventionell... und Ravi Shankar war schon immer unkonventionell.

Erstens ist er ein Pandit, ein Brahmane, und er hat ein mohammedanisches Mädchen geheiratet! In Indien tut man so etwas nicht einmal im Traum – ein Brahmane, der ein mohammedanisches Mädchen heiratet! Ravi Shankar tat es. Aber es war kein x-beliebiges mohammedanisches Mädchen, sondern die Tochter seines Meisters. Das war sogar noch unkonventioneller und bedeutete, daß er es jahrelang vor seinem Meister verborgen gehalten hatte. Natürlich erlaubte der Meister die Hochzeit sofort, als er davon erfuhr. Er erlaubte sie nicht nur, sondern stattete sie sogar selbst aus.

Auch er war ein Revolutionär, von viel größerer Tragweite als Ravi Shankar. Allah Uddin Khan war sein Name. Ich ging ihn mit Masto besuchen. Masto brachte mich immer zu den ausgefallensten Leuten. Allah Uddin Khan war zweifellos einer der außergewöhnlichsten Menschen, die mir je begegnet sind. Er war sehr alt. Er starb erst, nachdem sein Jahrhundert voll war.

Als ich ihm begegnete, schaute er vor sich auf den Boden. Masto sagte auch kein Wort. Ich war ein bißchen verwundert. Ich kniff Masto, aber er tat so, als wäre gar nichts passiert. Ich kniff ihn stärker, aber trotzdem verzog er keine Miene. Da kniff ich ihn wirklich, und er sagte: »Au!«

Dann sah ich diese Augen von Allah Uddin Khan! Obwohl er so alt war, konnte man in den Falten seines Gesichtes Geschichte lesen. Er hatte noch die erste indische Revolution miterlebt. Das war 1857, und er erinnerte sich noch daran, also muß er zumindest alt genug gewesen sein, um sich erinnern zu können. Und er hatte ein ganzes Jahrhundert vorüberziehen sehen, und die ganze Zeit über hatte er nur eines getan: auf der Sitar geübt. Acht Stunden, zehn Stunden, zwölf Stunden jeden Tag, ganz nach klassischer indischer Art. Es ist eine Disziplin, und wenn man nicht übt, hat man es bald nicht mehr im Griff, so subtil ist es. Es geht nur in einem gewissen Zustand der Bereitschaft, sonst verliert man es.

Ein Meister soll einmal gesagt haben: »Wenn ich einmal drei Tage nicht übe, merkt es die Masse. Wenn ich zwei Tage nicht übe, merken es die Experten. Wenn ich einen Tag nicht übe, merken es meine Schüler. Und was mich betrifft, so kann ich keinen Augenblick aussetzen. Ich muß üben und üben, sonst merke ich es sofort. Selbst morgens, nach einem tiefen Schlaf, merke ich, daß etwas verlorengegangen ist.«

Die klassische indische Musik ist eine harte Disziplin, aber wenn du sie dir auferlegst, schenkt sie dir eine immense Freiheit. Natürlich, wenn du im Meer schwimmen willst, mußt du üben. Und wenn du im Himmel fliegen willst, dann ist es natürlich klar, daß eine gewaltige Disziplin erforderlich ist, aber sie kann dir von keinem andern aufgezwungen werden. Alles Aufgezwungene wird häßlich. Auf die Art ist das Wort »Disziplin« verunstaltet worden, weil man es heute mit dem Vater in Verbindung bringt, mit der Mutter, dem Lehrer und allen möglichen Leuten, die keinen Schimmer davon haben, was Disziplin eigentlich ist. Sie haben keine Ahnung, wie sie schmeckt.

Der Meister sagte: »Wenn ich einmal nur ein paar Stunden nicht übe, merkt es keiner, aber natürlich merke ich selbst den Unterschied.«

Man muß ununterbrochen üben, und je mehr du übst, desto geübter wirst du im Üben. Es wird leichter. Langsam, ganz langsam kommt der Augenblick, wo die Disziplin nicht mehr Üben ist, sondern Vergnügen.

Ich rede von der klassischen Musik, nicht von meiner Disziplin. Meine Disziplin ist ein Vergnügen von Anfang an, oder vielmehr, sie fängt gleich beim Vergnügen an. Aber mehr davon später...

Ich habe Ravi Shankar viele Male gehört. Er hat den Anschlag, diesen magischen Anschlag, den nur sehr wenige Menschen auf der Welt haben. Es war Zufall, daß er die Sitar in die Hände bekam. Er hätte berühren können, was er wollte, und es wäre sein Instrument geworden. Es liegt nie am Instrument, es liegt immer am Menschen. Er verliebte sich in die Ausstrahlung Allah Uddins, und Allah Uddin stand auf einer viel höheren Stufe als er – Tausende von Ravi Shankars zusammengenommen, oder besser, zusammenflickt, hätten ihm nicht das Wasser reichen können. Allah Uddin war ganz gewiß ein Rebell. Nicht nur ein Neuerer, sondern eine ursprüngliche Quelle von Musik. Er hat der Musik viel gegeben.

Heute sind fast alle großen Musiker Indiens seine Schüler. Und das hat seinen Grund. Es kamen immer alle möglichen Musiker, nur um Babas Füße zu berühren: Sitarspieler, Tänzer, Flötisten, Schauspieler und alle Welt. Man nannte ihn einfach nur »Baba«, denn wer gebrauchte schon seinen Namen Allah Uddin?

Als ich ihm begegnete, war er bereits über neunzig, da war er natürlich ein Baba. Das wurde dann einfach sein Name. Und er unterrichtete alle möglichen Instrumente und alle möglichen Musiker. Man konnte ihm jedes Instrument bringen, und er spielte darauf, als hätte er sein Lebtag nichts anderes getan, als dieses Instrument zu spielen.

Er wohnte gar nicht weit von meiner Universität, nur ein paar Fahrtstunden entfernt. Ich pflegte ihn hin und wieder zu besuchen – immer wenn gerade mal kein Festival stattfand. Ich betone das so, weil es dort ständig Festivals gab. Ich muß der einzige gewesen sein, der ihn je gefragt hat: »Baba, kannst du mir die Termine nennen, wenn hier keine Festivals stattfinden?«

Er sah mich an und sagte: »So, jetzt bist du also gekommen, um mir *die* Zeit auch noch wegzunehmen?« Und mit einem Lächeln gab er mir drei Termine. Im ganzen Jahr gab es nur drei Tage, an denen es dort kein Festival gab. Das lag daran, daß alle möglichen Musiker bei ihm lebten – Hindus, Mohammedaner, Christen – und jeder Feiertag begangen wurde und er sie alle gewähren ließ. Er war im wahrsten Sinne ein Patriarch, ein Schutzpatron.

Ich pflegte ihn an diesen drei Tagen zu besuchen, wenn er allein und von keiner Menschenmenge umlagert war.

Ich sagte zu ihm: »Ich will dich nicht stören. Du brauchst kein Wort zu reden. Du kannst machen, was du willst, auf deiner Vina spielen oder was immer. Wenn du den Koran rezitieren willst – liebend gern. Ich bin nur hergekommen, um ein wenig von deiner Luft zu schnuppern.«

Er weinte wie ein Kind. Es dauerte eine Weile, bis ich seine Tränen weggewischt und ihn gefragt hatte: »Habe ich dich verletzt?«

Er sagte: »Nein, ganz und gar nicht. Es hat nur mein Herz so tief berührt, daß mir nichts anderes übrig blieb, als zu weinen. Und ich weiß, ich sollte nicht weinen. Ich bin zu alt dafür, und es schickt sich nicht, aber muß man denn immerzu tun, was sich schickt?«

Ich sagte: »Nein, jedenfalls nicht, wenn ich hier bin.« Da fing er an zu lachen, und die Tränen in seinen Augen zu sehen, und das Lachen in seinem Gesicht, das beides zusammen war eine solche Freude!

Masto hatte mich zu ihm gebracht. Warum? Ich will nur noch ein paar Dinge sagen, bevor ich das beantworten kann...

Ich habe auch Villayat Khan gehört, einen anderen großen Sitar-Spieler, vielleicht ein bißchen größer als Ravi Shankar, aber kein Neuerer. Er ist absolut klassisch, aber wenn ich ihm zuhörte, konnte sogar ich mich für klassische Musik erwärmen. Gewöhnlich mag ich nichts Klassisches, aber er spielt so vollkommen, daß man nicht umhin kann, es zu lieben. Man muß es einfach lieben. Man hat es nicht in der Hand. Sobald er eine Sitar in Händen hält, hast du dich nicht mehr in der Hand. Villayat Khan ist reine Klassik. Er duldet keine Verunreinigung. Er duldet nichts Populäres, womit ich »Pop-Musik« meine, denn im Westen sagt man ja »Pop« dazu, und kein Mensch sagt mehr »populär«, was dasselbe ist. »Pop« ist nichts als das alte »populär«, nur beschnitten – so arg beschnitten, daß es blutet.

Ich habe Villayat Khan gehört. Und ich möchte euch gern eine Geschichte über einen meiner ganz reichen Anhänger erzählen – ich rede von 1970, denn seither habe ich nichts mehr von ihnen gehört. Es gibt sie noch. Ich habe mich nach ihrem Befinden erkundigt, aber Sannyas hat sehr vielen Leuten Angst eingejagt, vor allem den Reichen.

Diese Familie war eine der reichsten in Indien. Ich war erstaunt, als die Frau mir erzählte: »Du bist der einzige, dem ich es sagen kann: Seit zehn Jahren liebe ich Villayat Khan.«

Ich sagte: »Was ist verkehrt daran? Villayat Khan? – gar nicht verkehrt.«

Sie sagte: »Du verstehst mich nicht. Ich meine nicht seine Sitar, ich meine ihn.«

Ich sagte: »Natürlich – was würdest du mit seiner Sitar anfangen ohne ihn?«

Sie schlug sich mit der Hand vor die Stirn und sagte: »Verstehst du denn gar nichts?«

Ich sagte: »Wenn ich dich so ansehe, offenbar nicht. Aber ich verstehe durchaus: Du liebst Villayat Khan. Das ist völlig in Ordnung. Ich sage ja bloß, daß nichts verkehrt daran ist.«

Zuerst sah sie mich ungläubig an, denn wenn du in Indien etwas derartiges zu einem Heiligen sagst – die Frau eines Hindus verliebt sich in einen mohammedanischen Musiker, Sänger oder Tänzer! –, dann gibt er dir nicht seinen Segen dazu, das ist klar. Wenn du Glück hast, verflucht er dich nicht, aber höchstwahrscheinlich doch. Es dir auch nur zu verzeihen, ist schon allzu modern, ultramodern.

»Na und«, sagte ich zu ihr, »es ist doch nichts Schlimmes. – Liebe? Liebe, wen immer du lieben willst. Liebe kennt keine Schranken der Kaste oder des Glaubens.«

Sie sah mich an, als wäre ich derjenige, der sich verliebt hatte und sie der Heilige, mit dem ich darüber sprach.

Ich sagte: »Du siehst mich an, als wäre *ich* in ihn verliebt. Das stimmt auch. Auch ich liebe die Art, wie er spielt, aber ich liebe nicht den Mann.« Der Mann ist arrogant, was bei Künstlern das Übliche ist.

Ravi Shankar ist sogar noch arroganter; vielleicht, weil er dazu noch Brahmane ist. Das ist, wie wenn man zwei Krankheiten auf einmal hat: klassische Musik und Brahmane! Und seine Krankheit hat noch eine dritte Dimension, weil er die Tochter des großen Allah Uddin geheiratet hat; er ist sein Schwiegersohn.

Allah Uddin wurde so verehrt, daß sein Schwiegersohn zu sein schon genug Beweis war für die eigene Größe, für das eigene Genie. Aber zu beider Unglück hatte ich auch Masto spielen gehört. Und im gleichen Moment, wo ich ihn gehört hatte, sagte ich zu ihm: »Wenn die Welt von dir wüßte, würde sie all diese Ravi Shankars und Villayat Khans vergessen und ihnen sogar verzeihen.«

Masto sagte: »Die Welt wird nie von mir erfahren. Du wirst mein einziger Zuhörer bleiben.«

Ihr werdet staunen, wenn ich euch sage, daß Masto viele Instrumente spielte. Er war wirklich ein vielseitiges Genie, ein sehr fruchtbarer Geist, und er konnte aus allem möglichen etwas Schönes machen. Er malte, und zwar so gegenstandslos, wie es selbst Picasso nicht konnte, und so schön, wie es ohne jeden Zweifel selbst Picasso nicht konnte. Aber er zerstörte alle seine Gemälde und sagte: »Ich will keine Fußspuren auf dem Sand der Zeit hinterlassen.«

Aber manchmal spielte er Musik mit Pagal Baba, und so fragte ich ihn: »Was hast du da mit Baba laufen?«

Er sagte: »Meine Sitar ist für dich. Nicht einmal Baba hat sie gehört. Für Baba habe ich etwas anderes. Frag mich also bitte nicht danach. Du darfst es nicht hören.«

Natürlich wollte ich wissen, was es war. Ich war neugierig, aber ich sagte zu ihm: »Ich behalte meine Neugier für mich. Ich werde niemanden fragen – obwohl ich Baba fragen könnte und er mich nicht belügen kann. Aber ich werde nicht fragen, das verspreche ich dir.«

Er lachte und sagte: »Gut, dann werde ich, wenn Baba nicht mehr auf der Welt ist, dieses Instrument auch für dich spielen; eher kann ich es weder für dich noch irgendwen sonst spielen.«

Und an dem Tag, als Pagal Baba nicht mehr war, war das erste, was mir in den Sinn kam: »Was für ein Instrument ist es? Jetzt ist die Zeit da...« Ich verdammte mich, verfluchte mich, aber was half es? Das einzige, was mir kam, wieder und wieder, war: »Was ist Mastos Instrument?«

Neugier ist etwas sehr Tiefes im Menschen. Nicht die Schlange verführte Eva, sondern die Neugier verführte sie, und Adam obendrein, und so weiter und so fort... bis auf den heutigen Tag. Ich glaube, sie wird die Menschen ewig weiter verführen. Die Menschen laufen hinter der Neugier her. Sie ist ein seltsames Phänomen. Natürlich war es keine große Sache.

Ich hatte Masto schon andere Instrumente spielen hören. Mag sein, daß er auf diesem noch besser war – aber wenn schon! Ein Mann ist gestorben, und du denkst nur an das Instrument, das

Masto jetzt für dich spielen muß... Es ist menschlich.

Es ist gut, daß die Menschen keine Fenster im Kopf oben haben, sonst könnte man sehen, was sich drinnen abspielt. Dann wäre die Hölle los, denn was sie auf ihrem Gesicht vortäuschen, ist etwas völlig anderes. Es ist nur eine Persona, eine Maske. Was sind sie innen drin? – Ein Strom von tausend Dingen.

Wenn wir Fenster im Kopf hätten, würde uns das Leben sehr schwer werden. Aber der Gedanke amüsiert mich. Es würde den Leuten enorm Mut machen, still zu werden, damit andere, wenn sie ihnen in den Kopf hineinschauen, sehen können, daß es da nichts zu sehen gibt. Die Stillen könnten lächelnd ihren Nachbarn ins Gesicht sehen und sagen: »Guckt nur rein, Leute, guckt nur rein. Guckt euch die Augen aus dem Kopf.« Aber der Kopf hat keine Fenster. Er ist völlig versiegelt.

Als Baba starb, hatte ich nur einen Gedanken: Mastos Instrument. Verzeiht mir, aber ich bin entschlossen, die ganze Wahrheit zu sagen, egal was es ist. Und merkt euch alle, Geet Bharti, Raj Bharti und Yashu Bharti: Ich werde mir alle Zeit nehmen, die ich dazu brauche. Es kann Jahre dauern, bis ich alles gesagt habe, und darum sage ich euch: Macht das Buch schnell fertig; seht zu, daß sich kein Berg ansammelt.

Verlaßt euch nicht aufs Morgen; tut es einfach gleich. Nur so könnt ihr es überhaupt schaffen. Da seid ihr also ganz ahnungslos in die Falle gegangen! Und ihr bildet euch ein, *ich* säße in einer Mausefalle? Von wegen! Ich hab' euch alle drei, und ab jetzt wird die Falle jeden Tag enger; es gibt kein Entrinnen.

Es gibt da eine Frau – sie wird irgendwo in dieser Geschichte auftauchen, weil sie mir viel bedeutet –, die hat mir etwas Ähnliches erzählt. Das Witzige an ihr ist, daß sie mir von allen möglichen Dingen das erste Exemplar geschenkt hat: die erste Uhr, die erste Schreibmaschine, den ersten Wagen, das erste Tonbandgerät, den ersten Fotoapparat. Es ist mir schleierhaft, wie sie das fertigbrachte, aber jedesmal war es das erste. Ich werde euch später von ihr erzählen. Erinnert mich, wenn es so weit ist.

Sie erzählte mir von der einzigen Sache, die ihr das Herz bedrückte: sls die Mutter ihres Mannes starb, spürte sie Hunger.

Ich sagte: »Was ist schlecht daran, hungrig zu sein?«

Sie sagte: »Findest du das etwa richtig? Die Mutter meines Mannes ist tot, sie liegt tot vor mir, und ich spüre nichts als Hunger und kann nur an eine gute Mahlzeit denken: *paratha, bhaju, pulau, rasogulla?* Ich habe es keiner Menschenseele erzählt«, sagte sie zu mir, »weil ich dachte, daß mir das niemand verzeihen würde.«

Ich sagte: »Das ist doch absolut in Ordnung. Was kannst du dafür? Du hast sie doch nicht umgebracht. Irgendwann muß man schließlich wieder essen, und je früher, desto besser. Und kurz vor dem Essen malt man sich eben aus, was man gern ißt.«

Sie sagte: »Bist du dir sicher?«

Ich sagte: »Wie oft soll ich es dir sagen?«

Damals, als sie es mir erzählte, wußte ich plötzlich wieder, wie ihr zumute gewesen sein muß, denn ich erinnerte mich, wie Baba starb und mein erster Gedanke war – Gedanken sind wirklich komische Leute...: »Was ist das Instrument, das Masto spielt?« Kaum sah ich Masto also wieder, sagte ich zu ihm: »So. Jetzt also...«

Er sagte: »Okay.«

Kein weiteres Wort war nötig. Er verstand, und zum ersten Mal spielte er für mich auf der Vina. Er hatte sie noch nie vor mir gespielt. Sie ist eine Art Gitarre, aber komplizierter, und sie steigt zu Höhen hinauf, die selbst die Sitar nicht erreichen kann, und auch zu Tiefen hinunter, bei denen alle Sitars auf halbem Wege zurückbleiben.

Ich sagte: »Die Vina!! – Masto, und diese Erfahrung wolltest du mir vorenthalten?«

Er sagte: »Nein, nein – nie. Aber als ich mit Baba zusammen war und noch nichts von dir wußte, hatte ich ihm von mir aus versprochen, daß ich dieses Instrument vor keinem andern spielen würde, solange er lebt. Jetzt bist du für mich Pagal Baba. Von nun an sehe ich dich nur noch so. Jetzt kann ich für dich spielen. Ich habe nichts vor dir verborgen, aber ich kannte dich damals noch gar nicht, als dieses Versprechen gegeben wurde. Jetzt gilt es nicht mehr.«

Einen Moment lang konnte ich meinen eigenen Ohren nicht trauen, wie *viel* er vor mir verborgen hatte.

Ich sagte: »Masto, du weißt, daß das nicht gut war zwischen Freunden.«

Er sah zu Boden und schwieg. Es war das erste Mal in meinem Leben, daß ich ihn in einer solchen Stimmung sah.

Ich sagte zu ihm: »Nein, kein Grund zur Reue und kein Grund zum Traurigsein. Was passiert ist, ist passiert; es hat nichts mehr mit uns zu tun.«

Er sagte: »Ich habe es gar nicht bereut, ich habe mich geschämt. Ich weiß, etwas zu bereuen ist ein sehr leichter Weg, sich die Hände in Unschuld zu waschen. Aber sich zu schämen... du kannst es abwaschen, aber danach ist es immer noch da. Du kannst es nochmal abwaschen, und es bleibt trotzdem.«

Das Gefühl der Beschämung kommt nur Menschen, die wahrhaft groß sind. Gewöhnlichen Menschen kommt es nicht. Sie wissen nicht, was es heißt, sich zu schämen. Da fällt mir plötzlich etwas ein... Wie spät ist es?

»Zehn Uhr zweinundzwanzig, Osho.«

Okay.

Nicht, nach der Uhrzeit zu fragen, war mir plötzlich eingefallen. Die Uhrzeit fällt mir nie ein, und das wißt ihr. Manchmal geht es einfach zu weit. Ihr seid hungrig und wollt so schnell wie möglich in die Mariam-Kantine... und ich rede immer noch. Klar, ihr könnt mich nicht anhalten. Ich kann mich nur selbst anhalten. Nicht nur das, ich sage euch sogar, erst dann anzuhalten, wenn ich »Schluß« sage. Es ist nur eine alte Gewohnheit. Nein, ich mußte an etwas anderes denken, nicht an die Uhrzeit.

Masto wohnte im Haus meiner Nani. Das war mein Gästehaus. Im Haus meines Vaters war nicht einmal Platz für den Gastgeber, geschweige denn einen Gast! Es war völlig übervölkert! Ich kann mir nicht vorstellen, daß die Arche Noah noch übervölkerter gewesen sein kann. Alle möglichen Kreaturen gab es da – was für eine Welt! Ja, es war fast eine Welt. Aber das Haus meiner Nani stand fast leer; so wie ich gern alles habe – leer.

Das Wort »leer« trifft nicht genau, was ich sagen möchte. Mein Wort ist *shunya.* Und ihr dürft bitte nicht an Doktor Eichling denken, nur weil sein Name – der Name, den ich ihm gegeben habe – Shunyo ist. Aber der arme Eichling scheint ein Chinese zu sein oder sowas. Was ist das für ein Name – Ai-Chling! Ein Amerikaner kann er nicht sein, und als er sich den Bart abrasiert hat, sah er aus wie ein Chinese. Ich habe ihn ganz zufällig getroffen. Ich konnte ihn nicht mal wiedererkennen.

Ich sagte: »Was ist denn mit dir passiert?«

Gudia erinnerte mich und sagte: »Es ist Shunyo.«

Ich sagte: »Gut, daß du mich erinnert hast, sonst hätte ich ihm eins verpaßt. Er sieht aus wie ein Chinese. Warum hast du dir den Bart abgeschnitten?« fragte ich ihn. Er sagte: »Weil ich nach Amerika zurückgehe, um dort zu praktizieren.«

Ich sagte: »Mein Gott, muß man sich den Bart abrasieren, um in Amerika zu praktizieren?«

Tatsächlich haben alle großen Ärzte, wenn man sich mal die Geschichte der Medizin anschaut, aus unerfindlichen Gründen einen Bart gehabt. Vielleicht hatten sie keine Zeit, um sich zu rasieren. Oder vielleicht hatten sie keine Frauen, wozu sich also die Mühe machen? Ich fragte ihn: »Wer hat dir die Idee in den Kopf gesetzt, daß du dir den Bart abschneiden mußt, wenn du in Amerika Doktor sein willst? Und statt Shunyo bist du wieder zu Doktor Eichling geworden? Bist du eine Katze, oder was? Es heißt, eine Katze habe neun Leben. Wie viele Leben hast du, Mister Eichling?«

Das Haus meiner Nani war wirklich *shunyo*. Es war so leer, wie ein Tempel es sein sollte. Und sie hielt es ebenso sauber. Ich mag Gudia aus vielen Gründen; einer ist, daß sie alles so sauber hält. Sie findet sogar an mir etwas auszusetzen! Und wenn sie in puncto Sauberkeit an mir etwas auszusetzen hat, dann gebe ich ihr natürlich immer recht. Sie ist genauso penibel wie meine Nani. Vielleicht kann ein Mann einfach nicht diese Qualität haben, die den Frauen von Natur aus mitgegeben ist. Eine schmuddelige Frau ist einfach ein Graus. Ein schmuddeliger Mann geht gerade noch, man kann es ertragen – schließlich ist er nur ein Mann. Aber eine Frau hält sich und ihre Umgebung instinktiv sauber. Und Gudia ist englisch, richtig englisch.

Es gibt nur zwei richtig englische Leute: Gudia und Sagar... auf der ganzen Welt, meine ich.

Meine Nani war so auf Sauberkeit versessen, daß Gott jedenfalls erst an zweiter Stelle kam. Den ganzen Tag war sie am Saubermachen... für wen? Es gab nur mich. Ich kam abends, und morgens war ich wieder weg. Und den ganzen Tag lang hielt sich die arme Frau mit Saubermachen auf Trab.

Einmal fragte ich sie: »Wird dir das denn nie zuviel? Es verlangt doch keiner, daß du das alles machst.«

Sie sagte: »Das Saubermachen hat mir so geholfen. Es ist für mich fast eine Art Gebet geworden. Du bist mein Gast. Du wohnst hier doch gar nicht mehr, oder? – Also bist du ein Gast. Ich muß mein Haus für den Gast herrichten.« – In Indien sagt man: »Der Gast ist ein Gott...« Sie sagte: »Du bist mein Gott.«

Ich sagte: »Nani, bist du verrückt? Ich bin dein Gott? Du hast noch nie an einen Gott geglaubt!«

Sie sagte: »Ich glaube nur an die Liebe, und ich habe sie gefunden. Nun bist du der einzige Gast in meinem Tempel der Liebe. Ich muß ihn so rein halten, wie ich nur kann.«

Ihr Haus wurde zum Gast-Haus, nicht nur für mich, sondern auch für meine Gäste. Immer wenn Masto kam, wohnte er in ihrem Haus. Und meine Nani diente grundsätzlich jedem, den ich mit in ihr Haus brachte, als wäre er ihr eigener Gast, so als wäre ihr dieser Mensch wirklich wichtig.

Ich sagte zu ihr: »Du brauchst dir nicht so viel Mühe zu machen.«

Sie sagte: »Es sind deine Gäste, also muß ich mich um sie kümmern, mehr noch, als ich mich um meine eigenen Gäste kümmern würde.«

Ich habe Nani nie mit Masto reden sehen. Ab und zu sah ich sie wohl beisammensitzen, aber ich habe sie nie miteinander reden sehen. Es war auffallend.

Ich fragte sie: »Warum redest du nicht mit ihm? Magst du ihn nicht?«

Sie sagte: »Ich mag ihn sehr, aber es gibt nichts zu sagen. Ich habe nichts zu fragen; er hat auch nichts zu fragen. Wir nicken uns einfach zu und sitzen schweigend beisammen. Es ist so schön, einfach schweigend dazusitzen. Mit dir rede ich. Ich muß so vieles fragen, und du hast mir so vieles zu erzählen. Mit dir ist das Reden schön.«

Ich begriff, daß die beiden einfach anders miteinander umgingen. Die Art, wie meine Nani und ich miteinander umgingen, war anders und sicher nicht die einzig mögliche Art. Von diesem Tag an nahm das Reden zwischen uns ab, bis es schließlich ganz aufhörte. Dann konnten wir oft stundenlang beisammensitzen. Ihr Haus war wirklich schön. Es war ganz nah am Fluß. Und jetzt, wo ich wieder »Fluß« sage, fängt sofort in meinem Herzen etwas zu singen an.

Ich werde diesen Fluß nie wiedersehen. Aber das ist auch nicht nötig, denn ich brauche nur die Augen zu schließen, um ihn zu sehen. Wie ich höre, soll es dort heute nicht mehr so schön sein. Gleich daneben sind viele Häuser entstanden und Geschäfte eröffnet worden; es ist ein Marktplatz geworden. Nein, ich möchte gar nicht mehr hin. Selbst wenn ich hin müßte, würde ich die Augen schließen, einfach nur um das schöne Fleckchen Erde so zu sehen, wie es einmal war – hohe Bäume und ein kleiner Tempel... Ich kann noch die Glocke läuten hören.

Erst gestern brachte mir Sheela ein paar Glocken, besondere Glocken, eine Art, wie sie in den meisten Teilen der Welt unbekannt ist. Es sind tibetische Glocken. Obwohl sie in Kalifornien hergestellt wurden, sind sie tibetisch im Stil. Nicht nur das, *obwohl* in Kalifornien hergestellt, sind sie sogar noch verbessert worden. Tibetische Glocken sind meist ziemlich roh, aber diese waren sehr viel feiner und aus Glas. Ich will sie euch beschreiben.

Es sind keine Glocken, wie ihr sie euch vorstellt, sondern sie sind wie Teller, viele Teller, auf einen Faden gereiht, die aneinanderschlagen, wenn der Wind sie bewegt. Und der Ton ist wirklich hörenswert. Es sind wunderschöne Glocken. Ab und zu stellen sie in Kalifornien wirklich ein paar schöne Dinge her. Ansonsten sind es alles Kalipornier. Aber hin und wieder machen sie ganz hübsche Sachen.

Ich habe schon viele Arten von Glocken gesehen. Ein tibetischer Mönch in Kalimpong hat mir einmal eine tibetische Glocke gezeigt, die ich nie vergessen werde. Es lohnt sich, sie euch noch mal zu beschreiben. Vielleicht werdet ihr nie so etwas zu sehen bekommen, weil solche Glocken zum absterbenden Tibet gehören. Bald werden sie ganz verschwinden. Die Glocke, die ich sah, war ganz bestimmt ein ausgefallenes Stück. Ich hatte davor nur Glocken in Indien gesehen und assoziierte mit dem Wort »Glocke« die indische Glocke. Sie wird an der Decke aufgehängt, und es ist ein kleiner Klöppel darin, den man gegen die Glockenwand schlägt. Das soll den Gott wecken, der immer wieder einschläft. Mir gefällt das Liebenswerte daran – daß selbst Gott aufgeweckt werden muß! Wieviel mehr also erst der Mensch? Aber diese tibetische Glocke war völlig anders. Man mußte sie auf den Fußboden stellen, nicht an der Decke aufhängen.

Ich sagte: »Das soll eine Glocke sein? Es sieht gar nicht so aus.«

Der Lama lachte: »Warte es ab«, sagte er. »Es ist nicht nur eine Glocke, sondern sogar eine ganz besondere Glocke.«

Und er holte einen kleinen hölzernen Stab aus seiner Umhängetasche. Dann fing er an, den Stab immer im Kreise an der Innenwand der sogenannten Glocke, die wie ein Topf aussah, entlangzureiben. Nachdem er ein paarmal damit herumgefahren war, schlug er die Glocke an einem bestimmten Punkt an, der markiert war, und merkwürdig – die Glocke wiederholte das ganze tibetische Mantra *Om Mani Padme Hum!* Als ich es zum ersten Mal hörte, konnte ich es nicht glauben – so klar gab sie das Mantra wieder.

Er sagte: »So eine Glocke kannst du in jedem Kloster Tibets finden, weil wir das Mantra gar nicht so oft aufsagen können, wie wir sollten. Aber zumindest können wir die Glocke das Mantra aufsagen lassen.«

Ich sagte: »Großartig, gar nicht so dumm, diese Glocke!«

Er sagte: »Absolut nicht. Und wenn du sie am falschen Fleck anschlägst, wirst du merken, daß sie auch schreien kann. Sie wiederholt das Mantra nur, wenn du sie am richtigen Fleck triffst, sonst tönt sie ganz schrill und macht jeden möglichen Lärm, nur nicht das Mantra.«

Ich bin in Ladakh gewesen, einem Land zwischen Indien und Tibet. Vielleicht wird jetzt Ladakh zum wichtigsten religiösen Land auf der Welt, so wie einst Tibet. Tibet ist erledigt – ermordet, massakriert. In Ladakh habe ich die gleichen Glocken wiedergesehen, aber viel größer, haushoch. Man konnte sogar in sie hineingehen und mit dem herabhängenden Stab jedes Mantra hervorbringen, das man wollte, wenn man damit bestimmte Punkte anschlug. Man braucht nur die Sprache der Glocke zu kennen. Es ist fast wie bei einem Computer.

Wovon sprach ich, Geet Bharti?

»Du sprachst davon, daß Nani nie mit Masto geredet hat, daß sie immer nur schweigend beisammengesessen haben...«

Richtig. Also sollten wir jetzt auch schweigend beisammen sitzen... zehn Minuten für mich. Um Gottes willen – ob er existiert oder nicht – entspann dich doch!

Satyam Shivam Sunderam... Ich bin nicht, und du versuchst, mich zu erreichen. Das sieht doch jeder – siehst du es nicht? Ich bin nicht. Mach noch ein paar Minuten weiter, nur zwei Minuten, ich warte nämlich auf etwas. Sei also auf der Hut. Ja... Gut...

Wirklich, Geet Bharti. Du hättest eine so gute Ehefrau abgegeben, da würde sogar ich lachen. Aber ich darf ja nicht.

Schluß.

36

Gerade eben mußte ich an eine Geschichte denken. Ich weiß nicht, wer die Geschichte erfunden hat oder warum, und außerdem finde ich ihre Schlußfolgerungen nicht richtig, aber trotzdem liebe ich sie.

Die Geschichte ist einfach. Ihr mögt sie schon gehört haben, aber habt sie vielleicht nicht verstanden, weil sie so einfach ist. Jeder meint, das Einfache zu verstehen. Es ist eine komische Welt. Die Leute wollen das Komplizierte verstehen und lassen dabei das Einfache links liegen, in der Meinung, daß es keine Aufmerksamkeit verdient. Vielleicht habt ihr dieser Geschichte noch nie aufmerksam zugehört, aber wenn ich sie erzähle, wird sie euch sicher wieder einfallen.

Geschichten sind seltsame Kreaturen; sie sterben nie. Sie werden auch nie geboren, sie sind so alt wie die Menschheit; darum liebe ich sie so. Wenn in einer Geschichte keine Wahrheit steckt, ist es keine Geschichte. Dann ist es vielleicht Philosophie, Theosophie, Anthroposophie. Es mag noch so viele »Sophien« geben, sie alle sind Unsinn, Nonsens – schreib »Nonsens« ohne Bindestrich – reiner Nonsens. Denn normalerweise würde man das

Wort mit einem Bindestrich schreiben, zwischen »Non« und »sens«. Ich sehe keinen Grund für einen Bindestrich. Wenigstens bei meinen Worten nimm ihn weg, außer wenn ich sage, daß Zen Non-sens ist, da gehört der Bindestrich wirklich hin.

Ich habe diese Geschichte zum ersten Mal Masto erzählt, der sie schon vorher gehört haben mußte, aber nicht in der verzerrten Art, wie ich immer alles erzähle oder erfinde.

Die Geschichte geht so – und jetzt erzähle ich sie Masto: »Gott erschuf die Welt, Masto.«

Masto sagte: »Irre! Du bist doch sonst immer gegen Philosophie und Religion gewesen. Was ist passiert? Das ist das Urrätsel aller Religionen.«

Ich sagte: »Warte, sei nicht so voreilig! Sei nicht so dumm, Schlüsse zu ziehen, bevor du nicht die ganze Geschichte gehört hast.«

Masto sagte: »Ich kenne die Geschichte.«

Ich sagte: »Du kannst sie nicht kennen.«

Er sah mich verblüfft an und sagte: »Na hör mal! Wenn du willst, kann ich sie dir haarklein wiedererzählen.«

Ich sagte: »Du kannst sie mir wiedererzählen, aber das heißt nicht, daß du sie verstehst. Heißt erzählen verstehen? Ist der Papagei, der Buddhas Sutren nachplappert, ein Buddha oder auch nur ein Boddhisattva?«

Da wurde er wirklich nachdenklich. Ich wartete, sagte dann aber: »Bevor du anfängst zu denken, hör dir die Geschichte an. Was du kennst, kann nicht dasselbe sein wie das, was ich kenne, weil wir nicht dieselben sind. Also: Gott erschuf die Welt. Natürlich erhebt sich da die Frage, und genau so wird sie in den *Veden* gestellt: Warum erschuf er die Welt? Die *Veden* sind in dieser Hinsicht einfach großartig. Dort steht: Vielleicht weiß er ja selbst nicht mal, warum – und mit ›er‹ ist Gott gemeint.«

Und ich kann das Schöne daran sehen. Vielleicht kam alles aus der Unschuld, nicht aus dem Wissen. Vielleicht erschuf er ja gar nicht, sondern spielte nur so herum, wie ein Kind Häuser aus Sand macht. Wissen die Kinder, für wen die Häuser sind? Wissen sie von der Ameise, die in der Nacht hineinkriecht und sich dort wohl fühlt?

In Hindi sind alle Ameisen »sie« – ich weiß nicht, warum. Sie werden nie für männlich gehalten. Die Wahrheit ist, daß nur eine Ameise, die Königin, weiblich ist; alle anderen Ameisen sind männlich. Das ist komisch, oder vielleicht auch gar nicht so komisch, denn um diese Wahrheit zu vertuschen, nennt man die Ameise »sie«. Vielleicht weil die Ameise so klein ist, fühlt sich das männliche Ego brüskiert, wenn sie »er« heißt. Schließlich wird der Elefant »er« genannt; der Löwe wird »er« genannt. Wenn man spezifisch auf den weiblichen Elefanten hinweisen will, sagt man »Elefantenkuh«, oder zu einem weiblichen Löwen »Löwin«, aber ansonsten ist der allgemein gebrauchte Ausdruck männlich. Aber die arme Ameise... und leider habe ich ausgerechnet sie für meine Geschichte ausersehen.

Sie oder er – wer immer die Ameise ist – fängt an zu philosophieren... Vielleicht kann die Ameise gar keine »Sie« sein, denn wo soll sonst die Philosophie herkommen? Mir ist noch nie eine Frau begegnet, die philosophiert. Mir sind zwar viele Philosophieprofessorinnen begegnet, aber witzigerweise reden selbst diese Professorinnen nur von Kleidern und Filmen. Über Anwesende sind sie des Lobes voll; über Abwesende zerreißen sie sich das Maul. Philosophie ist so ziemlich das Letzte, woran sie denken. Wie sie es schaffen, Professorinnen zu werden, wundert mich gar nicht, obwohl ihr vielleicht gedacht habt, daß es mich wundern müßte. Aber lehren können sie, weil dazu kein Denken nötig ist – ja, das ist sogar die fundamentale Voraussetzung. Wenn du denkst, kannst du nicht lehren.

Einer meiner Professoren war der seltsamste Mensch, der mir in der ganzen Universitätswelt begegnet ist. Jahrelang schrieb sich kein einziger Student für seine Vorlesung ein, einfach weil er zwar seine Vorlesungen immer pünktlich begann, aber kein Mensch wußte, wann er wieder aufhören würde zu reden.

Bevor er anfing, sagte er jedesmal: »Bitte, erwarte kein Ende, denn nichts auf der Welt endet je. Wenn du gehen willst, kannst du gehen, denn von der Welt gehen auch viele, und die Welt geht trotzdem weiter. Nur störe mich bitte nicht. Frag mich bitte nicht: ›Darf ich gehen, Sir?‹ – Niemand fragt das, selbst wenn er sterben muß. Warum solltest du das also einen armen Philosophieprofessor fragen? Darf ich dich fragen, mein Lieber, warum du überhaupt hergekommen bist? Du kannst gehen, wann immer du willst. Und ich werde so lange sprechen, wie mir die Worte kommen.«

Als ich an die Universität kam, sagte jeder zu mir: »Meide diesen Doktor Dasgupta, der ist verrückt.«

Ich sagte: »Das heißt, ich muß ihn als erstes kennenlernen. Ich bin auf der Suche nach wirklich verrückten Menschen hergekommen. Ist er wirklich verrückt?«

Sie sagten: »Wirklich verrückt. Er ist absolut verrückt, und wir machen keinen Witz.«

Ich sagte: »Das bringt mich geradezu in Ekstase, daß ihr keinen Witz macht. Witze machen kann ich selbst. Immer wenn ich es nötig habe, erzähle ich mir einfach ein paar schöne Witze, lache mich halb tot und sage: ›Großartig, den kenne ich noch nicht!‹«

Da sagten sie: »Na, der Typ scheint ja selber verrückt zu sein.«

Ich sagte: »Stimmt genau. Und nun sagt mir, wo Doktor Dasgupta wohnt.«

Ich ging zu seinem Haus und klopfte an die Tür. Es gab nicht einmal einen Diener. Er lebte wie ein Gott: keine Ehefrau, keinen Diener, keine Kinder, ganz allein. Er sagte zu mir: »Du mußt an die falsche Tür geklopft haben. Weißt du, daß ich Doktor Dasgupta bin?«

Ich sagte: »Ich weiß. Weißt du, wer ich bin?«

Er war ein alter Mann und er sah mich einfach durch seine dikken Brillengläser an. Dann sagte er: »Wie kann ich dich kennen?«

Ich sagte: »Ich bin gekommen, um es herauszufinden.«

Er sagte: »Willst du damit sagen, daß du es auch nicht weißt?«

Ich sagte: »So ist es.«

Er sagte: »Mein Gott! Zwei Verrückte unter einem Dach! Und du bist ja noch viel verrückter als ich. Kommen Sie rein, Sir, und nehmen Sie Platz.«

Er war richtig ehrerbietig. Ganz im Ernst sagte er: »An dieser Universität kommt seit drei Jahren niemand mehr in meine Vorlesungen. Ja, ich selbst habe aufgehört, hinzugehen. Wozu denn? Ich halte meine Vorlesungen hier in diesem Zimmer ab, genau da, wo du sitzt.«

Ich sagte: »Das ist wirklich großartig – aber für wen?«

Er sagte: »Genau das ist die Frage. Manchmal stelle ich sie mir selbst: ›Für wen?‹«

Ich sagte: »Ich werde mich für deine Vorlesung einschreiben, du brauchst aber trotzdem nicht zu kommen. Es ist fast eine Meile weit von deinem Haus weg – ich kann hierher kommen.«

Er sagte: »Nein, nein, ich werde kommen – das gehört zu meinen Pflichten. Nur eins mußt du mir verzeihen – ich kann zwar die Vorlesung pünktlich beginnen, also wenn sie um elf anfängt, dann kann ich um elf anfangen; aber ich kann nicht garantieren, daß ich aufhören kann, wenn vierzig Minuten später die Glocke läutet.«

Ich sagte: »Das leuchtet mir ein. Wie kann so ein armer Mensch, der alle vierzig Minuten die Glocke läuten muß, verstehen, was du tust? Und nicht nur du, sondern was all die anderen Professoren in der ganzen Universität tun? Wenn sie aufhören, sind sie eben dumm. Die Glocke hat keine Ahnung. Der Mann, der die Glocke läutet, hat keine Ahnung – weshalb solltest du also aufhören? Wenn du mir versicherst, daß du nicht aufhören wirst, dann versichere ich dir, von Mann zu Mann, wenn du aufhörst, wirst du eine Tracht Prügel beziehen, die du vielleicht nicht überleben wirst.«

Er sagte: »Was? Eine Tracht Prügel?« Er war ein Bengale.

Ich sagte: »Natürlich nur bildlich gesprochen. Ich werde dir leicht an den Kopf tippen, nur um dich zu erinnern, daß du dich um die Glocke nicht zu kümmern brauchst.«

Er sagte: »Dann ist es in Ordnung. Du brauchst nicht im Wohnheim zu wohnen, du kannst hier einziehen. Es ist ein großes Haus, und ich bin allein.«

An dem Tag dachte ich an Masto. Er hätte seine Freude an diesem Haus gehabt und an diesem Mann mit den kontemplativen Augen. Und an dem Tag erinnerte ich mich auch an diese Geschichte. Ich will sie noch einmal erzählen, damit ihr folgen könnt:

Gott erschuf die Welt. Nach sechs Tagen war er fertig. Als letztes erschuf er die Frau. Natürlich erhebt sich da die Frage: Warum? Warum erschuf er die Frau zuletzt? Natürlich werden die Feministinnen sagen: »Weil die Frau das vollkommenste

Geschöpf Gottes ist.« Offensichtlich erschuf er sie nach seiner Erfahrung mit der Erschaffung des Mannes. Der Mann ist ein etwas älteres Modell. Natürlich hat Gott es verfeinert und verbessert.

Aber die männlichen Chauvinisten haben eine andere Antwort. Sie sagen, Gott erschuf den Mann als letzte seiner Schöpfungen, aber dann fing der Mann an, Fragen zu stellen, wie zum Beispiel: »Warum hast du die Welt erschaffen?« und: »Warum hast du mich erschaffen?« Und Gott war so verwirrt, daß er die Frau erschuf, um den Mann zu verwirren. Seitdem hat Gott nichts mehr vom Mann gehört.

Der Mann kommt nach Hause mit eingekniffenem Schwanz; er geht aus dem Haus, um Bananen zu kaufen, und nach und nach wird er selbst zur Banane: Mr. Banana, Ph.D., M.A., D.Litt., und was nicht alles. Aber im Grunde ist Mr. Banana völlig zermatscht. Bitte nicht essen! Schaut nicht mal nach, was in der Schale steckt, sonst werdet ihr es bereuen und sofort sagen: »Haltet das Rad an!« – das Rad von Geburt und Tod –, denn wer will schon eine Banane sein? Aber Bananen können schick gekleidet sein, elegant ausstaffiert, vielleicht sogar aus Paris. Mr. Banana bringt alles fertig. Er trägt einen schönen Schlips, damit er nicht mal atmen kann... Schuhe so eng, daß man, wenn man Mr. Bananas Füße sieht, ihm lieber nicht ins Gesicht schaut.

Ich habe Schuhe nie gemocht. Aber alle bestanden darauf, daß ich welche trage. Ich sagte: »Egal, was kommt, ich werde keine Schuhe tragen.«

Was ich trage, nennt man in Indien *chappals*. Es sind keine richtigen Schuhe, nicht einmal Sandalen; es ist die minimale Fußbedeckung. Und ich habe mir den absoluten *chappal* ausgesucht. Er läßt sich nicht weiter reduzieren. Meine *chappal*-Macherin Arpita weiß, daß es unmöglich ist, ihn noch weiter zu vervollkommnen. Nur ein winziges bißchen weniger, und meine Füße wären nackt und bloß. Es ist wirklich das absolute Minimum: nur ein Riemen, der meinen Fuß irgendwie im *chappal* hält. Man könnte ihn nicht weiter reduzieren.

Warum ich Schuhe hasse? Weil sie eine Banane aus dir machen. Natürlich einen Mr. Banana, Doktor Banana, Professor

Banana, alle möglichen Bananen – Bananen-Damen, Bananen-Herren... Ihr könnt alle Spielarten finden, aber bei allen fängt es mit den Schuhen an.

Habt ihr je die viktorianischen Ladies mit ihren hohen Absätzen gesehen? – So hoch, daß jeder Seiltänzer abstürzen würde, wenn er versucht, in ihnen zu laufen. Wie ist man gerade auf die gekommen? Eine überaus religiöse Gesellschaft ist darauf gekommen, aus einem überaus unreligiösen, ja pornographischen Grund – denn wenn man hohe Absätze trägt, steht der Popo besser ab.

Heute kümmert sich kein Mensch um den Grund. Sogar die Damen machen weiter damit und meinen, sie wären damenhaft. Dabei ist es sehr undamenhaft. Sie stellen einfach nur ihren Popo völlig gratis zur Schau und genießen es. Und in ihren enganliegenden Kleidern sehen sie natürlich besser aus, als sie es nackt je könnten, denn Haut ist schließlich nur Haut. Und wenn man dreißig Jahre alt ist, ist die Haut auch dreißig Jahre alt. Sie hat dreißig Jahre vorbeigehen sehen und kann nicht so eng anliegen wie ein neugekauftes Kleid. Heutzutage vollbringen die Hersteller wahre Wunder: Sie lassen die Frauen so verführerisch aussehen, daß Gott selbst in den Apfel gebissen hätte!

Versteht ihr, wovon ich rede? Vielleicht dauert es ein bißchen. Nicht einmal Yashu Bharti hat gelacht. Es wird ein bißchen dauern, bis es einsickert. Also eine Schlange wäre gar nicht nötig gewesen, ein Modevertreter hätte schon genügt. Einfach ein enges Kleid für Mrs. Eve, und Gott selbst hätte den Apfel gegessen und sich den Abend mit Mrs. Eve vertrieben.

Warum erschuf Gott die Frau nach dem Mann? Die männlichen Chauvis sagen, daß der Mann die Krone der Schöpfung sei. Ihr habt sicher Männer in der griechischen und römischen Bildhauerkunst gesehen, aber Skulpturen nackter Frauen findet man nur selten – alles Männer. Komisch. Was war mit diesen Leuten los? Konnten sie denn überhaupt keine Schönheit in den Frauen erkennen?

Sie waren männliche Chauvis, und zwar so sehr, daß sie die Homosexualität höher stellten als die Heterosexualität. Es wird sehr merkwürdig klingen, denn es sind fast fünfundzwanzig Jahrhunderte seit Sokrates vergangen, aber Sokrates selbst war in Männer verliebt, nicht in Frauen. Vielleicht machte ihm seine Frau Xanthippe solche Schwierigkeiten, daß er überreagierte, sich die Frauen ganz aus dem Kopf schlug und anfing, Männer zu lieben. Vielleicht hatte es aber auch andere Gründe.

Falls ich mich eines Tages mit der Psychoanalyse von Sokrates beschäftigen müßte, könnte ich Dinge aufdecken, die kein anderer auch nur im Traum aufdecken würde. Aber die männlichen Chauvis sagen, daß Gott den Mann erschuf, und nur weil der Mann allein war und Gesellschaft brauchte, erschuf Gott die Eva.

Das ist nicht die ursprüngliche Geschichte. Der Name der ursprünglichen Frau war nicht Eva, sondern Lilith. Gott erschuf Lilith, aber Lilith erschuf vom allerersten Augenblick an DAS Problem.

Es fing so an: Die Nacht war im Anzug, die Sonne stand schon tief, und sie hatten nur ein Bett. Das war das Problem. Sie hatten nicht so ein Glück wie ich, einen Asheesh zu haben, denn der hätte ihnen trotz seiner Migräne ein perfektes Bett gebaut. Aber Asheesh war nicht da. Ja, es war überhaupt keine Menschenseele da...

Meine Uhr ist stehengeblieben, und erst kürzlich habe ich davon gesprochen, da blieb sie stehen. Ihr wißt, Uhren sind launisch. Sie blieb genau im selben Moment stehen. Dabei sprach ich von einer anderen Uhr, einer metaphorischen Uhr, aber wer soll nun dieser Uhr erklären, daß ich nicht sie gemeint habe? In der Nacht sage ich immer wieder zu ihr: »Hör zu, du brauchst nicht stehenzubleiben. Ich hab nicht von dir geredet – du bist eine so schöne Uhr...«, aber sie will nicht hören.

Wovon sprach ich?

»Du hast gesagt, daß Eva kein Bett hatte... oder Lilith kein Bett hatte, Osho.«

Ja. Der Kampf begann schon, bevor sie zu Bett gingen. Lilith war zweifellos die Urmutter der Frauenbefreiungsfront, ob die es wissen oder nicht. Und wie sie kämpfte! Sie warf Adam aus dem Bett. Was für eine tüchtige Frau! Adam versuchte immer wieder, sie rauszuwerfen, aber was konnte er tun? Selbst wenn es ihm gelang, war sie gleich wieder da und warf ihn raus.

Sie sagte: »In diesem Bett kann nur einer schlafen. Es ist nicht für zwei gedacht.« Natürlich war es von Gott nicht für zwei gedacht; es war kein Doppelbett.

So kämpften sie die ganze Nacht, und am Morgen sagte Adam zu Gott: »Ich war vollkommen glücklich...«, obwohl er es gar nicht gewesen war, aber das Unglück der ganzen Nacht ließ ihm seine Vergangenheit in einem sehr glücklichen Licht erscheinen.

Er sagte: »Ich war so glücklich, bevor diese Frau kam.«

Und Lilith sagte: »Auch ich war glücklich. Jetzt möchte ich nicht mehr existieren.« Sie muß die Urheberin vieler Dinge gewesen sein. Vielleicht war sie der erste wahre Zen-Patriarch, denn sie sagte: »Ich möchte nicht existieren. Eine Nacht zu leben ist genug, denn ich weiß, es wird praktisch jeden Abend das gleiche sein, immer und immer wieder. Und selbst wenn du mir ein Doppelbett gibst, welchen Unterschied macht das? Wir werden trotzdem kämpfen, weil die Frage ist: Wer ist der Herr im Haus? Ich kann nicht zulassen, daß dieses Untier mein Herr sein soll.«

Gott sagte: »Okay.« In jenen Tagen – und das waren die Tage ganz am Anfang, genaugenommen war es der erste Tag nach der Schöpfung. Es muß ein Sonntag gewesen sein, wenn man den Christen glauben darf. Gott muß in Sonntagsstimmung gewesen sein, denn er sagte: »Okay, ich werde dich verschwinden lassen.« Lilith verschwand, und dann erschuf Gott aus Adams Rippe Eva.

Es war die erste Operation, halte das bitte fest, Raj Bharti. Gott war der erste Chirurg, egal, ob ihn die Royal Society anerkennt oder nicht. Er hat großartige Arbeit geleistet. Keinem anderen Chirurg ist es seither gelungen, noch einmal das gleiche zu tun. Einfach aus einer Rippe erschuf er die Frau. Aber im Grunde ist es eine Beleidigung, und ich hasse diese Geschichte. Wie kann Gott sich nur so benehmen! Aus einer Rippe...!

Und erst der Rest der Geschichte! Jede Nacht vor dem Einschlafen zählt Eva Adams Rippen, um sicher zu sein, daß alle anderen Rippen noch da sind und es keine andere Frau auf der Welt gibt. Eher kriegt sie kein Auge zu.

Komisch... wenn andere Frauen da sind, warum kriegt sie dann kein Auge zu? Aber dieses Ende der Geschichte gefällt mir nicht. Erstens ist es eine männliche Chauvi-Geschichte und zweitens ist sie sehr ungöttlich und drittens sehr phantasielos und viel zu sachlich. Man muß doch nicht alles so deutlich sagen!

Masto fragte mich: »Und welchen Schluß ziehst du daraus?«

Da sagte ich: »Meine Schlußfolgerung ist die, daß Gott beim Erschaffen nicht gestört sein wollte und deshalb den Mann zuerst erschuf.« Im Osten ist dies eine alte Weisheit. Sie stammt nicht von mir, aber ich liebe sie so, daß sie fast von mir sein könnte. Falls man sich durch Liebe etwas zu eigen machen kann, dann ist sie von mir. Ich weiß nicht, von wem sie zuerst stammt, und brauche es auch nicht zu wissen.

Außerdem sagte ich zu Masto: »Seitdem hat man nichts mehr von Gott gehört. Weißt du was Neues über den armen alten Herrn? Ist er in den Ruhestand getreten? Hat er seine Schöpfung vergessen? Hat er denn keine Liebe und kein Mitgefühl für die, die er erschuf?«

Masto sagte: »Du entwickelst immer so seltsame Fragen aus solchen absurden Geschichten, und dann läßt du sie plausibel erscheinen. Ich frage mich, ob du eines Tages wohl ein Geschichtenschreiber wirst.«

Ich sagte: »Nie und nimmer. Das ist etwas für viel begabtere Leute. Ich werde auf einem Gebiet gebraucht, für das sich sonst keiner zu interessieren scheint, denn ich habe vor, mich ausschließlich für Gott zu interessieren.«

Masto war schockiert! Er sagte: »Für Gott? Ich dachte, du glaubst nicht an ihn!«

Ich sagte: »Ich glaube nicht, weil ich weiß, und zwar so tief weiß, daß selbst wenn du mir den Kopf abschlägst, ich immer noch sagen werde: ›Ich weiß.‹ Selbst wenn es mich nicht mehr gäbe... und früher gab es mich auch nicht... aber er war und wird sein.«

Genaugenommen ist es nicht richtig, »er« zu sagen. Im Osten sagen wir »es«, und das klingt genau richtig. ES, in Großbuchstaben geschrieben, das gibt Buddhas Worten, Laotses Aussprüchen, Jesu Gebeten den wahren Sinn. »Er«, das ist wieder am Mann orientiert, und »er« ist auch keine »Sie«.

Ich habe gehört... Ihr habt es vielleicht noch nicht gehört, weil es in der Zukunft passiert. Es ist eine Zukunftsgeschichte.

Der polnische Papst stirbt und kommt in den Himmel, klar. Er stürzt hinein, um Gott zu sehen, und kommt so schnell, wie er hineingerannt ist, wieder heraus – heulend und zähneknirschend. Die Heiligen Petrus, Paulus und Thomas und all die anderen Heiligen versammeln sich um ihn und sagen: »Weine nicht, klage nicht. Du bist ein guter Mensch, und wir verstehen deine Gefühle.«

Der Papst schreit: »Was versteht ihr? Wußtet ihr, daß er überhaupt kein Weißer ist? Er ist ein Nigger! Und zweitens, was noch schlimmer ist: Er ist nicht mal ein Er, sondern eine Sie!«

Gott ist weder Er noch Sie – aber Polacken sind Polacken. Ihr könnt sie zu Päpsten machen, aber das macht keinen Unterschied. Gott erschuf die Welt nicht nach den Ansichten männlicher oder weiblicher Chauvinisten. Ihre Ansichten sind nur entgegengesetzt.

Er erschuf die Frau als das perfekte Modell, und zweifellos glauben alle Künstler, daß sie das perfekte Modell ist. Wenn ihr euch die Gemälde anseht, haltet ihr sie auch für das perfekte Modell. Aber bitte keinen Schritt weiter! Rührt ja keine wirkliche Frau an! Gemälde sind schön und gut, Statuen auch, aber eine wirkliche Frau ist so unperfekt, wie sie sein sollte.

Ich meine das nicht abschätzig. Das Unperfekte ist das eigentliche Gesetz des Lebens. Nur tote Dinge sind perfekt. Das Leben ist notwendigerweise unperfekt. Frauen sind unperfekt, Männer sind unperfekt, und wenn sich zwei Unperfektheiten begegnen, könnt ihr euch denken, was dabei herauskommt.

»Das also sind meine Schlußfolgerungen«, erklärte ich Masto. »Gott erschuf den Mann, und der Mann fing an, philosophische Fragen zu stellen. Da erschuf Gott die Frau, um den Mann abzulenken. Seitdem kauft der Mann Bananen ein, und wenn er endlich heimkommt, ist er so müde, daß er sich einfach nur hinter der *Times* oder irgendeiner anderen Zeitung verstecken möchte, obwohl seine Frau große Dinge mit ihm diskutieren will. Die Frau hält ihn ständig auf Trab: ›Tu dies, tu jenes.‹«

»Es ist seltsam, daß man Frauen den Lehrerberuf anvertraut, obwohl sie viele andere Berufe nicht ausüben dürfen. Vielleicht steckt eine Logik dahinter. Es ist gut, die armen Jungs so früh wie möglich in die Mangel zu nehmen, damit sie ihr Leben lang vor den Frauen zittern und beben. Seitdem schaut sich Gott belustigt den ganzen Zirkus an, der sich auf der Welt abspielt, die er in sechs Tagen schuf.«

Die Buddhas versuchen, euch irgendwie eine Ahnung davon zu geben, daß es eine Welt der Entspannung gibt, die schon existierte, ehe die Welt mit all ihren Problemen begann. Jeden Augenblick ist es möglich, einfach zur Seite zu treten. Wenn du aus dem Strom aussteigst, fängst du plötzlich zu lachen an. Gott oder kein Gott – es war nur eine Geschichte.

Ich sagte zu Masto: »Solange einer nicht aus dem weltlichen Lebensstrom aussteigt...«

Ich wollte diesen Mann schon verabschieden, aber es ist gut, daß ich es nicht fertigbrachte. So vieles hat noch mit ihm zu tun, und jede Einzelheit kann vieles andere widerspiegeln. Das Leben ist immer einfach und komplex zugleich. So einfach wie ein Tautropfen und auch so komplex wie ein Tautropfen, denn der Tautropfen kann den ganzen Himmel widerspiegeln – und gleichzeitig enthält er alle Ozeane. Und ganz gewiß wird er nicht ewig da sein... vielleicht nur ein paar Minuten, und dann ist er fort für immer. Ich betone: für immer. Dann gibt es keine Möglichkeit, ihn zurückzuholen, mit all den Sternen und Ozeanen.

So vieles hängt mit Masto zusammen...

Immer wenn mir zum Weinen war, bat ich Masto, auf seiner Vina zu spielen. Es war einfach; keine Erklärung war nötig. Keiner fragt, warum du weinst. Die Vina ist ein Instrument, das deine Tiefen aufrührt. Aber ihr habt es Mastos Dickköpfigkeit zu verdanken, daß ich euch diese Geschichte erzählen mußte, denn er pflegte zu sagen: »Wenn du mir keine Geschichte erzählst, spiele ich auch nicht!« Ich habe ihm die Geschichte erzählt, und jetzt ist er an der Reihe zu spielen... aber nur ich kann es hören. Es ist besser, daß ich ihn immer noch nur allein hören kann.

Nur zehn Minuten für mich, um es zu hören. Ich genieße es so, wie Adam es genossen haben muß.

Wie viele Minuten machen wir schon diese uralte Ochsentour? Kann das überhaupt jemand ausrechnen?

»Ewig, Osho.«

Dann nur eine Minute, und du kannst aufhören.

Das ist so gut. Man sollte nie wollen, daß etwas so Schönes weitergeht; man sollte auch fähig sein, es zu beenden. Ich weiß, daß du weitermachen kannst, aber nein – mein Arzt verbietet mir, zuviel zu essen, egal von was. Er möchte, daß ich abnehme, und wenn ich deine Diät esse, dann Jesusmariaundjosef...!

Du kannst jetzt aufhören.

37

Okay.

Wir sind erst beim zweiten Tag meiner Volksschule. So wird es weitergehen. Jeder Tag eröffnet so viele Möglichkeiten. Ich habe noch nicht einmal den zweiten Tag beendet. Heute will ich mein Bestes tun, um ihn zu beenden.

Das Leben ist verflochten, man kann es nicht in saubere Stücke schneiden. Es ist kein Stück Tuch. Man kann es überhaupt nicht zerschneiden, denn im selben Augenblick, wo man es von all seinen Verbindungsfäden abschneidet, ist es nicht mehr das gleiche. Es wird zu etwas Totem, nicht Atmendem. Ich möchte, daß es seinen eigenen Lauf nimmt, möchte es nicht einmal steuern, weil ich es von Anfang an auch gar nicht gesteuert habe. Es hat seinen eigenen Lauf genommen – ohne Führung.

Ja, ich haßte die Führer und tue es immer noch, weil sie dich daran hindern, mit dem zu fließen, was ist. Sie steuern, ihr Geschäft ist es, dich zum nächsten Punkt voranzutreiben. Ihre Arbeit ist es, dir das Gefühl zu geben, als wüßtest du jetzt Bescheid. Dabei wissen sie genausowenig wie du.

Wissen kommt nur durch ungeführtes, unangeleitetes Leben.

Auf die Art habe ich immer gelebt und lebe ich heute noch.

Es ist ein seltsames Schicksal. Selbst von frühester Kindheit an wußte ich, dies war nicht mein Zuhause. Es war das Haus meines Nana, und mein Vater und meine Mutter waren weit weg. Ich hatte gehofft, daß mein Zuhause vielleicht dort sein würde, aber nein, es war nur ein großes Gasthaus, worin meine armen Eltern die Gäste ständig bewirteten, ohne Grund – jedenfalls konnte ich keinen erkennen.

Wieder sagte ich zu mir selbst: »Dies ist nicht das Zuhause, nach dem ich gesucht habe. Wohin jetzt mit mir? Mein Großvater ist tot; ich kann nicht zurück in sein Haus.« Es war sein Haus, und ohne ihn ist das Haus einfach bedeutungslos. Wenn meine Nani zurückgegangen wäre, hätte es etwas bedeutet, neunundneunzig Prozent zumindest, aber sie hatte sich geweigert zu gehen.

Sie sagte: »Ich bin seinetwegen hingezogen, und wenn er nicht da ist, dann gibt es für mich keinen Grund, dorthin zurückzukehren. Natürlich, wenn er zurückkommt, bin ich bereit, aber wenn er nicht zurückkommt, wenn er sein Versprechen nicht halten kann, warum sollte ich mich dann um sein Haus und seinen Grundbesitz kümmern? Sie haben mir nie gehört. Es gibt immer jemanden, der sich um solche Dinge kümmern kann. Ich bin nicht für sie gemacht. Ich bin von Anfang an nicht ihretwegen hingegangen und ich werde nicht ihretwegen zurückkehren.«

Sie weigerte sich so total, daß ich daran lernte, wie man sich weigert... und ich lernte, wie man liebt. Nachdem ich jenes Haus verlassen hatte, blieben wir ein paar Tage bei der Familie meines Vaters. Es war ganz gewiß nicht nur eine Familie, sondern mehr eine Ansammlung von Stämmen, von vielen Familien, vielleicht eine Art von *mela,* von Jahrmarkt. Aber wir blieben nur ein paar Tage. Auch das war nicht mein Haus. Ich blieb nur da, um es mir anzuschauen, und zog dann weiter.

In wie vielen Häusern habe ich seitdem gelebt? Ihr könnt euch praktisch kaum vorstellen, daß ich in den fast fünfzig Jahren meines Lebens nichts anderes gemacht habe, als immer nur von einem Haus ins andere umzuziehen. Natürlich wuchs das Gras dabei weiter – ich zog um und tat nichts, und das Gras wuchs weiter. Aber das lag am »Nicht-Tun«, nicht am Umziehen.

Danach zog ich in das Haus meiner Nani und dann in das Haus eines meiner Onkel – das Haus des Mannes der Schwester meines Vaters –, wo ich nach dem Abitur einzog, um zu studieren. Sie hatten gemeint, es sei ja nur für ein paar Tage, aber diese Tage sollten ihnen länger werden, als sie gedacht hatten. Kein Wohnheim wollte mich aufnehmen, weil meine Zeugnisse so »schön« waren. Die Bemerkungen aller meiner Lehrer und vor allem des Direktors gehörten wirklich eingerahmt. Jeder verdammte mich, soviel er nur konnte in den Grenzen dessen, was für ein Zeugnis zulässig war.

Ich hatte ihnen ins Gesicht gesagt: »Dies ist kein Leumundszeugnis, sondern ein Verleumdungszeugnis. Bitte schreiben Sie als P.S.: ›Ich nenne dieses Dokument Rufmord.‹ Ich nehme es nur entgegen, wenn Sie das druntersetzen.« Sie mußten es tun.

Sie sagten: »Du bist nicht nur ein boshafter Mensch, sondern auch gefährlich, denn jetzt kannst du uns verklagen.« Ich sagte: »Keine Angst. In meinem Leben werden mich viele bei Gericht verklagen, aber ich werde nie jemanden bei Gericht verklagen.«

Ich habe nie jemanden verklagt, obwohl ich das sehr leicht hätte tun können, und Hunderte wären bestraft worden.

Ich sprach gerade davon, daß ich nie ein Haus hatte. Sogar dieses Haus kann ich nicht »mein Haus« nennen. Vom ersten bis zum letzten – vielleicht ist dies nicht das letzte –, aber was immer das letzte sein wird, ich kann es nicht *mein* Haus nennen. Nur um diese Tatsache zu verbergen, habe ich es nach Laotse benannt. Aber Laotse hat nichts damit zu tun.

Ich kenne den Mann. Wenn er mich eines Tages trifft – und das wird unweigerlich geschehen –, dann weiß ich, er wird mich als allererstes fragen: »Warum hast du dein Haus nach mir benannt?« Natürlich, die Neugier eines Kindes... Und niemand könnte kindlicher sein als Laotse – weder Buddha, noch Jesus, noch Mohammed, und ganz sicher nicht Moses. Ein Jude und kindlich? Unmöglich.

Ein Jude ist ein geborener Geschäftsmann, mit einem Geschäftsanzug, und er verläßt das Haus nur, um zum Geschäft zu gehen. Er wird von der Stange geliefert. Moses? – mit Sicherheit nicht. Aber Laotse, oder wenn ihr jemanden wollt, der noch kindlicher ist als Laotse, dann sein Schüler Tschuangtse... Um ein Jünger Laotses zu sein, mußte man noch unschuldiger sein als Laotse selbst. Es geht nicht anders.

Konfuzius wurde glatt abgewiesen. Kurz, er bekam zu hören: »Raus mit dir, und laß dich hier nie wieder blicken!« Nicht wirklich mit diesen Worten, aber das war die Essenz dessen, was Laotse zu Konfuzius sagte, dem gelehrtesten Mann jener Tage. Konfuzius konnte nicht akzeptiert werden, aber Tschuangtse war sogar noch verrückter als sein Meister Laotse. Als Tschuangtse kam, sagte Laotse: »Großartig! Bist du hier, um mein Meister zu sein? Du kannst wählen: entweder kannst du mein Meister sein, oder ich kann dein Meister sein.«

Tschuangtse antwortete: »Laß doch. Können wir nicht einfach sein, was wir sind?«

Und so verblieben sie. Natürlich war Tschuangtse ein Jünger und sehr ehrerbietig gegen den Meister. Niemand konnte sich mit ihm messen, aber auf die Art fing es zwischen ihnen an – damit, daß er sagte: »Können wir den ganzen Mist nicht vergessen?« Ich füge das Wort »Mist« ein, um es möglichst lebensecht wiederzugeben. Was aber nicht heißt, daß er nicht ehrerbietig war. Selbst nach diesen Worten lachte Laotse und sagte: »Super! Ich habe auf dich gewartet.« Und Tschuangtse berührte die Füße des Meisters.

Laotse sagte: »Was?«

Tschuangtse sagte: »Laß nichts zwischen uns kommen. Wenn ich mich danach fühle, deine Füße zu berühren, dann kann mich niemand hindern, weder du noch ich. Wir müssen einfach zuschauen, wie es geschieht.«

Und ich mußte zuschauen, wie es geschah, wie ich von einem Haus ins andere zog. Ich kann mich an Hunderte von Häusern erinnern, aber es gab kein einziges, wo ich hätte sagen können: »Dies ist mein Haus.« Ich hoffte immer, vielleicht ist es das jetzt... Und so blieb es mein ganzes Leben lang: »Vielleicht ist es das nächste.«

Trotzdem will ich euch ein Geheimnis verraten. Ich hoffe noch immer, irgendwo ein Haus zu haben, vielleicht... »Vielleicht« *ist* das Haus. Mein ganzes Leben lang habe ich in so vielen Häusern darauf gewartet und gewartet, daß das wirkliche kommt. Es schien immer grad um die Ecke zu sein, aber die Entfernung blieb die gleiche. Es blieb immer grad um die Ecke – ich kann es wieder sehen.

Ich weiß, daß kein Haus je das Meine sein wird; aber Wissen ist das eine – ab und zu legt sich etwas darüber, was man nur »Sein« nennen kann. Das nenne ich »All-Wissen«. Und in solchen Momenten suche ich wieder nach dem »Zuhause«. Ich sagte, daß man es nur »Vielleicht« nennen kann – ich meine als Namen für das Zuhause. Es ist immer beinahe soweit, aber es tritt niemals ein... immer nur beinahe.

Vom Haus meiner Nani zog ich in das Haus der Schwester meines Vaters. Ihr Mann, ich meine, der Schwager meines Vaters, war nicht sehr bereitwillig. Natürlich, warum sollte er auch? Ich gab ihm völlig recht.

Wenn ich an seiner Stelle gewesen wäre, wäre ich auch nicht sehr bereitwillig gewesen. Nicht nur unwillig, sondern verstockt unwillig. Denn wer nimmt schon einen Störenfried auf, wenn er nicht muß? Sie waren kinderlos, führten also ein wirklich glückliches Leben – obwohl sie eigentlich sehr unglücklich waren und nicht wußten, wie »glücklich« Leute sind, die Kinder haben. Aber das konnten sie ja auch nicht wissen.

Sie hatten einen wunderschönen Bungalow, der für ein alleinstehendes Paar viel zu groß war. Er war groß genug, um viele Leute zu beherbergen. Aber sie waren reiche Leute, sie konnten es sich leisten. Es war für sie kein Problem, mir einfach ein kleines Zimmer zu geben, obwohl der Ehemann, ohne daß er es mit einem Wort erwähnte, überhaupt nicht dazu bereit war.

Ich weigerte mich einzuziehen. Ich stand draußen vor ihrem Haus mit meinem kleinen Koffer und sagte zur Schwester meines Vaters: »Dein Mann ist nicht bereit, mich hierzuhaben, und solange er nicht bereit ist, mich hierzuhaben, lebe ich besser auf der Straße als in diesem Hause. Ich kann nur reinkommen, wenn ich überzeugt bin, daß er sich freut, mich dazuhaben. Und ich kann nicht versprechen, daß ich euch keine Schwierigkeiten machen werde. Es ist gegen meine Natur, nicht in Schwierigkeiten zu sein. Da bin ich einfach machtlos.« Der Ehemann stand hinter einem Vorhang und hörte alles mit. Er verstand zumindest eines: daß der Junge einen Versuch wert war.

Er kam heraus und sagte: »Ich will es mit dir versuchen.«

Ich sagte: »Du solltest lieber von Anfang an Bescheid wissen, daß ich es mit dir versuche.«

Er sagte: »Was?«

Ich sagte: »Die Bedeutung wird dir mit der Zeit klarer werden. Sie dringt nur sehr langsam durch dicke Schädel.«

Seine Frau war schockiert. Später sagte sie zu mir: »So etwas darfst du doch nicht zu meinem Mann sagen; er kann dich hinauswerfen. Ich kann ihn nicht daran hindern. Ich bin nur eine Ehefrau, und dazu eine kinderlose.«

Nun, das werdet ihr nicht verstehen... In Indien gilt eine kinderlose Ehefrau als ein Fluch. Sie mag selbst gar nichts dafür können, und ich weiß ganz genau, daß es an diesem Kerl lag, denn die Ärzte haben mir verraten, daß er impotent war. Aber wenn du in Indien eine kinderlose Frau bist...

Erstens, in Indien eine Frau zu sein, und dann auch noch kinderlos! Es kann einem nichts Schlimmeres passieren. Was kann denn eine Frau daran ändern, wenn sie kinderlos ist? Sie kann zum Gynäkologen gehen... aber nicht in Indien! Lieber würde der Mann eine andere Frau heiraten.

Und das indische Recht, natürlich von Männern gemacht, erlaubt es dem Mann, eine andere Frau zu heiraten, wenn die erste Frau kinderlos bleibt. Seltsam, wenn zwei Menschen dazugehören, ein Kind zu zeugen, dann gehören natürlich auch zwei Menschen dazu, es nicht zu zeugen. In Indien gehören zu einer Schwangerschaft zwei, aber zur Nicht-Schwangerschaft nur einer – die Frau.

Ich wohnte in ihrem Hause, und natürlich entstand von Anfang an ein Konflikt, ein subtiler Sog zwischen mir und dem Ehemann, und er nahm immer mehr zu. Er brach aus allen Fugen und Ritzen. Erstens konnte er sagen, was er wollte, wenn es in meiner Gegenwart geschah, widersprach ich ihm, egal was es war. Was er sagte, war unwichtig. Es war keine Frage von richtig oder falsch, sondern von er oder ich.

Von Anfang an bestimmte die Art, wie er mich ansah, die Art, wie ich ihn anzusehen hatte – als einen Feind. Nun, Dale Carnegie hat ein Buch geschrieben: *Wie man Freunde gewinnt und Leute beeinflußt,* aber ich glaube nicht, daß er es wirklich weiß. Unmöglich. Solange man nicht die Kunst versteht, wie man Feinde gewinnt, kann man auch nicht die Kunst verstehen, Freunde zu gewinnen. Was das betrifft, bin ich immens vom Glück gesegnet.

Ich habe mir so viele Feinde geschaffen, daß ihr euch darauf verlassen könnt, daß ich zumindest auch einige wenige Freunde habe. Ohne Freunde zu machen, kannst du keine Feinde machen. Das ist ein grundlegendes Gesetz. Wenn du Freunde willst, mach dich auch auf die Feinde gefaßt. Das ist der Grund, warum sich viele – die Mehrheit der Menschen – entscheiden, weder Freunde noch Feinde, sondern nur Bekanntschaften zu machen. Die hält man dann gemeinhin für die Leute mit dem gesunden Menschenverstand. In Wirklichkeit sind es die Leute mit dem ungesunden Menschenverstand. Aber den hab ich nicht, wie immer man ihn nennt. Ich habe genauso viele Freunde gemacht, wie ich Feinde gemacht habe, ja, genau im selben Verhältnis. Ich kann auf beide zählen. Sie sind beide verläßlich.

Der erste war natürlich sein Guru. Im selben Augenblick, als er das Haus betrat, sagte ich zur Schwester meines Vaters: »Dieser Mann ist das Ärgste, was ich je gesehen habe.«

Sie sagte: »Sei still. Sag ja nichts, denn er ist der Guru meines Mannes.«

Ich sagte: »Soll er doch, aber sag mir: Hab ich recht oder nicht?«

Sie sagte: »Ja, leider hast du recht. Aber halt den Mund.«

Ich sagte: »Ich kann nicht den Mund halten. Es muß zum Zusammenstoß kommen.«

Sie sagte: »Ich wußte, daß es Probleme geben würde, sobald dieser Mann auftauchen würde.«

Ich sagte: »Er kann nichts dafür. Das Problem bin ich. An dem Tag, wo ihr mich aufgenommen habt, erinnerst du dich, da habe ich deinem Mann gesagt: ›Merk dir, ihr könnt mich ins Haus holen, aber ihr holt euch Probleme ins Haus.‹ Jetzt wird er merken, was ich meinte. Es gibt Dinge, die nur die Zeit klären kann – da hilft kein Lexikon.«

Kaum hatte der Mann Platz genommen, sehr pompös natürlich, berührte ich seinen Kopf. Nun, das war der Anfang, erst der Anfang. Meine Verwandten liefen alle zusammen und sagten: »Was tust du da? Weißt du, wer das ist?«

Ich sagte: »Genau darum habe ich es getan: um herauszufinden, wer er ist. Ich wollte ihn messen, aber er ist sehr seicht. Er reicht nicht mal bis zu seinen Füßen, darum habe ich seinen Kopf berührt.«

Aber er brannte lichterloh, sprang auf, schrie und brüllte: »Das ist eine Beleidigung!«

Ich sagte: »Ich zitiere nur aus deinem Buch.« Er hatte vor kurzem ein Buch veröffentlicht, in dem er gesagt hatte: »Wenn jemand dich beleidigt, sei still, sei ruhig, bleibe gleichmütig.«

Da sagte er: »Was ist mit meinem Buch?«

Das half mir ein wenig, und daraufhin sagte ich: »Setz dich auf deinen Stuhl, obwohl du es nicht verdienst.«

Er sagte: »Schon wieder?! Willst du mich unbedingt beleidigen?«

Ich sagte: »Ich will niemanden unbedingt beleidigen – ich denke nur an den Stuhl.«

Er war so fett, daß der arme Stuhl ihn nur so gerade eben tragen konnte. Der arme Stuhl war buchstäblich am Weinen und machte Geräusche.

Ich sagte: »Ich rede nur von dem Stuhl. Du kümmerst mich nicht, der Stuhl kümmert mich, denn später soll ich wieder auf ihm sitzen. Es ist nämlich mein Stuhl. Wenn du dich nicht benimmst, wirst du ihn räumen müssen.«

Das war fast, wie wenn man Feuer unter eine Bombe legte. Er sprang auf, schrie obszönes Zeug und sagte: »Ich wußte ja, daß in diesem Haus alles anders werden würde, als dieser Junge hier einzog!«

Ich sagte: »Wenigstens das ist wahr. Der Wahrheit stimme ich immer zu, selbst wenn ein Feind sie ausspricht. Das Haus ist nicht mehr wie früher, das stimmt. Nur zu, sag uns, warum das Haus nicht mehr wie früher ist.«

Er sagte: »Weil du gottlos bist.«

In Indien ist das Wort für gottlos *nastika,* was ein schönes Wort ist. Es läßt sich nicht mit »gottlos« übersetzen, obwohl das die einzig verfügbare Übersetzung ist. *Nastika* bedeutet einfach: »einer, der nicht glaubt.« Es sagt nichts darüber aus, *was* man glaubt oder nicht glaubt. Es ist ein ungeheuer bedeutsames Wort, zumindest für mich. Ich lasse mich liebend gern *nastika* nennen – »einer, der nicht glaubt« –, denn nur die Blinden glauben. Die, die sehen können, brauchen nicht zu glauben.

Das indische Wort für den Gläubigen ist *astika,* so wie »Theist« euch genau den Sinn von »Glaubender« vermittelt. In der indischen Sprache heißt ein Theist *astika* – ein Glaubender, der Gläubige.

Ich bin nie ein Glaubender gewesen, und kein Mensch mit einem Körnchen Intelligenz kann je ein Glaubender sein. Glaube ist etwas für die Schwachsinnigen, die Retardierten, die Idioten und diesen ganzen Haufen – und es ist eine große Gesellschaft, genauer gesagt: die Mehrheit.

Er nannte mich *nastika.*

Ich sagte: »Ich stimme wiederum zu, denn das beschreibt meine Einstellung zum Leben. Vielleicht wird es immer meine Einstellung zum Leben beschreiben, weil Glauben heißt, Grenzen zu ziehen. Glauben heißt, arrogant zu sein. Glauben heißt, zu glauben, daß du weißt.«

Nastika zu sein, besagt einfach: »Ich weiß nicht.« Es ist genau dasselbe wie das Wort »Agnostiker« – »einer, der nicht glaubt«. Er kann auch nicht sagen, daß er nicht glaubt – im Grunde bleibt er nur bei einem Fragezeichen. Ein Mann mit einem Fragezeichen, das ist ein Agnostiker.

Sein Kreuz zu tragen, ist nicht sehr schwer, insbesondere, wenn es aus Gold und mit Diamanten besetzt ist und dir um den Hals hängt. Das ist so leicht! Für Jesus war es schwer. Das war kein Theater, es war ein wirkliches Kreuz. Und Jesus war kein Christ, und die Juden waren wirklich wütend. Normalerweise sind sie gute Menschen, und wenn gute Menschen wütend werden, muß zwangsläufig etwas Gemeines passieren. Denn alle guten Menschen unterdrücken ihre Gemeinheit. Wenn sie explodiert, ist es eine Atomexplosion! Die Juden sind immer nette Leute; das ist ihr einziger Fehler.

Wären sie ein bißchen weniger nett gewesen, hätte Jesus nicht zum Kreuz gehen müssen. Aber sie waren so nett, daß sie ihn kreuzigen mußten. Sie kreuzigten in Wirklichkeit sich selbst – ihren eigenen Sohn, ihr eigenes Blut, und auch keinen gewöhnlichen Sohn, sondern ihren allerbesten. Die Juden haben weder vorher noch nachher wieder jemanden hervorgebracht, der Jesus auch nur ähnlich wäre oder auch nur entfernt an ihn heranreichen würde. Sie hätten den Mann lieben sollen, aber sie waren alles nette Leute, das war das Problem. Sie konnten ihm nicht vergeben.

Ich bin mit vielen Heiligen zusammengewesen, sogenannten natürlich, und ein paar wirklich heiligen, aber die nenne ich lieber nicht Heilige. Das Wort ist in falsche Gesellschaft geraten und anrüchig geworden. Ich werde doch nicht Pagal Baba einen Heiligen nennen, oder Masta Baba, oder Magga Baba einen Heiligen nennen – nur Weise. Zweifellos heilig, aber nicht in dem üblichen Sinn, wie sich die Leute einen Heiligen vorstellen.

Der Guru meines Onkels, Hari Baba, galt als Heiliger. Ich sagte zu ihm: »Du bist weder ein Baba, noch ein Hari. Hari ist der Name Gottes – bitte ändere also deinen Namen in etwas um, das auf dich zutrifft. Baba trifft auch nicht auf dich zu. Schau einfach ins Wörterbuch und such dir etwas, das paßt.« So begann der Konflikt und setzte sich fort. Ich will euch später davon erzählen.

Von diesem Haus zog ich ins Studentenwohnheim, danach in ein kleines Haus, als ich meinen Dienst antrat. Aber das Haus war klein, und die Familie so gut, daß ich ständig verlegen war, weil ich sogar hören konnte, worüber sie im Bett redeten. Nun, es gehört sich zwar nicht, aber mitten in der Nacht mußte ich dann einmal sagen: »Es tut mir leid, aber ich kann alles hören.«

Natürlich waren sie sehr schockiert. Am nächsten Morgen sagten sie: »Du mußt das Haus verlassen.«

Ich sagte: »Ich weiß. Seht, ich hab' schon alles gepackt.« Ich hatte gepackt. Ja, ich hatte schon ein Fahrzeug besorgt, und meine Sachen wurden bereits aufgeladen.

Sie sagten: »Das ist seltsam. Wir hatten doch noch gar nichts zu dir gesagt.«

Ich sagte zu dem Mann: »Du hast zwar noch nichts zu mir gesagt, aber ich habe alles gehört, was du im Bett zu deiner Frau gesagt hast. Die Wand ist so dünn. Das ist nicht deine Schuld. Was kannst du dafür? Aber ich kann auch nichts dafür. Ich habe mir große Mühe gegeben, euch nicht zu hören.«

Und wißt ihr, ich muß heute noch mit Ohrstöpseln schlafen. Diese Ohrstöpsel haben nach der besagten Nacht angefangen. Es ist lange her. Es muß irgendwann 1958 gewesen sein, oder vielleicht Ende 1957, aber irgendwann um diese Zeit. Ich fing an, Ohrstöpsel zu benutzen, nur um nicht zu hören, was nicht für mich gedacht war. Es hatte mich ein Haus gekostet, aber ich zog augenblicklich aus.

Ich bin ständig umgezogen, war immer am Packen für das nächste Haus. In gewisser Hinsicht war das gut, sonst hätte ich nichts zu tun gehabt – immer packen, wieder auspacken, dann erneut packen und wieder auspacken. Es hat mich mehr beschäftigt gehalten als jeden anderen Buddha zuvor – und auf eine harmlosere Art und Weise. Sie hatten auch zu tun, aber ihre Beschäftigung bezog andere mit ein.

Meine Beschäftigung ist seit eh und je in gewissem Sinne persönlich. Selbst wenn Tausende von Menschen bei mir sind, ist es trotzdem eine Einzelbeziehung zwischen dir und mir. Es ist keine Organisation, und kann auch nie eine sein. Zweifellos muß es aus Management-Gründen wie eine Organisation funktionieren, aber was meine Sannyasins betrifft, steht jeder einzelne Sannyasin in einer Beziehung zu mir, und nur zu mir, nicht auf dem Umweg über andere.

Ich bin ein sehr unbeschäftigter Mann. Ich kann nicht sagen »arbeitslos«, darum habe ich das Wort »unbeschäftigt« benutzt – denn es ist mir eine Freude. Ich suche nach keiner Beschäftigung. Ich bin mit aller Beschäftigung am Ende. Ich genieße nur. Aber um zu genießen, gehört ein gewisses Klima dazu, und das ist es, was ich hier herstelle.

Mein ganzes Leben habe ich damit verbracht, es herzustellen, allmählich, schrittweise. Ich habe wieder und wieder von der neuen Kommune gesprochen. Das geschieht nur, um mich, nicht euch, zu erinnern, damit ich die neue Kommune nicht vergesse. Denn sobald ich sie vergesse, wache ich vielleicht am nächsten Morgen nicht mehr auf.

Gudia wird warten... Ihr werdet rennen; ja, ich habe euch kommen sehen, fast rennend. Ihr werdet warten, doch ich werde nicht kommen, weil ich dann den einzigen dünnen Faden verloren habe, mit dem ich mich noch gehalten hatte.

Und so ging es immer weiter... Von Gadawara zog ich nach Jabalpur. In Jabalpur habe ich so oft die Häuser gewechselt, daß sich alle fragten, ob das mein Hobby sei, die Häuser zu wechseln.

Ich sagte: »Ja, es hilft einem, weit und breit mit allen möglichen Leuten bekanntzuwerden, und ich liebe neue Bekanntschaften.«

Sie sagten: »Das ist ein komisches Hobby, und auch sehr anstrengend. Erst zwanzig Tage sind um, und schon ziehst du wieder woanders hin?«

Und von Jabalpur schließlich nach Bombay... In Bombay bin ich auch von einem Ort zum anderen gezogen. Das ging so weiter, bis ich hier gelandet bin, in Poona. Niemand weiß, wo es als nächstes hingeht.

Es fing mit meiner Schule an, und es ist erst der zweite Tag. Das Leben ist so multidimensional. Wenn ich »so multidimensional« sage, wirkt das vielleicht absurd, weil »multidimensional« es bereits abdeckt. Warum es »so« multidimensional nennen? Das Leben ist multi-multidimensional.

Ihr müßt hungrig sein, und hungrige Geister sind gefährliche Leute. Nur zwei Minuten für mich...

So, mach jetzt Schluß.

38

Okay.

Ich möchte euch heute eine einfache Wahrheit sagen – vielleicht ihrer Einfachheit wegen vergessen. Und keine Religion kann sie in die Praxis umsetzen, weil man in dem Moment, wo man zu einer Religion gehört, weder einfach noch religiös ist. Ich möchte euch nur etwas ganz Einfaches sagen, etwas, das ich auf dem harten Wege gelernt habe. Vielleicht bekommt ihr es zu billig, und das Einfache wird normalerweise für das Billige gehalten. Es ist absolut nicht billig. Es ist das Teuerste, was es geben kann; denn für diese einfache Wahrheit muß man mit seinem eigenen Leben bezahlen. Ich meine die Hingabe, das Vertrauen.

Natürlich werdet ihr Vertrauen mißverstehen. Wie oft habe ich zu euch darüber gesprochen? Ja, ich muß darüber Millionen Male zu euch gesprochen haben, aber habt ihr auch nur ein einziges Mal zugehört? Erst gestern Abend hat Sheela geweint, und ich habe gefragt, warum.

Sie sagte: »Der Grund für meine Tränen ist, daß du mir so sehr vertraust und daß ich es nicht wert bin. Es ist mir unerträglich.«

Ich sagte: »Ich vertraue dir. Wenn du nun weiter weinen willst, kannst du weinen. Wenn du lachen willst, kannst du auch lachen.«

Nun, das ist zweifellos schwer für die arme Sheela. Sie versteht mich, aber ihre Tränen waren nicht gegen mich, sondern sie galten mir. Ich sagte zu ihr: »Was kannst du schon tun? Allerhöchstens kannst du von mir verlangen, dieses Haus zu verlassen. Jeder, der aus diesem Haus mit mir kommen will, wird mitkommen, und sonst werde ich allein gehen. Allein bin ich gekommen, Sheela, allein muß ich irgendwann gehen. Niemand kann mich auf der wirklichen Reise begleiten. Und in der Zwischenzeit kannst du alle möglichen Spiele machen, einfach um dir die Zeit zu vertreiben.«

Sie sah mich an. Ihre Tränen waren getrocknet, aber immer noch auf ihren Backen. Einen Moment lang wußte ich, was in ihrem Kopf vor sich ging. Ich sagte zu ihr: »Du denkst, jetzt kannst du mich betrügen. Okay, du wirst keine bessere Gelegenheit finden.«

Sie fing wieder an zu weinen, fiel mir zu Füßen und sagte: »Nein, Osho, nein. Ich möchte dich nicht betrügen. Darum habe ich ja geweint Ich will dich nicht betrügen.«

Ich sagte: »Warum dann der Gedanke? Wenn du es nicht willst, und ich es auch nicht will, warum verschwenden wir dann unsere Zeit? Wenn du mich betrügen willst, bin ich bereit. Ja, eigentlich sollte ich um deinetwillen weinen, denn von Anfang an bin ich für dich nichts als ein Problem gewesen. Und ich bin nach wie vor ein Problem, nicht für mich – ich selbst bin überhaupt nicht da, also stellt sich die Frage gar nicht –, aber für andere, die sehr wohl da sind, und nicht zu knapp da sind... Je mehr sie da sind, desto problematischer ist ihr Leben. Aber du, Sheela, bist mit einem Mann, der nicht da ist. Und was ihn selber betrifft, so hat er kein Problem. Und wenn er dir vertrauen kann, ist die Existenz Manns genug, sich um dich zu kümmern.«

Aber niemand interessiert sich im geringsten für die Existenz – für alles andere, außer für die Existenz.

Damit wären wir wieder mal bei Masto. Dieser Masto hat eine Art, einfach überall aufzutauchen – gebeten oder ungebeten, eingeladen oder uneingeladen! Er war so interessant, daß jedermann zu seiner Begrüßung aufstand, egal, ob er eingeladen war oder nicht. Masto kommt einfach immer wieder herein. Es ist nur eine alte Gewohnheit, die sehr schwer zu kurieren ist.

Nun schreibt der arme Geet Bharti einfach seine Notizen und macht das auch sehr gut. Ab und zu prüfe ich nach, indem ich frage: »Wovon sprach ich?« und dann erinnert er mich aufs Wort an das, wovon ich gerade sprach. Er tut seine Arbeit, und weil er so voller Liebe zu mir ist, kann er nicht anders, als seufzen und tief durchatmen, wie wenn etwas, das er nie für möglich gehalten hätte, schließlich eingetreten ist – und er es immer noch nicht glauben kann. Und mein Problem ist, daß ich meine, er kichert. Er kichert gar nicht, nur erweckt das Geräusch seines erregten Atmens bei mir den Eindruck, daß er kichert.

Er hat mir deswegen geschrieben. Ich weiß es, aber jedesmal, wenn er das macht – ich bin auch nicht so leicht zu bekehren –, kommt mir sofort als erstes Wort »kichern«. Also, nun kichert er wieder. Auch das ist eine alte Gewohnheit aus der Zeit, als ich noch Professor war. Und, ihr werdet verstehen, ein Professor ist schließlich ein Professor und kann kein Kichern im Klassenraum dulden. Heute macht es mir nichts mehr aus, ich hab' meine Freude dran.

In meinem Seminar gab es mehr Mädchen als Jungen, also gab es viel Gekichere. Und ihr kennt mich – ob ich vor Jungen oder Mädchen spreche, meine Witze kann ich sowieso nicht für mich behalten. Aber wenn jemand unangebracht kichert, dann bekommt er es mit mir zu tun. Direkt nach einem Witz erlaube ich es einen Moment lang, aber nicht an der falschen Stelle. Wenn ein Kichern fehl am Platz war, dann schnappte ich mir den Betreffenden in flagranti. Ein solches Gekichere hatte nichts mit irgendeinem Witz zu tun, sondern damit, daß Jungen und Mädchen zusammenwaren... Die alte Geschichte von Adam und Eva. »Raus mit euch, alle beide raus!« Genauso hat es Gott gesagt. »Raus aus dem Garten Eden!«

Er muß ein Lehrer vom alten Schlag gewesen sein. Und diese Schlange muß einfach eine alte Kupplerin gewesen sein, die schon so manchem Adam und so mancher Eva gedient und ihnen so manche Hilfe geleistet hatte, indem sie vielleicht ihre Briefe hin-

und hertrug und dergleichen; alles andere erwähnen wir besser nicht. Natürlich sind hier keine Damen anwesend und auch keine Herren, aber nur für den Fall, daß einer von euch doch ein Herr ist und nur so tut, als wäre er keiner, oder eine Dame und nur so tut, als wäre sie keine... Und dann gäbe es unnötige Peinlichkeiten. Ich möchte niemandem zu nahe treten.

Ich erinnere mich an meine erste öffentliche Ansprache... Seht ihr, wie die Dinge laufen, wenn ich so erzähle? Es war am Gymnasium. Alle Gymnasien im Regierungsbezirk hatten einen Redner hingeschickt, und ich war gewählt worden, meine Schule zu vertreten, nicht weil ich der Beste war, das kann ich nicht behaupten, sondern nur, weil ich den größten Wirbel machte. Wenn ich nicht gewählt worden wäre, hätte ich Wirbel gemacht, soviel stand fest. Also beschlossen sie, mich zu wählen, aber sie waren sich nicht darüber im klaren, daß es Wirbel gibt, wo immer ich bin.

Ich begann die Ansprache ohne die übliche Anrede, wie zum Beispiel: »Herr Präsident, meine Damen und Herren...« Stattdessen schaute ich den Präsidenten von oben bis unten an und sagte zu mir selbst: »Nein, der sieht nicht aus wie ein Präsident.« Dann sah ich mich um und sagte zu mir: »Nein, hier scheint niemand eine Dame oder ein Herr zu sein, also muß ich leider meine Rede anfangen, ohne jemanden besonders zu begrüßen. Ich kann höchstens sagen: »Wen immer es betrifft.«

Später ließ mich der Direktor kommen, weil ich dennoch den Preis gewonnen hatte, trotz alledem.

Er sagte: »Was war denn mit dir los? Du hast dich so komisch benommen. Wir hatten dich vorbereitet, aber du hast kein einziges Wort von dem gesagt, was wir dir beigebracht hatten. Nicht nur das, du hast die vorbereitete Ansprache völlig vergessen; du hast nicht einmal den Präsidenten oder die Damen und Herren begrüßt.«

Ich sagte: »Ich hatte mich umgeschaut und konnte keine Herren entdecken. Ich kannte die Typen alle sehr genau; nicht einer davon ist ein Herr. Und was die Damen betrifft, die sind sogar noch schlimmer, schließlich sind sie ja die Frauen von diesen Typen. Und der Präsident – der scheint von Gott persönlich geschickt zu sein, um den Vorsitz bei allen Veranstaltungen dieser

Stadt zu führen. Ich habe ihn satt. Ich kann ihn nicht mit ›Herr Präsident‹ anreden, wenn ich ihm in Wirklichkeit lieber eine runterhauen würde.«

An diesem Tag damals sagte ich, als der Präsident mich aufrief, meinen Preis entgegenzunehmen: »Okay, aber nur, wenn Sie von Ihrem Podest herunterkommen und mir die Hand geben.«

Er sagte: »Was? Dir die Hand ageben? Du bist von jetzt an Luft für mich. Du hast mich beleidigt.«

Ich sagte: »Ich werd's Ihnen zeigen.«

Von dem Tage an war er mein Feind. Ich verstehe die Kunst, Feinde zu machen. Sein Name war Shri Nath Batt, ein prominenter Politiker in der Stadt. Natürlich war er der Vorsitzende der einflußreichsten, der gandhistischen Partei. Damals war Indien noch unter der britischen Herrschaft, dem Britischen *Raj.* Was Freiheit betrifft, ist Indien vielleicht heute noch nicht frei. Es ist vielleicht frei vom Britischen *Raj,* aber nicht frei von der Bürokratie, die das Britische *Raj* hinterließ.

Ich habe wirklich immerzu von Vertrauen gesprochen, aber ich war nie in der Lage, es zu erklären. Vielleicht liegt es nicht an mir. Vertrauen – vielleicht kann man nicht darüber reden, sondern nur Andeutungen machen. Ich habe immer wieder versucht, etwas wirklich Definitives zu sagen, aber immer mißlingt es. Entweder wird es für dich zur Erfahrung – und dann brauchst du nicht zu wissen, was es ist – oder es wird für dich nicht zur Erfahrung, dann kannst du alles zum Stichwort »Vertrauen« wissen und weißt trotzdem überhaupt nichts.

Ich wollte es euch heute wieder einmal erklären, oder besser, mich vielleicht wieder einmal darin versuchen. Und es ist immer ein Anreiz, über all die Versuche zu sprechen, selbst die, die mißlungen sind. Einfach schon das Wissen, daß die Richtung gestimmt hat, macht einen stolz. Auf die Richtung kommt es an.

Ja, Vertrauen ist vieles zugleich, aber zunächst mal eine Frage an einen selbst – eine Richtungsänderung.

Wir werden geboren mit dem Blick nach außen. Der Blick nach innen ist nicht Teil des Körpermechanismus. Der Körper funktioniert gut; wenn du irgendwo hinwillst, kann er dich hinbringen. Aber im gleichen Moment, wo du fragst: »Wer bin ich?«, fällt er flach, einfach flach zu Boden, und weiß nicht mehr, was er jetzt tun soll, weil die Richtung, die hier in Frage kommt, nicht Teil der sogenannten Welt ist.

Die Welt besteht aus zehn Dimensionen, oder besser zehn Richtungen. Dimension ist ein größeres Wort und sollte nicht für Richtung genommen werden. Diese zehn Richtungen sind: zwei – nach oben und unten; dann die vier, die wir als Osten, Westen, Norden und Süden bezeichnen; und die übrigen vier sind lediglich die Winkel. Wenn man die Ost-West-Linie und die Nord-Süd-Linie zieht, dann gibt es einen Winkel zwischen dem Norden und dem Osten, zwischen dem Osten und dem Süden, und so weiter – die vier Winkel.

Ich hätte das Wort Dimension nicht gebrauchen sollen. Es ist etwas völlig anderes, so anders wie Geet Bhartis Niesen. Er versucht es zu unterdrücken, und es ist eins von den Dingen, die sich am wenigsten unterdrücken lassen. Ich würde ihm raten, es zuzulassen. Es kommt sowieso. Wozu leiden? Wenn du es das nächste Mal an deine Tür klopfen hörst, mach die Tür auf und sag: »Madame, hereinspaziert.« Vielleicht passiert es dann gar nicht. Nieser sind seltsame Dinger. Wenn du versuchst, künstlich einen zu produzieren, dann wirst du alle Yoga-Tricks aufwenden müssen, und selbst dann gibt es keine Garantie. Aber versuche, einen Nieser zu unterdrücken, und er kommt mit aller Gewalt. Es ist eine Frau, müßt ihr wissen; und wenn eine Frau von dir Besitz ergreift, ist es besser, sie auszuniesen und davonzulaufen, statt sie zu unterdrücken.

Der Unterschied zwischen Richtung und Dimension ist so groß wie der zwischen seinem Niesen und meiner Deutung, daß er kichert. Er versucht, sein Niesen zu unterdrücken, und ich wollte gerade anfangen, vom Unaussprechlichen zu sprechen, und genau in dem Moment mußte er niesen. Das ist es, was Carl Gustav Jung Synchronizität nennt. Kein sehr tolles Beispiel, kein exemplarisches, meine ich, aber eben ein kleines Beispiel.

Es ist seltsam, aber vor allem in Indien, wenn über solche Dinge gesprochen wird – und ich glaube nicht, daß irgendwo anders die Menschen seit Jahrtausenden über solche Dinge sprechen wie hier –, ist das Niesen beim Zusammensein mit dem Meister verboten. Warum? Ich begreife nicht, wie man das Niesen verbieten kann. Das Niesen hat weder Angst vor euren Polizisten noch vor euren Pistolen. Wie kann man es also verbieten? – Außer, man läßt sich die Nase operieren, was nicht gut wäre, denn das Niesen informiert einen ja nur, daß etwas Verkehrtes in die Nase geraten ist. Man darf es auf keinen Fall verhindern.

Ich sage dir, Geet Bharti, du bist mein Jünger, und meine Jünger müssen in jeder Hinsicht anders sein, sogar beim Niesen. Sie dürfen genau in dem Moment niesen, wo der Meister von Vertrauen spricht. Es macht überhaupt nichts. Aber wenn du manchmal anfängst, es zu unterdrücken, berührt das natürlich dein Atmen, berührt das alles in dir, und dann glaube ich, daß du kicherst. Dann bist du geschockt. Stattdessen solltest du dich lieber freuen, daß dein Meister, selbst wenn er ab und zu etwas mißversteht, es immer als Kichern interpretiert.

Lachen – man kann sagen, daß das mein Glaubensbekenntnis ist, wenn das erlaubt ist; ich meine, wenn das Wort »Glaubensbekenntnis« hier erlaubt ist. Ich meine nicht, lautes Lachen erlaubt ist... das wäre für mich völlig in Ordnung. Aber die Leute sind so fanatisch mit ihren Glaubensbekenntnissen, daß sie nie lachen. Jedenfalls in der Kirche ziehen sie so lange Gesichter, daß man einfach nicht glauben kann, daß sie hingegangen sind, um den Mann zu verstehen, dessen einzige Botschaft, auf ein einziges Wort reduziert, »Freut euch!« lauten würde. Sie sind nicht gerade Leute, die sich freuen.

Das müssen genau die Leute gewesen sein, die den Mann umgebracht haben, und sie schlagen immer noch frische Nägel in seinen Sarg. Für den Fall, er könnte wieder herauskommen... Das müssen die Leute sein, die ihn immer noch ans Kreuz nageln; dabei ist er schon seit zweitausend Jahren tot. Jetzt brauchen sie ihn doch nicht mehr anzunageln, auch wenn er intelligent genug war, sich gar nicht richtig kreuzigen zu lassen.

Er managte es, noch rechtzeitig zu entkommen. Natürlich spielte er die Rolle des Gekreuzigtwerdens – fürs breite Publikum. Und als das breite Publikum nach Hause gegangen war, ging er ebenfalls nach Hause. Ich meine damit nicht, daß er heimging zu Gott – bitte mißversteht mich nicht. Er ging wirklich nach Hause.

Die Höhle, die man noch heute den Christen zeigt, wo der Leichnam von Jesus aufbewahrt wurde – alles Quatsch. Er war zwar ein paar Stunden dort; wenn es hoch kommt, vielleicht eine Nacht, aber er war noch am Leben. Das wird von der Bibel selbst bestätigt. Dort steht, daß ein Soldat Jesus eine Lanze in die Seite stieß, als er ihn für tot hielt, daß aber Blut herauskam. Blut kommt niemals aus einem Toten. Sobald ein Mensch stirbt, zersetzt sich sein Blut. Wenn die Bibel geschrieben hätte, daß nur Wasser herauskam, dann hätte ich geglaubt, daß es wahr ist, was sie schrieben; aber zu schreiben, daß Wasser aus seinem Körper kam, hätte so banal ausgesehen. Tatsächlich ist Jesus gar nicht in Jerusalem gestorben. Er starb in Pahalgam, was zumindest dem Wort nach genau dasselbe bedeutet wie der Name meines Dorfes.

Pahalgam ist einer der schönsten Orte der Welt. Und es ist der Ort, wo Jesus starb; er starb im Alter von einhundertzwölf. Aber er hatte so die Nase voll von seinem eigenen Volk, daß er einfach die Geschichte in Umlauf brachte, er sei am Kreuz gestorben.

Natürlich wurde er gekreuzigt – aber ihr müßt verstehen, daß die jüdische Art zu kreuzigen nicht die amerikanische Art war. Da saß man nicht auf einem Stuhl, und bei einem bloßen Knopfdruck warst du hinüber, ohne auch nur die Zeit zu haben, um zu sagen: »Gott, vergib diesen Leuten, die auf den Knopf drücken, denn sie wissen nicht, was sie tun.« Sie wissen, was sie tun! Sie drücken auf den Knopf! Und *du* weißt nicht, was *sie* tun.

Jesus hätte keine Zeit gehabt, wenn er auf die wissenschaftliche Art gekreuzigt worden wäre. Nein, die Methode der Juden war eine sehr rohe. Natürlich dauerte es oft vierundzwanzig Stunden oder mehr, bis man starb. Es hat Fälle gegeben, wo Leute drei Tage am Kreuz weiterlebten, am jüdischen Kreuz meine ich, weil man den Mann einfach nur an Händen und Füßen festnagelte.

Blut hat die Eigenschaft zu gerinnen. Es fließt eine Weile, dann gerinnt es. Der Mann hat natürlich ungeheure Schmerzen; ja, er betet zu Gott: »Bitte, laß es ein Ende haben!« Vielleicht war es das, was Jesus meinte, als er sagte: »Sie wissen nicht, was sie tun. Warum hast du mich verlassen?« Aber der Schmerz muß zuviel gewesen sein, denn am Ende sagte er: »Dein Wille geschehe.«

Ich glaube nicht, daß er am Kreuz starb. Nein, ich sollte nicht sagen: »Ich glaube nicht...« – Ich *weiß,* daß er nicht am Kreuz starb. Er hatte zwar gesagt: »Dein Wille geschehe«; das steht ihm frei. Er konnte alles sagen, was er sagen wollte. In Wirklichkeit hatte sich der römische Statthalter Pontius Pilatus in den Mann verliebt. Wer hätte das nicht? Es ist unwiderstehlich, wenn du Augen hast.

Aber Jesus' eigene Leute waren immer nur eifrig am Geldzählen, da hatten sie keine Zeit, diesem Mann in die Augen zu sehen, der keinen Pfennig besaß. Pontius Pilatus hatte sogar einen Moment mit dem Gedanken gespielt, Jesus freizulassen. Es stand in seiner Macht, seine Freilassung anzuordnen, aber er hatte Angst vor dem Pöbel. Pilatus sagte: »Ich mische mich besser nicht in ihre Angelegenheiten. Er ist ein Jude, sie sind Juden – sollen sie selbst entscheiden. Aber wenn sie sich nicht zu seinen Gunsten entscheiden können, dann werde ich Mittel und Wege finden...«

Und er fand Mittel und Wege. Das tun Politiker immer. Alle ihre Wege sind Schleichwege, sie gehen nie direkt vor. Wenn sie nach A wollen, gehen sie erst nach B. Genauso funktioniert Politik. Und es funktioniert wirklich. Nur ab und zu funktioniert es nicht. Ich meine, nur bei einem unpolitischen Mann funktioniert es manchmal nicht. Auch im Fall von Jesus hat Pontius Pilatus die Sache ausgezeichnet gemanagt, ohne selber verwickelt zu werden.

Jesus wurde an einem Freitagnachmittag gekreuzigt. Daher »Karfreitag«, das bedeutet: »Freitag der Liebe«. Komische Welt! Ein solcher Mann der Liebe wird gekreuzigt, und das nennt ihr dann den Freitag der Liebe...? Aber die Sache hatte ihren Grund. Denn die Juden haben – ich glaube, Geet Bharti, du kannst mir mal wieder helfen, nicht mit einem Nieser, natürlich! Ist Samstag ihr geheiligter Tag?

»Ja, Osho.«

Richtig... denn am Samstag wird nichts getan. Samstag ist ein Feiertag für die Juden. Alles Tun wird eingestellt. Darum wählte man den Freitag... noch dazu den Spätnachmittag, so daß der Körper bei Sonnenuntergang abgenommen werden mußte, denn ihn den Samstag über hängen zu lassen wäre »Tun« gewesen.

So funktioniert die Politik, nicht die Religion. In jener Nacht entfernte ein reicher Anhänger von Jesus den Körper aus der Höhle.

Und dann kommt natürlich Sonntag, wo sowieso alle Feiertag haben. Und bis schließlich der Montag kommt, ist Jesus weit über alle Berge.

Israel ist ein kleines Land; man kann es in vierundzwanzig Stunden ganz leicht zu Fuß durchqueren. Jesus floh, und es gab keinen besseren Ort als den Himalaja. Pahalgam ist nur ein kleines Dorf, nur ein paar Hütten. Er muß es gewählt haben, weil es so schön ist. Jesus wählte einen Ort, den ich selber geliebt hätte.

Zwanzig Jahre lang habe ich ständig versucht, nach Kaschmir hineinzukommen. Aber in Kaschmir gibt es ein seltsames Gesetz: nur Kaschmiris dürfen dort leben, nicht einmal andere Inder. Das ist seltsam, aber ich weiß, daß neunzig Prozent aller Kaschmiris Mohammedaner sind, und sie haben Angst, wenn erst einmal alle Inder dort leben dürfen, würden die Hindus bald in der Mehrheit sein, weil es zu Indien gehört. Jetzt ist es also einfach ein Spiel mit Wählerstimmen, um die Hindus rauszuhalten.

Ich bin kein Hindu, aber Bürokraten sind überall kriminell. Sie gehören wirklich ins Irrenhaus. Sie wollten mir einfach nicht erlauben, dort zu wohnen. Ich traf mich sogar mit dem Ministerpräsidenten von Kaschmir, den sie früher den »Premierminister von Kaschmir« nannten.

Das war vielleicht ein Kampf, ihn von seinem »Premierminister« zum »Ministerpräsidenten« zu degradieren! Und natürlich, wie konnte ein Land auch zwei Premierminister haben? Aber er war ein sehr zäher Mann, dieser Scheich Abdullah. Man mußte ihn jahrelang ins Gefängnis stecken. Inzwischen wurde die ganze Verfassung von Kaschmir geändert, aber diese seltsame Klausel blieb drin. Vielleicht saßen nur Mohammedaner im Ausschuß und keiner von ihnen wollte, daß jemand anders nach Kaschmir hereinkam.

Ich habe alles versucht, aber es gab keinen Weg. In die dicken Schädel von Politikern kommt man nicht rein.

Ich sagte zu dem Scheich: »Bist du nicht bei Trost? Ich bin doch kein Hindu. Du brauchst vor mir doch keine Angst zu haben! Und meine Leute kommen aus der ganzen Welt – sie werden nicht den geringsten Einfluß auf deine Politik nehmen, weder dafür noch dagegen.

Er sagte: »Man muß vorsichtig sein.«

Ich sagte: »Okay, dann sei vorsichtig und verzichte auf mich und meine Leute.«

Das arme Kaschmir hätte so viel dabei gewinnen können, aber Politiker sind taub geboren. Er hörte sich alles an, oder zumindest tat er so, aber er hörte nicht.

Ich sagte zu ihm: »Du weißt, seit wie vielen Jahren ich dich kenne, und ich liebe Kaschmir.«

Er sagte: »Ich kenne dich, um so mehr Angst habe ich. Du bist kein Politiker, du gehörst zu einer völlig anderen Kategorie. Wir mißtrauen grundsätzlich Leuten wie dir.« Dies war das Wort, das er benutzte: »mißtrauen«... Und ich sprach zu euch gerade von Vertrauen.

In diesem Moment darf ich Masto nicht vergessen. Er war es, der mich vor langer, langer Zeit mit Scheich Abdullah bekanntmachte. Später, als ich nach Kaschmir ziehen wollte, vor allem nach Pahalgam, erinnerte ich den Scheich an diese erste Begegnung.

Der Scheich sagte: »Wie ich mich erinnere, war auch das ein gefährlicher Mann, und du bist es noch mehr. Ja, gerade weil Masta Baba dich mir vorgestellt hat, kann ich dir nicht erlauben, auf Dauer in dieses Tal zu ziehen.«

Masto machte mich mit vielen Leuten bekannt. Er dachte, ich könnte sie vielleicht brauchen. Und ich habe sie zweifellos gebraucht, nicht für mich, sondern für meine Arbeit. Aber außer einigen wenigen haben sich die meisten als sehr feige erwiesen. Sie sagten alle: »Wir wissen, du bist erleuchtet...«

Ich sagte: »Halt! Keinen Ton mehr! In deinem Munde wird dieses Wort augenblicklich unerleuchtet. Entweder du tust, was ich dir sage, oder sag einfach nein, aber erzähl mir keinen Quatsch!«

Sie waren sehr höflich. Sie erinnerten sich sehr wohl an Masta Baba, und ein paar von ihnen erinnerten sich sogar an Pagal Baba, aber sie waren nicht bereit, auch nur das geringste für mich zu tun. Ich spreche von der Mehrheit. Ja, ein paar halfen durchaus, vielleicht ein Prozent von den Hunderten, mit denen Masto mich bekanntgemacht hatte. Armer Masto – es war sein Wunsch gewesen, daß ich niemals in Schwierigkeiten oder in Not geraten solle und daß ich mich immer auf die Leute, bei denen er mich eingeführt hatte, verlassen könne.

Ich sagte zu ihm: »Masto, du tust dein Bestes, und ich mache es noch besser dadurch, daß ich den Mund halte, wenn du mich diesen Dummköpfen vorstellst. Wenn du nicht da wärst, hätte ich ihnen die Hölle heiß gemacht. Dieser Mann zum Beispiel hätte mich nie wieder vergessen. Ich reiße mich nur deinetwegen zusammen, obwohl ich nichts davon halte; aber dir zuliebe tu ich's.«

Masto lachte und sagte: »Ich weiß. Wenn ich dich so ansehe, während ich dich so einer Perücke vorstelle, muß ich innerlich lachen und denke: ›Mein Gott, was mußt du dir für einen Zwang antun, diesen Idioten nicht zu verprügeln.‹«

Bei Scheich Abdullah mußte ich mir sehr viel Zwang antun, und trotzdem sagte er später zu mir: »Ich hätte dir sogar erlaubt, nach Kaschmir zu ziehen, wenn es nicht Masta Baba gewesen wäre, der uns miteinander bekannt gemacht hat.«

Ich fragte den Scheich: »Wieso?... Du schienst doch ein solcher Bewunderer von ihm gewesen zu sein.«

Er sagte: »Wir bewundern niemand, wir bewundern nur uns selbst; aber da er hier viele Anhänger hatte, vor allem unter den Reichen Kaschmirs, mußte ich ihn bewundern. Ich war jedesmal am Flughafen, um ihn zu begrüßen und zu verabschieden, ließ alle Arbeit liegen und stehen und bin ihm einfach hinterhergerannt. Aber dieser Mann war gefährlich, und wenn er es war, der mich mit dir bekannt machte, dann kannst du nicht nach Kaschmir kommen, jedenfalls nicht, solange ich an der Macht bin. Ja, du darfst kommen und gehen, aber nur als Besucher.«

Es ist gut, daß Jesus vor Scheich Abdullah nach Kaschmir kam. Er hat gut daran getan, zweitausend Jahre früher zu kommen. Er muß sich wirklich vor Scheich Abdullah gefürchtet haben! Das Grab von Jesus ist immer noch dort, behütet von den Nachkommen derer, die ihm aus Israel gefolgt waren. Natürlich gehen Männer wie ich nirgendwo allein hin, das könnt ihr verstehen. Ein paar Leute müssen ihm dorthin gefolgt sein. Obwohl er so weit von Israel fortging, müssen sie mit ihm gegangen sein.

Tatsächlich sind die Kaschmiris der verlorene Stamm der

Hebräer, von dem sowohl die Juden als auch die Christen so viel reden. Die Kaschmiris sind keine Hindus, stammen auch nicht aus Indien. Sie sind Juden. Das könnt ihr sehen, wenn ihr euch Indira Gandhis Nase anschaut; sie ist eine Kaschmiri.

Im Augenblick zwingt sie Indien eine Notstandsregierung auf – nicht dem Namen nach, aber effektiv. Hunderte von politischen Führern sitzen hinter Gittern. Ich hatte ihr von Anfang an gesagt, daß diese Leute weder in ein Parlament, noch in die Ausschüsse oder die Legislative gehören.

Es gibt viele Arten von Idioten, aber die Politiker sind die schlimmsten, denn sie haben obendrein noch Macht. Die Journalisten stehen auf Platz zwei. Eigentlich sind sie noch schlimmer als die Politiker, aber weil sie keine Macht haben, können sie nur schreiben, und wen kümmert schon, was sie schreiben? Ohne Macht in den Händen kannst du so viel Idiotie besitzen, wie du willst, viel Schaden kann sie nicht anrichten.

Indira lernte ich ebenfalls durch Masto kennen, aber auf indirektem Wege. Ursprünglich war Masto ein Freund von Indiras Vater Jawaharlal Nehru, dem ersten Premierminister Indiens. Er war wirklich ein wunderschöner Mensch und außerdem einmalig, denn in der Politik zu sein und sich trotzdem ein schönes Wesen zu bewahren, ist nicht leicht.

Als Helen Keller ihm begegnete, mußte sie, weil sie blind und taubstumm war, sein Gesicht abtasten. Jemandem, der ihre Zeichensprache deuten konnte, gab sie zu verstehen: »Wenn ich das Gesicht dieses Mannes betaste, habe ich das Gefühl, eine Marmorbüste zu berühren.«

Viele andere Leute haben über Jawaharlal geschrieben, aber ich glaube, mehr braucht nicht gesagt zu werden. Diese Frau ohne Augen, ohne Ohren und ohne Zunge zum Sprechen schaffte es dennoch, die treffendste Aussage überhaupt zu machen, und auf eine ganz schlichte Art.

Ich hatte genau das gleiche Gefühl, als ich ihn durch Masto kennenlernte. Ich war erst zwanzig. Schon ein Jahr später sollte mich Masto verlassen, und so hatte er es eilig, mich so vielen Leuten vorzustellen, wie er nur konnte. Er trieb mich geradezu in das Haus des Premierministers.

Es wurde eine schöne Begegnung. Ich hatte nicht erwartet, daß es so schön werden könnte, weil ich so oft schon enttäuscht worden war. Wie konnte ich erwarten, daß der Premierminister nicht nur ein gemeiner Politiker sein würde? Er war es nicht.

Es war reiner Zufall, daß auf dem Korridor, als wir schon im Gehen waren und er uns nach draußen begleitete, Indira hereinkam. Damals war sie noch niemand, einfach ein junges Mädchen. Ihr Vater stellte sie mir vor. Masto war natürlich anwesend, und er war es, durch den die Begegnung zustandekam. Aber Indira hat Masto vielleicht gar nicht gekannt, oder wer weiß? – vielleicht doch. Die Begegnung mit Jawaharlal entpuppte sich als so bedeutsam, daß sich dadurch meine ganze Einstellung veränderte, nicht nur ihm, sondern auch seiner Familie gegenüber.

Er sprach mit mir über Freiheit, über Wahrheit. Ich konnte es nicht glauben. Ich sagte: »Bist du dir im klaren darüber, daß ich erst zwanzig Jahre alt bin, nur ein junger Mann?«

Er sagte: »Das Alter hat nichts zu besagen, denn soviel ich weiß, bleibt selbst ein Esel im hohen Alter immer noch ein Esel. Ein alter Esel wird nicht zwangsläufig zum Pferd – nicht mal zum Maulesel, geschweige denn zum Pferd. Du darfst also nicht viel auf Alter geben«, fuhr er fort. »Wir dürfen ein Weilchen völlig vergessen, wie alt ich bin und wie alt du bist, und laß uns diskutieren, ohne uns um Schranken wie Alter, Kaste, Glaube oder Rang zu kümmern.« Dann sagte er zu Masto: »Baba, würdest du bitte die Tür schließen, damit niemand hereinkommen kann. Ich will nicht einmal meinen Privatsekretär sehen.«

Und wir sprachen über so großartige Dinge! Es war an mir, überrascht zu sein, denn er hörte mir mit genausoviel Aufmerksamkeit zu wie ihr. Und er hatte ein so schönes Gesicht, wie nur Kaschmiris es haben können. Die Inder sind sicherlich etwas dunkel, und je weiter man nach unten, nach Süden kommt, desto dunkler werden sie, bis man erstmalig im Leben sieht, was »schwarz« heißt.

Aber die Kaschmiris sind wirklich schön. Jawaharlal war es zweifellos, und zwar aus zwei Gründen. Mein Gefühl ist, daß der weiße Mann schon allein wegen seiner weißen Haut ein wenig flach aussieht, weil Weiß keine Tiefe hat. Genau deswegen versuchen alle kalifornischen Mädchen, ihre Haut ein bißchen braun zu bekommen. Sie verstehen, daß die Haut mit ein bißchen Bräune an Tiefe gewinnt, die der weißen Haut sonst abgeht. Aber Schwarz ist allzu braungebrannt, ja verbrannt. Schwarz geht über alle Tiefe hinaus – es ist tot. Aber die Kaschmiris sind genau in der Mitte. Es ist ein weißes Volk, ein sehr schönes Volk, braungebrannt von Geburt an; und sie sind Juden.

Ich habe das Jesus-Grab in Kaschmir gesehen, wohin er floh nach seiner sogenannten Kreuzigung. Ich sage sogenannt, weil sie so schön inszeniert war. Das ganze Verdienst geht an Pontius Pilatus. Und als Jesus aus seiner Höhle fliehen konnte, war natürlich die große Frage: »Wohin jetzt?« Der einzige Ort, wo er sich außerhalb Israels wohlfühlen konnte, war Kaschmir, denn es war ein kleines Israel. Und nicht nur Jesus liegt in Kaschmir begraben, sondern auch Moses.

Das wird euch noch mehr in Erstaunen setzen. Auch an seinem Grab bin ich gewesen. Ich bin ein Totengräber. Die anderen Juden hatten Moses in den Ohren gelegen: »Wo ist der verlorene Stamm?«

Ein Stamm war natürlich bei ihrer vierzigjährigen Wüstenwanderung abhanden gekommen. Die hatte Moses auch in den Sand gesetzt: Wäre er nach links gegangen, statt nach rechts, dann wären die Juden heute die Ölscheichs. Aber Juden sind Juden, man kann nicht voraussagen, was sie anstellen werden. Moses war vierzig Jahre lang von Ägypten nach Israel unterwegs.

Ich bin weder Jude noch Christ, und es geht mich auch nichts an, aber trotzdem wüßte ich einfach aus Neugier gern, warum er sich für Israel entschied. Warum suchte Moses Israel? Er muß doch im Grunde nach einem schönen Ort gesucht haben, aber dann kommt das Alter, und nach einer so ermüdenden Reise, nach vierzig Jahren in der Wüste...

Ich hätte das nicht gekonnt. Vierzig Jahre! Ich könnte es nicht einmal vierzig Stunden durchhalten. Ich nicht. Lieber würde ich Harakiri machen. Kennt ihr Harakiri? Das ist die japanische Art zu verschwinden – normal ausgedrückt: Selbstmord.

Moses zog vierzig Jahre herum und kam schließlich nach Israel und in jenen staubigen, häßlichen Ort Jerusalem.

Nach all dem – Juden sind Juden – lagen sie ihm in den Ohren, wieder auf Reisen zu gehen und nach dem verlorenen Stamm zu suchen. Mein eigenes Gefühl sagt mir, daß er nur ging, um diese Leute loszuwerden. Aber wo suchen? Der schönste Ort, der in der Nähe lag, war der Himalaja, und so kam er in dieses Tal.

Es ist gut, daß Moses und Jesus beide in Indien starben. Indien ist nicht christlich und schon gar nicht jüdisch – aber der Mann, oder besser gesagt, die Familien, die sich der beiden Gräber annehmen, sind jüdisch. Und beide Gräber sind nach jüdischer Art gemacht. Die Hindus machen keine Gräber, wie ihr wißt. Die Mohammedaner wohl, aber anders. Ein mohammedanisches Grab muß nach Mekka zeigen. Der Kopf muß gen Mekka liegen. Dies sind die einzigen zwei Gräber in Kaschmir, die nicht den mohammedanischen Regeln entsprechen.

Aber die Namen sind gewiß nicht genau so, wie man es vielleicht erwarten würde. Auf Arabisch heißt Moses *Mosha;* und der Name auf seinem Grab ist *Mosha.* Jesus auf Arabisch ist genau wie auf Aramäisch – *Yeshu,* aus dem hebräischen *Joshua;* und genauso steht es da. Das könnte irreführend sein. Man könnte denken, daß *Yeshu* nicht Jesus oder *Mosha* nicht Moses ist. Moses ist nur eine – wie soll man sagen? – falsche Aussprache des Originals, genau wie Jesus.

Joshua muß zwangsläufig langsam zu *Yeshu* werden – *Joshua* ist einfach zuviel; *Yeshu* tut's auch, und ganz genau so nennen wir Jesus in Indien: *Isu* – mit langem I, wie Iisu. Wir haben der Schönheit des Namens noch etwas hinzugefügt. »Jesus« ist gut, aber ihr wißt ja, was man daraus gemacht hat. Wenn man fluchen will, sagt man: »Jesus!« Der Ton hat ganz bestimmt etwas Fluchendes. Versucht mal, jemanden zu verfluchen, indem ihr »Joshua!« sagt, und ihr werdet auf Schwierigkeiten stoßen. Das Wort selbst steht im Weg. Es ist so weiblich, so schön und so rund, daß ihr damit niemanden verletzen könnt.

Wie spät ist es?

»Zwanzig nach elf, Osho.«

Das ist gut, mach Schluß.

39

Geet Bharti, ich glaube, irgendetwas macht dir Kummer. Nichts darf dir Kummer machen. Stimmt's?

»Stimmt.«

Wer soll denn sonst die Mitschrift machen? Wenigstens einer muß der Schreiber sein.

Okay.

Diese Tränen sind für dich, darum fließen sie auf der rechten Seite. Yashu Bharti sind sie entgangen. Aber jetzt eine kleine auch auf der linken Seite, eigens für sie. Ich kann nicht allzu hart sein. Leider habe ich nur zwei Augen, und da ist noch Raj Bharti, für den ich aus beiden Augen zugleich weinen werde. Er ist einer von den wenigen, auf die ich gewartet habe, und nicht umsonst. Das ist nicht meine Art. Wenn ich warte, muß es auch eintreten. Wenn es nicht eintritt, heißt das nur, daß ich nicht wirklich darauf gewartet habe, sonst nichts. Nun zurück zu der Geschichte.

Ich hatte Pandit Jawaharlal Nehru, den Vater von Indira Gandhi, nie kennenlernen wollen, aus zwei Gründen. Ich hatte Masto das auch gesagt, aber er wollte nicht hören. Er war genau recht für mich. Pagal Baba hatte wirklich den Rechten für einen so unrechten Mann wie mich ausgesucht. Ich war noch nie recht, in wessen Augen auch immer. Aber Masto war es. Außer mir wußte niemand, daß er lachen konnte wie ein Kind. Aber das war Privatsache, und es gibt viele private Dinge, die ich jetzt publik machen muß.

Wir stritten uns tagelang, ob ich hingehen und den Premierminister von Indien besuchen sollte. Ich war so widerborstig wie immer. Sobald man mich bittet, irgendwo hinzugehen, und wenn es in das Haus Gottes wäre, sage ich bestimmt: »Wir wollen es uns überlegen« oder: »Wir könnten ihn ja zum Tee einladen.«

Wir stritten uns endlos, aber er verstand nicht nur die Argumente, sondern auch den, der argumentierte, und das war ihm wichtiger.

Er sagte: »Du kannst sagen, was du willst, aber« – und damit kam er mir jedesmal, wenn er mich mit rationalen Argumenten nicht überzeugen konnte –, »Pagal Baba hat mir aufgetragen, es zu tun, also entscheide bitte selbst.«

Ich sagte: »Wenn du sagst, daß Pagal Baba dir das aufgetragen hat, dann soll es geschehen. Wenn er noch lebte, würde ich ihn nicht so leicht in Ruhe lassen, aber er ist nicht mehr, und mit einem Toten streitet man sich nicht, vor allem nicht mit einem lieben Toten.«

Er lachte dann immer und sagte: »Was ist aus deinem Argument geworden?«

Ich sagte: »Jetzt halt aber den Mund. Sobald du Pagal Baba ins Feld führst, einen toten Mann aus dem Grab holst, nur um einen Streit zu gewinnen... Und du hast gar nicht gewonnen, ich habe lediglich aufgegeben. Tu also, worüber du dich mit mir die letzten drei Tage gestritten hast.«

Aber solche Streitgespräche waren einfach großartig – sehr exakt, subtil und weitreichend; aber darum geht es hier nicht, jedenfalls nicht heute... vielleicht in einem anderen Kreis.

Masto bestand also darauf, daß ich den Premierminister besuchen sollte, weil man nie wissen konnte – vielleicht könnte ich ja eines Tages seine Hilfe gebrauchen. »Und«, fügte ich hinzu, »vielleicht...« *(ein ratterndes Geräusch von der Klimaanlage)*

Da ist ja der Teufel, von dem ich euch erzählt habe, der in der

Nacht Geet Bhartis Aufzeichnungen abtippt. Seht ihr, jetzt tippt er es direkt! Sogar Yashu Bharti lacht jetzt, weil sie nicht weiß, was sie tun soll – vielleicht weiß es keiner.

(Das Geräusch hört auf.) Großartig! Ich mußte selbst zu reden aufhören, darum hat er aufgehört. Wenn ich wieder rede und man nichts dagegen tut, wird er wieder anfangen. *(Das Rattern geht wieder los.)* Das ist zuviel! Nachts zu tippen, im Dunkeln, mag noch angehen...

Wovon sprach ich?

»Daß Masto darauf bestand, daß du den Premierminister kennenlernen solltest, weil man nie wissen könne – eines Tages könntest du seine Hilfe gebrauchen.«

Ich sagte zu Masto: »Bitte füge noch eine Kleinigkeit hinzu: daß nämlich der Premierminister vielleicht eines Tages *meine* Hilfe gebrauchen könnte. Ich bin bereit hinzugehen; denn wenn Baba es dir aufgetragen hat, dann wäre es für mich das schlimmere von zwei Übeln, den armen alten Baba zu enttäuschen. Also gut. Aber Masto, hast du auch genug Mumm, die gewisse Kleinigkeit hinzuzufügen?«

Obwohl ein wenig zögernd, wuchs er doch zu seiner ganzen Größe heran und sagte: »Ja, eines Tages, nicht nur vielleicht, sondern ganz gewiß, wird er oder jemand anders, der seinen Sessel innehaben wird, deine Hilfe brauchen. Jetzt komm mit.«

Ich war damals erst zwanzig, und ich fragte Masto: »Hast du Jawaharlal gesagt, wie alt ich bin? Er ist alt und Premierminister einer der größten Demokratien der Welt, und bestimmt hat er tausend Dinge im Kopf. Hat er überhaupt Zeit für einen Jungen wie mich? Ich meine einen Jungen, der nicht einmal konventionell ist, ich meine, aus einem Konvent?«

Ich war wirklich unkonventionell. Erstens trug ich immer hölzerne Sandalen, die überall Ärger machten. Tatsächlich waren sie eine gute Voranmeldung, daß ich kam, daß ich anrückte; je lauter der Krach, desto näher war ich.

Mein Direktor sagte immer: »Tu, was du willst. Geh und iß den Apfel noch einmal.« – Er war Christ, darum sagte er das. »Oder, wenn du willst, iß die Schlange gleich mit! Aber trag um Gottes willen nicht diese hölzernen Sandalen!«

Ich sagte zu ihm: »Zeigen Sie mir Ihr Buch mit den Vorschriften, dasjenige, das Sie mir immer zeigen, wenn ich etwas falsch mache. Steht da irgendwas von Holzsandalen drin?«

Er sagte: »Mein Gott! Wer hätte je daran gedacht, daß ein Schüler mit Holzsandalen auftauchen könnte? Das steht natürlich nicht in meinem Buch.«

Ich sagte: »Dann müssen Sie schon beim Erziehungsministerium nachfragen, aber bis ein Gesetz erlassen wird gegen den Gebrauch von Holzsandalen in der Schule, werde ich nichts daran ändern – und wenn mich die ganze Welt deshalb auslacht. Ich bin jemand, der das Gesetz achtet.«

Der Direktor sagte: »Ich weiß, du achtest das Gesetz, jedenfalls tust du's in dieser Angelegenheit. Nur gut, daß du nicht verlangst, daß ich diese hölzernen Ungetüme auch noch tragen soll.«

Ich sagte: »Nein. Ich bin auch ein sehr demokratischer Mensch, ich zwinge nie jemandem etwas auf. Sie könnten nackt daherkommen, und ich würde nicht mal fragen: ›Sir, wo ist Ihre Hose?‹«

Er sagte: »Wie bitte?«

Ich sagte: »Ich sage ja nur: ›Angenommen‹, so wie Sie immer sagen, wenn Sie in die Klasse kommen: ›Nehmen wir einfach mal an...‹ Ich sage ja nicht, daß Sie tatsächlich nackt kommen sollen... Dazu fehlt Ihnen der Mut.«

(Wieder Rattergeräusche) Nur Asheesh kann helfen, denn vielleicht versteht der Teufel Italienisch und keine andere Sprache. Das ist gut. Was sagte ich?

»Du sagtest zum Direktor, daß ihm der Mut fehle, ohne seine Hose zu kommen.«

»Ja«, sagte ich zu ihm, »es ist nur eine Annahme, dasselbe, wie wenn Sie immer zur Klasse sagen: ›Nehmen wir an...‹ Wir fragen auch nie, ob es wirklich so ist oder nicht, also fragen Sie mich das auch nicht. Angenommen, Sie kommen ohne Hose; und ich füg noch ein paar Sachen hinzu: ohne Hemd, oder sogar ohne Unterwäsche...?«

Er sagte: »Du! Jetzt verschwinde, aber dalli!«

Ich sagte: »Ich kann nicht eher gehen, als bis Sie mir bestätigen, daß ich meine hölzernen Sandalen benutzen darf. Holz ist natürlich, und ich bin gegen jede Gewalt, also kann ich kein Leder tragen. Entweder muß ich also Ihnen folgen und Leder tragen wie Sie – obwohl Sie sich als Brahmanen bezeichnen, aber mit Lederschuhen! Was nehmen Sie sich eigentlich heraus, sich als Brahmanen zu bezeichnen? – Oder ich muß die hölzernen Sandalen tragen.«

Er sagte: »Tu, was du nicht lassen kannst. Nur geh bitte so weit weg wie möglich, so schnell wie möglich, denn ich könnte etwas tun, was ich mein ganzes Leben lang bereuen würde.«

Ich sagte: »Glauben Sie, daß Sie mich umbringen könnten, nur wegen meiner Holzsandalen?«

Er sagte: »Keine Frage mehr, reize mich nicht. Aber ich muß dir sagen, ich brauche nur das Geräusch zu hören...« – Alle Fußböden der Schule waren nämlich mit Stein gepflastert. »Ich kann dich im ganzen Haus hören. Ja, es ist unmöglich, dich nicht zu hören, weil du ständig unterwegs bist – ich weiß nicht warum –, und das Geräusch haut mich einfach um.«

Ich sagte: »Das ist Ihr Problem. Ich werde die Sandalen tragen.« Und ich trug sie, bis ich die Universität verließ. Mein ganzes Leben, von der Schulzeit bis zur Universität, trug ich hölzerne Sandalen. Jeder hätte euch sagen können, wo ich war, denn ich war der einzige Mensch mit Holzsandalen. Alle pflegten zu sagen: »Man kann ihn meilenweit hören.«

Ich liebte diese hölzernen Sandalen. Was mich betraf, so liebte ich sie, weil ich immer lange Spaziergänge machte, meilenweit, am Morgen und am Abend. Und mit hölzernen Sandalen... Ich glaube nicht, daß einer von euch schon mal Erfahrungen mit hölzernen Sandalen gemacht hat, aber es klingt so, als würde jemand hinter dir hergehen, und selbst wenn du weißt, daß es nur deine Sandalen sind, die dieses Geräusch machen, wer weiß? Vielleicht könnte ja... und warum nicht auf Nummer Sicher gehen, schau dich doch mal um! Man möchte sich umdrehen und nachschauen, wer einem folgt. Es dauerte Jahre, bis ich mich so weit trainiert hatte, nicht darauf hereinzufallen, und noch länger, um nicht einmal mehr daran zu denken, darauf hereinzufallen.

Ich sagte zu Masto: »Ich bin schon immer widerborstig gewesen, selbst bei Dingen, in die jeder andere sofort einwilligen würde.«

Aber das Jasagen kam erst sehr spät bei mir. Ich sagte immerzu nein, nein, bis alle die Neins zu einem JA wurden – aber damit hatte ich gar nicht gerechnet.

Jetzt ist daraus wieder eine Abschweifung geworden. Ja, alles in dieser Gesprächsrunde wird so oder so zu einer Abschweifung, aber ich will versuchen, wieder und wieder an den Punkt zurückzukehren, von dem wir abgeschweift sind.

Ich willigte also ein. Masto und ich gingen zum Haus des Premierministers. Ich wußte nicht, wie viele Verehrer Masto hatte, wie ich überhaupt von der Welt nicht viel wußte. Ich fragte ihn auf dem Hinweg: »Hast du einen Termin gemacht?«

Er lachte und sagte nichts. Ich dachte bei mir: »Wenn *er* sich keine Sorgen deswegen macht, warum sollte ich? Es geht mich nichts an. Ich begleite ihn nur.«

Aber er brauchte keinen Termin; das wurde deutlich, als wir durch das Tor traten. Der Polizist fiel ihm zu Füßen und sagte: »Masta Baba, du bist seit Monaten nicht hiergewesen, und wir freuen uns so, wenn du kommst. Ab und zu braucht der Premierminister deinen Segen.«

Masto lachte, sagte aber nichts. Wir traten ein. Der Sekretär berührte seine Füße und sagte: »Du hättest doch nur anzurufen brauchen, dann hätten wir den Wagen des Premierministers geschickt. Und wer ist dieser Junge?«

Masto sagte: »Ich habe diesen Jungen mitgebracht, um ihn einzig und allein Jawaharlal vorzustellen und sonst keinem. Und bitte merk dir: kein Wort über ihn.«

Obwohl er alle Vorsorge traf, hat dennoch mein Prinzip funktioniert. Ich habe euch gesagt, daß man sich im selben Moment, wo man sich einen Freund schafft, auch einen Feind schafft. Wenn du den Feind nicht willst, dann vergiß die Freunde. So macht es der Mönch, ob buddhistisch oder christlich: er läßt die Finger von allen Beziehungen, von Freundschaft und allem, nur um sich keine Feinde zu schaffen. Aber es ist nicht der Sinn des Lebens, sich lediglich keine Feinde zu machen.

Ihr werdet so überrascht sein, wie ich es war, wenn auch nicht an jenem Tag, sondern erst viele Jahre später... denn an jenem Tag war es mir noch nicht möglich, den Mann zu erkennen, der im

Büro des Sekretärs saß und auf seinen Termin wartete. Ich hatte noch nicht von ihm gehört, aber er sah sehr arrogant aus. Ich dachte, das muß ja ein ganz Mächtiger sein. Ich fragte Masto: »Wer ist der Mann?«

Masto sagte: »Den kannst du vergessen. Der ist nicht viel wert. Das ist Morarji Desai.«

Ich sagte: »Er hat keinen Wert?«

Masto sagte: »Ich meine, keinen wirklichen Wert. Er ist einfach ein Hampelmann. Er ist zwar Minister im Kabinett, aber schau ihn dir an, er ist ganz erbost, weil *er* jetzt einen Termin beim Premierminister hat.«

Aber Masto war bekannt, und der Premier ließ ihn als ersten rufen und bat Morarji Desai zu warten. Das war eine Beleidigung, völlig unbeabsichtigt von seiten Jawaharlals, aber Morarji hat es vielleicht bis auf den heutigen Tag nicht verwunden. Vielleicht erinnert er sich nicht mehr an den jungen Mann von damals, aber an Masto muß er sich erinnern können. Masto war sehr eindrucksvoll, in jeder Beziehung.

Wir gingen hinein. Und es war nicht nur für fünf Minuten; wir blieben genau eine Stunde und dreißig Minuten. Und Morarji Desai mußte warten. Nun, das war zuviel für ihn. Es war *sein* Termin, und jemand anders – ein Sannyasin mit einem Jungen – trat einfach vor ihm ein... und dann mußte er auch noch neunzig Minuten warten!

Und zum ersten Mal in meinem Leben war ich überrascht. Schließlich war ich nicht gekommen, um einem Dichter zu begegnen, sondern einem Politiker. Abe ich begegnete einem Dichter.

Jawaharlal war kein Politiker. Es ist schade, daß es ihm nicht gelang, seine Träume in die Wirklichkeit umzusetzen. Aber ob man nun »Schade!« sagt oder »Ach!« – ein Dichter scheitert *immer.* Selbst in seiner Dichtung scheitert er. Scheitern ist sein Schicksal, denn er sehnt sich nach den Sternen. Er kann sich nicht mit dem Kleinen, dem Begrenzten zufriedengeben. Er möchte den ganzen Himmel in Händen halten.

Ich war wie vor den Kopf geschlagen. Sogar Jawaharlal konnte das sehen und er sagte: »Was ist los? Der Junge sieht aus, als hätte er einen Schock erlitten.«

Masto sagte, ohne mich auch nur anzusehen: »Ich kenne den Jungen. Genau darum habe ich ihn zu dir gebracht. Ja, wenn es in meiner Macht gestanden hätte, hätte ich *dich* zu *ihm* gebracht.«

Jetzt war es an Jawaharlal, wie vor den Kopf geschlagen zu sein... Aber er war ein Mann von ungeheurem Herzenstakt. Er sah mich noch einmal an, um die volle Bedeutung von Mastos Worten zu ermessen. Einen Moment lang sahen wir uns in die Augen und mußten alle beide lachen. Und sein Lachen war nicht das eines alten Mannes, es war noch immer das eines Kindes. Er war unglaublich schön, und so wie ich es sage, so meine ich es auch. Denn ich habe Tausende von schönen Menschen gesehen, aber ich kann ohne Zögern sagen, daß er der Schönste von allen war, und nicht nur körperlich.

Es ist seltsam... Wir sprachen von Dichtung, und draußen wartete Morarji. Wir sprachen von Meditation, und draußen wartete Morarji. Ich sehe die Szene noch heute – er muß gekocht haben. Ja, dieser Tag damals beschloß und besiegelte unsere Feindschaft. Nicht meinerseits natürlich; ich habe nichts gegen ihn. Alles, was ihn bewegt, ist einfach dumm – es lohnt nicht, dagegen zu sein. Sicher, ab und zu ist er einen guten Lacher wert. Genau dazu hat mir sein Name gedient, und seine Urin-Therapie – seinen eigenen Urin zu trinken! Das hat er in Amerika gepredigt! Niemand fragt, ob er seinen eigenen trinkt oder den von jemand anders, denn wenn ein Mensch erst mal Urin trinkt, ist er schon nicht mehr bei Trost, und so kann er denn trinken, was er will – und nicht nur den Urin anderer Leute. Er hat dort Vorträge gehalten und gepredigt.

An dem Tag damals wurde er ein Feind von mir, wenn auch nicht von meiner Seite; ich zumindest war ahnungslos. Und das nur, weil er eineinhalb Stunden warten mußte. Er mußte von dem Sekretär erfahren haben, wer ich war. Vielleicht hatte er gefragt: »Wer ist dieser Junge? Und warum wird er dem Premierminister vorgestellt? Was soll das Ganze? Und warum interessiert sich Masta Baba für ihn?«

Natürlich, wenn man eineinhalb Stunden dort herumsitzt, muß man über irgendwas reden. Ich kann es verstehen. Aber es war der größte Brocken, den er zu schlucken hatte – selbst für ihn, der seinen eigenen Urin schlucken kann, was eine große Tat ist. Aber noch mehr zu schlucken gab es für ihn, als er mitansehen mußte, wie Jawaharlal uns in die Vorhalle begleitete, nur um diesem zwanzigjährigen Jüngling Adieu zu sagen.

In dem Augenblick sah er, daß es gar nicht Masta Baba war, mit dem der Premierminister sprach, sondern dieser merkwürdige unbekannte Junge mit den Holzsandalen, der die ganze Veranda mit Lärm erfüllte – es war eine wunderschöne Marmorveranda. Und ich trug langes Haar und ein eigenartiges Gewand, das ich mir selbst gemacht hatte, weil es meine Sannyasins, die heute meine Kleider machen, noch nicht gab. Es gab noch niemand...

Ich hatte mir eine sehr einfache lange Robe gemacht, mit nur zwei Löchern für die Hände, damit sie zum Vorschein kommen konnten, sobald sie gebraucht wurden, und drinnen verschwinden konnten, wann immer du sie drinnen haben wolltest. Ich hatte sie selbst gemacht. Das Ganze war völlig kunstlos. Man brauchte nur ein Stück Stoff an beiden Seiten zusammenzunähen und ein kleines Halsloch hineinzuschneiden.

Masto gefiel es, und so ließ er sich von irgendwem genau so eine Robe machen.

Ich sagte zu ihm: »Du hättest mich darum bitten sollen.«

Er sagte: »Nein, das wäre zuviel gewesen. Dann könnte ich sie nicht tragen, weil ich sie dann lieber aufgehoben hätte.«

Wir traten aus dem Haus, welches später als »Trimurti« berühmt werden sollte. Heute ist es ein Museum zum Andenken an Jawaharlal. Jawaharlal war wirklich groß; in dem Sinne, daß er es nicht nötig gehabt hätte, uns hinauszubegleiten, um sich von einem Jungen zu verabschieden, dann auch noch stehenzubleiben, die Wagentür zu schließen und abzuwarten, bis der Wagen weggefahren war.

Und Zeuge von all dem wurde dieser arme Kerl Morarji Desai. Er ist eine Witzfigur, aber diese Witzfigur wurde mein Feind auf Lebenszeit. Auch wenn er mir in keiner Weise schaden konnte, hat er jedenfalls sein Bestes versucht, das muß ich sagen.

Wie spät ist es?

»Einundzwanzig nach acht, Osho.«

Zehn Minuten für mich, dann muß ich an die Arbeit. Mein Büro fängt hiernach an

40

Ich stehe... seltsam, denn ich soll mich doch eigentlich entspannen – ich stehe, in der Erinnerung meine ich, mit Masto zusammen. Natürlich gibt es niemand, mit dem ich lieber zusammenstehen würde. Wenn man erst einmal mit Masto zusammengestanden hat, dann muß es mit jedem andern ein schwacher Abglanz sein.

Dieser Mann war wirklich reich, mit jeder Zelle seines Wesens und mit jeder Faser seines riesigen Netzes von Beziehungen, mit dem er mich langsam vertraut machte. Er hat mich nie mit dem ganzen Netz bekanntgemacht, das war nicht möglich. Ich hatte es eilig, mit dem zu beginnen, was ich Nicht-Tun nenne. Er hatte es eilig, das zu erfüllen, was er seine Verantwortung mir gegenüber nannte – so wie er es Pagal Baba versprochen hatte. Wir hatten es beide eilig; und so konnte er mir, so gern er es auch getan hätte, nicht alle seine Beziehungen zur Verfügung stellen. Aber das hatte auch noch andere Gründe.

Er war ein traditioneller Sannyasin, jedenfalls an der Oberfläche, aber ich kannte ihn darunter. Er war gar nicht traditionell, sondern tat nur so, weil die Masse dieses Theater haben wollte.

Und erst heute kann ich begreifen, wie sehr er gelitten haben muß. Ich habe nicht auf dieselbe Art gelitten, weil ich mich einfach weigerte, irgend so ein Theater mitzumachen.

Ihr werdet es nicht glauben, aber Tausende von Menschen haben sich von mir Dinge versprochen, die ihrer eigenen Phantasie entsprangen. Es hatte nichts mit mir zu tun. Die Hindus unter meinen Millionen von Anhängern – ich spreche von den Tagen, ehe ich mit meiner Arbeit begann –, sie hielten mich für Kulki. Kulki ist der Hindu-*Avatar,* der letzte.

Ich muß das ein wenig erklären, denn das wird euch helfen, viele Dinge zu verstehen. In Indien glaubten die alten Hindus nur an zehn Inkarnationen Gottes. Natürlich – das waren die Zeiten, wo die Menschen noch alles an den Fingern abzählten. Zehn war das Höchste; man konnte nicht über zehn hinausgehen, man mußte wieder bei eins anfangen. Darum glaubten die Hindus, daß jeder Zyklus der Existenz zehn *Avatare* hätte. Das Wort *avatar* bedeutet buchstäblich: »das Herabsteigen des Göttlichen«. Zehn, weil nach jedem zehnten jeweils ein Zyklus oder Kreis endet. Der nächste fängt sofort an, aber dann gibt es wieder einen ersten *Avatar,* und das Ganze wieder bis zum Ende, bis zum zehnten.

Ihr werdet mich leicht verstehen, wenn ihr gesehen habt, wie die armen indischen Bauern zählen. Sie zählen an ihren Fingern bis zum zehnten und fangen dann wieder von vorn an mit eins, zwei... Zehn muß das primitive Höchstmaß gewesen sein. Merkwürdigerweise ist das auf dem Gebiet der Sprache noch immer so. Elf ist eine Wiederholung. Elf heißt nur, eine Eins hinter eine Eins zu stellen, sie zu verheiraten, ihr ein Kind zu machen, mehr nicht. Nach zehn sind alle eure Zahlen nur Wiederholungen.

Warum sind die Zahlen bis zehn so ursprünglich? Weil die Menschen überall an ihren Fingern gezählt haben.

Ich sollte noch erwähnen, bevor ich weiterspreche – nur eine kleine Abschweifung, bevor ich zum Thema komme –, daß eure Wörter für eins, zwei, drei, vier, fünf, sechs, sieben, acht, neun, zehn, alle aus dem Sanskrit entlehnt sind.

Die Mathematik hat dem Sanskrit sehr viel zu verdanken, denn ohne diese Zahlen hätte es keinen Albert Einstein gegeben und auch keine Atombombe; keine *Principia Mathematica* von

Bertrand Russell und Whitehead. Diese Zahlen sind die eigentlichen Bausteine.

Und die Fundamente wurden nirgendwo anders gelegt als in den Tälern des Himalaja. Vielleicht stieß man dort zuerst auf die unermeßliche Schönheit und wollte sie unbedingt messen. Vielleicht gab es einen anderen Grund, aber eines steht fest: daß aus dem Sanskrit-Wort *tri* eure »Drei« wurde. Sie hat nur die lange, staubige Reise eines Wortes hinter sich. Das Sanskrit-Wort *sasth* wird zu »sechs«; das Sanskrit-Wort *asth* wird »acht«, und so weiter und so fort.

Wovon sprach ich?

»Du sprachst davon, daß die Hindus meinten, du wärest die zehnte Inkarnation des *Avatars* Kulki.«

Ja. Du machst gute Arbeit.

Kulki ist die zehnte und letzte Hindu-Inkarnation Gottes. Nach ihm endet die Welt – und fängt natürlich wieder an; genauso wie ihr ein Spielkartenhaus umwerft und wieder von vorn anfangt. Vielleicht mischt ihr die Karten noch einmal durch, bevor ihr wieder anfangt, um ein bißchen Enthusiasmus in euch zu wecken. Ansonsten, was macht das den Karten schon? Aber wenn ihr sie noch einmal mischt, fühlt ihr euch gut.

Ganz genauso mischt Gott noch einmal durch und denkt sich dann: »Vielleicht gelingt es mir diesmal ein bißchen besser.« Aber jedes Mal – er kann machen, was er will –, kommt ein Richard Nixon, Adolf Hitler, Morarji Desai dabei heraus... Ich meine, Gott scheitert jeden Augenblick.

Ja, ab und zu scheitert er nicht, aber vielleicht ist es eher dem Menschen zu verdanken, wenn er in einer Welt Erfolg hat, wo alles scheitert. Jedenfalls geht es nicht auf Gottes Kredit. Die Welt ist Beweis genug, daß Gott absolut diskreditiert ist.

Für die Hindus ist die Zehn seit den Zeiten vor der *Rig Veda* das Höchste überhaupt, und die *Rig Veda* liegt etwa zehntausend Jahre zurück. Aber die Dschainas, die sehr viel mathematischer und logischer und außerdem älter sind als die Hindus, haben nie an die Heiligkeit der Zehn geglaubt. Sie hatten ihre eigene Idee. Natürlich hatten sie die auch aus irgendeiner Quelle. Wenn man es nicht von den Fingern her hat, muß irgendeiner es irgendwie anders gemacht haben, es aus einer anderen Quelle her haben.

Was die Dschainas taten, ist nirgendwo klar erläutert worden, und ich kann keine Schrift dafür anführen, weil ich es vielleicht überhaupt zum ersten Mal erwähne. Ich füge »vielleicht« ein, falls jemand es schon einmal getan haben sollte und ich nichts davon weiß. Aber ich kenne fast alle Schriften, die es zu kennen lohnt. Die anderen habe ich einfach ignoriert. Aber trotzdem kann ich ja in der Masse irgendwen übersehen haben, der nicht hätte übersehen werden dürfen. Darum benutzte ich das Wort »vielleicht«; im übrigen bin ich mir sicher, daß es noch keiner gesagt hat. Laßt es uns jetzt also sagen.

Die Dschainas glauben an vierundzwanzig Meister – *tirthankaras,* wie sie sie nennen. *Tirthankara* ist ein schönes Wort; es bedeutet: »Einer, der eine Stelle für dein Boot herrichtet, von wo es dich zum anderen Ufer bringen kann.« Das ist die Bedeutung von *tirth,* und *tirthankara* bedeutet: »Einer, der einen solchen Ort herrichtet, von wo viele, viele Menschen zum anderen Ufer, dem jenseitigen Ufer übersetzen können.« Aber sie glauben an vierundzwanzig. Ihre Schöpfung ist ebenfalls ein Zyklus, aber ein größerer natürlich. Die Hindus haben einen kleinen Zyklus von zehn; die Dschainas haben einen größeren Zyklus von vierundzwanzig. Der Radius ist größer.

Sogar die Hindus waren, ohne zu wissen, was sie taten, beeindruckt von der Zahl vierundzwanzig, weil die Dschainas immer zu ihnen sagen: »Ihr habt nur zehn? – Wir haben vierundzwanzig.« Genau wie die Psychologie eines Kindes: »Wie groß ist dein Pappi? Nur einmeterfünfzig? Mein Pappi ist einsachtzig. Mein Pappi ist der Größte!« – Und dieser »Gott« ist nichts weiter als eine Art Pappi.

Jesus lag genau richtig – er nannte ihn immer *Abba,* was nur mit »Pappi« übersetzt werden kann, nicht mit »Gott«. Man hört es geradezu – *abba* ist einfach ein Wort der Liebe und Verehrung, »Vater« nicht.

Sobald du »Vater« sagst, überfällt dich sofort der Ernst, und die Person, die du Vater nennst, wird auch sogleich ernsthaft, weil sie ein Vater zu sein hat. Vielleicht nennen die Christen ihre Priester deshalb »Vater«. Pappi würde nicht passen, und *abba* bringt die

Kinder zum Lachen – niemand würde ihn ernst nehmen.

Die Hindus kamen von außerhalb Indiens. Sie gehören nicht ursprünglich zu diesem Land. Sie sind Fremde ohne Paß. Und über Jahrhunderte kamen sie aus Zentralasien, woher auch all die europäischen Rassen gekommen sind: die französische, die englische, die deutsche, die russische, die skandinavische, die litauische... und so weiter und so weiter. Die drei letzteren kamen aus der Mongolei, die heute fast eine Wüste ist. Kein Mensch denkt mehr an die Mongolei. Kein Mensch hält sie überhaupt noch für ein Land. Ein Teil gehört zu China, das meiste zu Rußland. Und beide liegen ständig in einem kalten Krieg darüber, wo die Linie zu ziehen sei, weil die Mongolei einfach eine Wüste ist.

Aber alle diese Völker, vor allem die Arier, kamen aus der Mongolei. Sie kamen nach Indien, weil die Mongolei sich plötzlich in eine Wüste zu verwandeln begann und weil ihre Bevölkerung zunahm, im indischen Stil. Sie mußten nach allen Seiten ausweichen. Es war gut – auf diese Art traten all diese Länder ins Dasein.

Aber ehe die Arier nach Indien kamen, war es schon ein sehr kultiviertes Land. Es war nicht wie Europa. Als die Arier nach Deutschland kamen oder nach England, brauchten sie dort mit niemandem zu kämpfen. Sie fanden herrliches Land und mußten sich vor niemandem fürchten. Aber in Indien war die Geschichte anders. Die Menschen, die in Indien wohnten, ehe die Arier kamen, müssen wirklich zivilisiert gewesen sein; ich meine *wirklich,* nicht nur in Städten gelebt haben.

Zwei Städte aus jener Zeit hat man ausgegraben: Mohendschodaro in Pakistan, das einmal zu Indien gehörte, und Harappa. Diese Städte weisen seltsame Dinge auf: sie hatten breite Straßen, dreißig Meter breit, dreistöckige Gebäude, Badezimmer – direkt neben dem Schlafzimmer. Selbst heute gibt es in Indien Millionen Menschen, die nicht einmal wissen, daß es so etwas gibt. Ja, wenn man es ihnen erzählen würde, würden sie einen auslachen; sie würden glauben, man sei nicht ganz dicht. Ein Bad neben deinem Schlafzimmer? Spinnst du?

Der modernste Designer käme sogar euch ein bißchen verrückt vor, denn das modernste Design aus Skandinavien ist ein Badezimmer mit einem Schlafzimmer darin. Das Ganze bekommt dadurch einen völlig neuen Akzent. Im Grunde ist es ein Bad, und das Schlafzimmer ist nur in der Ecke, nicht einmal abgetrennt. Das Bad ist die Hauptsache; es gibt einen kleinen Swimmingpool und alles, was man so braucht, und auch ein Bett. Aber das Bad ist nicht neben dem Schlafzimmer, sondern das Bett ist im Bad.

Vielleicht wird es in Zukunft so aussehen. Aber wenn ihr das den Millionen in Indien erzählt...! Ich war der einzige im ganzen Dorf – dem Dorf meines Großvaters, wo ich so lange lebte –, der ein Schlafzimmer mit Bad hatte. Und die Leute machten Witze darüber.

Sie fragten mich immer: »Hast du wirklich ein Bad direkt neben deinem Schlafzimmer?« Und sie sagten es im Flüsterton.

Ich sagter: »Was gibt es da zu verheimlichen? – Ja, es stimmt. Na und?«

Sie sagten: »Wir können es nicht glauben, weil niemand in dieser Gegend je von einem Bad direkt neben dem Schlafzimmer gehört hat. Das muß deine Großmutter sein! Diese Frau ist gefährlich. Sie muß diese Idee mitgebracht haben. Aber natürlich, sie ist keine von uns, sie kam von ganz weit her. Wir haben Geschichten über ihren Geburtsort gehört, die wir keinem Kind erzählen würden. Dir dürfen wir sie auch nicht erzählen.«

Ich sagte zu ihnen: »Macht euch keine Gedanken deswegen. Ihr könnt sie mir ruhig erzählen, denn sie selber erzählt sie mir auch.«

Da sagten sie: »Siehst du, wir haben es ja gewußt! Sie ist eine seltsame Frau aus Khajuraho. Dieser Ort kann ja gar keine richtigen Menschen hervorbringen.«

Vielleicht hatte meine Nani etwas, das in mir das erzeugte, was sie »falsch« nannten und was ich »richtig« nenne.

Die Hindus sind nicht, wie sie behaupten, die älteste Religion der Welt, sondern die Dschainas. Aber die sind eine verschwindende Minderheit und sehr feige. Aber sie hatten die Idee mit der Vierundzwanzig. Warum vierundzwanzig, habe ich mich gefragt. Ich diskutierte es mit Masto durch, mit meiner Mutter und mit meiner sogenannten Schwiegermutter, über die ich irgendwann später sprechen möchte.

Niemand nannte sie vor meinen Ohren meine Schwiegermutter, denn sie war genauso gefährlich wie meine Nani. Sie war nach ihr zweifellos die kühnste Frau, die ich gekannt habe. Aber natürlich kann ich ihr nicht den ersten Platz einräumen.

Es war ein Scherz, daß sie meine Schwiegermutter genannt wurde, aber wenn man sich das Wort anschaut, »Schwieger-Mutter«... Sie war fast wie eine Mutter für mich, wenn schon nicht von Natur aus, so doch durch Verschwägerung. Ich war zwar nicht mit ihrer Tochter verheiratet, aber ihre Tochter liebte mich. Doch davon in einem anderen Kreis, denn das ist ein regelrechter Teufelskreis, und ich möchte im Augenblick nicht davon anfangen.

Wie spät ist es?

»Zehn Uhr dreißig, Osho.«

Das ist großartig. Nur zehn Minuten für mich. Es war wunderbar.

(Osho fängt an, in sich hineinzulachen. Er machte Anstalten zu erklären, worüber er lachte... aber er mußte einfach zu sehr lachen.)

41

Okay.

Ich bekam nicht einmal ein Wort heraus, um euch zu sagen, was ich euch sagen wollte. Vielleicht sollte es nicht sein, denn ich setzte immer wieder dazu an, aber vergebens, und dann wurde alles vernünftig. Aber es war eine äußerst fruchtbare Sitzung, obwohl nichts gesagt wurde und auch nichts gehört wurde. Da war so viel Lachen, aber ich fühlte mich wie gefangen.

Ihr müßt euch gefragt haben, warum ich lachte. Wie gut, daß mir gegenüber kein Spiegel ist. Ihr müßt einen Spiegel anbringen. Das würde diesen Ort endlich zu dem machen, was er sein sollte. Aber es war wirklich gut. Ich bin erleichtert. Ich habe vielleicht seit Jahren nicht mehr gelacht. Irgend etwas in mir muß auf heute morgen gewartet haben, aber ich hatte von mir aus gar nichts dazu getan, daß es heute passierte... vielleicht irgendwann einmal.

Manchmal überschneiden sich diese Kreise, und sie werden es immer wieder tun. Ich versuche mein Bestes, klar definierte Richtungen einzuhalten, aber diese Kreise – die versuchen ständig alles einzukreisen, was sie nur können. Sie sind verrückte Leute, oder wer weiß? – Vielleicht sind es Buddhas, die noch einmal einen Blick in die alte Welt werfen wollen, nur um mal nachzuschauen, wie die Dinge jetzt laufen. Aber das ist nicht meine Absicht. Ich konnte nicht hinkommen, wo ich hinwollte, und so lachte ich, statt weiterzureden, trotz eures Lachens.

Nun, dies sind nur die einführenden Bemerkungen, aber eines wurde mir heute morgen klar – nicht, daß es mir vorher nicht klar gewesen wäre, aber es war mir nicht klar, daß es erzählt werden muß. Doch jetzt muß es erzählt werden.

Am 21. März 1953 passierte etwas ganz Merkwürdiges. Viele merkwürdige Dinge passierten, aber ich will hier nur von einem reden. Die anderen werden zu ihrer Zeit drankommen. Es ist eigentlich ein bißchen früh in meiner Geschichte, euch das zu erzählen, aber heute morgen wurde ich vor allem an dies eine erinnert: In jener Nacht verlor ich jeglichen Sinn für Zeit. Wie sehr ich mich auch anstrenge, ich kann mir nicht merken, wie spät es ist – so wie jeder andere das wenigstens ungefähr kann.

Nicht nur das: morgens, jeden Morgen meine ich, muß ich aus dem Fenster schauen, um nachzusehen, ob das jetzt mein Mittagsschlaf war oder der Nachtschlaf, denn ich schlafe zweimal täglich. Und jeden Nachmittag wieder – wenn ich aufwache, schaue ich als erstes auf die Uhr. Ab und zu spielt mir die Uhr einen Streich; sie bleibt stehen. Sie zeigt erst sechs, also muß sie morgens stehengeblieben sein. Aus diesem Grund habe ich zwei Armbanduhren und einen Wecker, nur um jederzeit überprüfen zu können, ob mir eine von ihnen einen Streich spielt.

Und eine von den anderen Uhren ist noch gefährlicher; besser erwähne ich's gar nicht. Ich möchte sie jemandem schenken, aber ich habe noch nicht den Richtigen gefunden, dem ich diese Uhr gern geben würde, denn es wird eine rechte Strafe sein, kein Geschenk. Sie ist elektronisch, und jedesmal, wenn der Strom aussetzt, und sei es nur für einen Augenblick, geht sie auf zwölf zurück und fängt an zu blinken... zwölf... zwölf... zwölf... um anzuzeigen, daß der Strom ausgefallen ist.

Manchmal möchte ich sie zum Fenster rauswerfen, aber jemand hat sie mir geschenkt, und ich werfe nicht gern Dinge weg, das ist rücksichtslos. Und so warte ich auf den Richtigen.

Ich habe nicht nur eine, sondern zwei Uhren dieser Art, eine in jedem Zimmer. Einige Male haben sie mich schon hinters Licht geführt, wenn ich mich zum Mittagsschlaf hinlege. Ich gehe gewöhnlich genau um halb zwölf schlafen, oder spätestens zwölf, aber das ist selten. Ein- oder zweimal habe ich aus einem Spähloch in meiner Bettdecke gelugt, und die Uhr zeigt zwölf, und ich sage zu mir: »Das heißt, ich habe mich gerade hingelegt.« Und ich schlafe wieder ein.

Nach ein oder zwei Stunden riskiere ich wieder einen Blick: »Zwölf«, sag' ich zu mir. »Seltsam... heut' scheint die Zeit endgültig stehengeblieben zu sein. Schlaf lieber weiter, sonst findest du nur, daß alle andern schlafen.« Also schlafe ich wieder ein.

Ich habe jetzt Gudia angewiesen, mich zu wecken, wenn ich bis viertel nach zwei noch nicht wach bin.

Sie fragte: »Warum?«

Ich sagte: »Weil ich vielleicht ewig weiterschlafe, wenn mich keiner weckt.«

Jeden Morgen muß ich entscheiden, ob es Morgen oder Abend ist, weil ich es nicht weiß. Mir fehlt jeder Sinn dafür; er ging mir genau an dem Tag verloren, den ich euch nannte.

Als ich dich heute Morgen fragte: »Wie spät ist es?«, sagtest du: »Zehn Uhr dreißig.« Ich dachte: »Jesus! Das geht zu weit. Die arme Sheela muß schon seit eineinhalb Stunden warten, und ich hab' noch nicht einmal mit meiner Geschichte angefangen. Und so sagte ich, nur um abzuschließen: »Gib mir zehn Minuten.« Der wahre Grund war, daß ich meinte, es sei Abend.

Und Raj Bharti weiß es auch; jetzt kann er es genau verstehen. Eines morgens, als er mich zum Badezimmer begleitete, fragte ich ihn: »Wartet Sheela schon?« Er sah ganz verdattert aus. Ich mußte die Tür zumachen, nur damit er wieder zu sich kommen konnte. Wenn ich weiter dort im Korridor gestanden hätte, wartend – und ihr kennt Raj Bharti... niemand könnte liebevoller mit mir umgehen. Er konnte mir nicht sagen, daß es nicht Nachtzeit sei. Wenn ich nach Sheela fragte, dann mußte es einen Grund dafür geben. Und natürlich war Sheela nicht da, und es war auch nicht die Zeit für Sheela, was sollte er also sagen?

Er sagte gar nichts. Er schwieg einfach still. Ich lachte. Die Frage muß ihn verlegen gemacht haben. Aber ich sage euch die

Wahrheit: Es lag einfach daran, daß die Zeit immer ein Problem für mich ist.

Irgendwie manage ich es immer, mit Hilfe komischer Tricks. Seht euch nur diesen Trick hier an – hat je ein Buddha auf diese Weise gesprochen?

Ich sprach zu euch davon, daß der Dschainismus die älteste Religion überhaupt ist. Das ist für mich kein Wert, wohlgemerkt, sondern ein *Un*wert. Aber eine Tatsache ist eine Tatsache; Wert oder Unwert, das ist unsere Einstellung. Der Dschainismus ist im Westen kaum bekannt. Nicht nur im Westen, auch im Osten, außer in ein paar Gegenden Indiens. Das liegt an den nackten Dschaina-Mönchen. Sie dürfen keine Gemeinden betreten, wo nicht schon Dschainas leben. Man würde sie steinigen, töten – selbst im zwanzigsten Jahrhundert.

Die britische Regierung, die bis 1947 in Indien blieb, hatte ein Sondergesetz für Dschaina-Mönche erlassen: Wenn sie eine Stadt betreten wollten, mußten ihre Anhänger um eine Genehmigung bitten. Und selbst mit so einem *Permit* durften sie in Großstädte wie Bombay, Neu-Delhi oder Kalkutta überhaupt nicht hinein. Ihre Anhänger mußten sie so in ihre Mitte nehmen, daß niemand sehen konnte, daß sie nackt waren.

Ich spreche von »sie«, weil ein Dschaina-Mönch niemals allein reisen darf. Er muß in einer Gruppe von Mönchen reisen, mindestens fünf, das ist die unterste Grenze. Diese Auflage hat den Sinn, daß sie sich gegenseitig ausspionieren können. Es ist eine sehr – man könnte sagen – »argwöhnische« Religion, argwöhnisch freilich deshalb, weil alles, was sie vorschreibt, unnatürlich ist.

Es ist Winter, und man zittert und möchte gern an einem Feuer sitzen, aber ein Dschaina-Mönch darf sich an kein Feuer setzen, weil ein Feuer Gewalt bedeutet. Feuer tötet, denn dazu braucht man Bäume, also werden sie getötet. Die Ökologen werden vielleicht zustimmen. Und wenn man ein Feuer macht, werden viele kleine Lebewesen verbrannt, die zwar lebendig, aber dem bloßen Auge unsichtbar sind. Und manchmal enthält sogar das Holz Ameisen und andere Arten von Insekten, die sich darin häuslich niedergelassen haben.

Kurz, der Dschaina-Mönch darf keinem Feuer zu nahe kommen. Natürlich darf er auch keine Decke benutzen, denn sie ist aus Wolle; es wäre wiederum Gewalt. Natürlich ließe sich etwas anderes finden, aber er darf ja nichts besitzen. Besitzlosigkeit ist ihr Grundprinzip, und die Dschainas sind Extremisten. Sie haben die Logik der Besitzlosigkeit auf die Spitze getrieben. Ein Dschaina-Mönch ist wirklich eine Sehenswürdigkeit! An ihm kann man sehen, wohin die Logik den Menschen führen kann.

Er ist abstoßend, denn er ist unterernährt: nichts als Knochen, halb tot, nur sein Bauch ist aufgebläht, während sein restlicher Körper eingeschrumpft ist. Das ist seltsam, aber ihr kennt das sicher. Es passiert nämlich überall, wo Hungersnot herrscht und die Menschen vor Hunger sterben. Ihr müßt Bilder von Kindern mit dicken Bäuchen gesehen haben – so riesige Bäuche, und all ihre Glieder, Arme und Beine, sind nur mit Haut bedeckte Knochen, und selbst die Haut sieht nicht sehr schön aus; sie ist praktisch tot. Genau dasselbe passiert mit einem Dschaina-Mönch.

Warum? Mir ist es klar, weil ich beides kenne. Daß die Bäuche hungernder Kinder genauso aussehen wie die von Dschaina-Mönchen, weckte sofort mein Interesse. Warum war das so? – denn beide haben den gleichen Bauch und auch sonst den gleichen Körper. Sogar ihre Gesichter sind ähnlich. Verzeiht, wenn ich das sage, aber ihre Gesichter sind gesichtslos. Sie sagen nichts, sie zeigen nichts. Sie sind nicht nur leere Seiten, sondern Seiten, die eine Ewigkeit darauf gewartet haben, endlich beschrieben zu werden, um eine Bedeutung zu erhalten... Aber sie sind verbittert, weil nie jemand kam.

Sie wurden so bitter gegen die Welt, daß sie ihr den Rücken zugedreht haben – die Seite umgeschlagen haben, sage ich besser, weil ich das Bild von der Seite benutzte. Sie haben sich umgedreht und haben jegliche Zukunft ausgesperrt. Dem verhungernden Kind muß geholfen werden. Aber dem Dschaina-Mönch muß noch mehr geholfen werden. Denn er glaubt auch noch, daß das, was er tut, richtig sei.

Aber eine uralte Religion ist zwangsläufig sehr stupide. Schon ihre Stupidität ist Beweis genug für ihre Vorsintflutlichkeit. Die *Rig Veda* erwähnt den ersten Dschaina-Meister Rishabha Deva. Er gilt als der Gründer dieser Religion. Ich kann es nicht mit

Sicherheit beurteilen, weil ich das keinem in die Schuhe schieben möchte, schon gar nicht Rishabha Deva, dem ich nie begegnet bin – und ich glaube auch nicht, daß ich ihm je begegnen werde.

Wenn er wirklich der Gründer dieses stupiden Kultes war, dann bin ich der letzte, der ihm begegnen möchte. Aber darum geht es hier nicht. Worum es hier geht ist, daß die Dschainas einen anderen Kalender haben. Sie zählen ihre Tage nicht nach der Sonne, sondern nach dem Mond, und natürlich ist ihr Jahr dann in vierundzwanzig Teile geteilt, und sie haben darum auch vierundzwanzig *tirthankaras*. Ihre ganze Schöpfung ist ein Kreis, einem Jahreslauf nachgebildet, nur mondorientiert, so wie es Völker gibt, die sonnenorientiert sind. Das ist alles willkürlich. Ja, die ganze Sache ist, wenn ihr mich fragt, vom heutigen Standpunkt aus dumm.

Ihr braucht euch nur euren eigenen Kalender anzusehen, dann seht ihr seine Dummheit, dann versteht ihr, was ich sage. Es ist leicht, über die Dschainas zu lachen, weil ihr nichts über sie wißt; sie müssen ja Idioten sein. Aber was ist mit eurem eigenen Kalender? Wie kommt es, daß der eine Monat dreißig Tage hat, ein anderer einunddreißig, und ein Monat neunundzwanzig Tage, ein andermal aber achtundzwanzig? Was soll der ganze Unsinn? Und das Jahr hat dreihundertfünfundsechzig Tage. Aber nicht, weil euer Kalender der Sonne folgt; mit der Sonne hat es nichts zu tun.

Dreihundertfünfundsechzig Tage ist lediglich die Zeit, die die Erde braucht, um ihre Reise um die Sonne zu machen. Wie ihr diese Zeit aufteilt, ist eure Sache. Aber dreihundertfünfundsechzig...? Das Problem ist, daß es dreihundertfünfundsechzig Tage sind, denn es sind gar nicht genau dreihundertfünfundsechzig Tage; es gibt nämlich einen kleinen Restbestand, der alle vier Jahre einen vollen Tag ausmacht. Mit anderen Worten: dreihundertfünfundsechzig Tage und ein Vierteltag sollten ein Jahr ausmachen. Ein sehr komisches Jahr!

Aber was könnt ihr daran ändern? Ihr müßt eben damit fertigwerden. Also teilt ihr die einzelnen Monate in unterschiedlich viele Tage auf, und der Februar muß alle vier Jahre einen Schalttag haben. Ein komischer Kalender! Ich glaube, kein Computer würde einen solchen Unsinn zulassen.

So wie es sonnenorientierte Toren gibt, so gibt es auch mondorientierte Toren. Das sind die wirklichen Lunatiker, Mondsüchtige, weil sie ans Lunare glauben. Dann wird das Jahr natürlich in zwölf Monate geteilt, und jeder Monat hat zwei Abschnitte. Und diese Toren sind stets große Philosophen. Sie entwerfen immerzu großartige Hypothesen. Ich sprach von der Hypothese gemäß der Tradition der Dschaina-Toren. Natürlich sind alle Traditionen töricht; hier handelt es sich nur um eine ganz bestimmte Toren-Tradition.

Die Dschainas glauben, daß es vierundzwanzig *tirthankaras* gibt und daß jeder Zyklus immer wieder vierundzwanzig *tirthankaras* haben wird. Nun fühlten sich die Hindus gedemütigt. Die Leute begannen sie zu fragen: »Ihr habt nur zehn, nicht vierundzwanzig?«

Die Hindu-Priester fingen nun natürlich an, von vierundzwanzig *Avataren* zu reden. Das ist eine geborgte Torheit. Erstens eine Torheit, zweitens geborgt. Das ist das Schlimmste, was einem passieren kann. Und genau das ist mit einem großen Land von Abermillionen Menschen passiert.

Diese Krankheit war so ansteckend, daß die Buddhisten, als Buddha starb, sich natürlich sehr hintergangen fühlten – wie sagt man?... erniedrigt, herabgesetzt, gedemütigt. Warum hatte er ihnen nichts von der Zahl vierundzwanzig gesagt? »Die Dschainas haben vierundzwanzig, die Hindus auch... und wir haben nur einen einzigen Buddha«, und so erfanden sie vierundzwanzig Buddhas, die Gautama Buddha vorausgingen.

Daran könnt ihr ermessen, wie weit ein Unsinn gehen kann. Ja, er kann immerzu weitergehen... Das will ich eigentlich damit sagen, aber ich muß den Satz schließlich beenden. Was wohlgemerkt nicht heißt, daß ich einen endgültigen Punkt hinter den Unsinn setze. Er nimmt kein Ende.

Wenn du dumm bist, bist du genauso unendlich dumm, wie man von Gott sagt, daß er weise sei. Ich weiß zwar nichts über Gott und seine Weisheit, aber ich weiß etwas über eure Dummheit. Genau darum bin ich ja hier, um euch zu helfen, die Dummheit loszuwerden, die ihr jetzt noch mit euch herumschleppt. Erst schleppten die Dschainas sie mit, dann haben die Hindus sie sich geklaut, dann haben die Buddhisten sie sich geklaut, und schließlich wurde die Zahl vierundzwanzig zu einem absoluten Muß.

Ich habe einen Mann gesehen, Swami Satyabhakta... Er ist einer von jenen seltenen Menschen, bei denen ich mich immer gefragt habe, wieso die Existenz sie überhaupt erträgt. Er hielt sich für den fünfundzwanzigsten *tirthankara.* Mahavira war der vierundzwanzigste; natürlich konnten die Dschainas das dem Satyabhakta nicht vergeben und verstießen ihn.

Ich sagte zu ihm: »Satyabhakta, wenn du ein *tirthankara* sein willst, warum dann nicht der erste? Warum Schlange stehen und dich dein ganzes Leben lang damit abquälen, der fünfundzwanzigste sein zu wollen, das Schlußlicht? Sieh dich doch um – es ist niemand da.«

Er gab sich unendliche Mühe und arbeitete hart, schrieb Hunderte von Büchern – er war sehr gelehrt. Auch das beweist, daß er ein Tor ist, nur kein gewöhnlicher Tor, sondern ein ungewöhnlicher Tor.

Ich sagte ihm: »Warum stiftest du nicht deine eigene Religion, wenn du die Wahrheit erkannt hast?«

Er sagte: »Das ist ja das Problem, ich bin mir nicht sicher.«

Ich sagte: »Dann laß wenigstens andere in Frieden. Sei dir erst selbst sicher. Warte, ich will deine Frau rufen.«

Er sagte: »Nein, nein!«

Ich sagte: »Warte. Ich ruf deine Frau. Du kannst mich nicht davon abhalten.«

Aber ich hätte sie gar nicht zu rufen brauchen, sie war schon von allein gekommen. Ehrlich gesagt, ich hatte sie schon kommen sehen, nur darum hatte ich gesagt: »Du kannst mich nicht davon abhalten.« Niemand hätte sie davon abhalten können, sie war bereits im Kommen. Ich meine das nicht so, wie ihr Westler das Wort »Kommen« gebraucht – sie kam wirklich, und mit Macht.

Ich will sagen, sie brach tatsächlich mit aller Macht herein, und sie fragte mich: »Warum verschwendest du deine Zeit mit diesem Schwachkopf? Ich habe mein ganzes Leben verschwendet und nicht nur all meinen Besitz verloren, sondern sogar meine Religion. Nur weil man ihn ausgestoßen hat, bin ich natürlich gleich mit ausgestoßen worden. Man wird nur nach Jahrmillionen als

Dschaina geboren, und dieser Schwachkopf ist nicht nur selbst gefallen, sondern hat mich gleich mit in den Schmutz gezogen. Nur gut, daß er impotent ist und wir keine Kinder haben, sonst wären die auch noch ausgestoßen worden!«

Ich war der einzige, der lachte, und ich sagte zu ihnen: »Lacht doch! Das ist wunderbar. Du bist impotent. Nicht ich sage das, sondern deine eigene Frau! Ich weiß nicht, was sie von Gynäkologie versteht, aber wenn sie es sagt und du zuhörst, ohne auch nur den Blick vom Boden zu heben, ist das Beweis genug, daß sie eine Gynäkologin ist. Du bist impotent. Großartig. Du bist nicht einmal in der Lage, deine Frau zum Anhänger zu machen und willst beweisen, daß du der fünfundzwanzigste *tirthankara* bist! Das ist wirklich zum Lachen, Satyabhakta.«

Er hat es mir nie verziehen, nur weil ich ihn genau im richtigen Moment zu fassen bekam. Satyabhakta ist mir immer noch feind, obwohl ich Mitleid mit ihm habe. Wenigstens kann er behaupten, einen Feind zu haben. Was einen Freund angeht, so hat er keinen. Und zu verdanken hat er das seiner Frau.

Genau auf die gleiche Art wurde Morarji Desai mein Feind. Ich habe nichts gegen ihn, aber nur weil er neunzig Minuten auf einen jungen Burschen ohne jegliche politische Bedeutung warten mußte, war er natürlich zu Tode beleidigt. Als er mitansah, wie der Premierminister die Wagentür für den Jungen aufmachte...

Ich sehe die Szene noch vor mir; wie soll ich es beschreiben? Da war etwas sehr Schleimiges, Schlüpfriges um den Mann, etwas Ungreifbares. Es schlüpft einem immer wieder aus den Händen und wird mit jedem Mal schmutziger. Da war etwas Schleimiges und Schlüpfriges in seinen Augen, erinnere ich mich. Ich sah ihn später wieder, bei drei Gelegenheiten. Das mag in einem anderen Kreis zur Sprache kommen.

Sehr gut. Nach einer solchen Erfahrung kann nur noch »Nein« helfen, denn nichts läßt sich mit »Nein« vergleichen.

Sehr gut. Geet Bharti, hör auf. Ich habe andere Dinge zu tun. Gudia hat schon die Tür aufgemacht, um mich zu erinnern.

42

Okay.

Worüber sprach ich zu euch? Ich kann mich nicht entsinnen, bitte erinnere mich.

»Wir sprachen davon, wie Morarji Desai und Satyabhakta zu deinen Feinden wurden, und das letzte, was du sagtest, war, daß du dich erinnerst, wie Morarji Desai etwas in seinen Augen hatte, das schleimig und schlüpfrig war.«

Gut. Es ist besser, mich nicht daran zu erinnern. Vielleicht kann ich mich deshalb nicht entsinnen. Denn sonst ist mein Gedächtnis nicht schlecht, jedenfalls hat mir das nie jemand gesagt. Selbst Leute, die mich kritisieren, sagen, daß mein Gedächtnis einfach unglaublich sei. Als ich im Land herumzog, konnte ich mich an die Namen, an die Gesichter von Tausenden erinnern; nicht nur das, wenn ich sie wiedertraf, fiel mir sofort ein, wo wir uns das letzte Mal gesehen hatten, was ich zu ihnen, was sie zu mir gesagt hatten – und es mochte zehn oder fünfzehn Jahre zurückliegen. Natürlich waren die Leute dann verblüfft. Es ist gut, daß mein Gedächtnis mich wenigstens da im Stich läßt, wo es das sollte – nämlich bei Morarji Desai.

Es ist nicht zu glauben, aber Gott erschafft sogar Karikaturen! Ich habe gehört, daß er Kreaturen erschafft, aber Karikaturen? Speziell für Comics gemacht? Morarji ist eine lebende Comics-Figur. Aber ich hatte nicht über ihn gelacht. Ich war zu erfüllt von der denkwürdigen Begegnung zwischen einem Jungen und dem Premierminister und von der Art und Weise, wie sie miteinander gesprochen hatten.

Ich kann es heute noch nicht glauben, daß ein Premierminister so sprechen konnte. Er war fast nur Zuhörer und stellte nur Fragen, damit das Gespräch kein Ende nahm. Es schien, als wolle er es ewig weiterführen, denn oft ging die Tür auf und sein Privatsekretär schaute herein. Aber Jawaharlal war wirklich sehr gut; er hatte den Sessel mit der Rückenlehne zur Tür gestellt. Der Privatsekretär konnte nur seinen Rücken sehen.

Das begriff ich erst später – als Masto mir sagte, er hätte zum ersten Mal gesehen, daß Jawaharlal seinen Sessel so hingestellt hätte. Er sagte, die Aufgabe des Privatsekretärs sei es gerade, die Tür aufzumachen und zu melden, daß die Zeit des Besuchers abgelaufen sei und daß der nächste Besucher schon warte einzutreten.

Aber Jawaharlal ließ sich durch nichts auf der Welt stören. Er schien nur an einem interessiert: *vipassana.* Ich zögerte, ihm unter diesen Umständen zu erklären, was *vipassana* ist. Ich muß euch die Bedeutung des Wortes *vipassana* zunächst erklären. Es bedeutet »zurückschauen«. *Passan* heißt schauen, *vipassana* heißt zurückschauen. Was ich im Augenblick tue, ist *vipassana.*

Ich stieß Masto mit dem Fuß an, aber er saß da wie ein Yogi. Er hatte schon etwas Derartiges von mir befürchtet, und so war er darauf gefaßt – gewissermaßen auf alles gefaßt. Und ich trat ihn wirklich!

Er sagte: »Aua!«

Jawaharlal sagte: »Ist etwas nicht in Ordnung?«

Masto sagte: »Nichts.«

Ich sagte: »Er lügt.«

Masto sagte: »Das geht zu weit. Du hast mich getreten, und du hast mich so sehr getreten, daß ich vergesse, daß ich den Mund halten muß und nicht zum Fußball in deinen Händen werden darf, und jetzt sagst du Jawaharlal auch noch, daß ich lüge.«

Ich sagte: »Jetzt lügt er nicht, sondern er zeigt dir, wie leicht man vergessen kann; denn *vipassana* bedeutet »nicht vergessen«.

Zu Masto sagte ich: »Ich erkläre Jawaharlal gerade *vipassana,* darum habe ich dich getreten. Bitte verzeih mir, und sei dir nicht so sicher, daß es das letzte Mal war.«

Jawaharlal mußte laut loslachen. Er lachte so sehr, daß ihm die Tränen in die Augen traten. Daran erkennt man immer den wirklichen Dichter – nicht den gewöhnlichen. Gewöhnliche Dichter lassen sich kaufen. Im Westen sind sie vielleicht etwas teurer, aber ansonsten reicht ein Dollar pro Dutzend. Er war kein Dichter von dem Genre »ein Dollar pro Dutzend«. Er gehörte wirklich zu jenen seltenen Seelen, die Buddha *bodhisattvas* genannt hat. Ich will ihn einen *Bodhisattva* nennen.

Ich war und bin immer noch erstaunt darüber, wie er Premierminister werden konnte. Aber der erste Premierminister Indiens war von einem völlig anderen Zuschnitt als jeder andere Premierminister nach ihm. Er war kein Kandidat der Masse, ja er war überhaupt kein gewählter Kandidat. Er war Mahatma Gandhis Wahl.

Welche Fehler Gandhi auch immer haben mochte, zumindest hat er dies eine getan, was selbst ich gutheißen kann. Das ist das einzige; ansonsten bin ich gegen Mahatma Gandhi, Punkt für Punkt. Aber warum seine Wahl auf Jawaharlal fallen mußte, ist eine andere Geschichte, die ich besser nicht in diesem Kreis erwähne. Wichtig für mich ist aber, daß er etwas für einen poetischen Menschen übrig gehabt haben muß. Er selbst war zweifellos ein Asket; aber bei all dem Unsinn in seinem Kopf hatte er immerhin hinreichend Gespür, um Jawaharlal auszuwählen.

Auf diese Weise wurde ein Dichter Premierminister. Ansonsten ist es ausgeschlossen, daß ein Dichter Premierminister werden kann – es sei denn, ein Premierminister wird verrückt und wird Dichter, aber das wäre nicht das gleiche.

Wir redeten über Dichtung. Ich hatte erwartet, wir würden über Politik reden. Sogar Masto, der ihn seit Jahren kannte, war erstaunt, daß er von Dichtung sprach und von der Bedeutung der dichterischen Erfahrung. Er sah mich an, als ob ich ihm das Rätsel lösen könnte.

Ich sagte: »Masto, du solltest es besser wissen. Du kennst Jawaharlal seit Jahren. Ich habe ihn überhaupt nicht gekannt, bis jetzt eben. Wir sind gerade erst dabei, uns kennenzulernen. Sieh mich also nicht mit so fragenden Augen an, obwohl ich deine Frage verstehen kann: ›Was ist nur aus dem Politiker geworden? Ist er verrückt geworden?‹ Nein, ich sage dir, und ihm ebenfalls: Er ist gar kein Politiker – vielleicht aus Zufall, aber nicht seinem eigentlichen Wesen nach.«

Und Jawaharlal nickte und sagte: »Wenigstens *ein* Mensch in meinem Leben hat es treffend formuliert. Denn ich war noch nie in der Lage, es so klar auszusprechen. Es war bisher vage. Aber jetzt weiß ich, was geschehen ist – es ist ein Unfall.«

»Und«, fügte ich hinzu, »ein tödlicher.« Und wir alle lachten.

»Aber«, sagte ich, »der Unfall war tödlich. Trotzdem, der Poet in dir ist unversehrt, und alles andere ist mir egal. Du kannst noch immer die Sterne mit den Augen eines Kindes sehen.«

Er sagte: »Wieder getroffen! Denn ich liebe es, die Sterne anzuschauen – aber wie konntest du das wissen?«

Ich sagte: »Es hat nichts mit mir zu tun. Ich weiß, was es heißt, ein Dichter zu sein, also kann ich dich bis ins Detail beschreiben. Sei also bitte von jetzt an nicht mehr erstaunt. Entspanne dich einfach.« Und wirklich, er entspannte sich. Normalerweise ist es für einen Politiker unmöglich, sich zu entspannen.

In Indien geht die Sage, daß wenn ein gewöhnlicher Sterblicher stirbt, nur ein einziger Teufel kommt, um ihn zu holen. Wenn aber ein Politiker stirbt, muß ihn eine ganze Teufelsschar holen kommen, weil er sich nicht entspannen will, nicht einmal im Tod. Er läßt es nicht zu. Er hat nie etwas von allein geschehen lassen. Er kennt einfach nicht die Bedeutung dieses einfachen Wortes »Loslassen«.

Aber Jawaharlal entspannte sich augenblicklich. Er sagte: »Bei dir kann ich mich entspannen. Und Masto war noch nie eine Quelle der Spannung für mich, also kann er sich auch entspannen. Ich hindere ihn nicht, es sei denn, er fühlt sich dadurch behindert, daß er ein Swami, ein Sannyasin, ein Mönch ist.«

Wir alle lachten. Und es war nicht die letzte Begegnung. Es war erst die erste. Masto und ich hatten gedacht, es wäre die letzte, aber als wir gingen, sagte Jawaharlal: »Könnt ihr morgen um die gleiche Zeit wiederkommen? Und diesen Kerl«, sagte er, indem er auf Morarji Desai zeigte, »werde ich von hier fernhalten. Schon seine Anwesenheit stinkt, und ihr wißt, wonach. Leider muß ich ihn ja im Kabinett behalten, weil er politisches Gewicht hat. Und was macht es, wenn er seinen eigenen Urin trinkt? Es geht mich nichts an.« Wir lachten noch einmal und nahmen Abschied.

Am selben Abend erinnerte er uns noch einmal per Telefon und sagte: »Vergeßt nicht. Ich habe alle anderen Termine abgesagt und erwarte euch beide.«

Wir hatten absolut nichts zu tun. Masto war nur nach Delhi gekommen, um mich mit dem Premierminister bekanntzumachen, und das war geschehen.

Masto sagte: »Wenn der Premierminister es wünscht, müssen wir bleiben. Wir können nicht nein sagen, das wäre nicht hilfreich für deine Zukunft.«

Ich sagte: »Um meine Zukunft mach dir keine Sorgen. Die Frage ist: wird es für Jawaharlal hilfreich sein oder nicht?«

Masto sagte: »Du bist unmöglich.« Und er hatte recht, aber das merkte ich zu spät, als es schwer war, noch etwas daran zu ändern.

Ich habe mich so sehr daran gewöhnt, so zu sein, wie ich bin, bis in die kleinsten Dinge hinein, daß es mir schwerfällt, mich zu ändern. Gudia weiß es! Sie versucht, mir auf alle erdenkliche Art beizubringen, nicht im ganzen Badezimmer mit Wasser herumzuspritzen. Aber kannst du mich noch etwas lehren? Ich kann es nicht bleiben lassen. Nicht, daß ich die Mädchen foltern will oder daß sie zweimal am Tag gefoltert werden müßten – denn ich nehme zweimal ein Bad, da müssen sie freilich zweimal saubermachen.

Natürlich denkt Gudia, ich könnte auch so baden, daß sie nicht überall das Wasser wegwischen müssen. Aber inzwischen hat sie es aufgegeben, es mir beibringen zu wollen. Ich kann mich unmöglich ändern. Wenn ich mich dusche, genieße ich es so sehr, daß ich mich völlig vergesse und das Wasser überallhin verspritze. Und wenn ich es nicht verspritzen würde, müßte ich mich sogar in meinem Badezimmer unter Kontrolle halten.

Seht euch jetzt Gudia an: Ihr macht die Sache Spaß, weil sie genau weiß, wovon ich rede. Wenn ich eine Dusche nehme, nehme ich wirklich eine Dusche und bespritze nicht nur den Boden, sondern auch die Wände, und wenn du saubermachen mußt, ist das natürlich ein Problem für dich. Aber wenn du mit Liebe saubermachst, so wie es meine Saubermacher tun, dann ist das besser als Psychoanalyse und weitaus besser als Transzendentale Meditation. Ich kann mich nicht jetzt noch ändern.

Heute ist das, wovon Masto sprach, passiert. Was damals Zukunft war, ist heute Vergangenheit. Aber ich bin der gleiche und bin immer der gleiche geblieben. Ja, es scheint, der Tod tritt nicht in dem Augenblick ein, wo du zu atmen aufhörst, sondern wo du aufhörst, du selbst zu sein. Ich habe nie aus irgendeinem Grund irgendeinen Kompromiß zugelassen.

Wir gingen am nächsten Tag wieder hin, und Jawaharlal hatte seinen Schwiegersohn eingeladen, Indira Gandhis Mann. Ich wunderte mich, warum er nicht auch seine Tochter eingeladen hatte. Später verriet mir Masto: »Indira führt Jawaharlal den Haushalt. Seine Frau ist jung gestorben, und er hat nur ein Kind, seine Tochter Indira, und sie ist ihm seither Tochter und Sohn zugleich.«

Wenn in Indien die Tochter heiratet, muß sie in das Haus ihres Mannes ziehen. Sie wird Mitglied einer anderen Familie. Indira hat das nie getan. Sie weigerte sich einfach. Sie sagte: »Meine Mutter ist tot, und ich kann meinen Vater nicht allein lassen.«

Das war der Anfang vom Ende ihrer Ehe. Sie blieben zwar Mann und Frau, aber Indira hat nie zur Familie von Feroze Gandhi gehört. Selbst ihre beiden Söhne Sanjaya und Raju wuchsen wie von selbst in die Familie ihrer Mutter hinein.

Masto erklärte mir: »Jawaharlal kann sie nicht zusammen einladen, sie würden sofort zu streiten anfangen.«

Ich sagte: »Das ist merkwürdig. Können sie nicht mal für eine Stunde vergessen, daß sie Mann und Frau sind?«

Masto sagte: »Das können sie unmöglich vergessen, nicht einmal für einen Augenblick. Miteinander verheiratet zu sein, kommt einer Kriegserklärung gleich.«

Obwohl es die Leute Liebe nennen, ist es in Wirklichkeit ein kalter Krieg. Und man führt besser einen heißen Krieg, vor allem im kalten Winter, als vierundzwanzig Stunden am Tag einen kalten Krieg. Da erfriert einem ja das innerste Sein.

Zu unserer Überraschung lud er uns sogar noch ein drittes Mal ein. Wir wollten eigentlich abreisen, und am zweiten Tag hatte er nichts gesagt. Am Morgen des dritten Tages rief Jawaharlal an. Er hatte eine Privatnummer, die nicht im Telefonbuch stand. Nur sehr wenige Menschen, die ihm sehr nahestanden, konnten ihn unter dieser Nummer erreichen.

Ich fragte Masto: »Er hat uns persönlich angerufen; kann er denn nicht einfach seinen Sekretär bitten, uns anzurufen?«

Masto sagte: »Nein, dies ist sein Privatapparat; selbst sein Sekretär hat keine Ahnung, daß er uns einlädt. Der Sekretär wird erst davon erfahren, wenn wir in der Auffahrt erscheinen.«

Und an diesem dritten Tag machte mich Jawaharlal mit Indira Gandhi bekannt. Er sagte einfach zu ihr: »Frag nicht, wer er ist, denn im Augenblick ist er niemand, aber eines Tages könnte er wirklich jemand sein.«

Ich weiß, daß er sich irrte. Ich bin immer noch niemand und ich werde bis zum letzten Augenblick niemand bleiben. Ein Niemand zu sein macht so ungeheuer glücklich – richtig »ausgespacet«. Es wird kaum einen andern auf der Welt geben, der so »ausgespacet« ist wie ich. Aber trotzdem – versucht, niemand zu sein, es ist *far out,* einfach *faaar out.*

Aber kein Mensch will niemand, keiner, nichts sein. Und das ist natürlich der Grund, warum Jawaharlal damals zu Indira sagte: »Jetzt ist er niemand, aber ich kann vorhersagen: eines Tages wird er mit Sicherheit jemand sein.«

Jawaharlal, du bist tot, aber ich muß dir leider sagen, daß ich deine Vorhersage nicht erfüllen konnte. Sie war falsch, zum Glück.

Und damit begann meine Freundschaft mit Indira. Sie hatte bereits eine hohe Stellung und wurde bald darauf Vorsitzende der Regierungspartei in Indien, dann Ministerin in Jawaharlals Kabinett und schließlich Premierministerin. Indira ist die einzige Frau, die ich kenne, die mit diesen Idioten von Politikern fertig wurde, und zwar sehr gut fertig wurde.

Wie sie das schaffte, kann ich nicht sagen. Vielleicht hatte sie die Fehler dieser Leute ausfindig gemacht, als sie noch ein Niemand war, nur die Haushälterin vom alten Jawaharlal. Aber sie kannte die Schwächen dieser Leute so gut, daß alle Angst vor ihr haben und schlottern. Selbst Jawaharlal konnte diesen Vollidioten Morarji Desai nicht aus seinem Kabinett werfen.

Ich sagte das zu Indira bei einer späteren Begegnung. Von der mag irgendwann die Rede sein – oder vielleicht auch nicht, also erwähne ich es besser gleich jetzt. Auf diese Kreise ist kein Verlaß... Ich sagte es ihr bei unserer letzten Begegnung. Das war Jahre später, als Jawaharlal längst gestorben war. Es muß um 1968 herum gewesen sein. Sie sagte zu mir: »Was du sagst, stimmt absolut, und ich möchte es auch gern tun, aber was soll man mit Leuten wie Morarji machen? Sie sitzen in meinem Kabinett und bilden die Mehrheit. Obwohl sie zu meiner Partei gehören, würden sie einfach nicht begreifen, wenn ich irgend etwas von dem, was du sagst, in die Tat umsetzen wollte. Ich bin völlig deiner Meinung, aber ich fühle mich hilflos.«

Ich sagte: »Warum wirfst du den Kerl nicht raus? Wer hindert dich? Und wenn du ihn nicht hinauswerfen kannst, dann tritt zurück, denn es paßt nicht zu einem Menschen von deinem Kaliber, mit solchen Idioten zusammenzuarbeiten. Rücke ihnen den Kopf zurecht – mit anderen Worten, endlich an die richtige Stelle, denn sie machen alle *shirshasana,* Yoga-Kopfstand. Entweder rücke sie zurecht oder tritt zurück, aber tu was.«

Ich habe Indira Gandhi immer gemocht. Ich mag sie noch heute, obwohl sie nichts tut, um meine Arbeit zu unterstützen – aber das steht auf einem anderen Blatt. Ich mochte sie von dem Augenblick, wo sie mir sagte, oder besser ins Ohr flüsterte – obwohl uns gar niemand hören konnte, doch wer weiß, Politiker sind vorsichtige Leute –, wo sie mir zuflüsterte: »Ich werde etwas tun, *irgendwas.«*

Ich konnte mir in dem Moment keinen Reim darauf machen, was sie mit »irgendwas« meinte. Aber sieben Tage später las ich in der Zeitung, daß Morarji Desai plötzlich rausgeflogen war. Ich war weit weg, vielleicht tausende Meilen entfernt.

Er kam gerade von einer Rundreise durch seinen Wahlbezirk zurück und machte Visite bei der Premierministerin – und das war sein Willkommen.

Ein ziemlich eigenartiges Willkommen... Ich sollte sagen: ein »Willgehen«. Darf ich das Wort »Willgehen« erfinden? Dann heißen die Leute sich »Herzlich willgehen!« Genau das machen sie nämlich miteinander... Wer heißt schon jemanden willkommen?

Aber es überraschte mich nicht. Ja, ich hatte schon jeden Tag in der Zeitung nachgeschaut, um zu sehen, was wohl geschehen würde, denn ich wollte wissen, was sie mit ihrem »Irgendwas« meinte. Aber sie tat »irgendwas«. Sie tat genau das Richtige. Dieser Mann war der obstinenteste, obskurantistischste, orthodoxeste und was-nicht-noch-alleste Mensch gewesen, den man sich nur denken kann.

Wie spät, Geet Bharti?

»Zehn Uhr vierundzwanzig, Osho.«

Zehn Minuten für mich. Das tut gut, läßt sich aber noch verbessern. Wenn du dich heute nicht zu deiner Höchstform steigerst, werde ich dir ein unerbittlicher Trainer sein. Hol alles aus dir heraus! Halt nichts für später zurück. Höchstform ist das Wort. Obwohl es nicht gehört wird, ist dennoch »Höchstform« das Wort – ob gehört oder ungehört.

Ja, solange ich nicht merke, daß du zu deiner höchsten Kapazität gelangt bist, werde ich nicht aufhören. Beeil dich also!

Gut.

Sobald ich gut sage, bekommst du Angst. Ich sehe augenblicklich deine Angst und dein Zittern. Das ist auch der Grund, warum ich mich ab und zu an Yashu Bharti wenden muß und sage: »Kümmere dich nicht um Geet Bhartis Angst, sei einfach eine unkomplizierte Frau ohne alles Wissen und stürme die Gipfel. Laß den armen Geet Bharti hinterherrennen. Er wird japsen. Ich kann sehen, wie er zum Überholen ansetzt. Deshalb lache ich so. Wer darf schon hinter seiner eigenen Assistentin zurückbleiben?

Mach dir keine Gedanken, heute um zwölf bleibt die Welt sowieso stehen. Also mach schnell, Yashu Bharti! Bevor die Welt endet, gönne mir wenigstens mein Mittagessen.

Gut. Stop.

43

Okay.

Ich habe mich immer gefragt, wie Gott die Welt in nur sechs Tagen erschaffen konnte. Und *diese* Welt! Vielleicht hat er deswegen seinen Sohn »Jesus« genannt. Welch ein Name für den eigenen Sohn! Aber irgendwen mußte er schließlich für das bestrafen, was er angerichtet hatte, und es war niemand anders da.

Der Heilige Geist ist immer abwesend. Er sitzt immer auf dem Stuhl da, der aussieht wie ein Pferdesattel, darum habe ich Chetana gesagt, sie soll ihn freimachen, weil es nicht gut ist, auf einem Pferd zu reiten, wenn schon jemand draufsitzt. Ich meine, nicht gut für das Pferd – auch nicht gut für Chetana. Was den Heiligen Geist betrifft, der ist mir völlig egal. Ich habe nichts für den Heiligen Geist oder sonstige Geistertypen übrig. Ich bin immer für die Lebendigen.

Ein Geist ist ein Schatten der Toten, und selbst wenn er heilig ist, wozu soll er gut sein? Und er ist auch noch häßlich! Chetana, ich machte mir keine Sorgen um den Heiligen Geist. Wenn du auf ihm reitest, ist das für mich okay. Reite auf dem Heiligen Geist.

Aber der arme Stuhl da ist nicht einmal für eine ganze Person gedacht. Er ist nicht zum Draufsitzen gedacht. Er ist nur für eine halbe Person gedacht, damit man nicht einschläft. Deshalb ist er so konstruiert.

Auf dem Stuhl kann man nicht mal sitzen, geschweige denn schlafen. Und selbst dieser Stuhl paßt nicht in unsere kleine Arche Noah hinein. Sie ist so klein, daß selbst Noah draußenbleiben muß, nur damit ihr Kreaturen alle Platz habt.

Wovon sprach ich, Geet Bharti?

»Der Heilige Geist ist immer abwesend; er sitzt jetzt auf dem Pferdesattel.« *(Gelächter)*

Daran kann ich mich erinnern. Ich wußte, daß du nicht mitschreiben kannst. Konzentriere dich. Aber ich komm' schon klar. Ich bin mein ganzes Leben lang ohne Notizen klargekommen.

Was Jawaharlal mich an diesem letzten Tag fragte, war zweifellos denkwürdig. Er fragte: »Findest du es in Ordnung, wenn man in der politischen Welt ist?«

Ich sagte: »Ich finde nicht nur, ich *weiß,* daß es absolut *nicht* in Ordnung ist. Es ist ein Fluch, ein Karma. Du mußt in deinen früheren irgend etwas falsch gemacht haben, sonst könntest du nicht Premierminister von Indien sein.«

Er sagte: »Genau.« – Masto konnte es nicht fassen, daß ich dem Premierminister in dieser Art antworten konnte und daß mir der Premierminister dann auch noch zustimmte.

Ich sagte: »Damit wäre ein langer Streit zwischen Masto und mir entschieden, und zwar zu meinen Gunsten. Gibst du das zu, Masto?« – Er sagte: »Jetzt muß ich wohl.«

Ich sagte: »Mir hat noch nie etwas gefallen, das ›sein muß‹. Dann leugne es besser. Wenigstens hätte dein Leugnen dann einen Funken Leben. Wirf mir nicht so eine tote Ratte hin. Erstens eine Ratte, und dann auch noch tot! Glaubst du, ich bin ein Adler, ein Geier, oder was?«

Jawaharlal sah abwechselnd von einem zum andern.

Ich sagte zu ihm: »Du hast es entschieden. Ich bin dir dankbar. Masto schlägt sich seit Jahren mit einem Dilemma herum. Er konnte nicht entscheiden, ob ein guter Mensch in der Politik sein darf oder nicht.«

Wir sprachen über viele Dinge. Ich hätte nicht gedacht, daß in diesem Hause – ich meine das Haus des Premierministers – ein Termin so lange dauern konnte. Als wir schließlich Schluß machten, war es halb zehn – drei Stunden!

Sogar Jawaharlal sagte: »Das muß die längste Besprechung meines Lebens gewesen sein, und die fruchtbarste!«

Ich sagte: »Was für eine Frucht hat sie dir gebracht?«

Er sagte: »Einfach die Freundschaft eines Mannes, der nicht von dieser Welt ist und nie von dieser Welt sein wird. Ich werde sie heilig halten in meinem Gedächtnis.« Und ich konnte sehen, wie sich in seinen schönen Augen die ersten Tränen sammelten.

Ich ging schnell hinaus, nur um ihn nicht in Verlegenheit zu bringen, aber er folgte mir und sagte: »Du brauchst nicht so schnell davonzustürzen.«

Ich sagte: »Die Tränen kamen schneller.« Er lachte und weinte gleichzeitig.

So etwas geschieht nur selten und wenn, dann nur bei Wahnsinnigen oder wirklich intelligenten Menschen. Er war kein Wahnsinniger, sondern von überragender Intelligenz. Wir – ich meine Masto und ich – sprachen immer wieder über diese Begegnung, vor allem über die Tränen und das Lachen. – Warum beides? Natürlich waren wir, wie üblich, nicht einer Meinung. Das war schon Routine. Wäre ich mal seiner Meinung gewesen, hätte er es nicht geglaubt. Es wäre ein solcher Schock gewesen!

Ich sagte: »Er hat um seiner selbst willen geweint, und gelacht hat er wegen der Freiheit, die ich hatte.«

Natürlich lautete Mastos Interpretation: »Er weinte um deinetwillen, nicht um seinetwillen, weil er sehen konnte, daß du eine wichtige politische Kraft werden könntest, und er lachte bei seinem eigenen Gedanken.«

Das war Mastos Interpretation. Nun, entscheiden ließ sich das überhaupt nicht, aber zum Glück kam die Lösung von Jawaharlal selbst, ganz zufällig. Ich habe es von Masto, also gibt es da keinen Zweifel.

Bevor Masto mich für immer verließ, um im Himalaja zu verschwinden, und bevor ich starb – so wie jeder sterben muß, um wieder auferstehen zu können –, sagte er zu mir: »Weißt du,

Jawaharlal hat immer wieder von dir gesprochen, vor allem das letzte Mal, als ich bei ihm war. Er sagte: ›Wenn du diesen seltsamen Jungen siehst und wenn er dir irgendwie am Herzen liegt, dann halte ihn aus der Politik heraus, denn ich habe mein Leben mit diesen Dummköpfen vertan. Ich möchte nicht, daß dieser Junge bei absolut dummen, durchschnittlichen, unintelligenten Massen um Wählerstimmen bettelt. Nein, wenn dein Wort in seinem Leben irgendein Gewicht hat, dann schütze ihn bitte vor der Politik.‹«

Masto sagte: »Damit hat sich unser Streit zu deinen Gunsten entschieden, und ich bin froh. Denn obwohl ich mit dir und gegen dich gestritten hatte, war ich im Innersten immer deiner Meinung.«

Ich habe Jawaharlal nie wiedergesehen, obwohl er noch viele Jahre weiterlebte. Aber genau wie er es gewünscht hatte – und ich hatte es ohnedies schon beschlossen, sein Rat kam nur als Bestätigung meines eigenen Entschlusses –, habe ich nie in meinem Leben gewählt und bin nie Mitglied einer politischen Partei gewesen, nicht einmal im Traum. Genauer gesagt habe ich seit nun fast dreißig Jahren überhaupt nicht mehr geträumt. Ich kann es gar nicht.

Ich kann allenfalls probeweise träumen. Das mag zwar komisch klingen: »probeweise träumen«, aber das eigentliche Stück wird nie aufgeführt, es geht einfach nicht. Dazu gehört Bewußtlosigkeit, und diese Zutat fehlt. Man kann mich zwar bewußtlos machen, aber trotzdem nicht zum Träumen bringen. Und um mich bewußtlos zu machen, dazu gehört nicht viel Technik – einfach ein Schlag auf den Kopf, und ich werde bewußtlos sein. Aber das ist nicht die Bewußtlosigkeit, von der ich rede.

Du bist bewußtlos, wenn du immerzu Dinge tust, ohne zu wissen, warum. Tagsüber, nachtsüber... die Bewußtheit fehlt. Sobald die Bewußtheit eintritt, verschwindet das Träumen. Beides zusammen kann nicht existieren. Es ist keine Koexistenz zwischen diesen beiden Dingen möglich, und niemand kann sie herbeiführen. Entweder du träumst, dann bist du unbewußt; oder du bist wach, bewußt und tust so, als ob du träumst – aber das ist kein Träumen. Du weißt es, und jeder andere weiß es auch.

Wovon sprach ich?

»Seit fast dreißig Jahren hast du nicht geträumt. ›Ich habe Jawaharlal nie wiedergesehen, obwohl er noch viele Jahre weiterlebte.‹«

Gut.

Es war nicht nötig, ihn wiederzusehen, obwohl sich viele Leute an mich wandten. Irgendwie hatten sie in Erfahrung gebracht, aus verschiedenen Quellen, aus Jawaharlals Haus, durch seine Sekretäre oder andere, daß ich ihn kannte und er mich liebte. Natürlich wollten sie alle, daß ich mich für sie einsetze, und sie fragten, ob ich mich bei ihm für sie verwenden könne.

Ich sagte: »Seid ihr verrückt? Ich kenne ihn überhaupt nicht.«

Sie sagten: »Wir haben feste Beweise.«

Ich sagte: »Ihr könnt eure festen Beweise behalten. Vielleicht sind wir uns mal in einem Traum begegnet, aber nicht in Wirklichkeit.«

Sie sagten: »Wir haben immer schon gedacht, daß du ein bißchen verrückt bist. Jetzt wissen wir's.«

Ich sagte: »Sagt es bitte weiter, wo und wem ihr nur könnt, und seid nicht so kleinlich – nur *ein bißchen* verrückt? Seid großzügig – ich bin *absolut* verrückt!«

Sie gingen, ohne sich zu bedanken. *Ich* mußte mich bei ihnen bedanken, und so sagte ich: »Ich bin ein Wahnsinniger, und schönen Dank auch!«

Sie sagten zueinander: »Seht ihr? Und schönen Dank auch! Er ist verrückt.«

Ich fand es toll, für verrückt gehalten zu werden. Ich finde es immer noch toll. Es gibt nichts Schöneres als die Verrücktheit, die ich kennengelernt habe.

Bevor er mich verließ, sagte Masto: »Jawaharlal hat mir den Namen dieses Mannes hier gegeben, Ghanshyamdas Birala. Er ist der reichste Mann von ganz Indien und steht der Familie Jawaharlals sehr nahe. An den kann man sich in jedem Notfall wenden. Und als er mir die Adresse gab, sagte Jawaharlal: ›Dieser Junge läßt mir keine Ruhe. Ich sage voraus, aus ihm wird noch einmal ein...‹«, und Masto verstummte.

Ich sagte: »Was ist los? Sprich wenigstens den Satz zu Ende.«

Masto sagte: »Werd ich ja. Das Schweigen kam auch von ihm. Ich imitiere ihn nur. Genau das, was du mich jetzt fragst, habe ich ihn auch gefragt. Dann sprach Jawaharlal den Satz zu Ende. Und ich will dir auch sagen«, sagte Masto, »was der Grund war. Jawaharlal sagte: ›Aus ihm wird noch einmal ein...‹, und dann kam das Schweigen. Vielleicht erwog er etwas in seinem Inneren oder wußte nicht genau, was er sagen sollte. Schließlich sagte er: ›...ein Mahatma Gandhi‹.«

Jawaharlal hatte mir damit die höchste Hochachtung ausgedrückt, die er mir zollen konnte. Mahatma Gandhi war sein Meister gewesen und war auch derjenige, der entschieden hatte, daß Jawaharlal der erste Premierminister Indiens sein sollte. Als Mahatma Gandhi erschossen wurde, da weinte Jawaharlal natürlich. Als er im Radio sprach, sagte er schluchzend: »Das Licht ist erloschen. Ich will nichts weiter sagen. Er war unser Licht, nun müssen wir in der Dunkelheit leben.«

Wenn er es nur zögernd zu Masto gesagt hatte, dann muß er entweder darüber nachgedacht haben, ob er diesen unbekannten Jungen mit dem weltberühmten Mahatma vergleichen sollte, oder aber er wog vielleicht zwischen dem Mahatma und einigen anderen Namen ab... und ich halte das letztere für wahrscheinlicher. Masto sagte nämlich zu ihm: »Wenn ich dem Jungen das erzähle, wird er sofort sagen: ›Gandhi?! Das ist der letzte Mensch auf der Welt, der ich sein möchte! Lieber würde ich zur Hölle gehen, als Mahatma Gandhi zu sein!‹ Ich sage dir also besser gleich, wie er reagieren wird. Ich kenne ihn sehr tief. Er wird diesen Vergleich nicht ertragen können, und er liebt dich. Zerstöre nicht, nur um dieses Namens willen, seine Liebe zu dir.«

Ich sagte zu Masto: »Das geht zu weit, Masto. Das hättest du ihm nicht zu sagen brauchen. Er ist alt, und was mich betrifft, so hat er mich mit dem größten Mann verglichen, den es für ihn gibt.«

Masto sagte: »Warte. Als ich ihm das sagte, antwortete Jawaharlal: ›Ich hatte schon so etwas vermutet, darum habe ich gezögert und überlegt, ob ich es sagen sollte oder nicht. Sag es ihm also lieber nicht, ändere es. Vielleicht wird er einmal ein Gautama Buddha!‹«

Rabindranath Tagore, der große indische Dichter, hat geschrieben, daß Jawaharlal insgeheim Gautama Buddha liebte. Warum insgeheim? Weil Jawaharlal keine organisierten Religionen mochte und auch nicht an Gott glaubte – und weil er der Premierminister von Indien war.

Masto sagte: »Daraufhin sagte ich zu Jawaharlal: ›Verzeih mir. Du bist der Sache sehr nahe gekommen, aber um dir die Wahrheit zu sagen: Es wird ihm überhaupt kein Vergleich gefallen.‹ Und weißt du«, sagte Masto, »was Jawaharlal daraufhin sagte? Er sagte: ›Das ist der Mann, den ich liebe und achte! Aber schütze ihn mit allen Mitteln, daß er nicht in die Netze der Politik gerät, die mich zerstört haben. Ich möchte nicht, daß das gleiche Unglück mit ihm nochmal passiert.‹«

Masto verschwand danach. Ich verschwand ebenfalls, und so ist keiner da, der sich beschweren könnte. Aber das Gedächtnis ist nicht Bewußtheit, und das Gedächtnis kann sogar ohne Bewußtheit funktionieren, ja sogar effizienter. Was ist schließlich ein Computer? Ein Gedächtnisspeicher. Das Ego ist gestorben; das, was hinter dem Ego ist, ist ewig. Alles, was zum Gehirn gehört, ist zeitlich und wird sterben.

Auch nach dem Tod werde ich meinen Leuten genausosehr oder genausowenig zugänglich sein wie jetzt. Es hängt ganz von ihnen ab. Darum ziehe ich mich langsam aber sicher aus ihrer Welt zurück, so daß es immer mehr ihre eigene Sache wird.

Von meiner Seite sind es vielleicht nur ein Prozent, und ihre Liebe, ihr Vertrauen, ihre Hingabe machen neunundneunzig Prozent aus. Aber wenn ich fort bin, wird sogar noch mehr nötig sein – hundert Prozent. Dann werde ich denen zugänglich sein – und vielleicht mehr als jetzt –, die es sich leisten können... Schreib »die es sich leisten können« in Großbuchstaben, denn der reichste Mann ist der, DER ES SICH LEISTEN KANN, hundert Prozent Hingabe zu haben, in Liebe und Vertrauen.

Und solche Leute habe ich. Also möchte ich sie auf keinen Fall enttäuschen, nicht einmal nach meinem Tod. Ich würde gern die erfülltesten Menschen auf Erden aus ihnen machen. Ob ich hier bin oder nicht, ich werde jubeln.

44

Ich habe mich gestern gefragt, wie Gott diese Welt in sechs Tagen erschaffen konnte. Ich fragte mich das, weil ich bis jetzt noch nicht einmal über meinen zweiten Volksschultag hinausgekommen bin. Und was für eine Welt er erschaffen hat! Vielleicht war er ein Jude, denn schließlich waren es die Juden, die diese Idee in Umlauf gebracht haben.

Die Hindus glauben nicht an einen Gott, sie glauben an viele Götter. Als sie sich nämlich zum ersten Mal einen Begriff davon machten, zählten sie genauso viele Götter, wie es Inder gab – zur damaligen Zeit, meine ich. Auch damals war es keine kleine Bevölkerung: dreiunddreißig *crores* – das heißt dreihundertdreißig Millionen, oder vielleicht stimmt es auch nicht. Aber das mag euch eine Vorstellung von den Hindus geben. Sie glaubten, daß jeder einzelne einen Gott für sich haben müsse. Sie waren nicht diktatorisch, vielmehr sehr tolerant, ja sogar allzu sehr – ich meine die alten Hindus.

Es ist Jahrtausende her, seit sie auf die Idee einer göttlichen Parallelwelt kamen, mit genauso vielen Wesen wie hier auf Erden. Und sie haben gute Arbeit geleistet. Dreihundertdreißig

Millionen Götter auch nur zu zählen... Und ihr kennt die Hindu-Götter nicht! Sie sind alles, was ein Mensch nur sein kann – hinterlistig, hundsgemein, politisch, in jeder Hinsicht ausbeuterisch. Aber irgendwie hat es einer geschafft, eine Volkszählung durchzuführen.

Die Hindus sind nicht theistisch im westlichen Sinne. Sie sind Heiden. Aber sie sind keine Heiden in dem Sinne, den die Christen dem Wort gern geben. »Heide« ist ein wertvolles Wort, und es dürfte den Christen, Juden und Mohammedanern nicht erlaubt sein, es zu mißbrauchen. Diese drei Religionen sind alle im Grunde jüdisch; gleichgültig, was sie sagen, ihr Grundstein wurde gelegt, ehe Jesus geboren und Mohammed gehört wurde. Sie sind alle judäisch.

Der Gott, von dem ihr gehört habt, ist natürlich ein Jude; er kann gar nichts anderes sein. Genau da liegt das Geheimnis. Wäre er Hindu, dann hätte er sich selbst in dreihundertdreißig Millionen Fragmente zerlegt, geschweige denn *eine* Welt erschaffen. Und wenn schon eine Welt dagewesen wäre, hätten diese dreihundertdreißig Millionen Götter ausgereicht, um sie zu zerstören.

Der hinduistische »Gott« – ein solches Wort kann man gar nicht gebrauchen, weil es im Hinduismus nur Götter und keinen Gott gibt – ist kein Schöpfer. Er gehört selbst zum Universum. Mit »er« meine ich die dreihundertdreißig Millionen Götter. Ich muß euer Wort verwenden – »ER«, aber die Hindus sagen immer »DAS«. »Das« ist ein großer Regenschirm, unter dem sich so viele Götter verstecken lassen, wie man nur will. Sogar die unerwünschten dürfen hinten ein kleines Eckchen haben. Es ist fast wie ein Zirkuszelt – riesengroß und geräumig, eine geeignete Zuflucht für jede Art Gott, die man sich nur vorstellen kann.

Der Juden-Gott hat wirklich gute Arbeit geleistet. Natürlich war er ein guter Jude und erschuf die Welt in nur sechs Tagen – diesen ganzen Schlamassel, den Albert Einstein – auch ein Jude – später »das sich ausdehnende Universum« nannte. Es dehnt sich mit jeder Sekunde aus, wird größer und größer wie der Bauch einer schwangeren Frau, nur viel schneller natürlich. Es breitet sich mit derselben Geschwindigkeit aus wie das Licht, und das ist die größte Geschwindigkeit, die man sich bis heute vorstellen kann.

Vielleicht werden wir eines Tages noch schnellere Dinge entdecken, aber vorläufig ist es noch das Höchste, was Geschwindigkeit anbelangt. Die Welt dehnt sich mit Lichtgeschwindigkeit aus, und das seit Ewigkeiten. Es gibt weder Anfang noch Ende, zumindest vom Standpunkt der Wissenschaft aus.

Aber die Christen sagen, sie habe nicht nur einen Anfang gehabt, sondern sie sei sogar in sechs Tagen fertig gewesen. Und natürlich gibt es noch die Juden und die Mohammedaner, und sie alle sind Ableger desselben Blödsinns. Vielleicht hat ein einziger Idiot die Voraussetzung für alle drei Religionen geschaffen. Fragt mich nicht nach seinem Namen. Idioten, vor allem so perfekte, haben keine Namen, und so weiß keiner, von wem die Idee stammt, daß die Welt in sechs Tagen erschaffen wurde. Darüber lohnt es sich höchstens zu lachen. Aber hört euch einen christlichen Priester oder einen Rabbiner an und seht, mit welchem Ernst sie über die Genesis reden, den Uranfang.

Ich hatte mich das nur deshalb gefragt, weil ich nicht einmal meine eigene Geschichte in sechs Tagen zu Ende bringen kann. Ich bin erst am zweiten Tag, und das auch nur, weil ich so viel ungesagt ließ, in dem Glauben, daß es nicht wichtig sei. Aber wer weiß? – Vielleicht ist es das doch. Aber wenn ich wahllos *alles* erzähle, was soll dann aus dem armen Geet Bharti werden?

Ich kann sehen, daß er dann so viele Notizhefte hätte, daß er schon bei ihrem bloßen Anblick verrückt würde. Er würde davorstehen wie vor dem Empire State Building in New York. Er würde auf all seine Hefte schauen und sagen: »Wer soll das jetzt alles lesen?« Und dann denke ich an Raj Bharti, der sie herausgeben soll. Egal, ob irgendjemand sie je liest oder nicht – wenigstens *einen* Leser wirst du haben, nämlich Raj Bharti. Und noch einen – Yashu Bharti; sie muß alles tippen.

In der Geschichte von Gottes Schöpfung gibt es keinen Herausgeber und keinen, der tippt. Er erschuf die Welt einfach in sechs Tagen und dann war er so erledigt, daß man seitdem nie wieder was von ihm gehört hat. Was ist aus ihm geworden? Einige meinen, er sei nach Florida gegangen, wo alle nach der Pensionierung hinziehen. Einige meinen, er würde es sich in Miami Beach gutgehen lassen… aber das sind alles Gerüchte.

Gott existiert überhaupt nicht. Genau das macht die Existenz möglich, sonst hätte er nämlich seine Nase hineingesteckt – und eine jüdische Nase ist wie geschaffen dafür. Statt an Gott zu denken, vergißt man ihn also besser und vergibt ihm noch dazu. Es ist Zeit. Es klingt vielleicht ein bißchen komisch, Gott zu vergessen und zu vergeben, aber nur so könnt ihr anfangen: Sein Tod ist eure Geburt.

Nur ein Wahnsinniger, Friedrich Nietzsche, kam auf diese Idee – aber wer hört schon auf Wahnsinnige? – vor allem, wenn sie etwas wirklich Sinnvolles sagen; dann fällt es noch schwerer, auf sie zu hören. Niemand hat Nietzsche je für voll genommen, aber für mich ist einer der größten Momente in der Geschichte des Bewußtseins seine Erklärung: »Gott ist tot!« Er mußte das erklären. Nicht, weil Gott gestorben war – es hatte ihn nie gegeben. Er war nie geboren worden, wie konnte er also tot sein? Bevor du tot sein kannst, mußt du wenigstens siebzig Jahre sogenannten Lebens über dich ergehen lassen. Gott hat es nie gegeben. Was nur gut ist, denn die Existenz an sich ist genug. Es ist keine äußere Instanz nötig, die sie erst erschaffen muß.

Aber darüber wollte ich gar nicht reden. Seht ihr, mit jedem Augenblick öffnen sich so viele neue Wege, und irgendeinen mußt du einschlagen. Für welchen du dich auch entscheidest, du wirst es bereuen, denn wer weiß, was auf den anderen Wegen war, die du nicht gewählt hast? Das ist der Grund, warum niemand auf der Welt glücklich ist. Es gibt Hunderte von erfolgreichen Leuten, reichen Leuten, mächtigen Leuten, aber nirgends findet man ein paar glückliche Menschen beisammen, außer wenn man meinen Leute begegnet. Sie sind von einem ganz andern Stern.

Im Normalfall wird jeder früher oder später frustriert. Je intelligenter, desto früher. Je dümmer, desto später. Und wenn absolut stupide, dann nie. Dann stirbt man auf dem Karussell im Disneyland.

Wie spricht man das aus, Yashu Bharti?

»Disneyland, Osho.«

Disnay? Disney? Disney. Gut. Keine Frau kann ihre Gefühle vor mir verstecken. Ein Mann schon. Ich habe sofort gemerkt, daß ich etwas Falsches gesagt hatte. Aber du hättest dir keine

Gedanken zu machen brauchen. Ich bin ein falscher Typ Mensch. Nur ganz selten, durch Zufall, sag ich mal etwas Richtiges; normalerweise bin ich immer weise.

So, nun weiter mit der Geschichte. Das war eine kleine Abschweifung, und das Ganze wird eine Sammlung von Tausenden von Abschweifungen werden, denn genau das ist das Leben...

Masto war nicht mehr da, um Indira Gandhi davon zu überzeugen, für mich zu arbeiten, aber er versuchte sein Bestes mit dem ersten Premierminister Indiens. Vielleicht mit Erfolg, aber nur insofern, als er ihn überzeugte, daß hier ein Mann war, der auf keinen Fall in das politische Leben des Landes geraten durfte. Vielleicht dachte Jawaharlal so mit Rücksicht auf mich, vielleicht aber auch mit Rücksicht auf das Land. Aber er war kein Heuchler, also kann das letztere nicht der Fall sein! Ich habe ihn gesehen, darum weiß ich es. Nicht nur gesehen, sondern eine tiefe Empathie mit ihm empfunden, eine tiefe Harmonie und Synchronizität.

Er war alt. Er hatte sein Leben gelebt, er hatte Erfolg gehabt und war nun frustriert. Das war genug für mich, um keinerlei Erfolg im weltlichen Sinne zu wollen, und ich kann behaupten, mich vor jeder Art Erfolg bewahrt zu haben. Auf eine seltsame Weise bin ich so geblieben, als wäre ich gar nicht auf der Welt.

Kabir schrieb ein schönes Lied, das genau das beschreibt, was ich hier sage, nur sehr viel poetischer. Er war ein Weber, und so geht es in diesem Lied natürlich ums Weben, bedenkt das.

Er sagt: »*Jhini Jhini bini chadariya:* Ich habe eine schöne Decke für die Nacht gemacht... *Jhini Jhini bini chadariya, ramnam Ras bhini:* aber ich habe sie nicht benutzt. Ich habe sie in keiner Weise abgetragen. Sie ist so unberührt bei meinem Tod, wie sie bei meiner Geburt war.«

Und könnt ihr es glauben? – Mit diesem Lied auf den Lippen starb er. Die Leute glaubten, er singe das Lied für sie – er sang das Lied für die Existenz selbst. Aber diese Worte waren die eines armen Mannes, und doch war er so reich, daß das ganze Leben keinen einzigen Kratzer auf ihm hinterlassen hatte. Und er hat der Existenz zurückgegeben, was ihm von der Existenz gegeben worden war, genauso wie es gegeben wurde.

Oft überrascht es mich, wie dieser Körper alt geworden ist, aber was mich selbst betrifft, so fühle ich kein Alter und keinen Altersprozeß. Ich habe mich immer gleich gefühlt. Ich bin derselbe, und doch sind so viele Dinge passiert – aber sie alle passierten nur an der Oberfläche. Und so kann ich sie euch alle erzählen, aber vergeßt niemals, daß nichts davon *mir* passiert ist. Ich bin noch genauso unschuldig und unwissend, wie ich vor meiner Geburt war.

Die Zen-Leute sagen: »Erst wenn du weißt, wie du warst, wie dein Gesicht beschaffen war, ehe du geboren wurdest, erst dann kannst du uns verstehen.«

Natürlich denkt ihr da: »Diese Leute sind wahnsinnig, und jetzt wollen sie auch mich in den Wahnsinn treiben. Vielleicht wollen sie mich dazu bringen, meinen Nabel zu betrachten oder etwas ähnlich Idiotisches zu tun.«

Und es gibt Leute, die sowas tun; und mit viel Erfolg und Tausenden von Anhängern. Mit mir zu sein heißt, auf keinem Trampelpfad zu sein, sondern auf eine sonderbare Art und Weise auf gar keinem Pfad zu sein... und dann plötzlich bist du zu Hause.

So erging es mir. Aber drumherum geschahen tausend andere Dinge ebenfalls. Und wer weiß, was durch wen ausgelöst werden wird? Seht euch Geet Bharti an: Gerade wird etwas in *ihm* ausgelöst. Keiner weiß es – alles und jedes kann einen Prozeß einleiten, der dich zu deinem Selbst führen kann. Es ist nicht weit und es ist nicht nah. Es ist genau da, wo du bist. Eben darum haben die Buddhas manchmal gelacht angesichts der völligen Dummheit aller Anstrengung, der Dummheit all dessen, was sie *getan* hatten. Aber um dies zu erkennen, mußten sie durch vieles hindurch.

Wie spät ist es?

»Sieben Minuten nach zehn, Osho.«

Sieben nach zehn?

»Ja«

Gut.

Masto sagte viele Dinge bei unserer letzten Begegnung; vielleicht kann einiges davon irgendwem irgendwann einmal hilfreich sein. Er wollte Abschied nehmen und so sagte er mir alles, was er mir zu sagen hatte. Natürlich mußte er sich sehr, sehr kurz fassen.

Er sprach in Maximen. Das war seltsam, denn der Mann war ein wortreicher Rhetoriker – und er gebrauchte Maximen?

Er sagte: »Du verstehst nicht. Ich habe es eilig. Hör einfach zu, fang nicht an zu argumentieren, denn wenn wir uns streiten, werde ich mein Versprechen an Pagal Baba nicht erfüllen können.«

Natürlich wußte er, daß er nur »Pagal Baba« zu sagen brauchte, um mich mundtot zu machen, weil mir dieser Name so viel bedeutete. Dann konnte er meinetwegen sogar behaupten, zwei und zwei ist fünf, und ich würde es hinnehmen, nicht nur hinnehmen, sondern es ihm sogar glauben, ihm vertrauen. Zu »zwei und zwei ist vier« gehört kein Vertrauen; aber zu »zwei und zwei ist fünf« gehört zweifellos eine Liebe, die über das Einmaleins hinausgeht. Wenn Baba es gesagt hatte, dann mußte es so sein.

Also hörte ich zu. Hier sind seine wenigen Worte. Es waren nicht viele, aber sie waren sehr bedeutsam.

Er sagte: »Erstens, tritt nie einer Organisation bei.«

Ich sagte: »Okay.« Und ich habe nie einer Organisation angehört. Ich habe mein Versprechen gehalten. Ich bin nicht einmal Teil – ich meine Mitglied – von Neo-Sannyas. Ich kann es nicht sein, aufgrund eines Versprechens, das ich einem Menschen gegeben habe, den ich liebte. Ich kann nur mit euch sein. Aber wie sehr ich mich auch tarne, ich bin ein Fremder selbst unter euch – einfach aufgrund eines Versprechens, das ich bis zuletzt erfüllen werde.

»Zweitens«, sagte er, »solltest du nie gegen das Establishment reden.«

Ich sagte: »Hör mal, Masto, das ist von dir und nicht von Pagal Baba, da bin ich mir absolut sicher.«

Er lachte und sagte: »Ja, es ist von mir. Ich wollte nur sehen, ob du die Spreu vom Weizen zu trennen verstehst.«

Ich sagte: »Masto, du brauchst dich doch nicht mit so etwas aufzuhalten. Sag mir einfach, was du sagen willst; du hast doch gesagt, daß du es sehr eilig hättest. Ich merke nichts von der Eile. Aber wenn *du* es sagst – ich liebe dich schließlich auch –, glaube ich dir. Sag mir einfach das Allernotwendigste, und ansonsten laß uns lieber schweigend dasitzen, solange du willst.«

Eine Zeitlang schwieg er still und sagte dann: »Okay, dann laß uns lieber schweigend zusammensitzen, du weißt ja ohnehin, was Baba mir alles aufgetragen hat. Er muß es dir schon gesagt haben.«

Ich sagte: »Ich habe ihn so gut gekannt, daß du es mir nicht erst zu sagen brauchst. Selbst wenn er zurückkäme, würde ich sagen: ›Kein Wort! Setz dich einfach zu mir.‹ Gut also, daß du dich entschieden hast – aber nun halte dich auch an dein Versprechen.«

Er sagte: »Welches Versprechen?«

Ich sagte: »Einfach das Versprechen, schweigend mit mir zusammenzusein, solange du hier sein willst.«

Er blieb noch ganze sechs Stunden, und er hielt sein Versprechen. Kein einziges Wort fiel zwischen uns, aber sehr viel mehr, als Worte ausdrücken können. Nur eines noch sagte er mir, als er zum Bahnhof ging: »Darf ich jetzt ein letztes Wort sagen? – Denn ich seh dich vielleicht nie wieder.« Und er wußte, daß er für immer ging.

Ich sagte: »Natürlich.«

Er sagte: »Nur das: wenn du irgendwelche Hilfe von mir brauchst, kannst du jederzeit diese Adresse benachrichtigen. Falls ich noch lebe, wird man mir sofort Bescheid geben.« Und er gab mir eine Adresse, von der ich nie gedacht hätte, daß sie auch nur das geringste mit Masto zu tun haben konnte.

Ich sagte: »Masto!«

Er sagte: »Frag nicht, gib einfach diesem Mann Bescheid.«

»Aber«, sagte ich, »das ist ja Morarji Desai! An den kann ich mich nicht wenden, das weißt du ganz genau.«

Er sagte: »Ich weiß, aber das ist genau der Mann, der bald an der Macht sein wird und mich überall im Himalaja erreichen kann.«

Ich sagte: »Glaubst du, daß er der Mann ist, der Jawaharlals Nachfolge antreten wird?«

Er sagte: »Nein. Ein anderer dürfte auf ihn folgen, aber dieser Mann wird nicht lange leben, und dann wird Indira an der Reihe sein, und danach der hier. Ich gebe dir seine Adresse, weil das die Jahre sein werden, wo du mich am dringendsten brauchen wirst, denn solange Jawaharlal da ist und Indira da ist...«

Und zwischen diesen beiden, zwischen Jawaharlal und Indira, kam wirklich noch ein Premierminister, ein sehr schöner Mensch – sehr klein, was seine körperliche Erscheinung betraf, aber sonst sehr groß: Lalbahadur Shastri. Aber er war nur ein paar Monate lang im Amt. Es war merkwürdig: kaum war er Premierminister, da ließ er mir eine Botschaft zukommen, daß er mich sehen wolle. Die Botschaft lautete: »Komm mich besuchen, sobald du es einrichten kannst.«

Ich fuhr nach Delhi, weil ich wußte: Dabei mußte Masto die Finger im Spiel haben. Eigentlich fuhr ich nur hin, um »die Finger im Spiel« zu entdecken. Ich liebte Masto so sehr, daß ich zur Hölle gefahren wäre – und Neu-Delhi *ist* eine Hölle. Aber ich fuhr hin, weil der Premierminister gerufen hatte und dies eine gute Gelegenheit war herauszufinden, wo Masto war und ob er noch lebte oder nicht.

Aber das Schicksal wollte es, daß genau an dem Tag, den Shastri mir genannt hatte... er sollte in Neu-Delhi eintreffen, aus Taschkent in der Sowjetunion kommend, wo er an einer Gipfelkonferenz zwischen Indien, Rußland und Pakistan teilgenommen hatte. Aber nur seine Leiche traf ein. Er war in Taschkent gestorben. Ich war die ganze Strecke bis nach Delhi gefahren, um ihn nach Masto zu fragen; und als er kam, war er tot.

Ich sagte: »Das ist in Wirklichkeit ein Witz, ein Streich, den Masto mir gespielt hat!«

Jetzt kann ich ihn nicht mehr fragen. Und diese Adresse von Morarji Desai, die Masto mir gab – er wußte, und falls er noch lebt, dann weiß er, daß ich Morarji Desai nicht einmal im Notfall fragen werde. Auf keinen Fall. Nicht, weil ich gegen seine Politik, seine Philosophie bin – das ist belanglos – nein, ich bin gegen seine ganze Machart. Er ist kein Mann, mit dem ich einen Dialog führen könnte, nicht einmal eine Diskussion.

Ein paarmal mußte es leider sein, aber nur der besonderen Umstände wegen; es ging nicht von mir aus. Und ich habe mich nie wegen Masto an ihn gewandt. Ich hab nie gefragt, obwohl ich ihm in seinem eigenen Hause begegnet bin, unter vier Augen. Aber irgendwie – wie soll ich sagen? Der Mann an sich erweckt Übelkeit. Man möchte sich erbrechen. Und das Gefühl ist so stark, daß ich, obwohl er mir eine Stunde reserviert hatte, schon nach zwei Minuten wieder ging. Selbst er war überrascht.

Er fragte: »Warum?«

Ich sagte: »Entschuldigen Sie, bitte. Irgend etwas drängt mich zu gehen, und zwar für immer; denn wir werden uns wohl nie wieder begegnen.«

Er war schockiert, denn damals stand er ganz dicht davor, Premierminister des Landes zu werden, ganz dicht davor. Aber ihr kennt mich: wenn schon die bloße Gegenwart eines Menschen ekelerregend ist, bin ich der letzte, der bleibt. Daß ich überhaupt zwei Minuten blieb, war reine Höflichkeit, weil es einfach allzu grob gewesen wäre, nur das Zimmer zu betreten, ein bißchen herumzuschnüffeln und dann gleich wieder zu verschwinden.

Aber im Grunde tat ich genau das. Zwei Minuten... nur weil er mich erwartet hatte und ein alter Mann war und zweifellos politisch wichtig – was mir nichts bedeutet, ihm jedoch viel zu viel. Das war es, was mich anekelte. Er war *zu* politisch.

Ich liebte Jawaharlal, weil er nie über Politik sprach. Drei Tage lang waren wir ständig zusammen gewesen, ohne daß ein einziges Wort über Politik fiel, und binnen zwei Minuten stellte Morarji Desai als erstes die Frage: »Was halten Sie von dieser Frau, Indira Gandhi?«

Die Art, wie er »diese Frau« sagte, war so abstoßend! Ich höre noch seine Stimme... »diese Frau«. Ich kann nicht fassen, wie ein Mensch Wörter auf eine so abstoßende Weise gebrauchen kann.

45

Okay.

Die Geschichte von Mahatma Gandhis Tod, und wie Jawaharlal damals im Radio in Tränen ausbrach, erschütterte die ganze Welt. Es war keine vorbereitete Ansprache. Er sprach unmittelbar aus seinem Herzen, und wenn ihm die Tränen kamen, was konnte er machen? Und wenn es eine Pause gab, war das kein Zeichen für Schwäche, sondern für Größe. Kein dummer Politiker wäre dazu imstande gewesen, selbst wenn er es gewollt hätte. Denn sein Sekretär hätte ihm in die vorbereitete Rede hineinschreiben müssen: »An dieser Stelle bitte weinen und schluchzen – und unbedingt eine Pause machen, damit es auch jeder für echt hält.«

Jawaharlal las nicht ab; seine Sekretäre waren sogar sehr besorgt! Einer seiner Sekretäre wurde später, nach vielen Jahren, mein Sannyasin. Er gestand mir: »Wir hatten eine Rede vorbereitet, aber er hat sie uns einfach ins Gesicht geworfen und gesagt: ›Ihr Esel! Glaubt ihr vielleicht, ich verlese eure Rede?‹«

Diesen Mann, Jawaharlal, erkannte ich auf Anhieb als einen jener ganz seltenen Menschen, die es hier und da auf der Welt gibt und die bei all ihrer Sensibilität dennoch so viel Macht besitzen, daß sie den Menschen nützen und ihnen dienen können, statt sie nur auszubeuten und zu unterdrücken.

Ich erklärte Masto: »Ich bin kein Politiker und werde nie einer sein, aber ich achte Jawaharlal, nicht weil er Premierminister ist, sondern weil er mich trotzdem erkennen kann, obwohl sich mein Potential noch gar nicht entfaltet hat. Vielleicht wird es geschehen, vielleicht auch nicht, wer weiß? Aber daß er dir gegenüber so viel Wert darauf legt, daß du mich vor den Politikern schützen sollst, zeigt, daß er mehr weiß, als es den Anschein hat.«

Mit dieser Episode von Mastos Verschwinden und mit seinen letzten Äußerungen haben sich wieder viele Türen aufgetan. Ich werde eintreten, wo sich's gerade ergibt, wie es meine Art ist.

Als erstes Mahatma Gandhi. Jawaharlal hatte ihn bloß erwähnt, weil er mich – was natürlich war – mit dem Mann vergleichen wollte, den er am meisten verehrte. Aber er zögerte, denn er kannte mich inzwischen auch ein wenig – nur ein klein wenig, aber genug, daß ich ihm präsent war, als er diese Aussage machte. Daher sein Zögern. Er spürte, daß irgend etwas nicht so war, wie es sein sollte, kam aber nicht sofort auf einen anderen Namen. So entfuhr ihm schließlich: »Eines Tages kann er ein zweiter Mahatma Gandhi werden.«

Masto protestierte stellvertretend für mich. Er kannte mich weit besser als Jawaharlal. Hunderte Male hatten wir Gandhi und seine Philosophie durchdiskutiert, und ich war immer contra gewesen. Sogar Masto war es ziemlich rätselhaft, wie ich einem Mann gegenüber so unerbittlich sein konnte, den ich nur zweimal gesehen hatte, und auch das nur als Kind.

Ich will euch nun die Geschichte meines zweiten Zusammentreffens mit Gandhi erzählen. Einmal schon wurde sie plötzlich unterbrochen. Man weiß eben nie, was kommt. Ich hatte keine Ahnung, daß sie jetzt anstehen würde.

Ich sehe den Zug vor mir. Gandhi war auf Reisen und reiste natürlich dritter Klasse. Aber seine »Dritte Klasse« war sehr viel besser, als es je eine Erste Klasse sein könnte. In einem Sechzig-Mann-Abteil war er allein mit seinem Sekretär und seiner Frau. Ich glaube, diese drei waren die einzigen Leute. Das ganze Abteil war reserviert. Und es war auch kein gewöhnliches Erste-Klasse-Abteil; ich habe nie wieder ein solches Abteil gesehen. Es mußte einmal ein Erste-Klasse-Abteil gewesen sein, und nicht nur Erste Klasse, sondern Erste Klasse, Spezialanfertigung. Nur das Schild war geändert worden – in »Dritte Klasse«, damit Mahatma Gandhis Philosophie gerettet war.

Ich war erst zehn. Meine Mutter – wieder meine ich meine Großmutter – hatte mir drei Rupien gegeben. Sie sagte: »Der Bahnhof ist zu weit weg, und du schaffst es vielleicht nicht zurück bis zum Mittagessen, und bei diesen Zügen weiß man nie, vielleicht hat er zehn, zwölf Stunden Verspätung. Gib also bitte auf diese drei Rupien gut acht.« In Indien waren drei Rupien zur damaligen Zeit geradezu ein Vermögen. Man konnte bequem drei Monate davon leben.

Sie hatte einen wunderschönen Kittel für mich gemacht. Sie wußte, daß ich lange Hosen nicht leiden konnte. Ich trug höchstens eine Pyjamahose mit einer *kurtha.* Eine *kurtha* ist eine Art langer Robe, die ich immer gern mochte. Nach und nach ist die Pyjamahose verschwunden, und nur die Robe ist übriggeblieben. Normalerweise macht man nicht nur eine Trennung zwischen Ober- und Unterkörper, sondern man hat für beides auch noch verschiedene Kleidungsstücke. Natürlich muß der Oberkörper etwas Besseres haben, und der Unterkörper braucht nur eben bedeckt zu sein, mehr nicht.

Sie hatte eine wunderschöne *kurtha* für mich gemacht. Es war Sommer, und in jenen Gegenden Zentralindiens ist der Sommer wirklich kaum zu ertragen, weil sich die heiße Luft in den Nasenlöchern wie Feuer anfühlt. Tatsächlich können die Menschen nur spätnachts etwas Ruhe finden. Es ist so heiß in Zentralindien, daß man ständig um kaltes Wasser bittet, und wenn man irgendwo an Eis herankommt, ist es das Paradies. Eis ist das Teuerste, was es in diesen Gegenden gibt. Klar, denn wenn es endlich aus der Fabrik kommt, die hundert Meilen entfernt liegt, ist fast nichts mehr davon da. Es muß so schnell wie möglich transportiert werden.

Meine Nani sagte, wenn ich Lust hätte, sollte ich doch hingehen und mir Mahatma Gandhi ansehen. Und sie machte mir dafür extra eine hauchdünne Musselinrobe. Musselin ist das kunstvollste und auch älteste Gewebe, was Kleiderstoffe betrifft. Sie wählte den besten Musselin. Er war so fein, daß er fast durchsichtig war. Zur damaligen Zeit waren die Goldrupien aus dem Verkehr gezogen und durch Silbermünzen ersetzt worden. Diese Silberrupien waren zu schwer für die arme Musselintasche. Warum ich das erwähne? – Weil etwas, was ich gleich erzählen werde, sonst nicht verständlich wäre.

Der Zug kam wie gewöhnlich, mit dreizehn Stunden Verspätung. Fast alle waren gegangen, außer mir. Ihr kennt mich, ich bin hartnäckig. Sogar der Bahnhofsvorsteher sagte: »Junge, du bist mir ein Rätsel. Alle sind sie weg, aber du scheinst die ganze Nacht hierbleiben zu wollen. Von dem Zug ist weit und breit nichts zu sehen, und du wartest schon seit heute früh.«

Um schon um vier Uhr morgens am Bahnhof sein zu können, hatte ich mitten in der Nacht das Haus verlassen müssen. Aber ich hatte die drei Rupien noch nicht angerührt, denn alle Leute hatten so viel Proviant dabei und alle waren so großzügig zu dem kleinen Jungen, der so weit gelaufen war. Sie boten mir Früchte an, Süßigkeiten, Kuchen und alles mögliche. Von Hunger also keine Rede. Als der Zug schließlich eintraf, war ich der einzige Mensch dort – und auch nur eine halbe Portion! Nur ein zehnjähriger Junge, und daneben der Bahnhofsvorsteher.

Der stellte mich Mahatma Gandhi vor und sagte: »Denk ja nicht, daß das nur ein kleiner Junge ist. Den ganzen Tag habe ich ihn beobachtet und viel mit ihm diskutiert, denn ich hatte nichts weiter zu tun. Und er ist als einziger geblieben. Viele waren gekommen, aber sie sind längst wieder weggegangen. Alle Hochachtung vor ihm, denn ich weiß, er hätte hier gewartet bis zum Weltuntergang. Er wollte nicht eher gehen, als bis der Zug eingetroffen war. Und wenn der Zug nicht eingetroffen wäre – ich glaube nicht, daß er je wieder gegangen wäre. Dann hätte er sich hier häuslich niedergelassen.«

Mahatma Gandhi war ein alter Mann. Er rief mich zu sich und sah mich an. Aber statt mich zu sehen, sah er nur meine Hemdtasche – und damit war er für mich auf immer gestorben. Und er sagte: »Was ist denn das?«

Ich sagte: »Drei Rupien.«

Er sagte: »Spende sie.« Er hatte immer eine Sammelbüchse dabei, mit einem Schlitz. Wenn du etwas spenden wolltest, stecktest du die Rupien in den Schlitz, und sie verschwanden. Natürlich hatte er den Schlüssel, und so kamen sie wieder zum Vorschein, aber für dich waren sie verschwunden.

Ich sagte: »Wenn du den Mut hast, kannst du sie dir nehmen. Die Tasche ist da, die Rupien sind da. Aber darf ich dich fragen, wozu du diese Rupien sammelst?«

Er sagte: »Für die Armen.«

Ich sagte: »Dann ist es völlig okay.« Und ich steckte die drei Rupien eigenhändig in die Büchse. Aber dann war die Reihe an ihm, große Augen zu machen, denn als ich gehen wollte, nahm ich die ganze Büchse mit.

Er sagte: »Um Gottes willen, was tust du da? Das ist für die Armen!«

Ich sagte: »Ich habe dich schon gehört, du brauchst dir nicht die Mühe zu machen, es nochmal zu wiederholen. Ich nehme diese Büchse für die Armen mit. In meinem Dorf gibt es viele davon. Bitte gib mir den Schlüssel, sonst muß ich mir einen Dieb suchen, der mir die Büchse aufmachen kann. Nur Diebe wissen, wie man sowas macht.«

Er sagte: »Das ist seltsam...« Er sah seinen Sekretär an. Der Sekretär war dumm – wie alle Sekretäre, warum wären sie sonst Sekretäre geworden? Er sah Kasturba an, seine Frau.

Sie sagte: »Du hast deinen Meister gefunden. Erst betrügst du alle, und jetzt nimmt er dir deine ganze Büchse weg. Toll! Es ist gut so, denn ich bin es leid, immer diese Büchse neben dir zu sehen wie eine Ehefrau.«

Der Mann tat mir leid, und ich überließ ihm die Büchse mit den Worten: »Nein, wie mir scheint, bist du der Ärmste. Dein Sekretär hat keinen Funken Intelligenz, und deine Frau hat offenbar keinen Funken Liebe für dich. Ich kann dir die Büchse nicht wegnehmen – behalte sie ruhig. Aber merk dir: ich war gekommen, einem Mahatma zu begegnen, aber ich fand nur einen Krämer.«

Das war seine Kaste. In Indien bedeutet *banya* Geschäftsmann, genau das, was ihr mit »Jude« meint. Indien hat seine eigenen Juden. Sie sind keine Juden, sondern *banyas*.

Für mich, so jung ich war, war Mahatma Gandhi nur ein Geschäftsmann.

Ich habe tausende Male gegen ihn gesprochen, weil ich mit seiner ganzen Lebensanschauung in keinem Punkt übereinstimme. Doch an dem Tag, als er erschossen wurde – ich war siebzehn –, ertappte mich mein Vater dabei, wie ich weinte.

Er sagte: »Du, und Tränen für Mahatma Gandhi? Du hast doch immer gegen ihn argumentiert!«

Meine ganze Familie war gandhistisch. Sie waren alle ins Gefängnis gewandert, weil sie seine Politik unterstützten. Ich war das einzige schwarze Schaf, und sie waren natürlich alle schneeweiß. Kein Wunder, daß er fragte: »Wieso weinst du?«

Ich sagte: »Ich weine nicht nur, ich möchte sogar an der Beisetzung teilnehmen. Halt mich nicht auf, denn ich muß den Zug erwischen, und gleich fährt der letzte, der noch pünktlich ankommen kann.«

Da staunte er noch mehr. Er sagte: »Ich kann es nicht glauben. Bist du verrückt geworden?«

Ich sagte: »Wir diskutieren später darüber. Mach dir keine Sorgen, ich komme wieder.«

Und wißt ihr was? Als ich in Delhi ankam, stand Masto auf dem Bahnsteig und erwartete mich.

Er sagte: »Ich habe mir gedacht, daß du trotz allem, was du gegen Gandhi hast, für den Mann eine gewisse Hochachtung empfindest. Ich hatte so das Gefühl.« Dann sagte er: »Es mag stimmen oder auch nicht, jedenfalls habe ich mich darauf verlassen. Und dies ist der einzige Zug, der durch dein Dorf kommt. Wenn es also überhaupt eine Chance gab, daß du kommst, konntest du nur in diesem Zug sitzen, andernfalls würdest du überhaupt nicht kommen. Also bin ich hier, um dich in Empfang zu nehmen, und mein Gefühl war richtig.«

Ich sagte zu ihm: »Wenn du auch nur ein einziges Mal mit mir über meine Gefühle für Gandhi gesprochen hättest, hätte ich nie mit dir gestritten. Aber du hast immer versucht, mich zu überzeugen, und dann geht es nicht um Gefühle, sondern allein um Argumente. Entweder gewinnt man selbst oder der andere. Wenn du nur ein einziges Mal erwähnt hättest, daß es eine Frage des

Gefühls ist, dann hätte ich dieses Thema nie angeschnitten, denn dann hätten wir nichts zu diskutieren gehabt.«

Vor allem, damit es einmal festgehalten wird, möchte ich euch sagen, daß es vieles an Mahatma Gandhi gab, das ich liebte und schätzte. Aber seine ganze Lebensphilosophie war mir absolut zuwider, und so blieben viele Dinge an ihm, die ich sonst zu schätzen gewußt hätte, einfach links liegen. Wir wollen die Sache bereinigen.

Ich liebte seine Wahrhaftigkeit. Er log nie. Obwohl er unter lauter Lügen lebte, blieb er in seiner Wahrheit verwurzelt. Ich stimme vielleicht nicht mit seiner Wahrheit überein, aber ich kann nicht sagen, daß er nicht wahrhaftig war. Egal, was für ihn die Wahrheit war – er war davon erfüllt.

Es steht auf einem ganz anderen Blatt, daß ich seine Wahrheit für völlig wertlos halte, aber das ist mein Problem, nicht seines. Er hat nie gelogen. Ich achte seine Wahrhaftigkeit, auch wenn er nichts von der Wahrheit weiß – in die hineinzuspringen ich euch ständig antreibe.

Er war nicht der Mann, der mit mir hätte sagen können: »Spring, bevor du überlegst!« Nein, er war ein Geschäftsmann. Er überlegte erst hundertmal, ehe er einen einzigen Schritt vor die Tür machte, geschweige denn einen Sprung. Er verstand nicht, was Meditation ist, aber das war nicht sein Fehler. Er war keinem einzigen Meister begegnet, der ihm ein bißchen über das Nicht-Denken hätte Auskunft geben können. Obwohl es damals durchaus solche Leute gab.

Selbst Meher Baba schrieb einmal an Gandhi einen Brief – freilich schrieb er nicht selbst, vielmehr muß jemand für ihn geschrieben haben. Denn er sprach nie, schrieb nie, sondern gab nur Zeichen mit seinen Händen. Nur ein paar Leute konnten verstehen, was Meher Baba meinte. Sein Brief wurde von Mahatma Gandhi und dessen Freunden ausgelacht.

Meher Baba hatte nämlich gesagt: »Vertue nicht deine Zeit damit, Hari Krischna, Hari Rama zu singen. Das hilft dir kein bißchen weiter. Wenn du wirklich wissen willst, dann gib mir Bescheid, und ich werde dich rufen.«

Sie lachten alle. Sie hielten es für Arroganz. So denken

gewöhnliche Leute, und natürlich wirkt es wie Arroganz. Aber es ist keine. – Es ist einfach Liebe, ja, viel zuviel Liebe. Und weil es zuviel ist, sieht es nach Arroganz aus. Aber Gandhi lehnte telegraphisch ab und sagte: »Danke für dein Angebot, aber ich werde meinem eigenen Weg folgen«... als ob er einen Weg gehabt hätte! Er hatte keinen.

Aber es gibt ein paar Dinge an ihm, die ich respektiere und liebe – seine Reinlichkeit zum Beispiel. Nun werdet ihr sagen: »Respekt? wegen solcher Lappalien?« Nein, es sind keine Lappalien, vor allem nicht in Indien, wo man von Heiligen, sogenannten Heiligen, erwartet, daß sie in lauter Schmutz leben. Gandhi legte Wert auf Sauberkeit.

Er war der sauberste Unwissende auf der Welt. Ich mag seine Reinlichkeit. Ich mag ebenfalls, daß er alle Religionen respektierte. Natürlich sind meine Gründe anders als seine, aber wenigstens respektierte er alle Religionen. Natürlich aus den falschen Gründen, denn er wußte nicht, was Wahrheit ist. Wie konnte er also beurteilen, was richtig war? Ob eine Religion recht hatte, ob alle recht hatten oder ob eine Religion überhaupt recht haben konnte? Das war ihm nicht möglich.

Noch einmal, er war ein Geschäftsmann. Warum also andere vor den Kopf stoßen? Warum sie verärgern? Sie sagen sowieso alle das gleiche: der *Koran,* der *Talmud,* die *Bibel,* die *Gita*... Und er war intelligent genug – merkt euch das Wort »genug«, vergeßt es nicht –, um Ähnlichkeiten zwischen ihnen zu finden. Aber das fällt einem intelligenten, klugen Menschen nicht weiter schwer. Darum sage ich, intelligent »genug«, aber nicht wirklich intelligent. Wahre Intelligenz ist immer rebellisch, und er konnte nicht gegen das Konventionelle, das Traditionelle rebellieren, gegen den Hindu oder den Christen oder den Buddhisten.

Es wird euch sicher überraschen, wenn ich euch sage, daß Gandhi einmal erwog, Christ zu werden – weil die Christen den Armen mehr dienen als alle andere Religionen. Aber ihm wurde bald klar, daß ihre Nächstenliebe nur eine Fassade ist, hinter der sich das wirkliche Geschäft verbirgt. Das wirkliche Geschäft ist die Bekehrung von Menschen. Warum? Weil es Macht bringt. Je mehr Leute du hast, desto mehr Macht hast du.

Wenn man es schafft, die ganze Welt zum Christentum oder zum Judentum oder zum Hinduismus zu bekehren, dann hat man natürlich mehr Macht, als je ein Mensch zuvor besessen hat. Alle Alexander werden im Vergleich dazu verblassen. Es ist ein Machtkampf.

Kaum hatte Gandhi das erkannt – und ich sage wiederum, er war intelligent genug, es zu erkennen –, ließ er den Gedanken fallen, ein Christ zu werden. Im übrigen war es in Indien sehr viel profitabler, Hindu und nicht Christ zu sein. In Indien machen die Christen nur ein Prozent aus – was für eine politische Macht konnte er da wohl haben?

Es war gut, daß er ein Hindu blieb – ich meine für seinen Status als Mahatma. Aber er war klug genug, es fertigzubringen, sogar Christen wie C.F. Andrews zu gewinnen, oder auch Dschainas oder Buddhisten oder Mohammedaner, wie zum Beispiel den Mann, den man den »Grenz-Gandhi« nannte.

Dieser Mann, der heute noch lebt, gehört zu einem besonderen Stamm, den Pakhtoons, die in einer Grenzprovinz Indiens leben. Die Pakhtoons sind wirklich großartige Menschen, und gefährlich dazu. Sie sind Mohammedaner, und als ihr Anführer ein Anhänger Gandhis wurde, folgten sie natürlich seinem Beispiel. Die Mohammedaner Indiens haben es dem »Grenz-Gandhi« nie verziehen, denn sie dachten, er hätte ihre Religion verraten.

Es ist mir gleichgültig, ob er seiner Religion treu war oder sie verraten hat. Worauf ich hinauswill, ist, daß Gandhi anfangs sogar daran dachte, ein Dschaina zu werden. Sein erster Guru war ein Dschaina, Shrimad Rajchandra. Die Hindus sind noch heute beleidigt, daß er die Füße eines Dschaina berührt hat.

Gandhis zweiter Meister – und das wird die Hindus noch mehr empören – war Ruskin. Es war Ruskins großes Buch *Unto This Last,* das Gandhis Leben veränderte. Bücher können Wunder wirken. Vielleicht habt ihr von dem Buch *Unto This Last* – »Bis auf den heutigen Tag« – noch nichts gehört. Es ist ein schmales Bändchen, und Gandhi trat gerade eine Reise an, als ein Freund ihm das Buch als Reiselektüre mitgab, weil es ihm selbst so gut gefallen hatte. Gandhi hob es auf, ohne ernstlich daran zu denken, es zu lesen, aber als einmal genug Zeit war, dachte er:

»Warum nicht wenigstens einmal hineinschauen?« Und dieses Buch transformierte ihn.

Dieses Buch gab ihm seine ganze Philosophie. Ich bin gegen Gandhis Philosophie, aber das Buch ist gut. Seine Philosophie taugt nicht viel, aber Gandhi war ein Schrottsammler. Er konnte selbst an schönen Orten Schrott entdecken. Es gibt einen Menschentyp, wißt ihr, den kann man in den allerschönsten Garten führen, und er wird einem einen Winkel zeigen, wo etwas nicht stimmt. Solche Leute tragen eine negative Brille. Und dann gibt es einen Typ von Mensch, der nur Dornen sammelt – Schrottsammler; aber sie nennen sich Kunstsammler.

Wenn ich das Buch gelesen hätte, so wie Gandhi es las, wäre ich nicht zu demselben Ergebnis gekommen. Es kommt nicht auf das Buch an, sondern auf den, der liest, auswählt und sammelt. Seine Auswahl sähe völlig anders aus, obwohl wir vielleicht genau am gleichen Ort gewesen sind. Für mich wäre seine Auswahl einfach wertlos. Ich weiß nicht, und niemand weiß, was er von meiner Auswahl halten würde. Soviel ich weiß, war er ein sehr aufrichtiger Mensch. Deswegen kann ich nicht sagen, ob er sagen würde, wie ich: »Seine ganze Sammlung ist Schrott.« – Vielleicht ja, vielleicht aber auch nicht. Genau das liebe ich an dem Mann: Er konnte sogar Dinge schätzen, die ihm fremd waren, und versuchte sein Bestes, offen zu bleiben und aufzunehmen.

Er war kein Mann wie Morarji Desai, der völlig verschlossen ist. Ich frage mich manchmal, wie der atmet, denn wenigstens die Nase müßte offen sein. Aber Mahatma Gandhi war nicht vom gleichen Menschenschlag wie Morarji Desai. Ich teile zwar nicht seine Ansichten, aber ich weiß, daß er ein paar kleine Qualitäten hat, die einfach unschätzbar sind.

Seine Einfachheit... niemand konnte so einfach schreiben, und niemand konnte sich so viel Mühe machen wie er, um seinen Stil möglichst einfach zu halten. Er konnte sich stundenlang damit abquälen, einen Satz einfacher, im Telegrammstil zu schreiben. Er konnte ihn auf das Minimum reduzieren. Und was er für wahr hielt, das versuchte er auch aufrichtig zu leben.

Daß es nicht wahr war, stand auf einem anderen Blatt, aber was konnte er daran ändern? Er hielt es für wahr. Er besitzt meine

Hochachtung für seine Aufrichtigkeit – und daß er sie lebte, ohne Rücksicht auf Konsequenzen. Er verlor sein Leben gerade wegen dieser Aufrichtigkeit.

Mit Mahatma Gandhi verlor Indien seine ganze Vergangenheit, denn nie zuvor war in Indien jemand erschossen oder gekreuzigt worden. Das war nicht der Stil dieses Landes gewesen. Nicht, weil es ein besonders tolerantes Volk wäre, sondern weil sie so blasiert sind, daß es in ihren Augen gar niemand wert ist, gekreuzigt zu werden… darüber sind sie erhaben.

Mit Mahatma Gandhi endete ein Kapitel indischer Geschichte und fing zugleich ein neues an. Ich weinte nicht, weil er getötet worden war – denn jeder muß sterben, da ist nicht viel dabei. Und besser so sterben wie er, statt in einem Krankenhausbett zu sterben – erst recht in Indien. Es war in gewisser Weise ein sauberer und schöner Tod. Und ich nehme damit nicht den Mörder Nathuram Godse in Schutz. Er ist ein Mörder, und was ihn betrifft, so kann ich nicht sagen: »Vergib ihm, denn er wußte nicht, was er tat.« Er wußte ganz genau, was er tat. Ihm kann nicht vergeben werden. Nicht, daß ich hart mit ihm wäre, nur sachlich.

All das mußte ich meinem Vater erklären, als ich zurückkam. Und ich brauchte viele Tage dazu, weil es wirklich eine komplizierte Beziehung ist zwischen mir und Mahatma Gandhi. Normalerweise schätzt man jemanden oder man schätzt ihn nicht. Mir geht es nicht so – und nicht nur bei Mahatma Gandhi.

Ich bin wirklich ein Fremder. Ich fühle es jeden Augenblick. Ich kann an jemandem etwas Bestimmtes mögen, aber gleich daneben kann etwas sein, das ich hasse – und ich muß mich entscheiden, denn ich kann den Menschen ja nicht entzweischneiden.

Ich habe mich entschieden, gegen Mahatma Gandhi zu sein, nicht weil an ihm nichts war, was ich hätte lieben können – da gab es vieles; aber da gab es noch viel mehr, was weitreichende Konsequenzen für die ganze Welt hatte. Ich mußte mich entscheiden, gegen einen Mann zu sein, den ich vielleicht geliebt hätte, wenn – und dieses »Wenn« ist nahezu unüberbrückbar – wenn er nicht gegen den Fortschritt gewesen wäre, gegen den Wohlstand, gegen die Wissenschaft, gegen die Technik. Ja, eigentlich war er gegen alles, wofür ich stehe: mehr Technologie und mehr Wissenschaft, mehr Reichtum und Überfluß.

Ich bin nicht für die Armut. Er war es. Ich bin nicht für die Primitivität. Er war es. Aber trotzdem: wenn ich einen Hauch von Schönheit sehe, weiß ich sie zu schätzen, und es gab ein paar Dinge an diesem Mann, die es sich lohnt zu verstehen.

Er hatte eine ungeheure Fähigkeit, den gemeinsamen Puls von Millionen zu fühlen. Kein Arzt kann das. Schon den Puls einer einzigen Person zu fühlen, ist schwer genug, erst recht bei einem Menschen wie mir. Ihr könnt versuchen, meinen Puls zu fühlen, und ihr werdet dabei euren eigenen Puls verlieren. Oder wenn nicht den Puls, dann zumindest den Putz, was noch besser ist.

Gandhi hatte die Fähigkeit, den Puls der Leute zu fühlen. Natürlich interessieren mich diese Leute gar nicht, aber das ist etwas anderes. Es gibt Tausende von Dingen, die mich nicht interessieren. Das heißt aber nicht, daß Menschen, die ernsthaft arbeiten und mit Intelligenz in eine gewisse Tiefe dringen, nicht zu schätzen wären. Gandhi besaß diese Fähigkeit, und ich weiß es zu schätzen. Ich wäre ihm liebend gern heute begegnet. Denn als ich ein zehnjähriger Bursche war, konnte er nicht mehr von mir bekommen als die besagten drei Rupien. Heute könnte ich ihm das ganze Paradies schenken, aber das sollte nicht sein, jedenfalls nicht in diesem Leben.

46

Okay.

Endlich kann ich mit meinem zweiten Volksschultag beginnen. Wie lange soll er noch warten? Er hat schon viel zu lange gewartet. Der zweite Tag war mein wirklicher Eintritt in die Schule, weil Kunter Master hinausgeflogen war und alle jubelten. Fast alle Kinder tanzten. Ich konnte es nicht glauben, aber sie sagten zu mir: »Du hast Kunter Master nicht gekannt. Wenn er stirbt, werden wir in der ganzen Stadt Bonbons verteilen und Tausende von Kerzen in unseren Häusern anzünden.«

Ich wurde empfangen, als hätte ich eine Heldentat vollbracht. Eigentlich tat mir Kunter Master ein bißchen leid. Er mochte noch so gewütet haben, aber schließlich war er auch nur ein Mensch und hatte alle Schwächen mitbekommen, zu denen der Mensch eben neigt. Es war durchaus nicht seine Schuld, daß er nur ein Auge hatte und ein so häßliches Gesicht besaß. Und jetzt möchte ich sogar etwas sagen, was ich noch nie gesagt habe, weil ich immer dachte, daß es doch niemand glaubt... aber ich suche nicht nach Gläubigen, ob ihr es glaubt oder nicht.

Selbst seine Grausamkeit war nicht seine Schuld. Ich betone

seine Schuld: er war von Natur aus so. Genauso wie er nur ein Auge besaß, besaß er Wut, und zwar eine sehr gewalttätige Wut. Er konnte es nicht ertragen, wenn ihm irgend etwas gegen den Strich ging. Sogar wenn die Kinder mucksmäuschenstill waren, konnte ihn das zur Weißglut bringen.

Dann sah er sich um und sagte: »Warum so still? Was geht hier vor? Es muß doch einen Grund haben, daß ihr so still seid. Ich werde es euch zeigen, damit ihr so etwas nicht noch mal mit mir macht!«

Die Kinder waren völlig verdattert. Sie waren nur still gewesen, um ihn nicht zu reizen. Aber was konnte er machen? Selbst das reizte ihn. Er brauchte ärztliche Behandlung, nicht nur körperlich, sondern auch psychisch. Er war in jeder Hinsicht krank. Er tat mir leid, denn ich war, jedenfalls äußerlich, die Ursache für seinen Rausschmiß.

Aber alle freuten sich über den großen Tag, sogar die Lehrer. Ich konnte es nicht glauben, als selbst der Direktor zu mir sagte: »Ich danke dir, mein Junge. Du hast dein Schulleben mit einer schönen Tat begonnen. Der Mann war uns ein Pfahl im Fleische.«

Ich sah ihn an und sagte: »Vielleicht sollte ich auch das Fleisch entfernen.«

Sogleich wurde er ernst und sagte: »Geh an deine Arbeit.«

Ich sagte: »Hör mal. Du freust dich, du jubelst, weil einer deiner Kollegen gefeuert worden ist. Und sowas nennt sich Kollege? Was für eine Freundschaft ist das? Du hast ihm nie offen ins Gesicht gesagt, was du gefühlt hast. Du hättest es gar nicht gekonnt – er hätte dich zerquetscht.«

Der Direktor war ein kleines Männlein, höchstens einen Meter fünfzig oder sogar noch weniger. Und dieser Zweimeterhüne mit seinen zwei Zentnern hätte ihn mit Leichtigkeit zerquetschen können, ohne jede Waffe, einfach mit den Fingern.

»Warum hast du in seiner Gegenwart immer so getan wie ein Ehemann vor seiner Frau?« Ja, genau das waren meine Worte.

Ich weiß noch, wie ich sagte: »Du hast dich benommen wie ein Ehemann unterm Pantoffel. Und merk dir: Ich war vielleicht die Ursache für seinen Rausschmiß, aber ich hatte nichts gegen ihn geplant. Ich war gerade erst zur Schule gekommen, da war keine

Zeit für eine Planungskommission. Und du schmiedest schon dein ganzes Leben lang Pläne gegen ihn. Wenigstens hätte man ihn an eine andere Schule versetzen können...« – Es gab vier Schulen im Ort.

Aber Kunter Master war ein starker Mann, und vor allem der Präsident des Ortes stand unter seiner Fuchtel. Der Präsident war bereit, unter jedermanns Fuchtel zu stehen. Vielleicht stand er auf Fuchteln, ich weiß es nicht. Aber der ganze Ort sollte schon bald genug merken, daß dieser heilige Kuhfladen zu nichts zu gebrauchen war.

In dem Ort mit seinen zwanzigtausend Einwohnern gab es keine Straße, die den Namen Straße verdiente, keinen Strom, keinen Park, nichts. Bald erkannten die Leute, daß dieser Kuhfladen daran schuld war. Er mußte zurücktreten, so daß wenigstens für die restlichen zweieinhalb Jahre der Vizepräsident seinen Posten übernahm.

Sambu Babu verwandelte das ganze Gesicht des Ortes. Eines muß ich euch noch sagen: Durch mich machte er die Erfahrung, daß ein kleiner Junge nicht nur einen Lehrer zu Fall bringen konnte, sondern auch eine Situation schuf, die zum Rücktritt des Präsidenten führte.

Lachend pflegte er zu sagen: »Du hast mich zum Präsidenten gemacht.« Aber später gab es auch Zeiten, wo wir nicht einer Meinung waren. Er blieb viele Jahre im Amt. Kaum hatte die Stadt gesehen, was er in diesen zweieinhalb Jahren leistete, wurde er einstimmig immer wieder gewählt. Er vollbrachte geradezu Wunder bei der Verwandlung des Ortes.

Er ließ die ersten betonierten Straßen in der ganzen Provinz bauen und brachte unseren zwanzigtausend Einwohnern Elektrizität. So etwas war noch nie dagewesen. Keine andere Stadt von vergleichbarer Größe hatte Stromversorgung. Er pflanzte Bäume an den Straßenrändern und verlieh dadurch dem häßlichen Ort ein wenig Schönheit. Er tat viel. Worauf ich hinauswill, ist aber, daß es auch Zeiten gab, in denen ich mit seiner Politik nicht einverstanden war. Dann war ich sein Gegner.

Ihr werdet euch fragen, wie denn ein Junge von etwa zwölf Jahren ein politischer Gegner sein kann. Ich hatte so meine Strategien. Es fiel mir leicht, Leute zu überreden – einfach weil ich ein Kind war, und welche politischen Interessen kann ein Kind schon haben? Und zweifellos hatte ich auch keine.

Zum Beispiel führte Sambu Babu die Oktroi-Steuer ein. Ich verstand auch warum. Wie sollte er sonst ohne Geld all seine Verschönerungsprojekte verwirklichen, und die Straßen, und die Elektrizität? Natürlich brauchte er Geld. Irgendeine Form von Steuer mußte sein.

Ich war nicht gegen Besteuerung, ich war nur gegen die Oktroi-Steuer, weil sie zu Lasten der Armen geht. Die Reichen werden reicher und die Armen ärmer. Ich habe nichts dagegen, daß die Reichen reicher werden, aber ich bin absolut dagegen, daß die Armen ärmer werden. Ihr werdet es mir nicht glauben, und selbst er war überrascht, als ich sagte: »Ich werde von Haus zu Haus gehen und den Leuten sagen, daß sie nicht wieder für Sambu Babu stimmen sollen. Wenn der Oktroi bleibt, dann muß Sambu Babu verschwinden. Oder wenn Sambu Babu bleiben will, dann muß der Oktroi verschwinden. Wir werden nicht beides zugleich zulassen.« Ich ging nicht nur tatsächlich von Haus zu Haus, ich hielt sogar meine erste öffentliche Ansprache.

Es machte den Leuten Spaß zuzusehen, wie ein Knabe so scharfsinnig argumentieren konnte. Sogar Sambu Babu saß in der Nähe, in einem Laden. Ich sehe ihn noch dort sitzen. Das war sein Stammplatz. Er saß dort jeden Tag. Es war seltsam, daß er dort saß, aber der Laden lag an einem sehr strategischen Punkt, genau im Ortszentrum. Dort fanden nämlich immer alle Versammlungen statt, und er konnte so tun, als säße er nur im Laden seines Freundes und habe nichts mit der Versammlung zu tun.

Als er sich meine Rede anhörte – und ihr kennt mich, ich war immer schon so –, zeigte ich auf Sambu Babu, der in dem kleinen Laden saß, und ich sagte: »Seht! Da sitzt er. Er ist gekommen, um sich anzuhören, was ich zu sagen habe. Aber Sambu Babu, merke dir: Freundschaft ist das eine, aber deine Oktroi-Steuer werde ich nicht unterstützen. Ich werde sie bekämpfen, selbst wenn ich dabei deine Freundschaft verliere. Dann werde ich wissen, daß sie nicht viel wert war. Nur wenn wir trotzdem Freunde bleiben können, auch wenn wir in einigen Punkten nicht einer Meinung sind oder wenn wir uns sogar öffentlich in den Haaren liegen, nur dann hat unsere Freundschaft überhaupt eine Bedeutung.«

Er war wirklich ein guter Mann. Er kam aus dem Laden, klopfte mir auf die Schulter und sagte: »Deine Argumente haben etwas für sich. Und was unsere Freundschaft betrifft, hat dieser Konflikt nichts damit zu tun.« Er hat nie wieder darüber geredet. Ich hatte gedacht, eines Tages würde er darauf zu sprechen kommen und zu mir sagen: »Du hast mir damals einen harten Schlag versetzt, und das war nicht recht.« Aber er hat es nie auch nur erwähnt. Und das Wunderbarste war, daß er die Steuer zurücknahm.

Ich fragte ihn: »Warum? Ich bin zwar dagegen, aber ich bin ja noch nicht mal ein Wähler. Schließlich war es die Öffentlichkeit, die dich ins Amt gewählt hat.«

Er sagte: »Darum geht es nicht. Wenn sogar du dagegen sein kannst, dann muß an dem, was ich tue, etwas verkehrt sein. Ich nehme die Steuer zurück. Ich habe keine Angst vor der Öffentlichkeit, aber wenn ein Mensch wie du dagegen ist, dann respektiere ich das, auch wenn du noch jung bist. Und dein Argument stimmt, daß egal welche Form der Besteuerung man anwendet, am Ende die Armen zahlen müssen, weil die Reichen clever genug sind, sie abzuschieben.«

Die Oktroi-Steuer ist eine Steuer auf alle Waren, die in die Stadt kommen. Wenn diese Waren verkauft werden, werden sie zu einem höheren Preis verkauft. Man kann nicht verhindern, daß das Steuergeld, welches der Ladenbesitzer bezahlt hat, einem armen Bauern aus der Tasche gezogen wird. Der Ladenbesitzer wird es natürlich nicht Steuer nennen, sondern schlägt es einfach auf den Preis drauf.

Sambu Babu sagte: »Ich verstehe das Argument und habe die Steuer zurückgenommen.« Solange er Präsident war, kam die Frage der Steuer nie wieder auf und wurde nicht einmal diskutiert. Aber er fühlte sich nie verletzt, im Gegenteil, seine Hochachtung vor mir nahm nur zu. Ich hatte ein komisches Gefühl dabei, gegen jemanden opponieren zu müssen, von dem ich sagen kann, daß er in der ganzen Stadt der einzige Mensch war, den ich liebte.

Selbst mein Vater war überrascht und sagte: »Du machst ja seltsame Dinge. Ich habe deine öffentliche Rede gehört. Ich wußte, daß du einmal so etwas tun würdest, aber nicht so bald. Du hast so überzeugend gesprochen, und gegen deinen eigenen Freund! Alle waren schockiert, daß du gegen Sambu Babu gesprochen hast.«

Die ganze Stadt wußte, daß ich keinen anderen Freund als diesen alten Mann hatte, Sambu Babu – er muß um die fünfzig gewesen sein. Die rechte Zeit für uns, befreundet zu sein, wäre eigentlich heute gewesen, aber für den Altersunterschied konnten wir nichts, und so nahmen wir keine Notiz davon. Und auch er hatte keine anderen Freunde. Er konnte es sich nicht leisten, mich zu verlieren, noch konnte ich es mir leisten, ihn zu verlieren.

Mein Vater sagte: »Ich begreife nicht, wie du gegen ihn sprechen konntest.«

Ich sagte: »Ich habe nie ein einziges Wort gegen ihn gesagt. Ich habe gegen die Steuer gesprochen, die er einführen will. Die schließt meine Freundschaft zweifellos nicht mit ein; der Oktroi bleibt draußen. Und ich habe Sambu Babu schon früher gesagt und ihn darauf hingewiesen, daß ich, wenn mir irgendetwas nicht gefällt, es bekämpfen werde, sogar gegen ihn. Deswegen war er auch in dem Laden gewesen, nur um sich anzuhören, was ich gegen seine Steuer zu sagen hatte. Aber ich habe kein einziges Wort gegen Sambu Babu gesagt.«

Am zweiten Tag in der Schule war es, als hätte ich eine Großtat vollbracht. Ich konnte nicht glauben, daß die Leute so sehr von Kunter Master unterdrückt worden waren. Nicht, daß sie sich für mich gefreut hätten – schon damals konnte ich den Unterschied klar sehen. Auch heute kann ich mich genau erinnern, daß sie sich nur freuten, weil Kunter Master ihnen nicht mehr im Genick saß.

Mit mir hatte das alles nichts zu tun, obwohl sie so taten, als ob sie sich für mich freuten. Aber als ich am Tag zuvor zur Schule gekommen war, hatte niemand auch nur »Hallo« zu mir gesagt. Jetzt dagegen war die ganze Schule am Elefantentor versammelt, um mich zu empfangen. Ich war bereits an meinem zweiten Tag geradezu ein Held.

Aber ich sagte an Ort und Stelle zu ihnen: »Bitte zerstreut euch. Wenn ihr feiern wollt, geht zu Kunter Master. Tanzt vor seinem

Haus. Feiert dort. Oder geht zu Sambu Babu, der die wirkliche Ursache für seinen Rausschmiß ist. Ich bin niemand. Ich bin völlig ohne Erwartung hingegangen, aber es geschehen Dinge im Leben, die man weder erwartet noch verdient hat. Das hier ist eines davon, also vergeßt bitte die ganze Sache.«

Aber während meiner ganzen Schulzeit wurde sie nicht vergessen. Ich wurde nie als normales Kind angesehen. Natürlich hatte ich nicht viel mit der Schule zu tun. Neunzig Prozent der Zeit schwänzte ich. Ich erschien immer nur ab und zu, und zwar aus persönlichen Gründen, nicht, um meiner Schulpflicht nachzukommen.

Ich lernte viele Dinge, aber nicht in der Schule. Ich lernte die seltsamsten Dinge. Meine Interessen waren ein wenig ungewöhnlich, um es gelinde zu sagen. Zum Beispiel lernte ich, wie man Schlangen fängt. In jenen Tagen kamen sehr viele Leute mit schönen Schlangen ins Dorf, und diese Schlangen tanzten nach ihrer Flöte. Ich war wirklich beeindruckt.

All diese Leute sind heute praktisch verschwunden, einfach nur weil sie Mohammedaner waren. Sie sind entweder nach Pakistan gegangen oder von den Hindus getötet worden, oder sie haben vielleicht ihren Beruf gewechselt, weil er allzu deutlich machte, daß sie Mohammedaner waren. Kein Hindu praktizierte diese Kunst.

Oft verfolgte ich irgendeinen Schlangenbeschwörer den ganzen Tag mit der Frage: »Verrate mir doch das Geheimnis, wie du Schlangen fängst.« Und allmählich begriffen sie, daß ich keiner war, den man von irgend etwas hätte abhalten können. Sie sagten unter sich: »Wenn wir es ihm nicht verraten, wird er es auf eigene Faust versuchen.«

Als ich zu einem dieser Schlangenbeschwörer sagte: »Entweder du sagst es mir oder ich versuche es auf eigene Faust, und wenn ich sterbe, bist du schuld« – er kannte mich, denn ich hatte ihm schon seit Tagen zugesetzt und ihn genervt –, da sagte er: »Warte, ich werde es dir zeigen.«

Er führte mich zur Stadt hinaus und fing an, mir beizubringen, wie man Schlangen fängt und wie man sie lehrt, zur Flöte zu tanzen. Er war es, von dem ich zuerst erfuhr, daß Schlangen keine

Ohren haben. Sie können gar nicht hören! Dabei glaubt praktisch jeder, daß sie durch die Flöte des Schlangenbeschwörers beeinflußt werden.

Er sagte mir: »In Wahrheit können sie überhaupt nicht hören.«

Daraufhin fragte ich ihn: »Aber warum fangen sie dann an, sich im Takt zu wiegen, wenn du deine Flöte spielst?«

Er sagte: »Es ist reine Dressur. Wenn ich meine Flöte spiele – hast du je bemerkt, wie ich dabei den Kopf bewege? Das ist der ganze Trick. Ich wiege den Kopf hin und her, und die Schlange fängt an, sich auch zu wiegen. Und wenn sie das nicht tut, geht sie hungrig aus. Je früher sie sich also zu wiegen beginnt, desto besser. Hunger ist das Geheimnis, nicht die Musik.«

Ich lernte von diesen Schlangenbeschwörern, wie man Schlangen fängt. Zunächst einmal sind siebenundneunzig Prozent aller Schlangen harmlos und ungiftig. Man kann sie ohne weiteres fangen. Natürlich werden sie beißen, aber weil sie kein Gift haben, wird es nur ein Biß sein; man stirbt nicht daran. Siebenundneunzig Prozent haben keine Giftdrüsen, und die übrigen drei Prozent haben eine seltsame Angewohnheit: sie beißen gerade nur tief genug, um eine Öffnung für ihr Gift zu machen, und dann drehen sie sich auf den Rücken. Die Giftdrüse liegt so in ihrem Hals, daß sie erst die Wunde machen und sich dann umdrehen müssen, um das Gift auszuspritzen. Man kann sie fangen, bevor sie die Wunde machen... und am besten macht man das, indem man mit einem Griff ihr Maul zusammenpreßt.

Ich hatte nicht gewußt, daß man nach dem Maul greifen muß, aber das muß das erste sein. Wenn du danebengreifst, und sie fügen dir eine Wunde zu, dann ist es auch noch nicht schlimm. Behalte sie fest im Griff und laß sie sich nur nicht umdrehen. Die Wunde wird heilen, und du wirst nicht sterben.

Ich lernte vieles, und dies ist nur ein Beispiel. Leider mußten alle diese Schlangenbeschwörer Indien verlassen. Es gab auch Zauberer, die die unglaublichsten Dinge zustandebrachten, und ich fand die Zauberer zweifellos interessanter als meinen armen Lehrer mit seiner Erdkunde oder Geschichte. Ich lief diesen Zauberern hinterher wie ein Diener. Ich ließ ihnen keine Ruhe, bis sie mir einen kleinen Trick beigebracht hatten.

Ich staunte immer wieder, daß das, was so unglaublich aussah, nichts als ein kleiner Trick war. Aber solange man den Trick nicht kannte, mußte man annehmen, daß es sich um ein großartiges Phänomen handelte. Sobald man den Trick wußte... Es ist wie ein Ballon, der Luft verliert – er wird kleiner und kleiner, einfach ein Ballon mit einem Loch, und bald hältst du nur noch einen Lappen Gummi in der Hand und sonst nichts. Dieser dicke Ballon war nichts als heiße Luft!

Ich lernte auf eigene Faust Dinge, die mir später wirklich helfen sollten. Deswegen kann ich auch sagen, daß Satya Sai Baba und Leute wie er nur Straßenzauberer sind, und nicht einmal sehr gute, sondern ganz gewöhnliche. Aber diese Zauberer sind von den Straßen Indiens verschwunden, weil auch sie Mohammedaner waren.

In Indien muß man eines verstehen: Die Menschen folgen seit Jahrtausenden einer bestimmten Struktur. Der Beruf ist einem fast immer durch die Eltern vorgegeben; man hat ihn geerbt, man kann ihn nicht wechseln. Für den Menschen des Westens ist das schwer verständlich; daher rühren auch die vielen Probleme bei der Verständigung, bei der Kommunikation mit dem Orientalen.

Ich lernte, aber nicht in der Schule. Und ich habe es nie bereut. Ich lernte von allen möglichen seltsamen Leuten. Ihr könnt sie nicht an Schulen arbeiten sehen – das ist unmöglich. Ich war mit Dschaina-Mönchen zusammen, mit hinduistischen *sadhus,* buddhistischen *bhikkus* und allerlei Volk, von dem man erwartet, daß du dich ihm fernhältst.

Ich brauchte nur zu merken, daß ich mich mit jemandem nicht abgeben durfte, dann genügte das schon, um mich gerade mit ihm abzugeben, denn er mußte ein Außenseiter sein. Weil er ein Außenseiter war, wurde er geächtet – und ich liebe Außenseiter!

Ich hasse Innenseiter. Sie haben so viel Schaden angerichtet, daß es Zeit ist, das Spiel abzupfeifen. Die Außenseiter habe ich immer etwas verrückt, aber schön gefunden – verrückt, aber intelligent. Nicht die Intelligenz eines Mahatma Gandhi, der ein perfekter Innenseiter war, noch die Intelligenz der sogenannten Intellektuellen – Jean-Paul Sartre, Bertrand Russell, Karl Marx, Feuerbach – die Liste ist endlos.

Der erste Intellektuelle war die Schlange; die hat mit der ganzen Sache angefangen. Sonst hätte es keine Probleme gegeben. Sie war der erste Intellektuelle. Ich nenne sie nicht den Teufel. Ich nenne euch die Teufel: diese Gesellschaft hier. Nur versteht ihr vielleicht die Bedeutung nicht, die ich dem Wort gebe. Für mich bedeutet »Teufel« immer das »Göttliche«. Es kommt aus der Sanskrit-Wurzel *deva,* die »göttlich« bedeutet. Darum habe ich eure Gesellschaft hier »die Teufel« genannt.

Aber die Schlange war ein Intellektueller, und sie wandte den gleichen Trick an wie alle Intellektuellen. Sie überredete die Frau, etwas zu kaufen, während der Mann im Büro war oder vielleicht woanders, denn die Büros kamen erst später – er muß Fischen gegangen sein, Jagen... oder malt euch selber aus, was der Mann gerade machte. Jedenfalls hat er sich nicht mit einer anderen rumgetrieben, so viel steht fest, es war nämlich noch niemand zum Rumtreiben da. Das sollte noch kommen, aber erst später.

Die Schlange argumentierte so: »Gott hat euch verboten, die Frucht vom Baum des Lebens zu essen...«, dabei handelte es sich nur um einen Apfelbaum. Manchmal denke ich, daß niemand mehr gesündigt haben kann als ich, denn ich dürfte mehr Äpfel essen als irgendwer sonst auf der Welt. Und Äpfel sind so unschuldig, daß ich mich frage, warum ausgerechnet der Apfel herhalten mußte – was hatte der Apfel denn Gott getan? Ich versteh' das einfach nicht.

Aber eins kann ich sagen: Der Mann namens Schlange muß ein großer Intellektueller gewesen sein, so groß, daß er sogar bewies, daß Apfelessen Sünde ist. Aber Intelligenz ist für mich niemals eine Sache des Verstandes.

47

Ich sprach von meiner Volksschule. Ich ging selten hin, und alle waren dermaßen erleichtert darüber, daß ich ihnen diese Erleichterung so oft wie möglich verschaffen wollte. Warum konnte ich ihnen keine hundertprozentige Erleichterung verschaffen? Aus dem einfachen Grund, weil ich sie auch liebte – ich meine die Menschen: die Lehrer, die Diener, die Gärtner. Ab und zu wollte ich sie besuchen, vor allem wenn ich ihnen etwas zeigen wollte. Ein kleiner Junge, der allen, die er liebt, unbedingt alles zeigen muß, was er hat... Aber das waren manchmal gefährliche Dinge. Selbst jetzt kann ich mir das Lachen nicht verkneifen.

Ich erinnere mich sehr lebhaft an einen Tag. Er hat seit eh und je auf seinen Augenblick gewartet. Vielleicht ist der Augenblick jetzt da, und die Sache muß raus und mit andern geteilt werden. Es geht um eine ganze Kette von Ereignissen...

Ich hatte gerade gelernt, wie man Schlangen fängt. Schlangen sind arme Leute, unschuldig dazu und schön – und sehr lebendig. Ihr könnt mir das, was ich jetzt sage, nur glauben, wenn ihr selbst zwei Schlangen gesehen habt, die verliebt sind. Ihr werdet euch fragen, wie Schlangen Liebe machen. Sie *machen* es nicht – nur der Mensch muß immer alles machen –, sie *tun's* einfach. Und wenn sie verliebt sind, sind sie reine Flammen. Und das Erstaunliche ist, daß sie, obwohl sie kein Knochengerüst haben, sich senkrecht aufrichten, um sich zu küssen! Worauf stehen sie denn? Beine haben sie auch keine. Sie stehen einfach auf dem Schwanz. Wenn ihr einmal gesehen habt, wie zwei Schlangen auf dem Schwanz stehen und sich küssen, braucht ihr euch nie wieder einen Hollywoodfilm anzusehen.

Ich hatte gerade gelernt, wie man eine Schlange fängt und wie man zwischen einer giftigen und einer ungiftigen Schlange unterscheidet. Einige sind so absolut giftlos, daß man sie besser als eine Art Fisch bezeichnen sollte, denn viele von ihnen leben im Wasser. Die Wasserschlangen sind die unschuldigsten, sogar unschuldiger als Fische. Fische sind listig, Wasserschlangen dagegen nicht. Ich habe meine Hand an allen möglichen Schlangen erprobt. Was ich also sage, erzähle ich nicht einfach wie die Story eines andern – es ist meine eigene Story.

Ich hatte gerade eine Schlange gefangen. Nun, das war der rechte Tag, um zur Schule zu gehen! Ihr werdet sagen: »Komisch...?« Sonst war ich doch immer so beschäftigt, das ich keine Zeit für dumme Fragen, dumme Antworten und idiotische Landkarten hatte! Selbst damals konnte ich schon sehen, daß Landkarten barer Unsinn sind, denn auf der Erde sehe ich nirgends Linien, weder für den Bezirk noch für die Gemeinde. Also sind alle Staaten nur Kuhmist, und nicht mal heiliger, sondern heilloser Kuhmist. Daß es überhaupt so etwas gibt, ist lediglich Politik – heillos und Kuhmist zugleich. Nur aus Politik sind Landkarten entstanden.

Ich jedenfalls war nicht bereit, meine Zeit dort zu verschwenden. Ich erforschte die wirkliche Geographie, ging in die Berge, verschwand für Tage. Nur meine Nani wußte, wann ich zurück sein würde. Und tagelang war von mir nichts zu hören oder zu sehen – weil ich nicht da war. Und ich glaube, jeder außer meiner Nani war froh darüber. Ihr werdet erfahren, warum... Und sie hatten recht, darüber habe ich keinen Zweifel.

Ich hatte eine Schlange gefangen: mein erster Erfolg. Natürlich wollte ich sofort damit zur Schule.

Ich dachte nicht einmal daran, die Uniform anzuziehen, und niemand kann das von mir erwarten. Ich hab' es nie getan, nicht einmal in der Volksschule.

Ich sagte: »Ich bin gekommen, um zu lernen, nicht um kaputtgemacht zu werden. Wenn ich hier etwas lernen kann, gut, aber ich werde euch nicht erlauben, mich kaputtzumachen. Und diese Uniform – die ihr ausgesucht habt, wo ihr nicht das geringste von Schönheit und Form versteht –, die kann ich nicht akzeptieren. Ihr kriegt echt Probleme mit mir, wenn ihr versucht, sie mir aufzuzwingen.«

Sie sagten: »Halte sie wenigstens bereit, falls mal der Inspektor auftaucht, sonst bekommen wir Probleme. Wir werden dir keine Probleme machen, weil wir uns selbst keine machen wollen. Es würde uns zu teuer zu stehen kommen«, sagte mein Lehrer, »wenn wir dir Steine in den Weg legen würden. Wir wissen, was mit Kunter Master passiert ist; es kann jedem passieren. Aber bewahre bitte die Uniform auf, einfach uns zuliebe.«

Und ihr werdet staunen – unsere Schule selbst stellte mir meine Uniform zur Verfügung. Ich weiß nicht, wer für die Kosten aufgekommen ist, es kümmert mich auch nicht. Ich bewahrte sie auf, obwohl ich genau wußte, daß es praktisch eine mathematische Unmöglichkeit war, daß mein Besuch in der Schule mit dem Besuch des Inspektors auf das gleiche Datum fallen könnte. Das war nicht möglich, dachte ich mir, behielt aber die Uniform. Es war großartig: Sie hatten ihr Bestes getan und sie verlangten nicht, daß ich sie tragen sollte, wenn ich kam.

Ich war immer ein Fremder. Sogar jetzt, unter meinen eigenen Leuten, trage ich nicht die Uniform. Ich kann es einfach nicht. Nicht einmal eine Uniform, die ich selbst für euch ausgesucht habe – ich kann mir die nicht anziehen. Und warum nicht? Damals war es die gleiche Frage. Heute ist es wieder die gleiche Frage. Ich kann einfach nicht konform gehen. Ihr mögt es für eine Laune halten; es ist aber absolut keine Laune, sondern es ist sehr existentiell. Aber darauf wollen wir jetzt nicht eingehen, sonst bleibt das ungesagt, was ich euch sagen wollte, und ich würde nie wieder darauf zu sprechen kommen.

Ich hatte meine erste Schlange gefangen. Ich war überglücklich, und die Schlange war so schön! Sie nur zu berühren, war die Berührung mit etwas wirklich Lebendigem. Nicht wie ihr eure Frau, euren Mann, euren Sohn oder auch nur euren Schwiegersohn berührt, die ihr berührt und segnet, ohne etwas dabei zu fühlen... Ihr wollt nur weg, das Fernsehen ruft, vor allem, wenn ihr in Amerika seid; oder wenn ihr in England seid, dann eben das Cricket- oder das Fußballmatch. Die Leute sind auf verschiedene Art verrückt, aber nichtsdestotrotz verrückt.

Diese Schlange war eine wirkliche Schlange, nicht eine Plastikschlange, wie man sie in jedem Laden kaufen kann. Natürlich, die Plastikschlange mag perfekt gemacht sein, aber sie atmet nicht. Das ist ihr einziger Fehler, ansonsten ist sie perfekt. Gott könnte sie nicht besser machen. Nur eines fehlt: das Atmen, und warum soll man sich wegen einer einzigen Sache beschweren? Aber diese eine Sache ist alles. Ich hatte gerade eine *wirkliche* Schlange gefangen, so schön und so klug, daß ich meine ganze Intelligenz aufwenden mußte, um sie zu fangen, denn ich wollte sie auf keinen Fall töten.

Der Mann, der es mir beigebracht hatte, war ein gewöhnlicher Straßenzauberer. In Indien nennen wir sie *madari.* Sie machen alle möglichen Kunststücke, ohne etwas dafür zu verlangen. Aber sie sind so gut, daß sie am Ende nur ihr Taschentuch ausbreiten und sagen: »Nun etwas für den Magen.« Und die Leute mögen noch so arm sein, aber wenn sie eine so schöne Darbietung sehen, geben sie immer etwas.

Dieser Mann war also ein gewöhnlicher *madari,* ein Straßenzauberer. Mir fällt keine andere Übersetzung ein, die es genauer trifft – denn ich glaube nicht, daß es im Westen so etwas gibt wie die *madaris.* Einfach schon, weil es dort nicht erlaubt ist, daß sich mitten auf der Straße eine Menge versammelt. Dort wäre sofort die Polizei da und würde dir sagen, daß du den Verkehr blokkierst.

In Indien braucht man den Verkehr überhaupt nicht erst zu blockieren – es gibt noch nicht mal Verkehrsgesetze! Du kannst mitten auf der Straße laufen, du kannst den goldenen Mittelweg gehen – buchstäblich. Du kannst dem amerikanischen Weg folgen und dich extrem rechts halten, oder auch extrem links. Die extreme Rechte ist der amerikanische Weg, die extreme Linke ist der russische Weg – man kann es sich aussuchen. Oder man kann sich irgendwo dazwischen seinen Weg bahnen. Die ganze Straße ist dein; du kannst dir dein Haus dort bauen. Ihr wundert euch vielleicht, aber in Indien darf man alles nur Ausdenkbare oder Unausdenkbare mitten auf der Straße tun. Ich schließe auch das Unausdenkbare ein, denn man weiß ja nie.

Die *madaris* stifteten zweifellos immer ein Verkehrschaos, aber wer sollte protestieren? Sogar der Polizist war unter den Bewunderern und klatschte bei den Tricks des *madari* in die Hände. Ich habe alle möglichen Leute dort versammelt gesehen, und sie blokkierten die ganze Straße. Nein, im Westen könnte es keine *madaris* geben, nicht im gleichen Sinne. Und es sind wirklich großartige Leute: schlicht und einfach, aber »sie haben so ein gewisses Etwas«, wie man sagt.

Der Mann, der mich unterrichtete, warnte mich: »Merk dir, das hier ist eine gefährliche Schlange. Diese Schlangen sollte man lieber nicht fangen.«

Ich sagte: »Ich spreche dich frei. Ab jetzt werde ich nur noch solche Schlangen fangen.« – Ich hatte noch nie eine so schöne Schlange gesehen, so farbenprächtig, so lebendig bis in jede Faser ihres Seins. Natürlich konnte ich nicht widerstehen – ich war nur ein kleiner Junge. Ich mußte damit einfach zur Schule! Eigentlich wollte ich nicht erzählen, was dann geschah, aber nun muß ich es, weil ich es wieder vor Augen habe.

Die ganze Schule strömte in mein Klassenzimmer, so viele nur hineingingen, und die anderen standen draußen auf der Veranda und schauten durch die Fenster und Türen. Andere standen noch weiter weg, nur für den Fall, daß die Schlange entschlüpfte oder sonst etwas schieflief – schließlich war dieser Junge vom ersten Tag an ein Tunichtgut gewesen! Aber in meiner Klasse – alles nur kleine Jungen, dreißig oder vierzig – hatten sie alle Angst. Sie standen da und schrien – und mir machte es richtig Spaß.

Was euch ebenfalls Spaß machen wird und was ich kaum glauben konnte: Der Lehrer stand auf seinem Stuhl! Ich sehe ihn noch auf seinem Stuhl stehen und sagen: »Raus mit dir! Raus hier! Laß uns in Ruhe! Raus!«

Ich sagte: »Komm erst runter.«

Er wurde ruhig, weil die Sache mit dem Runterkommen gefährlich war bei einer so großen Schlange. Die Schlange muß einen Meter achtzig oder zwei Meter lang gewesen sein, und ich schleppte sie in einer Tasche mit mir herum, um sie blitzschnell vor aller Augen rausholen zu können. Und als ich sie herausholte, brach das Chaos aus! Ich sehe noch den Lehrer auf seinen Stuhl springen. Ich glaubte meinen Augen nicht zu trauen.

Ich sagte: »Das ist vielleicht toll!«

Er sagte: »Was ist denn so toll daran?«

Ich sagte: »Wie du aufgesprungen bist und jetzt auf dem Stuhl stehst. Er wird zusammenkrachen!«

Am Anfang hatten die Kinder keine Angst, aber als sie ihn so in Panik sahen – da könnt ihr sehen, wie Kinder durch dumme und falsche Leute beeindruckt werden. Als sie mich mit der Schlange hereinkommen sahen, waren sie ganz begeistert gewesen: »Halleluja!« Aber als sie den Lehrer auf dem Stuhl stehen sahen... Einen Moment lang herrschte völlige Stille, und nur der Lehrer sprang auf und ab und schrie: »Hilfe!«

Ich sagte: »Ich verstehe überhaupt nicht, wieso. Die Schlange ist in meinen Händen. Ich bin in Gefahr, nicht du. Du stehst ja auf deinem Stuhl. Du bist viel zu weit weg von der armen Schlange, als daß sie dich erreichen könnte. Ich würde mich freuen, wenn sie dich erreichen könnte und sich ein wenig mit dir unterhalten würde.«

Ich sehe den Mann noch vor mir – und sein Gesicht! Er ist mir nach diesem Erlebnis nur noch einmal begegnet. Das war, als ich gerade meine Professur aufgegeben hatte und ein Bettler geworden war... obwohl ich nie gebettelt habe. Aber die Wahrheit ist, ich bin ein Bettler, allerdings ein Bettler besonderer Art, der nicht bettelt.

Ihr müßt erst ein Wort dafür finden. Ich glaube nicht, daß es in irgendeiner Sprache ein Wort gibt, das meine Situation erklären kann, einfach weil ich bisher noch nie da war – jedenfalls nicht so, nicht in diesem Stil. Und überhaupt hat noch nie jemand einen solchen Stil gehabt: nichts zu besitzen und doch so zu leben, als gehörte das ganze Universum dir...

Ich erinnere mich, daß er sagte: »Ich werde nie vergessen, wie du diese Schlange in meine Klasse gebracht hast. Sie taucht noch heute in meinen Träumen auf, und ich kann nicht glauben, daß ausgerechnet so ein Junge ein Buddha geworden ist – unmöglich!«

Ich sagte: »Du hast recht. ›Ausgerechnet so ein Junge‹ ist nämlich gestorben, und was nach dem Tod dieses Jungen ist, kannst du Buddha oder sonstwie nennen, du brauchst es aber auch gar nicht zu benennen. Ich existiere einfach nicht mehr so, wie du mich gekannt hast. Ich würde es ja gern, aber was kann ich machen? Ich bin gestorben.«

Er sagte: »Siehst du? Ich rede im Ernst, und du machst sofort einen Witz daraus.«

»Ich tu', was ich kann«, antwortete ich ihm, »du bist nicht der einzige, der sich an diese Story erinnert. Wenn ich mal einen schlechten Tag habe oder das Wetter nicht schön ist oder sonst etwas nicht stimmt – der Tee nicht heiß genug ist oder das Essen wie vergiftet geschmeckt hat –, dann brauche ich mir nur vorzustellen, wie du auf deinen Stuhl gehüpft bist und um Hilfe geschrien hast. Und das heitert mich wieder auf – obwohl ich tot bin, hilft es trotzdem. Ich bin dir ungeheuer dankbar.«

Ich bin immer nur um solcher Momente willen in die Schule gegangen. Es gab zweifellos nur wenige solcher... »Sternstunden« sollte ich sagen. Das Glück der Allgemeinheit erforderte es, daß ich nicht regelmäßig jeden Tag hinging. Ihr werdet staunen, daß der *peon,* der Mann, dessen Pflicht es war... Wie nennt ihr ihn? *Peon?* – oder habt ihr kein Wort dafür: P-e-o-n, *Peon?* In Indien nennen wir ihn *peon.* Was immer der Name, jedenfalls ist das der niedrigste Diener in jedem Amt.

Raj Bharti, wie heißt es?

»Hausmeister?«

Nein, das ist etwas anderes, aber so etwas ähnliches. Ich dachte, *peon* müßte ein englisches Wort sein; es stammt nicht aus dem Hindi. Ich betone es vielleicht nicht richtig. Wir werden es herausfinden, aber es wird *peon* buchstabiert.

Der *peon* war der einzige Mensch, der unglücklich darüber war, wenn ich nicht da war... alle anderen waren glücklich. Er liebte mich. Ich habe nie einen älteren Mann als ihn gesehen. Er war neunzig oder sogar älter. Vielleicht hatte er schon die Hundert erreicht. Ja, vielleicht hatte er sie schon überschritten, denn er versuchte, sein Alter so weit wie möglich herunterzuspielen, um noch ein wenig länger im Dienst bleiben zu können... und mit Erfolg.

In Indien kennt niemand sein eigenes Geburtsdatum. Und vor allem, wenn man vor hundert Jahren geboren wurde – ich glaube nicht, daß es damals Register oder Urkunden gab, unmöglich. Aber ich habe nie einen Mann gesehen, der älter war als er und noch so voller Saft, richtig saftig.

Er war der einzige Mann in dieser ganzen Schule, für den ich Hochachtung empfand – aber er war der Niedrigste, und keiner schaute ihn auch nur an. Ab und zu, nur ihm zuliebe, besuchte ich die Schule, ging dann aber nur zu ihm.

Sein Platz war gleich um die Ecke am Elefantentor. Seine Arbeit bestand darin, das Tor zu öffnen und zu schließen, und er hatte eine Glocke vor seiner Hütte hängen, die er alle vierzig Minuten anschlagen mußte, mit nur zweimal zehn Minuten Teepause täglich und einer Stunde Mittagszeit. Das war seine ganze Arbeit; im übrigen war er ein völlig freier Mann.

Ich ging immer zu seiner Hütte, und dann machte er jedesmal die Tür zu, damit uns niemand stören konnte – und damit ich ihm nicht so leicht entrinnen konnte. Dann sagte er immer: »So, und jetzt erzähl mir alles, was passiert ist, seit wir uns das letzte Mal gesehen haben.« Und er war ein so schöner Alter! Sein Gesicht hatte so viele Falten, daß ich sogar versuchte, sie alle zu zählen, natürlich ohne es ihm zu sagen. Ich tat so, als hörte ich ihm zu, und zählte dabei, wie viele Falten er auf der Stirn hatte – und da war nichts als Stirn, weil sein ganzes Haar fort war –, und wie viele Falten auf seinen Backen waren. Tatsächlich bestand sein ganzes Gesicht, egal wie man es aufteilte, nur aus Falten. Aber hinter diesen Falten war ein Mann, der unendlich viel Liebe und Tiefsinn besaß.

Wenn ich einmal viele Tage lang der Schule keinen Besuch abgestattet hatte, dann näherte sich mit Sicherheit der Tag, an dem er, falls ich dann immer noch nicht auftauchte, mich suchen kommen würde. Das hätte bedeutet, daß mein Vater alles erfahren würde: nämlich daß ich nie zur Schule ging und daß mir die Anwesenheit nur bescheinigt wurde, um mich fernzuhalten... denn so war es abgemacht.

Ich hatte gesagt: »Gut, ich sorge dafür, daß ich wegbleibe, aber was ist mit meinem Anwesenheitszeugnis, und wer soll meinem Vater dafür gradestehen?«

Sie sagten: »Mach dir keine Gedanken um dein Anwesenheitszeugnis. Wir werden dir eine hundertprozentige Anwesenheit bescheinigen – sogar an Feiertagen, mach dir also absolut keine Sorgen.«

Und so ließ ich es nicht darauf ankommen, daß er mein Haus besuchen kam – besser war es, seine Hütte aufzusuchen. Und irgendwie – wieder muß ich das Wort »Synchronizität« benutzen – irgendwie wußte er, wann ich kam. Ich meinerseits wußte, wenn ich nicht an dem und dem Tag auftauchte, dann würde er herkommen und sich nach mir erkundigen. Und so erzielten wir eine fast mathematische Genauigkeit.

Ich stand dann schon frühmorgens mit dem Gefühl auf: »Hör zu...« – Ich meine jetzt nicht dich, ich erzähl' euch nur, was ich mir beim Aufstehen sagte: »Hör zu, wenn du heute nicht gehst, wird Manulal« – das war sein Name – »heute abend hier vorsprechen. Bevor das geschieht, zeig dich wenigstens bei ihm.«

Und bis auf ein einziges Mal bin ich immer meiner inneren Stimme gefolgt; ich meine, was Manulal betrifft. Nur einmal... ich war die ganze Sache irgendwie leid, es war eine Art Folter: Ich *mußte* hin. Ich tat es aus Angst, weil er sonst meinem Vater und meiner Mutter alles erzählen und damit großen Aufruhr stiften würde. Ich sagte mir: »Nein. Heute geh' ich nicht. Egal was passiert, ich gehe nicht.«

Und wen sah ich kommen? Wen sonst als Manulal, den Alten! Vielleicht war er über hundert und tat so, als wär er's nicht. Mir kam er immer älter als hundert vor, und ich bin noch heute überzeugt, daß er's war – vielleicht hundertzehn oder hundertzwanzig. Er sah so uralt aus, daß ihr es nicht glauben würdet. Ich habe nie etwas so Uraltes gesehen. Ich habe Museen besucht, alle möglichen Sammlungen alter Objekte, aber mir ist nie etwas Prähistorischeres begegnet als Manulal.

Er rückte an! Ich rannte noch gerade rechtzeitig hinaus, um ihn daran zu hindern, das Haus zu betreten. Er sagte zu mir: »Ich mußte einfach nach dir sehen, weil du versucht hast, mir auszuweichen. Und du weißt, ich bin ein alter Mann. Ich kann morgen sterben – wer weiß? Ich wollte dich einfach sehen. Ich bin froh, daß du so gesund und munter bist wie immer.« Mit diesen Worten segnete er mich, drehte sich um und ging davon. Ich kann seinen Rücken sehen, mit der seltsamen Uniform, die der *peon* tragen mußte.

Oh je, das wird schwer, euch die zu beschreiben! Erst die Farbe: die war khaki – ich glaube, ihr nennt es khaki, hab ich recht? Zweitens: bis hinauf zu den Knien wand sich ein Riemen um seine Waden, ebenfalls khaki, aber ein Ding für sich. Der Riemen sollte den Mann nur lebendiger, einsatzbereiter erscheinen lassen, am besten sagt man wohl: »in Alarmbereitschaft«. Zugeschnürt wie der Riemen war, was blieb dir da anderes übrig, als in Alarmbereitschaft zu sein?

So seltsam es ist, aber deine Kleidung kann sogar dein Verhalten ändern. Wenn du zum Beispiel eine sehr enge Robe trägst – ein sehr enges Kleid, meine ich, nicht Robe – oder so enge Hosen wie die Teenager heute, so eng, daß man sich fragt, wie sie reingekommen sind... Ich käme da nicht rein, soviel steht fest. Und falls sie schon darin auf die Welt gekommen sind, wie sollen sie da je wieder rauskommen? Aber das sind philosophische Fragen. Die Teenager machen sich keine Gedanken darüber. Sie singen nur Pop-Songs und essen Pop-Corn. Was soll man sonst auf der Welt anfangen? Aber Kleidung kann zweifellos dein Verhalten verändern.

Soldaten können keine lockeren Uniformen haben, sonst können sie keine Kämpfer sein. Wenn man enge Sachen trägt, so eng, daß man da nur noch rauswill, dann will man natürlich mit jedem kämpfen. Man ist einfach wütend. Die Wut hat kein Objekt, sie ist auf keinen bestimmten Menschen gerichtet, sondern sie ist einfach ein subjektives Gefühl. Man will einfach nur noch da rauskommen! Was tun? Man läßt eben die Fetzen fliegen! Das entspannt zweifellos. Dann werden die engen Kleider natürlich etwas lockerer

Das ist der Grund, warum alle Liebespaare, bevor sie mit dem Lieben anfangen, erst das Ritual der Kissenschlacht hinter sich bringen, sich streiten und gegenseitig Gemeinheiten an den Kopf werfen müssen. Danach wird es natürlich zur Komödie, wo alles gut endet. Ein Jammer – können denn die Leute nicht gleich mit dem Lieben anfangen? Aber nein, ihre ganze Zugeschnürtheit läßt es nicht zu. Sie können sich nicht lockern.

Nur drei Minuten für mich... Es gäbe noch vieles zu sagen, aber ich habe noch etwas zu tun. Du kannst die Träne sehen... bitte, wisch sie weg. Aber es war schön. Dank dir.

Das ist großartig... *(Lacht in sich hinein.)* Mach weiter so! Yashu Bharti, das machst du gut. Geh du deinen Weg und laß ihn seinen Weg gehen. Die Wege unterscheiden sich, und ich glaube nicht, daß sie sich irgendwo begegnen werden.

Ist es vorbei? Gut! *(Lacht in sich hinein.)*

48

Ich sprach von meinen Stippvisiten in der Schule. Ja, ich spreche von »Stippvisiten», denn von Schulbesuch kann keine Rede sein. Ich ging nur hin, um meinen Schabernack zu treiben. Seltsamerweise hatte ich immer schon eine Vorliebe dafür, irgendwelchen Unfug anzuzetteln. Vielleicht begann es sich damals abzuzeichnen, wie ich mein ganzes Leben lang sein würde.

Ich habe nie etwas ernst genommen. Ich kann es nicht, nicht einmal jetzt. Selbst bei meinem Tod werde ich, wenn man mich läßt, noch einmal kräftig lachen. Aber in Indien habe ich in den letzten fünfundzwanzig Jahren die Rolle eines sehr ernsten Mannes spielen müssen. Es ist meine schwierigste Rolle und meine langwierigste. Aber ich habe es so gemacht, daß ich keinen Menschen in meiner Umgebung ernst bleiben ließ, obwohl ich selber ernst geblieben bin. Das hat mich über Wasser gehalten, denn sonst... diese ernsten Leute sind sehr viel giftiger als Schlangen.

Die Schlangen könnt ihr fangen, aber die ernsten Leute, die fangen euch. Lauft vor ihnen weg, so schnell ihr könnt! Aber ich habe das Glück, daß ein ernster Mensch gar nicht erst versuchen wird, sich mir zu nähern. Dafür habe ich mich zu schnell notorisch gemacht. Und begonnen hat es, als ich noch keine Ahnung hatte, wohin mich das einmal führen sollte.

Sie brauchten mich nur kommen zu sehen und schon waren alle in Alarmbereitschaft, so als würde ich irgendeine Gefahr darstellen. Jedenfalls muß es für sie gefährlich ausgesehen haben. Für mich war es nur ein Spaß – und dieses Wort faßt mein ganzes Leben zusammen.

Zum Beispiel ein weitere Ereignis aus meiner Volksschulzeit: Es muß in der letzten, der vierten Klasse gewesen sein. Sie ließen mich nie sitzen, ganz einfach, weil kein Lehrer mich noch einmal in seiner Klasse haben wollte. Natürlich war die einzige Möglichkeit, mich loszuwerden, die, mich an andere weiterzureichen. Sollte sich doch auch mal jemand anders ein Jahr lang mit dem Problem herumschlagen! So nannten sie mich: »Das Problem«. Ich von meiner Seite konnte nicht sehen, was für Probleme ich irgendwem machte.

Ich wollte euch ein Beispiel geben. Der Bahnhof lag zwei Meilen von meiner kleinen Stadt entfernt, und von einem andern kleinen Dorf namens Cheechli war er sechs Meilen weg.

Übrigens war Cheechli der Geburtsort von Maharishi Mahesh Yogi. Er erwähnt es nie. Es hat seinen Grund, warum er nicht erwähnt, wo er geboren ist, denn er gehört zur indischen Kaste der *Sudras*. Schon die bloße Erwähnung, daß man aus einem gewissen Dorf, einer gewissen Kaste, einem gewissen Berufstand kommt... Und in diesem Punkt sind die Inder sehr unhöflich. Sie können dich mitten auf der Straße anhalten und fragen: »Was ist deine Kaste?« Niemand findet das aufdringlich.

Maharishi Mahesh Yogi wurde auf der anderen Seite des Bahnhofs geboren, aber weil er ein *Sudra* ist, kann er weder das Dorf erwähnen – denn es ist ein Dorf ausschließlich von *Sudras*, der niedrigsten Kaste in der indischen Hierarchie –, noch kann er seinen Familiennamen benutzen. Auch der würde augenblicklich entlarven, wer er ist.

Sein voller Name ist Mahesh Kumar Shrivastava, aber »Shrivastava« würde all seinen Hochstapeleien ein Ende setzen, wenigstens in Indien, und das würde sich bald auch anderswo herumsprechen. Er gehört keinem der alten Orden als initiierter Sannyasin an, denn auch hier wieder: es gibt nur zehn Sannyasin-Orden in Indien. Ich habe versucht, ihnen allen den Garaus zu machen, und darum sind sie mir alle böse.

Diese Orden sind im Grunde auch wiederum Kasten, nur eben Sannyasin-Kasten. Maharishi Mahesh Yogi kann kein Sannyasin sein, weil ein *Sudra* kein Initiierter sein darf. Darum setzt er auch kein »Swami« vor seinen Namen. Er darf es nicht; niemand hat ihm den Namen gegeben. Er schreibt auch nicht, wie bei Hindu-Sannyasins üblich, hinter seinen Namen »Bharti«, »Saraswati«, »Geeri« etcetera. Es gibt zehn solcher Namen.

Er hat seinen eigenen Namen erfunden: »Yogi«. Das bedeutet gar nichts. Jeder, der versucht, auf dem Kopf zu stehen, und dabei natürlich immer wieder hinfällt, darf sich »Yogi« nennen; da gibt es keinerlei Beschränkung.

Ein *Sudra* darf ein »Yogi« sein, und der Name »Maharishi« dient nur dazu, den »Swami« zu ersetzen, denn in Indien läuft es so, daß die Leute Verdacht schöpfen würden, wenn der Name »Swami« fehlt. Man muß etwas anderes dafür einsetzen, nur um die Lücke zu verdecken.

Er kam auf »Maharishi«. Er ist nicht einmal ein *rishi. Rishi* heißt »Seher«, und *maharishi* heißt »großer Seher«. Er kann nicht mal weiter sehen als bis zu seiner Nasenspitze. Wenn du ihm relevante Fragen stellst, kann er nur eines, nämlich kichern. Ja, ich will ihn »Kicherananda« nennen, das paßt genau. Dieses Kichern ist nicht ehrlich, sondern in Wirklichkeit eine Strategie, um Fragen auszuweichen. Er kann keine einzige Frage beantworten.

Ich bin ihm begegnet – per Zufall, und zwar an einem denkwürdigen Ort: in Pahalgam. Er leitete dort ein Meditationscamp, und ich ebenfalls, und natürlich trafen meine und seine Leute zusammen. Sie versuchten erst, ihn zu meinem Camp zu bringen, aber er hatte lauter Ausreden: er hätte keine Zeit, er wolle zwar, aber leider wäre es nicht möglich.

Aber er sagte : »Ihr könnt eines tun: Ihr könnt Osho herbringen, damit meine Zeit und mein Arbeitsplan nicht gestört werden. Er kann mit mir zusammen vom Podium sprechen.« Und sie waren einverstanden.

Als sie es mir erzählten, sagte ich: »Das war dumm von euch;

jetzt bin ich in einer unnötigen Klemme. Ich werde vor seinen eigenen Leuten sitzen. Über die Fragen brauche ich mir keine Gedanken zu machen. Das einzige Problem ist, daß es nicht recht ist, wenn der Gast den Gastgeber auseinandernimmt, und noch dazu vor seinen eigenen Leuten! Und wenn ich ihn erst einmal sehe, kann ich mich nicht bremsen, ihn auseinanderzunehmen. Alle guten Vorsätze werden wie fortgeblasen sein.«

Aber sie sagten: »Wir haben es versprochen.«

Ich sagte: »Na gut. Mir ist es gleich; ich bin bereit zu kommen.« Es war nicht weit, nur zwei Minuten zu Fuß. Man brauchte nur in den Wagen einzusteigen und gleich wieder auszusteigen, weiter war es nicht. Also sagte ich: »Gut, ich werde kommen.«

Ich ging hin. Und wie ich erwartet hatte, war er nicht da. Aber ich bin nicht zimperlich. Ich eröffnete das Camp – dabei war es *sein* Camp! Er war nicht da; er wollte mir um jeden Preis aus dem Weg gehen. Jemand mußte es ihm gesagt haben, denn er wohnte in dem Hotel gleich nebenan. Er muß von seinem Hotelzimmer aus mitgehört haben, was ich sagte. Ich begann, ihn nach Strich und Faden auseinanderzunehmen, denn als ich sah, daß er nicht da war, konnte ich das erst recht, und das machte mir Spaß. Vielleicht hatte ich zu hart zugeschlagen, so daß er nicht wegbleiben konnte. – Er kam kichernd heraus.

Ich sagte: »Hör auf zu kichern! Spar dir das fürs amerikanische Fernsehen, aber hier bei mir nützt dir das gar nichts!« Und sein Lächeln verschwand. Ich habe noch nie so eine Wut gesehen. Sein Lächeln war wie ein Vorhang, hinter dem sich alles verbarg, was man nicht sehen sollte.

Natürlich war das zuviel für ihn, und er sagte: »Ich habe anderes zu tun, entschuldige mich bitte.«

Ich sagte: »Nicht nötig. Soviel ich sehe, bist du überhaupt nicht hergekommen. Du bist aus den verkehrten Gründen hier, aber nicht meinetwegen. Aber merk dir, ich habe viel Zeit.«

Danach versohlte ich ihn erst recht, denn ich wußte, daß er in sein Hotelzimmer zurückgegangen war. Ich konnte sein Gesicht sehen, wie er vom Fenster aus zusah. Ich sagte sogar zu seinen Leuten: »Seht doch! Dieser Mann behauptet, er hätte ein Menge zu tun. Ist es das, was er zu tun hat? Einem andern aus dem Fenster bei der Arbeit zuzusehen? Er sollte sich zumindest verstekken, so wie er sich hinter seinem Kichern versteckt.«

Maharishi Mahesh Yogi ist der schlitzohrigste unter all den sogenannten spirituellen Gurus. Aber Schlitzohrigkeit kommt an; nichts kommt so gut an wie Schlitzohrigkeit. Wenn du es trotzdem damit nicht schaffst, heißt das nur, daß du an einen geraten bist, der noch schlitzohriger ist als du selbst – aber die Schlitzohrigkeit behält trotzdem die Oberhand. Er erwähnt nie sein Dorf, aber ich kam darauf zu sprechen, weil ich euch eigentlich etwas ganz anderes erzählen wollte, nämlich eine Begebenheit, die etwas mit seinem Dorf zu tun hat, und meine Geschichte geht immer in alle Richtungen.

Cheechli war ein kleiner Staat. Er gehörte nicht zum Britischen *Raj*. Es war ein sehr kleiner Staat, aber der König war immerhin ein König, obwohl er sich nur einen einzigen Elefanten leisten konnte. Das war früher der Maßstab für die Größe deiner Königlichkeit, nämlich die Anzahl deiner Elefanten.

Nun, ich hab euch schon von dem Elefantentor erzählt, das vor meiner Schule stand. Eines Tages wandte ich mich aus blauem Himmel an den Maharajah von Cheechli und fragte ihn: »Ich möchte mir deinen Elefanten mal für eine Stunde ausleihen.«

Er sagte: »Was? Was hast du mit meinem Elefanten vor?«

Ich sagte: »Mir liegt nichts an dem Elefanten, ich möchte nur dem Tor eine Freude machen. Du hast das Tor sicher schon gesehen, vielleicht bist du ja selbst dort zur Schule gegangen?«

Er sagte: »Ja. Zu meiner Zeit war es die einzige Grundschule; heute gibt es vier.«

Ich sagte: »Ich möchte diesem Tor eine Freude machen, wenigstens einmal. Es heißt ›Elefantentor‹, aber nicht einmal ein Esel gibt ihm jemals die Ehre.«

Er sagte: »Du bist ein seltsamer Junge – aber die Idee gefällt mir.«

Sein Sekretär sagte: »Was soll das heißen, die Idee gefällt Euch? Er ist verrückt.«

Ich sagte: »Ihr habt ja beide recht, aber ob verrückt oder nicht, ich bin gekommen, mir deinen Elefanten nur für eine Stunde auszuleihen. Ich möchte auf ihm zur Schule reiten.«

Ihm gefiel diese Idee so gut, daß er sagte: »Du reitest auf dem Elefanten, und ich komme in meinem alten Ford hinterher.«

Er besaß einen uralten Ford, vielleicht ein T-Modell – ich glaube, es war das älteste T-Modell überhaupt. Er wollte mitkommen, nur um zu sehen, was passieren würde.

Natürlich staunte die ganze Stadt, als ich mit dem Elefanten ankam, und die Leute liefen zusammen und sagten: »Was ist los, und wie kommt der Junge zu dem Elefanten?«

Als ich bei der Schule ankam, erwartete mich bereits eine riesige Menschenmenge. Selbst der Elefant kam vor lauter Menschen kaum in den Schulhof hinein. Und die Kinder hüpften vor Freude – wißt ihr wo? – auf dem Dach der Schule! Sie brüllten: »Da ist er! Wir wußten, er hatte was vor, aber wir wußten nicht, daß es so *dick* kommen würde!«

Der Schuldirektor mußte dem *peon* befehlen, die Glocke zu läuten und das Zeichen zu geben, daß die Schule geschlossen sei, damit nicht die Menge den Garten zertrampelte oder das Dach einstürzte mit all den Kindern drauf. Sogar meine eigenen Lehrer waren auf dem Dach! Und das Ulkigste ist, daß sogar ich, völlig idiotisch, den Drang verspürte, auch aufs Dach zu steigen, um zu sehen, was los war.

Die Schule war geschlossen. Der Elefant hatte das Tor passiert, und ich hatte damit den Namen des Tores gerechtfertigt. Von jetzt an konnte das Tor zu allen anderen Toren sagen: »Einst ist ein Junge auf einem Elefanten unter mir durchgeritten, und eine riesige Menschenmenge hat zugeschaut...« Natürlich würde das Tor sagen: »...um mich zu sehen, mich, das Tor.«

Der Rajah war auch da. Als er die Menge sah, konnte er es nicht glauben. Er fragte mich: »Wo hast du nur so schnell so viele Leute aufgetrieben?«

Ich sagte: »Ich habe nichts getan. Es genügte einfach, daß ich zur Schule kam. Glaub ja nicht, daß es an deinem Elefanten lag. Wenn du das glaubst, dann komm morgen selber auf dem Elefanten her, und ich werde zusehen, daß keine Menschenseele da ist.«

Er sagte: »Ich will mich nicht zum Narren machen. Ob sie kommen oder nicht, es sähe idiotisch aus, wenn ich ohne jeden Grund auf meinem Elefanten vor einer Schule sitze. Du gehörst wenigstens zur Schule. Ich weiß Bescheid über dich. Ich habe schon viele Geschichten gehört. Willst du dir vielleicht als nächstes meinen Ford ausleihen?«

Ich sagte: »Alles zu seiner Zeit.«

Ich bin nie hingegangen, obwohl er die Einladung ernst gemeint hatte. Und es wäre ein großes Ereignis gewesen, denn in der ganzen Stadt gab es sonst kein anderes Auto. Aber sein Auto war zu... wie soll man sagen? Alle zwanzig Meter mußte man aussteigen und schieben. Das ist der Grund, warum ich nie hingegangen bin.

Ich sagte zu ihm: »Und sowas soll ein Auto sein?«

Er sagte: »Ich bin ein armer Mann, König eines kleinen Staates. Ich muß einfach ein Auto haben, und das hier ist das einzige, das ich mir leisten kann.«

Es war absolut wertlos. Ich frage mich noch heute, wie er es überhaupt fertigbrachte, sich auch nur ein paar Meter fortzubewegen. Die ganze Stadt hatte ihren Spaß dabei und lachte, wenn der Rajah in seinem Wagen vorbeifuhr, und natürlich mußte jeder mit anschieben!

Ich sagte zu ihm: »Nein. Im Augenblick kann ich dein Auto leider nicht annehmen, aber vielleicht ein andermal.« Ich sagte es nur, um seine Gefühle nicht zu verletzen. Aber ich erinnere mich noch an das Auto. Es muß immer noch in dem Haus dort stehen.

In Indien gibt es so antike Autos!... Wie nennt man sie? – Oldtimer? Die indische Regierung mußte ein Gesetz erlassen, daß kein Oldtimer aus Indien hinausgebracht werden darf. Dazu braucht man aber kein Gesetz, denn diese Autos würden sowieso nicht fahren. Aber die Amerikaner sind bereit, jeden Preis dafür zu zahlen.

In Indien kann man von jeder Automarke sogar noch das erste Modell auftreiben. Ja, in Bombay und Kalkutta kann man heute noch Autos sehen, die so alt sind, daß man nicht das Gefühl hat, im zwanzigsten Jahrhundert zu sein.

Einmal übrigens trafen wir uns zufällig im Zug, der Rajah und ich, und seine erste Frage war: »Warum bist du nie gekommen?«

Ich wußte nicht sofort, was er mit »nie gekommen« meinte. Und so sagte ich: »Ich wußte gar nicht, daß ich kommen sollte.«

Er sagte: »Ja, es ist etwa vierzig Jahren her, da hast du mir versprochen, zu kommen und meinen Wagen zur Schule zu fahren.« Da erinnerte ich mich. Er hatte recht!

Ich sagte: »Phantastisch...!«, denn inzwischen mußte er an die fünfundneunzig sein und trotzdem hatte er noch ein so gutes Gedächtnis! Nach vierzig Jahren: »Warum bist du nie gekommen?« – Ich sagte: »Du bist ein Phänomen!«

Ich glaube, wenn wir uns irgendwo im Jenseits begegnen sollten, wird er mir als erstes die gleiche Frage stellen: »Warum bist du nie gekommen?« Ich hab es ihm nämlich damals ein zweites Mal versprochen. Ich sagte: »Na gut, ich hab's vergessen, verzeih mir. Ich werde kommen.«

Er sagte: »Wann?«

Ich sagte: »Willst du, daß ich dir einen Termin gebe? Für *den* Wagen? Nach vierzig Jahren! Schon vor vierzig Jahren war das nur dem Namen nach noch ein Auto. Wie wird es jetzt, nach nochmal vierzig Jahren aussehen?«

Er sagte: »Es ist völlig in Ordnung.«

Ich sagte: »Großartig. Warum sagst du nicht, es ist praktisch neu, sozusagen frisch aus dem Autosalon? Aber ich werde kommen. Ich würde gern einmal in diesem Auto fahren.« Aber unglücklicherweise war der Rajah, als ich endlich kam, schon gestorben... oder glücklicherweise, dachte ich, als ich das Auto sah! Vor vierzig Jahren war es immerhin ein paar Meter gefahren. Jetzt hingegen war selbst der Rajah nicht so tot wie sein Auto.

Der alte Diener sagte: »Du bist ein wenig zu spät gekommen. Der Rajah ist tot.«

Ich sagte: »Gott sei Dank. Sonst hätte mich dieser Narr noch genötigt, mich in sein Auto zu setzen, und es hätte keinen Mucks gemacht.«

Er sagte: »Das ist wahr. Ich habe es nie in Bewegung gesehen, aber ich bin erst seit fünfzehn Jahren in seinen Diensten, und in der Zeit hat es sich nicht bewegt. Es steht hier nur in der Einfahrt als Beweis dafür, daß der Maharajah ein Auto hat.«

Ich sagte: »Das wäre wirklich eine tolle Fahrt geworden, und unheimlich schnell dazu. Man wäre zur einen Tür ein- und zur anderen wieder ausgestiegen, ohne Zeitverlust.«

Aber meine Stippvisiten in der Schule sind den paar Lehrern, die noch leben, bis heute in Erinnerung geblieben. Und keiner von ihnen konnte es fassen, wie ausgerechnet ich an der Universität als Bester abschneiden konnte, weil sie alle wußten, wie meine Versetzungen zustandegekommen waren. Es war immer nur ihrer Gunst zu verdanken gewesen – oder ihrer Angst, oder was immer. Sie konnten einfach nicht glauben, wie ich es schaffen konnte, zum Universitätsbesten aufzusteigen.

Als ich nach Hause kam, berichteten es alle Zeitungen mit meinem Bild und schrieben: »Dieser Junge aus unserer Schule hat die Goldmedaille gewonnen.« Meine Lehrer waren sprachlos; sie sahen mich alle an, als wäre ich von einem anderen Planeten.

Ich sagte zu ihnen: »Warum seht ihr mich so an?«

Sie sagten: »Wir glauben es nicht einmal jetzt, wo wir dich sehen. Es wird wieder einer deiner Streiche gewesen sein.«

Ich sagte: »Ganz so unrecht habt ihr nicht, es war ganz gewiß ein Streich.« Und sie wußten es, weil sie von mir nie etwas anderes gewohnt waren als meine Streiche.

Einmal kam ein Mann mit einem Pferd in die kleine Stadt – ihr habt vielleicht einmal von einem sehr berühmten Pferd in Deutschland gehört. Ich glaube, es hieß Hans.

Geet Bharti, wie spricht man das aus? Häns? *(buchstabiert auf Englisch:)* Äitsch-äi-en-es.

»Hans, Osho.«

Okay, Häns.

Häns war damals gerade weltberühmt, und zwar so sehr, daß große Mathematiker, Wissenschaftler und alle möglichen Denker und Philosophen angereist kamen, um dieses Pferd in Augenschein zu nehmen. Und warum das ganze Theater? Ich weiß warum, obohl ich von dieser »Hans-Affäre« erst sehr viel später erfuhr. In meinem Dorf gab es nämlich einen Mann mit einem Pferd, das denselben Trick beherrschte. Ich nervte ihn so lange, bis er schließlich nachgab und sich bereit erklärte, mir zu zeigen, wie es ging.

Sein Pferd ... aber erst will ich euch von diesem berühmten Pferd in Deutschland erzählen, damit ihr verstehen könnt, wie sich sogar große Wissenschaftler von einem Pferd an der Nase herumführen lassen. Dieses Pferd Hans konnte jede kleine Mathematikaufgabe lösen. Man konnte es fragen, wieviel zwei plus vier sind, und dann scharrte es sechsmal mit dem rechten Huf. Was das Pferd machte, war wirklich allerhand, wenn auch die Aufgabe nicht sehr schwierig war: Wieviel sind zwei plus vier? Aber das Pferd löste sie ohne jeden Fehler! Langsam fing es an, schwierigere Aufgaben mit immer größeren Zahlen zu lösen. Keiner konnte herausfinden, was das Geheimnis war. Selbst Biologen fingen an zu behaupten, daß Pferde vielleicht genauso viel Intelligenz besäßen wie der Mensch und lediglich Schulung bräuchten.

Und genau so ein Pferd habe ich auch in meinem Dorf gesehen. Es war zwar nicht weltberühmt und gehörte einem armen Mann, aber es beherrschte den gleichen Trick. Das Pferd war sein einziges Einkommen. Er zog mit ihm von Dorf zu Dorf, und die Leute stellten ihm Fragen. Manchmal sagte das Pferd ja, manchmal sagte es nein, einfach durch eine Kopfbewegung... Nicht wie die Japaner, sondern wie jeder andere Mensch auf der Welt. Nur die Japaner fallen aus der Rolle.

Wenn ich Japanern Sannyas gebe, wird es problematisch. Sie machen genau die entgegengesetzten Kopfbewegungen wie alle andern. Wenn sie nicken, meinen sie nein, und umgekehrt. Obwohl ich das weiß, bin ich immer so ins Gespräch vertieft, daß ich meine, wenn sie ja sagen, sagten sie nein.

Dann stutze ich einen Moment, aber dann sagt Nartan, die für mich übersetzt: »Sie können's nicht lassen. Sie werden es nie lernen, und du auch nicht. Was soll ich nur machen? Ich sehe es immer schon kommen. Ich stoße ihnen sogar in die Rippen und kneife sie, um sie daran zu erinnern. Sie versprechen mir, daß sie es nicht vergessen wollen, aber kaum stellst du ihnen eine Frage...«

Es ist eine so eingefleischte Gewohnheit! Aber warum machen es nur die Japaner so? Vielleicht haben sie zu einer anderen Affenart gehört? Das muß die einzige Erklärung sein: Im Anfang waren zwei Affen, und einer davon war japanisch.

Ich lag dem Mann mit dem Pferd ständig in den Ohren, mir seinen Trick zu verraten. Sein Pferd konnte genau dasselbe, wofür der berühmte Hans so bekannt war, aber der Mann war arm. Ich wußte, daß er von nichts anderem lebte. Schließlich kapitulierte er. Ich versprach ihm hoch und heilig: »Ich werde nie jemandem dein Geheimnis verraten, aber einen Gefallen mußt du mir tun: Leih mir dein Pferd für eine Stunde, damit ich es mit zur Schule nehmen kann. Das ist alles. Dann werde ich schweigen wie ein Grab.«

Er sagte: »In Ordnung.«

Er wollte mich endlich irgendwie loswerden, darum verriet er mir den Trick. Es war ganz einfach: Er hatte das Pferd so abgerichtet, daß wenn er seinen Kopf in die eine Richtung bewegte, das Pferd mit seinem Kopf in die gleiche Richtung ging. Und natürlich waren alle Augen auf das Pferd gerichtet, und niemand achtete auf seinen Herrn in der Ecke. Und der bewegte seinen Kopf so unmerklich, daß man es vielleicht selbst bei genauem Hinsehen nicht wahrgenommen hätte. Aber das Pferd spürte es. Wenn sein Herr den Kopf nicht bewegte, war das Pferd so abgerichtet worden, daß es seinen Kopf von einer Seite zur anderen bewegte. Und genauso war es mit dem Scharren.

Das Pferd verstand nichts von Zahlen, geschweige denn vom Einmaleins. Wenn es gefragt wurde: »Wieviel ist zwei plus zwei?«, scharrte es viermal und hörte dann auf. Der ganze Trick war, daß das Pferd zu scharren aufhörte, sobald sein Herr die Augen schloß; es scharrte nur so lange, wie er seine Augen offenbehielt.

Und genau den gleichen Trick entdeckte man bei dem berühmten Hans. Aber mein Mann war arm und wohnte in einem armen Dorf, während Hans ein wirklich berühmtes Pferd war, und deutsch obendrein. Wenn die Deutschen etwas tun, dann tun sie's gründlich. Ein deutscher Mathematiker forschte drei Jahre lang, um diese Geheimnisse herauszufinden, die ich euch hier erzähle.

Nachdem er mir die Tricks verraten hatte, nahm ich das Pferd mit zur Schule. Natürlich gab es ein großes Hallo unter den Kindern, und der Direktor sagte zu mir: »Wie schaffst du es nur, immer diese kuriosen Dinge auszugraben? Ich wohne schon mein ganzes Leben lang in diesem Dorf, aber von diesem Pferd habe ich noch nie gehört.

Ich sagte: »Für solche Sachen muß man eben ein Auge haben und man muß ständig Ausschau danach halten. Genau deswegen kann ich auch nicht jeden Tag zur Schule kommen.«

Er sagte: »Das ist sehr gut. Komm bloß nicht. Wenn du Ausschau hältst, ist es gut für alle, denn immer wenn du herkommst, ist der ganze Tag im Eimer. Was immer du tust, es stört den Betrieb. Ich habe noch nie gesehen, daß du dich hinsetzt wie jeder andere und deine Arbeit tust.«

Ich sagte: »Diese Arbeit lohnt sich nicht. Die Tatsache, daß alle andern sie tun, beweist zur Genüge, daß sie sich nicht lohnt. In dieser Schule macht jeder dieselbe Arbeit. In Indien gibt es sieben Millionen Dörfer, und in jedem Dorf macht jeder die gleiche Arbeit. Es lohnt sich nicht. Ich versuche etwas zu finden, was sonst niemand macht, und ich bringe es frei Haus. Jedesmal, wenn ich komme, ist hier fast ein Jahrmarkt. Und doch siehst du mich mit so traurigen Augen an. Mir geht es blendend.«

Er sagte: »Ich bin nicht deinetwegen traurig. Ich bin traurig über mich selbst, daß ich Direktor dieser Schule sein muß.«

Er war kein schlechter Kerl. In meinen letzten Grundschultagen war ich in seiner Klasse, das war die vierte Klasse. Ich habe ihm nie große Probleme gemacht, aber für kleine kann ich nichts, die laufen mir ganz von alleine nach.

Aber beim Anblick seiner traurigen Augen sagte ich: »Okay, dann will ich dir auch nichts mehr anschleppen, was dich stören könnte. Das bedeutet, daß ich in Zukunft nicht mehr kommen werde. Ich komme nur noch zum Schluß, um mir mein Zeugnis abzuholen. Wenn du es dem *peon* geben könntest, dann hole ich es mir bei ihm ab. Diese Schule werde ich nie wieder betreten.«

Und ich betrat sie auch nicht, um mein Zeugnis abzuholen. Ich schickte den *peon*.

Er sagte dem Schuldirektor: »Der Junge sagt: ›Warum soll ich wegen meinem Zeugnis hingehen, wenn meine Besuche nie gewürdigt wurden? Du kannst es holen und mir am Elefantentor geben.‹«

Ich liebte diesen *peon*. Er war eine so schöne Seele. Er starb 1960. Zufällig war ich in der Stadt, aber mir kam es so vor, als wäre ich nur seinetwegen dort, um ihn sterben zu sehen.

Der Tod hat seit frühester Kindheit mein tiefes Interesse. Er ist ein solches Mysterium – weit tiefer, als es das Leben je sein kann.

Womit ich nicht sage, daß ihr Selbstmord begehen solltet, aber vergeßt nicht, daß der Tod nicht der Feind ist und auch nicht das Ende. Es ist nicht wie im Film, wo es mit »Ende« aufhört. Es gibt kein Ende. Geburt und Tod sind beides nur Ereignisse im Strom des Lebens, einfach nur Wellen. Und ganz gewiß ist der Tod reicher als die Geburt, weil die Geburt leer ist. Der Tod ist die Summe deiner Lebenserfahrung. Es kommt auf dich an, wie bedeutsam du deinen Tod machst. Es kommt darauf an, wieviel du lebst, nicht im Sinne von Dauer, sondern von Tiefe.

Jahre später habe ich die Grundschule noch einmal besucht. Ich konnte nicht glauben, daß alles verschwunden war, bis auf das Elefantentor. All die Bäume waren gefällt – und es hatte so viele Bäume gegeben! Und viele Bäume hatten so schön geblüht! Aber kein einziger war mehr da.

Ich war nur wegen diesem alten Mann hingegangen, dem *peon,* der gerade gestorben war. Er wohnte gleich am Tor, neben der Schule. Aber ich wäre besser nicht hingegangen, denn in meiner Erinnerung war alles schön und ich hätte es so in Erinnerung behalten; aber jetzt geht das nicht mehr. Es sah aus wie ein verblichenes Bild, alle Farbe verschwunden... vielleicht sogar schon alle Umrisse... Nur noch ein altes Bild, und nur der Rahmen ist noch intakt.

Nur ein einziger Mann, der einmal mein Lehrer in dieser Schule gewesen war, hat mich in Poona besucht. Schon damals war er immer sehr liebevoll zu mir, aber ich hätte nie gedacht, daß er mich in Poona besuchen würde. Es ist eine lange und teure Reise für einen armen Mann.

Ich fragte ihn: »Was hat dich bewogen zu kommen?«

Er sagte: »Ich wollte nur mit eigenen Augen sehen, was ich tief drinnen immer geträumt hatte: daß du nicht bist, was du zu sein schienst. Du bist jemand anders.«

Ich sagte: »Seltsam, daß du mir das früher nie gesagt hast.«

Er sagte: »Ich wäre mir selbst komisch vorgekommen, jemandem zu sagen, er sei ein anderer, als der er zu sein scheint, und so behielt ich es lieber für mich. Aber es kam mir wieder und wieder.

Und jetzt bin ich alt und ich wollte sehen, ob es passiert ist oder ob es dumm von mir war, meine Zeit damit zu vertun, darüber nachzubrüten.«

Als er wieder fuhr, war er Sannyasin. Er sagte: »Jetzt ist es zwecklos, kein Sannyasin zu werden. Ich habe dich gesehen und ich habe deine Leute gesehen. Ich bin alt und hab' nicht mehr lange zu leben, aber ein paar Tage als Sannyasin genügen schon, um mir das Gefühl zu geben, daß mein Leben nicht umsonst war.«

Nur zehn Minuten für mich...

Es ist schön, aber bitte nicht mehr. Ich weiß, es ist noch Zeit, aber ich habe noch etwas zu tun.

49

Okay.
Ich wollte mich eben an den Mann erinnern... Ich kann sein Gesicht sehen, aber vielleicht habe ich seinen Namen nie wissen wollen und kann mich deshalb nicht daran erinnern. Ich werde euch die ganze Geschichte erzählen.

Als meine Nani sah, daß ich einfach nicht zu unterrichten war und daß es nur Probleme brachte, mich zur Schule zu schicken, wollte sie meiner Familie, meinem Vater und meiner Mutter die Augen dafür öffnen. Aber niemand wollte auf sie hören. Was sie sagte, stimmte jedoch: »Dieser Junge ist eine unnötige Belastung für tausend andere Jungen« – das war, als ich aufs Gymnasium kam – »und jeden Tag heckt er etwas anderes aus. Es wäre besser, einen Privatlehrer für ihn zu finden. Soll er der Schule ruhig ab und zu mal eine ›Stippvisite‹ abstatten, wie er das nennt, aber irgend etwas Sinnvolles lernen wird er so nicht, weil er immer nur andere und sich selbst in Schwierigkeiten bringt. Es ist keine Zeit mehr zu verlieren.«

Sie versuchte, so gut sie konnte, mir das Elementarste beizubringen, aber niemand in meiner Familie war bereit, einen Privatlehrer für mich zu besorgen. In dem Ort hat bis heute, glaube ich, noch kein Mensch einen Privatlehrer gehabt. Wozu auch?

Die ganze Familie sagte: »Wozu haben wir denn Schulen, wenn wir Privatlehrer brauchen?«

Sie sagte: »Aber diesen Jungen dürft ihr nicht mit den andern in einen Topf werfen – nicht weil ich ihn liebe, sondern weil er ein echtes Problem ist. Ich lebe mit ihm zusammen und ich lebe mit ihm schon seit so vielen Jahren, daß ich genau weiß: Er wird tun, was er kann, um Probleme zu machen. Und keine Strafe kann das verhindern.«

Aber mein Vater und meine Mutter, die Brüder und Schwestern meines Vaters, wie gesagt, die ganze Arche Noah mit all ihren Kreaturen, waren nicht ihrer Meinung. Umso schockierter waren sie, als ich ihr beipflichtete.

Ich sagte: »Sie hat recht. Ich werde in diesen mittelmäßigen Schulen nie etwas lernen. Ja, ich brauche diese Lehrer nur zu sehen, da möchte ich ihnen eine Lektion erteilen, die sie ihr ganzes Leben nicht mehr vergessen werden. Und diese Jungs... so viele Jungs, die mucksmäuschenstill dasitzen – es ist unnatürlich. Ich brauche also nur an der Oberfläche zu kratzen, und sofort bricht die Natur durch, und alle Kultur mitsamt ihren Manieren bleibt auf der Strecke. Nani hat recht. Wenn ihr wollt, daß ich wenigstens ein bißchen Sprache und Mathematik lerne, ein bißchen Geographie und Geschichte, dann hört auf sie.«

Sie waren mehr schockiert, als wenn ich einen Knallfrosch gezündet hätte, denn das war die Norm. Jeder in meiner Familie und Nachbarschaft, einfach jeder, erwartete Ungutes, und zwar so, daß sie mich allmählich schon fragten: »Na, was führst du denn heute wieder im Schilde?«

Ich sagte: »Kann ich nicht mal einen Tag frei haben? Was führt *ihr* denn heute im Schilde? Bezahlt ihr mich etwa? Die ganze Stadt sollte mich dafür bezahlen, wenn euch das so viel wert zu sein scheint. Ich habe alles auf Lager, was es auf der Welt gibt.«

Meine Nani war die einzige, die ein echtes Interesse an mir hatte, und ich sagte meiner Familie: »Ich sollte zumindest die elementarsten Dinge lernen. Hört auf sie. Ich werde sowieso einen Privatlehrer haben, ob ihr auf sie hört oder nicht. Sie braucht nur meine

Zustimmung, und ich bin völlig ihrer Meinung.«

Sie sagte: »Nun, hattet ihr das erwartet? Das hattet ihr nicht erwartet. Aber so ist er, wie er leibt und lebt – immer unerwartet. Seid also nicht schockiert oder beleidigt. Wenn ihr schockiert oder beleidigt seid, macht er nur in derselben Richtung weiter. Tut einfach, was ich sage: Besorgt ihm einen Privatlehrer.«

Mein armer Vater – arm, weil ihn alle auslachten – sagte: »Ich wollte dir gleich zustimmen, aber ich hatte vor den andern in der Familie Angst, sogar vor deiner Tochter, meiner Frau. Ich hatte Angst, daß sie alle über mich herfallen würden. Du hast recht, er braucht eine Grundausbildung. Und die Frage ist nicht, ob er sie braucht oder nicht, die eigentliche Frage ist: Können wir einen Privatlehrer finden, der überhaupt bereit ist, ihn zu unterrichten? Wir sind bereit zu zahlen. Such du ihm den Lehrer.«

Sie hatte schon jemanden im Auge. Sie hatte mich schon gefragt, was ich von dem Mann hielt.

Ich sagte: »Der Mann scheint in Ordnung; er steht nur ein bißchen unterm Pantoffel.«

Sie sagte: »Das ist nicht deine Sache. Warum sollte ein Kind sich darüber Gedanken machen? Er ist ein guter Lehrer. Er ist vom Gouverneur als bester Lehrer der Provinz ausgezeichnet worden. Du kannst dich auf ihn verlassen.«

Ich sagte: »Er verläßt sich auf seine Frau. Seine Frau verläßt sich auf seinen Diener. Sein Diener ist nur ein Schwachkopf – und da soll ich mich auf ihn verlassen? Eine feine Kette! Aber der Mann ist okay. Nur, sag bitte nicht, daß ich mich auf ihn verlassen soll. Sag lieber, ich soll ihm gegenüber offenbleiben. Das reicht für den Unterricht – wozu mich abhängig machen? Er ist nicht mein Boß. Im Gegenteil, ich bin sein Boß.«

Sie sagte: »Hör zu, wenn du das zu ihm sagst, geht er augenblicklich.«

Ich sagte: »Was weißt du schon von ihm? Ich kenne ihn. Selbst wenn ich ihm eins über die Ohren ziehe, wird er sich nicht vom Fleck rühren, denn ich weiß, wer ihn an den Ohren festhält.«

In Indien werden Esel bei den Ohren eingefangen. Natürlich, sie haben lange Ohren, und so ist es naheliegend, sie bei den Ohren einzufangen. »Er ist ein Esel. Er mag gebildet sein, aber ich kenne seine Frau, und sie ist eine richtige Frau. Sie hat viele Esel wie ihn unter sich. Wenn er irgendwelche Dummheiten macht, werd' ich ihn schon zu nehmen wissen, keine Angst. Und vergiß nicht: die monatliche Zahlung, die du ihm schuldest, muß über mich an seine Frau gehen.«

Sie sagte: »Ich kenne dich! Jetzt verstehe ich die ganze Logik.«

Ich sagte: »Also, dann los.«

Ich rief den Mann. Er stand wirklich unterm Pantoffel – nicht nur so lala, sondern multidimensional. Als ich ihn zu meiner Nani brachte, versuchte er erst zu fliehen.

Ich sagte: »Hör zu, wenn du irgendwie zu fliehen versuchst, geh ich schnurstracks zu deiner Frau.«

Er sagte: »Was? Nein! Warum denn zu meiner Frau?«

Ich sagte: »Dann sei einfach still. Und das Gehalt, das dir meine Nani zahlt, werde ich im verschlossenen Umschlag bei deiner Frau abliefern. So ist es schon abgemacht. Mich interessiert die finanzielle Seite nicht, aber der Umschlag muß an deine Frau gehen, nicht an dich. Bevor du also davonläufst, überleg es dir wenigstens nochmal.«

Was den Preis betraf, versuchte er zu handeln, aber was die andere Sache betraf, war er sofort einverstanden. Ich zwinkerte meiner Nani zu und sagte: »Siehst du! Das ist der Hauslehrer, den du aufgetrieben hast. Wird er mich lehren, oder muß ich ihn lehren? Wer wird wen lehren? Sein Gehalt steht fest. Jetzt ist diese Frage mir sehr viel wichtiger.«

Der Mann sagte: »Was soll das heißen – wer wird wen lehren? Wirst du vielleicht mich lehren?«

Ich sagte: »Warum nicht? Ich bezahle dich schließlich. Da liegt es auf der Hand, daß ich dich lehre und du von mir lernst. Geld macht alles möglich.«

Meine Nani sagte zu dem Mann: »Hab keine Angst, so schlimm ist er gar nicht. Er wird dir keine Scherereien machen, wenn du versprichst, ihn auf keinen Fall zu provozieren. Sobald er provoziert wird, kann ich nichts tun, um ihn zurückzuhalten, denn er ist von keinem Gehalt abhängig. Ja, ich muß ihn sogar überreden, etwas Geld für Süßigkeiten, Spielzeug und Kleidung anzunehmen, und da sträubt er sich immer sehr. Merk dir also: provoziere ihn bloß nicht, sonst sitzt du in der Tinte.« Aber der Narr tat's, gleich am ersten Tag.

Er kam am frühen Morgen. Er war Hauptschuldirektor gewesen, jetzt pensioniert, aber ein Haupt hat er, glaube ich, überhaupt nie gehabt. Aber so teilt man die Leute überall auf der Welt ein, in Haupt oder Hände. Arbeiter heißen im Englischen *hands,* einfach »Hände«, als wäre hinter den Händen niemand. Und die Intellektuellen, diejenigen, die sich selber als »Intelligentia« bezeichnen, nennt man »Köpfe« – ob sie einen Kopf haben oder nicht. Ich habe so viele Köpfe von Fakultäten und Abteilungen gesehen, daß ich mich immer gefragt habe, ob es da ein Gesetz gibt: Wer keinen Kopf hat, muß Kopf einer Abteilung werden.

Als dieser Mann kam, um seine Arbeit anzutreten, tat er genau das, wovor meine Großmutter ihn ausdrücklich gewarnt hatte. Was er tat? Heute kann ich es verstehen; damals konnte ich natürlich noch nicht die ganze Psychologie dahinter begreifen, aber jetzt kann ich sehen, warum er sich so verhielt, wie er sich verhielt.

Je besser ich mich selbst verstand, desto besser verstand ich die »Roboterhaftigkeit« der Menschen. Sie funktionieren wie Maschinen. Sie bestehen aus Schrauben und Muttern. Manchmal Muttern und manchmal Schrauben, aber beides in einem – wenn Muttern gebraucht werden, sind sie Muttern; wenn Schrauben gebraucht werden, sind sie Schrauben. Ihr kennt Muttern – aber wer sind die Schrauben?

Tja, das wird jetzt schwierig und wird mich eine lange Abschweifung kosten, und dann werde ich den armen Mann wohl vergessen haben, der jetzt vor mir steht mit gefalteten Händen. Laßt uns also in irgendeinem anderen Kreis von den Schrauben reden. Erst also zu dem Mann...

Er kam in mein Zimmer. Es war im Haus meiner Nani. Genaugenommen gehörte das ganze Haus mir, außer ihrem Zimmer, und das Haus hatte viele Zimmer. Es war kein großes Haus, aber es hatte mindestens sechs Zimmer, und sie brauchte nur eins. Die andern fünf gehörten mir... natürlich war niemand drin.

Ich teilte diese Zimmer je nach Interessensgebiet auf. Ein Zimmer war fürs Lernen reserviert; in diesem Zimmer lernte ich immer alles mögliche, zum Beispiel alles über Schlangen und wie du sie fängst, wie du ihnen beibringst, nach deiner Musik zu tanzen – was ja nicht gerade viel mit Musik zu tun hat. Da lernte ich alle möglichen Zaubertricks. Das war mein Zimmer. Selbst meine Großmutter hatte dort keinen Zutritt, denn es war eine heilige Stätte der Gelehrsamkeit. Und sie wußte, daß darin alles andere als heilige Dinge vor sich gingen. Aber niemand durfte eintreten. Ich machte ein Schild an die Tür: »Kein Zutritt ohne Erlaubnis«.

Ich hatte genau das richtige Schild in Sambu Babus Büro gefunden. Ich sagte ihm einfach: »Ich nehme es mit.«

Er sagte: »Was?«

Ich sagte: »Auf diesem Schild steht nichts davon, daß es was kostet. Es ist gratis. Sambu Babu, verstehst du?«

Da fing er an zu lachen und sagte: »Seit Jahren hängt dieses Schild genau vor meiner Nase. Niemand hat mich darauf hingewiesen, daß der Preis nicht auf dem Schild steht. Jeder hätte es mitnehmen können. Und es hing einfach an einem Nagel, es gehörte gar nichts weiter dazu. Nimm's einfach mit.«

Ich sagte: »Du bist ein Freund, aber bei solchen Fragen darf deine Freundschaft keine Rolle spielen.«

Dieses Schild hatte ich an der Tür meines Zimmers. Vielleicht hängt es da heute noch.

Dieser Mann, dessen Name mir einfach nicht einfallen will... Ich habe inzwischen, während ich zu euch sprach, alle möglichen Gedächtnisübungen durchprobiert. Und von euch kann mir auch niemand helfen, also vergessen wir lieber, wie er heißt. Worauf es ankommt, ist nicht sein Name, sondern der Stoff, aus dem er gemacht war – nämlich Gummi. Man könnte keinen zweiten Mann dieser Art finden. Aber er kam in Schlips und Anzug, und es war ein heißer Sommertag! Von Anfang an bewies er seine Dummheit.

In Zentralindien fängt man während des Hochsommers schon vor Sonnenaufgang zu schwitzen an. Und er kam in Socken, Schlips, langer Hose – und wie ihr wißt, konnte ich lange Hosen sowieso nie leiden. Vielleicht war es genau diese Art von Mann, die in mir beim Anblick einer langen Hose eine gewisse Seekrankheit ausgelöst hat. Er steht jetzt noch vor mir. Ich kann ihn bis ins kleinste Detail beschreiben.

Er hüstelte, als er das Zimmer betrat, rückte seinen Schlips zurecht, baute sich kerzengerade vor mir auf und sagte: »Hör zu, mein Junge. Ich habe viele Geschichten über dich gehört und so will ich dir von Anfang an sagen, daß ich kein Feigling bin.« Er sah hierhin und dorthin, falls ja jemand lauschen und es seiner Frau weitersagen sollte. Dabei hatte er keine Ahnung, daß ich mit seiner Frau auf bestem Fuße stand. Er sah ständig von einer Seite zur anderen.

Ich denke immer, so benehmen sich alle Feiglinge. Eine Verallgemeinerung ist zwar keine absolute Wahrheit – diese eingeschlossen –, aber sie enthält ganz gewiß ein Körnchen Wahrheit. Denn wozu braucht man sonst von einer Seite zur anderen zu sehen, wenn nur ein Kind vor einem sitzt? Aber er sah überall hin, nur nicht zu mir: zur Tür, zum Fenster, und redete dabei mit mir. Es war so urkomisch und kläglich zugleich, daß ich zu ihm sagte: »Jetzt hör mir auch mal zu. Du sagst, daß du kein Feigling bist. Glaubst du an Geister?«

Er sagte: »Was?« – und er sah sich überall um, sogar hinter seinem Stuhl. Er sagte: »Geister? Wie kommst du plötzlich auf Geister? Ich stelle mich vor, und du stellst mir Geister vor.«

Ich sagte: »Vorläufig noch nicht. Aber heute nacht komm ich mit einem Geist zu dir.«

Er sagte: »Wirklich?« Und er war so erschrocken; er fing an zu schwitzen. Es war ein heißer Sommermorgen, und er war bis oben zugeschnürt – mehr noch als ich hier.

Ich sagte zu ihm: »Fang einfach mit der Stunde an, verschwende keine Zeit, denn ich hab' viel zu tun.«

Er sah mich an, schier fassungslos über das, was ich gerade gesagt hatte – ich, und viel zu tun? Aber es ging ihm nicht um mich oder um das, was ich zu tun oder nicht zu tun hatte. Er sagte: »Ja, ich will mit der Stunde anfangen, aber was ist mit den Geistern?«

Ich sagte: »Vergiß sie. Heut nacht stell' ich sie dir vor.«

Er erkannte jetzt, daß ich es ernst meinte. Er fing so sehr zu zittern an, daß ich nicht hören konnte, was er sagte. Ich konnte nur sehen, wie seine lange Hose schlotterte. Nachdem er mich eine Stunde lang Unsinn unterrichtet hatte, sagte ich: »Sir, etwas ist mit deiner langen Hose nicht in Ordnung.«

Er sagte: »Was ist nicht in Ordnung?« Dann sah er an sich runter und merkte, daß sie schlotterte – und da fing sie erst recht zu schlottern an.

Ich sagte: »Ich glaube, daß etwas drin ist. Von meiner Seite aus kann man es nicht sehen, aber du mußt es doch wissen. Warum zitterst du denn so? Es ist gar nicht deine lange Hose allein, sondern du zitterst selbst.

Er ging, ohne die Lektion, die er begonnen hatte, zu beenden und sagte: »Ich habe noch einen anderen Termin. Ich werde die Lektion morgen beenden.«

Ich sagte: »Komm morgen bitte in Shorts, damit wir feststellen können, ob die Hose schlottert oder du. Es wäre ein Dienst an der Wahrheit, denn im Augenblick ist es ein Mysterium. Außerdem frage ich mich, was das für eine Hose ist.«

Er hatte eine wunderschöne Hose an, jedenfalls sah sie aus wie seine; aber ich habe nie herausgefunden, ob es seine war oder nicht, denn noch am selben Abend war alles aus: Er kam nie wieder. Und so nahm denn mein Privatlehrer, wie er sich nannte, seinen Abschied... Ich hatte schon zu meiner Großmutter gesagt: »Glaubst du eigentlich, daß überhaupt jemand mich aushalten kann, egal wieviel du bereit bist, ihm zu zahlen?«

Sie sagte: »Misch dich nicht ein. Irgendwie habe ich es geschafft, deine Familie zu überreden, und du warst auch einverstanden. Genaugenommen ist es nur dir zu verdanken, daß ich es überhaupt geschafft habe.«

»Also gut«, sagte ich, »ich werde nichts unternehmen, aber was kann ich dafür, wenn etwas passiert? Und ich sage es dir besser gleich, denn heute abend wird es sich entscheiden, ob du ihn bezahlen wirst oder nicht.«

Sie sagte: »Was? Muß er etwa sterben oder was? Und so schnell? Er hat erst heute morgen angefangen und dir erst eine Stunde gegeben.«

Ich sagte: »Er hat mich provoziert.«

Sie sagte: »Ich hatte ihn davor gewarnt, dich zu provozieren.«

Im Hof des alten Hauses meiner Großmutter stand ein großer *neem*-Baum. Das Haus gehörte uns auch noch nach dem Tod meiner Großmutter. Es war ein wirklich riesiger, uralter Baum – so groß, daß er das ganze Haus überdachte. Zur richtigen Jahreszeit, wenn der *neem*-Baum in Blüte stand, war der Duft überall.

Ich weiß nicht, ob es noch anderswo einen Baum wie den *neem*-Baum gibt, denn er braucht ein sehr heißes Klima. Seine Blüten haben einen sehr scharfen – das ist das einzige Wort, das ich finden kann – einen scharfen Beigeschmack in ihrem Duft. Ich sollte nicht von Duft reden, denn er ist bitter. Im ersten Moment riecht er frisch und markant, aber er hinterläßt einen bitteren Geschmack im Mund. Das ist auch kein Wunder, denn der *neem*-Tee muß der bitterste Tee auf der Welt sein. Aber wenn du erst einmal Gefallen daran findest, ist es wie mit Kaffee. Man muß erst etwas üben, denn auf Anhieb mögen kann man ihn nicht.

Obwohl es heute sofort löslichen Kaffee gibt, muß man dennoch erst langsam auf den Geschmack kommen. Mit Alkohol und tausend anderen Dingen ist es ähnlich. Man muß sich allmählich an den Geschmack gewöhnen. Wenn du unter *neem*-Bäumen aufgewachsen bist und den Duft von deinem ersten Atemzug an kennst, dann ist er für dich nicht bitter, oder er mag wohl bitter sein, aber er ist trotzdem süß.

In Indien hält man es für eine religiöse Pflicht, so viele *neem*-Bäume wie möglich zu pflanzen. Sehr komisch! – Aber wenn ihr den *neem*-Baum kennen würdet, seine scharfe Frische, seine reinigende Kraft, dann fändet ihr es nicht komisch. Indien ist arm und kann sich nicht viele reinigende Arzneien leisten, aber der *neem*-Baum ist etwas Natürliches und wächst leicht.

Dieser *neem*-Baum war hinter meinem Haus. Ich nannte das Haus meiner Nani »mein« Haus. Das andere Haus war für die übrigen da, für alle möglichen Kreaturen; ich gehörte nicht dazu. Ab und zu ging ich hin, um meinen Vater und meine Mutter zu sehen, suchte aber so schnell das Weite, wie es sich menschlich vertreten ließ. Ich meine ich war schon wieder weg, kaum daß die Höflichkeiten ausgetauscht waren. Und sie wußten, daß ich nicht in ihr Haus kommen wollte. Sie wußten, daß ich es »das Haus dort« nannte. *Mein* Haus, wie gesagt, mit seinem großen *neem*-Baum, war ein wirklich wunderbarer Platz; aber da ich nicht weiß, wer die Welt erschuf, weiß ich auch nicht, wer folgende Geschichte über unseren *neem*-Baum erfand.

Die Geschichte besagte – und sie machte den *neem*-Baum zu einer wahren Schönheit – die Geschichte besagte, daß unser *neem*-Baum die Macht besaß, Geister zu bannen. Wie der *neem*-Baum das machte, weiß ich nicht, und auch meine Erleuchtung hat mir da nicht weitergeholfen. Tatsächlich wollte ich nach meiner Erleuchtung als erstes wissen, wie der *neem*-Baum das machte, aber es kam keine Antwort. Vielleicht hat er überhaupt nichts gemacht. In Indien wird jede Geschichte zu einer Wahrheit, und bald zur Wahrheit schlechthin.

Aber die Geschichte besagte: Wenn ein Geist von dir Besitz ergriffen hat, brauchst du nur zu diesem *neem*-Baum zu gehen, dich drunterzusetzen, einen Nagel mitzunehmen – je größer, desto besser – und zum *neem*-Baum zu sagen: »Ich nagle meinen Geist fest.« Vergiß auch den Hammer nicht oder nimm einen großen Stein, von denen genug herumliegen, und schlag damit kräftig auf den Nagel. Sobald der Geist festgenagelt ist, bist du ihn los. Es steckten mindestens tausend Nägel in dem Baum. Eigentlich tut er mir noch heute leid, obwohl es ihn gar nicht mehr gibt.

Jeden Tag kamen Leute, und auf der anderen Straßenseite hatte eine kleine Bude aufgemacht, in der Nägel verkauft wurden, weil die Nachfrage so groß war. Was aber wichtiger war: Der Geist verschwand fast immer! Die natürliche Folgerung war, daß der Geist am Baum festgenagelt war. Niemand zog je einen Nagel heraus, denn wenn du das tatest, würde der Geist befreit und vielleicht, weil du in greifbarer Nähe warst, Besitz von dir ergreifen.

Meine Familie machte sich große Sorgen um mich und diesen Baum. Sie erzählten meiner Nani: »Es ist gut, daß er bei dir schläft, wir haben nichts dagegen. Er ißt bei dir, auch das ist völlig in Ordnung – wir wissen, daß er gut aufgehoben ist. Aber denk an den Baum – und an den Jungen! Wenn er einen Nagel herauszieht, wird er großes Unglück erleiden, sein ganzes Leben lang.«

Und die Geschichte besagt auch, daß ein Geist, der wieder von dem Baum losgekommen ist, nie wieder festgenagelt werden kann, weil er jetzt den Trick kennt und nicht noch einmal darauf hereinfallen wird.

Und so achtete meine Nani ständig darauf, daß ich dem *neem*-Baum nicht zu nahe kam. Was sie aber nicht wußte war, daß ich so viele Nägel wie möglich wieder aus dem Baum herauszog – denn woher sollte der Budenbesitzer gegenüber sonst seine Nägel beziehen? Ich machte ein florierendes Geschäft. Anfangs hatte der Budenbesitzer selber große Angst.

Er sagte zu mir: »Was? Die Nägel sind aus dem Baum?«

Ich sagte: »Ja, und ohne die Geister! Wir sind gute Freunde, die besten Freunde.« Ich wollte nicht, daß er sich aufregt, denn wenn meine Großmutter von der Sache erführe, würde es Scherereien geben. Also sagte ich zu ihm: »Die Geister mögen mich sehr gern. Wir sind gute Freunde.«

Er sagte: »Das ist sehr merkwürdig. Ich hab' noch nie gehört, daß Geister kleine Kinder wie dich mögen. Aber Geschäft ist Geschäft...«

Ich gab ihm die Nägel für die Hälfte des Marktpreises. Es war ein gutes Geschäft. Er dachte, wenn ich die Nägel herausziehen konnte, ohne daß die Geister mir ein Haar krümmten, dann mußten sie mir gewogen sein. Und in dem Falle war es besser, dachte er, sich den Jungen nicht zum Feind zu machen. Der Junge ist so schon ein Kreuz, und wenn die Geister ihm auch noch helfen, dann ist niemand mehr vor ihm sicher.

Er gab mir Geld, ich gab ihm Nägel. Schließlich erklärte ich meiner Großmutter: »Um die Wahrheit zu sagen, das ist alles Hokuspokus. Es gibt keine Geister. Ich habe jetzt fast ein Jahr lang Nägel aus diesem Baum verkauft.«

Sie war fassungslos. Einen Augenblick lang konnte sie nicht atmen; dann sagte sie: »Was! Die Nägel verkauft! Du solltest dem Baum ja nicht einmal nahekommen. Wenn das dein Vater und deine Mutter erfahren, werden sie dich wegholen.«

Ich sagte: »Keine Sorge. Ich bin mit den Geistern befreundet.«

Sie sagte: »Sag mir die Wahrheit. Was geht hier wirklich vor?« Sie war in dieser Hinsicht eine einfache Frau. Sie war absolut naiv.

Ich sagte: »Es ist genau, wie ich sage, und so läuft es schon lange. Aber nimm es dem armen Budenbesitzer nicht krumm, denn es ist eine geschäftliche Angelegenheit. Mein ganzes Geschäft geht kaputt, wenn er davonläuft oder Angst bekommt. Wenn du mein kleines Geschäft unterstützen möchtest, kannst du zu ihm ja einfach mal so nebenbei erwähnen: ›Komisch, wie die

Geister diesen Jungen irgendwie lieben. Ich habe noch nie gesehen, daß sie zu irgendwem sonst so freundlich waren. Selbst ich darf dem Baum nicht zu nahe kommen.‹ Sag es ihm einfach im Vorbeigehen.«

In Indien baut man oft um einen Baum herum eine kleine Plattform aus Ziegelsteinen, einfach zum Draufsitzen. Dieser Baum hatte eine große Plattform. Es war ein großer Baum; mindestens hundert Leute konnten ohne weiteres auf der Plattform unter ihm sitzen, und mindestens tausend im Schatten des ganzen Baumes. Er war riesig.

Ich sagte zu meiner Nani: »Verschreck mir den armen Budenbesitzer nicht; er ist meine einzige Einkommensquelle.«

Sie sagte: »Einkommen? Was für ein Einkommen? Was läuft hier eigentlich? Und ich erfahre kein Wort davon!«

Ich sagte: »Ich wollte nicht, daß du dir Sorgen machst, aber jetzt kann ich dir garantieren, daß es keine Geister gibt. Komm mit, ich zieh' einen Nagel raus und zeig's dir.«

Sie sagte: »Nein. Ich glaub' dir auch so.« So kommen die Leute zu ihrem Glauben...

Ich sagte: »Nein, Nani, so geht das nicht. Du mußt mitkommen. Ich werd' einen Nagel herausziehen. Wenn etwas Schlimmes passiert, passiert es mir, und ich zieh' die Nägel sowieso schon raus, ob du mitkommst oder nicht. Ich hab' schon Hunderte von Nägeln rausgezogen.«

Sie dachte einen Moment nach und sagte dann: »Stimmt. Ich werde kommen. Lieber wäre ich nicht mitgegangen, aber dann wirst du mich immer für einen Feigling halten, und ich könnte es nicht ertragen, wenn du mich in deinen Gedanken mit so etwas in Verbindung bringst. Ich komme.«

Sie kam. Natürlich sah sie anfangs aus einer gewissen Entfernung zu. Es war ein großer Hof. Das Haus hatte früher zu einem kleinen Gut gehört. Es standen wirklich schöne Statuen unter dem *neem*-Baum, und einige auch im Haus selbst. Die Türen waren alt, aber wundervoll geschnitzt. Asheesh hätte seine Freude an diesen Türen gehabt. Sie knarrten gewaltig, aber das ist etwas anderes. Irgendein Architekt mußte vor langer Zeit das Haus entworfen haben. Der Grund, warum wir es so billig für meine Großmutter bekommen hatten, waren die Geister. Wer wollte schon in dem Haus leben, wenn in dem Baum dort bereits so viele Geister wohnten? Wir bekamen es zu einem Spottpreis, praktisch umsonst, einfach für einen symbolischen Betrag. Der Besitzer war froh, es loszuwerden.

Mein Vater hatte zu meiner Nani gesagt: »Du wirst dort allein sein, höchstens mit diesem kleinen Jungen, der mehr Scherereien macht als irgendein Geist. Mit lauter Geistern und dem Jungen obendrein wirst du es nicht leicht haben. Aber ich weiß, du liebst den Fluß, den Blick und die Stille dieses Ortes.«

Es war fast ein Tempel. Seit Jahren hatte niemand mehr dort gewohnt – außer den Geistern. Ich sagte zu meiner Nani: »Mach dir keine Sorgen. Komm mit, aber vergiß bitte nicht, den armen Budenbesitzer in Ruhe zu lassen. Er lebt davon, ich lebe davon; ja, ein paar arme Jungen in meiner Schule leben auch von diesen Geistern, weil ich sie unterstütze. Laß also bitte alles so, wie es ist.«

Aber sie hielt Abstand. Ich sagte zu ihr: »Komm schon...« Genau dasselbe habe ich seitdem immer wieder gemacht – allen Leuten gesagt: »Komm schon, komm ein bißchen näher, mach dir keine Sorgen, hab keine Angst!«

Irgendwie kam sie näher und sah, daß die ganze Sache reine Erfindung war. Da fragte sie: »Aber wie funktioniert es? – denn ich hab's bei Tausenden von Leuten gesehen, nicht nur bei einem! Sie kommen von weit her, und ihre Geister verschwinden. Wenn sie ankommen, sind sie wahnsinnig, aber wenn sie gehen und der Nagel in dem armen Baum steckt, sind sie völlig normal. Wie funktioniert das?«

Ich sagte: »Im Augenblick weiß ich noch nicht, wie es funktioniert, aber ich werde es herausfinden. Ich bin dabei, es herauszufinden. Ich kann die Geister nicht in Ruhe lassen.«

Dieser Baum lag zwischen meinem Haus und der übrigen Nachbarschaft und überragte eine kleine Straße. In der Nacht passierte natürlich kein Mensch diese Straße. Das war für mich sehr günstig, so gab es nachts keinerlei Störungen. Kurz vor Sonnenuntergang beeilten sich die Leute regelrecht, nach Hause zu kommen, ehe es dunkel wurde. Wer konnte schon wissen, bei so vielen Geistern...

Der arme Lehrer wohnte nur ein paar Häuser hinter dem Haus meiner Nani. Er mußte diese Straße benutzen, einen anderen Weg gab es für ihn nicht. Am Abend traf ich meine Vorkehrungen. Das war schwierig, denn bei Tag benutzte jeder die Straße, und tagsüber war es schwierig für mich, die Geister dazu zu bewegen, irgend etwas zu tun, aber nachts konnte ich es arrangieren.

Ich schickte einfach einen Jungen zum Haus des Lehrers. Der Junge mußte hingehen, denn jeder Junge in meiner Umgebung, der nicht meinem Rat, oder wie man es nennen will, folgen wollte, würde Schwierigkeiten bekommen, vierundzwanzig Stunden am Tag, tagein, tagaus. Was immer ich also sagte, taten sie, wohl wissend, daß es gefährlich war – denn auch sie glaubten an die Geister.

Ich sagte zu ihm: »Geh zum Haus des Lehrers und sag ihm, daß sein Vater« – der in einer anderen Straße wohnte – »ernsthaft erkrankt ist und vielleicht die Nacht nicht überleben wird. Und sag das mit allem Ernst!«

Wer denkt freilich an Geister, wenn sein Vater im Sterben liegt? Der Lehrer kam sofort herausgestürzt, und ich hatte alles vorbereitet. Ich saß oben im Baum. Es war mein Baum, niemand konnte was dagegen haben. Der Lehrer kam vorbei mit seiner Petroleumlampe. Natürlich muß er gedacht haben, mit einer Petroleumlampe würden ihm die Geister nicht zu nahe kommen, oder wenn sie es doch täten, dann würde er sie sehen und rechtzeitig davonlaufen können.

Als der Lehrer unter mir war, sprang ich kurzerhand aus dem Baum. Was jetzt passierte, war wirklich grotesk, einfach grotesk. Etwas, womit ich nie gerechnet hatte... *(laut loslachend)* Seine Hose rutschte ihm runter! Er rannte ohne Hose davon! Ich seh' ihn noch vor mir... *(lacht schallend)*

50

Wie gut, daß ich nichts sehen kann, aber ich bekomme alles mit. Aber was kannst du machen? Du mußt mit deiner Technik selber klarkommen, und bei einem Mann wie mir steckst du natürlich echt in der Klemme. Ich bin angeschnallt und kann dir nicht helfen.

Yashu Bharti, kannst du nicht was machen? Lach du doch auch ein bißchen, dann wird er sich schon beruhigen. Es ist merkwürdig: Wenn ein anderer auch anfängt zu lachen, hört der erste auf. Der Grund ist klar, zwar nicht ihnen, aber mir. Der, der als erster gelacht hat, meint sofort, er macht etwas falsch, und wird natürlich ernst.

Wenn du also siehst, daß Geet Bharti sich nicht wieder einkriegen kann, dann lach und überbiete ihn. Es geht um die Befreiung der Frau! Und wenn du so richtig loslachst, fängt er sofort an mitzuschreiben. Siehst du, du hast noch nicht einmal angefangen, und er ist schon zur Vernunft gekommen.

Ich erzählte euch gestern, wie ich damals in der Nacht vom Baum gesprungen bin, nicht um dem armen Lehrer wehzutun, sondern um ihn wissen zu lassen, wen er zum Schüler hatte.

Aber es ging zu weit. Selbst ich war überrascht, als ich sah, wie entsetzt er war. Er war die Angst in Person. Der Mann tauchte nie wieder auf.

Einen Moment lang wollte ich der ganzen Sache ein Ende machen. Ich überlegte: »Er ist ein alter Mann; er könnte sterben oder sonst was, oder verrückt werden, oder vielleicht nie wieder nach Hause zurückkommen«, weil er nicht nach Hause konnte, ohne an dem Baum vorbeizukommen – einen anderen Weg gab es nicht. Aber es war zu spät. Er war weggerannt und hatte seine Hose zurückgelassen.

Ich hob sie auf und ging damit zu meiner Großmutter und sagte: »Da ist die Hose. Und du hast geglaubt, er würde mich etwas lehren! Diese Hose?«

Sie sagte: »Was ist passiert?«

Ich sagte: »Alles ist passiert. Der Mann ist nackt davongerannt, und ich weiß nicht, wie er es schaffen soll, nach Hause zu kommen. Aber ich habe es eilig. Ich werde dir die ganze Geschichte später erzählen. Behalte du die Hose. Und wenn er herkommt, gib sie ihm.«

Aber seltsam, er kam nie wieder in unser Haus, um sich die Hose zu holen; sie blieb, wo sie war. Schließlich nagelte ich sie sogar am *neem*-Baum fest, damit er, falls er sie holen kam, nicht erst mich zu fragen brauchte. Aber die Hose vom *neem*-Baum abzunehmen hieß, den Geist freizulassen, der, wie er glaubte, auf ihn gesprungen war.

Tausende müssen im Vorbeigehen diese Hose am *neem*-Baum gesehen haben. Die Leute kamen zu dem Baum als einer Art Psychoanalyse, einem wirksamen – wie nennt man es, Raj Bharti? – Plassbo?

»Placebo, Osho.«

Plassba?

»Pla-tse-bo.«

Okay, aber ich werde es auch weiterhin »Plassbo« nennen. Du kannst es in deinem Buch richtig schreiben. »Placebo« ist richtig, aber mein ganzes Leben lang habe ich es nun schon »Plassbo« genannt, und es ist besser, an dem festzuhalten, was von dir ist, ob richtig oder falsch. Wenigstens ist es von dir. Raj Bharti muß recht haben, und ich muß mich irren, aber ich habe recht, wenn ich es trotzdem »Plassbo« nenne – nicht, weil es so heißt, sondern um dem Wort das Aroma davon zu geben, wie ich damit umgegangen bin.

Richtig oder falsch war für mich nie ein Gesichtspunkt. Was mir gefällt, ist richtig; und ich sage nicht, daß es für jeden richtig ist. Ich bin kein Fanatiker, ich bin nur ein Verrückter. Bestenfalls das... mehr kann ich nicht für mich beanspruchen.

Wovon sprach ich?

»Du hast davon gesprochen, daß die Leute zu dem Baum kamen, um eine Art Placebo für die Psychoanalyse zu finden, Osho.«

Heiraten ist ein Placebo. Es funktioniert, und das ist das Vertrackte. Ob es echt ist oder nicht, darauf kommt es nicht an. Mich interessiert immer nur das Ergebnis. Was es herbeiführt, ist unwesentlich. Ich bin ein Pragmatiker.

Ich sagte zu meiner Großmutter: »Mach dir keine Gedanken. Ich werde diese Hose am *neem*-Baum aufhängen, und du kannst dich darauf verlassen, daß es wirkt.«

Sie sagte: »Ich kenne dich und deine komischen Einfälle. Jetzt wird die ganze Stadt wissen, wem diese Hose gehört. Selbst wenn der Mann käme, um sich seine Hose zu holen – er könnte sich hier nie wieder blicken lassen.« Diese Hose war berühmt, weil er sie nur zu besonderen Anlässen trug.

Aber was wurde aus dem Mann? Ich suchte sogar die ganze Stadt ab, aber natürlich war er nirgendwo zu finden, weil er nackt war. Also dachte ich: »Warte lieber noch. Vielleicht kommt er spät in der Nacht. Vielleicht ist er über den Fluß.« Das war der nächstgelegene Ort, wo man von keinem gesehen werden konnte.

Aber der Mann kam nie zurück. So verschwand mein Privatlehrer. Ich frage mich noch heute, was aus ihm geworden ist ohne seine Hose. Er interessiert mich nicht weiter, aber wie ist er ohne Hose klargekommen? Und wo ist er hin?

Natürlich hatte ich da so meine Theorien. Vielleicht starb er an einem Herzschlag – aber dann wäre doch die Leiche, ohne Hose, entdeckt worden. Und obwohl er tot gewesen wäre, hätte jeder gelacht, der ihn so gesehen hätte, weil seine Hose so berühmt war.

Man nannte ihn sogar »Mister Hose«! Ich weiß nicht einmal mehr seinen Namen. Und er hatte so viele Hosen, daß man im Ort munkelte, er hätte dreihundertfünfundsechzig Hosen, eine für jeden Tag. Ich glaube nicht, daß das stimmt; es ist sicher nur Klatsch. Aber was wurde aus ihm?

Ich fragte seine Familie. Sie sagten: »Wir warten immer noch, aber seit jenem Abend hat ihn keiner mehr gesehen.«

Ich sagte: »Seltsam...« Zu meiner Nani sagte ich: »Sein Verschwinden läßt sogar mich manchmal zweifeln, ob es nicht vielleicht doch Geister gibt. Nur gut, daß seine Hose am Baum hängt.«

Mein Vater war außer sich, wie ich etwas so Gemeines tun konnte. Ich hatte ihn noch nie so wütend gesehen.

Ich sagte: »Aber so war es doch gar nicht geplant gewesen. Ich hatte nicht im Traum gedacht, daß der Mann sich einfach in Luft auflösen würde. Das ist sogar mir zuviel. Was ich getan hab', war ganz einfach: ich hab nur im Baum gesessen mit einer Trommel, hab laut getrommelt, um seine ganze Aufmerksamkeit anzuziehen – damit er alles andere auf der Welt vergißt, und dann bin ich auf die Erde gesprungen.«

Das hatte ich schon oft getan. Ich hatte schon vielen Leuten auf diese Art Beine gemacht. Ja, meine Großmutter sagte immer: »Diese Straße ist vielleicht die einzige in der Stadt, wo nachts kein Mensch entlanggeht, außer dir.«

Neulich zeigte Sheela mir ein paar Autoaufkleber. Einer gefiel mir, denn da stand drauf: »Glaub mir, diese Straße gehört wirklich mir.« Als ich diesen Aufkleber las, mußte ich an die Straße denken, die an meinem Haus vorbeiführte. Jedenfalls nachts gehörte sie mir. Tagsüber gehörte sie der Stadt, aber nachts absolut mir. Selbst heute kann ich mir nicht denken, daß eine Straße so still sein kann, wie es diese Straße nachts war.

Aber mein Vater war so wütend, daß er sagte: »Egal, was daraus wird, ich werde diesen *neem*-Baum fällen und diesem ganzen üblen Geschäft ein Ende setzen.«

Ich sagte: »Was für ein Geschäft?« Ich fürchtete schon um die Nägel, denn die waren mein einziges Einkommen.

Aber davon wußte er gar nichts, denn er sagte: »Nun, dieses niederträchtige Geschäft, den Leuten Angst einzujagen... Und jetzt ist die Familie dieses Mannes ständig hinter mir her. Jeden Tag kommt der eine oder andere und will was von mir. Was kann ich tun?«

Ich sagte: »Ich kann dir wenigstens die Hose geben; das ist alles, was übrig ist. Und was diesen Baum betrifft: Ich sag dir, niemand wird bereit sein, ihn zu fällen.«

Er sagte: »Mach du dir nur keine Sorgen deswegen.«

Ich sagte: »Ich mache mir keine Sorgen. Ich weise dich nur darauf hin, damit du nicht deine Zeit vertust.«

Und nach drei Tagen rief er mich zu sich, um mir zu sagen: »Aus dir soll einer schlau werden! Du hast mir gesagt, kein Mensch würde diesen Baum fällen und das Merkwürdige ist, ich habe alle Leute gefragt, die in der Lage wären, den Baum zu fällen – viele gibt's nicht im Ort, nur ein paar Holzfäller –, aber niemand ist bereit, es zu tun. Alle haben gesagt: ›Nein. Was ist mit den Geistern?‹«

Ich sagte zu ihm: »Ich hab's dir gleich gesagt. Ich kenne niemanden im Ort, der auch nur bereit wäre, den Baum anzufassen, es sei denn, ich fälle den Baum selbst. Aber wenn du willst, kann ich jemanden finden – aber dann mußt du es mir überlassen.«

Er sagte: »Ich kann es nicht dir überlassen, weil man nie weiß, was du im Schilde führst. Du magst mir zwar sagen, daß du den Baum fällen willst, aber dann machst du doch was ganz anderes. Nein, dich kann ich nicht darum bitten.«

Der Baum blieb stehen, und es fand sich niemand, der bereit war, ihn zu fällen. Ich pflegte meinen armen Vater zu necken und sagte: »Dada, was ist mit dem Baum? Er steht ja noch – ich hab ihn heute morgen noch gesehen. Hast du noch immer keinen Holzfäller gefunden?«

Dann schaute er sich nach allen Seiten um, damit es ja niemand hörte, und sagte zu mir: »Kannst du mich nicht in Ruhe lassen?«

Ich sagte: »Ich komm' dich so selten besuchen. Ich komm' nur ab und zu, um wegen dem Baum zu fragen. Du sagst, du kannst keinen Menschen finden, der ihn fällt. Ich weiß, daß du Leute gefragt hast, und ich weiß auch, daß sie sich geweigert haben. Ich habe sie nämlich auch gefragt.«

Er sagte: »Wozu das denn?«

Ich sagte! »Nicht, ob sie den Baum fällen wollen, sondern ob sie wissen, was in dem Baum drin ist – nämlich Geister! Ich glaube nicht, daß sich irgendwer bereitfinden wird, ihn zu fällen – außer du fragst mich.« Aber das wollte er natürlich auf keinen Fall.

Also sagte ich: »Okay, dann bleibt der Baum eben stehen.«

Und der Baum blieb stehen, solange ich in der Stadt war. Erst als ich fort war, gelang es meinem Vater, einen Mohammedaner aus einem anderen Dorf anzuheuern, der den Baum fällte. Aber etwas Merkwürdiges geschah: Der Baum wurde gefällt – weil er aber vielleicht nachwachsen könnte, und um ihn mit Stumpf und Stiel zu entfernen, ließ mein Vater an seiner Stelle einen Brunnen graben. Aber er schuf sich unnötigen Kummer damit, denn der Baum und seine Wurzeln waren so tief gegangen, daß sie das Wasser unglaublich bitter machten. Niemand wollte das Wasser aus diesem Brunnen trinken.

Als ich schließlich nach Hause kam, erklärte ich meinem Vater: »Du hast nie auf mich gehört. Du hast einen schönen Baum zerstört und dieses häßliche Loch geschaffen. Und wozu dient das jetzt? Du hast Geld zum Fenster rausgeworfen, um den Brunnen zu bauen, und nicht mal du selber kannst das Wasser trinken.«

Er sagte: »Vielleicht hast du ab und zu recht. Es ist, wie du sagst, aber jetzt läßt sich auch nichts mehr machen.«

Er mußte den Brunnen mit Steinen zudecken. Er steht noch heute da – zugedeckt. Wenn man ein paar Steine wegräumt, einfach ein paar Platten, findet man den Brunnen. Inzwischen wird das Wasser absolut bitter sein!

Was wollte ich euch mit dieser Geschichte sagen? – Daß dieser Lehrer mir an seinem ersten Tag den Eindruck machen wollte, er sei ein Mann mit viel Courage und ohne Furcht, indem er sagte, daß er nicht an Geister glaube.

Ich sagte: »Wirklich? Du glaubst nicht an Geister?«

Er sagte: »Natürlich glaub' ich nicht dran.« Ich konnte sehen, daß er schon Angst hatte, als er das sagte.

Ich hatte gesagt: »Ob du es glaubst oder nicht, aber heute nacht stell' ich dich einem vor.«

Ich hatte nie gedacht, daß diese Vorstellung den Mann einfach zum Verschwinden bringen könnte. Was ist aus ihm geworden?

Jedesmal, wenn ich später in den Ort kam, besuchte ich sein Haus, um nachzufragen: »Ist er schon nach Hause gekommen?«

Sie sagten: »Warum interessiert dich das so? Wir haben längst den Gedanken daran aufgegeben, daß er je wiederkommt.«

Ich sagte: »Ich kann es nicht vergessen, denn es war ein so schöner Anblick – dabei hatte ich ihn nur mit jemandem bekanntgemacht.«

Sie sagten: »Mit wem denn?«

Ich sagte: »Irgendwem. Und ich war noch nicht mal fertig. Dein Vater«, sagte ich zu dem Sohn, »hat sich nicht gerade wie ein Gentleman benommen – er rannte einfach aus seiner Hose davon.«

Die Frau, die gerade am Kochen war, lachte und sagte: »Ich hab ihm immer gesagt, er soll seine Hose festhalten, aber er hat nicht hören wollen. Jetzt ist seine Hose weg, und er auch.«

Ich sagte: »Warum hast du ihm gesagt, er soll seine Hose festhalten?«

Sie sagte: »Du verstehst nicht. Es ist ganz einfach. Er hat sich alle seine Hosen machen lassen, als er jung war, und jetzt sind sie ihm alle zu weit, weil er dünner geworden ist. Und darum hatte ich immer Angst, daß er früher oder später in die peinliche Situation kommen würde, daß ihm plötzlich die Hose runterfällt.«

Da erinnerte ich mich daran, daß er immer die Hände in den Hosentaschen hatte, aber wenn man natürlich Geistern begegnet, kann man nicht daran denken, die Hände in den Hosentaschen zu behalten, um die Hose nicht loszulassen. Wer denkt schon an die Hose, wenn so viele Geister auf einen draufspringen? Und er tat noch eines, bevor er ging… Ich weiß nicht, wohin er ging. Auf dieser Welt gibt es viele Dinge, die sich nicht beantworten lassen, und dies mag auch dazugehören. Ich weiß nicht warum, aber bevor er davonlief, blies er seine Petroleumlampe aus. Das ist eine weitere unbeantwortete Frage zu diesem Privatlehrer.

Er war in einer Hinsicht ein großer Mann. Ich habe mich oft gefragt, warum er wohl die Lampe ausgeblasen hat. Dann stieß ich eines Tages auf eine kleine Geschichte, und das Problem war gelöst. Ich meine damit nicht, daß der Mann zurückkehrte, sondern daß damit die zweite Frage beantwortet war.

Sein kleiner Junge wollte nicht zum Klo gehen, wenn seine

Mutter nicht an der Tür stand, und für die Nacht mußte sie natürlich eine Lampe dort bereithalten. Ich besuchte einmal das Haus und hörte die Mutter zu dem Jungen sagen: »Kannst du denn die Lampe nicht selbst nehmen?«

Er sagte: »Gut, ich nehm' die Lampe, denn ich muß ganz schnell; ich kann nicht mehr warten.«

Ich sagte: »Wozu die Lampe am hellichten Tag? Ich kenne die Geschichte von Diogenes; ist er ein zweiter Diogenes? Wozu die Lampe?«

Die Mutter lachte und sagte: »Frag ihn selbst.«

Ich sagte, »Wozu brauchst du am Tag die Lampe, Raju?«

Er sagte: »Tag oder Nacht, das ist egal. Geister gibt es überall. Wenn du eine Lampe hast, kannst du ihnen ausweichen.«

An dem Tag verstand ich, warum mein Lehrer die Lampe ausblies, ehe er wegrannte. Vielleicht dachte er, mit der brennenden Lampe würden die Geister ihn finden. Aber wenn er sie ausmachte – und das sagt mir meine Logik – wenn er sie ausmachte, konnten sie ihn wenigstens nicht sehen und er konnte sich ducken und davonmachen. Aber er hat wirklich eine Großtat vollbracht.

Um euch die Wahrheit zu sagen, mir scheint, er wollte immer schon vor seiner Frau davonlaufen, und das war seine letzte Gelegenheit. Er packte sie am Schopf.

Dieser Mann hätte kein solches Ende gefunden, wenn er nicht selbst von seiner Angstlosigkeit angefangen und gesagt hätte: »Ich habe ja nicht mal Angst vor Geistern.«

»Aber«, sagte ich, »ich hab dich doch gar nicht danach gefragt.« Und seine Hose zitterte, als er das Wort »Geister« aussprach.

Ich sagte: »Sir, du hast aber eine komische Hose an. Ich hab' noch nie etwas so zittern sehen. Sie sieht so lebendig aus!«

Er sah auf seine Hose hinunter – ich kann ihn noch sehen –, und seine Beine liefen Amok.

Nun, meine Grundschultage waren zu Ende. Natürlich sind noch tausend andere Dinge passiert, die hier nicht zur Sprache kommen können. Nicht, daß sie es nicht wert wären – nichts im Leben ist wertlos –, sondern einfach, weil keine Zeit ist. Und so werden ein paar Beispiele genügen.

Auf die Grundschule folgte die Mittelschule. Ich trat in die Mittelschule ein, und das erste, woran ich mich erinnere – ihr kennt mich, ich sehe seltsame Dinge...

Sheela sammelt lauter verrückte Stoßstangenaufkleber. Einer lautet: »Warnung: Ich bremse bei Halluzinationen!« Das gefällt mir. Wirklich Klasse!

Das erste, woran ich mich erinnere, ist dieser Mann, der – zu seinem Glück oder Unglück, das ist schwer zu sagen – absolut verrückt war. Er war nicht einmal nach meiner Art verrückt, sondern echt verrückt. Im Ort nannte man ihn Khakki Master. *Khakki* heißt so ziemlich dasselbe, wie wenn ihr von jemand sagt, daß er einen Kuckuck hat, eine Meise. Er war mein erster Lehrer in der Mittelschule. Vielleicht weil er echt verrückt war, wurden wir augenblicklich Freunde.

Ich bin Lehrern selten freundlich gesonnen gewesen. Es gibt ein paar Sippschaften – wie die Politiker, die Journalisten und die Lehrer –, die ich einfach nicht leiden kann, obwohl ich sie auch lieber mögen würde.

Jesus sagt: »Liebe deine Feinde.« Okay, aber er ist nie zur Schule gegangen, er hat keine Ahnung von Lehrern, das steht fest, sonst hätte er nämlich gesagt: »Liebe deine Feinde – außer Lehrer.«

Natürlich gab es damals noch keine Journalisten und Politiker – keine Leute, die nichts anderes tun, als dein Blut zu saugen. Jesus sprach von Feinden; aber was ist mit Freunden? Er erwähnt nirgends, daß man seine Freunde lieben soll. Ich glaube nämlich nicht, daß dir ein Feind viel Schaden zufügen kann; der wirkliche Schaden kommt vom Freund.

Ich hasse Journalisten einfach, und wenn ich sage »hasse«, dann meine ich es auch so; keine Interpretationen, einfach »hasse«. Und ich hasse Lehrer! Ich will keine Lehrer auf der Welt haben... keine Lehrer im alten Sinne. Vielleicht müssen wir so eine Art älteren Freund dafür finden.

Aber dieser Mann, der als Verrückter bekannt war, wurde augenblicklich mein Freund. Sein voller Name war Rajaram, aber man nannte ihn Raju-Khakki, »Raju mit dem Vogel«. Ich hatte erwartet, daß er seinem Namen alle Ehre machen würde.

Als ich den Mann sah – ihr werdet es nicht glauben, aber an

dem Tag erkannte ich zum ersten Mal, daß es nicht gut ist, in dieser verrückten Welt bei vollem Verstand zu sein. Als ich ihn ansah, war es, als sei für einen Moment die Zeit stehengeblieben. Wie lange es dauerte, ist schwer zu sagen, aber er mußte meinen Namen und meine Adresse aufschreiben und alle möglichen Angaben zu Ende schreiben, und so stellte er seine Fragen.

Ich sagte: »Können wir nicht schweigen?«

Er sagte: »Ich würde liebend gern mit dir schweigen, aber laß uns erst diese schmutzige Arbeit beenden, dann können wir schweigend zusammensitzen.«

Die Art, wie er sagte: »Laß uns erst diese schmutzige Arbeit beenden...«, bewies mir zur Genüge, daß hier ein Mann war, der zumindest wußte, was schmutzig ist: die Bürokratie und der unersättliche Amtsschimmel. Er schrieb schnell alles zu Ende, schloß das Registerbuch und sagte: »Okay, jetzt können wir schweigend zusammensitzen. Kann ich deine Hand halten?«

Das hatte ich von einem Lehrer nicht erwartet, und so sagte ich: »Entweder stimmt das, was die Leute sagen – nämlich daß du verrückt bist – oder es stimmt, was ich fühle: daß du der einzige vernünftige Lehrer in der ganzen Stadt bist.«

Er sagte: »Es ist besser, verrückt zu sein, das erspart einem manche Schwierigkeiten.«

Wir lachten und wurden Freunde. Dreißig Jahre lang, bis er starb, besuchte ich ihn immer wieder, einfach nur um mit ihm zusammenzusitzen.

Seine Frau sagte immer: »Ich dachte, mein Mann sei der einzige Verrückte im Ort. Das stimmt nicht; du bist auch verrückt. Ich frage mich«, sagte sie, »warum du diesen Verrückten besuchen kommst.« Und er *war* verrückt, in jeder Hinsicht.

Zum Beispiel sah man ihn zu Pferd zur Schule kommen. Das war in unserer Gegend nichts Schlimmes, aber rücklings im Sattel...? Wie ich das an ihm liebe! Auf einem Pferd zu sitzen, nicht wie alle Welt es tut, sondern rücklings, ist eine ganz eigene Erfahrung. Erst sehr viel später erzählte ich ihm die Geschichte, wie Mulla Nasruddin auch immer rücklings auf seinem Esel ritt.

Immer wenn seine Schüler mit ihm aus der Stadt hinauszogen, war ihnen das natürlich peinlich, um es gelinde zu sagen. Schließlich fragte einer der Schüler: »Mulla, alle Welt reitet auf einem Esel, daran ist nichts verkehrt. Du kannst ruhig auf einem Esel reiten, aber rücklings...? Der Esel geht in die eine Richtung, und du schaust in die entgegengesetzte Richtung – da lachen die Leute und sagen: ›Seht euch nur diesen verrückten Mulla an!‹ – Und uns ist das peinlich, weil wir deine Schüler sind.«

Mulla sagte: »Ich will es euch erklären. Ich kann nicht mit dem Rücken zu euch sitzen; das wäre respektlosig euch gegenüber. Ich kann doch nicht meine eigenen Schüler beleidigen – das kommt gar nicht in Frage. Es geht aber auch noch anders: Ihr könntet zum Beispiel vor meinem Esel herlaufen, mit dem Gesicht zu mir, aber das wäre sehr schwierig, und es wäre euch noch viel peinlicher. Natürlich würdet ihr mich dann ansehen, und von Respektlosigkeit wäre keine Rede, aber es wäre nicht leicht für euch, rückwärts zu laufen, und wir haben einen langen Weg vor uns.«

»Die einzig natürliche, und auch die leichteste Lösung ist also, daß ich umgekehrt auf dem Esel sitze. Dem Esel ist es egal, ob er euch sieht. Er kann sehen, wohin wir gehen, und kommt schon ans Ziel. Aber ich möchte euch nicht respektlos behandeln, und so ist es das Beste, ich setze mich rücklings auf den Esel.«

Es ist seltsam, aber Laotse pflegte ebenfalls rücklings auf seinem Büffel zu sitzen, vielleicht aus dem gleichen Grund. Aber von seiner Antwort ist nichts bekannt. Die Chinesen antworten nicht auf solche Fragen und stellen sie auch nicht. Sie sind sehr höfliche Leute, die sich immerzu voreinander verbeugen.

Ich war entschlossen, alles zu tun, was nicht erlaubt war. Zum Beispiel trug ich im College einen Kittel ohne Knöpfe und eine Pyjamahose. Einer meiner Professoren, Indrabahadur Khare... Ich weiß noch seinen Namen, obwohl er schon lange tot ist, aber wegen der Geschichte, die ich euch gleich erzählen werde, kann ich ihn nicht vergessen.

Er war der »Zeremonienmeister« im College. Wegen der vielen Preise, die ich dem College eintrug, beschloß er natürlich, daß ein Foto von mir gemacht werden müßte, mitsamt allen Medaillen, Trophäen und Plaketten. Wir gingen also ins Fotoatelier.

Dort jedoch erhob sich ein großes Problem, als er sagte: »Mach deine Knöpfe zu.«

Ich sagte: »Das geht nicht.«

Er sagte: »Wie? Kannst du deine Knöpfe nicht zumachen?«

Ich sagte: »Sieh doch selbst, die Knöpfe sind falsch – es gibt keine Knopflöcher. Man kann sie nicht zumachen. Ich mach' nicht gern Knöpfe zu, darum habe ich meinem Schneider Anweisung gegeben, keine Knopflöcher in meine Kleidungsstücke zu machen. Aber Knöpfe sind da, wie du sehen kannst, und sie werden auch auf dem Foto zu sehen sein.«

Er wurde so wütend! Er war nämlich sehr... wie sagt man: bedacht? – bedacht auf Kleidung und dergleichen, und so sagte er: »Dann können wir kein Foto machen.«

Ich sagte: »Gut, dann gehe ich wieder. «

Er sagte: »Nein, so meine ich es nicht«, denn er hatte Angst, ich würde ihm jetzt Probleme machen und vielleicht zum Direktor gehen. Er wußte genau, daß es kein Gesetz gab, welches verlangte, daß man seine Knöpfe zumachen muß, wenn man sich fotografieren läßt.

Ich erinnerte ihn mit den Worten daran: »Mach dich darauf gefaßt, morgen kommt das dicke Ende. Es gibt kein Gesetz, das es verbietet. Du kannst die ganze Nacht lesen und suchen und deine Hausaufgaben machen – morgen sehen wir uns im Zimmer des Direktors. Du mußt mir beweisen, daß man sein Foto nicht ohne geschlossene Knöpfe machen darf.«

Dieses Foto existiert noch. Einer meiner Brüder, mein vierter Bruder Nikalanka, hat von seiner frühesten Kindheit an alles gesammelt, was mich betrifft. Alle lachten ihn aus.

Sogar ich fragte ihn: »Nikalanka, warum machst du dir die Mühe, alles über mich zu sammeln?«

Er sagte: »Ich weiß nicht, aber tief in mir sagt eine Stimme, daß diese Dinge eines Tages gebraucht werden.«

Ich sagte: »Dann mach weiter. Wenn du das fühlst, mach weiter, laß dich nicht abhalten.«

Und Nikalanka ist es zu verdanken, daß ein paar Fotos aus meiner Kindheit gerettet wurden. Er hat Dinge gesammelt, die heute Bedeutung haben.

Er hat immer alles gesammelt. Sogar wenn ich etwas in den Papierkorb warf, stöberte er nach, ob ich etwas von mir Geschriebenes weggeworfen hatte. Egal, was es war, er hob es auf, weil es in meiner Handschrift war. Der ganze Ort hielt ihn für verrückt. Jemand sagte sogar zu mir: »Du bist verrückt, aber er scheint noch verrückter zu sein!«

Aber er liebte mich, wie kein anderer in meiner ganzen Familie mich liebte – obwohl mich alle liebten; nur keiner so wie er. Es kann gut sein, daß er das Foto noch hat, weil er immer alles sammelte. Ich kann mich entsinnen, es in seiner Sammlung gesehen zu haben – mit offenen Knöpfen. Und ich sehe noch die Gereiztheit auf dem Gesicht Indrabahadurs. Er war ein Mann, der in allem sehr eigen war, aber auch ich war ein Mann von eigenem Schlag.

Ich sagte zu ihm: »Schlag dir das Foto aus dem Sinn. Wer wird hier eigentlich fotografiert – du oder ich? Du kannst dich gern mit geschlossenen Knöpfen fotografieren lassen, aber ich mache nie meine Knöpfe zu, wie du weißt. Wenn ich sie für diese Foto zumachen würde, wäre es gelogen. Mach also entweder mein Foto oder vergiß die ganze Sache.«

Es war gut, wunderschön... aber seid vertikal! Auf mich ist horizontal nicht anwendbar. Gut. Wenn die Dinge so gut laufen, hört man besser auf. Und, Geet Bharti, es ist schön, aber genug. Raj Bharti, hilf ihm. Yashu Bharti, tu dein Bestes. Ich würde liebend gern weitermachen, aber die Zeit ist abgelaufen. Irgendwann muß man sich zurückziehen.

Macht Schluß.

Anhang

Ihr könnt meine Mutter etwas fragen, denn sie ist zufällig hier. Nach meiner Geburt habe ich drei Tage lang keine Milch getrunken, und sie waren alle beunruhigt, besorgt. Die Ärzte waren besorgt, denn wie sollte dieses Kind überleben, wenn es die Milch einfach verweigerte? Aber sie hatten keine Ahnung von meiner Schwierigkeit, davon, in welche Schwierigkeiten sie mich brachten. Sie versuchten, mich auf alle mögliche Weise zu zwingen. Und es gab keine Möglichkeit, es ihnen zu erklären, oder daß sie es womöglich selbst herausgefunden hätten.

In meinem letzten Leben habe ich vor meinem Tod gefastet. Ich wollte eine einundzwanzigtägige Fastenkur beenden, aber ich wurde ermordet, ehe mein Fasten zu Ende war, drei Tage vorher. Diese drei Tage blieben in meinem Bewußtsein, sogar bei dieser Geburt, ich mußte mein Fasten beenden. Ich bin wirklich standhaft! Ansonsten trägt man nichts von einem Leben in das andere. Wenn ein Kapitel einmal abgeschlossen ist, ist es abgeschlossen.

Aber drei Tage lang schafften sie es nicht, irgend etwas in meinen Mund zu bringen, ich verweigerte einfach alles. Aber nach drei Tagen ging es mir bestens, und sie waren alle überrascht: »Warum hat er drei Tage alles abgelehnt? Er war nicht krank, es gab kein Problem, und nach drei Tagen ist er völlig normal.« Es ist ihnen immer ein Rätsel geblieben.

Ich habe nichts gemacht, ich habe einfach nur fortgesetzt, was ich in meinem letzten Leben getan habe. Und das ist der Grund, weshalb ich in meiner Kindheit für verrückt gehalten wurde, exzentrisch, weil ich nie eine Erklärung gab, warum ich etwas tun wollte. Ich sagte einfach: »Ich möchte das tun. Es gibt für mich Gründe, warum ich das tue, aber ich kann euch die Gründe nicht nennen, weil ihr sie nicht verstehen könnt.«

Mein Vater sagte dann gewöhnlich: »Ich kann das nicht verstehen, und du kannst es?«

Ich antwortete: »Ja, es ist etwas, das zu meiner inneren Erfahrung gehört. Es hat nichts mit deinem Alter zu tun, mit der Tatsache, daß du mein Vater bist. Du kannst natürlich viel mehr verstehen als ich verstehen kann, aber dies ist etwas, das in mir ist, nur ich kann da rankommen, du kannst das nicht.«

Und er sagte dann einfach nur: »Du bist unmöglich.«

Ich sagte: »Wenn das jeder akzeptieren würde, wäre das eine große Erleichterung. Akzeptiert mich einfach als unmöglich, so daß ich kein Problem mehr für euch bin, und ich muß mich nicht mehr anstrengen, euch alles mögliche zu erklären. Ich tue, was ich tue. Es gibt keine Möglichkeit, daran etwas zu ändern. Für mich ist es absolut. Es geht nicht darum, daß ihr mir Erlaubnis gebt oder nicht.«

So machte ich es also meistens: Was ich auch tun wollte – ich tat es.

Ich kann den Tag nicht vergessen – es gibt ein paar Dinge, die keinen logischen Sinn machen und bedeutungslos sind, aber irgendwie in unserer Erinnerung hängen bleiben. Wir können nicht verstehen, aus welchem Grunde sie da sind, denn tausenderlei Sachen sind passiert, die viel wichtiger sind, viel bedeutungsvoller, und sie sind alle weg. Aber ein paar unbedeutende Dinge – wir wissen nicht warum, aber sie sind geblieben – sie haben eine Spur hinterlassen.

Ich erinnere mich an eine dieser Begebenheiten. Ich kam aus

der Schule – meine Schule war fast eine Meile von meinem Haus entfernt. Auf genau halbem Wege war ein riesiger Bo-Baum. Ich ging jeden Tag mindestens viermal an diesem Baum vorbei: Wenn ich zur Schule ging, dann am Mittag, wenn ich zum Mittagessen nach Hause kam, dann, wenn ich wieder zur Schule ging, dann, wenn ich nach Hause zurückkehrte. Ich war also viele tausend Male an diesem Baum vorbeigegangen, aber an dem Tag geschah etwas.

Es war ein heißer Tag, und als ich nahe an den Baum herankam, schwitzte ich. Ich ging unter den Baum, und es war so kühl, daß ich ohne nachzudenken, eine Weile stehenblieb, nicht wissend warum. Ich ging einfach nahe an den Baumstamm heran, setzte mich dahin und fühlte den Baumstamm. Ich kann nicht ausdrücken, was geschah, aber ich war so überglücklich, als ob irgend etwas zwischen dem Baum und mir vorging. Die Kühle allein konnte nicht die Ursache sein, denn oft, wenn ich schwitzte, war ich durch die Kühle des Baumes hindurchgegangen. Auch vorher schon war ich stehengeblieben, aber niemals zuvor bin ich zu dem Baum hingegangen und habe ihn berührt und dort gesessen, als ob ich einen alten Freund treffen würde.

Jener Augenblick hat seinen Glanz behalten wie ein Stern. So viel ist in meinem Leben geschehen, aber ich habe nicht das Gefühl, daß dieser Moment irgendwie verblaßt, er ist immer noch da. Wann immer ich zurückblicke, er ist immer noch da. Weder an jenem Tag war mir voll bewußt, was geschehen war, noch kann ich es heute sagen, aber irgend etwas hatte sich ereignet. Und von dem Tag an war da eine besondere Beziehung zu dem Baum, die ich vorher nicht gespürt hatte, nicht einmal mit einem menschlichen Wesen. Ich wurde vertrauter mit jenem Baum als mit irgend jemandem sonst in der ganzen Welt. Es wurde mir zur Gewohnheit: immer, wenn ich an dem Baum vorbeikam, setzte ich mich ein paar Sekunden oder ein paar Minuten, nur um ihn zu fühlen. Ich kann es immer noch spüren – irgend etwas wuchs beständig zwischen uns.

An dem Tag, als ich die Schule verließ und in eine andere Stadt zog, um auf die Universität zu gehen, verabschiedete ich mich von meinem Vater, meiner Mutter, meinen Onkeln und meiner ganzen Familie. Ich war nicht der Typ, der leicht schreit oder weint. Selbst, wenn ich schwer bestraft worden war, das Blut vielleicht aus meinen Händen quoll, kamen Tränen nicht in meine Augen.

Mein Vater sagte dann gewöhnlich: »Hast du Tränen in den Augen oder nicht?« Ich sagte: »Du kannst meine Hände zum Bluten bringen, aber du kannst mich nicht zwingen, zu schreien und zu weinen. Und warum sollte ich? – Denn was du da tust, ist absolut richtig. Ich habe etwas gemacht, wohl wissend, was die Folge davon ist. Ich lüge nie, also ist es nicht möglich, der Strafe zu entgehen. Was sollen die Tränen?«

Aber als ich zu dem Baum ging, um »Auf Wiedersehen« zu sagen, fing ich an zu weinen. Das ist das einzige Mal in meinem ganzen Leben, an das ich mich erinnern kann, ansonsten sind mir Tränen absolut unbekannt. In meiner Kindheit starb eine meiner Schwestern, diejenige, die ich lieber hatte als alle anderen Brüder und Schwestern. Und in Indien hat man Brüder und Schwestern im Dutzend. Ich hänselte meinen Vater gern: »Wie kommt es, daß du es verpaßt hast, das Dutzend voll zu machen? Denn du hast nur elf Kinder, du solltest ein bißchen mathematisch sein, nur noch ein Kind!«

Und er sagte: »Du bist mein Sohn, aber trotzdem versuchst du, mit mir einen Witz zu machen.«

Ich sagte: »Ich mache keine Witze, ich sage nur, daß es so leicht ist, jemandem zu sagen: ›Ein Dutzend!‹ – und genau das habe ich getan. Wenn mich jemand fragt: ›Wieviele Kinder habt ihr?‹, sage ich: ›Ein Dutzend‹. Das ist einfacher. Du hast es unnötigerweise kompliziert gemacht: elf! Entweder hättest du bei zehn aufhören sollen – das scheint vollständig zu sein – oder zwölf, das ist auch vollständig. Aber elf? – Was für eine Zahl ist das?«

Von diesen zehn Geschwistern liebte ich am meisten die eine, die starb, als ich sehr jung war. Ich muß fünf Jahre alt gewesen sein, und sie muß drei Jahre alt gewesen sein. Aber selbst dann habe ich nicht geweint. Ich war überrascht und geschockt. Jeder weinte, und sie dachten alle, daß ich einen Schock hätte, weil ich meine Schwester am meisten liebte. Jeder in meiner ganzen Familie wußte, daß ich sie am meisten liebte. Sie dachten vielleicht, daß wegen des Schocks keine Tränen kamen, aber das war nicht so.

Als mein Großvater, der Vater meiner Mutter, starb, habe ich nicht geweint, und bei ihm bin ich aufgewachsen! An meinem Geburtstag brachte er immer einen Elefanten von einer nahegelegenen Stadt... Elefanten in Indien, in jenen Tagen, wurden entweder von Königen gehalten – denn sie sind sehr teuer: die Unterhaltung, das Futter und die Fürsorge, die ein Elefant erfordert –, oder von Heiligen.

Zwei Typen von Menschen pflegten sie zu haben. Die Heiligen konnten Elefanten haben, denn sie hatten so viele Anhänger; genauso wie die Anhänger sich um die Heiligen kümmerten, kümmerten sie sich um den Elefanten. In der Nähe war ein Heiliger, der einen Elefanten hatte, so pflegte mein Großvater – mütterlicherseits – den Elefanten zu meinem Geburtstag herzubringen. Er setzte mich dann auf den Elefanten, mit zwei Beuteln, einen an jeder Seite, voll mit Silbermünzen, und ich ritt durch das Dorf und warf die Silbermünzen. So pflegte er meinen Geburtstag zu feiern. Wenn ich erst einmal losgeritten war, kam er in seinem Ochsenkarren mit mehr Rupien hinter mir her und sagte fortwährend: »Sei nicht geizig, ich habe genug. Du kannst nicht mehr auswerfen als ich habe. Mach weiter!«

Natürlich folgte das ganze Dorf dem Elefanten. Es war ja kein großes Dorf, nicht mehr als zwei- oder dreihundert Leute im ganzen Dorf, also ritt ich durch das Dorf, die einzige Straße im Dorf. Er schaffte es auf jeden Fall, mir die Vorstellung zu geben, daß ich zu einer königlichen Familie gehöre.

Er liebte mich so sehr, daß es für mich unmöglich war, krank zu werden. Nun, wir haben keine Macht über Krankheiten, aber wir können es fertigbringen, nichts davon zu sagen. Er geriet in eine solche Panik, wenn ich nur ein wenig Kopfschmerzen hatte. Er geriet in solche Panik, daß er sein Pferd holte und zum nächsten Doktor ritt und den Doktor herholte. Es war so schlimm, viel schlimmer als die Kopfschmerzen, also schwieg ich lieber, sagte nichts davon. Sogar als er in meinem Schoß starb, kamen keine Tränen. Selbst ich hatte Verdacht, daß ich vielleicht gar keine Tränendrüsen hätte.

Aber an dem Tag, als ich von dem Bo-Baum Abschied nahm, weinte ich zum ersten und zum letzten Mal. Es bleibt immer ein lichterfüllter Ort. Und als ich weinte, war ich mir absolut sicher, daß Tränen auch in den Augen des Baumes waren, obgleich ich die Augen nicht sehen konnte, die Tränen nicht sehen konnte. Aber ich konnte sie fühlen – als ich den Baum berührte, konnte ich die Traurigkeit fühlen, und ich konnte eine Segnung, ein Auf Wiedersehen spüren. Und es war mit Sicherheit meine letzte Begegnung, denn als ich nach einem Jahr wiederkam, war der Baum aus irgendeinem dummen Grunde gefällt und weggebracht worden.

Der dumme Grund war, daß sie eine kleine Gedächtnissäule errichten wollten, und das war der schönste Platz in der Mitte der Stadt! Das geschah für einen Dummkopf, der reich genug war, um alle Wahlen zu gewinnen und Präsident des städtischen Ausschusses zu werden. Er war mindestens fünfunddreißig Jahre Präsident gewesen, die längste Zeit, die jemand Präsident in der Stadt gewesen war. Jeder war zufrieden mit seiner Präsidentschaft, denn er war so dumm, man konnte wer weiß was tun, und er würde sich in keiner Weise einschalten.

Man konnte sein Haus in der Mitte der Straße bauen, ihn kümmerte das nicht, man mußte ihm nur seine Stimme geben. Die ganze Stadt war also zufrieden mit ihm, denn jeder hatte so viel Freiheit. Der städtische Ausschuß, die Mitglieder, die Angestellten und Sekretäre – alle waren mit ihm zufrieden. Jeder wollte ihn gern bis in alle Ewigkeit als Präsidenten behalten, aber selbst Dummköpfe müssen einmal sterben, zum Glück. Aber sein Tod war ein Unglück, denn sie suchten nach einem Platz, wo sie eine Gedächtnisstätte für ihn errichten könnten, und sie zerstörten den Bo-Baum. Jetzt steht sein Marmorstein dort anstelle eines lebenden Bo-Baumes.

Ich vergesse nichts, aber es gibt so vieles zu sagen, und Sprache ist eindimensional. Sie ist linear – man kann nur in eine Richtung gehen – und Erfahrung ist vieldimensional, sie bewegt sich in Tausenden von Richtungen. Das Problem mit sogenannten

Rednern ist, was sagen? Mein Problem ist, was *nicht* sagen, denn da wartet so viel, gesagt zu werden, klopft von allen Seiten an und fragt: »Laß mich rein.« So drifte ich ab... aber seid nicht schüchtern, mich zu erinnern.

Ein Astrologe hatte versprochen, an meinem Geburtshoroskop zu arbeiten. Er starb, bevor er das getan hatte, also mußte sein Sohn das Horoskop ausarbeiten. Aber er war auch verstört. Er sagte: »Es ist fast sicher, daß dieses Kind mit einundzwanzig Jahren sterben wird. Alle sieben Jahre wird es sich dem Tod gegenüber sehen.«

Deshalb waren meine Eltern, meine Familie immer in Sorge über meinen Tod. Jedesmal, wenn ein neuer Sieben-Jahres-Zyklus begann, bekamen sie Angst. Und er hatte recht. Im Alter von sieben überlebte ich, aber ich hatte eine tiefe Erfahrung von Tod – nicht meines eigenen Todes, aber der meines Großvaters mütterlicherseits. Ich war so sehr mit ihm verbunden, daß sein Tod mein eigener zu sein schien. Auf meine eigene kindliche Art imitierte ich seinen Tod. Ich mochte drei Tage lang nichts essen, trank kein Wasser – denn ich fühlte, wenn ich das tun würde, wäre da ein Verrat.

Ich liebte ihn so sehr; er liebte mich so sehr, daß ich zu seinen Lebzeiten nie zu meinen Eltern gehen durfte. Ich war bei meinem Großvater mütterlicherseits. Er sagte: »Wenn ich sterbe, erst dann kannst du gehen.« Er wohnte in einem sehr kleinen Dorf, also konnte ich zu keiner Schule gehen, denn es gab keine Schule. Er hätte mich niemals verlassen, aber dann kam die Zeit, da er starb. Er war mein Ein und Alles. Ich war mit seiner Gegenwart, seiner Liebe gewachsen.

Als er starb, dachte ich, daß es ein Verrat sein würde, zu essen: »Jetzt will ich nicht leben...«; es war kindisch, aber dadurch passierte etwas sehr Tiefes. Drei Tage lang blieb ich liegen, ich kam nicht aus dem Bett. Ich sagte: »Wenn er tot ist, will ich nicht leben.« Ich lebte weiter, aber diese drei Tage wurden zu einer Todeserfahrung. Ich starb in gewisser Weise und es wurde mir klar – jetzt kann ich darüber sprechen, obgleich es damals nur eine vage Erfahrung war – ich bekam das Gefühl, daß Tod unmöglich ist. Dies war ein Gefühl.

Dann, als ich vierzehn Jahre alt war, mußte meine Familie wieder befürchten, daß ich sterben würde. Wieder lebte ich weiter, aber dann versuchte ich es wieder bewußt. Ich sagte zu ihnen: »Wenn der Tod eintreten wird, wie der Astrologe gesagt hat, dann ist es besser, vorbereitet zu sein. Und warum dem Tod eine Chance geben? Warum sollte ich mich nicht aufmachen und ihm auf halbem Wege begegnen? Wenn ich schon sterben muß, dann ist es besser, bewußt zu sterben.«

Also ließ ich mich für sieben Tage von der Schule beurlauben. Ich ging zu meinem Direktor und sagte ihm: »Ich werde sterben.«

Er sagte: »Was redest du da für einen Unsinn! Willst du Selbstmord begehen? Wie meinst du das – du wirst sterben?«

Ich erzählte ihm von den Voraussagen des Astrologen, daß ich alle sieben Jahre mit der Möglichkeit des Todes konfrontiert werden würde. Ich sagte zu ihm: »Ich ziehe mich sieben Tage zurück, um auf den Tod zu warten. Wenn der Tod kommt, ist es gut, ihm bewußt zu begegnen, so daß es eine Erfahrung wird.«

Ich ging zu einem Tempel, der eben außerhalb des Dorfes war. Ich machte mit dem Priester aus, daß er mich nicht stören würde. Es war ein sehr einsamer, unbesuchter Tempel – alt, in Ruinen. Niemand kam jemals dorthin. So sagte ich ihm: »Ich werde im Tempel bleiben. Gib mir nur einmal am Tag etwas zu essen und etwas zu trinken, und den ganzen Tag werde ich dort liegen und auf den Tod warten.«

Ich wartete sieben Tage. Diese sieben Tage wurden zu einer wunderbaren Erfahrung. Der Tod kam nicht. Aber meinerseits versuchte ich auf jegliche Weise tot zu sein. Eigenartige, seltsame Gefühle kamen hoch. Alles mögliche passierte, aber der Grundton war dieser – daß, wenn du fühlst, daß du sterben wirst,du ganz ruhig und still wirst. Nichts macht dann mehr Sorgen, denn alle Sorgen haben mit dem Leben zu tun. Das Leben ist der Grundstein für alle Sorgen. Wenn wir sowieso eines Tages sterben müssen, warum sich Sorgen machen?

Ich lag da. Am dritten oder vierten Tag schlich sich eine Schlange in den Tempel. Sie war gut zu sehen. Ich sah die Schlange, aber ich hatte keine Angst. Plötzlich hatte ich ein eigenartiges Gefühl. Die Schlange kam immer näher und ich hatte ein eigenartiges Gefühl. Es war keine Angst. So dachte ich: »Wenn der Tod kommt, dann kommt er vielleicht durch diese Schlange, also warum Angst haben? Warte ab!«

Die Schlange kroch über mich hinweg und verschwand. Die Angst war weg. Wenn wir den Tod annehmen, gibt es keine Angst. Wenn wir am Leben hängen, dann gibt es jede Angst.

Oft kamen Fliegen zu mir. Sie flogen umher, sie krochen über mich, auf mein Gesicht. Manchmal störten sie mich und ich hätte sie gerne abgeschüttelt, aber dann dachte ich: »Was soll das? Früher oder später werde ich sterben, und dann wird niemand hier sein, um den Körper zu schützen. Laß sie also, wie sie wollen.«

Sobald ich beschlossen hatte, sie so zu lassen, wie sie wollten, störten sie mich nicht mehr. Sie waren immer noch auf dem Körper, aber es war, als ob ich nichts mit ihnen zu tun hätte. Es war, als ob sie sich auf einem anderen Körper bewegten, krochen. Es war da sofort eine Distanz. Wenn wir den Tod annehmen, ist eine Distanz geschaffen. Das Leben tritt weit zurück mit allen seinen Sorgen, Störungen – alles.

Ich starb in einer gewissen Weise, aber ich erfuhr, daß es etwas Todloses gibt. Wenn wir den Tod erst einmal voll akzeptieren, wird uns das bewußt.

Dann wieder im Alter von einundzwanzig Jahren, meine Familie wartete. So sagte ich ihnen: »Warum wartet ihr immerzu? Wartet nicht! Jetzt werde ich nicht sterben.«

Physisch werde ich natürlich eines Tages sterben. Wie dem auch sei, die Voraussagen des Astrologen haben mir sehr geholfen, den er hat mich schon sehr früh auf den Tod aufmerksam gemacht. Ständig konnte ich meditieren und konnte akzeptieren, daß er kommen würde.

Eines Tages schnürte mein Vater alle meine *salwars* und meine *kurtas* und meine drei türkischen Kappen in einem Bündel zusammen und ging in das Untergeschoß, in den Keller und packte alles irgendwohin, wo schon viele verschiedene Sachen waren – kaputt, nutzlos. Ich konnte nichts finden, so daß ich, als ich aus dem Badezimmer kam, einfach nackt, mit geschlossenen Augen in unseren Laden ging. Beim Hinausgehen sagte mein Vater: »Warte! Komm herein! Zieh dir etwas an!«

Ich sagte: »Bringe meine Kleider, wo immer sie sind!«

Er sagte: »Ich hätte niemals gedacht, daß du das tun würdest. Ich dachte, du würdest dich umsehen und nach der Kleidung suchen. Und du würdest sie nicht finden, denn ich habe sie an einen Ort gebracht, wo du sie nicht finden kannst. Dann würdest du natürlich die normale Kleidung tragen, die du eigentlich tragen solltest. Ich dachte niemals, daß du so handeln würdest.«

Ich sagte: »Ich handle direkt. Ich halte nichts von unnötigem Gerede. Ich habe nicht einmal jemanden gefragt, wo meine Kleidung ist. Warum sollte ich fragen? Meine Nacktheit wird den selben Zweck erfüllen.«

Er sagte: »Hier hast du deine Kleidung und niemand wird mehr davon reden, aber bitte lauf nicht nackt herum, denn das wird mehr Aufsehen erregen – daß der Sohn eines Tuchhändlers nichts zum Anziehen hat. Du bist schon verrufen und du wirst uns auch noch in Verruf bringen: ›Seht das arme Kind an!‹ Jeder wird denken, daß wir dir nichts zum Anziehen geben.«

Da sie aufgehört hatten und ich schließlich mit der Schule fertig war, legte ich diese Kleidung ab. Als ich die Stadt verließ, kleidete ich mich anders und paßte mich meinem College-Leben an. Ich hatte herausgefunden, daß es in dem ersten College, in das ich ging, einen Kappenzwang gab – man durfte nic ht ohne Kappe kommen. Das war eine großartige Idee. Man mußte gut gekleidet kommen: Schuhe, Knöpfe geschlossen, mit einer Kappe.

Ich kam dorthin ohne Knöpfe, ohne Kappe, mit meinen hölzernen Sandalen – und sofort wurde ich eine Berühmtheit.

Der Direktor ließ mich sofort kommen. Er fragte: »Was soll das?« Ich sagte: »Dies ist nur ein Mittel, um ihnen vorgestellt zu werden. Es könnte sonst Jahre dauern. Wer interessiert sich schon für einen Studenten im ersten Semester?«

Er sagte: »Du verbindest damit eine Idee, aber es ist nicht erlaubt. Du wirst eine Kappe tragen müssen und die Knöpfe müssen geschlossen sein!«

Ich sagte: »Sie müssen mir die wissenschaftlichen Gründe für das Tragen einer Kappe beweisen. Hilft das irgendwie die Intelligenz zu steigern? Dann kann ich sogar einen Turban tragen – warum eine Kappe? – Wenn das die Geisteskraft steigert…Tatsache ist aber, daß die meisten Dummköpfe in Indien im Punjab leben und die tragen einen Turban, festgewickelt. Vielleicht sind sie die Einzigen in der ganzen Welt, die den Turban so fest gewickelt tragen. Ihr Verstand ist vollständig eingesperrt, erledigt! Und die intelligentesten Leute in Indien sind die Bengalen, die keine Kappen tragen.« Ich sagte: »Sagen sie mir nur, was die fundamentalen wissenschaftlichen Gründe sind, daß ich eine Kappe tragen muß!«

Er sagte: »Das ist merkwürdig – niemand hat je nach den fundamentalen, wissenschaftlichen Gründen für Kappen gefragt. Es ist einfach unsere Tradition auf diesem College.«

Ich sagte: »Ich kümmere mich nicht um die Tradition. Wenn die Tradition unwissenschaftlich ist und die Intelligenz der Leute zerstört, bin ich der erste, der dagegen rebelliert. Und bald werden sie sehen, daß Kappen von diesem College verschwunden sind, denn ich werde Leuten sagen: ›Seht, Bengalen haben die höchste Intelligenz und sie tragen keine Kappen.‹ In Indien sind zwei Nobelpreise an Bengalen vergeben worden. An Punjabis… glaube ich nicht, daß jemals in Zukunft ein einziger Nobelpreis vergeben wird. Ich werde die Bewegung verbreiten. Aber wenn sie schweigen und mir erlauben, so zu sein wie ich bin, werde ich keine Unannehmlichkeiten machen. Andernfalls wird eine Bewegung in Gang kommen. Sie werden dann Freudenfeuer, brennende Kappen vor ihrem Büro sehen.«

Er sah mich an und sagte: »In Ordnung, bereite keine Unannehmlichkeiten, mach nur so weiter wie du bist. Aber ich werde in Schwierigkeiten kommen, denn früher oder später werden andere fragen: ›Warum haben sie ihm denn das erlaubt?‹«

Ich sagte: »Tatsache ist, daß – wären sie ein ehrlicher Mann – sie selbst aufhören sollten, die Kappe zu tragen, weil sie keine wissenschaftlichen Gründe dafür haben. Oder, sagen sie jedem, der kommt, er möge wissenschaftliche, fundamentale Gründe dafür finden, daß das irgendwie der Intelligenz hilft. Das College ist da, um der Intelligenz der Leute zu helfen, sie sollte geschärft werden. In welcher Weise hilft die Kappe? Sie sperrt ein.«

Aber er sagte: »Wenigsten Knöpfe.«

Ich sagte: »Ich mag sie nicht. Ich mag es, wenn die Luft direkt an meine Brust kommt. Ich genieße das. Ich mag keine Knöpfe. Und nirgendwo in ihren College-Gesetzen ist eine Kappe erwähnt. Also muß ich wissenschaftliche Gründe für die Kappe haben. Nirgendwo ist erwähnt, daß man Knöpfe haben muß.«

Aber niemand dort hatte jemals daran gedacht, daß Leute ohne Knöpfe zum College kommen könnten.

Meine Mutter hat mir gerade gestern erzählt... und Vivek hat sie zum ersten Mal nach langer Zeit so lebhaft sprechen hören, sonst sind ihre Fragen immer in ein bis zwei Sätzen zu beantworten: ja oder nein, und das Gespräch ist zu Ende. Aber gestern hat sie lange gesprochen, und sie war sehr lebhaft also fragte Vivek mich: »Was hat deine Mutter dir erzählt?«

Ich sagte ihr, daß sie sich an ein paar Sachen erinnert hatte. Ich habe ihr noch nicht gesagt, was sie mir erzählt hat, denn es war eine lange Geschichte. Sie hat mir erzählt, daß ein Wunder geschah, als ich fünf Monate in ihrem Bauch war.

Sie war vom Haus meines Vaters zum Haus ihres Vaters gegangen, und es war die Regenzeit. Es ist in Indien Sitte, daß das erste Kind im Hause des Vaters mütterlicherseits geboren wird. Obgleich also Regenzeit war und alles sehr schwierig – keine Straßen, und sie mußte auf einem Pferd reiten – je eher sie ging, umso besser; wenn sie länger gewartet hätte, wäre es noch schwieriger geworden, also ging sie mit einem ihrer Vetter.

Auf halber Strecke war ein großer Fluß, der Narmada. Er hatte Hochwasser. Als sie das Boot erreichten, sah der Bootsmann, daß meine Mutter schwanger war, und er fragte den Vetter meiner Mutter: »Wie gehört ihr zusammen?«

Ihm war nicht bewußt, daß er in Schwierigkeiten kommen würde, so sagte er einfach: »Wir sind Bruder und Schwester.«

Der Bootsmann lehnte ab; er sagte: »Ich kann euch nicht übersetzen, denn deine Schwester ist schwanger – das heißt, ihr seid nicht zwei, sondern drei.«

In Indien ist es Sitte, eine alte Sitte – vielleicht begann es in Krishnas Tagen – daß man mit dem Sohn seiner Schwester nicht auf dem Wasser fahren sollte, besonders nicht in einem Boot. Es besteht die Gefahr, daß das Boot sinkt.

Der Bootsmann sagte: »Welche Garantie gibt es, daß das Kind im Bauch deiner Schwester ein Mädchen ist und kein Junge? Wenn es ein Junge ist, will ich das Risiko nicht eingehen, denn es ist nicht nur eine Frage meines Lebens – sechzig weitere Leute fahren auch noch mit. Entweder kannst du mitfahren oder deine Schwester – beide nehme ich nicht mit.«

Auf beiden Seiten waren Berge und Dschungel, und das Boot fuhr nur einmal am Tag. Am Morgen fuhr es ab – und der Fluß ist an der Stelle wirklich breit – und am Abend kam es zurück. Am nächsten Morgen fuhr es wieder los, das selbe Boot. Also entweder mußte meine Mutter auf dieser Seite bleiben, was gefährlich war, oder allein auf die andere Seite fahren, was ebenso gefährlich war. Drei Tage lang fragten sie ihn, baten ihn, sagten, daß sie schwanger sei, und er möge doch so nett sein.

Er sagte: »Ich kann nichts dafür, das geht nicht. Wenn ihr mir eine Garantie geben könnt, daß es kein Junge ist, kann ich euch mitnehmen, aber wie könnt ihr mir eine Garantie geben?«

Also mußten sie dort drei Tage in einem Tempel bleiben. In dem Tempel lebte ein Heiliger – sehr berühmt in der Gegend in jenen Tagen. Jetzt ist um den Tempel herum eine Stadt entstanden, in Erinnerung an den Heiligen Saikheda. ›Saikheda‹ heißt ›Das Dorf des Heiligen‹. ›Sai‹ heißt ›der Heilige‹; er wurde bekannt als Sai Baba. Es ist nicht der selbe Sai Baba, der weltberühmt wurde – Sai Baba von Shirdi –, aber sie waren Zeitgenossen.

Sai Baba von Shirdi wurde durch den simplen Zufall weltberühmt, daß Shirdi in der Nähe von Bombay liegt, und alle Berühmtheiten von Bombay und die reichen Leute von Bombay gingen zu Sai Baba von Shirdi. Und weil Bombay ein Weltzentrum ist, erreichte Sai Baba von Shirdis Name bald das Ausland, und viele Wunder entstanden um ihn.

Die Situation war die gleiche mit diesem Sai Baba, der in dem Tempel lebte. Schließlich mußte meine Mutter Sai Baba fragen: »Kannst du etwas machen? Seit drei Tagen sind wir hier. Ich bin schwanger, und mein Vetter hat dem Bootsmann gesagt, er sei mein Bruder, und er nimmt uns nicht mit in dem Boot. Also, wenn du nichts tust, dem Bootsmann nichts sagst, sind wir aufgeschmissen. Was tun? Mein Bruder kann mich hier nicht allein lassen, ich kann nicht allein auf die andere Seite fahren. Auf beiden Seiten sind wilde Dschungel und Wälder, und ich würde mindestens vierundzwanzig Stunden allein warten müssen.«

Ich habe Sai Baba nie getroffen, aber irgendwie habe ich ihn doch getroffen; ich war fünf Monate alt. Er hat nur mal den Bauch meiner Mutter berührt.

Meine Mutter sagte: »Was tust du da?«

Er sagte: »Ich berühre die Füße deines Kindes.«

Der Bootsmann sah das und sagte: »Was tust du da, Baba? Du hast niemals irgendjemandes Füße berührt.«

Und Baba sagte: »Dies ist nicht irgend jemand; und du bist dumm, du solltest sie auf die andere Seite bringen. Mach dir keine Sorgen. Die Seele, die in diesem Bauch ist, ist in der Lage, Tausende von Leuten zu retten, mach dir also um die sechzig Leute keine Sorgen, nimm sie mit!«

Meine Mutter erzählte mir: »Damals wurde mir bewußt, daß ich jemand Besonderes trug.«

Ich sagte: »Soweit ich verstehe, war Sai Baba ein weiser Mann: er hat den Bootsmann richtig rumgekriegt. Da ist kein Wunder, da ist nichts. Und Boote sinken nicht, nur weil jemand mit dem Sohn seiner Schwester reist. Die Idee ist völlig irrational, sie ist geradezu absurd. Vielleicht ist es irgendwann einmal zufällig passiert, und dann wurde es zur fixen Idee.«

Mein eigenes Verständnis davon ist: In Krishnas Leben hatten die Astrologen dem Bruder von Krishnas Mutter gesagt: »Eines der Kinder deiner Schwester wird dich töten«; und so hielt er seine Schwester und seinen Schwager im Gefängnis fest. Sie gebar sieben Kinder, sieben Jungen, und er tötete sie alle. Das achte war Krishna, und natürlich, als Gott selbst geboren wurde, öffneten sich die Schlösser des Gefängnisses, und die Wächter fielen in tiefen Schlaf, und Krishnas Vater brachte ihn hinaus.

Der Fluß Yamuna war die Grenze von Kansas Königreich. Kansa war derjenige, der die Söhne seiner Schwester getötet hatte – aus Angst, daß einer der Söhne ihn töten würde. Der Yamuna hatte Hochwasser, und er ist einer der größten Flüsse Indiens. Krishnas Vater hatte große Angst, aber irgendwie mußte das Kind auf die andere Seite gebracht werden, zu dem Haus eines Freundes, dessen Frau ein Mädchen geboren hatte, so daß er sie austauschen konnte. Er konnte das Mädchen mitnehmen, denn am nächsten Morgen würde Kansa da sein und fragen: »Wo ist das Kind?« und planen, es zu töten. Ein Mädchen würde er nicht töten – es mußte ein Junge sein.

Aber wie diesen Fluß überqueren? Es gab in der Nacht kein Boot, dennoch mußte er überquert werden. Aber wenn Gott Schlösser ohne Schlüssel öffnen kann, ohne daß jemand sie öffnet, – sie öffneten sich einfach, die Tore öffneten sich, die Wächter schliefen ein – Gott würde etwas tun.

Also legte er das Kind in einen Eimer auf seinem Kopf und schritt durch den Fluß – so ähnlich wie es Moses ergangen war, als sich das Meer teilte. Dieses Mal geschah es in der indischen Art. Es hätte Moses nicht passieren können, weil das Meer nicht indisch war, aber dieser Fluß war es.

Als er in den Fluß trat, begann das Wasser zu steigen. Er hatte große Angst: Was geschah da? Er hoffte, daß der Fluß abflauen würde, aber das Wasser stieg. Es stieg bis zu dem Punkt, wo es Krishnas Füße berührte, dann trat es zurück. Das ist die indische Art, das kann woanders nicht passieren. Wie kann der Fluß solch einen Punkt verpassen? Wenn Gott geboren ist und ihn durchschreitet, genügt es nicht, Platz zu machen, das ist keine feine Art.

Seit dieser Zeit gibt es die Vorstellung, daß ein gewisser Antagonismus zwischen einem Menschen und dem Sohn seiner Schwester besteht, denn Krishna tötete Kansa. Der Fluß war überquert, er sank; er hatte dem Kind seine Gunst erwiesen. Seitdem sind Flüsse den Onkeln mütterlicherseits böse, alle Flüsse in Indien. Und dieser Aberglaube existiert noch heute.

Ich sagte meiner Mutter: »Eins ist gewiß, daß Sai Baba ein weiser Mann gewesen sein muß und einigen Sinn für Humor gehabt hat. Aber das wollte sie nicht hören. Und es wurde im Dorf bekannt, was passiert war, und um das zu unterstützen, passierte nach einem Monat etwas anderes, das... Im Leben gibt es so viele Umstände, aus denen man Wunder machen kann. Wenn man erst einmal auf Wunder machen gekommen ist, dann kann jeder Umstand in ein Wunder umgewandelt werden.«

Nach einem Monat gab es eine große Überschwemmung, und vor dem Haus meiner Mutter war in der Regenzeit fast so etwas wie ein Fluß. Es gab da einen See und eine kleine Straße zwischen dem See und dem Haus, aber in der Regenzeit gab es so viel Wasser, daß die Straße vollständig zu einem Fluß wurde, und der See und die Straße miteinander verschmolzen. Das war fast ozeanisch; so weit man sehen konnte – nichts als Wasser! In jenem Jahr hatte Indien vielleicht die größten Überschwemmungen, die es je gegeben hat.

Überschwemmungen gibt es in Indien gewöhnlich jedes Jahr, aber in jenem Jahr konnte man etwas Eigenartiges beobachten: Flüsse kehrten auf einmal die Wasserströmung um. Die Regenfälle waren so stark, daß das Meer nicht in der Lage war, das Wasser so schnell aufzunehmen wie es kam – das Wasser an der Meeresfront war also gestaut, und es begann rückwärts zu fließen. Wo kleine Flüsse in große Flüsse münden, verweigerten die großen Flüsse das Wasser aufzunehmen, weil sie nicht einmal ihr eigenes Wasser halten konnten. Die kleinen Flüsse begannen rückwärts zu fließen.

Ich habe es nie gesehen, aber meine Mutter sagt, daß es eigenartig war, das Wasser rückwärts fließen zu sehen. Und es begann, in Häuser zu dringen; es drang in das Haus meiner Mutter ein. Es war ein zweistöckiges Haus, und das erste Stockwerk war voller Wasser. Dann drang es in das zweite Stockwerk. Jetzt gab es keinen Ort mehr, wohin sie sich flüchten konnten, also setzten sie sich alle auf die Betten, den höchstmöglichen Platz.

Aber meine Mutter sagte: »Wenn Sai Baba recht hatte, dann wird etwas geschehen.« Und es muß ein besonderer Umstand gewesen sein, daß das Wasser bis zum Bauch meiner Mutter gestiegen war und dann zurückging.

Diese zwei Wunder passierten, ehe ich geboren war, also habe ich nichts mit ihnen zu tun. Aber sie wurden bekannt. Als ich auf die Welt kam, war ich fast ein Heiliger im Dorf! Jeder achtete mich sehr – manche Leute berührten meine Füße, sogar alte Leute. Später erzählte man mir: »Das ganze Dorf hat dich als Heiligen betrachtet.«

Als ich wohl vier Jahre alt war, bin ich das einzige Kind im Hause gewesen – nichts zu tun, keine Schule, nirgendwo konnte ich hingehen. Mein Großvater mütterlicherseits hatte einen Vielzweckladen, mit allen möglichen Dingen. Das war der einzige Laden im Dorf, also alles mögliche… ein richtiger Miniaturmarkt war das, eher noch als ein Laden. Also fing ich an, mit Süßigkeiten und anderen Sachen zu spielen, und ich weiß nicht, wie es geschah, aber bald kamen unaufhörlich Leute, die krank waren, und es gab keinen Doktor, keinen Arzt, kein Krankenhaus, selbst Hunderte von Meilen entfernt nicht, kein Krankenhaus.

Irgendwie kam mir der Gedanke, daß ich den Leuten Medikamente geben könnte, wenn sie mich schon für einen Heiligen hielten und meine Füße berührten. Und die Medikamente waren nichts anderes als Mixturen von ein paar Süßigkeiten, gut gemahlen, pulverisiert und in Flaschen verschiedener Farben aufbewahrt. Und natürlich sterben Leute nicht, die Fieber oder Kopfschmerzen oder Bauchschmerzen haben. Und es ging ihnen immer besser. Sie wären in jedem Fall gesund geworden, das war kein Wunder, aber es wurde ein Wunder.

Mein Großvater sagte schließlich: »Du wirst mir meinen Laden verderben, jetzt ist er ein Krankenhaus. Den ganzen Tag kommen Leute, und manchmal muß ich sogar deine Medizin geben, und ich habe keine Ahnung, was diese Medikamente sind! Du machst mir meine Süßigkeiten und meinen Laden kaputt. Aber sie werden ja gesund, es schadet also nichts, mach nur weiter!«

Als ich nach sieben Jahren in mein Vaterhaus zog, gab ich das Geschäft mit den Süßigkeiten auf, aber Leute aus dem Dorf erinnerten mich daran, wenn sie zu Besuch kamen. Sie nannten mich bereits ›Doktor Sahib‹, und ich sagte ihnen: »Bitte macht hier keinen Gebrauch von dem Wort, denn ich habe den Beruf ganz und gar aufgegeben. Erstens: hier gibt es keine Süßigkeiten, mein Vater hat ein Stoffgeschäft, ich kann keine Medikamente aus Stoff machen. Und: hier weiß keiner, daß ich Wunder tun kann. Zuerst müssen die Leute das wissen, dann kann man Wunder vollbringen, sonst geht das nicht.«

Eines Tages war ich beim Spielen. Ich muß vier oder fünf Jahre alt gewesen sein, mehr nicht. Mein Vater rasierte sich gerade, als jemand an die Tür klopfte. Mein Vater sagte zu mir: »Geh mal hin und sage ihm: ›Mein Vater ist nicht zu Hause.‹«

Der Mann sagte: »Was? Er ist drinnen!«

Ich sagte: »Ja, Aber das hat er mir gesagt. Ich habe dir die ganze Wahrheit gesagt.«

Der Mann kam herein, und mein Vater sah mich an – was war da vorgefallen? Und der Mann war sehr verärgert, er sagte: »Das ist ja unerhört! Du hast mich zu dieser Zeit bestellt und du läßt durch deinen Jungen sagen, daß du weggegangen bist.«

Mein Vater fragte ihn: »Aber wie hast du erfahren, daß ich zu Hause bin?«

Er sagte: »Dieser Junge hat alles erzählt: ›Mein Vater ist zu Hause. Er rasiert sich gerade, und er hat mir gesagt, ich soll dir sagen, daß er weggegangen ist.‹«

Mein Vater sah mich an. Ich konnte verstehen; er sagte so viel wie: »Warte! Laß diesen Mann gehen, und ich werde dir's zeigen!«

Und ich sagte ihm: »Ich gehe, ehe dieser Mann weggeht.«

Er sagte: »Aber ich habe nichts zu dir gesagt.«

Ich sagte: »Ich habe alles verstanden.«

Ich sagte zu dem Mann: »Bleib du hier. Laß mich zuerst verschwinden, denn es wird Probleme für mich geben.«

Aber im Weggehen sagte ich zu meinem Vater: »Du bestehst immer darauf, daß ich die Wahrheit sage, also ...«, sagte ich, »dies ist eine Chance, wahrhaftig zu sein und zu testen, ob du wirklich von mir erwartest wahrhaftig zu sein, oder willst du nur versuchen, mir Schläue beizubringen?«

Natürlich verstand er, daß es besser war zu schweigen, zu diesem Zeitpunkt nicht mir zu streiten, denn wenn der Mann erst gegangen sein würde, müßte ich sowieso nach Hause kommen. Ich kam nach zwei oder drei Stunden, so daß er sich beruhigen konnte oder andere Leute da sein würden und kein Problem aufkommen würde. Er war allein. Ich ging rein, und er sagte: »Mach dir keine Sorgen – ich werde dir nie wieder so etwas sagen, du mußt mir vergeben.« Er war in dieser Hinsicht ein fairer Mann, wer sonst nimmt ein vier- bis fünfjähriges Kind ernst und bittet es – als Vater: »Vergib mir!«

Und er sagte sein ganzes Leben lang nie wieder etwas Derartiges. Er wußte, daß er mit mir anders umgehen mußte als mit anderen Kindern.

Mein Großvater liebte mich über alles, besonders wegen meiner Streiche. Selbst in seinem hohen Alter war er voller Streiche. Er mochte meinen Vater oder meine Onkel nie, denn sie waren alle gegen die Streiche dieses alten Mannes. Sie alle sagten zu ihm: »Du bist jetzt siebzig, und du solltest dich benehmen. Deine Söhne sind jetzt fünfzig, fünfundfünfzig, deine Töchter sind fünfzig, ihre Kinder sind verheiratet – ihre Kinder haben Kinder –, und du machst ständig Sachen, für die wir uns schämen müssen.«

Ich war der Einzige, mit dem er eng verbunden war, denn ich liebte den alten Mann – aus dem einfachen Grund, daß er seine Kindheit nicht verloren hatte, nicht einmal im Alter von siebzig Jahren. Er machte so viele Streiche wie jedes Kind. Und er spielte sogar seinen eigenen Söhnen und Töchtern und Schwiegersöhnen Streiche, und sie waren einfach schockiert.

Ich war der Einzige, dem er sich anvertrauen konnte, denn wir verschwörten uns. Natürlich gab es viele Dinge, die er nicht tun konnte – ich mußte sie tun, zum Beispiel: sein Schwiegersohn schlief im Zimmer, und mein Großvater konnte nicht auf das Dach klettern, aber ich konnte das. Also verschwörten wir uns, er half mir, er diente mir als Leiter, um auf das Dach zu kommen und eine Dachpfanne zu entfernen. Und mit nur einer Bambusstange und einer Bürste daran befestigt, mitten in der Nacht, das Gesicht des Schwiegersohnes berühren... Er schrie, und das ganze Haus lief zusammen: »Was ist los?« Aber inzwischen waren wir verschwunden, und er sagte: »Da war ein Geist, oder jemand, der eben mein Gesicht berührt hat. Ich habe versucht ihn zu fangen, aber ich konnte nicht, es war dunkel!«

Mein Großvater ist höchst unschuldig geblieben, und ich sah die große Freiheit, die er hatte. Er war der älteste in meiner ganzen Familie. Er hätte der seriöseste sein sollen, mit so vielen Problemen und Sorgen belastetet, aber nichts bekümmerte ihn. Jeder war ernst und besorgt, wenn es ein Problem gab, nur er war nicht besorgt. Aber eins mochte ich nie – deshalb erinnere ich mich in diesem Moment an ihn – und das war, bei ihm zu schlafen. Er hatte die Gewohnheit, mit bedecktem Gesicht zu schlafen, und ich mußte auch mit bedecktem Gesicht schlafen, und das war zum Ersticken.

Ich habe ihm deutlich gesagt: »Mit allem bin ich einverstanden, aber dies kann ich nicht tolerieren. Du kannst nicht mit unbedecktem Gesicht schlafen, ich kann nicht mit bedecktem Gesicht schlafen, es erstickt mich. Du tust es liebevoll« – er hielt mich dann immer dicht an seinem Herzen und bedeckte mich völlig – »das ist vollkommen in Ordnung, aber am Morgen wird mein Herz nicht mehr schlagen. Deine Absicht ist gut, aber du wirst am Morgen noch leben, und ich werde abgetreten sein. Unsere Freundschaft besteht also außerhalb des Bettes.«

Er wollte mich dort haben, weil er mich lieb hatte; er hatte gesagt: »Warum kommst du nicht zu mir schlafen?«

Ich sagte: »Du weißt sehr gut, daß ich nicht ersticken möchte, durch niemanden, auch nicht, wenn seine Absicht gut ist. Du hast mich lieb, und du möchtest mich sogar in der Nacht nahe an deinem Herzen haben.« Wir hatten auch die Gewohnheit, am Morgen lange Spaziergänge zu machen, und manchmal, wenn der Mond da war, auch am Abend. Aber ich ließ nie zu, daß er mich an die Hand nahm. Und er fragte dann: »Aber warum? Du könntest fallen, du könntest über einen Stein stolpern oder sonst was.«

Ich sagte: »Das ist besser, laß mich stolpern, das wird mich nicht umbringen. Ich werde lernen, nicht zu stolpern, aufzupassen und mir zu merken, wo die Steine sind. Wenn du mich aber an die Hand nimmst – wie lange kannst du meine Hand halten? Wie lange wirst du mit mir sein? Wenn du garantieren kannst, daß du immer bei mir bleibst, dann willige ich natürlich ein.« Er war ein sehr aufrichtiger Mann; er sagte: »Das kann ich nicht garantieren. Ich kann nicht einmal etwas über morgen sagen. Und eins ist sicher: du wirst lange leben, und ich werde tot sein, also werde ich nicht ewig hier sein, und dich an die Hand nehmen können.«

»Dann«, sagte ich »ist es besser für mich, jetzt zu lernen, denn eines Tages wirst du mich auf halbem Wege stehenlassen, hilflos. Und wenn du mir anerzogen hast, deine Hand zu halten, dann gibt es nur zwei Möglichkeiten: entweder lebe ich in einer Wahnvorstellung: Gott, der Vater – der natürlich unsichtbar ist –, hält deine Hand und führt dich...«

Ich sagte meinem Großvater: »Ich möchte nicht in der Situation gelassen werden, wo ich eine Wahnvorstellung entwickeln muß, um leben zu können. Ich möchte ein echtes Leben leben, nicht ein erfundenes. Ich bin keine Figur in einem Roman. Laß mich also allein, laß mich fallen. Ich werde versuchen, wieder aufzustehen. Warte einfach, schau nur zu, und das wird mitfühlender für mich sein als meine Hand zu halten.«

Und er verstand das. Er sagte: »Du hast recht: eines Tages werde ich nicht mehr da sein.«

Mein Großvater war mir immer gut gesonnen, in allem. Er war bereit mitzumachen, wenn er konnte. Natürlich bestrafte er mich nie, er belohnte mich immer.

Gewöhnlich kam ich am Abend nach Hause, und als erstes fragte mich mein Großvater dann: »Was hast du heute gemacht? Wie ist alles gelaufen? Gab es Probleme?«

Wir saßen abends immer gemütlich im Bett zusammen und er freute sich an allem. Ich erzählte ihm immer alles, was im Laufe des Tages passiert war, und er sagte dann: »Das war wirklich ein schöner Tag!«

Mein Vater hat mich nur einmal bestraft, weil ich zu einem Jahrmarkt gegangen war, der stets ein paar Meilen außerhalb der Stadt abgehalten wurde. Dort fließt einer der heiligen Flüsse der Hindus, der Narmada, und am Ufer des Narmada war einen Monat lang ein großer Markt. Ich ging da einfach hin, ohne zu fragen. Da war so viel los, auf dem Markt... Ich war nur für einen Tag dorthin gegangen, und ich dachte, ich würde am Abend zurück sein, aber da gab es so vieles: Zauberer, einen Zirkus, Theater. Es war nicht möglich, in einem Tag zurückzukommen, also drei Tage... Die ganze Familie war in Panik: wo war ich hingegangen?

Das war noch nie vorgekommen. Ich war höchstens einmal spät am Abend wiedergekommen, aber ich war nie drei aufeinanderfolgende Tage weggeblieben, ...und ohne Nachricht! Sie fragten bei allen Freunden nach; niemand wußte etwas von mir. Und am vierten Tag, als ich nach Hause kam, war mein Vater wirklich ärgerlich. Ehe er mich etwas fragte, verhaute er mich. Ich sagte nichts.

Ich fragte: »Willst du mich noch mehr schlagen? Das kannst du gern machen, denn ich habe in drei Tagen genug Spaß gehabt. Du kannst mich nicht mehr schlagen als ich Spaß gehabt habe, also kannst du noch ein paar Schläge zugeben. Dabei kannst du dich abreagieren; für mich ist es nur ein Ausbalancieren. Ich hatte meinen Spaß.«

Er sagte: »Du bist wirklich unmöglich. Es hat keinen Zweck dich zu schlagen. Es trifft dich überhaupt nicht, du willst sogar noch mehr. Kannst du keinen Unterschied zwischen Bestrafung und Belohnung machen?«

Ich sagte: »Nein, für mich ist alles auf eine gewisse Art eine Belohnung. Es gibt verschiedene Arten von Belohnung, aber alles ist eine Belohnung auf gewisse Art.«

Er fragte mich: »Wo bist du diese drei Tage gewesen?«

Ich sagte: »Das hättest du fragen sollen, ehe du mich schlugst. Jetzt hast du das Recht mich zu fragen verloren. Ich bin geschlagen worden, ohne überhaupt gefragt worden zu sein. Jetzt ist Schluß – schließen wir das Kapitel ab. Wenn du es wissen wolltest, hättest du vorher fragen können, aber du hast ja keine Geduld. Nur eine Minute wäre genug gewesen. Aber ich will dich nicht auf Dauer im Ungewissen lassen, wo ich gewesen bin, deshalb sage ich dir, daß ich auf dem Jahrmarkt war.«

Er sagte: »Warum hast du mich nicht gefragt?«

Ich sagte: »Weil ich da hingehen wollte. Sei ehrlich: Wenn ich gefragt hätte, hättest du es mir erlaubt? Sei ehrlich!«

Er sagte: »Nein.«

Ich sagte: »Das erklärt alles, warum ich dich nicht gefragt habe, weil ich hingehen wollte, und dann wäre es noch schwieriger für dich geworden. Wenn ich dich gefragt hätte, und du hättest nein gesagt, wäre ich trotzdem hingegangen, und das wäre noch schwieriger für dich geworden. Um es leichter für dich zu machen, habe ich dich nicht gefragt, und ich bin dafür belohnt worden. Und ich bin bereit, noch mehr Belohnung anzunehmen, wenn du sie mir denn geben möchtest. Aber ich habe den Jahrmarkt so genossen, daß ich jedes Jahr hingehen werde. Du kannst also... immer wenn ich verschwunden bin, weißt du, wo ich bin. Mach dir keine Sorgen.«

Er sagte: »Dies ist das letzte Mal, daß ich dich bestrafe, das erste und letzte Mal. Vielleicht hast du recht: wenn du wirklich hingehen wolltest, dann war dies die einzige Möglichkeit, denn ich hätte es dir nicht erlaubt. Auf dem Jahrmarkt passieren alle möglichen Dinge: Prostituierte sind da, Rauschmittel sind zu haben, Drogen werden dort verkauft« – und damals waren Drogen in Indien nicht illegal, jede Droge war frei zu haben. Und auf einem Jahrmarkt versammeln sich alle möglichen Mönche, und alle Hindu-Mönche nehmen Drogen – ich würde dir also nicht erlaubt haben dorthin zu gehen. Und wenn du wirklich hingehen wolltest, dann war es vielleicht richtig, nicht zu fragen.«

Ich sagte ihm: »Aber ich habe mich nicht um die Prostituierten oder die Mönche oder die Drogen gekümmert. Du kennst mich: Wenn ich an Drogen interessiert bin, dann in dieser Stadt...« Gerade neben meinem Haus war ein Laden, wo man alle Drogen haben konnte. »Und der Mann ist so freundlich zu mir, daß er kein Geld nehmen würde, wenn ich Drogen haben wollte. Das ist also nicht das Problem. Prostituierte kann man in der Stadt haben; wenn ich Lust hätte, ihre Tänze zu sehen, könnte ich dorthin gehen. Wer kann mich daran hindern? Mönche kommen ständig in die Stadt, Aber ich interessierte mich für die Zauberer.«

Und mein Interesse an Magie ist mit meinem Interesse an Wundern verbunden. In Indien habe ich vor der Teilung alle möglichen Wunder gesehen, die von Zauberern auf den Straßen vollbracht wurden, armen Zauberern. Nach einer Vorführung kriegen sie vielleicht einen Rupie zusammen. Wie kann ich glauben, daß diese Leute Messiasse sind? Für einen Rupie machen sie drei Stunden lang fast unmögliche Sachen. Natürlich ist bei allem ein Trick, aber wenn man den Trick nicht kennt, ist es ein Wunder.

Ihr habt es nur gehört – ich habe gesehen wie sie ein Seil hochwerfen, und das Seil bleibt von selbst stehen. Sie haben einen Jungen bei sich, den sie *jamura* nennen; jeder Zauberer hat einen Jamura. Ich weiß nicht, wie ich das übersetzen soll – einfach »mein Junge«. Und er redet immerzu mit dem Jamura: »Jamura, willst du an dem Seil hochklettern?«

Und er sagt dann: »Ja, das will ich.« Und diese dauernde Unterhaltung hat etwas mit dem Trick zu tun, sie hält die Leute in Stimmung, und die Unterhaltung ist in vieler Hinsicht lustig. Ich habe den Jungen das Seil hochklettern und verschwinden sehen.

Und der Mann ruft von unten: »Jamura?«

Und von hoch oben kommt die Stimme: »Ja, Meister.«

Und er sagt: »Jetzt hole ich dich Stück für Stück herunter.«

Dann wirft er ein Messer hinauf, und der Kopf des Jungen kommt herunter! Er wirft das Messer hinauf, und ein Bein kommt herunter! Stück für Stück kommt der Junge herunter, und der Zauberer setzt die Stücke wieder zusammen. bedeckt sie mit einem Bettuch und sagt: »Jamura, jetzt sei wieder heil.«

Und der Jamura sagte: »Ja, Meister.« Der Zauberer nimmt das Bettuch weg, und der Junge steht auf! Er zieht das Seil herunter, rollt es auf, legt es in einen Sack und fängt an, um Geld zu bitten. Er bekam höchstens einen Rupie – denn in jenen Tagen entsprachen sechzig Paisa einem Rupie, und niemand gab ihm mehr als einen Paisa – höchstens zwei Paisa. Ein sehr Reicher gab ihm vielleicht vier Paisa. Wenn er einen Rupie für seine Wunder zusammenbekommen konnte, war er gut dran.

Ich habe alle möglichen Dinge gesehen, und die Leute, die sie machen, sind nur Bettler.

In meiner Kindheit – denn davon kann ich glaubwürdiger zu euch sprechen… ich kenne eure Kindheit ja nicht, ich kenne nur meine Kindheit – war es eine tägliche Frage. Ich wurde ständig angehalten, ehrlich zu sein. Und ich sagte zu meinem Vater: »Immer wenn du mir sagst, ich solle ehrlich sein, mußt du eins wissen, daß Ehrlichkeit belohnt werden muß; andernfalls zwingst du mich, unehrlich zu sein. Ich bin bereit.«

Ich habe leicht herausgefunden, daß Ehrlichkeit sich nicht bezahlt macht: man wird bestraft. Lügen machen sich bezahlt: man wird belohnt. Jetzt war es eine Frage von sehr entscheidender, größter Bedeutung. Deshalb machte ich meinen Eltern klar, daß sie eindeutig verstehen müßten: »Wenn ihr wollt, daß ich ehrlich bin, dann muß Ehrlichkeit belohnt werden, und zwar nicht in einem zukünftigen Leben, sondern hier und jetzt, denn ich bin hier und jetzt ehrlich. Und wenn Ehrlichkeit nicht belohnt wird, wenn ich dafür bestraft werde, dann zwingt ihr mich zu lügen. Also seien wir uns ganz im Klaren; dann habe ich damit kein Problem, ich werde immer ehrlich sein.«

Was nämlich geschehen war, war dies: Zwei oder drei Blocks von meiner Familie entfernt lebte eine Brahmanen-Familie, sehr orthodoxe Brahmanen. Brahmanen schneiden sich alle Haare ab und lassen nur einen kleinen Teil auf dem siebten Chakra, auf dem Kopf, ungeschoren, also der Teil wächst und wächst. Sie binden das Haar und stecken es in ihre Kappe oder in ihren Turban. Und was ich getan habe, war: ich habe das Haar des Vaters abgeschnitten. In der Sommerzeit schlafen die Leute in Indien außerhalb des Hauses, auf der Straße. Sie bringen ihre Betten und liegen auf der Straße. Die ganze Stadt schläft nachts auf den Straßen, es ist drinnen so heiß.

Also dieser Brahmane schlief – und es war nicht meine Schuld... er hatte solch ein langes *choti* – es heißt choti das Haarbündel. Ich hatte es nie gesehen, denn es war ja immer in seinem Turban verborgen. Während er schlief, hing es herunter und berührte die Straße. Von seiner Liege hing es so lang herunter, daß ich in Versuchung kam – ich konnte nicht widerstehen. Ich eilte nach Hause, holte eine Schere, schnitt es vollständig ab, nahm es und verwahrte es in meinem Zimmer.

Am Morgen muß er bemerkt haben, daß es weg war. Er konnte es nicht glauben, denn seine ganze Reinheit war darin, seine ganze Religion war darin – seine ganze Spiritualität war kaputt.

Aber jeder in der Nachbarschaft wußte, daß, wenn etwas schief läuft... zuerst eilten sie zu mir. Und er kam sofort. Ich saß draußen – wohlwissend, daß er am Morgen kommen würde. Er sah mich an, ich sah ihn an. Er fragte mich: »Wo guckst du hin?«

Ich sagte: »Wo guckst du hin? Genau dasselbe.«

Er sagte: »Genau dasselbe?«

Ich sagte: »Ja, Genau dasselbe, du sagst es.«

Er fragte: »Wo ist dein Vater? Ich will überhaupt nicht mit dir reden.« Er ging hinein. Er brachte meinen Vater heraus, und mein Vater fragte: »Hast du diesem Mann etwas getan?«

Ich sagte: »Ich habe diesem Mann nichts getan, aber ich habe sein choti abgeschnitten, das mit Sicherheit nicht diesem Mann gehören kann, denn als ich es abschnitt, was tat er da? Er hätte es verhindern können.«

Der Mann sagte: »Ich schlief.«

Ich fragte: »Wenn ich deinen Finger abgeschnitten hätte, als du schliefst – hättest du weitergeschlafen?«

Er sagte: »Wie hätte ich weiterschlafen können, wenn jemand meinen Finger abschneidet?«

Ich sagte: »Das zeigt genau, daß Haare tot sind. Man kann sie schneiden, aber man ist nicht verletzt, kein Blut kommt heraus. Was ist also das Problem? Ein totes Ding hin da..., und ich dachte, daß du unnötigerweise dieses tote Ding in deinem Turban mit dir herumträgst, dein ganzes Leben lang – warum dich nicht davon befreien? Es ist in meinem Zimmer, und mit meinem Vater habe ich den Vertrag, ehrlich zu sein.«

Ich brachte sein choti also heraus und sagte: »Wenn du solch ein Interesse daran hast, kannst du es wiederhaben. Wenn es deine Spiritualität ist, dein Brahmanismus, kannst du es gebunden lassen und in deinen Turban stecken. Es ist sowieso tot; es war tot, als es mit dir verbunden war, es war tot, als ich es abgetrennte. Du kannst es in deinem Turban verwahren.«

Und ich fragte meinen Vater: »Meine Belohnung?« – in Gegenwart des Mannes.

Der Mann fragte: »Was für eine Belohnung will er haben?«

Mein Vater sagte: »Das ist das Problem. Gestern hat er einen Vertrag vorgeschlagen, daß, wenn er die Wahrheit sagt... und aufrichtig, er sagt nicht nur die Wahrheit, er gibt sogar den Beweis. Er hat die ganze Geschichte erzählt – und dahinter steckt sogar Logik –, daß es ein totes Ding war, also warum sich mit einem toten Ding abgeben? Und er verschweigt nichts.«

Er belohnte mich mit fünf Rupien. Damals waren fünf Rupien in dem kleinen Dorf eine große Belohnung. Der Mann war wütend auf meinen Vater. Er sagte: »Du wirst dieses Kind verderben. Du solltest ihn lieber verhauen, als ihm fünf Rupien zu geben. Jetzt wird er anderer Leute choti abschneiden. Wenn er für jedes choti fünf Rupien bekommt, sind alle Brahmanen der Stadt erledigt, denn sie schlafen nachts alle draußen; und wenn man schläft, kann man sein choti nicht in der Hand halten. Und was tust du? – dies wird ein Präzedenzfall werden.«

Mein Vater sagte: »Aber dies ist mein Vertrag. Wenn du ihn bestrafen willst, dann ist das deine Sache, ich werde mich da nicht einmischen. Ich belohne ihn nicht für seinen Streich, ich belohne ihn für seine Ehrlichkeit – und mein ganzes Leben lang werde ich ihn für seine Ehrlichkeit belohnen. Was Streiche anbetrifft, bist du frei, mit ihm zu machen, was du willst.«

Der Mann sagte meinem Vater: »Du bringst mich in noch mehr Schwierigkeiten. Wenn ich etwas mit dem Jungen mache, glaubst du, wird nichts mehr passieren? Ich bin Mann einer Familie: ich habe meine Frau, meine Kinder, mein Haus – morgen wird mein Haus niedergebrannt sein.« Er war sehr ärgerlich, und er sagte: »Gerade jetzt ist es ein Problem, denn morgen werde ich in dem nächsten Dorf eine Zeremonie abhalten, und wenn die Leute mich ohne choti sehen…«

Ich sagte: »Es gibt keine Grund zur Beunruhigung, das choti gebe ich dir zurück. Du kannst mir auch eine Belohnung dafür geben, daß ich dir das choti zurückgebe. Nimm einfach deinen Turban überhaupt nicht ab in dem andern Dorf; behalte ihn sogar in der Nacht auf. Das ist alles. Es ist kein großes Problem, es ist nur eine Frage von einer Nacht. Und in der Nacht – wer wir schon nach deinem choti suchen? Jeder wird schlafen.«

Er sagte: »Du brauchst mir keine Vorschläge zu machen. Ich möchte dich am liebsten verhauen, aber ich weiß was Besseres, denn das wird eine ganze Kettenreaktion auslösen.«

Ich sagte: »Das ist schon geschehen. Du bist gekommen, um dich zu beschweren; du gibst mir keine Belohnung für meine absolute Ehrlichkeit und Aufrichtigkeit und dafür, daß ich dir sage, daß ich der Versuchung nicht widerstehen konnte. Und ich habe niemandem einen Schaden zugefügt, keine Gewalt angewendet – nicht ein einziger Tropfen Blut kam von deinem choti. Einfach nur, indem du dich bei meinem Vater beschwerst, hast du schon eine Kettenreaktion ausgelöst.«

Er sagte zu meinem Vater: »Sieh mal...«

Mein Vater sagte: »Ich habe damit nichts zu tun.«

Und ich sagte zu meinem Vater: »Das ist es, was der ganze Brahmanismus lehrt: die Kette von Reaktionen.«

Mein Vater sagte: Behalte deine Philosophie für dich. Und hör auf, zu den Vorträgen der Sadhus und Mönche und Mahatmas zu gehen. denn was du da mitbekommst – irgendwie kriegst du es hin, zu so merkwürdigen Schlüssen zu kommen.«

Ich sagte: »Aber das ist's ja, was ich sage, und es ist nicht einmal merkwürdig. Das ist genau die Theorie des Karma: Du tust etwas, und die Reaktion folgt. Er hat einen Akt der Beschwerde über mich begangen, jetzt wird die Reaktion folgen.«

Und die Reaktion folgte, denn er hat mir ja erzählt, daß er in das andere Dorf gehen würde... Er hatte große Wut auf mich, aber wenn er Wut hat, hat er eben Wut – und er war wirklich total ausgeflippt. Er war deshalb wütend auf seine Frau, auf seine Kinder... Ich beobachtete alles; und irgendwie schaffte er es, seine Sachen zusammenzuraffen und in seinem Pferdegespann davonzuziehen.

Als er gerade wegfuhr, fragte ich seine Frau: »Weißt du, wohin er fährt? Er fährt für immer fort, und du weißt das nicht einmal? Er hat es meinem Vater gesagt, daß er für immer weggehen und niemals wiederkommen würde.«

Die Frau fing plötzlich an zu schreien und zu toben: »Haltet ihn!« Andere Leute liefen hin und hielten sein Gespann an.

Er fragte: »Warum haltet ihr mich an? Ich muß den Zug erreichen!«

Sie sagten: »Nicht heute. Deine Frau weint, und schlägt auf

ihr Herz – sie wird sterben!«

Er sagte: »Aber das ist eigenartig. Warum sollte sie sich selbst schlagen, und warum sollte sie weinen?«

Und die Leute erlaubten ihm nicht wegzufahren und zogen an seiner Tasche und an seinem Koffer.

Der Mann, der das Gespann fuhr, sagte: »Ich werde dich nicht fahren. Wenn es so ist, daß du deine Frau und deine kleinen Kinder für immer verläßt – ich werde es nicht tun.«

Der Brahmane sagte: »Ich gehe ja nicht für immer weg, ich komme doch wieder, aber ich habe keine Zeit euch zu überzeugen. Ich werde den Zug verpassen, der Bahnhof ist zwei Meilen von meinem Haus entfernt.«

Aber niemand hörte ihm zu, und ich feuerte die Leute an: »Haltet ihn, sonst werden seine Frau und seine Kinder... ihr werdet euch um sie kümmern müssen, wer sonst wird sie ernähren?«

Sie brachten ihn mitsamt seinen Taschen zurück, und natürlich war er wütend und warf die Taschen seiner Frau entgegen. Seine Frau fragte: »Was hast du gemacht? Warum bist du... ?« Und ich stand da, am Rande der Menge.

Er sagte: »Niemand hat etwas gemacht. Der Junge da hat mir gesagt, daß es eine Reaktion geben würde. Der Grund ist, daß ich vor drei Tagen im Tempel die Philosophie von Aktion und Reaktion gelehrt habe, und dieser Junge war auch dabei. Jetzt belehrt er mich.«

Er sagte mir: »Vergib mir, und ich werde niemals auch nur ein einziges Wort über diese Aktion und Reaktion verlieren, und du kannst irgend jemandes choti abschneiden, wenn du willst, ich werde mich nicht beklagen. Du kannst meinen Kopf abhacken, und ich werde mich nicht beklagen, denn ich möchte diese Kette vollständig beenden. Mein Zug ist abgefahren.

Dann fragten alle: »Was ist los? Wir verstehen nicht. Wer hat dein choti abgeschnitten?«

Ich sagte: »Sieh, die Kette kann unmöglich gestoppt werden.« Diese Leute fragen: »Wessen choti? Wer hat es abgeschnitten? Wo ist das choti?« Ich sagte: »Seht nur in seinen Turban, auf seinem Kopf!« Und ein Mann, der in der Stadt für ein Ringkämpfer gehalten wurde, kam hervor und nahm seinen Turban ab, und das choti fiel heraus. Mein Vater war auch da und sah das.

Als wir nach Hause zurückkehrten, sagte er: »Ich will dich belohnen, aber ziehe keinen Vorteil aus unserem Vertrag.«

Ich sagte: »Das tue ich nicht. Das ist kein Vertrag zwischen mir und dir. Mein Vertrag ist, daß ich dir immer die Wahrheit sagen werde, und du wirst mich dafür belohnen.« Und er blieb dabei. Was ich auch getan hatte, wie falsch auch immer in seinen Augen, er belohnte mich stets. Aber es ist schwierig, einen solchen Vater zu finden – der Vater muß einem gezwungenermaßen seine Ideale überstülpen.

Mein Vater wurde von meiner ganzen Stadt verurteilt: »Du verdirbst dein Kind.«

Er sagte: »Wenn das sein Schicksal ist, verdorben zu werden, dann laß ihn verdorben werden. Ich will nicht verantwortlich für einen Eingriff in sein Schicksal sein; er wird niemals sagen können: ›Mein Vater hat mich verdorben.‹ Und wenn er glücklich damit ist, verdorben worden zu sein, was ist dann falsch am Verdorbensein? Wo immer und was immer in seinem Leben passiert, ich will nicht eingreifen. Mein Vater hat sich in mein Leben eingemischt, und ich weiß, daß ich ein anderer Mensch geworden wäre, wenn er das nicht getan hätte.

Und ich weiß, daß er recht hat, daß jeder Vater sein Kind zu einem Heuchler macht, denn ich bin zu einem Heuchler gemacht worden. Wenn ich lachen möchte, bin ich ernst. Wenn ich ernst sein möchte, muß ich lachen. Laßt wenigstens einen Menschen dann lachen, wenn er möchte. Und laßt ihn ernst sein, wenn er ernst sein möchte.«

Er sagte: »Ich habe elf Kinder, aber ich will so denken, als hätte ich nur zehn.«

Und er dachte immer, daß er nur zehn hätte. Mich zählte er nie mit bei seinen Kindern, weil – er sagte: »Ich habe ihm absolute Freiheit gegeben, er selbst zu sein. Warum sollte er meinen Stempel tragen?«

Als ich zur Grundschule ging, war mein Haus ganz in der Nähe der Schule. Wenn also die Schulglocke läutete, war es Zeit für mich, ins Badezimmer zu gehen. Meine ganze Familie klopfte dann an die Tür, und ich rührte mich nicht, ich antwortete nicht einmal.

Es war zur täglichen Gewohnheit geworden, daß der Schulleiter kam und mich abholte, denn allein wäre ich nicht gegangen. Und er kam, und mein Vater sagte: »Was tun? – Lassen sie das Läuten, denn wenn Sie läuten, geht er sofort ins Badezimmer und verschließt die Tür. Und dann ist es absolut sinnlos, denn was wir auch sagen, er antwortet einfach nicht.«

Schließlich beschloß die Schule, nicht zu läuten, und der Schulleiter kam – erst einmal, damit ich nicht entwischen konnte, und dann wurde für alle anderen Kinder geläutet.

Jedes Kind muß zu seinem Glück gezwungen werden. Ich bin dem Schulleiter dankbar. Er war wirklich großzügig – für nur einen Schüler änderte er den üblichen Ablauf der Schule!

Ich bin meinen Eltern dankbar – für ihre Geduld mit mir. Die ganze Familie stand vor der Badezimmertür und versuchte, mich zu überreden: »Komm heraus! Wenn du nicht zur Schule gehen willst, dann mußt du nicht. Wir werden den Schulleiter bitten, dir heute freizugeben.« Aber ich blieb stumm.

Und ich bin außerdem dankbar, denn diese Momente der Stille haben mir so viel gegeben. Alle schrien, rannten da herum – mitten in diesem Zimmer war ich das Zentrum, saß da einfach unter der Dusche und freute mich.

In meinem Dorf, in dem ich geboren wurde, gab es eine ganze Kolonie von Töpfern. Die Töpfer in Indien tragen ihre Töpfe auf Eseln. Das ist das einzige in Indien, wozu Esel gebraucht werden. Die Kolonie war ganz in der Nähe meines Hauses. Und es gab so viele schöne Esel, aber sie waren den ganzen Tag beschäftigt, Dinge zu transportieren. Nur am Abend waren sie frei, und ich war auch frei, deshalb schnappte ich mir dann einen Esel.

Niemand in Indien reitet auf einem Esel, denn ein Esel wird als etwas Unberührbares betrachtet. Auf einem Esel reiten... Meine ganze Familie schämte sich, denn die Nachbarn erzählten:

»Wir haben euren Sohn zum Markt reiten sehen, auf einem Esel. Laßt ihn nicht herein, ehe er nicht am Fluß gewesen ist und ein Bad genommen hat.«

Mein Vater wollte mich überreden: »Wir können es einrichten und dir ein Pferd kaufen, wenn du so daran interessiert bist.«

Ich sagte: »Ich habe überhaupt kein Interesse an Pferden. Mein Interesse gilt den Eseln. Sie sind sehr philosophische Geschöpfe, unberechenbar. Ein Esel kann irgendwo einfach stehenbleiben, und was man auch anstellt, er bewegt sich einfach nicht vom Fleck. Man kann nicht herausbekommen, warum er stehengeblieben ist – und entgegen der gewohnten Meinung, daß Esel Idioten sind, ist meine Erfahrung, daß sie listig, kluge Politiker sind.«

Mein Vater fragte: »Willst du einen Aufsatz über Esel schreiben, oder was?«

Ich sagte: »Ich kann einen schreiben, denn ich habe vielleicht mehr Erfahrung mit Eseln als sonst jemand.«

Auf einem Esel zu reiten ist eine schwierige Sache, auf einem Pferd zu reiten ist es nicht. Esel sind so schlau – sie gehen niemals auf der Mitte der Straße. Immer reiben sie dein Bein an der Seite einer Mauer. Natürlich springst du! Es war so schwierig, sie in der Mitte der Straße zu halten – entweder rechts oder links, aber nie blieben sie in der Mitte. Deshalb sagte ich meinem Vater: »Esel sind Linke und Rechte, aber sie sind keine Buddhisten.«

Buddha lehrte seine Schüler nämlich: »Folgt dem Mittelweg!« Esel sind die einzigen Leute, die Buddha nicht überzeugen konnte. Und ich glaube nicht, daß sie dumm sind, denn wenn niemand auf ihnen reitet, gehen sie in der Mitte. Sie sind klug. Und an einem heißen Tag kann man sie unter einem Baum stehen sehen.

Und allein das Gesicht eines Esels ist philosophisch, als ob sie über große Dinge nachgrübeln. Seht nur einmal in das Gesicht eines Esels, und ihr werdet immer das Gefühl haben, daß er ganz viel nachdenkt.

Schließlich und endlich beschloß meine Familie, daß ich die Küche nicht betreten sollte, denn: »Wir wissen nicht genau, ob du auf einem Esel geritten bist oder nicht«. So kam es, daß ich immer außerhalb der Küche saß. Ich durfte nicht in die Küche hinein, besonders meine Großmutter erlaubte es nicht... Ich war ein Ausgestoßener.

Wenn ich den Vögeln zuhöre, erinnere ich mich... Genau vor meinem Klassenzimmer des Gymnasiums standen wunderbare Mango-Bäume. Und in Mango-Bäume bauen Kuckucke ihre Nester. Das ist ein Kuckuck, der da gerade ruft, und es gibt nichts Lieblicheres als den Klang eines Kuckucks.

Ich saß also gern am Fenster und sah den Vögeln zu, betrachtete die Bäume – und meine Lehrer waren sehr verärgert, sie sagten: »Du hast auf die Wandtafel zu sehen!«

Ich sagte: »Es ist mein Leben, und ich habe volles Recht zu wählen, wohin ich sehe. Draußen ist es so schön – die Vögel singen, die Blumen... die Bäume... und die Sonne kommt durch die Bäume –, ich kann mir nicht denken, daß Ihre Wandtafel da mithalten kann.«

Der Lehrer war so verärgert, daß er mir sagte: »Dann kannst du rausgehen und vor dem Fenster stehen, wenn du nicht bereit bist, auf die Wandtafel zu sehen, denn ich bringe euch Mathematik bei, und du guckst einfach auf Bäume und Vögel.«

Ich sagte: »Dies ist eine große Belohnung für mich, keine Strafe.« Und ich verabschiedete mich von ihm.

Er fragte: »Was hast du vor?«

Ich sagte: »Ich werde nie mehr hereinkommen, ich werde jeden Tag vor dem Fenster stehen.«

Er sagte: »Du bist wohl verrückt. Ich werde deinem Vater mitteilen, deiner Familie: ›Sie geben Geld für ihn aus, und er steht draußen.‹«

Ich sagte: »Sie können machen, was Sie wollen. Ich weiß schon, wie ich mit meinem Vater klarkomme. Und er weiß sehr wohl, daß ich, wenn ich es beschlossen habe, draußen vor dem

Fenster stehenbleibe; nichts kann daran etwas ändern.«

Der Direktor sah mich jeden Tag vor dem Fenster stehen, wenn er seine Runde machte. Er fragte sich, was ich da jeden Tag mache. Am dritten oder vierten Tag kam er zu mir, und fragte: »Was machst du da? Warum stehst du da immer?«

Ich sagte: »Ich bin belohnt worden.«

Er fragte: »Belohnt? Wofür?«

Ich sagte: »Stellen Sie sich nur mal neben mich und hören Sie dem Gesang der Vögel zu. Und die Schönheit der Bäume... Glauben Sie, wenn ich auf die Wandtafel und den dummen Lehrer sehe... Denn nur dumme Leute werden Lehrer, sie können keine andere Beschäftigung finden. Sie sind meist drittklassige Hochschulabsolventen. Also möchte ich weder den Lehrer an sehen, noch möchte ich auf die Wandtafel sehen. Was die Mathematik betrifft, machen Sie sich keine Sorgen, das kriege ich schon hin. Aber ich kann diese Schönheit nicht verpassen.«

Er stand an meiner Seite und sagte: »Es ist wirklich schön. Ich bin seit zwanzig Jahren Direktor an dieser Schule, aber ich bin niemals hierhergekommen. Und ich stimme dir zu, daß dies eine Belohnung ist. Was die Mathematik betrifft, ich habe in Mathematik promoviert. Du kannst jederzeit zu mir nach Hause kommen, und ich werde dich in Mathematik unterrichten, aber bleib weiter hier draußen stehen.«

Auf diese Weise bekam ich einen besseren Lehrer, den Direktor der Schule, der ein besserer Mathematiker war. Und mein Mathematiklehrer war sprachlos. Er dachte, daß ich nach ein paar Tagen genug haben würde, aber ein ganzer Monat verging. Dann kam er heraus und sagte: »Es tut mir leid, es schmerzt mich ständig, die ganze Zeit, die ich im Klassenraum bin, daß ich dich gezwungen habe, hier draußen zu stehen. Du hast ja nichts Böses getan; du kannst drinnen sitzen und hinsehen, wo du willst.«

Ich sagte: »Jetzt ist es zu spät.«

Er fragte: »Wie meinst du das?«

Ich sagte: »Ich meine, daß ich jetzt gern draußen sitze. Wenn ich hinter dem Fenster sitze, habe ich nur einen kleinen Ausschnitt der Bäume und Vögel; hier stehen mir all die tausend

Mango-Bäume zur Verfügung. Und was die Mathematik betrifft, der Direktor selbst unterrichtet mich; jeden Abend gehe ich zu ihm.«

Er sagte: »Was?«

Ich sagte: »Ja, denn er stimmt mir zu, daß dies eine Belohnung ist.«

Er ging sofort zum Direktor und sagte: »Das finde ich nicht gut. Ich habe ihn bestraft, und Sie ermutigen ihn.«

Der Direktor sagte: »Vergessen wir Bestrafung und Ermutigung, Sie sollten auch einmal draußen stehen. Jetzt kann ich es nicht mehr abwarten. Sonst machte ich meine Runden routinemäßig, aber jetzt kann ich es nicht abwarten... Das erste, was ich tun muß, ist, meine Runden zu machen und zu dem Jungen zu gehen und die Bäume anzusehen. Zum ersten Mal habe ich erfahren, daß es bessere Dinge gibt als Mathematik – der Klang der Vögel, die Blumen, die grünen Bäume, die Sonnenstrahlen, die durch die Bäume fallen, der Wind, der bläst und sein Lied durch die Bäume singt. Hin und wieder sollten Sie auch hinausgehen und ihn begleiten.«

Er kam zurück, bedauerte und sagte: »Der Direktor hat mir erzählt, was vorgefallen ist; was soll ich nun machen?« Er fragte mich: »Soll ich die ganze Klasse rauslassen?«

Ich sagte: »Das wäre großartig. Wir können unter diesen Bäumen sitzen, und Sie können Ihre Mathematik abhalten. Aber ich komme nicht in die Klasse, auch nicht, wenn Sie mich durchfallen lassen – was Sie nicht können, denn ich kann jetzt mehr Mathematik als alle Schüler in der Klasse. Und ich habe einen besseren Lehrer. Sie sind ein drittklassiger ›Bachelor of Science‹, und er ist ein erstklassiger ›Goldmedaillen-Master of Silence‹.

Ein paar Tage hat er darüber nachgedacht, und eines Morgens, als ich dorthin kam, sah ich die ganze Klasse unter den Bäumen sitzen. Ich sagte: »Ihr Herz ist noch intakt, die Mathematik hat es nicht getötet.«

Einer meiner Lehrer in der Grundschule... als ich in der vierten Klasse war... Es war mein erster Tag in seiner Klasse, und ich hatte nichts besonders Schlimmes getan, ich habe nur getan, was man in der Meditation macht: »OM, OM... «, aber innerlich, mit geschlossenem Mund. Ich hatte ein paar meiner Freunde dafür gewonnen und ihnen gesagt, daß sie auf verstreuten Plätzen sitzen sollten, so daß er nicht ausmachen könnte, woher der Klang kam. Einmal kam er von hier, ein anderes Mal kam er von da, ein weiteres Mal kam er von hier. Er guckte dauernd, woher der Klang kommen könnte. Also sagte ich ihnen: »Haltet euren Mund zu, und macht das OM innerlich.«

Einen Moment lang konnte er es nicht ausmachen. Ich saß ganz hinten. Alle Lehrer wollten, daß ich vorn sitze, so daß sie mich besser beobachten konnten, und ich wollte immer hinten sitzen, von wo aus man viel mehr machen kann, das geht besser. Er kam direkt zu mir. Er muß von dem Lehrer der dritten Klasse gehört haben: »Achten Sie auf diesen Jungen!« So sagte er: »Obgleich ich nicht weiß, wer diejenigen sind, die das machen – du mußt es ein.«

Ich fragte: »Was? Was tue ich? Das müssen Sie mir schon sagen. Einfach nur sagen: ›Du mußt es sein!‹, macht keinen Sinn. Was?«

Nun, es war schwierig für ihn, das zu tun, was ich tat, denn das würde dumm ausgesehen haben, und alle würden anfangen zu lachen. Er sagte: »Egal, was – halte deine beiden Ohren in deinen Händen und setz dich, steh auf, setz dich, steh auf – fünfmal!«

Ich sagte: »Vollkommen in Ordnung!« Ich fragte ihn: »Kann ich es fünfzigmal machen?«

Er sagte: »Dies ist keine Belohnung, dies ist eine Strafe!«

Ich sagte: »Heute morgen habe ich keine Turnübungen gemacht, so dachte ich, daß dies eine gute Gelegenheit wäre, und Sie würden sehr zufrieden sein. Anstatt fünf werde ich fünfzig machen. Und bedenken Sie: immer wenn Sie mir eine Belohnung geben« – das ist genau das Wort, das ich ihm sagte – »immer wenn Sie mir eine Belohnung geben, seien Sie großzügig!« Und ich fing an, fünfzig zu machen.

Er fuhr fort: »Halt! Es ist genug! Ich habe noch nie einen solchen Jungen gesehen. Du solltest dich schämen, daß du bestraft worden bist.«

Ich sagte: »Nein, ich mache meine Morgenübung. Sie haben mir geholfen, Sie haben mich belohnt, dies ist eine gute Übung. Ehrlich gesagt, Sie sollten sie auch machen.«

In meinem Gymnasium waren zwei Gebäude und zwischen den beiden Gebäuden war mindestens zwanzig Fuß Abstand. Ich hatte ein Holzstück gefunden, zwanzig Fuß lang. Zuerst legte ich es auf den Boden und fragte meine Freunde: »Könnt ihr darauf gehen?« Jeder konnte darauf gehen ohne hinzufallen. Und dann legte ich dasselbe Stück Holz auf die zwei Gebäude, aber außer mir war niemand auch nur zu einem Versuch bereit.

Ich sagte: »Das ist ja komisch, denn ihr seid auf demselben Holz gegangen, und ihr seid nicht gefallen.« Sie sagten: »Das war eine andere Situation. Jetzt ist es so gefährlich, daß man, wenn nur ein bißchen Angst aufkommt, wenn nur ein Schritt danebengeht, ungefähr dreißig Fuß herunterfällt.«

Ich überredete sie, indem ich sagte: »Ihr könnt ja mich beobachten; ihr solltet nur einfach nicht zu dieser Seite oder zur anderen Seite sehen. Ihr seid ja schon auf dem Holz gegangen... und das ist meine Strategie: nicht hierhin und dorthin sehen, nur vollkommen auf das Holz konzentriert bleiben und weitergehen. Ich kann so meilenweit gehen.«

Als ich eines Tages ein paar Mitschüler überredete, kam gerade ein neuer Lehrer vorbei, ein Chemie-Lehrer, der damit prahlte, ein tapferer Mann zu sein. Ich sagte: »Sie sind ein tapferer Mann, Sie können es ja mal versuchen.«

Er sagte: »Ich kann es ja mal versuchen.« Aber dann sah er hinunter; da waren dreißig Fuß. Er ging höchstens zwei Fuß, fiel hinunter, hatte mehrere Knochenbrüche.

Ich besuchte ihn im Krankenhaus. Er sagte mir: »Ich habe

noch nie einen solch gefährlichen Burschen gesehen. Was hast du dir dabei gedacht?«

Ich sagte: »Sie haben so angegeben... Wenn Sie erst einmal gesund sind, versuchen wir noch ein paar andere Sachen.«

Er fragte: »Was meinst du damit?«

Ich sagte: »Sie brauchen nur zuzugeben, daß Sie geprahlt haben, denn im Grunde sind Sie ein Mann, der große Angst hat. Um dies zu verbergen, prahlen Sie: ›Mitten in der Nacht kann ich im tiefsten Wald allein sein. Ich habe keine Angst vor Geistern oder Dieben oder Mördern.‹«

Sie waren es, der mich herausgefordert hat, irgend etwas anzustellen. Und ich bin vor Ihnen gegangen; es stimmt also nicht, daß ich nichts riskiert hätte. Sie dachten, daß Sie auch gehen könnten, weil ich es tat. Da lagen Sie falsch.

Sie zitterten schon beim ersten Schritt, aber Sie konnten nicht zurückgehen. Zeit war da – Sie hätten zurückspringen können; Sie hatten ja gerade erst zwei Schritte gemacht: Aber das war gegen Ihr Ego, also gingen Sie weiter und fielen hinunter. Nicht Ihr Körper hat mehrere Brüche erlitten, Ihr Ego hat mehrere Brüche erlitten. Ihr Körper wird in zwei oder drei Wochen geheilt sein, aber wie steht's mit Ihrem Ego? Erwähnen Sie nie wieder Ihre Tapferkeit, sonst... Ich habe noch ein paar andere Dinge vor.«

Er sagte: »Ich werde von dieser Schule gehen. Dies ist genug. Ich will das nicht.«

Ich sagte: »Das liegt bei Ihnen. Sie können gehen, aber wir werden trotzdem noch etwas versuchen.«

Und wir kriegten den Versuch hin. Er nahm sein Gepäck und verließ die Schule. Er hatte weder Frau noch Kind, nichts. Er war gerade von der Universität gekommen... ein junger Mann. Ich und ein paar meiner Freunde fingen ihn ab und wir machten einen solchen Aufstand – eine große Menschenmenge versammelte sich.

Wir sagten: »Er verläßt seine Frau.«

Und er versuchte, die Menge zu überzeugen: »Ich habe keine Frau. Die Leute lügen alle. Ich gehe einfach von dieser Schule.«

Ich sagte zu der Menge: »Bringt ihn nach Hause zurück. Er hat eine Frau und drei Kinder.«

Der Mann sagte: »Laßt mich in Ruhe, denn ich werde den Zug verpassen. Ich kann nicht zurückgehen.«

Aber dann bekam die Menge Oberwasser und sagte: »Sie können nicht einfach fortgehen. Gehen Sie zuerst einmal nach Hause zurück. Warum sollten diese Kinder lügen?« Und wir waren nicht nur einer; ich hatte da mindestens zehn Jungen aufgereiht, die sagten: »Ihre Frau weint, Ihre Kinder weinen, und Sie wollen sie verlassen. Das ist nicht gut.«

Die Menge hielt ihn fest – wir alle verschwanden.

Er schrie und tobte und sagte: »Ich bin nicht verheiratet, ich habe kein Kind, ich habe keine Frau.«

Die Menge sagte: »Gehen Sie zuerst einmal nach Hause.«

Sie sagten: »Ihr Zug interessiert uns nicht. Sie können morgen fahren« – es gab nämlich nur einen Zug am Tag. »Es ist also nur eine Frage von vierundzwanzig Stunden. Erst einmal gehen Sie nach Hause.«

Und wir hatten es fertiggebracht, eine sehr arme Frau aufzutreiben, die drei Kinder hatte; und wir hatten ihr gesagt: »Wir geben dir fünf Rupien für eine kleine Gefälligkeit.«

Sie sagte: »Aber dies ist nichts Gutes.«

Ich sagte: »Was ist schon dabei! Bedecke einfach dein Gesicht und niemand weiß… « In Indien bedeckt man seinen Kopf mit dem *ghooghat* und weint. Und ich sagte zu den Kindern, sagt: ›Papa, warum verläßt du uns?‹«

Er konnte seinen Augen nicht trauen: da war eine Frau, die weinte und seine Füße festhielt und sagte: »Verlaß mich nicht, du hast mich ja geheiratet.« Und die drei Kinder riefen: »Papa!«

Und die Menge fragte: »Was sagst du nun?«

Er sagte: »Was kann ich nun sagen? Ich habe diese Kinder nie gesehen. Ich habe diese Frau nie gesehen, und sie sitzen in meinem Haus.«

Wir waren alle da, hinter der Menge. Schließlich sage ich ihm: »Der Zug hat Verspätung, sei unbesorgt.« Ich nahm ihn beiseite und sagte ihm: »Dies ist nur einer der Tricks. Sie müssen der Frau fünf Rupien geben, dann können Sie gehen. Dann kümmere ich mich um die Angelegenheit.«

Er mußte der Frau fünf Rupien geben. Die Menge fragte: »Was soll das?«

Ich sagte: »Sie haben sich gütlich geeinigt. Er fährt nur für zwei Tage weg, und er hat ihr Geld für zwei Tage gegeben, dann kommt er zurück.«

Also ließen sie ihn ziehen. Und die Frau sagte mir später: »Wenn ihr noch mehr solcher Sachen habt – für fünf Minuten fünf Rupien… !« In jenen Tagen waren fünf Rupien viel Geld. Man konnte einen Monat von fünf Rupien leben.

Wir begleiteten den Lehrer. Er war so sauer, daß er nicht mit uns sprach. Und ich sagte: »Seien Sie nicht sauer, denn wir können immer noch etwas anderes ausprobieren.«

Er sagte: »Keine Kunststücke mehr; mein Körper hat überall Brüche, meine fünf Rupien sind futsch, und ich glaube nicht, daß ich den Zug noch erwischen kann.«

Ich sagte: »Keine Sorge, der Zug ist weg. Sie werden eben im Wartesaal warten müssen, wir haben schon alle Vorkehrungen getroffen, Sie werden sich dort wohlfühlen. Passen Sie in der Nacht nur ein bißchen auf, seien Sie wachsam.«

Ich sagte: »Wir haben nicht viel Zeit, nur eine Nacht. Wir haben bei vielen Geistern angefragt, nur einer ist bereit.«

Er sagte: »Du meine Güte!«

In der Nacht also, im Wartesaal… denn in der Nacht gibt es keinen Zug, und der Bahnhofsvorsteher geht weg, und der Wartesaal ist leer, und der ganze Bahnsteig ist leer…« Er sagte: »Dann gehe ich nicht zum Bahnhof. Ich lege mich einfach auf die Straße, auf den Marktplatz, aber ich gehe nicht zum Bahnhof, an den leeren Ort, in der Nacht.«

Ich sagte: »Sie haben immer gesagt, daß Sie nicht an Geister glauben.«

Er sagte: »Das habe ich immer gesagt, aber jetzt, da ich deine Tricks sehe. Ob es Geister gibt oder nicht, irgendeiner wird kommen, und ich möchte nicht in noch mehr Schwierigkeiten geraten.«

Der Mann traf mich nach zwanzig oder fünfundzwanzig Jahren wieder. Ich fragte: »Wie geht es Ihnen?«

Er antwortete: »Wie es mir geht? Du hast mir solche Angst

gemacht, daß ich beschlossen habe, nie zu heiraten und nie Kinder zu haben, und nie mehr in einer Schule angestellt zu sein, das ist zu gefährlich. Mein ganzer Körper ist kaputt, und an dem Tag hättest du noch Schlimmeres tun können, denn die ganze Menge glaubte dir.«

Ich sagte: »Diese Frau wäre gern mit Ihnen gegangen, diese Kinder wären gern mit Ihnen gegangen. Sie haben sie selbst bestochen.«

Er sagte: »Ich habe sie bestochen? Du hast fünf Rupien angeboten, und du hast diese Leute herbeigeschafft. Und ich kenne die Frau und die drei Kinder, sie wohnten in der Nachbarschaft.«

Und ich fragte: »Warum haben Sie gezittert?«

Er sagte: »Warum ich gezittert habe? Ich habe gezittert, weil die Menge mir diese Frau und die drei Kinder hätte aufzwingen können. Mein Dienst war dahin, und ich hätte eine Familie gehabt, mit der ich nichts zu tun haben wollte. Die Frau war so häßlich, und du warst so trickreich, daß du ihr gesagt hast, sie solle ihr Gesicht hinter dem Sari verbergen. Und ich bin seitdem so ängstlich, ich habe in keiner Schule mehr unterrichtet, und ich habe nie mehr zu jemanden gesagt: ›Ich bin ein tapferer Mann.‹ Ich habe akzeptiert, daß ich ein Feigling bin.«

Und ich sagte: »Wenn Sie es vorher akzeptiert hätten, wäre diese Tragödie vermieden worden.«

In meiner Nachbarschaft war ein Tempel, ein Krishna-Tempel, nur ein paar Häuser weiter. Der Tempel war auf der anderen Straßenseite; mein Haus stand auf dieser Straßenseite. Vor dem Tempel wohnte der Mann, der den Tempel gebaut hatte; er war sehr gläubig.

Der Tempel war dem Kind Krishna gewidmet – denn als Krishna ein junger Mann geworden war, verursachte er viel Unruhe und stellte vieles in Frage, so daß es viele Leute gibt, die

Krishna als Kind verehren – daher hatte der Tempel den Namen »Balaji«.

Dieser »Balaji Mandir« stand genau vor dem Haus des Mannes, der den Tempel gebaut hatte. Wegen des Tempels und der Ergebenheit des Mannes, ständige Ergebenheit... Er wusch sich am Morgen – genau vor dem Tempel war ein Brunnen – er wusch sich dort als erstes. Dann betete er viele Stunden; alle hielten ihn für sehr religiös. Nach und nach nannten ihn die Leute auch Balaji. Das wurde so zur Gewohnheit, daß ich mich selber nicht an seinen eigentlichen Namen erinnern kann, denn als ich ihn schließlich so richtig wahrgenommen hatte, hörte ich nur den Namen Balaji.

Ich ging häufig zu dem Tempel, denn der Tempel war sehr schön und sehr still – abgesehen von dem Balaji, der dort störte. Stundenlang – er war ein reicher Mann, also brauchte er sich um Zeit keine Sorgen zu machen –, drei Stunden am Morgen, drei Stunden am Abend, quälte er unablässig den Gott des Tempels. Niemand ging dorthin, obgleich der Tempel so schön war, daß viele gern dorthin gegangen wären. Sie gingen lieber zu einem Tempel weiter weg, denn dieser Balaji war unerträglich. Sein Gesinge – es kann nur Gesinge genannt werden, es war keine Musik – sein Gesang war derart, daß er einen zum Feind des Singens fürs ganze Leben machen konnte.

Aber ich ging dort häufiger hin, und wir freundeten uns an. Er war ein alter Mann. Ich sagte: »Balaji, drei Stunden am Morgen, drei Stunden am Abend, worum bittest du? Und jeden Tag? – und er hat es dir noch nicht gegeben?«

Er sagte: »Ich bitte nicht um materielle Dinge. Ich bitte um Spirituelles. Und das ist keine Angelegenheit von einem Tag. Man muß sein ganzes Leben lang darum bitten, und es wird einem nach dem Tode gegeben werden. Aber das ist sicher: es wird gegeben werden. Ich habe den Tempel gebaut, ich diene Gott, ich bete; du kannst sehen: sogar im Winter, mit nasser Kleidung...«

In nasser Kleidung zu bitten, wird als eine besondere Qualität von Ergebenheit angesehen. Meine eigene Meinung dazu ist, daß man bibbernd leichter singen kann: man fängt an zu schreien, um das Bibbern zu vergessen.

Ich sagte: »Ich habe dazu eine andere Meinung, aber ich sage sie dir nicht. Nur eins möchte ich, denn mein Großvater sagt immer: ›Dies sind nur Feiglinge, dieser Balaji ist ein Feigling. Sechs Stunden täglich verschwendet er, und es ist so ein kleines Leben, und er ist ein Feigling.‹«

Er sagte: »Dein Großvater sagt, daß ich ein Feigling bin?«

Ich sagte: »Ich kann ihn herbringen.«

Er sagte: »Nein, bring ihn nicht zum Tempel, denn das würde eine unnötige Mühe sein – aber ich bin kein Feigling!«

Ich sagte: »Okay, wir werden sehen, ob du ein Feigling bist oder nicht.«

Hinter dem Tempel war, was man in Indien ein *akhara* nennt, wo man Ringen, Turnen und die indische Art von Ringen lernen kann. Ich ging da häufig hin – es war gerade eben hinter dem Tempel, an der Seite des Tempels; so hatte ich alle Ringkämpfer als Freunde. Ich bat drei von ihnen: »Heute abend müßt ihr mir helfen.«

Sie fragten: »Was ist zu tun?«

Ich sagte: »Wir müssen Balajis Bett wegtragen – er schläft vor dem Haus – wir müssen nur Balajis Bett wegtragen und es über den Brunnen setzen.«

Sie sagten: »Wenn er springt oder etwas passiert, könnte er in den Brunnen fallen.«

Ich sagte: »Macht euch keine Sorgen, der Brunnen ist nicht so tief. Ich bin schon oft hineingesprungen, er ist nicht so tief und nicht so gefährlich. Und soviel ich weiß, wird Balaji nicht springen. Er wird vom Bett aus rufen. Auf seinem Bett sitzend wird er seinen Balaji anrufen: ›Rette mich!‹«

Nur mit Schwierigkeiten konnte ich drei Leute überreden: »Ihr habt in Wirklichkeit nichts damit zu tun. Ich kann nur nicht allein sein Bett tragen, und ich bitte euch, weil ihr alle stark seid. Wenn er mittendrin aufwacht, wird es schwierig sein, den Brunnen zu erreichen. Ich werde auf euch warten. Er geht um neun Uhr schlafen; gegen zehn ist die Straße leer und um elf ist die richtige Zeit, wenn wir nichts riskieren wollen. Um elf können wir ihn wegtragen.«

Nur zwei Leute erschienen, einer kam nicht; so waren wir nur drei. Ich sagte: »Es ist schwierig. Eine Seite des Bettes... und wenn Balaji aufwacht.«

Ich sagte: »Wartet mal, ich muß eben meinen Großvater rufen.«

Und ich sagte meinem Großvater: »Das und das werden wir tun. Du mußt uns ein wenig helfen.«

Er sagte: »Das geht ein bißchen zu weit. Ihr habt den Nerv, euren eigenen Großvater zu bitten, dem armen Mann dies anzutun, und er tut keinem etwas zuleide, außer daß er jeden Tag sechs Stunden laut singt – aber wir haben uns daran gewöhnt.«

Ich sagte: »Ich bin nicht gekommen, darüber zu diskutieren. Komm einfach mit, und wenn es etwas gibt, das du möchtest, wann auch immer, ich werde es dir schuldig sein; du brauchst es nur zu sagen, und ich werde es tun. Aber du mußt für diese Sache mitkommen. Und es ist nicht viel – nur eine zwölf-Fuß-Straße ist zu überqueren, ohne Balaji aufzuwecken.«

Er kam also mit. Deshalb sage ich: Er war ein ganz besonderer Mann; er war fünfundsiebzig! Er kam mit.

Er sagte: »Okay, laß, uns auch diese Erfahrung machen und sehen, was daraus wird.« Die zwei Ringkämpfer liefen davon, als sie meinen Großvater sahen.

Ich rief: »Wartet, wohin wollt ihr?«

Sie sagten: »Dein Großvater kommt!«

Ich sagte: »Ich bringe ihn her. Er ist die vierte Person. Wenn ihr weglauft, bin ich in Verlegenheit. Mein Großvater und ich können das nicht allein schaffen. Wir können ihn zwar tragen, aber er wird aufwachen. Ihr braucht euch keine Gedanken zu machen.«

Sie sagten: »Bist du dir deines Großvaters sicher? – denn sie sind fast gleich alt; sie sind vielleicht Freunde und es könnte Probleme geben. Er könnte uns verpetzen.«

Ich sagte: »Ich bin ja da; er kann mich nicht in Schwierigkeiten bringen. Habt also keine Angst; ihr werdet nicht in Schwierigkeiten kommen, und er kennt ja eure Namen nicht oder sonst was.«

Wir trugen Balaji und stellten sein Bett über den kleinen Brunnen. Nur er wusch sich dort, und hin und wieder sprang ich hinein – was er überhaupt nicht mochte, aber was kann man machen? Wenn ich erst einmal hineingesprungen war, mußte er etwas tun, um mich herauszuholen.

Ich fragte: »Was kannst du jetzt machen? Das einzige ist, mich herauszuholen. Und wenn du mir dumm kommst, werde ich jeden Tag hineinspringen. Und wenn du es meiner Familie erzählst, dann wisse, daß ich meine Freunde bringen werde, damit sie auch hineinspringen. Im Augenblick laß es ein Geheimnis zwischen uns beiden sein. Wasche du dich draußen, ich wasche mich drinnen; das macht überhaupt nichts.«

Es war ein sehr kleiner Brunnen, also paßte das Bett genau darüber. Dann sagte ich meinem Großvater: »Geh du weg, denn wenn man dich erwischt, wird die ganze Stadt meinen, daß dies zu weit geht.«

Und dann warfen wir Steine von weit her, um ihn aufzuwecken, denn wenn er die ganze Nacht nicht aufwachen würde, könnte er sich umdrehen und in den Brunnen fallen, und dann wäre was los! Als er aufwachte, schrie er fürchterlich! Wir kannten seine Stimme schon, aber dies…! Die ganze Nachbarschaft lief zusammen. Er saß auf seinem Bett und fragte: »Wer hat das gemacht?« Er zitterte am ganzen Leibe und hatte Angst. Leute riefen: »Bitte, steig, wenigstens aus dem Bett! Dann werden wir schon herausfinden, was passiert ist.«

Ich stand da in der Menge und fragte: »Was ist los? Du hättest deinen Balaji rufen können, aber du hast ihn nicht gerufen, du hast nur geschrien und du hast Balaji ganz vergessen. Sechs Stunden Training jeden Tag, dein ganzes Leben lang … !«

Er sah mich an und fragte: »Ist das auch ein Geheimnis?«

Ich sagte: »Jetzt gibt es zwei Geheimnisse, die du einhalten mußt. Eins hast du schon seit vielen Jahren eingehalten, dies ist nun das zweite.«

Aber von dem Tag an stellte er das dreistündige Geschrei im Tempel ein. Ich wunderte mich, jeder wunderte sich. Er wusch sich nicht mehr in dem Brunnen, und diese drei Stunden jeden Morgen und jeden Abend – er vergaß sie einfach. Er ließ jeden Morgen einen Hilfspriester kommen, damit er ein bißchen Andacht hielte, das war alles.

Ich fragte ihn: »Balaji, was ist geschehen?«

Er sagte: »Ich habe gelogen, als ich dir sagte, daß ich keine Angst habe. Aber in jener Nacht, als ich über dem Brunnen aufwachte, der Schrei kam nicht von mir!«

Man kann ihn den Urschrei nennen. Es war nicht seiner, das ist bestimmt wahr. Er muß aus seinem tiefsten Unbewußten gekommen sein. Er sagte: »Dieser Schrei machte mir bewußt, daß ich in Wahrheit ein Angsthase bin, und all meine Gebete sind nichts anderes als der Versuch, Gott zu überreden, mich zu retten, mir zu helfen, mich zu beschützen. Aber du hast das alles zerstört, und was du getan hast, war für mich gut. Ich bin mit all diesem Unsinn fertig. Ich habe mein ganzes Leben lang die ganze Nachbarschaft gepeinigt, und wenn du das nicht getan hättest, hätte ich vermutlich weitergemacht. Ich bin mir jetzt bewußt daß ich Angst habe. Und ich fühle, daß es besser ist, meine Angst anzunehmen, denn mein ganzes Leben hatte keinen Sinn und die Angst ist dieselbe.«

1970 fuhr ich das letzte Mal in meine Stadt. Ich hatte der Mutter meiner Mutter versprochen, daß ich kommen würde, wenn sie stirbt – sie hatte es als Versprechen verstanden. Also bin ich hingefahren. Ich bin nur ein bißchen durch die Stadt gegangen, um Leute zu treffen und ich sah Balaji. Er sah völlig anders aus.

Ich fragte ihn: »Balaji, was ist passiert?«

Er sagte: »Der Schrei hat mich völlig verändert. Ich fing an, mit der Angst zu leben. Okay, wenn ich ein Feigling bin, dann bin ich ein Feigling, ich bin dafür nicht verantwortlich. Wenn Angst da ist, ist Angst da, ich bin schon mit ihr geboren. Aber ganz allmählich, als meine Akzeptanz tiefer wurde, verschwand die Angst, verschwand die Feigheit. Um die Wahrheit zu sagen, ich habe den Hilfspriester aus dem Tempel entlassen, denn wenn schon meine Gebete nicht gehört worden sind, wie kann dann das Gebet eines Hilfspriesters gehört werden – ein Hilfspriester, der jeden Tag zu dreißig Tempeln geht?« – denn er bekommt von jedem Tempel zwei Rupien. »Er betet für zwei Rupien. Also, ich habe ihn entlassen, und mir geht es dabei bestens, und es interessiert mich überhaupt nicht, ob Gott existiert oder nicht. Das ist sein Problem, was habe ich damit zu tun?

Und ich fühle mich sehr frisch und jung in meinem Alter. Ich wollte dich gern sehen, aber ich konnte nicht kommen, ich bin zu alt. Ich wollte dir danken, daß du diesen Streich gespielt hast; sonst hätte ich immer weiter gebetet und wäre schließlich gestorben, und alles wäre umsonst gewesen. Jetzt werde ich eher als ein befreiter Mensch sterben, vollständig befreit.«

Er führte mich in sein Haus. Ich war schon einmal dort gewesen; alle religiösen Bücher waren weg. Er sagte: »Ich habe an all dem kein Interesse mehr.«

Mein Vater nahm mich immer mit, wenn er zu einer Feier ging, einer Hochzeit, einer Geburtstagsparty – egal, wohin. Er nahm mich unter der Bedingung mit, daß ich absolut kein Wort sagte: »Sonst bleib bitte zu Hause.«

Ich fragte: »Aber warum? Jeder darf reden, außer mir!«

Er sagte: »Du weißt, ich weiß und jeder weiß, warum du nicht reden sollst – weil du ein Störenfried bist.«

»Aber«, sagte ich »versprich mir, daß du dich nicht in Dinge einmischt, die nur mich etwas angehen, und ich verspreche dir, daß ich schweigen werde.«

Viele Male geschah es, daß er eingreifen mußte.

Zum Beispiel, wenn ein älterer Mann kam, ein weit entfernter Verwandter – aber in Indien ist das egal, dann berührte mein Vater seine Füße und sagte zu mir: »Berühr seine Füße!«

Ich sagte: »Du mischst dich in meine Angelegenheiten ein, unser Vertrag ist erledigt. Warum sollte ich die Füße dieses alten Mannes berühren? Wenn du sie berühren willst, kannst du sie zweimal, dreimal berühren, ich werde nichts dazu sagen. Aber warum sollte ich seine Füße berühren? Warum nicht seinen Kopf?«

Und damit hatte ich genug Unruhe gestiftet. Jeder erklärte mir, daß der Mann alt sei.

Ich sagte: »Ich habe viele alte Leute gesehen. Gerade vor

meinem Haus ist ein alter Elefant; ich berühre nie seine Füße.« Der Elefant gehört einem Priester, es ist ein sehr alter Elefant. Ich berühre nie seine Füße, und er ist sehr weise – ich glaube, weiser als dieser alte Mann. Hohes Alter allein gibt ihm noch keine Qualität. Ein Narr bleibt ein Narr – er wird vielleicht mit zunehmendem Alter immer närrischer. Ein Dummkopf wird im Alter immer dümmer, denn man kann nicht der gleiche bleiben; man wächst. Und der Dummkopf, wenn er senil wird..., dann wird seine Dummheit multipliziert. Und das ist die Zeit, wenn er so recht geachtet wird. Ich werde die Füße dieses alten Mannes nicht berühren, wenn mir nicht klargemacht wird, warum ich das sollte.«

Ich ging einmal zu einer Trauerfeier; einer meiner Lehrer war gestorben. Er war mein Sanskrit-Lehrer; ein sehr beleibter Mann, der komisch aussah, und in der Art eines alten Brahmanen komisch gekleidet war, mit einem großen Turban. Er war Gegenstand des Gelächters in der ganzen Schule – aber er war auch sehr einfältig.

Das Hindi-Wort für einfältig ist *bhole*, also nannten wir ihn Bhole. Wenn er die Klasse betrat, riefen alle laut: »Jai Bhole – lang lebe Bhole!«

Natürlich konnte er nicht alle Schüler bestrafen – wie hätte er sonst unterrichten können, wen hätte er sonst unterrichten können? Er starb. Natürlich dachte mein Vater, daß ich mich benehmen würde, weil er ja mein Lehrer war, und mein Vater erwähnte unseren Vertrag nicht. Aber ich konnte nicht, denn was dort geschah, war unerwartet, niemand hatte das erwartet. Sein toter Körper lag da, als wir ankamen. Seine Frau kam herausgerannt, warf sich über ihn und rief: »O, mein Bhole!« Alle schwiegen, aber ich konnte es nicht. Ich habe es wirklich versucht, aber je mehr ich es versuchte, umso schwieriger wurde es. Ich platzte nur so heraus vor Lachen und sagte: »Das ist großartig!«

Mein Vater sagte: »Ich habe keinen Vertrag mit dir gemacht, weil ich dachte, daß du respektvoll sein würdest, schließlich war er ja dein Lehrer.«

Ich sagte: »Ich bin nicht respektlos, aber ich bin verwundert über das Zusammentreffen. Bhole war sein Spitzname, und er ärgerte sich darüber sehr. Jetzt ist der arme Knabe tot, und seine Frau nennt ihn Bhole – und er kann nichts machen. Er tut mir einfach nur leid.«

Überall, wo ich mit meinem Vater hinging, machte er den Vertrag, aber er war immer die erste Partei, die ihn brach, denn irgend etwas passiert immer, und er mußte etwas dazu sagen. Und das war genug, denn das war die Bedingung, daß er sich nicht in meine Angelegenheiten einmischen würde.

Ein Jaina-Mönch war in der Stadt. Jaina-Mönche sitzen auf einem hohen Podest, so daß man sogar im Stehen mit dem Kopf ihre Füße berühren kann... ein mindestens fünf-Fuß, sechs-Fußhohes Podest..., und sie sitzen darauf. Jaina-Mönche wandern in einer Gruppe, sie dürfen nicht allein umherziehen. Fünf Jaina-Mönche sollten zusammengehen. Das ist eine Strategie, so daß die vier den fünften im Auge behalten, damit keiner versucht, eine Coca-Cola zu bekommen – es sei denn, sie haben sich alle verschworen. Ich habe gesehen, wie sie sich verschworen und Coca-Cola bekommen haben, deshalb erinnere ich mich daran.

Sie dürfen nicht einmal am Abend etwas trinken, und ich habe sie am Abend Coca-Cola trinken sehen. Tatsächlich war es schon am Tage gefährlich, Coca-Cola zu trinken – wenn es jemand gesehen hätte! – also nur am Abend... Ich hatte es selbst herangeschafft, das war also nicht das Problem. Wer sonst sollte sie versorgen? Kein Jaina wäre dazu bereit gewesen, aber sie kannten mich, und sie wußten, daß ich bereit sein würde, jegliche schändliche Tat auszuführen.

Da waren also fünf Podeste, aber ein Mönch war krank; deshalb ging ich zum fünften Podest, als ich mit meinem Vater hierher gekommen war, und setzte mich darauf. Ich kann mich immer noch an meinen Vater und seinen Blick, den er mir zuwarf, erinnern... Er konnte nicht einmal Worte dafür finden: »Was soll ich dir nun sagen?« Und er konnte nicht eingreifen, denn ich hatte niemandem ein Unrecht getan. Nur auf einem Podest sitzen, einem hölzernen Podest – ich hatte niemanden verletzt und nichts beschädigt. Er kam nahe an mich heran und sagte: »Es scheint – Vertrag hin, Vertrag her, du tust einfach, was du willst; also von jetzt an machen wir keinen Vertrag mehr, denn das bringt absolut nichts.«

Die vier Mönche fühlten sich keineswegs wohl, aber auch sie konnten nichts sagen – was sollten sie schon sagen? Einer von ihnen sagte schließlich: »Das ist unrecht. Niemand, der kein Mönch ist, sollte auf gleicher Höhe sitzen.«

Sie sagten also meinem Vater: »Hol ihn herunter!«

Ich sagte: »Denkt noch einmal darüber nach! Erinnert euch an die Flasche!« – denn ich hatte ihnen ja die Coca-Cola beschafft.

Sie sagten: »Ja, das stimmt, wir erinnern uns an die Flasche. Sitz, nur auf dem Podest, solange es dir gefällt.«

Mein Vater fragte: »Was für eine Flasche?«

Sie sagten: »Wir sind ganz und gar zufrieden. Du kannst dort sitzen, das ist in Ordnung, aber sage bitte nichts von der Flasche.«

Nun, viele Leute waren da, und sie wurden alle neugierig – was für eine Flasche? Als ich aus dem Tempel kam, liefen sie alle herbei und fragten: »Was ist das für eine Flasche?«

Ich sagte: »Das ist ein Geheimnis. Und das ist meine Macht über diese Narren, deren Füße ihr immer berührt. Wenn ich will, kann ich es einrichten, daß sie meine Füße berühren – sonst... die Flasche!« Diese Narren!

Auf dem Nachhauseweg sagte mein Vater: »Du kannst es mir ruhig erzählen; ich werde niemandem etwas sagen. Was hat es mit der Flasche auf sich? Trinken sie Wein?«

Ich sagte: »Nein, so weit ist es noch nicht gekommen, aber wenn sie noch ein paar Tage hierbleiben, kann ich das auch arrangieren. Ich kann sie zwingen, Wein zu trinken..., sonst werde ich die Flasche erwähnen.«

Die ganze Stadt diskutierte über die Flasche, was mit der Flasche los war, und warum sie Angst bekommen hatten. »Wir haben immer geglaubt, daß sie spirituelle Weise wären, und dieser Junge hat ihnen Angst eingejagt. Und sie waren alle einverstanden, daß er dort sitzen könnte, was gegen die Schriften verstößt.«

Alle waren hinter mir her. Sie waren bereit, mich zu bestechen: »Frag, was du willst. Erzähl uns nur, was ist das Geheimnis der Flasche?« Ich sagte: »Es ist ein großes Geheimnis, und ich werde euch nichts davon sagen. Warum geht ihr nicht zu euren Mönchen und fragt, was es mit der Flasche auf sich hat? Ich kann auch da sein, sie können also nicht lügen, und dann werdet ihr wissen, was für Typen das sind, die ihr verehrt.«

In meiner Kindheit ging ich gewöhnlich frühmorgens zum Fluß. Es ist ein kleines Dorf. Der Fluß ist sehr, sehr träge, als ob er überhaupt nicht fließen würde. Am Morgen, wenn die Sonne noch nicht aufgegangen ist, kann man nicht erkennen, ob der Fluß fließt, er ist so träge und still. Und am Morgen, wenn niemand da ist, die Betenden noch nicht gekommen sind, ist es wunderbar still. Selbst die Vögel singen am Morgen nicht – in der Frühe, kein Laut, nur Lautlosigkeit... Und der Duft der Mango-Bäume hängt über dem ganzen Fluß.

Ich ging häufig dorthin – zu dem äußersten Winkel des Flusses, nur um dort zu sitzen, nur um dort zu sein. Es gab da nichts zu tun, nur da zu sein war genug. Es war eine so schöne Erfahrung, dort zu sein. Ich wusch mich, ich schwamm, und wenn die Sonne hochkam, ging ich zum anderen Ufer, zu der endlosen Weite von Sand und ließ mich dort von der Sonne trocknen; legte mich nieder und schlief manchmal sogar ein.

Wenn ich zurückkam, fragte meine Mutter: »Was hast du den ganzen Morgen gemacht?«

Ich sagte dann: »Nichts«, denn in Wirklichkeit hatte ich nichts gemacht.

Und sie sagte darauf: »Wie ist es möglich, daß du den ganzen Morgen nichts getan hast? Du mußt doch irgendetwas getan haben.« Und sie hatte recht, aber ich hatte auch nicht unrecht.

Ich hatte überhaupt nichts getan. Ich war da einfach bei dem Fluß, nichts tuend, und ließ zu, was geschah. Wenn mir nach Schwimmen zumute war – wohlgemerkt, wenn mir nach Schwimmen zumute war, schwamm ich, aber das war nichts, was ich meinerseits tat, ich forcierte nichts. Wenn mir nach Schlafen zumute war, schlief ich. So viel passierte einfach, aber da war kein Macher. Und meine erste Erfahrung von *satori* geschah in der Nähe des Flusses; nichtstuend, einfach nur da sein – es passierte unendlich vieles.

Aber meine Mutter ließ nicht locker: »Du mußt doch etwas gemacht haben.«

So sagte ich schließlich: »Okay, ich habe mich gewaschen und von der Sonne trocknen lassen«, und dann war sie zufrieden. Aber ich war es nicht, denn was dort am Fluß geschehen war, ist in Worten nicht auszudrücken. »Ich wusch mich«, erscheint so armselig. Mit dem Fluß zu spielen, in dem Fluß zu treiben, in dem Fluß zu schwimmen, war eine solch tiefe Erfahrung. Einfach zu sagen: »Ich wusch mich«, hat keinen Sinn. Nur zu sagen: »Ich ging dorthin, ging am Ufer spazieren, saß dort«, drückt nichts aus.

In meinem Dorf gab es einen wunderbaren, guten, alten Mann. Jeder liebte ihn; er war so einfach und unschuldig, obgleich er älter als achtzig war. Und an meinem Dorf vorbei fließt ein Fluß. Er hatte für sich allein einen bestimmten Platz an dem Fluß, wo er sein Bad nahm. Soweit jeder im Dorf sich erinnern kann, hatten sie ihn immer gesehen, tagein-tagaus, jahrein-jahraus.

Ob Regenzeit war, Sommer oder Winter, machte keinen Unterschied; ob er krank oder gesund war, machte keinen Unterschied. Er war immer genau um fünf Uhr morgens dort, an seinem Platz. Und das war der tiefste Teil des Flusses, also ging gewöhnlich niemand dorthin, und es war weit weg.

Leute gingen gern an den Fluß; er war nur eine halbe Achtelmeile von meinem Haus entfernt, aber der Platz war fast zwei Meilen weg. Und genau wie unsere Hügel den Fluß umgeben, mußte man einen Berg überqueren, dann noch einen, dann noch einen, dann erreichte man den Platz. Und es war ein wunderschöner Platz. Als ich von ihm erfuhr, begann ich, dorthin zu gehen. Und wir wurden sofort Freunde, denn – ihr kennt mich, was für ein Mensch ich bin. Wenn er um fünf Uhr dort war, war ich um drei Uhr dort. Einen Tag, zwei Tage, drei Tage... Er sagte: »Was ist los?« Hast du beschlossen, mich zu besiegen?»

Ich sagte: »Nein, darum geht es nicht, aber ich bin um drei Uhr hier – genauso wie du beschlossen hast, um fünf hier zu sein.«

Er fragte: »Kannst du schwimmen?«

Ich sagte: »Ich kann es nicht, aber keine Bange, wenn andere Leute schwimmen können, dann kann ich es auch. Wenn du schwimmen kannst – wo ist dann das Problem? Eins ist gewiß: daß es menschlich möglich ist – das ist genug. Schlimmstenfalls kann ich untergehen – was soll's? Jeder muß einmal sterben, das macht nichts.«

Er sagte: »Du bist gefährlich. Ich werde dir das Schwimmen beibringen.«

Ich sagte: »Nein.« Ich sagte zu ihm: »Setz, dich nur hierher, und ich springe. Versuche nicht, mich zu retten, wenn ich sterbe; selbst wenn ich dich rufen sollte, mich zu retten – höre nicht hin.«

Er sagte: »Was für ein Kind bist du? Du wirst schreien: ›Rette mich!‹ – und ich darf dich nicht retten?«

Ich sagte: »Ja. Ich werde nicht schreien. Ich stelle es einfach absolut klar. Vielleicht, wenn ich am Ertrinken bin, am Sterben oder Ersticken oder Wasser dringt in meine Nase und meinen Mund, fang ich an zu schreien: ›Rette mich!‹ Aber ich will klarstellen: ich will von niemandem unter keinen Umständen gerettet werden. Entweder komme ich heraus und weiß, was Schwimmen ist, oder ich gehe unter und weiß, daß Schwimmen nichts für mich ist.«

Und ehe er mich stoppen konnte, sprang ich. Sicherlich mußte ich zwei – oder dreimal untertauchen und wieder hochkommen. Und er stand dort und wartete, so daß, wenn ich ihn rufen würde... Aber ich machte einfach nur Zeichen mit der Hand, daß ich nicht rufen würde. Drei- oder viermal tauchte ich unter, kam hoch, warf meine Hände nur so durch die Gegend – denn ich hatte vom Schwimmen keine Ahnung, aber was kann man machen? Wenn man am Ertrinken ist, versucht man, was einem nur zu Gebote steht. Und in fünf Minuten hatte ich den Dreh raus.

Ich kam zurück und sagte zu ihm: »Du hast angeboten, mir beizubringen, was ich in fünf Minuten lernen kann. Ich muß es nur wagen und die Tatsache akzeptieren: Schlimmstenfalls kann es den Tod bedeuten!«

Schwimmen ist eine Geschicklichkeit; es ist keine Kunst, die jeder lernen müßte. Man muß einfach ins Wasser geworfen werden. Man kann nicht anders als erst einmal spritzen und seine Hände und Beine durch die Gegend werfen, und bald wird man herausfinden, daß das Wasser selbst einen hochhält, wenn man seine Hände und Beine in harmonischer Weise umherwirft, synchron.

Ich hatte dem alten Mann gesagt: »Ich habe tote Körper im Fluß vorbeiziehen sehen. Wenn ein Toter schwimmen kann – wolltest du mir sagen, daß ich lebendig bin und nicht schwimmen kann? Selbst ein Toter beherrscht die Kunst.«

Beim Regen, wenn es Überschwemmungen gab, ist es oft vorgekommen, daß ganze Dörfer vom Fluß weggetragen wurden – viele Menschen, tote Körper, tote Tiere trieben dann vorbei.

Ich sagte: »Sogar Tote kommen vorbei, schnell. Und ich lebe, also gib mir die Chance, es selbst zu lernen, denn mein Gefühl sagt, daß es nur eine Geschicklichkeit ist. Was kann schon Kunst dabei sein? Es ist kein Handwerk oder sonst eine schwierige Kunst, die man verstehen muß. Alles was ich sehe, ist, daß die Leute ihre Hände durch die Gegend werfen, also kann ich meine auch durch die Gegend werfen.«

Ich habe in diesem Leben von Anfang an nichts getan, um mutig zu sein oder schlau und intelligent; und ich habe nie an Mut oder Schlauheit oder Intelligenz gedacht.

Erst später wurde mir allmählich bewußt, wie dumm die Leute sind. Es war erst eine spätere Überlegung; vorher war mir nicht bewußt, daß ich mutig war. Ich dachte, jeder muß genauso sein. Erst später wurde mir klar, daß nicht alle gleich sind.

Dies war eine meiner Kindheitsfreuden – zum höchsten Hügel am Flußrande zu gehen und hinunterzuspringen! Viele Jungen aus der Nachbarschaft kamen mit mir, und sie versuchten es auch. Aber sie gingen nur zum äußersten Rand und kamen dann zurück. Als sie sahen, wie hoch es war, sagten sie: »Plötzlich geschieht etwas.« Ich zeigte ihnen immer wieder, daß – »wenn ich springen kann« – ich habe keinen Körper aus Stahl – »und wenn ich es immer wieder schaffe und überlebe, warum könnt ihr das nicht?«

Sie sagten: »Wir versuchen unser Bestes.« Und sie versuchten es wirklich. Da war ein Brahmenjunge, der nebenan wohnte und sehr gedemütigt war, weil er nicht springen konnte. Er muß wohl seinen Vater gefragt haben: »Was soll ich machen?«

Denn es ist sehr demütigend. »Er steigt auf die Hügelspitze und springt von dort hinunter, und wir sehen nur zu. Wir können sehen, daß, wenn er springen kann, wir auch springen können; darin liegt nicht das Problem. Wenn die Höhe ihn nicht töten kann, warum sollte sie uns töten? Aber wenn wir gerade Mut gefaßt haben, mit aller Anstrengung, und wir nehmen Anlauf, dann kommt plötzlich die Bremse. Woher sie kommt, wissen wir nicht, aber einfach eine Bremse! Irgend etwas in unserem Innern sagt: Nein! Diese Felsen und dieser Fluß… wenn wir auf einen Felsen fallen oder…, und der Fluß ist tief! Und wenn man aus einer Höhe fällt, landet man zuerst auf dem tiefsten Grunde des Flusses, dann kommt man hoch; man kann da nichts machen.«

Sein Vater sagte: »Das ist nicht gut« – denn sein Vater war ein sehr guter Ringkämpfer, einer der Meister im Distrikt. Er leitete eine Sportschule und lehrte andere zu kämpfen, indischen Freistil-Ringkampf. Das ist menschlicher, ausgefeilter und künstlerischer als Boxen. Wenn das Kind zu jemand anderem gehört hätte, würde der ihm gesagt haben, er solle überhaupt nicht dorthin gehen, aber dieser Mann war kein solcher Typ. Er sagte: »Wenn er springen kann, und du kannst es nicht, das ist eine Schande für mich. Ich werde mitkommen und werde dort stehen. Und mach dir keine Sorgen: wenn er springt, springst du auch.«

Ich hatte keine Ahnung, daß sein Vater da sein würde. Als ich ankam, sah ich den Vater, den Sohn und ein paar andere Jungen, die sich versammelt hatten, um zuzusehen. Mit einem Blick konnte ich ausmachen, was los war. Ich sagte zu dem Jungen: »Heute brauchst du keine Angst zu haben, laß deinen Vater springen. Er ist ein großer Ringkämpfer, und das wird für ihn kein Problem sein.«

Der Vater sah mich an, denn er war nur gekommen, um seinen Jungen zu ermutigen, so daß er kein Feigling werden würde. Er sagte: »Ich soll also springen?«

Ich sagte: »Ja! Mach dich bereit!«

Er sah hinunter und sagte: »Ich bin ein Ringkämpfer. Diese Felsen und dieser Fluß... da hast du wirklich einen Platz gefunden! Du mußt hier trainiert haben. Jeder sonst, der versucht zu springen, wird sich das Genick oder ein Bein oder sonst was brechen.«

Ich sagte: »Du hast deinen Sohn hergebracht.«

Er sagte: »Ich habe ihn hergebracht und wußte nicht, wie die Situation ist. Ich dachte, daß, wenn du springen kannst, kann auch er springen, er ist genauso alt wie du. Aber hier, da ich die Situation sehe, war ich besorgt und dachte, daß es großartig sein würde, wenn du heute nicht erschienest, denn mein Junge wird das nicht überstehen. Aber du bist klug; du hast meinen Jungen einfach umgangen und dich auf mich gestürzt. Ich werde es versuchen.«

Und dasselbe passierte. Sogar dieser Ringkämpfer, der so mutig war – in jeder Hinsicht hat er sein Leben lang gekämpft... Aber als er an den Felsrand kam – die plötzliche Bremse! – denn der Abhang war derart, wenigstens fünfzig Fuß tief, und der Fluß war dreißig Fuß tief, und die Felsen waren derart, daß man unmöglich unter Kontrolle haben konnte, wo man landen würde, wo man auftreffen würde. Und da so auf der Felshöhe zu stehen... Der Wind war so stark, daß man einfach umkommen konnte.

Er hielt genau dort an und bat: »Vergib mir!« Und er sagte zu seinem Sohn: »Sohn, komm nach Hause! Hiermit haben wir nichts zu tun. Er kann es ja machen; vielleicht weiß er etwas.«

An jenem Tag wunderte ich mich über mich selbst: Warum kommt die Bremse nicht zu mir? Und ich hatte es an sehr schwierigen Orten probiert.

Die Eisenbahnbrücke war der höchste Punkt über dem Fluß – ganz klar, denn wenn es regnet, schwillt der Fluß so an, daß die Brücke immer noch darüber bleiben muß, deshalb wurde sie am höchsten Punkt gebaut. Und stets gingen zwei Wächter auf der Brücke hin und her, aus zwei Gründen: erstens, damit niemand Selbstmord verübte, denn das war die Stelle, wo Leute Selbstmord verübten... Einfach von dort in den Fluß zu fallen war genug. Man erreichte den Fluß niemals lebend, man gab seinen Atem irgendwo in der Mitte auf. Es war so hoch, daß nur hinunterzusehen genug war, um Übelkeit aufkommen zu lassen.

Und zweitens: Es bestand die Angst vor Revolutionären, die Bomben legen, Brücken sprengen, Züge in Brand stecken. Eine Brückenverbindung abzuschneiden war für Revolutionäre wichtig, denn jene Brücken verbanden zwei Teile der Provinz. Wenn die Brücken unterbrochen waren, konnte die Armee nicht darüberschreiten, dann konnten die Revolutionäre in dem anderen Teil, wo kein Hauptquartier war, etwas machen. Diese Wächter waren also vierundzwanzig Stunden am Tag da. Aber mich akzeptierten sie.

Ich erklärte ihnen: »Ich will weder Selbstmord begehen noch bin ich gekommen, um eure Brücke in die Luft zu sprengen. Tatsächlich möchte ich, daß die Brücke gut bewacht wird, denn dies ist mein Ort. Wenn diese Brücke weg wäre, wäre mein höchster Punkt, von dem ich springen kann, dahin.«

Sie fragten: »Ist das deine Angewohnheit?«

Ich sagte: »Das ist meine Anewohnheit. Ihr könnte ja zusehen, und wenn ihr es erst einmal gesehen habt, werdet ihr überzeugt sein, daß ich keinen anderen Wunsch habe.«

Sie sagten: »Okay, wir werden zusehen.«

Ich sprang. Sie konnten es nicht glauben. Als ich zurückkam, fragte ich sie: »Wollt ihr es mal versuchen?«

Sie sagten: »Nein, aber für dich ist immer offen, du kannst kommen, wann du willst. Wir haben gesehen, wie du es einfach so tust, aber wir können nicht springen – wir wissen, daß Leute hier umgekommen sind.«

Die Brücke war als Todesbrücke bekannt, und das war die leichteste und billigste Art, Selbstmord zu begehen. Sogar Gift zu kaufen war Geldverschwendung, aber von der Brücke zu springen war ganz einfach. Der Fluß war dort am tiefsten, und er nahm einen mit. Nicht einmal der Körper würde gefunden werden, denn nach nur ein paar Meilen traf er einen größeren Fluß, einen riesigen Fluß – und man war für immer dahin.

Als ich die Angst in den Gesichtern der zwei Wächter gesehen hatte und die Angst bei dem Ringkämpfer, fing ich an, mich zu fragen: »Vielleicht übersehe ich die Bremsen; vielleicht sollten sie da sein, denn sie schützen wirklich.« Aber als ich größer wurde – und ich bin größer geworden, ich bin nicht älter geworden... Von meiner Geburt an bin ich größer geworden, größer geworden, größer geworden. Glaubt niemals, daß ich älter werde. Nur Dummköpfe werden älter, alle anderen werden größer.

Als ich größer wurde, bekam ich Einblick in meine früheren Leben und meinen Tod, und ich erinnerte mich, wie leicht ich gestorben war – nicht nur leicht, sondern mit Begeisterung. Mein Interesse war eher, das Unbekannte kennenzulernen, das vor mir lag, als das Bekannte, das ich gesehen hatte.

Ich habe niemals zurückgesehen. Und das war mein ganzes Leben lang so – nicht zurückzusehen. Das lohnt sich nicht. Man kann nicht zurückgehen, warum also Zeit vrschwenden? Ich sehe immer nach vorn. Selbst am Todespunkt habe ich nach vorn gesehen.

Einer meiner Lehrer begann seinen Unterricht jeden Morgen mit diesem Ritual: »Hört euch zuerst meine Bedingung an. Ich akzeptiere keine Kopfschmerzen, ich akzeptiere keine Bauchschmerzen. Was ich nicht erkennen kann, akzeptiere ich nicht. Ja, wenn ihr Fieber habt, akzeptiere ich es, denn ich kann ja feststellen, daß eure Temperatur hoch ist. Merkt euch also: niemand bekommt frei für Dinge, die nicht zu beweisen sind. Selbst ein Arzt kann nicht beweisen, ob einer Kopfschmerzen hat oder nicht.« Er verhinderte fast alles, denn man mußte schon eine sichtbare Krankheit produzieren, nur dann konnte man rausgehen, aber ich mußte einen Ausweg finden, denn dies war unakzeptabel.

Er war ein alter Mann, also alles, was ich zu tun hatte, war in der Nacht... Er war alt, aber sehr stark, und er hielt viel von Übungen, vom Gehen. Deshalb stand er früh auf, um fünf Uhr und im Dunkeln machte er einen langen Spaziergang. Ich brauchte also nur ein paar Bananenschalen vor seine Haustür zu legen. Am Morgen fiel er hin und hatte sich am Rücken wehgetan. Ich war sofort da, denn ich wußte ja davon.

Er sagte: »Mein Rücken tut mir so weh.«

Ich sagte: »Reden Sie nichts, was Sie nicht beweisen können.«

Er sagte: »Egal ob ich es beweisen kann oder nicht, ich kann heute nicht in die Schule kommen.«

»Dann«, sagte ich »müssen Sie Ihre Bedingungen ab morgen fallenlassen, denn ich werde die ganze Sache in der ganzen Schule verbreiten, daß, wenn Rückenschmerzen akzeptiert werden... Was für einen Beweis haben Sie? Warum dann Kopfschmerzen nicht? Warum dann Bauchschmerzen nicht?«

Er sagte: »Ich glaube, du hast etwas mit diesen Bananenschalen hier zu tun.«

Ich sagte: »Vielleicht haben Sie recht, aber Sie können es nicht beweisen, und ich glaube nur an Dinge, die bewiesen werden können.«

Er sagte: »Du kannst mir wenigstens einen Dienst erweisen: ›Bring meine Entschuldigung zum Direktor.‹«

Ich sagte: »Ich werde Ihre Entschuldigung mitnehmen, aber

vergessen Sie nicht: von morgen an lassen Sie diese Bedingungen, denn manchmal habe ich Kopfschmerzen, manchmal habe ich Bauchschmerzen, denn ich habe mir angewöhnt, alle möglichen unreifen Früchte zu essen – wenn man sie aus anderer Leute Gärten stiehlt, kann man nicht erwarten, daß sie reif sind. Und man kann sie nur kriegen, bevor sie reif sind; wenn sie erst einmal reif sind, nehmen die Leute sie ab. Also leide ich unter Bauchschmerzen.«

Und natürlich stellte er von da ab die Bedingungen ein. Er sah mich nur an, lächelte und begann seinen Unterricht.

Die Schüler waren völlig verblüfft: »Was ist mit ihm los? Was ist mit den Bedingungen?« Ich stand auf und sagte: »Ich habe tüchtige Bauchschmerzen.«

Er sagte: »Du kannst gehen.« Das war das erste Mal... Er sagte mir am Abend, als er meinen Vater aufsuchte: »Dies ist das erste Mal, daß ich jemanden wegen Bauchschmerzen nach Hause gelassen habe, denn diese Leute sind ja so einfallsreich und erfinderisch.« Und er sagte meinem Vater: »Ihr Junge ist gefährlich.«

Ich sagte: »Sie sind wieder dabei etwas zu sagen, was Sie nicht beweisen können, Sie vermuten es bloß. Ich habe nur einen Morgenspaziergang gemacht, und ich sah Sie fallen, und ich bin gekommen, um Ihnen aufzuhelfen. Meinen Sie, es ist falsch, jemanden zu helfen?«

Er sagte: »Nein, es ist nicht falsch, jemandem zu helfen, aber wer hat die Bananenschalen dorthin geworfen?«

Ich sagte: »Das müssen Sie schon selbst herausfinden, es ist Ihr Haus. Es traf sich nur gerade so, daß ich einen Morgenspaziergang machte; und mein Vater weiß, daß ich jeden Tag einen Morgenspaziergang mache.«

Mein Vater sagte: »Das ist wahr, er geht jeden Tag. Aber es ist möglich, daß er es getan hat. Wenn Sie es aber nicht beweisen können, nützt es nichts. Wir müssen ihm Dinge beweisen. Wenn er durch Argumente gewinnt, bleibt er der Gewinner und wir die Verlierer, obgleich wir Recht haben. Er hat mir die ganze Geschichte mit Ihrem schmerzenden Rücken erzählt und, daß Sie seit dem Ihre zwei Bedingungen aufgegeben haben.«

Mein Vater war auch sein Schüler gewesen. Er sagte: »Merkwürdig, Sie haben nie ohne diese beiden Bedingungen begonnen.«

Mein Lehrer sagte: »Nie zuvor hatte ich einen solchen Schüler. Ich mußte meinen ganzen Plan ändern, denn es ist gefährlich, mit ihm im Konflikt zu sein; er hätte mich töten können.«

Ich war sehr jung, vielleicht zwölf Jahre alt, als ein sehr fremdartiges, menschliches Wesen unser Haus besuchte. Mein Vater hatte ihn zu uns gebracht, denn er war gelehrt – und nicht nur gelehrt, er hatte einige echte, tiefe persönliche Erfahrungen gemacht. Vielleicht war er zu der Zeit nicht erleuchtet; es ist für mich unmöglich, mich genau daran zu erinnern. Ich kann mich nicht einmal an sein Gesicht erinnern. Ich weiß nur, daß er ein Sufi war, ein mohammedanischer Mystiker, und mein Vater hatte auf ihn gehört.

Er dachte, der Mystiker könnte vielleicht etwas tun, etwas vorschlagen, mich von etwas überzeugen, denn jeder machte sich Sorgen um mich. Obgleich ich in ihrem Haus lebte, fanden sie alle, daß ich ein Fremdling war. Und sie hatten nicht unrecht. Und schließlich: Meine Anwesenheit war nicht so, als ob jemand anwesend wäre.

Mein Vater hatte diesen Sufi-Mystiker zu uns gebracht und gedacht, er könnte vielleicht hilfreich sein. Und mein Vater war sprachlos, meine Familie war sprachlos, denn was der Mann tat... Sie hatten mir ein separates Zimmer gegeben, so daß ich sie nicht ständig stören würde, denn wenn ich auch nur dagesessen hätte, nichtstuend, wäre das genug gewesen, um sie zu irritieren; sie alle tun etwas, jeder arbeitet und ich sitze da, mit geschlossenen Augen und meditiere.

Sie hatten mir also ein eigenes Zimmer gegeben, mit einem separaten Eingang. Der Sufi kam mit meinem Vater, und er ging umher und beroch die Wände, diese Ecke und jene Ecke. Mein

Vater sagte: »Mein Gott, ich habe ihn hergebracht, damit er dich zur Raison bringt. Er scheint von Sinnen zu sein.«

Mein Zimmer war absolut leer. Ich habe Leere immer geschätzt, denn nur Leere kann absolut rein sein. Was man auch in seinem Zimmer ansammelt, wird früher oder später wertlos. Deshalb hatte ich nichts in meinem Zimmer.

Mein Vater sah ihn an, sah mich an und sagte: »Ich habe ihn eingeladen, damit ich sehen kann, was er macht.«

Dann kam er und beroch mich. Also, das war zuviel! Mein Vater sagte: »Ich hatte dir ja schon erklärt, daß mein Junge ein bißchen überspannt ist – und du unterstützt seine Überspanntheit.

«Nein«, sagte er. »Ich kann das Zimmer riechen und ich kann ihn riechen. Es ist der Geruch von Stille, der Duft von Stille. Du solltest dich glücklich preisen, daß du einen solchen Sohn hast. Ich mußte beide riechen, um herauszubekommen, ob dieser Duft zu seiner Gegenwart gehört. Er gehört zu seiner Gegenwart, dieser Raum ist voll von seiner Gegenwart. Störe ihn nicht!«

Und er bat mich um Vergebung, er sagte: »Vergib mir! Ich habe gestört, indem ich in dein Zimmer kam.«

Mein Vater führte ihn hinaus, und dann kam er wieder und sagte: »Ich habe immer geglaubt, daß nur du verrückt bist. Es gibt aber sogar noch verrücktere Leute – solche, die Zimmer beriechen.«

Aber ich sagte zu ihm: »Dein Haus ist deine Ausdehnung, auf eine subtile Art repräsentiert es dich. Und der Mann, den du hergebracht hast, ist mit Sicherheit ein großartiges menschliches Wesen, ein Mann, der Einblick und Verständnis hat«.

In meiner Kindheit in meinem Dorf... Jedesmal, wenn Mohammedaner die Feiertage von Muharram begehen, sind einige Leute »vom heiligen Geist besessen«. Der heilige Geist heißt *wali*. Es gibt ein paar Leute, die für sehr heilig gehalten werden.

Sie sind von Walis besessen – sie tanzen, rufen, schreien, und man kann Fragen stellen.

Sie sollen nicht weglaufen, deshalb sind ihre Hände mit Stricken zusammengebunden, und zwei Leute halten sie unter Kontrolle. Es gibt viele Walis, und jeder Wali hat seine eigene Menge, und die Leute kommen mit Süßigkeiten und Früchten – jemand hat letztes Jahr einen Segen erhalten und einen Jungen bekommen, ein Kind; jemand hat geheiratet, und jemand ist gekommen, um einen Segen für die Zukunft zu empfangen.

Nur Mohammedaner nehmen daran teil. Aber ich hatte stets an jeder Art von Unterhaltung Spaß. Meine Eltern sagten mir immer: »Hör mal, das ist ein Fest der Mohammedaner, und du hast da nichts zu suchen.«

Ich sagte: »Ich bin weder hinduistisch noch mohammedanisch noch jainistisch noch sonst was. Meint ihr, daß ich nicht an allem Spaß haben kann? Alle Feste gehören zu irgendeiner Religion. Es ist so: ich gehöre zu keiner Religion, also kann ich an allen Festen teilnehmen.«

Ich ging also dorthin. Einmal schaffte ich es, den Strick eines Wali, der ein ganz gewöhnlicher Mann und ein Schwindler war, zu halten. Ich hatte ihm schon vorher gesagt: »Ich werde dich bloßstellen, wenn du mir nicht erlaubst, deinen Strick zu halten.«

Er sagte: »Du kannst meinen Strick halten, und du kannst auch ein paar Süßigkeiten abbekommen, aber sage niemanden etwas.«

Wir beide gingen zum selben Turnverein – so waren wir Freunde geworden, und er hat mir selbst erzählt, daß alles Schwindel sei. Ich sagte also: »Das heißt, ich komme; wenn es Schwindel ist, mußt du es zugeben.«

Ich ging mit einer langen Nadel dorthin, so konnte ich ihn zum Springen veranlassen. Er wurde der berühmteste Wali, denn kein anderer Wali sprang so hoch.

Er konnte nichts darüber sagen, was sich da abspielte, denn er ist von dem Wali besessen, und der Wali kann doch vor einer Nadel keine Angst haben! Er konnte also nichts sagen, und ich stachelte ihn immer wieder mit der Nadel an. Er brachte es fertig, fast viermal so viele Süßigkeiten, Früchte und Rupien zu bekommen… mehr Leute kamen, um Segen von ihm zu erhalten.

Er sagte: »Das ist großartig, aber du hast mich so gequält!«

Ich war von dem Tag an so gefragt – jeder Wali wollte mir seinen Strick geben, denn alle, die mich als Assistenten gewannen, wurden die größten Walis – sofort – noch am selben Tag.

Die Veranstaltung ging über zehn Tage, und kein Wali wollte mich am nächsten Tag wiederhaben. Sie sagten: »Ich werde die Stadt fluchtartig verlassen, wenn du wiederkommst.«

Ich sagte: »Das ist nicht nötig. Ich bin von anderen dummen Leuten, die nicht wissen, was los ist, so sehr gefragt… Gebt mir einfach die Hälfte ab, denn ihr werdet immer noch doppelt so viel haben.«

Und ich stellte fest, daß fast jeder ein Schwindler war, denn ich konnte mit meiner Nadel jeden zum Springen veranlassen. Nicht ein einziger in der ganzen Stadt war ein authentischer Mensch, der besessen war oder sonst was. Sie täuschten nur vor – rufend, schreiend, Dinge redend, die man nicht verstehen kann, aber man muß sich etwas zusammenreimen.

Und die *maulvis*, die mohammedanischen Schüler, erklärten einem, was das alles bedeutet: »Ihr seid gesegnet worden, eure Wünsche werden erfüllt werden, und wen interessiert schon, wessen Wünsche erfüllt werden oder nicht? Wenn hundert Leute kommen, werden die Wünsche von mindestens fünfzig Leuten erfüllt. Diese fünfzig werden wiederkommen und diese fünfzig Leute werden die Idee verbreiten. Die anderen fünfzig werden auch wiederkommen, nicht zum selben Wali, aber zu anderen Walis, die da sind, denn der erste Wali, zu dem sie gingen, scheint nichts zu bewirken, vielleicht war er nicht kraftvoll genug.

Und meine Walis waren die kraftvollsten. Ihre Kraft konnte daran gemessen werden, wie hoch sie sprangen und wie laut sie schrien.

Und jeder fragte mich, warum meine Walis mir solche Zeichen machten. Ich sagte: »Das ist eine spirituelle Sprache das könnt ihr nicht verstehen.«

In meiner Kindheit gab es jeden Tag Probleme mit meinen Eltern. Ich sagte ihnen immer und immer wieder: »Eines solltet ihr verstehen: Wenn ich etwas tun soll, sagte es mir nicht, denn wenn ihr mir sagt, daß ich es tun soll, werde ich genau das Gegenteil tun, egal was passiert.«

Mein Vater sagte: »Du wirst genau das Gegenteil tun?«

Ich sagte: »Genau – gerade das Gegenteil! Ich nehme jede Strafe an, aber in Wirklichkeit seid ihr verantwortlich, nicht ich, denn ich habe es von Anfang an klargestellt, daß ihr mir bitte nichts sagt, wenn ihr etwas getan haben wollt. Laßt es mich selbst finden. Wenn ich Befehle bekomme, bin ich fest entschlossen, nicht zu gehorchen, obgleich ich weiß, daß das, was ihr sagt, richtig ist; aber das ist nicht die Frage. Diese kleine Sache und ihre Richtigkeit bedeuten nicht viel. Es ist eine Frage meines ganzen Lebens. Wer wird die Kontrolle haben? Werdet ihr die Kontrolle haben, oder werde ich die Kontrolle haben? Ist es mein Leben oder euer Leben?«

Ein paarmal haben sie es versucht, und sie haben gemerkt, daß ich entschlossen bin. Ich tat dann gerade das Gegenteil. Natürlich war das nicht richtig – was sie wollten, war gewiß richtig. Und da gab es meinerseits kein Abstreiten der Tatsache.

Ich sagte: »Was ihr wolltet, war richtig. Aber daß ihr es wolltet, war nicht richtig; ihr hättet mir gestatten sollen, es zu wollen. Ihr wart ungeduldig; ihr habt mich gezwungen, gegenteilig zu handeln. Wer ist nun also verantwortlich, daß etwas schiefgelaufen ist?«

Zum Beispiel, mein Großvater war krank. Mein Vater ging weg und sagte mir: »Du bist ja hier, und du bist ein solch großer Freund deines Großvaters, kümmere dich also ein wenig um ihn. Diese Medizin muß um drei Uhr gegeben werden, und jene Medizin muß um sechs Uhr gegeben werden.«

Ich tat genau das Gegenteil – ich gab die Medizin, die um sechs Uhr gegeben werden sollte, um drei und ich gab die Medizin um sechs Uhr, die um drei gegeben werden sollte -, drehte die gesamte Reihenfolge um. Natürlich wurde mein Großvater noch ernsthafter krank. Und als mein Vater kam, sagte er: »Das ist zuviel! Ich hätte nie gedacht, daß du das tun würdest.«

Ich sagte: »Du hättest es dir denken können. Du solltest anfangen, dir etwas zu denken, vorzustellen. Wenn ich es gesagt habe, muß ich es tun, sogar wenn es bedeutet, meinen Großvater in Gefahr zu bringen. Und ich habe ihm erzählt, daß ich die Reihenfolge umgekehrt habe, weil ich es so machen muß. Und er stimmte mir zu.«

Mein Großvater war eine Perle von Mensch. Er sagte: »Tu genau das, was du gesagt hast. Bleib entschlossen! Ich habe mein Leben gelebt, dein Leben liegt vor dir. Laß dich von niemanden kontrollieren. Auch wenn ich sterbe, fühle dich deshalb nie schuldig.«

Er starb nicht, aber ich hatte eine riskante Entscheidung getroffen. Mein Vater hörte an dem Tag auf, mir zu sagen, was ich tun sollte. Ich sagte: »Du kannst mir etwas vorschlagen; du kannst mir nichts befehlen. Du mußt lernen, zu deinem eigenen Sohn höflich zu sein, denn was uns als Geschöpfe betrifft – wer ist Vater und wer ist Sohn? Du besitzt mich nicht, ich besitze dich nicht; es ist nur ein zufälliges Treffen von zwei Fremdlingen. Du hattest keine Ahnung, wer dir geboren werden würde. Ich hatte keine Ahnung, wer mein Vater sein würde, meine Mutter. Es war nur ein zufälliges Treffen auf der Straße. Versuche nicht, die Situation auszubeuten. Nimm dir keinen Vorteil heraus, weil du Macht hast, Geld hast, und ich habe nichts. Und zwinge mich nicht, denn das ist häßlich. Mache mir einen Vorschlag! Du kannst mir immer etwas vorschlagen: Dies ist mein Vorschlag – du kannst mal darüber nachdenken. Wenn du meinst, daß es richtig ist, tue es; wenn du meinst, daß es das nicht ist, tue es nicht.«

Und allmählich setzte es sich durch, daß meine Familie nur Vorschläge gab. Aber sie hatten auch eine Überraschung zu erwarten, denn ich fing an, Vorschläge zu machen. Mein Vater sagte: »Das ist ja eine neue Entwicklung. Du hattest uns davon nichts gesagt.«

Ich sagte: »Es ist einfach. Wenn ihr mir Vorschläge machen könnt, weil ihr erfahren seid, reif, kann ich euch auch Vorschläge machen, weil ich unerfahren bin. Und das ist nicht notwendigerweise eine Disqualifikation, denn alle großen Erfindungen in der Welt sind durch unerfahrene Leute geschehen. Erfahrene Leute wiederholen immer dasselbe – aus ihrer Erfahrung heraus kennen sie die ›richtige‹ Methode; sie können nichts erfinden.«

Für Erfindungen muß man ohne Kenntnis der ›richtigen‹ Methode sein, die immer angewendet worden ist, nur dann kann man neuen Boden betreten. Nur ein unerfahrener Mensch hat den Mut, ins Unbekannte vorzustoßen.

So sagte ich: »Ihr seid qualifiziert für Erfahrenheit, ich bin qualifiziert für Unerfahrenheit. Ihr seid reife Menschen, aber Reife heißt auch, daß euer Spiegel nicht mehr so klar ist wie mein Spiegel – viel Staub hat sich darauf gesetzt. Ja, ihr habt viel vom Leben gesehen, das ist also eure Qualifikation.

Meine Qualifikation ist, daß ich noch nichts vom Leben gesehen habe. Kein Staub hat sich auf meinem Spiegel angesammelt, mein Spiegel reflektiert klarer, deutlicher. Euer Spiegel bildet sich möglicherweise nur ein, daß er reflektiert. Es ist vielleicht nur eine alte Erinnerung, die vorbeihuscht, keine wirkliche Reflektion der objektiven Wirklichkeit. So muß es also sein: wenn ihr mir Vorschläge machen könnt, kann ich euch auch welche machen. Ich sage euch nicht, daß ihr sie befolgen müßt. Es ist kein Befehl. Ihr könnt darüber nachdenken, genau so wie ich über eure Vorschläge nachdenke.«

Mein Vater fuhr mindestens drei oder viermal im Jahr nach Bombay, und er fragte dann alle Kinder: »Was möchtet ihr haben?« Und er fragte mich auch: »Wenn du etwas haben möchtest, kann ich es mir aufschreiben und von Bombay mitbringen.«

Ich bat ihn nie um etwas. Aber einmal sagte ich: »Ich möchte nur, daß du menschlicher, weniger väterlich, freundlicher, weniger diktatorisch, demokratischer wiederkommst.«

Er sagte: »Aber diese Dinge sind auf dem Markt nicht zu haben.«

Ich sagte: »Ich weiß, daß sie auf dem Markt nicht zu haben

sind, aber das sind die Dinge, die ich gern hätte: etwas mehr Freiheit, einen etwas dickeren Strick, weniger Befehle, weniger Gebote und ein wenig Respekt.«

Kein Kind bittet um Respekt. Als Kind bittet man um Spielsachen, Süßigkeiten, Kleidung, ein Fahrrad und ähnliche Dinge. Man bekommt sie, aber dies sind nicht die richtigen Dinge, die einen im Leben glücklich machen. Ich bat ihn nur dann um Geld, wenn ich noch mehr Bücher kaufen wollte; ich habe niemals um Geld für anderes gebeten. Und ich sagte ihm: »Wenn ich um Geld für Bücher bitte, solltest du es mir lieber geben.«

Er fragte: »Was meinst du?«

Ich sagte: »Ich meine ganz einfach: Wenn du es mir nicht gibst, dann muß ich es stehlen. Ich möchte kein Dieb sein, aber wenn du mich zwingst, dann gibt es keinen anderen Ausweg. Du weißt, daß ich kein Geld habe. Ich brauche diese Bücher, und ich werde sie bekommen, soviel weißt du. Also: Wenn mir kein Geld gegeben wird, werde ich es nehmen; und behalte im Kopf, daß du es warst, der mich gezwungen hat, es zu stehlen.«

Er sagte: »Stehlen ist nicht nötig. Immer, wenn du Geld gebrauchst, komm einfach zu mir und nimm es.«

Und ich sagte: »Sei versichert, es ist nur für Bücher«, aber eine Versicherung war gar nicht nötig, denn er sah, wie meine Bibliothek im Hause wuchs.

Allmählich war in dem Haus kein Platz für irgendetwas anderes als meine Bücher. Und mein Vater sagte: »Zuerst hatten wir eine Bibliothek in unserem Haus, jetzt haben wir ein Haus in der Bibliothek. Und wir alle müssen auf deine Bücher aufpassen, denn wenn irgend etwas mit einem deiner Bücher passiert, machst du solch ein Aufhebens davon, machst du solch einen Aufstand, daß jeder Angst vor deinen Büchern hat. Und sie liegen überall herum; man kann gar nicht verhindern, über sie zu stolpern. Und da sind kleine Kinder.«

Ich sagte: »Kleine Kinder sind für mich kein Problem; das Problem sind die älteren Kinder. Die kleineren Kinder – ich respektiere sie so sehr, daß sie meine Bücher gut beschützen.«

Es war eigenartig, in meinem Haus: alle meine jüngeren Brüder und Schwestern beschützten meine Bücher, wenn ich nicht da war – niemand konnte meine Bücher berühren. Und sie staubten sie ab und ließen sie am richtigen Ort – dort, wohin ich sie gelegt hatte, so daß ich jedes Buch, daß ich brauchte, finden konnte. Und es war eine einfache Sache, denn ich respektierte meine Geschwister sehr, und sie konnten ihren Respekt nicht anders ausdrücken, als respektvoll mit meinen Büchern umzugehen.

Ich sagte: »Die wirklichen Probleme sind die älteren Kinder – meine Onkel, meine Tanten, die Schwestern meines Vaters, die Schwäger meines Vaters; dies sind die Leute, die mir Schwierigkeiten machen. Ich mag es nicht, wenn jemand anders Markierungen in meinen Büchern vornimmt, unterstreicht – und diese Leute tun das immer wieder.«

Ich haßte die bloße Vorstellung, daß jemand etwas in meinen Büchern unterstreichen würde. Einer der Schwager meines Vaters war Professor. Er muß also die Gewohnheit gehabt haben zu unterstreichen. Und er fand so viele schöne Bücher, daß er, immer wenn er zu uns kam, Anmerkungen auf meine Bücher schrieb. Ich mußte ihm sagen: »Dies ist nicht einfach nur unhöflich, ungehörig – es zeigt, wes Geistes Kind du bist. Ich will keine Bücher von Bibliotheken haben, ich lese keine Bücher von Bibliotheken – aus dem einfachen Grunde, daß sie unterstrichen, markiert sind. Jemand anderes hat etwas herausgehoben. Ich mag das nicht, denn ohne daß man es merkt, dringt dieses Herausgehobene in unseren Kopf. Wenn man ein Buch liest und irgend etwas ist rot unterstrichen, hebt sich die Reihe ab. Man hat die ganze Seite gelesen, aber die Reihe hebt sich ab, sie prägt sich dem Verstand in bestimmter Weise ein.

Ich habe eine Abneigung, anderer Leute Bücher, unterstrichen und markiert, zu lesen. Für mich ist das so, als ob jemand zu einer Prostituierten geht. Eine Prostituierte ist nichts anderes als eine Frau – unterstrichen und markiert – Notizen überall an ihr, von verschiedenen Leuten, in verschiedenen Sprachen. Man möchte eine Frau haben, die neu ist, nicht unterstrichen von jemand anderem.

Für mich ist ein Buch nicht nur ein Buch, es ist eine Liebesaffaire. Wenn man in einem Buch unterstreicht, muß man es auch bezahlen und mitnehmen. Dann will ich das Buch hier nicht haben, denn ein schmutziger Fisch kann den ganzen Teich beschmutzen. Ich möchte kein einziges Buch besudelt haben – du kannst es mitnehmen.«

Er war sehr ärgerlich, denn er konnte das nicht verstehen. Ich sagte: »Du verstehst mich nicht, denn du kennst mich kaum, du redest ja nur mit meinem Vater.«

Und mein Vater sagte zu ihm: »Es war deine Schuld. Warum hast du in seinem Buch unterstrichen? Wozu nützte dir das? Denn das Buch bleibt ja in seiner Bücherei. Und überhaupt, du hast ihn nie um Erlaubnis gebeten, daß du sein Buch lesen wolltest. Hier geschieht nichts ohne seine Erlaubnis, wenn etwas ihm gehört, denn wenn du etwas von ihm wegnimmst, ohne seine Erlaubnis, dann nimmt auch er von jedem etwas, ohne Erlaubnis. Und dann gibt es Schwierigkeiten. Gerade neulich wollte einer meiner Freunde den Zug erreichen, und er hatte den Koffer weggenommen.«

Der Freund meines Vaters drehte fast durch: »Wo ist mein Koffer?«

Ich sagte: »Ich weiß, wo er ist, aber in deinem Koffer ist eins meiner Bücher. Ich habe kein Interesse an deinem Koffer; ich versuche nur, mein Buch zu retten.« Ich öffnete ihn – ich hatte gesagt: »Öffne den Koffer!«, aber er war sehr zögerlich, denn er hatte das Buch ja gestohlen – und das Buch war da!

Ich sagte: »Jetzt zahle die Strafe, denn dies ist einfach unmenschlich. Du warst hier ein Gast; wir achteten dich, wir zeigten dir Gastfreundschaft. Wir taten alles für dich – und du stiehlst ein Buch von einem armen Jungen, der kein Geld hat; ein Junge, der seinen Vater bedrohen muß: ›Wenn du mir kein Geld gibst, dann stehle ich es. Und frage dann nicht, warum ich es tat; dann werde ich stehlen, wo ich kann.‹ Diese Bücher sind nicht billig, und du hast es einfach in deinen Koffer getan. Du kannst meine Augen nicht täuschen. Wenn ich in mein Zimmer gehe, weiß ich, ob all meine Bücher da sind oder nicht, ob eins fehlt.« So sagte mein Vater zu dem Professor, der in meinem Buch unterstrichen hatte: »Tu ihm das niemals an! Nimm dieses Buch mit und ersetze es durch ein neues!«

In meiner Heimatstadt war ein Kloster, in dem ein berühmter Anhänger von Kabir, Sahibdas, lange vor mir gelebt hat. Er hat ein großes Kloster, einen riesigen Tempel und viele Höhlen für Meditierer hinterlassen. Die Höhlen sind sehr schön, denn sein Kloster liegt in der Nähe des Flusses. Er hat diese Höhlen in kleine Hügel am Fluß geschlagen, und in den Höhlen sind kleine Wasserteiche. Man kann in die Höhlen hineingehen – von einer Höhle zur anderen Höhle, obgleich einige blockiert sind; entweder hat das Wasser sie vollständig ausgefüllt oder die Erde ist heruntergefallen. Aber es ist ein wunderschöner Anblick.

Nur in diesen Höhlen zu sitzen... sie sind so still, nicht einmal ein Windhauch kommt herein. Sie sind genau in der richtigen Proportion gemacht, so daß ein Mensch in den Höhlen leben kann, ohne an Sauerstoffmangel zu leiden, denn keine Luft kommt von draußen herein. Aber die Größe der Höhle reicht aus, um einen Menschen mindestens drei Monate lang mit Sauerstoff zu versorgen. Deshalb wurden Leute zum Meditieren in diese Höhlen geschickt.

Ich war sehr jung. Sahibdas muß zwanzig oder dreißig Jahre bevor ich geboren wurde, gestorben sein. Und sein Nachfolger, Satyasahib – ich kannte ihn gut, war ein Dummkopf. Wie das so kommt, aus einem bestimmten Grunde ziehen Heilige Dummköpfe irgendwie an. Ich bin kein Heiliger, keine Sorge!

Aber Heilige ziehen Dummköpfe an. Vielleicht hat die Natur ein gewisses Gleichgewicht einzuhalten: Wenn es einen Heiligen gibt, muß es auch eine bestimmte Anzahl von Dummköpfen geben, um das Gleichgewicht zu halten. Die Natur glaubt an Ausgleich; sie gleicht ständig alles aus.

Dieser Satyasahib war ein ausgesprochener Dummkopf, aber er war ein guter Freund meines Vaters. Und so ging ich hin, wegen meinem Vater, lief dort umher und schaute in die Höhlen. Es war wirklich ein riesiges Kloster, und der Mann – sein Meister – muß großen Einfluß gehabt haben.

Jetzt ist dort niemand mehr außer Satyasahib, sein Nachfolger; alle sind weg. Es gibt dort riesige Gärten und Felder und das Kloster befindet sich an einem sehr abgeschlossenen Ort, sehr grün und gleich neben dem Fluß. Satyasahibs Meister ist auf dem Klostergrundstück begraben.

In Indien verbrennen viele Religionen ihre Heiligen nicht; alle anderen werden verbrannt. Aber ein paar Religionen – zum Beispiel Kabir Panthis – verbrennen ihre Heiligen nicht, denn ihr Körper ist mit einer so großen Seele in Kontakt gewesen. Sie waren mit etwas so Großartigem verbunden, daß es nicht richtig ist, sie zu zerstören.

Ihre Körper müssen also beerdigt werden, genauso wie Christen und Mohammedaner es tun: ein *samadhi*, ein Grab wird hergerichtet. Es heißt nicht Grab, es heißt samadhi – dasselbe Wort, das für den höchsten Zustand des Bewußtseins gebraucht wird. Weil der Mann samadhi erlangt hat, ist sein Grab kein gewöhnliches Grab, es ist ein Symbol von samadhi, des höchsten Bewußtseins.

Das Kloster war riesengroß, und nur ein Mensch lebte dort. Und die Samadhis von Kabir Panthis sind nicht völlig geschlossen; sie haben eine schiebbare Seite, so daß der Körper jedes Jahr herausgeholt werden kann, und jedes Jahr kann der Heilige wieder angebetet werden.

Einer meiner Lehrer war ein Atheist. Ich sagte zu ihm: »Ihr Atheismus ist vollkommen in Ordnung, aber glauben Sie an Geister oder nicht?«

Er sagte: »Geister? Ich glaube nicht einmal an Gott, wie sollte ich dann an Geister glauben? Es gibt keine Geister.«

Ich sagte: »Ehe Sie das sagen, geben Sie mir eine Chance zu beweisen, daß es sie gibt, denn ich habe einen Geist getroffen; ich habe ihn gesehen und mit ihm gesprochen. Und er ist der Geist eines sehr großen Mannes, Sahibdas.«

Er sagte: »Alles Unsinn! Du mußt diese Idee von dem Dummkopf Satyasahib bekommen haben. Er redet immer von seinem Guru; niemand hört ihm zu, aber er redet immer weiter. Und ich habe gesehen, daß du dorthin gegangen bist.«

Ich sagte: »Es ist richtig, daß Sie mich dort hingehen gesehen haben, aber Sie wissen nicht, daß ich die Treffen mit seinem Meister zustandegebracht habe, was er selbst nicht zustandegebracht hat.«

Mein Lehrer sah mich mißtrauisch an, aber ich klang genauso wie ich immer klinge, ganz sicher. Ich sagte: »Kein Problem, es ist auch nicht nötig, darüber zu diskutieren. Diskutieren können wir später, lassen Sie zuerst die Begegnung… «

Er bekam ein bißchen Angst. Ich sagte: »Sie brauchen keine Angst zu haben, ich werde ja bei Ihnen sein, und drei oder vier meiner Freunde werden auch da sein, denn wir müssen die Tür aufschieben, und die ist schwer; dann müssen wir den Körper herausziehen.«

Er sagte: »All, diese Dinge müssen geschehen?«

Ich sagte: »Ja, sie müssen geschehen. Der Körper muß herausgezogen werden, erst dann kann ich Sahibdas bitten, Gestalt anzunehmen. Nur vor einem müssen Sie sich hüten: Machen Sie kein Geräusch, denn wenn der Nachfolger, Satyasahib, aufsteht, wird es Schwierigkeiten geben, denn dies ist ganz und gar gegen ihre Religion. Nur an einem Tag im Jahr, dem Tag, als Sahibdas starb, dürfen Sie den Körper herausziehen. Und dies ist absolut gegen ihre Religion. Es würde große Schwierigkeiten geben. Seien Sie also ganz still und ganz leise. Und sollte eine Situation aufkommen, in der Sie weglaufen müssen, warten Sie auf niemanden, und rufen Sie keinen Namen, laufen Sie einfach weg. Seien Sie vorsichtig, denn es gibt da ein Problem: der Geist hält einen manchmal fest, insbesondere die Kleidung. Seien Sie einfach vorsichtig!«

Dieser Lehrer war ein Bengale – mit *kurta* und *dhoti* bekleidet. Bengalen tragen sehr lose Kleidung; daher wird jeder, der ein Nichtsnutz ist, der nicht laufen kann, der nicht hart arbeiten kann, »Bengali Babu« genannt. »Bengali Babu« genannt zu werden, ist in Indien eine Beleidigung. Dies sind die zwei Extreme: Wenn jemand »Sardarji« zu einem sagt, ist das eine Beleidigung. Das heißt, man hat keinen Verstand – nicht in dem Sinne, daß man ein Meditierender wäre, aber in dem Sinne, daß man ein Ayatollah Khomeini ist. Oder wenn jemand »Bengali Babu« sagt, heißt das, einfach unbrauchbar!

Bengalen haben eigenartige Gewohnheiten:

Ihr dhoti ist so lose, daß er herunterfallen muß, wenn sie laufen. Und sie tragen immer einen Regenschirm bei sich, zwölf

Monate im Jahr – egal, ob es regnet oder nicht; egal, ob es heiß ist oder nicht. Und in Indien sind die Jahreszeiten sehr festgelegt; man braucht nicht das ganze Jahr hindurch einen Regenschirm mit sich herumzutragen. In ganz Indien trägt niemand das ganze Jahr über einen Regenschirm, aber Bengali Babus – irgend wie ist es Teil ihres Lebensstiles geworden. Sie tragen den Regenschirm dauernd, unnötiges Gepäck, zu keinem Nutzen.

Ich sagte meinem Lehrer also – Bhattacharya war sein Nachname – ich sagte: »Sir, lassen Sie Ihren Regenschirm zu Hause, denn wenn der Geist Ihren Regenschirm zu fassen bekommt – diese Geister reißen einem wirklich Sachen weg… «

Er sagte: »Ich kann meinen Regenschirm nicht zu lassen. Ohne meinen Schirm komme ich mir nackt vor, oder ich vermisse dauernd etwas.«

»Und«, sagte ich, »Sie müssen Ihren dhoti festbinden, denn wenn er sich öffnet, dann müssen Sie nackt laufen. Und diese Geister sind Geister: sie glauben nicht an Ihre guten Sitten, an Ihr Etikett. Er könnte Ihren dhoti erfassen, und Sie müssen ohne Ihren dhoti laufen.

Er sagte: »Aber er ist ein Heiliger!«

Ich sagte: »Er ist ein Heiliger, aber jetzt ist er auch ein Geist. Aber es liegt an Ihnen: Sie können kommen, wie Sie wollen.«

Er kam. Er hatte seinen dhoti so festgebunden wie möglich. Die Mode, wie sie ihn tragen… der dhoti kann auf viele Arten getragen werden. Die Leute in Maharashtra tragen ihn am besten: dann wirkt er fast wie ein Pyjama, zweigeteilt, man kann darin laufen, man kann darin arbeiten.

Die Bengalen tragen ihm am schlechtesten. Der eine Teil, den sie am Rücken einstecken, ist so lose, daß er immer den Boden berührt, und der andere Teil, den sie vorn einstecken, berührt auch immer den Boden. Sie sind einfach ein Mischmasch.

Wir gingen in der Mitte der Nacht los. Wir hatten eine dunkle Nacht gewählt, als kein Mond schien, denn wenn der Nachfolger uns gesehen hätte… Und ich brauchte eine dunkle Nacht für Geister, denn ich hatte einen jungen Mann breit geschlagen, ein Geist zu sein und Bhattacharyas dhoti zu packen – falls er ohne Regenschirm käme.

Das Grab war groß, denn die Panthis mußten den Körper herausziehen. Er war in einem Sarg, den man herausziehen muß. Aber das Grab war groß genug, so daß mein Geist neben dem Sarg liegen konnte. Das war also unsere Abmachung, daß wir unseren Mann herausziehen würden, und im selben Moment würde einer von uns etwas fallenlassen, und jemand würde aufschreien, und das Rennen würde beginnen. Und bevor Bhattacharya sehen konnte, wer der Geist war, würde der ihm etwas wegreißen. Und so geschah es.

Es klappte prima. Der Geist entriß ihm seinen dhoti und Bhattacharya... Man kann sich nicht vorstellen, wozu ein Mensch fähig ist, wenn er richtige Angst hat: Er ließ seinen dhoti selbst herunterfallen! Er wartete nicht, bis der dhoti von selber fiel. Er selbst öffnete ihn! Dhoti, Regenschirm... Der Geist hat sich nicht einmal den Regenschirm geschnappt, denn der Geist lag ja, und der Regenschirm war oben unter Bhattacharyas Arm. Aber Bhattacharya dachte: »Wer weiß? Er springt vielleicht nach dem Schirm.« Und als er anfing, seine *kurta* auszuziehen, sagte ich: »Der Geist ist zufrieden, komm!«

Zwei Tage später fragte ich ihn: »Was ist mit Ihrem Atheismus?«

Er sagte: »Das war alles Unsinn. Ich war ein Narr. Du hast recht – es gibt einen Gott. Aber was für eine seltsame Nacht!«

Ich sagte: »Sie sollten mir wenigstens danken – ich habe ihre kurta gerettet.«

Er sagte: »Das weiß ich wohl. Ich warf sie ab, denn wenn der Geist erst begonnen hätte, sich an irgend etwas festzuhalten, wäre ich gefangen gewesen. Ich dachte: ›Ich werde alles hier lassen, so daß ich wenigstens nach Hause kommen kann. Die Leute lachen allenfalls, und es wird peinlich sein!‹ Und es war peinlich! Als ich mit meiner kurta ankam... «

Wir hatten alles so organisiert, daß Leute da sein würden. Wer würde es sonst inmitten in der Nacht sehen? In einer Stadt, einer kleinen Stadt, gehen alle Leute um etwa neun Uhr schlafen, spätestens um zehn. In jenen Tagen gab es kein Kino, *talkie*; um neun war die Stadt also fast ausgestorben. Deshalb hatten wir arrangiert: »Etwas wirklich Großartiges wird geschehen – wartet nur! Gegen zwölf Uhr werdet ihr Bhattacharya nackt nach Hause kommen sehen!«

Sie sagten: »Nackt?«

Wir sagten: »Aber erzählt es niemanden! Er wird sogar keinen Regenschirm haben.«

Die Leute waren also wirklich aufgeregt, und sie warteten – jeder auf seinem Bett liegend. In Indien schlafen die Leute im Sommer in ihren Betten auf der Straße. Jeder lag im Bett, aber wach, und als Bhattacharya kam, war eine große Menge da: Taschenlampen, andere Lampen und Menschen.

Bhattacharya schwitzte und zitterte, deshalb mußten wir den Leuten sagen: »Das ist nicht recht, ihr solltet verschwinden. Er hat einen Geist getroffen, und jetzt reizt ihr ihn noch. Er könnte sterben – solch einen Schock hat er bekommen.«

Wir brachten ihn ins Haus; wir machten ihm ein schönes kaltes Bad zurecht und gossen so viele Eimer Wasser über ihn, wie wir konnten, um ihn wieder zu sich zu bringen. Es war sehr schwierig, ihn wieder zu sich zu bringen, aber schließlich sagte er: »Ja, jetzt fühle ich mich besser, aber wo ist der Geist?«

Ich sagte: »Der Geist ist weg. Wir haben den Sarg geschlossen.«

»Und mein Schirm und dhoti?«

Ich sagte: »Wir haben sie mitgebracht, denn wir hatten den Geist inständig gebeten: ›Der arme Bhattacharya ist wirklich arm dran, und du bist ein Heiliger. Es ist Strafe genug für den Atheisten, mehr als das ist nicht nötig‹ – also hat er sie uns zurückgegeben.‹«

Von dem Tage an sahen wir, daß Bhattacharya jeden Tag morgens hinging, um Blumen auf den Samadhi zu legen und zu beten und eine kleine Andacht zu halten.

Ich fragte: «Sind Sie ein Kabir Panthi geworden?«

Er sagte: «Ich muß ein Kabir Panthi werden. Ich lese die Schriften Kabir Panthis, die Aussprüche von Kabir, die Lieder von Kabir – sie sind wirklich schön. Und ich muß dir danken«, sagte er zu mir, «wenn du das Treffen mit dem Geist nicht arrangiert hättest, wäre ich als Atheist gestorben.«

Über Osho

In der Regel leben wir alle in der Welt der Zeit – Vergangenes zurückrufend, Zukünftiges vorausnehmend; nur in seltenen Augenblicken rühren wir an die zeitlose Dimension der Gegenwart: in Momenten von großer Schönheit oder plötzlicher Gefahr, in Begegnungen mit geliebten Menschen oder, wenn das Unverhoffte an unsere Tür klopft.

Nur sehr wenige Menschen treten aus der Zeit und dem Reich unserer Vorstellungen heraus und beginnen ein Leben in der Welt des Zeitlosen. Und von diesen wenigen haben nur die wenigsten versucht, uns ihre Erfahrungen mitzuteilen: Menschen wie Laotse, Buddha, Bodhidharma – oder in unserem Jahrhundert Gurdjieff, Raman Maharshi und J. Krishnamurti. Regelmäßig werden sie von ihren Zeitgenossen für verrückt erklärt, als Ekzentriker oder arme Irre verschrien. Nach ihrem Tode avancieren sie dann zu »Philosophen«, werden zur Legende, blutlos abstrakten Wesen, allenfalls tauglich als Archetypen für unsere kollektive Sehnsucht, über all das kleinlich Platte und Sinnlose unseres Alltags hinauszuwachsen.

Osho ist einer, dem es gelungen ist, für sich die Tür zu einem Leben in der zeitlosen Dimension der Gegenwart zu öffnen. Er hat sich einmal einen »wahren Existentialisten« genannt, und er hat sein Leben der Aufgabe gewidmet, auch andere Menschen zu der Suche nach dieser Tür zu motivieren, damit auch sie aus der Welt von Vergangenheit und Zukunft heraustreten und die Welt der ewigen Gegenwart entdecken können.

Osho wurde am 11. Dezember 1931 im indischen Bundesstaat Madhya Pradesh geboren. Von frühester Kindheit an bewies er einen rebellischen, unabhängigen Geist und erforschte seine eigene Wahrheit, statt sich von dem Wissen und Glauben anderer Leute beeinflussen zu lassen.

Nach seiner Erleuchtung, im Alter von einundzwanzig Jahren, schloß Osho sein Universitätsstudium ab und lehrte danach mehrere Jahre lang Philosophie an der Universität von Jabalpur. Zwischendurch bereiste er ganz Indien, sprach zu riesigen Menschenmengen, traf sich mit Vertretern der gebildeten Schichten und forderte das gesamte religiöse und politische Establishment seines Landes in öffentlichen Debatten heraus, wobei er mit brillanter Rhetorik die heiligsten Glaubenswerte der indischen Kultur angriff. Er las unersättlich alles, was ihm Aufschluß über Ursprung und Zusammenhänge der heute geltenden Glaubenssysteme und Ideologien gab, kurz, er studierte die kollektive Psychologie des modernen Menschen.

Ende der sechziger Jahre entwickelte Osho seine einzigartigen dynamischen Meditationstechniken. Der heutige Mensch, sagt er, ist so befrachtet mit längst überholten Weltbildern und Traditionen und so belastet durch die Ängste des modernen Lebens, daß er einen tiefen Reinigungsprozeß durchmachen muß, ehe er in den Zustand der völlig entspannten, von allen Gedanken befreiten Meditation gelangen kann.

In den frühen siebziger Jahren wurden erstmals westliche Therapeuten, Künstler und Intellektuelle auf Osho aufmerksam. Ab 1974 wuchs in Poona eine Kommune um ihn heran, und der Besucherstrom wurde zur Flut.

Osho sprach zweimal täglich, Tag für Tag. Mit den Jahren hat er praktisch jeden einzelnen Aspekt der Entwicklungsgeschichte des menschlichen Bewußtseins durchleuchtet. In seiner brillanten, humorvollen, ebenso lockeren, wie universal informierten, modernen Sprache hat er speziell für uns Heutige herausgeschält, worauf es bei der spirituellen Suche ankommt – nicht aus der Warte des spekulierenden Intellektuellen, sondern aus ureigener Anschauung und Erfahrung. Er gehört keiner Tradition an.

»Ich bin der Anfang eines vollkommen neuen religiösen Bewußtseins«, sagt er. »Bitte bringt mich nicht mit der Vergangenheit in Verbindung – sie ist es nicht einmal wert, erinnert zu werden.«

Seine »Talks« zu Schülern und Suchern aus aller Welt füllen

über sechshundert Bücher, in über dreißig Sprachen übersetzt.

Er sagt über sein Gesamtwerk: »Meine Botschaft ist eine Wissenschaft der Transformation. Nur wer bereit ist, sich als das aufzulösen, was er ist, um in etwas Neues hineingeboren zu werden – so neu, daß es vorläufig nicht einmal vorstellbar ist... nur diese wenigen Mutigen werden bereit sein, mir zuzuhören; denn schon das Zuhören wird riskant sein. Indem ihr zuhört, habt ihr schon den ersten Schritt getan, um neugeboren zu werden. Es ist also keine Philosophie, aus der ihr euch einfach ein Mäntelchen machen könnt, mit dem ihr herumstolziert. Es ist keine Doktrin, in der ihr Trost für quälende Fragen finden könnt. Nein, meine Botschaft ist nicht irgendeine verbale Mitteilung. Sie ist weitaus riskanter. Sie ist nichts Geringeres als Tod und Wiedergeburt.«

Osho verließ am 19. Januar 1990 seinen Körper, als Folge einer Vergiftung, die ihm durch US-Regierungsvertreter beigebracht wurde, nachdem man ihn 1985 unter dem Vorwand formaler Einwanderungsverstöße inhaftiert und mehrere Tage lang inkognito versteckt gehalten hatte.

Seine Kommune in Poona ist heute Treffpunkt und spirituelle Heimat von Hunderttausenden aus fast jedem Land der Erde. Inspiriert von der Vision Oshos, ist dieser Ort eine Art Labor oder Experimentierfeld, um den neuen Menschen entstehen zu lassen, einen Menschen, der mit sich und seiner Umgebung in Harmonie lebt, frei von all den Ideologien und Glaubenssystemen, die heute die Menschheit zerreißen.

Die Osho Commune International

Die Osho Commune International ist nach wie vor das größte spirituelle Wachstums-Zentrum der Welt. Internationale Besucher strömen zu Tausenden herbei, um sich hier inmitten von üppigem Grün und gepflegten Anlagen zu entspannen, an Meditationen, Therapien, körperlichen Regenerationsprozessen und kreativen Progammen teilzunehmen – oder einfach, den Geschmack eines »Buddhafeldes« kennenzulernen.

Die *Osho Multiversity* der Kommune bietet Hunderte von Workshops, Gruppen und Trainings an, geordnet nach neun verschiedenen Fakultäten: *Osho School for Centering; Osho School of Creative Arts; Osho International Academy of Healing Arts; Osho Meditation Academy; Osho School of Mysticism; Osho Institute of Tibetan Pulsing; Osho Center for Transformation; Osho School of Zen Martial Arts; Osho Academy of Zen Sports and Fitness.*

All diese so verschiedenartigen Programme sind dazu da, jedem auf seine Art die Chance zu bieten, das »Aha-Erlebnis« der Meditation zu erfahren – jenen Trick, einfach nur unbeteiligter Zeuge der eigenen Gedanken, Emotionen und Handlungen zu sein, ohne zu urteilen oder sich zu identifizieren.

Anders als in alten östlichen Traditionen, ist Meditation in Oshos Kommune keine isolierte Disziplin, sondern untrennbar mit dem Alltag verbunden – Teil der Arbeit, des Umgangs mit anderen, der Lebensprozesse schlechthin. Die Folge davon ist, daß die Menschen hier sich nicht von der Welt abkehren, sondern vielmehr ihren Geist der Wachheit und des Feierns in die Welt hinaustragen, in tiefer Achtung vor dem Leben.

Weitere Titel von Osho, dem zeitgenössischen Interpreten aller großen spirituellen und philosophischen Überlieferungen der Welt:

MEDITATION • MEDITATION – DIE ERSTE UND LETZTE FREIHEIT

EIN UMFANGREICHES HANDBUCH DER MEDITATION.

DM 39,80 · SFR 39,80 · ÖS 311,-

DAS ORANGENE BUCH

DAS ORANGENE BUCH IST EINE ART SPIRITUELLES KOCHBUCH ZUM SELBER EINHEIZEN.

DM 14,80 · SFR 15,30 · ÖS 116,-

DAS BUCH DER GEHEIMNISSE

WERTVOLLE ANREGUNGEN, PRAKTISCHE ÜBUNGEN UND ORIGINELLE MEDITATIONEN AM LEITFADEN DER 112 MEDITATIONSTECHNIKEN SHIVAS, DES HÖCHSTEN INDISCHEN TANTRA-GOTTES.

DM 24,80 · SFR 25,30 · ÖS 194,-

DYNAMISCHE / KUNDALINI

DIE BEIDEN BEDEUTENDSTEN MEDITATIONSTECHNIKEN OSHOS!

ZWEI AKTIVE MEDITATIONEN AUF CD ODER MC

CD DM 38,00

MC DM 28,00

SUFIS • NICHT BEVOR DU STIRBST

OSHO SPRICHT IN DIESEM BUCH ÜBER DAS SPRICHWÖRTLICHE »STIRB UND WERDE« DER MYSTISCHEN ERFAHRUNG, DAS GERADE BEI DEN SUFIS EINE ZENTRALE ROLLE SPIELT.

DM 24,80 · SFR 25,30 · ÖS 194,-

Heraklit • **Die verborgene Harmonie**
»Im Osten wäre Heraklit als Buddha erkannt worden, hätten Millionen durch ihn den weg gefunden.«
DM 29,80 · SFr 30,10 · ÖS 233,-

Nietzsche • **Zarathustra • ein Gott der tanzen kann**
Osho spricht über Nietzsches »Also sprach Zarathustra«
DM 44,80 · SFr 44,80 · ÖS 350,-

Buddha • **Das Herz Sutra**
»Das Herz Sutra ist eine der größten Schöpfungen Buddhas überhaupt«, sagt Osho, der sich heute als der kompetenteste zeitgenössische Interpret Buddhas erweist.
DM 36,00 · SFr 36,20 · ÖS 281,-

Der weg des Buddha
Osho spricht über Buddhas Hauptwerk »Das Dhammapada«
DM 49,80 · SFr 49,70 · ÖS 389,-

Jesus • **Ich aber sage euch**
Osho spricht über Jesusworte aus dem neuen Testament.
DM 39,80 · SFr 39,80 · ÖS 311,-

Die verbotene Wahrheit
Über den Jesus des sogenannten »Thomasevangeliums«.
DM 19,80 · SFr 20,40 · ÖS 155,-

Komm und folge... zu dir
Oshos Worte bringen die wahre Kraft der Botschaft Jesus zum Vorschein
DM 24,80 · SFr 25,30 · ÖS 194,-

TANTRA • **TANTRA – DIE HÖCHSTE EINSICHT.**
OSHOS KOMMENTARE ZU EINEM GROßEN TEXT TIBETS
DM 14,80 · SFR 15,30 · ÖS 116,-

DIE TANTRISCHE VISION
OSHO KOMMENTIERT HIER EINEN KLASSISCHEN TEXT DES BUDDHISTISCHEN TANTRA. DAS LIED DES BUDDHISTISCHEN MÖNCHES SARAHA AN DEN KÖNIG.
DM 24,80 · SFR 25,30 · ÖS 194,-

TANTRISCHE TRANSFORMATION
IN DIESEM BUCH KOMMENTIERT OSHO DEN ZWEITEN TEIL VON SARAHAS »LIED AN DEN KÖNIG«
TEIL EINS SIEHE »TANTRISCHE VISION«
DM 24,80 · SFR 25,30 · ÖS 194,-

YOGA • **YOGA: ALPHA UND OMEGA**
ÜBER DIE KLASSISCHEN YOGA-SUTREN DES SEHERS PATANJALI
DM 19,80 · SFR 20,40 · ÖS 155,-

ZEN • **NIRVANA – DIE LETZTE HÜRDE AUF DEM WEG**
DER WUNSCH NACH NIRVANA IST PARADOX, DENN NIRVANA IST DAS WORT BUDDHAS FÜR DEN ABSOLUTEN WUNSCHLOSEN ZUSTAND.
DM 14,80 · SFR 15,30 · ÖS 116,-

DAS ZEN-MANIFEST
OSHOS LETZTE ÖFFENTLICH GESPROCHENEN WORTE. SEIN VERMÄCHTNIS FÜR DIE MENSCHHEIT HEIßT ZEN.
DM 29,80 · SFR 30,10 · ÖS 233,-

(EINE AUSWAHL)

Ein Verzeichnis aller lieferbaren Titel von Osho
erhalten sie kostenlos vom:

Osho Verlag
Venloer Straße 5-7, D-50672 Köln
Tel. 0221-5740743, Fax 0221-523930

Für weitere Informationen über Osho:

Osho Commune International
17 Koregaon Park, Poona 411001 MS, Indien
Tel. 0091-212-628561, Fax 0091-212-624181